Histoire des pensées économiques

les fondateurs

illustration de couverture,
de haut en bas :

David Ricardo : 1772-1823
Karl Marx : 1818-1883
John-Maynard Keynes : 1883-1946

Collection dirigée par
Alain Gélédan

Éditions Dalloz
11, rue Soufflot, 75240 Paris cedex 05

synthèse+

Histoire des pensées économiques

les fondateurs

Maurice Baslé
Professeur agrégé des facultés de sciences économiques, Universités de Brest et de Rennes 1.

Bernard Chavance
Maître de conférences à Paris VII, chargé de conférences à l'EHESS.

Jean Léobal
Professeur de sciences économiques et sociales.

Françoise Benhamou
Agrégée de sciences sociales, Université de Paris X.

Alain Gélédan
Professeur de sciences économiques et sociales.

Alain Lipietz
Economiste au CNRS et au CEPREMAP, Directeur de recherche à Paris VII.

1993
sirey

Table des matières

HISTOIRE DES PENSÉES ÉCONOMIQUES

Les Fondateurs

1

INTRODUCTION

1.1. Pour une approche plurielle

POURQUOI ÉTUDIER L'HISTOIRE DES PENSÉES ÉCONOMIQUES ?

Les économistes d'aujourd'hui ont des racines

L'économie est une science jeune. Ses fondateurs sont des modernes; son enseignement professionnel date d'à peine cent ans, ses débuts de deux siècles.

En France, c'est en 1795 que la Convention crée **une chaire d'économie politique** à l'École normale; elle est confiée à Alexandre Vandermonde. Mais *la rumeur de l'histoire* retient que c'est J.-B. Say qui va inaugurer véritablement l'enseignement de l'économie en France par son cours à l'Athénée en 1815-1816, puis au Conservatoire national des arts et métiers en 1819; J.-B. Say obtient la consécration en 1831 avec une nomination au Collège de France. Ce n'est qu'en 1877 que la France va généraliser les chaires d'économie à toutes les facultés de droit du pays.

Malgré cette jeunesse de la science économique, il n'est pas de meilleure initiation à l'économie que de parcourir l'histoire des pensées économiques. Ce cheminement permet d'aller à la source des concepts; il en donne l'origine et le mode d'emploi. Chacun peut ainsi trouver **les fondateurs** de *sa* famille de pensée :

> « L'histoire de l'économie montre que les économistes sont portés comme tout le monde à prendre des vessies pour des lanternes et à prétendre détenir la vérité alors que tout ce qu'ils ont se ramène à une série compliquée de définitions ou de jugements de valeur déguisés en règles scientifiques. Il n'y a pas d'autre moyen de s'en rendre compte que d'étudier l'histoire de l'économie [...] elle offre **le laboratoire** le plus vaste pour acquérir l'humilité méthodologique nécessaire à l'égard des réussites réelles de l'économie. En outre, c'est un laboratoire que chaque économiste porte en lui, consciemment ou non [...]. Il vaut mieux connaître ce dont on hérite que de se contenter d'imaginer que l'héritage est caché quelque part dans un endroit inconnu et dans une langue étrangère. »
>
> M. Blaug, *La Pensée économique*, Economica, 1987.

L'ordre dans lequel sont apparus les grands économistes est significatif. Tous les économistes n'ont pas engagé un dialogue ou une polémique avec les confrères de leur génération ni même avec leurs prédécesseurs. Pourtant, chaque économiste entretient avec certains de ses prédécesseurs des rapports placés sous le signe de la filiation ou de la rupture.

Mancur Olson, par exemple, reconnaît clairement sa dette intellectuelle vis-à-vis des théoriciens qui l'ont précédé :

> « J'ai coutume de citer Newton qui disait que s'il avait vu plus loin que les autres, c'était parce qu'il était juché sur les épaules de géants. Si Newton pouvait dire cela au XVIIe siècle, il ne fait aucun doute que l'économiste accompli d'aujourd'hui ne peut que se réclamer de cette position, quelle que soit son envergure personnelle. De fait, ce dernier est l'héritier d'un certain nombre de penseurs au génie reconnu tels que Smith, Ricardo, Mill, Marx, Walras, Wicksell, Marshall et Keynes, ainsi que de centaines d'hommes et de femmes intelligents qui ont fourni un travail précieux. En fait, dans la mesure où *les géants* de l'économie se sont hissés eux aussi sur les épaules de leurs prédécesseurs, tout se passe comme si l'économiste d'aujourd'hui se trouvait au sommet d'une immense pyramide de talents. »
>
> *Grandeur et décadence des nations*, Bonnel, 1983.

Les idées économiques ont des retombées sur la réalité

Les idées économiques du passé ne servent pas au seul apprentissage des futurs économistes, elles *agissent sur la réalité* par deux canaux.

♦ **Les agents économiques** ont en permanence une activité de prévision et d'anticipation. Il suffit qu'une prévision inquiétante soit annoncée pour qu'ils agissent en fonction de celle-ci en l'empêchant de survenir ou, au contraire, en favorisant sa réalisation. Ils s'appuient souvent pour agir sur les idées économiques qui sont dans « l'air du temps ».

Pour l'étude des mouvements boursiers ou des mécanismes de l'inflation les sciences économiques doivent prendre en compte les opinions économiques courantes des agents. L'information et les connaissances économiques réelles ou supposées agissent souvent sur la réalité.

♦ « Gouverner c'est choisir ». **Les gouvernants** doivent adopter une grille de lecture économique pour l'action :

> « Les idées, justes ou fausses, des économistes et politologues ont plus d'importance qu'on ne le pense en général. A vrai dire, le monde est presque exclusivement mené par elles. Les hommes d'action qui se croient affranchis des influences doctrinales sont d'ordinaire les esclaves de quelque économiste du passé. Les illuminés du pouvoir qui se prétendent inspirés par des voix célestes distillent en fait des utopies nées quelques années plus tôt dans le cerveau de quelque écrivailleur de faculté. »
>
> J.-M. Keynes, *La Théorie générale de l'emploi, de l'intérêt et de la monnaie*, 1936.

Ainsi, « Les princes qui nous gouvernent », n'agissent nullement selon leur seul bon plaisir, ils sont aussi le produit des idées économiques de leur époque qu'ils vont inscrire dans la réalité par leurs décisions en apparence souveraines et indépendantes.

La diversité des idées économiques

Paradigmes et révolutions dans la pensée

Il revient à Thomas Kuhn dans son ouvrage majeur, *La Structure des révolutions scientifiques* (1962), d'avoir proposé une vision de l'évolution des pensées scientifiques qui éclaire largement l'histoire des pensées économiques. Pour lui, à un moment donné, il y a dans les communautés scientifiques **un paradigme** qui domine et permet aux penseurs de travailler avec des méthodes communes et selon une conception relativement unifiée des recherches à mener selon un protocole de réflexion précis. Le paradigme est donc un modèle qui permet à une communauté scientifique de communiquer et d'apprécier la qualité du travail de ses membres. Il y a **révolution scientifique** lorsque l'on change de paradigme. Ainsi, Einstein, en introduisant la théorie de la relativité, a remis en cause l'univers vu par Newton.

Le modèle de T. Kuhn ne s'applique qu'imparfaitement à la pensée économique. Loin d'envisager des modèles de pensée qui se succèdent, nous voyons coexister à un moment donné plusieurs écoles de pensée qui vont s'affronter et ainsi renouveler, de manière récurrente, leurs différences.

La pensée économique s'inscrit dans l'histoire

La diversité des théories et des analyses économiques déroute souvent le profane. S'il y a tant d'explications pour un même phénomène, tant de recettes pour l'action, cela signifie-t-il qu'il n'existe pas de science économique véritable ? Si les remèdes proposés varient, cela implique-t-il que les experts en économie soient *des charlatans* ? En effet, la science économique n'est pas unifiée. Cela tient d'abord à sa *jeunesse*, mais aussi à trois autres facteurs :

1) **un contexte historique**. Les questions sont posées en observant un ensemble donné de faits et de mécanismes datés. Ainsi, on ne peut reprocher aux physiocrates de penser la valeur à partir de la création de surproduit agricole car leur société était dominée par le monde rural. L'histoire de la pensée doit donc insérer une œuvre dans son époque. Les problèmes économiques et les régulations mises en œuvre sont ceux d'un mouvement spécifique (qui dure plus ou moins longtemps);

2) **l'existence de plusieurs méthodes.** Induction, empirisme et déduction logique. Chaque école de pensée privilégie un ensemble d'hypothèses et utilise des modes de raisonnement relativement spécifiques. On note aussi le recours plus ou moins grand à des analogies avec d'autres sciences (la physique, la biologie) et l'importation de méthodes. Ainsi, quand le structuralisme est à la mode en linguistique, il marque aussi l'économie; de même, lorsque l'individualisme méthodologique revient en force.

3) **l'existence d'un débat idéologique.** Les hypothèses reflètent souvent des systèmes de valeur simplistes. Les visions du monde sous-jacentes n'ont aucune raison d'être homogènes ou monolithiques.

> « Les économistes ne sont généralement pas à l'aise sur le problème de l'idéologie [...] car celui-ci est un défi pour leur identité de professionnels et leurs croyances dans les outils, concepts, procédures de recherches et analyses de la discipline.

Étant donné le désir des économistes d'avoir le statut de *scientifiques,* l'idée même d'idéologie est menaçante. »

S. Weintraub, *Modern Economic Thought,* 1977.

Pour toutes ces raisons, **le relativisme** dans l'histoire des pensées économiques est donc nécessaire pour comprendre la diversité des écoles et la logique des auteurs étudiés. Mais une telle attitude ne saurait être poussée à l'extrême. Si chaque auteur n'appartenait plus qu'à son temps, les théories demeureraient alors des monades isolées et ne pourraient être comparées du point de vue de leur pouvoir explicatif : elles seraient incommensurables; les dialogues entre théories seraient inutiles et chaque penseur du passé serait irrémédiablement momifié et sans aucun espoir d'expliquer le futur... L'idée *de progrès scientifique* perdrait tout son sens. Bachelard nous a pourtant clairement enseigné que si la rationalité du progrès scientifique n'est que relative, il y a quand même des avancées de la science.

Ainsi, nul ne soutiendrait aujourd'hui que seuls les agriculteurs créent de la valeur... La comptabilité nationale française actuelle prend en compte la valeur créée dans le cadre des secteurs public et privé alors qu'autrefois elle éliminait les services non marchands fournis par le secteur public.

Il existe des théories ou des parties de théories qui se révèlent à l'usage plus justes que d'autres. K. Popper parle de **falsifiabilité des théories** pour désigner la phase de vérification au cours de laquelle on confronte les résultats théoriquement déduits du modèle et les observations tirées du réel. Ainsi, l'énoncé selon lequel l'inflation a une origine monétaire sera vérifié tant que l'on n'aura pas trouvé un contre-exemple montrant qu'il y a eu hausse des prix sans création monétaire excessive. La théorie qui veut qu'il n'y ait pas de vie sur Mars est supposée juste tant que l'on n'a pas trouvé d'être vivant sur cette planète. Une seule observation niant la théorie suffit donc à falsifier une multitude d'observations la confirmant.

Nous n'irons cependant pas jusqu'au bout de ce point de vue poppérien. Nous ne suivrons pas non plus Marc Blaug quand il développe une conception **rétrospective** de l'évolution de la pensée économique — qui le conduit à dédier un de ses ouvrages à «son fils» David Ricardo — car sa démarche s'oppose au *relativisme* de l'histoire des pensées économiques.

L'idéalisme de l'analyse rétrospective extrême

L'histoire de la pensée selon la méthode **rétrospective** consiste à présenter les auteurs comme autant d'étapes qui mènent aux concepts scientifiques actuels, ceux-ci étant considérés comme définitifs et unifiés.

Pour l'approche rétrospective, la science économique se pense comme **une progression continue** de l'obscurité du non-savoir vers la lumière des concepts vrais qui incarnent la connaissance moderne. Cela suppose que l'historien de la pensée tranche dans le vif d'une vision théorique, armé du scalpel de la vérité, qu'il élimine sans pitié les erreurs, mensonges et omissions de ses prédécesseurs. Il devient alors le juge suprême de la pensée et peut plonger dans le néant tous les concepts ou même l'ensemble des œuvres qu'il juge non conformes à sa conception économique présente. Pour ce type d'histoire de la pensée, le corps des théories actuelles constitue le critère de vérité des anciennes doctrines. Le *vieux* est jugé avec le *neuf.* Schumpeter et surtout Blaug, dans cet esprit, on fait de l'histoire de la pensée un exposé certes original mais plutôt idéologique.

La beauté de cette méthode tient à ce qu'elle permet d'utiliser des outils de calcul et d'analyse modernes pour formaliser, par exemple, la pensée de David Ricardo en restant fidèle à l'esprit de son modèle mais avec des méthodes analytiques dont il ne disposait pas. K. Marx sera revisité par Morishima à l'aide du calcul matriciel. Les déductions de L. Walras seront redémontrées par Debreu au moyen de la topologie moderne, etc.

La pensée économique est ainsi revivifiée, presque recréée, mais c'est au prix de déformations parfois considérables : ainsi, le modèle matriciel de la pensée de K. Marx oublie « la lutte des classes » et néglige « l'analyse historique concrète d'une situation concrète ».

Pour une approche plurielle

La conception rétrospective est réductrice car la connaissance économique ne peut se limiter au point de vue actuel d'une seule école de pensée.

L'exposé de la genèse d'une pensée facilite en réalité l'assimilation des concepts. En outre, il n'existe pas aujourd'hui une vérité absolue pour cette science sociale jeune qu'est l'économie. La diversité est, en fait, toujours nécessaire à la connaissance; sinon, la recherche serait stérilisée par l'uniformité et le totalitarisme... Des programmes de recherche concurrents peuvent seuls faire avancer le savoir en suivant des pistes nouvelles, fécondes pour la découverte.

Nous faisons la même hypothèse que E. Morin qui précise que le progrès scientifique nécessite une franche **compétition entre les théories :**

> « La science n'est pas le monopole d'une théorie mais est le produit de l'antagonisme entre théories dans des conditions de vérification qui s'imposent à une communauté scientifique. »
>
> *L'État des sciences sociales, La Découverte,* 1986.

Discipline d'observation et de modélisation plutôt que science expérimentale ou exacte, l'économie ne peut faire une lecture unique de son passé. La pluralité actuelle des modes de pensée nous amène donc à adopter plutôt une approche *relativiste.* Pourtant, la nécessaire sélection des concepts ne peut être faite que d'un point de vue actuel, donc *rétrospectif.* Par conséquent, la démarche que nous adoptons est mixte : il s'agit d'**une approche «relativiste aménagée».**

Nous espérons prendre en compte **la pluralité des écoles.** Les concepts sélectionnés chez les théoriciens passés sont retenus en fonction de leur actualité confirmée dans des écoles de pensée du présent. A la différence de l'approche rétrospective au sens strict, nous ne nous prononçons pas sur la vérité ou la fausseté absolue d'un concept, mais nous l'explicitons pour pouvoir dire s'il a éclairé le passé ou s'il éclaire le présent. Ce point de vue est d'autant plus nécessaire que loin d'être une marche en avant linéaire, l'usage des concepts en économie est ponctué de retours retentissants. Ainsi, pendant les Trente Glorieuses, la pensée de Kondratieff tomba dans l'oubli; de même, F. Hayek connut une traversée du désert de plus d'un quart de siècle avant d'être réhabilité par le jury du Nobel lors de la remise en question des thérapeutiques keynésiennes. Toute rétrospective économique faite à une date donnée risque d'être largement démentie par la modification des centres d'intérêt quelques années plus tard...

> « C'est une sottise de rejeter un morceau d'analyse sous prétexte que nous ne sommes pas d'accord avec les jugements politiques des économistes qui le mettent en avant. Malheureusement, cette approche de l'économie est très répandue. L'école orthodoxe a été largement rendue ridicule en refusant d'apprendre de Marx. Parce qu'elle n'aimait pas ses recommandations politiques, elle se préoccupa de l'économie de Marx seulement pour signaler les quelques erreurs incluses, espérant qu'en le réfutant sur ces quelques points, elle rendrait ses doctrines politiques moins menaçantes [...]. Les marxistes ont été aussi mauvais que les économistes orthodoxes en refusant d'apprendre quelque chose de ceux dont ils n'aimaient pas les visions politiques [...]. Une théorie économique, au mieux, est seulement une hypothèse [...]. Si les faits ne permettent pas de justifier l'hypothèse, celle-ci doit être rejetée... Pour faire un bon usage d'une théorie économique, nous devons d'abord extraire les éléments de propagande des éléments scientifiques, confronter ces derniers avec l'expérience, voir dans quelle mesure l'élément scientifique apparaît convaincant et finalement le recombiner avec nos propres vues politiques. »
>
> J. Robinson, Marx, Marshall and Keynes, *Collected Writings, n°2.*, 1955.

L'**approche plurielle** peut aussi faire avancer la science économique car elle permet de transférer des concepts d'une école à une autre; elle favorise le pluralisme nécessaire à la recherche... La confrontation entre Keynes et Hayek au début des années trente ou encore celle de Keynes et de Pigou ont été fructueuses.

> « Je considère la diversité des théories et des méthodes dont les historiens peuvent disposer comme une indispensable panoplie d'outillages divers (conceptuels et pratiques). Il suffit de s'être essayé au maniement de la panoplie, par exemple à propos des inflations du XXe siècle, pour s'apercevoir que les diverses théories, privilégiant chacune l'une des démarches d'analyse d'un phénomène complexe, sont autant complémentaires que concurrentes. Pour rendre compte de nos inflations, il est bon d'être successivement monétariste, keynésien, marxiste, sociologue et de tenter de l'être à la fois (c'est bien, alors, de l'histoire "globale"). »
>
> J. Bouvier, *Vive l'éclectisme, in. Le Capitalisme français XIXe et XXe siècle,* Fayard, 1987.

Ainsi, l'analyse marginaliste est applicable à toutes les situations de recherche de conditions optimales de problèmes sous contraintes (maximiser la production en tenant compte de ressources rares, par exemple). Par-delà les idéologies, des méthodes d'analyse sont partagées par les diverses écoles. Plus généralement, les outils de l'histoire, de l'économétrie, de la sociologie sont des instruments communs aux économistes, qu'ils appartiennent ou non au *courant dominant.* Mais un excès d'éclectisme peut nuire lorsqu'il détruit la cohérence d'un système d'hypothèses et menace la logique d'une théorie.

Une diversité nécessaire à la démocratie

Plus les sociétés sont démocratiques, plus elles laissent s'exprimer la diversité. Les groupes de pression se forment et tentent d'infléchir les décisions des politiques. Il est donc toujours possible à tel parti, tel syndicat ou tel groupe de pression de trouver des experts qui retiendront dans la boîte à outil de la science économique les raisonnements qui sauront favoriser telle ou telle décision. Ainsi, la diversité des programmes économiques reflète l'habillage, en termes de science économique, des désirs et des intérêts de groupes d'agents économiques capables de se mobiliser pour obtenir des résultats conformes à leurs souhaits. Une branche particulière de l'analyse économique étudie ce type de phénomènes (cf. Tullock et l'école du *Public choice* : cf. *Les Contemporains*).

Partout où règne *une* vérité économique *officielle*, la démocratie est bafouée. Il est donc vain d'imaginer que tous les économistes tiendront le même discours le jour où, de science jeune, l'économie deviendra adulte. En effet, si certaines lois économiques sont universelles, il est certain que, dans le domaine de l'application des thérapeutiques économiques, tous les agents ne sont pas également satisfaits des choix.

1.2. Les grilles de lecture pour comprendre les fondateurs

LES FAMILLES DE PENSÉE EN ÉCONOMIE

Les grands courants de pensée économique se distinguent par leurs conclusions et leurs méthodes. Mais, en tout premier lieu, les écoles de pensée s'opposent par leurs positions éthiques.

> « Les paradigmes scientifiques de la science économique — par exemple le classicisme, le marxisme, le keynésianisme, le monétarisme, etc. — sont, autant que des hypothèses sur le réel, des positions éthiques sur la société et des engagements idéologiques et même souvent politiques. »
>
> S. C. Kolm, *Philosophie de l'économie*, Seuil, 1986.

Des jugements de valeur initiaux des grands économistes on passe ainsi à de grandes visions d'ensemble du système économique.

Les visions du capitalisme, un clivage entre les économistes

J. Robinson a mis au point en 1955 une typologie sommaire des courants de pensée prenant en compte « les visions du capitalisme » :

> « Marx représente *le socialisme révolutionnaire*, Marshall, *la défense béate du capitalisme*. Marx cherche à comprendre le système en vue de hâter sa ruine. Marshall cherche à le rendre acceptable en le montrant sous un éclairage agréable.

Keynes cherche à découvrir ce qui ne va pas en vue d'inventer les moyens de le sauver de l'autodestruction.... Chaque point de vue porte la marque de la période où il a été conçu. Marx a formé ses idées dans la pauvreté sinistre des années 1840, Marshall dans la période où le capitalisme va fleurir dans la paix et la prospérité des années 1860. Keynes devait trouver une explication de la condition morbide de "la pauvreté dans l'abondance" dans l'entre-deux-guerres [...]. Marx est assez clair sur son dessein. Il est du côté des travailleurs et il charge le capitalisme en vue d'encourager les travailleurs à le faire chuter. Marshall n'était pas ouvertement ou clairement d'un côté ou de l'autre dans le conflit d'intérêts entre les travailleurs et les capitalistes. Il dit plutôt que si chacun accepte le système et ne fait pas d'histoires à son propos, la situation sera bénéfique pour tous [...]. Keynes est contre le gaspillage et la stupidité de la pauvreté non nécessaire. Il ne porte pas beaucoup d'intérêt aux bénéficiaires de la production croissante, mais il s'attache à la question de la garantie de cette croissance. Il considère qu'une plus grande égalité du revenu est désirable mais son attitude est *"modérément conservatrice"* et maintient que c'est seulement s'il fonctionne de manière efficace que le capitalisme est supérieur à tout autre solution. »

Conférence à New Delhi, 1955, *Collected Writings*, tome 2, Basil Blackwell, 1960.

Olaf Gulbransson, 1905

Nous distinguerons principalement **trois familles de pensée** à partir de ce critère de classement :

- celle qui défend l'économie de marché et *sa main invisible* qui secrète l'harmonie, selon le schéma d'A. Smith;
- celle qui croit à la réforme et aux institutions qui garantissent une société plus harmonieuse, dans l'esprit de J.-M. Keynes;
- celle qui veut la rupture avec l'économie de marché et qui font une véritable « critique de l'économie politique », dans la lignée de K. Marx.

Mais les étapes de notre découverte de la science économique suivront un chemin plus complexe.

Des regroupements commodes mais objets de combats et de débats

Les regroupements par écoles de pensée sont commodes mais conservent une part d'arbitraire et les étiquettes sont souvent l'objet d'un débat et parfois d'un combat entre les théoriciens.

Ainsi, A. Smith va populariser l'appellation de « système mercantile » (1776) pour dévaloriser ses prédécesseurs qui ne se sont jamais considérés comme formant une école cohérente et qui n'ont jamais élaboré une véritable doctrine mercantiliste tant ils étaient différents par leurs préoccupations et par leurs méthodes.

L'usage s'est cependant répandu depuis de regrouper comme mercantilistes les auteurs qui prennent place entre la doctrine thomiste du Moyen Age et l'économie classique qui a pour premier représentant A. Smith (fin du XVIIIe siècle pour les grandes œuvres fondatrices).

♦ Karl Marx (1818-1883) fera lui aussi un classement à valeur théorique et polémique. D'un côté il choisira de définir « les classiques », qui sont les grands économistes qu'il apprécie. De l'autre, il parle des « économistes vulgaires », autrement dit tous ceux qui ne sont selon lui que des zélateurs du capitalisme plus idéologues que penseurs. Frédéric Bastiat (1801-1850) sera le prototype de l'économiste vulgaire. Pour Karl Marx, les classiques commencent avec William Petty (1623-1687) et culminent avec David Ricardo (1772-1823). Déjà John Stuart Mill fait figure de « classique dégénéré » ou pour le moins « édulcoré », car il s'éloigne du cadre théorique de la valeur travail et fait plus œuvre de diffuseur que de théoricien rigoureux A l'époque contemporaine, Samuelson dit de Marx qu'il n'est qu'un « ricardien mineur », certains en font le dernier des grands classiques, tandis que nous le présenterons comme fondateur d'un courant spécifique (le marxisme-léninisme).

♦ John Maynard Keynes (1883-1946), conscient de créer une rupture théorique dans la pensée économique, effectuera un autre regroupement des penseurs qu'il va critiquer. En 1936, pour Keynes, l'appellation d'auteur « classique » va comprendre non seulement les classiques au sens strict (A. Smith, D. Ricardo, etc.) mais aussi ceux que l'on désigne sous le terme de « néo-classiques » car ils ont développé une théorie fondée sur la valeur utilité et le calcul micro-économique des agents. Comme K. Marx, J.-M. Keynes parlera de ses principaux adversaires comme étant des économistes « vulgaires », il désigne ainsi J.-B. Say qui a formulé « la loi des débouchés » niant les crises et affirmant que le capitalisme est spontanément harmonieux. Pour un théoricien marqué par la crise de 1929 et le chômage massif des années trente, J.-B. Say paraît vulgaire car non pertinent dans un contexte historique donné. A l'inverse, Thomas Robert Malthus (1776-1834), que l'on classe usuellement avec les classiques, ne l'est nullement pour Keynes qui apprécie son rejet de la loi des débouchés et constate son refus de prendre en compte le travail pour fonder l'origine de la valeur.

Toute classification comporte une part d'arbitraire et renvoie à des jugements de valeur qu'il ne faut pas négliger. Les choix que nous ferons seront justifiés tant par la logique que par la tradition de l'histoire des pensées économiques. Mais plus que de se fier à l'étiquette sur le flacon, il s'agira de goûter le contenu de la bouteille, autrement dit la pensée vivante d'auteurs qui, parce qu'ils sont des fondateurs, sont nécessairement originaux et en partie irréductibles à tout classement sommaire.

Les sept étapes de notre découverte

Présenter la pensée économique, c'est rechercher la cohérence analytique des auteurs, mais c'est aussi préciser les connections entre les grands théoriciens ou leurs divergences. En un mot, l'histoire des pensées économiques est une sorte d'enquête généalogique qui dégage des liens de filiation directs ou indirects.

Pour parcourir les grands courants fondateurs, il nous faudra présenter les sept grandes étapes qui marquent principalement la dynamique des familles de pensée fondatrices.

1) **Les précurseurs incontournables** sont ceux qui ont défriché le terrain et ont largement inspiré les fondateurs au sens strict; ils ont permis aux classiques de trouver les outils de pensée et les problématiques qu'ils ont eu à systématiser.

2) **Les classiques** développent la croyance dans les vertus d'une économie où règne la concurrence.

3) **Les néo-classiques** formalisent l'économie de marché à partir d'une théorie subjective de l'échange et de la consommation.

4) **Le conflit des méthodes en Europe centrale** permet de comprendre les racines de l'individualisme méthodologique viennois qui s'oppose au globalisme de l'école historique allemande.

5) **Une pensée économique alternative** se développe en même temps que se dessine le nouveau visage du capitalisme concurrentiel.

6) **Le courant marxiste** va à lui seul constituer une *critique de l'économie politique.* Le marxisme est à la fois une méthode de connaissance et un mouvement révolutionnaire qui cherche à hâter la venue d'un nouveau type d'économie socialiste.

7) **La grande hérésie keynésienne** offre une nouvelle voie pour ceux qui veulent maintenir « les bons côtés de l'économie de marché » tout en améliorant son fonctionnement. Keynes élabore une *Théorie générale* qui contient une véritable alternative théorique à la domination du *noyau central de la pensée libérale* regroupant les principaux concepts classiques et néo-classiques.

PARTIR DES FONDATEURS DE LA SCIENCE ÉCONOMIQUE

Faire découvrir les grands économistes

« Les héros de cette histoire sont des théories, non des personnes. » C'est ainsi que Joseph Schumpeter présente sa conception de l'histoire de la science économique. Pourtant, les fondateurs eurent un rôle clé qui mêle intimement la science qu'ils ont élaborée à leurs formations philosophiques et à leurs jugements éthiques. Une théorie ressemble souvent à celui qui l'a forgée : les fondateurs de la science économique furent souvent des hommes d'exception dont la vie, les interrogations et le rapport à la société et à l'histoire font corps avec l'élaboration de leur pensée.

L'ordre abstrait des concepts doit souvent être éclairé par le portrait de théoriciens qui s'engagent dans leur siècle. Bien sûr, l'anecdote et la digression seront évitées même si nous pénétrons parfois dans les coulisses du théâtre où se joue l'histoire de la pensée économique. **L'approche biographique** sera prise en compte, mais seulement pour mieux éclairer le parcours scientifique des auteurs.

Retourner aux textes fondateurs

♦ « On peut mourir d'être immortel », affirme Nietzsche dans une de ces formules lapidaires dont il a le secret. Pour les grands économistes, cette affirmation est particulièrement vraie. Qui a lu les plus grands d'entre eux ? Une brève enquête — ou même une introspection de vous, lecteur —, achèvera sans nul doute de vous convaincre que les textes les plus sacrés sont, le plus souvent, invoqués ou cités sans avoir été vraiment lus et compris.

Les œuvres complètes des grands économistes sont rarement disponibles en français... Il est donc absolument nécessaire de fournir au plus grand nombre un ouvrage aisément accessible où l'on redonne, autant que faire se peut, la parole aux auteurs. Des citations claires, accessibles et commentées constituent donc la *substantifique moelle* de cet ouvrage.

♦ Notre apport particulier sur ce point est constitué par le choix des textes et par leur analyse. Des schémas, des notes claires et des commentaires actualisant les textes sont fournis pour baliser le chemin qui mène le lecteur à la découverte des grands économistes.

Regrouper par familles de pensée

Chaque chapitre permet de saisir pour **chaque école de pensée :**

- les questions centrales qu'elle se donne pour objectif de traiter;
- les outils d'analyse qu'elle a forgés pour les résoudre;
- les textes clés et les auteurs majeurs qui font le présent de la science économique;
- les conséquences pratiques de sa théorie pour la maîtrise du fonctionnement du système économique.

Pour prendre une image cinématographique, nous adopterons des plans panoramiques pour faire comprendre la dynamique des courants de pensée et des écoles. Mais nous préférerons utiliser *le zoom* pour cerner de plus près **les quelques grands économistes et leurs textes majeurs.**

UN GUIDE DE LA PENSÉE ÉCONOMIQUE

Rien n'est plus indispensable que d'avoir **la mémoire** de la science que l'on étudie. C'est l'objet de ce volume : *Les Fondateurs.* Cet ouvrage fournit souvent les clés de la pensée contemporaine. Il est impossible de rendre justice à tous les auteurs et à toutes les variantes; notre objectif sera plutôt de donner des pistes, de planter le décor et d'ouvrir des perspectives. Au demeurant, plus la science économique avance, plus il est vain de vouloir tout connaître.

G. Stigler a clairement démontré l'impossibilité d'une approche exhaustive :

« La littérature de l'économie est le produit accumulé d'innombrables économistes. Dans une année récente, près de 6 000 économistes publièrent des articles ou des livres en anglais, et un autre groupe (recoupant celui-ci), peut-être aussi vaste, publia des revues de livres, des pamphlets et autres articles. Le premier groupe a produit peut-être 800 livres et 5 000 articles, et l'addition au stock existant de littérature durant une année est de l'ordre de 5 %.

C'est une littérature qu'**aucune personne seule ne peut lire** — les limites imposées par la santé mentale sont plus strictes que celles dressées par le temps. Au vrai, cette littérature est lue par des économistes dont le nombre n'est peut-être qu'un peu plus élevé que celui de ceux qui l'écrivent. La meilleure des mémoires ne peut se souvenir avec précision que d'une minuscule fraction de cette littérature, et si celle-ci était irrévocablement détruite, presque tout disparaîtrait complètement de la connaissance humaine. »

The Economists as Preacher, Oxford, 1982.

Cette synthèse collective aura atteint son but si elle limite les défaillances de la mémoire. Une dose d'arbitraire et des lacunes sont inévitables dans un tel ouvrage. Mais il est nécessaire de ne pas laisser l'apprenti économiste seul face aux rayonnages imposants des bibliothèques d'économie qui couvrent chaque jour des espaces croissants. Muni de ce plan d'ensemble, le lecteur sera mieux armé pour éviter de se perdre dans le labyrinthe de la connaissance économique. Souhaitons-lui un bon voyage...

2

QUELQUES PRÉCURSEURS INCONTOURNABLES

L'ÉCONOMIE DES MARCHANDS

Dès le XVe siècle en Europe se généralise l'économie des foires et des marchés qui tisse ses réseaux d'échanges dans un monde encore engourdi par un carcan médiéval. Une véritable révolution marchande prend son essor.

C'est à partir du XVe et du XVIe siècle qu'en Europe s'étend une réalité nouvelle fondée sur le développement de marchés (animés par des marchands) et de capitalisation (les capitalistes commencent une formidable accumulation de capitaux).

Cette vision économique précède l'époque moderne qui verra l'émergence des fondateurs de la pensée économique qui a cours encore aujourd'hui (XVIIIe siècle pour l'essentiel).

Désormais, les évolutions des principales grandeurs macro-économiques vont être identifiées, étudiées et mesurées. Princes et gouvernements désirent obtenir des informations précises sur les richesses de la nation dont ils sentent confusément qu'elles déterminent l'étendue de leur propre pouvoir. Le développement du commerce international devient une affaire d'État. Au contraire, à l'intérieur des frontières nationales, le « laisser-faire, laisser-passer » cherche à briser les règlements ou les corporations, ou, au moins à les réformer. L'opposition est violente au XVIIe et au XVIIIe siècle entre les partisans de la puissance nationale — mercantilistes en France et en Espagne, caméralistes allemands éclairant leurs princes. — et ceux qui cherchent à dégager les vraies valeurs internationales, valeurs obtenues sur les marchés lorsque les offres et les demandes s'équilibrent, pour un système d'institutions (droits de propriété, règlements de l'échange…) donné. De cette opposition jaillit en Europe, la *Science de l'Économie Politique* c'est-à-dire l'analyse économique pure et l'économie appliquée aux économies de marché et de capitalisation.

UNE GALERIE DE PORTRAITS LIMITÉE MAIS TRÈS SIGNIFICATIVE

Cette nouvelle science comprend nécessairement des théories de la valeur et de la monnaie; elle intègre aussi l'analyse des droits de propriété, celle des institutions et des mécanismes du marché et, enfin, elle fournit un système explicatif permettant de définir des propositions de politique économique.

Cette période allant de 1450 à 1750 est souvent appelée l'« ère mercantiliste ». Ce mot « désigne la doctrine qui exalte le développement des marchés, des marchands, du commerce » (Daniel Villey). Désormais, chez un certain nombre d'auteurs, l'économie prend la première place dans leur œuvre. C'est la grande transition intellectuelle au cours de laquelle l'Europe sort de la pensée dite du « Moyen Age » qui avait comme finalité première la morale et laissait dans une gangue souvent religieuse la justice et le droit naturel. Avec le mercantilisme nous entrons dans une vision globale qui combine une trilogie économique, financière et politique. Les trois gloires mercantilistes sont la dynamique de l'industrie qui permet de conquérir des marchés extérieurs, la soif de gain du commercial qui s'enrichit et l'or qui s'accumule et permet à la richesse de se concentrer dans les mains du prince.

> « Les mercantilistes [...] seront les champions de l'État fort, souverain, impérialiste; d'un État qui n'a point tant pour mission de faire régner la justice dans l'ordre que de s'imposer, de s'enrichir, de s'étendre [...].
> Les auteurs mercantilistes sont pressés. Ils écrivent pour l'imprimeur qui attend, pour le souverain auquel ils destinent des conseils d'action immédiate. Ils vont droit au fait. Ils ont le souci du réel plus que du vrai. Ils ignorent la préoccupation de la synthèse. »
>
> Daniel Villey, *Petite Histoire des grandes doctrines économiques*, Litec, éditions Génin.

♦ **La doctrine mercantiliste** est assez simple. Prenez des mesures favorisant les marchands, obtenez ainsi un excédent commercial, bénéficiez en conséquence d'une entrée d'or sur le continent (car les exportations l'emportent sur les importations), enrichissez l'État en proportion des nouvelles rentrées fiscales gagées sur ce commerce et vous obtiendrez un souverain puissant et une nation forte. L'or n'est-il pas à la fois le moyen de faire vivre le souverain avec toute la magnificence qui convient à son rang et de payer des armées nombreuses, sources de conquêtes et de territoires annexés ?

♦ **Les mesures de politique économique** sont liées à ce but ultime qui consiste à accumuler de l'or par le biais d'un commerce extérieur excédentaire.

1) Tout d'abord, il faut développer des industries modernes produisant des biens de qualité. Colbert insistera sur le contrôle de la qualité, créera des manufactures royales de qualité, etc.

2) Il faut inciter les industriels à exporter les produits manufacturés tout en créant des barrières protectionnistes (taxes, prohibitions, etc.) qui limitent l'achat de produits étrangers.

3) Il faut favoriser les commerçants et la flotte commerciale pour développer des recettes dans le domaine des services.

4) Il faut conserver les richesses minières et agricoles afin de favoriser l'industrie nationale qui doit disposer aisément des matières premières et de permettre de nourrir la population nationale au moindre coût grâce à des biens de subsistance peu onéreux, ce qui permet des coûts salariaux supportables pour les industriels.

5) Il faut mener une politique de conquête coloniale et de développement du territoire national pour accroître la puissance du souverain et pour obtenir plus de matières premières, plus de terres et plus de population soumise au gouvernement.

Un schéma peut donner un aperçu d'ensemble des principales écoles mercantilistes :

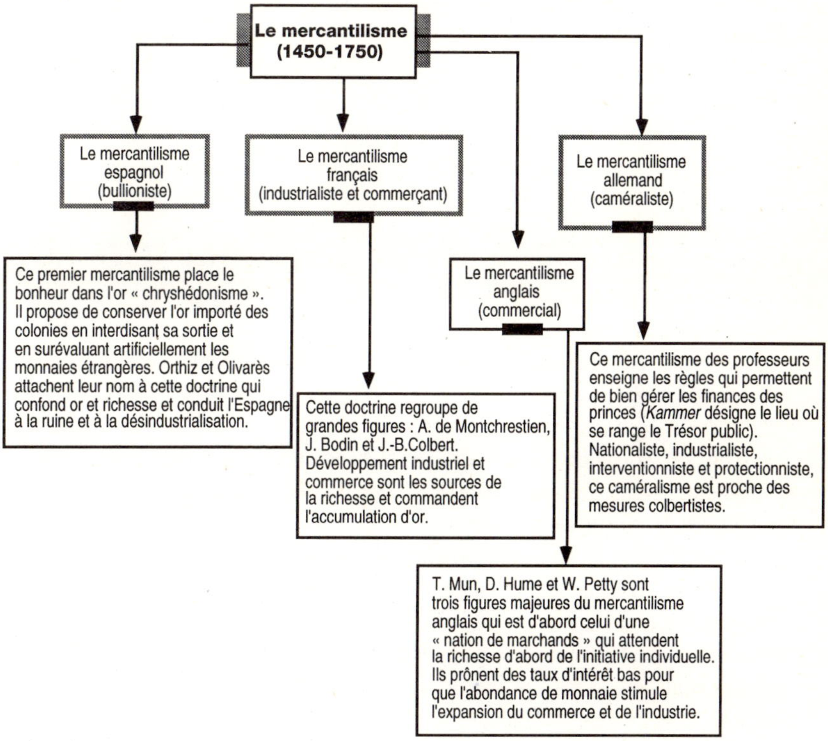

Définir l'essentiel d'un mouvement intellectuel, préciser en quelques grandes figures les premières avancées de la pensée économique n'est pas chose facile tant le «corpus» potentiel est immense des candidats au titre de « précurseurs incontournables » de la pensée économique.

> « L'histoire de la pensée n'explore actuellement qu'une faible partie de ses sources. Du XVIe siècle à la Révolution de 1789, près de quatre mille livres en langue française ont été publiés sur les matières auxquelles la société de l'Ancien Régime attribuait une dimension économique. A ce corpus dont la présomption d'exhaustivité est excellente s'ajoutent des centaines de mémoires à la plume, patiemment recopiés autrefois pour un public restreint de savants et de politiques. Ces fragiles archipels de papier sont rarement visités.
>
> Dans un ensemble aussi vaste, les économistes ont pratiqué un choix exigu; leurs critères d'élection forment à eux seuls un bel objet d'histoire. Autant que le hasard de redécouvertes érudites, s'y expriment les intérêts individuels, les divergences d'école, les débats sociaux des contemporains. En fin de compte une dizaine de livres dont la notoriété permanente dépasse l'horizon des spécialistes, deux ou trois cents ouvrages « secondaires » : bien moins de 10 % des sources attestées suffisent, depuis le début du XIXe siècle, à construire l'histoire de la discipline. »

Jean-Claude Perrot, *Une histoire intellectuelle de l'économie politique*, éditions de l'école des hautes études en sciences sociales, Paris, 1992.

Avant d'examiner les fondateurs au sens strict, nous allons dresser quelques portraits d'élus que nous allons considérer comme **les précurseurs incontournables** qui jalonnent — du XVIe au XVIIIe siècle — ce chemin qui conduit à la naissance d'une pensée économique moderne.

Antoine de Montchrétien (1576-1621)

Antoine de Montchrétien est né à Falaise en 1576. C'est le fils d'un apothicaire. Brillant, M. Gonnard dira de lui que « c'est Cyrano de Bergerac avec l'accent normand ». Un séjour prolongé en Hollande lui permet d'observer un système économique et social très avancé. Lorsqu'il revient en France ,il utilise pratiquement ce qu'il a appris et crée en 1609 une forge et une fabrique d'outils. Mais il va surtout entreprendre de rédiger le premier *Traité d'économie politique* dont la première édition paraît en 1615. Cet ouvrage est d'abord un commentaire de l'actualité et il le destine à Louis XIII auquel il prodigue conseils, réflexions et suggestions. Il y fait l'éloge du commerce et propose l'extension des marchés y compris l'aide de l'État. Esprit frondeur et marqué par son séjour en Hollande, il prend le parti des protestants à la fin des années 1610. On l'accuse de faux-monnayage et il meurt dans une escarmouche de partisans huguenots contre le roi de France en 1621.

Inventeur du terme d'« économie politique », il n'en a pas créé le concept pour autant. C'est **un mercantiliste,** autrement dit, il est favorable à l'accroissement de la puissance de la nation par le biais d'excédents commerciaux dégagés lors des échanges avec le reste du monde. Populationniste et activiste, il est fasciné par l'accumulation des richesses. L'amoncellement de marchandises ou la constitution de stocks d'or sont, pour lui, le comble de l'efficacité économique pour un État moderne.

L'économie politique et l'économie domestique

A. de Montchrétien ne sépare pas l'économie nationale de l'économie domestique :

> « La science d'acquérir des biens [...] est commune aux Républiques aussi bien qu'aux familles. »[1]

Traité d'économie politique, 1re édition. par T. Funck-Brentano, 1615.

Le but de l'économie politique est de rechercher les moyens d'obtenir la richesse d'un pays. L'économie est **politique** car le prince doit utiliser son pouvoir pour favoriser l'enrichissement du pays qui commande celui de l'État. Le monarque doit être un souverain éclairé et non un despote.

---

[1] Nous proposons lds texte des citations du *Traité d'économie politique* non dans la version originale en ancien français, mais en le modernisant sur le plan de la langue et non du contenu.

L'État doit mener une politique globale qui favorise la concurrence et l'intérêt personnel. Mais la liberté n'est pas la licence. L'État doit faire régner l'ordre, réglementer, favoriser le développement des manufactures et entretenir un réseau de moyens de communication facilitant les échanges. La navigation maritime réduisant les coûts de transport, elle est source d'enrichissement national et doit être encouragée plus que tout autre activité. Les pouvoirs publics peuvent aider les entreprises privées pour peu qu'elles enrichissent le pays et que l'expansion de leurs activités soit conforme à l'intérêt national.

La politique de population doit permettre le travail de chacun. L'État peut créer des ateliers et développer des travaux d'intérêt général. Il doit avoir une fonction de régulation sociale et le développement de l'emploi est un des principaux moyens de favoriser l'harmonie. Celui-ci suppose qu'il existe un niveau de peuplement optimal d'un pays lequel permet d'exploiter au mieux les ressources sans laisser de terres en friche. L'apprentissage pour les orphelins et l'appel à une immigration sélective d'hommes dotés de talents industriels complètent cette conception active de l'action économique du souverain.

L'agriculture, l'industrie et le commerce sont interdépendants

Pour A. de Montchrétien, l'agriculture joue un rôle clé dans l'économie :

> « Le labourage [...] doit être estimé comme le commencement de toutes les facultés et richesses. »
>
> Ibid.

Mais si l'agriculture est fondamentale, elle doit être accompagnée de la production industrielle qui est l'avenir et le complément des produits agricoles. Quant au commerce, il est un élément indispensable à l'expansion d'une société fondée sur la division du travail et recherchant le progrès technique.

Vive le commerce, les marchands et l'or !

Pour A. de Montchrétien, les besoins engendrent une demande qui commande la production. C'est la recherche du profit qui détermine l'action des hommes :

> « Tant de tracas, tant de labeurs de tant d'hommes n'ont point d'autre centre que le gain. »

A. de Montchrétien fait l'apologie de l'or dans lequel il voit le nerf de la guerre et le but ultime de l'activité humaine :

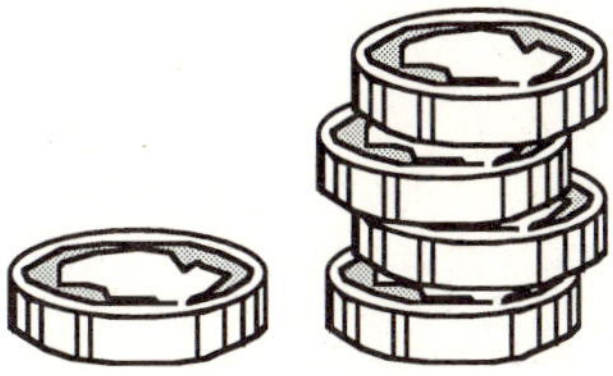

> « On peut dire à présent que nous ne vivons pas tant par le commerce des éléments que par l'or et l'argent; ce sont deux grands et fidèles amis. »
>
> Ibid.

Pour A. de Montchrétien, une monnaie stable, des finances publiques saines et une juste répartition de la fiscalité sont indispensables à une économie active et moderne.

Une économie nationaliste, colonialiste et agressive

Montchrétien présente le portrait d'une France délicieuse, courtoise et raffinée; il utilise la métaphore d'une femme aux multiples appas qui suscite la convoitise des voisins jaloux et envieux. D'où le portrait d'une France menacée par l'étranger qui la pille en venant y faire du commerce. Il invite le roi à réagir. Plus encore, il l'incite à faire la guerre, à conquérir des colonies et à étendre le territoire.

Jean-Baptiste Colbert (1619-1683)

Jean-Baptiste Colbert est le protégé de Mazarin, ministre de Louis XIV. Pour Colbert, l'intérêt de l'État prime tout et, s'il désire la prospérité économique, c'est non pour améliorer le niveau de vie du plus grand nombre mais plutôt pour renforcer le pouvoir royal.

Ce n'est pas un théoricien économique au sens strict. Pourtant, Colbert développe les rudiments d'une doctrine mercantiliste. Son programme tient en peu de lignes :

> « Il faut rétablir ou créer toutes les industries, même de luxe; établir le système protecteur dans les douanes; organiser les producteurs et les commerçants en corporations; alléger les entraves fiscales nuisibles à la population; restituer à la France le transport maritime de ses produits; développer les colonies et les attacher commercialement à la France [...]. »

Une conception guerrière des échanges extérieurs

Pour Colbert, il est impératif de développer les exportations car le commerce extérieur est le nerf de la guerre économique, elle-même source de puissance pour la nation.

> « Tout le commerce consiste à décharger les entrées de marchandises qui servent aux manufactures du royaume, charger celles qui entrent manufacturées [...] soulager les droits de sortie des marchandises manufacturées au-dedans du royaume. »

Il n'hésite pas à défendre l'embargo sur les importations de marchandises et prône des restrictions sur les sorties d'or.

L'intérêt d'État étant la seule considération à prendre en compte, le commerce mène à une colonisation qui permet de s'assurer des débouchés et des matières premières à bas prix (épices, métaux précieux, etc.). Son peu de souci des libertés individuelles est tel qu'il favorise la traite des Noirs et que dans les colonies, il frappe d'une taxe les parents dont les filles ont atteint seize ans sans se marier; les garçons ont jusqu'à vingt ans pour prendre épouse...

Vive l'or et l'argent

Conformément à l'idéal mercantiliste, Colbert mène une politique protectionniste et volontariste. Il interdit certaines importations, il oblige les commerçants à utiliser les navires battant pavillon français, il crée des compagnies commerciales « à charte » afin de stimuler les exportations. En résumé, tout est fait pour retenir les métaux précieux en France et faire venir l'or et l'argent par le biais des excédents commerciaux. Colbert constate que l'argent et l'or qui circulent en Europe sont en quantité quasi constantes. Il n'y a qu'un moyen de remplir d'or les caisses de l'État : « il faut l'attirer du dehors et le conserver au-dedans. »

Un dirigisme économique au service de la puissance royale

Colbert réglemente la production de l'artisanat. Il étend le système corporatiste afin d'assurer un contrôle strict de la qualité des produits. Mais cela aboutira à long terme à une sclérose des professions ainsi soumises à des normes tatillonnes vites dépassées par le progrès technique.

Il améliore les infrastructures du pays avec la construction de canaux et de routes.

Colbert pratique une politique industrialiste active en créant des manufactures d'État chargées justement de créer des richesses évitant les importations inutiles et permettant l'exportation de produits à forte valeur ajoutée. Les manufactures qui sont la propriété de l'État exclusivement sont peu nombreuses : les Gobelins, la Savonnerie, des manufactures d'armes dont la plus célèbre est Saint-Étienne. Mais surtout il incite les capitaux privés à créer des entreprises qui ont le droit de sortir des produits « aux armes de Sa Majesté ». Pour les manufactures ainsi aidées ou subventionnées par la puissance publique, les règles des corporations ne sont pas obligatoires. Il subventionne ainsi les activités économiques jugées essentielles, tout particulièrement pour les compagnies chargées d'assurer des débouchés extérieurs.

Il va devenir le symbole du colbertisme, une doctrine qui défend l'intervention active de l'État dans le monde économique, y compris dans le domaine de la production marchande !

John Locke (1632-1704)

John Locke est un philosophe pionnier dans le domaine des sciences sociales et tout particulièrement des sciences politiques et de l'économie politique. Ses essais dont *Two Treatises on Government* (1690), le situent clairement comme un tenant de *l'individualisme institutionnel.* Sa philosophie politique défend la liberté individuelle, son originalité consiste à affirmer que c'est à l'État de créer **les institutions** nécessaires aux libertés personnelles en fixant des droits et des règles. Ainsi **les droits absolus de la personne et les droits de propriété** (plus ou moins inégaux) sur les choses donnent les cadres nécessaires à l'action individuelle libre. L'individu est aussi guidé par l'expérience et les usages (**normes non écrites mais socialement acceptées**).

Au plan économique, John Locke considère que les choses ont **une valeur intrinsèque** définie à partir de l'utilité estimée par les agents économiques eux-mêmes. La valeur d'échange dépendrait selon lui de la quantité demandée d'une part, d'autre part de la quantité de monnaie disponible (sa rareté).

Le prix des biens fluctue selon les lois du marché :

> « Le prix d'un bien monte ou baisse à proportion du nombre des acheteurs et des vendeurs. Cette règle est universelle [...].
> La valeur du prix de toute chose étant seulement l'estimation respective portée relativement à une autre avec laquelle elle se trouve en concurrence peut seulement être connue par la quantité de l'une qui s'échange avec une certaine quantité de l'autre. »

John Locke, *Considérations sur les conséquences de la baisse de l'intérêt et de la hausse de la valeur de la monnaie,* 1691.

Pour John Locke, **la valeur de la monnaie ou le niveau du taux d'intérêt ne se décrètent pas** mais résultent des conditions régnant sur le marché. Autrement dit, le taux d'intérêt naturel résulte de la confrontation de l'offre et de la demande de monnaie. Locke précise que certains individus ayant des dépenses inférieures à leurs revenus ont une capacité de financement, tandis que d'autres qui dépensent plus qu'ils ne gagnent ont au contraire un besoin de financement. Cette inégale distribution de la monnaie et de son besoin crée un marché des capitaux plus ou moins déséquilibré et l'intérêt résulte de cette situation.

Il propose une approche de l'**économie internationale.**

> « Dans un pays qui commerce avec le reste du monde et utilise de la monnaie faite avec la même matière que celle de ses voisins, n'importe quelle quantité de cette monnaie ne servira pas à conduire n'importe quelle quantité de commerce. Il doit y avoir une certaine proportion entre la monnaie et le commerce. La raison en est que, pour que le commerce s'effectue sans perte, les biens à l'intérieur du pays doivent conserver un prix égal ou, à tout le moins, presque égal à celui des mêmes sortes de biens dans les pays voisins. Cela ne peut se produire si la monnaie est de loin inférieure à celle des autres pays. Car ou bien les produits vendus à très bon marché ou bien une grande partie du commerce doit disparaître du fait qu'il n'y a pas suffisamment de monnaie dans le pays pour les acheter à ce prix élevé résultant de l'abondance et, par suite, de la faible valeur de la monnaie dans un autre pays. Car la valeur de la monnaie en général est la quantité de toute la monnaie dans le monde en proportion de tout le commerce. »

Ibid.

Pour John Locke, chaque devise varie en fonction des résultats de la balance commerciale et des mouvements qui en résultent lors des règlements en or ou en monnaie fiduciaire. Locke inaugure ainsi une approche du système monétaire international qui combine une explication monétariste et conventionnalisme. La convention qui fixe la valeur de la monnaie à un niveau donné permet aux agents de la capitaliser (fonction de réserve).

Pierre Le Pesant de Boisguilbert (1646-1714)

P. de Boisguilbert est né à Rouen en 1646 ; sa famille est noble et il fait ses études chez les jésuites. Il va dès 1677 rechercher les causes de la misère régnant en Normandie.

Il engage la polémique avec Colbert qu'il considère comme responsable des difficultés rencontrées par l'économie française. C'est un auteur qui rompt violemment avec ce qu'il est coutume d'appeler l'école mercantiliste. Ami de Vauban, ses idées sont souvent jugées contraires aux pouvoirs en place [2]. Ainsi, lorsque paraît son ouvrage clé *Le Détail de la France* en 1697, ses propos sont considérés comme menaçant l'ordre public et le livre est mis au pilon tandis que Boisguilbert est exilé pour six mois.

Contre l'étatisme et le protectionnisme, pour l'individualisme

A l'interventionnisme étatique de Colbert il va opposer une des premières défenses du libre-échange. Son acte d'accusation est fondé sur un raisonnement de type macro-économique des mécanismes de création des richesses et des revenus. Pour lui, ce sont les agents économiques qui, de par leur activité propre, savent au mieux ce qu'il faut produire, comment et pour qui. Sa vision du progrès est fondée sur l'initiative individuelle. Optimiste, il pense qu'un ordre économique naturel va émerger des actions des individus guidés par leur seul intérêt.

Le rôle de l'État doit être limité :

> « Instruire, protéger, voilà tout le devoir du gouvernement. »
>
> *Éloge des hommes à célébrer.*

Il suffit de « laisser-faire et de laisser-passer » pour que l'économie fonctionne sans problème. La rupture avec le mercantilisme est totale. Il ne faut pas entraver le

---

[2] L'ouvrage de Vauban *La Dîme royale* paraît en 1707 comme l'ouvrage de Boisguilbert, *Le Factum de la France.* Les autorités associent ces deux ouvrages dans une même condamnation. Précisons que Vauban recherche comme Boisguilbert la façon de sortir la France de la misère. Pour Vauban, il faut changer le système fiscal et créer une dîme royale proportionnelle sur tous les revenus. Ainsi, plus de gens paieront l'impôt en uniformisant le taux des taxes on rend l'impôt plus justement réparti. Son but est de lutter contre la ruine de la classe productive par excellence, celle des agriculteurs. Il dénonce tout ce qui réduit la population à la mendicité et riches comme nobles doivent contribuer à l'effort de la nation. Autant dire qu'il s'attire les foudres des privilégiés...

commerce, il ne faut pas de protectionnisme qui détruit les richesses. Boisguilbert, allié à Vauban, diffuse son œuvre avec vigueur entre 1695 et 1713. Tous deux mènent un combat idéologique en faveur d'un libéralisme encore balbutiant dans un monde largement dominé par la tradition, les corporations et les réglementations de tous ordres. Ils comprennent que la dynamique du commerce engendre des revenus et aiguillonne la production sous l'effet d'une concurrence qui diffuse le progrès.

Pour le monde réel contre la course à l'or

Contre le mercantilisme vulgaire (bullionisme), il oppose la notion de richesse réelle à celle de richesse monétaire.

La course au métal doré lui paraît pure folie, tant la puissance effective passe par l'agriculture et l'industrie qui sont les secteurs réels qui engendrent des biens susceptibles de satisfaire les besoins des hommes :

> « L'idée et l'usage criminel que l'on s'est fait de l'argent est cause qu'on lui a sacrifié pour cent fois autant de denrées les plus nécessaires à la vie que l'on recevait de ce fatal métal qui, n'étant introduit [...] que pour faciliter le commerce et l'échange, est devenu le bourreau de toutes choses... »

Dissertations de la nature des richesses, de l'argent et des tributs, 1704.

Une analyse partisane en termes de classes sociales

Plus que pour bien d'autres auteurs, Boisguilbert a une approche politique de l'économie. Il se veut l'avocat :

> « de tout ce qu'il y a de laboureurs et de commerçants dans le royaume, c'est-à-dire de tous ceux qui sont la source et le principe de toutes les richesses de l'État, tant à l'égard du Roi que des peuples ».

Factum de la France, ch. 1.

Il oppose clairement deux classes :

> « l'une qui ne fait rien et jouit de tous les plaisirs, et l'autre, qui travaille depuis le matin jusqu'au soir, a à peine le nécessaire, et en est même souvent privée entièrement ».

Dissertations de la nature des richesses, de l'argent et des tributs, 1704.

Un circuit économique avec des classes sociales

Avant Quesnay, Boisguilbert tente d'analyser un circuit économique qui prend en compte le rôle économique des principaux agents selon leur fonction dans l'appareil productif. Il distingue :

— le « beau monde » qui est riche et oisif et dépense son argent de façon somptuaire et improductive. Ce sont essentiellement les habitants de Paris et des grandes villes;

— le reste de la société qui est laborieux, travaille et ne dispose guère de l'essentiel; ce sont des actifs productifs.

Bien entendu ces deux mondes — le « beau » et le « reste » — sont interdépendants et ne vivent qu'en liaison l'un avec l'autre.

Le circuit économique fonctionne avec pour point de départ les propriétaires fonciers qui « ont des revenus de fond » et qui sont le début du circuit et aussi le point d'arrivée, selon le schéma suivant :

Circuit économique à trois classes (Boisguilbert)

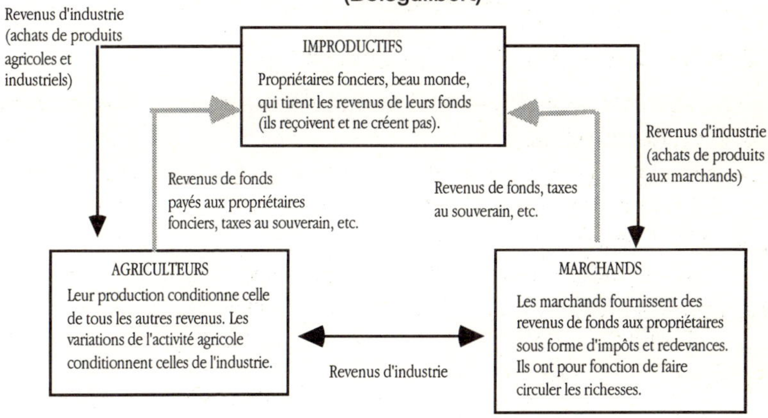

Multiplicateur et dynamique macro-économique

Boisguilbert met en évidence des enchaînements macro-économiques fondamentaux avec pour point de départ la production agricole :

> « Ce sont les fruits de la terre, et en premier lieu les grains et les liqueurs, qui commandent le mouvement, qui passant par le canal des maîtres et propriétaires aux mains des ouvriers, ils donnent en contre échange le fruit de leur travail toujours aux conditions marquées de proportions qui fassent trouver le compte à tout le monde, sans quoi le moindre déconcertement devient aussitôt contagieux et corrompt toute la masse. »

Factum de la France. ch. VIII.

On attribue souvent à Boisguilbert l'idée du **concept de multiplicateur** car il avait compris que toute dépense pouvait engendrer une production bien supérieure au bout d'un circuit où la vente crée des revenus permettant ensuite d'autres production et de nouvelles transactions. Il se révèle partisan d'une demande intérieure active et ennemi de la thésaurisation dans des termes que n'aurait guère désavoué l'économiste anglais J. M Keynes :

> « Il est aisé de voir que pour faire beaucoup de revenu dans un pays riche en denrées, il n'est pas nécessaire qu'il y ait beaucoup d'argent, mais seulement beaucoup de consommation, un million faisant plus d'effet de cette sorte que dix millions lorsqu'il n'y a point de consommation; parce que ce million se renouvelle mille fois, et fera pour autant de revenu à chaque pas, tandis que les dix millions restés dans un coffre ne sont pas plus utiles à l'État que si c'étaient des pierres; et ce qui fait le plus de mal au menu peuple de la France, est que c'est le menu peuple

sur qui le désordre des Tailles et l'excès du prix des liqueurs en détail agissent davantage, parce que c'est lui qui a le moins de défense et qui fait le moins de provisions, et cependant c'est lui en même temps qui fait le plus de consommation, parce qu'il est en plus grand nombre. En effet, un journalier n'a pas plutôt reçu le prix de sa journée, qu'il va boire une pinte de vin, étant à un prix raisonnable; le cabaretier en vendant son vin en rachète du fermier ou du vigneron; le vigneron en paye son maître, qui fait travailler l'ouvrier, et satisfait sa passion ou à bâtir, ou à acheter des charges, ou à consommer de quelque manière que ce puisse être, à proportion qu'il est payé de ceux qui font valoir ses fonds. Que si ce même vin, qui valait 4 sous la mesure, vient tout d'un coup, par une augmentation d'impôt, a en valoir 10, ainsi que nous l'avons vu arriver, de nos jours, le journalier, voyant que ce qui lui resterait de sa journée ne pourrait suffire pour nourrir sa femme et ses enfants, se réduit à boire de l'eau, comme ils font presque tous dans les villes considérables, et fait cesser par là la circulation que lui fournissait sa journée, et est réduit à l'aumône, non sans blesser les intérêts du roi, qui avait sa part à tous les pas de cette circulation anéantie. »

Le Détail de la France, 1697.

Le théoricien des crises dites d'« ancien régime »

Une des contributions les plus permanentes de Boisguilbert à l'analyse économique est probablement sa présentation **des crises agricoles.** En ce domaine encore, **Boisguilbert tranche avec l'approche mercantiliste.** Pour lui, tout part de la demande intérieure de produits agricoles qui stimule la production. Cela est tout à fait différent des mercantilistes qui insistent sur le caractère stimulant des exportations de produits manufacturés et qui attendent la relance de la production par le biais de la demande externe.

L'analyse de la crise est la suivante : un accident du climat va compromettre les récoltes. Le déficit en grains et en produits agricoles engendre aussitôt une tension sur les prix qui montent de façon beaucoup plus vive que n'a reculé la production. Comme les salariés dépensent l'essentiel de leurs revenus pour se nourrir de pain, il en résulte que l'artisanat va souffrir car la demande de ses produits va se réduire de façon considérable. Même les propriétaires vont différer les achats somptuaires car les agriculteurs ne peuvent payer les fermages (les revenus de fonds se contractent). De proche en proche, la dynamique de la récession s'étend :

« Toutes les professions [...] participent au malheur du laboureur qui donne le premier mouvement à tout. »

Traité de la nature, culture, commerce et intérêt des grains.

La cherté du pain provoque le plus souvent une sous-consommation qui, pour les classes les plus pauvres, entraîne famine et épuisement. On meurt de faim, mais surtout les organismes affaiblis par la sous-nutrition résistent moins bien au froid et aux maladies. Petit à petit, les années de vache maigre vont préparer les années de vache grasse grâce à des « mécanismes de rappel » Ainsi, la montée des prix agricoles incite les cultivateurs à accroître les surfaces utilisées. La baisse des prix des produits artisanaux encourage leur achat. La venue de meilleures conditions climatiques va réamorcer la pompe et permettre aux agriculteurs de payer les propriétaires fonciers qui vont consommer d'autant plus de produits qu'ils se sont restreints durant la crise. Boisguilbert ne se contente pas de comprendre la crise et son dénouement, il apporte une véritable approche des **cycles économiques,** qui combine mouvement, des prix, de la production et des revenus.

Sa contribution aux **crises de sous-production** dites **d'ancien régime** est fondamentale, il est aussi un des premiers économistes à avoir élaboré des raisonnements de dynamique économique **des fluctuations**.

Un théoricien apprécié et influent

On sait qu'Adam Smith avait, dans sa bibliothèque, *Le Détail de la France,* livre de Boisguilbert datant de 1697. Marx introduira l'œuvre de Boisguilbert au sein de la littérature allemande de son siècle. De nombreux démographes et économistes vont citer les observations de Boisguilbert. Par sa conception moderne d'un circuit et par sa représentation des fonctions des classes d'agents économiques, Boisguilbert est moderne. Sa volonté de favoriser les classes productives et la justice fiscale en fait un économiste éclairé. Par sa théorie des crises, il demeure encore actuel car les mécanismes économiques qu'il explicite ont une portée générale et n'ont parfois guère vieilli.

William Petty (1623-1687)

William Petty est influencé par la philosophie de Thomas Hobbes (1588-1679). Il a écrit une arithmétique politique *(Political Arithmetic)* de 1671 à 1676 pour estimer la richesse de l'Angleterre en prenant en compte sa population, son patrimoine, etc. Son goût pour le calcul allié à sa passion pour la voile l'ont amené à dessiner les plans d'un catamaran qui restera longtemps le recordman de vitesse !

Au-delà de l'anecdote, Petty se révèle un homme de son temps et sa vision de la politique monétaire est particulièrement moderne. Antibullioniste, Petty est très libéral en matière de commerce extérieur.

♦ W. Petty défend des taux d'intérêt bas et il relie investissement et profitabilité. En effet, plus le taux de profit est supérieur au taux de l'intérêt, plus il devient profitable d'entreprendre plutôt que d'adopter un comportement de rentier. Toute baisse des taux d'intérêt augmente ainsi les opportunités d'investissement. Soucieux de multiplier les moyens de paiement pour favoriser les transactions et la création de richesse, il recommande d'émettre deux fois plus de billets que les coffres de l'institut d'émission ne contiennent de valeurs en métaux précieux. **L'idée de gager la monnaie émise sur l'or de façon souple** (à 50 %) est une façon audacieuse pour l'époque de financer l'économie. W. Petty étudie en particulier les circuits de paiement, autrement dit la monnaie nécessaire pour payer les revenus de chaque type de travailleurs ; ainsi les artisans et les ouvriers sont payés à la semaine, les loyers et les impôts par trimestre, etc. Il pense qu'il est possible de calculer la quantité de monnaie juste nécessaire pour réaliser les transactions. Le rôle des banques devient actif, elles doivent financer l'économie afin de faciliter les transactions en prêtant à un taux aussi bas que possible.

- Dans *l'Anatomie politique de l'Irlande* (1691) il défend l'idée selon laquelle il faut développer des travaux d'intérêt public et des plantations pour donner du travail aux nombreux chômeurs. Il refuse l'idée de répartir des riches aux pauvres mais suggère qu'au contraire il faut susciter chez les pauvres un appétit des biens afin de les inciter à travailler.

Bernard de Mandeville (1670-1733)

Mandeville introduit une liaison fondamentale entre les mobiles individuels et la réalité sociale. Son optimisme cynique prépare les esprits à la conception d'un individu mû par son seul intérêt individuel. Son raisonnement prend la forme **d'une fable**. Il décrit un monde où chaque individu est peu vertueux, et où, au contraire, le goût de la dépense et le lucre règnent. Cet *immoralisme*, loin d'engendrer la pauvreté est, selon Mandeville, utile à la société. La dépense est source d'emploi et de richesse : les carrosses, les villas, les domestiques en livrées fournissent du travail et des profits aux artisans et aux travailleurs.

> « On se pressait en foule dans la ruche féconde,
> Mais ces foules faisaient sa prospérité.
> Des millions, en effet, s'appliquaient à subvenir
> Mutuellement à leurs convoitises et à leurs vanités,
> Tandis que d'autres millions étaient occupés
> A détruire leur ouvrage.
> Ils approvisionnaient la moitié de l'univers
> Mais avaient plus de travail
> Qu'ils n'avaient d'ouvriers. »

Ibid.

Bien entendu ce monde est inégal, certains prospèrent, d'autres travaillent avec peine :

> « Quelques-uns avec de grands fonds et très peu de peines
> Trouvaient facilement des affaires fort profitables,
> Et d'autres étaient condamnés à la faux et à la bêche,
> Et à tous ces métiers pénibles et laborieux

Où jour après jour s'échinent volontairement des misérables
Épuisant leur santé pour avoir de quoi manger [...]. »

Ibid.

Puis, à l'inverse, il imagine que « la vertu succède au vice ». Que devient la ruche «où les Fripons sont devenus honnêtes ? »

« Contemplez maintenant la Ruche illustre.
Comment s'accordent Commerce et Vertu ?
De son luxe il ne reste plus de trace;
Elle apparaît sous un aspect tout autre.
Car ceux qui faisaient de grosses dépenses
Ne sont pas les seuls qui doivent partir;
Les multitudes qu'ils entretenaient
Sont forcées aussi chaque jour de fuir.
C'est en vain qu'on cherche un autre métier;
Tous, ils sont également encombrés.
Le prix des terres et des maisons s'effondre
Dans la construction l'arrêt est total;
....
Les artisans ne trouvent plus d'emploi;

Ibid.

Il en découle fort logiquement « l'Éloge du vice » qui nous éloigne largement de la pensée religieuse et moraliste qui précède la froide logique du calcul économique.

« Oui, si un peuple veut être grand
Le vice est aussi nécessaire à l'État
Que la faim l'est pour le faire manger
La vertu seule ne peut faire vivre les nations [...]. »

Ibid.

Richard Cantillon (1680-1734)

Richard Cantillon écrit, vers 1730, un *Essai sur la nature du commerce en général* dont la publication reste un mystère. Stanley Jevons fournira quelques éclaircissements sur cette publication en 1881. Économiste né en Irlande, Cantillon a vécu à Paris à l'époque de la fameuse expérience d'émission de monnaie-papier par John Law. Puis il ira à Amsterdam et à Londres. C'est dans cette ville qu'il est assassiné en 1734.

Précurseur des physiocrates, Il va influencer l'économiste français Quesnay. Comme nous l'avons vu pour Boisguilbert, Cantillon développe **un circuit économique** fondé sur des classes d'agents économiques. Cantillon précise le modèle de Boisguilbert en distinguant les salariés dont les revenus sont prévus « à gages certains », des capitalistes (dont les revenus sont aléatoires car ils dépendent de la réussite de leur entreprise).

Pour Cantillon, la richesse ne doit pas être confondue avec l'or et l'argent; elle est l'ensemble des biens nécessaires à la vie. Deux facteurs de production permettent d'obtenir les richesses, ce sont la terre et le travail.

Son effort d'abstraction pour expliquer les salaires et les prix et sa théorie de l'entrepreneur en font un véritable précurseur de l'analyse économique moderne. Il recherche même dans la terre **un étalon général de la valeur :**

> « La terre est la matière, et le travail la forme de toutes les marchandises; et, comme ceux qui travaillent doivent nécessairement subsister du produit de la terre, il semble qu'on pourrait trouver un rapport de la valeur du travail à celui de la terre. »
>
> *Essai sur la nature du commerce en général,* 1755.

Une de ses analyses les plus connues est celle qui concerne le rééquilibrage automatique de la balance commerciale dans un système d'étalon or.

Comment le déséquilibre se corrige automatiquement

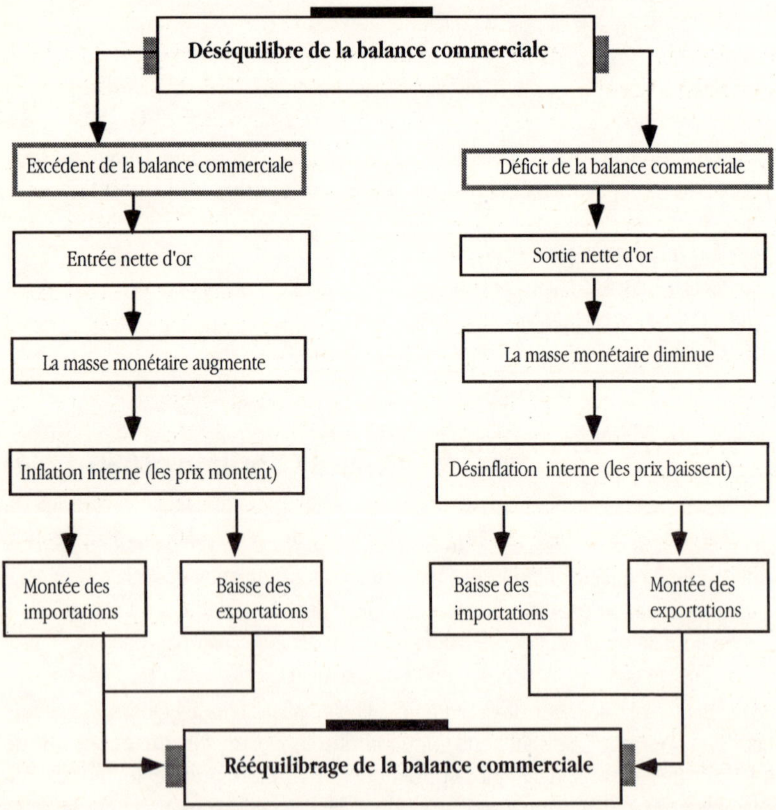

Il sait même expliquer les déterminants à long terme des taux de change par **la valeur intrinsèque** de chaque devise, les coûts de transport, les risques associés à la circulation des métaux précieux, les anticipations des agents.

Francis Hutcheson (1694-1746)

Francis Hutcheson est un écossais né en Irlande. Il présente un *System of Moral Philosophy* en 1705. Cet ouvrage de morale philosophique contient une théorie des droits de propriété largement inspirée de John Locke. Il propose une théorie des prix comme résultant de la confrontation de l'offre et de la demande. Hutcheson s'attaque à une réfutation des thèses de Mandeville sur la nature des motivations économiques. Pour Hutcheson, deux mobiles poussent les agents économiques à agir : l'intérêt individuel et l'altruisme. Bref, il refuse de considérer les hommes comme mus par le seul égoïsme individuel. Il accorde une priorité aux biens de première nécessité sur les biens de luxe.

♦ Précurseur de la pensée de A. Smith, Hutcheson présente une analyse de l'organisation sociale qui préfigure largement l'approche de la division du travail du premier des classiques. Ainsi Hutcheson attribue à l'organisation collective du travail social deux avantages :

1) certaines tâches deviennent possibles car l'association de plusieurs rend possible à un groupe de personnes ce que chacun séparément n'aurait pu faire (effet de seuil); ainsi en est-il de l'usage de grands filets de pêche;

2) diviser les tâches, c'est spécialiser les individus et ainsi augmenter la dextérité de chacun dans un domaine donné car le fait d'exécuter régulièrement une tâche simple très fréquemment augmente la productivité et la précision.

♦ L'analyse de la valeur de Hutcheson insiste à la fois sur la nécessaire valeur d'usage que doit posséder un bien pour qu'il puisse être échangé. Il précise que le prix des marchandises :

> « dépend conjointement de deux facteurs, la demande pour tel ou tel usage que beaucoup de personnes désirent et la difficulté de les acquérir ou de les cultiver pour servir au besoin des hommes »
>
> *A System of Moral Philosophy in three books*, E & A Foulis, 1705.

La difficulté pour acquérir un bien est elle même reliée à la quantité de travail qu'il incorpore, à l'efficacité productive de celui qui l'a réalisé et aussi à la rareté des matières premières qu'il contient.

♦ Dans le domaine de la théorie monétaire, Hutcheson explique le taux d'intérêt par les produits qu'apportent certains biens et auxquels va renoncer le propriétaire d'un terre qui a des arbres fruitiers, par exemple. Il relie le niveau des taux d'intérêt à la quantité de monnaie qui circule mais aussi à l'état du commerce. Il précise même que l'abondance de monnaie va faire préférer les biens réels telle la terre car un taux d'intérêt trop bas va réduire les gains du rentier par rapport à ceux du propriétaire foncier.

David Hume (1711-1776)

David Hume est le mentor d'Adam Smith. Surnommé « le Bon David », Hume est un philosophe dans la lignée de John Locke. Keynes proclamera son admiration pour l'œuvre économique de Hume. Après trois années de travail en France, Hume publie en 1735 un traité sur la nature humaine (*A treatise on Human Nature).*

Puis, il rédige de nombreux essais politiques et économiques qu'il réunit en 1752 pour publication. Ces textes sur le commerce, la monnaie, l'intérêt, la balance commerciale, les impôts et le crédit public sont autant de joyaux pour une économie politique encore balbutiante. Hume réfute l'idée mercantiliste selon laquelle il est important de détenir un stock de monnaie important. Il conteste aussi l'idée selon laquelle le déficit commercial est source de tous les maux. Comme Locke, il considère que **la monnaie** est un instrument dont **la valeur est fiduciaire** (liée à la confiance) et résulte de **conventions** (car elle est instituée par les pouvoirs publics). Le taux d'intérêt s'explique d'abord par les facteurs réels que sont le profit obtenu dans les affaires et la demande d'emprunts.

> « L'intérêt de l'argent ne peut augmenter que lorsqu'il y a beaucoup d'emprunts, peu de capitaux pour les financer, et de grands profits commerciaux. Ces trois circonstances réunies sont la preuve la plus évidente du peu de progrès du commerce et de l'industrie, mais ne prouvent pas que l'or et l'argent ne soient pas abondants dans un pays. Le taux d'intérêt sera bas lorsque trois conditions opposées sont réunies : peu d'emprunts, des grandes richesses pour y souscrire et des profits médiocres dans la sphère commerciale; ces circonstances, qui apparaissent ensemble généralement résultent infailliblement de l'accroissement du commerce et de l'industrie et ne proviennent donc pas de l'augmentation des métaux précieux. »

Essais, « De l'intérêt de l'argent », 1752.

David Hume considère que l'idéal égalitaire semble inaccessible pratiquement; seule l'utilité publique peut servir à déterminer **la justice.** Ainsi, la dette publique est un fardeau pour les agents économiques, mais elle trouve sa justification dans l'utilité que retirent les citoyens lorsque l'activité publique crée des ponts, des ports, des canaux, draine des sols, etc. La philosophie sous-jacente de David Hume est celle **d'un**

libéralisme économique tempéré par les leçons de l'expérience. Hume est un sceptique, telle est la leçon que tirent J.-M. Keynes et P. Sraffa réunis pour l'écriture d'une préface à l'œuvre majeure de David Hume, *A treatise on Human nature*

> « La philosophie contenue dans ce livre est le scepticisme et tend à nous donner une notion des imperfections et des limites étroites de l'entendement humain. Presque tout le raisonnement est réduit à l'expérience. »
>
> An abstract of a book lately published, entitled, *A treatise on Human Nature*, réédition préfacée par J.-M. Keynes et P. Sraffa.

Étienne Bonnot, abbé de Condillac (1715-1780)

Étienne Bonnot, grenoblois, est responsable des progrès d'une théorie sensualiste de la valeur économique. Il publie en 1746 un *Essai sur l'origine des connaissances humaines*, puis en 1749, un *Traité des systèmes*. En 1754, le fameux *Traité des sensations* voit le jour. Son ouvrage libéral, *Le commerce et le gouvernement considérés relativement l'un à l'autre*, paraît en février 1776, un an avant *La Richesse des nations* de A. Smith. Il y parle avec clarté de **l'utilité subjective ressentie** :

> « Nous disons que quelque chose est utile quand elle sert quelques uns de nos besoins et inutile dans le cas contraire. »
>
> *Le commerce et le gouvernement considérés l'un relativement à l'autre*, 1776.

La valeur peut s'évanouir avec l'abondance, mais celle-ci est née subjectivement étant donné l'incertitude et l'ignorance de nos besoins futurs.

Ferdinand Galiani (1728-1787)

Ferdinand Galiani propose une réflexion sur la monnaie en 1751, *Della Moneta*. En 1759, il s'installe à Paris pour dix ans. Il s'oppose avec force aux physiocrates en 1770 dans ses *Dialogues sur le commerce des blés*. La théorie de la valeur qu'il présente alors est une combinaison relativement moderne de la notion d'**utilité et de rareté.** Son collègue italien Cesae Beccaria (1735-1794) abondera dans la même direction pour fonder le cœur du calcul économique du consommateur.

Ferdinand Galiani développe un style particulier très inspiré des discussions de salon. Dans ses *Dialogues sur le commerce des blés*, il utilise le style de la conversation mondaine pour prouver à la fois une chose et son contraire.

Mais Galiani cherche à prouver des choses précises. Il soutient la libéralisation du commerce, mais il propose un système de taxation modéré car il craint l'effet d'une ouverture totale des frontières source d'effondrement des prix lorsque les récoltes sont très bonnes. A l'inverse, les années de mauvaises récoltes, l'ouverture totale des frontières peut favoriser la pénurie car les agriculteurs vendront au pays le plus riche et le plus offrant. Galiani défend un libre-échange modéré et régulé par un État qui doit limiter la concurrence sauvage.

♦ Il conçoit une économie fondée non sur le calcul, mais sur l'observation psychologique des comportements. Il développe ainsi une vision **relativiste** de la politique économique. Ainsi, pour lui, il est impossible d'appliquer la même politique commerciale en Suisse, en France et en Angleterre. Pour Galiani, l'économie doit prendre en compte **les spécificités nationales.** F. List dira la même chose dans son *Système national d'économie politique* en 1841. Chaque État, du fait de son histoire et de sa géographie, de son climat et des traits de caractères de ses membres, doit choisir une politique conforme à son tempérament et à ses intérêts.

Ainsi, tel État peut avoir intérêt à protéger telle industrie balbutiante, tel autre à ouvrir ses frontières sans discrimination, etc. L'économie est plus un art qu'une science à portée générale. Galiani nous invite à penser une économie hors des dogmatismes et dans la complexité.

3

LE NOYAU CENTRAL DE LA PENSÉE LIBÉRALE

3.1. Les classiques au sens large (1700-1870)

3.1.1. Qui sont les classiques ?

NAISSANCE DE LA PENSÉE LIBÉRALE ET CLASSIQUE

Si la pensée mercantiliste s'épanouit dans un monde où le capitalisme prend d'abord une forme commerciale, la pensée classique coïncide largement avec l'avènement de **la révolution industrielle** et donc avec la mise en place d'**un capitalisme moderne.** Ce n'est pas par hasard que l'œuvre majeure des classiques est celle d'Adam Smith qui s'interroge sur les facteurs qui permettent d'accroître les richesses. Marx, lorsqu'il étudie les classiques, identifie en William Petty (1623-1687) la première analyse vraiment scientifique de l'économie car cet auteur prend pour point de départ de la valeur « le temps de travail socialement nécessaire à la production des marchandises ». La question clé devient très clairement comment penser une économie monétaire de production pour laquelle la valeur prend racine dans l'univers productif. Le monde classique sent l'usine et centre la réflexion sur la machine et le travail productif. La terre anglaise où va germer le monde industriel moderne symbolisé par la machine de James Watt est aussi la patrie de la pensée économique classique.

Une nouvelle philosophie politique des lumières

Plusieurs éléments furent nécessaires dans le domaine de la pensée économique pour que l'on arrive à se représenter l'économie comme fonctionnant avec *une main invisible* assurant l'harmonie économique dans un monde gouverné par les machines et le travail.

En particulier, il a fallu que les philosophes du XVIIe et du XVIIIe siècle forgent la notion de **liberté** individuelle dans l'Europe qui s'industrialise et s'ouvre à l'économie de marché.

Une nouvelle philosophie politique de type *libéral* s'élabore; elle indique qu'il faut diminuer les pouvoirs du prince, réduire le rôle de l'État et permettre à la liberté d'opinion de s'exprimer. L'objectif est de ne pas entraver l'action des citoyens qui recherchent leur intérêt individuel sans nuire à autrui. Les idées de diversité sociale et de démocratie politique complètent ce mouvement *des lumières* contre les régimes monarchiques, le conservatisme et l'obscurantisme.

♦ Le philosophe hollandais **Spinoza** (1632-1677) formule très clairement l'intérêt pour la société des comportements individualistes :

> « Quand chaque homme cherche le plus ce qui lui est utile à lui-même, alors les hommes sont les plus utiles les uns aux autres. »

L'Éthique, IV.

♦ **Montesquieu** (1689-1755) est un maillon de cette évolution libérale; il va proposer une étude rationnelle des sphères juridique, politique et économique . Il distingue clairement les intérêts des individus de ceux des États. Pour lui, la richesse résulte d'institutions peu rigides et d'un État sobre :

> « Dans un État où d'un côté l'opulence serait extrême, et de l'autre les impôts excessifs, on ne pourrait guère vivre sans industrie avec une fortune bornée [...]. Une nation commerçante a un nombre prodigieux de petits intérêts; elle peut donc choquer et être choquée d'une infinité de manières [...]. Et ses lois [...] pourraient être rigides à l'égard du commerce et de la navigation qu'on ferait chez elle, qu'elle semblerait ne négocier qu'avec des ennemis. »

L'Esprit des lois, 1748.

♦ **Kant** (1724-1800) développe la notion de *conscience* individuelle et de *rationalité* du citoyen; il propose la représentation d'un individu qui calcule selon ses intérêts économiques. Kant refuse l'obéissance aveugle et la soumission aux institutions coercitives, il en appelle à l'usage de la raison individuelle et à l'esprit critique de l'individu. « Aide le courage de ton propre entendement. Voilà la devise des lumières » (*Qu'est-ce que les lumières,* 1784. L'individu calculant et décidant, c'est un premier pas vers la représentation en termes d'*homo œconomicus.* Il est particulièrement critique à l'égard de l'individu qui, au contraire, se laisse guider par les institutions et les conventions sans faire appel à sa raison.

> « Il est donc difficile pour chaque individu séparément de sortir de la minorité, qui est presque devenue pour lui nature. [...] Or, pour ces lumières, il n'est rien requis d'autre que la *liberté;* et à vrai dire la liberté la plus inoffensive de tout ce qui peut porter ce nom, à savoir celle de faire *un usage public* de sa raison dans tous les domaines. »

Qu'est-ce que les lumières, 1784.

♦ Mais par-dessus tout, nous l'avons vu plus en détail lors de notre brève présentation des précurseurs, les classiques ont pour ancêtres quelques grandes figures de **la**

pensée économique libérale : William Petty, John Locke, David Hume, Bernard de Mandeville, Pierre Le Pesant de Boisguilbert, Richard Cantillon.

La plupart de ces grands ancêtres se sont battus contre la pensée mercantiliste, ont privilégié les choix individuels face aux préférences du souverain. L'économie est devenue leur champ de réflexion principal et ils ont réfléchi sur les causes des richesses, la source de la valeur, la monnaie et l'impôt.

LES CLASSIQUES AU SENS STRICT (1776-1848)

Les principes communs à l'école classique

Tout regroupement est commode pour la pensée mais comporte une part d'arbitraire. Pourtant, par-delà la diversité des penseurs, un ensemble de propositions permettent de former un ensemble théorique présentant une certaine cohérence. Quand on parle de **modèle classique,** on se réfère à cet ensemble de propositions qui forge l'unité de cette école.

Le fonds commun des classiques tient en trois propositions essentielles :

> « 1 l'enrichissement des nations tient à l'accumulation du capital;
> 2 cette accumulation dépend du goût pour l'épargne des détenteurs de profit;
> 3 cette épargne s'investit spontanément dans les secteurs où le taux de profit est le plus élevé, ce qui entretient le processus de croissance ».

Suzanne de Brunhoff, in *Panorama des sciences humaines,* Gallimard, 1973.

♦ La **méthode des classiques** est abstraite et déductive. Les faits servent à illustrer leurs analyses. Malthus est l'exception car il commence à prendre en compte les données statistiques et la réalité. Les classiques *modélisent* car ils essaient de ramener l'économie à quelques facteurs décisifs : le capital, l'épargne et le profit en particulier.

♦ Leur approche est d'abord centrée sur l'offre, l'accumulation et les problèmes de longue période.

♦ Les classiques s'interrogent sur la dimension **micro-économique** en étudiant les prix, le marché, le comportement des entrepreneurs. Mais ils ne complètent pas avec la **macro-économie** car ils veulent comprendre la dynamique de la croissance et la répartition des revenus entre les grandes classes sociales.

♦ Ils pensent que les lois économiques sont **naturelles** et que la nature détermine un ordre social idéal. Ils parlent ainsi de « prix naturel » qu'ils distinguent du prix courant.

♦ Ils imaginent la réalité économique comme un monde d'**interaction d'individus** débouchant sur une situation idéale et équilibrée car les échanges, réglés par l'intérêt, sélectionnent les meilleurs. Ils développent des idées de déréglementations : il faut supprimer les règlements et les protections, le libre-échange améliore la situation des nations; l'individu est plus apte que l'État à créer des richesses et à réaliser le bien-être de tous en recherchant de façon égoïste son propre intérêt. Avec eux, l'idéologie individualiste triomphe. L'ordre social semble *un seul effet émergent de la bonne conduite individuelle dans les affaires.*

Une école pourtant souvent divisée

Les classiques s'opposent souvent. Certains historiens de la pensée économique pensent même que leurs divergences sont encore plus nombreuses que leurs points de convergence. Une de leurs principales pommes de discorde est sans nul doute l'approche des crises du capitalisme. Ainsi, J.-B. Say et Ricardo imaginent que la loi des débouchés s'applique et que les produits constituent des débouchés aux produits, tandis que Malthus et Sismondi insistent sur **la possibilité de crises** (de surproduction pour Sismondi). Ainsi, la théorie de la rente est différentielle pour les uns, absolue pour les autres; de même les interprétations classiques ne sont guère uniformes pour la création monétaire et les taux d'intérêt, etc..

Il est donc nécessaire de préciser les principales branches d'une école qui ne fut jamais unifiée par un maître unique tant les grandes figures sont originales et irréductibles les unes aux autres par leur méthode et par leurs hypothèses principales.

Qui sont les principaux auteurs classiques ?

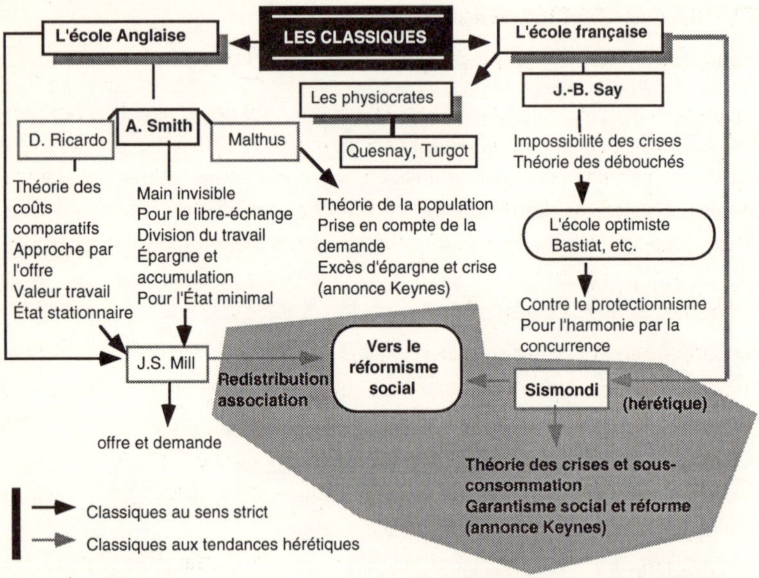

A. Smith publie son principal ouvrage en 1776 et date ainsi les débuts remarqués de la pensée classique moderne; celle-ci se développe et s'épanouit jusque vers 1871. A. Smith ne va pas tout inventer : il va surtout faire œuvre d'homme de synthèse. Cet ouvrage organise les connaissances selon une problématique : comprendre les mécanismes de croissance d'une nation.

Le premier ouvrage d'économie au sens moderne car présentant de façon synthétique l'essentiel des problèmes économiques est, en fait, celui de Cantillon... Il précède A. Smith par son *Essai sur la nature et du commerce en général* édité pour la première fois en 1755. Mais la bible des classiques est plutôt *Recherches sur la nature et les causes de la richesse des nations* de A. Smith (1776).

♦ A Smith fait du comportement rationnel de l'homme la base d'un ordre naturel qui émerge du jeu de la concurrence. Il considère la valeur travail et l'épargne comme des vertus de base. Il modélise pour la première fois bien des aspects de **la théorie de la croissance.**

En France, J.-B.. Say diffuse Smith et modélise l'idée d'un équilibre macro-économique; il approfondit théoriquement la notion de stabilité d'un capitalisme concurrentiel (loi des débouchés).

L'angle de vue n'est plus celui de l'agriculture et de ses pâturages; l'univers théorique classique est traversé par les cheminées des usines.

L'ÈRE DES GRANDS CLASSIQUES (1776-1871)

Les branches de l'école classique

La pensée classique va prendre son essor en **Angleterre** où *la révolution industrielle* forme un creuset propice pour comprendre le capitalisme en marche et le fonctionnement d'une économie de marché. Au sens strict, la pensée économique classique est bornée par les deux grands ouvrages que sont en 1776 *la Richesse des nations* d'A Smith et *Les Principes de l'économie politique* de J.S.. Mill publiés en 1848.

Il est possible, en simplifiant, de distinguer :

♦ **les fondateurs du courant libéral anglais** avec A. Smith, D. Ricardo et Malthus. J.-S.. Mill tentera un dépassement qui permettra la transition avec le courant néo-classique.

Si A. Smith est sans doute le fondateur de l'école classique, Ricardo va en fixer l'orthodoxie pour longtemps. Keynes dans sa « révolution hérétique » le présentera sous cet angle dans un témoignage critique :

« Dans **l'économie ricardienne,** qui est à la base de tout ce qui a été enseigné depuis plus d'un siècle, l'idée qu'on a le droit de négliger la fonction de demande globale est fondamentale. A vrai dire, la thèse de Ricardo que la demande effective ne peut être insuffisante avait été vivement combattue par Malthus, mais sans succès. »

J. M. Keynes, *Théorie générale de l'emploi, de l'intérêt et de la monnaie,* 1935.

♦ Le courant **libéral français** prend sa source chez *les physiocrates.* Il a ensuite pour porte-drapeau J. -B. Say qui va impulser une école en faveur de l'économie de marché et de la concurrence. Say s'appuie sur une approche plus subjective de la valeur; il s'oppose aussi au protectionnisme, et croit à une économie de marché harmonieuse et sans crises. Bastiat est généralement associé au classicisme français. Même si, Schumpeter refuse à Bastiat le titre d'économiste : celui-ci serait plutôt un polémiste et un juriste argumentant à partir du droit de propriété... Mais l'économie contemporaine *ultra-libérale* va réhabiliter Bastiat en faisant de *la théorie des droits de propriété,* le cœur de sa réflexion économique. La pensée libérale classique française au XIXe siècle s'oppose au courant socialiste par sa croyance dans les vertus du libre-échange et de la concurrence. Dans un autre domaine, l'opposition à la formalisation mathématique et à l'innovation théorique empêche pour un temps les classiques français de connaître la mue anglaise qui a donné naissance aux *néo-classiques...* Mais en marge de l'économie officielle, les ingénieurs français se révèlent des pionniers pragmatiques qui préfigurent les nouvelles voies...

Des « classiques» au sens large s'opposent au noyau central

Des penseurs « hérétiques » socialistes ou même révolutionnaires peuvent être associés à l'école classique au sens large.

♦ Ainsi, **Sismondi** fait partie historiquement de l'ère classique il va prendre le parti de Malthus contre J.-B. Say. Mais nous étudierons cet auteur séparément car le courant réformiste a conçu d'autres concepts que *le noyau central de la pensée libérale* forgé par les classiques. En s'opposant à l'économie de marché, en préconisant une théorie de la demande plutôt que de l'offre, Sismondi a été un **hétérodoxe** contemporain des classiques.

♦ **Marx** est souvent classé comme « le dernier des classiques ». Mais il est d'abord le fondateur d'une *critique de l'économie politique.* Afin d'éviter la confusion des étiquettes, nous lui consacrerons une partie spécifique.

LA PENSÉE CLASSIQUE DEMEURE FÉCONDE

Les classiques demeurent actuels par un certain nombre de concepts : concurrence, division du travail, loi des coûts comparatifs, calcul à la marge, etc. Exposer les apports des plus grands économistes classiques, c'est aussi revenir aux sources de ces notions. Mais plus encore que l'apport de quelques notions isolées, les classiques sont remarquables par l'intérêt de leurs débats; *les Contemporains* se feront encore l'écho des polémiques du passé... Dans de nombreuses écoles de pensée contemporaines, on peut encore percevoir les traces du sillon fondateur.

3.1.2. Les classiques anglais

Adam Smith (1723-1790)

ADAM SMITH, UN PÈRE DE L'ÉCONOMIE POLITIQUE

Une vie consacrée à la théorie

A .Smith est né en Écosse dans la petite ville de Kirkaldy. Élève doué, il entre à quatorze ans à l'université de Glasgow où il suit les enseignements du maître de la philosophie écossaise Hutcheson (1694-1746). Puis, de dix-sept à vingt-trois ans, il devient élève du Balliol College à Oxford. Il prend alors connaissance des institutions politiques et économiques anglaises.

La philosophie écossaise marque A. Smith

Il s'imprègne des principes de *l'école philosophique écossaise* pour laquelle l'homme est guidé par deux grandes familles de forces instinctives :

- les instincts **égoïstes** qui le poussent à la jouissance individuelle et développent l'esprit de conquête;
- les instincts **altruistes,** qui dotent l'homme d'un « sens moral inné » et lui permettent de vivre en société en favorisant la coopération.

A dix-sept ans, il rejoint l'université d'Oxford pour laquelle il obtient une bourse; durant six années, il étudie la littérature et la philosophie.

Il découvre Hume (1711-1776) avec lequel il se lie d'amitié. Son ami revient de trois années passées en France et vient de publier son *Traité sur la nature humaine.* Mais Hume est réprouvé par les autorités religieuses. Sa philosophie naturaliste contredit en effet les préceptes de l'Église. Pour lui, ce sont les passions qui guident l'action humaine et non la raison. Il fait même de la passion d'enrichissement un désir qui ne connaît aucune limite. La seule découverte du *Traité de la nature humaine* dans la chambre de A. Smith a failli le faire chasser d'Oxford... Il en gardera une distance à l'égard du christianisme et un mépris des traditions non fondées sur des bases rationnelles. Cet esprit indépendant et frondeur le conduit à refuser de faire cours en latin quand il devient professeur.

A. Smith retourne en Écosse en août 1746, et s'installe d'abord à Édimbourg. En 1751, A Smith obtient la chaire de logique à l'université de Glasgow, puis à trente ans, il est transféré à la chaire de philosophie morale qu'il conservera pendant douze années. En

1759, A. Smith publie *La Théorie des sentiments moraux*. Dans cet ouvrage, il s'interroge sur le fait qu'un même individu puisse, dans certaines situations, manifester des comportements égoïstes où prime l'intérêt personnel alors que, dans d'autres situations, il se révèle agir sous « le regard d'un spectateur impartial » conformément à une morale inspirée par la communauté. L'influence de Hutcheson est très sensible. A. Smith en tire l'idée personnelle qu'il faut établir une distinction entre l'économique et la morale. L'égoïsme domine la sphère **économique** tandis que la vie **sociale** est conduite par « les sentiments moraux » qui comprennent l'altruisme, le respect de principes collectivement acceptés, etc. Ce livre lui confère une grande notoriété; mais surtout, cette réflexion philosophique préfigure son approche individualiste de l'économie de marché.

De la philosophie à l'économie

L'œuvre de A. Smith ayant séduit le chancelier de l'échiquier Charles Townsend, celui-ci le fait nommer précepteur du jeune duc de Buccleugh. Cela va permettre à A. Smith d'accompagner ce jeune homme durant un voyage de formation de quatre ans (1763-1766) qui lui fait parcourir l'Europe. Smith est alors introduit par Hume parmi **les encyclopédistes français**. Il découvre d'Alembert et son souci de savoir total et ordonné; il se perfectionne dans l'analyse de *l'individualisme méthodologique* au contact d'Helvetius qui systématise le rôle de l'égoïsme dans les comportements humains. Mais il rencontre aussi **Quesnay et Turgot** qui l'initient à l'économie politique tandis que lui-même fait alors figure de maître en philosophie. Les physiocrates l'inspirent par leur éloge du marché sans intervention publique; il admire leur construction théorique rigoureuse. Il affirmera lui aussi que c'est au moyen du « laisser-faire » et du « laissez-passer » que l'on obtient une économie prospère… Mais il ne les suivra pas dans leur idée que « seule la terre est productive ».

♦ Quand A. Smith revient en Écosse en 1766, il dispose des matériaux nécessaires pour créer l'économie politique moderne. Pendant dix ans, il va élaborer un ouvrage à la fois synthétique et original qui paraît en 1776. Daniel Villey note sévèrement la forme spécifique de ce traité d'économie révolutionnaire :

> « La *Wealth of Nations* est aussi dénuée d'architecture que riche d'aperçus originaux. Elle ressemble à l'idée classique que nous nous faisons du roman anglais, long, plein de couleur, mais délayé; semé de digressions; dénué de toute unité d'action. Nous y trouvons ce goût du concret, cette attention au réel sans cesse éveillée, cette honnêteté modeste et candide, cette ignorance des lois de la composition, à quoi nous reconnaissons l'esprit de la patrie du nominalisme. L'Anglais aime le réel plus que le vrai […]. Il n'énonce jamais un principe, qu'il n'en reprenne aussitôt quelque chose, le dépouillant par là de sa valeur de principe […]. Les anecdotes, les digressions, les remarques incidentes y foisonnent, piquantes et charmantes. mais la pensée ne progresse pas. L'auteur a le temps. Il flâne. »
>
> *Petite histoire des grandes doctrines économiques*, Génin, 1944.

Les portraits de A. Smith multiplient les images de sa distraction, de ses manies étranges, son peu de goût pour la vie pratique et l'apparence sociale :

> «Toute sa vie A. Smith a souffert d'une maladie nerveuse. Il ne cessait de hocher la tête et sa diction était bizarre et bredouillante [...]. Dans les années 1780, alors que Smith approchait de la soixantaine, les habitants d'Edinburgh étaient régulièrement gratifiés du spectacle amusant du plus illustre de leur concitoyen : attifé d'une veste claire, de culottes s'arrêtant aux genoux, de bas en soie blanche, de chaussures à boules et d'un chapeau plat en castor à larges bords, muni de sa canne, il arpentait le pavé des rues, les yeux dans le vague et les lèvres mues par un discours silencieux. Toutes les deux ou trois foulées, il hésitait comme pour changer de direction ou même revenir sur ses pas; il avait *l'allure d'un ver,* disait l'un de ses amis. »

R-L Heilbroner, *Les grands économistes,* Le Seuil, 1977.

L'image du savant vivant la tête dans les nuages de la théorie et peu soucieux du monde réel et quotidien convient en effet à A. Smith. Un ami aurait même reçu de lui cette confidence « Rien d'autre n'est beau en moi que mes livres. » Mais, par-delà l'anecdote et le personnage, A. Smith a forgé les concepts qui constituent aujourd'hui encore le fond commun de la pensée économique.

La pensée d'Adam Smith

De l'égoïsme individuel à l'harmonie collective

A. Smith théorise l'efficacité du marché qui permet d'aboutir par l'échange à la satisfaction des besoins de tous. Poussé par le seul aiguillon de l'intérêt personnel, chacun cherche à satisfaire au mieux les autres pour en tirer un bénéfice. L'individu est égoïste, mais il peut compter sur autrui à travers la division du travail :

> « Mais l'homme a presque continuellement besoin de ses semblables, et c'est en vain s'il se fiait à leur seule bienveillance. Il sera bien plus sûr de réussir, *s'il s'adresse à leur intérêt personnel* et s'il les persuade que leur propre avantage leur commande de faire ce qu'il souhaite d'eux. C'est ce que fait celui qui propose à un autre un marché quelconque; le sens de sa proposition est ceci : *Donnez-moi ce dont j'ai besoin, et vous aurez de moi ce dont vous avez besoin vous-même,* et la plus grande partie de ces bons offices qui nous sont nécessaires s'obtiennent de cette façon. Ce n'est pas de la bienveillance du boucher, du marchand de bière et du boulanger, que nous attendons notre dîner, mais bien du soin qu'ils apportent à leurs intérêts. Nous ne nous adressons pas à leur humanité, mais à leur égoïsme; et ce n'est jamais de nos besoins que nous leur parlons, c'est toujours de leur avantage. Il n'y a qu'un mendiant qui puisse se résoudre à dépendre de la bienveillance d'autrui; encore ce mendiant n'en dépend-il pas en tout; c'est bien la bonne volonté des personnes charitables qui lui fournit le fond entier de sa subsistance; mais quoique ce soit là en dernière analyse le principe d'où il tire de quoi satisfaire aux besoins de sa vie, cependant ce n'est pas celui-là qui peut y pourvoir à mesure qu'ils se font sentir. La plus grande partie de ses besoins du moment se

trouvent satisfaits, comme ceux des autres hommes, *par traité, par échange et par achat.* Avec l'argent que l'un lui donne, il achète du pain. Les vieux habits qu'il reçoit d'un autre, il les troque contre d'autres vieux habits qui lui conviennent mieux, ou bien contre un logement, contre des aliments, ou enfin contre de l'argent qui lui servira à se procurer un logement, des aliments ou des habits quand il en aura besoin.

Comme c'est ainsi par traité, par troc et par achat que nous obtenons des autres la plupart de ces bons offices qui nous sont mutuellement nécessaires, c'est cette même disposition à échanger qui a dans l'origine donné lieu à la division du travail.»

Recherches sur la nature et les causes de la richesse des nations.

Ainsi chacun fait vivre et prospérer ceux dont il a le plus besoin; à l'inverse, en n'achetant pas à ceux qui ne savent pas lui plaire, le consommateur les oblige à plus d'efforts et parfois même les font disparaître... Pour les firmes, « plaie d'argent est mortelle »; A. Smith fait des pertes et des profits les fondements de la vie économique.

L'harmonie règne dans la société de A. Smith où le riche comme le pauvre sont nécessaires à l'équilibre économique :

« Le produit du sol nourrit constamment presque tous les habitants qui le cultivent. Les riches seuls choisissent, dans la masse commune, ce qu'il y a de plus délicieux et de plus rare. Ils ne consomment guère plus que le pauvre; et en dépit de leur avidité et de leur égoïsme (quoiqu'ils ne cherchent que leur intérêt, quoiqu'ils ne songent qu'à satisfaire leurs vains et immuables désirs en employant des milliers de bras), ils partagent avec le dernier manœuvre le produit des travaux qu'ils vont faire. Une main invisible semble les forcer à concourir à la même distribution des choses nécessaires qui aurait eu lieu si la terre eût donnée en égale portion à chacun de ses habitants; et ainsi, sans en avoir l'intention, sans même le savoir, le riche sert l'intérêt social et la multiplication de l'espèce humaine. »

A. Smith, *Traité sur la nature humaine,* Paris, traduction Guillaumin, 1860.

La main invisible de la concurrence assure la société que ce qui est produit correspond aux besoins de ses membres, et ce dans les quantités désirées.

« Chaque individu met sans cesse tous ses efforts à chercher, pour tout le capital dont il peut disposer, l'emploi le plus avantageux; il est bien vrai que c'est son propre bénéfice qu'il a en vue, et non celui de la société; mais les soins qu'il se donne pour trouver son avantage personnel le conduisent naturellement, ou plutôt nécessairement, à préférer précisément ce genre d'emploi même qui se trouve être le plus avantageux à la société.

Premièrement, chaque individu tâche d'employer son capital aussi près de lui qu'il le peut et, par conséquent, autant qu'il le peut, il tâche de faire valoir l'industrie nationale, pourvu qu'il puisse gagner par là les profits ordinaires que rendent les capitaux, ou guère moins [...].

En second lieu, chaque individu qui emploie son capital à faire valoir l'industrie nationale tâche nécessairement de diriger cette industrie de manière que le produit qu'elle donne ait la plus grande valeur possible [...].

Par conséquent, puisque chaque individu tâche, le plus qu'il peut, 1) d'employer son capital à faire valoir l'industrie nationale, et 2) de diriger cette industrie de manière à lui faire produire la plus grande valeur possible, chaque individu travaille nécessairement à rendre aussi grand que possible le revenu annuel de la société. A la vérité, son intention, en général, n'est pas en cela de servir l'intérêt public, et il ne sait même pas jusqu'à quel point il peut être utile à la société. En préférant le succès de l'industrie nationale à celui de l'industrie étrangère, il ne pense qu'à se donner personnellement une plus grande sûreté; et en dirigeant cette industrie de manière à ce que son produit ait le plus de valeur possible, il ne pense qu'à son propre gain; en cela, comme dans beaucoup d'autres cas, il est conduit par une main invisible à remplir une fin qui n'entre nullement dans ses intentions; et ce n'est pas toujours ce qu'il y a de plus mai pour la société que cette fin n'entre pour rien dans ses intentions. Tout en ne cherchant que son intérêt personnel, il travaille souvent d'une manière bien plus efficace pour l'intérêt de la société, que s'il avait réellement pour but d'y travailler. Je n'ai jamais vu que ceux qui aspirent, dans leurs entreprises de commerce, à travailler pour le bien général aient fait beaucoup de bonnes choses. Il est vrai que cette belle passion n'est pas très commune parmi les marchands et qu'il ne faudrait pas de longs discours pour les en guérir. »

A. Smith, *La Richesse des nations*..., livre II, ch IV.

Chaque individu égoïste « n'a pas de bonnes intentions », il est prêt à vendre le plus cher possible des objets qui lui coûtent le moins possible; mais en aucun cas, le profit ne peut être injustifié, car on peut toujours s'adresser à un vendeur plus efficace et plus raisonnable... Bref, le marché assure des prix compétitifs. Et le résultat est là : c'est la « magie » de l'équilibre qui s'impose.

« Qu'un individu se laisse emporter par son appétit de profit et il verra surgir des concurrents pour lui prendre son métier; qu'un homme fasse payer ses marchandises trop cher ou qu'il refuse de payer ses ouvriers aussi bien que les autres, et il se retrouvera sans clients, dans le premier cas, et sans salariés dans le second. Ainsi, comme dans la théorie des sentiments moraux, les motifs égoïstes de l'homme mènent le jeu de leur interaction au plus inattendu des résultats : l'harmonie sociale. »

R-L Heilbroner, op. cit., Le Seuil, 1977.

Le marché a aussi **une fonction de régulation**. Grâce aux prix, il ajuste les quantités offertes et les quantités demandées.

« Supposons que les consommateurs demandent davantage de gants qu'il n'en est produit et moins de chaussures. En conséquence le public se précipitera sur les stocks de gants alors que dans les chaussures les affaires marcheront mal; le prix des gants aura donc tendance à augmenter, puisque les consommateurs essayent d'en acheter plus qu'il n'y en a de disponibles; par contre, comme le public délaisse les boutiques de chaussures, le prix de celles-ci tend à baisser. Comme le prix des gants augmente, le profit dans la ganterie augmente également; comme le prix des chaussures chute, les profits s'effondrent dans ce secteur. *L'intérêt personnel* vient à nouveau rétablir l'équilibre. Des travailleurs seront licenciés dans le secteur des chaussures où les usines réduisent leur production; ils iront embaucher dans la ganterie où les affaires vont bien. Le résultat est évident : la production des gants augmentera et celle des chaussures baissera. C'est exactement le résultat voulu tout d'abord par la société.»

R-L Heilbroner, *op.cit.*

L'échange conduit ainsi à la division du travail et l'efficacité de cette dernière conditionne croissance et emploi. De la concurrence et des échanges résultent une économie riche et dynamique.

Le modèle classique de A. SMITH

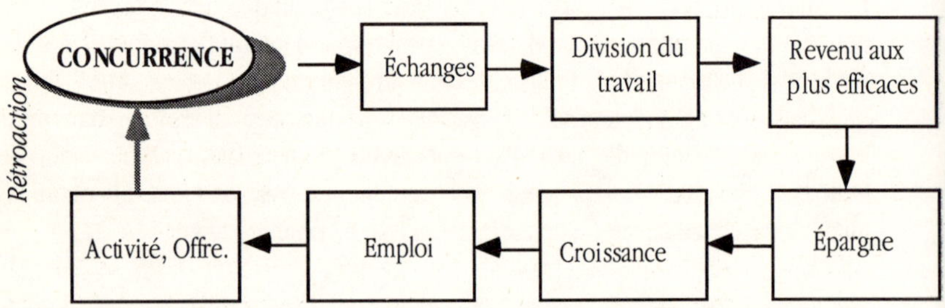

La division du travail : source d'efficacité et de croissance

Pour A. Smith, **la richesse des nations** résulte largement *de la division du travail* de plus en plus poussée. Plus une nation est riche, plus elle **spécialise** les talents de ses membres et obtient *une productivité* supérieure. Elle peut aussi mieux former à chaque tâche particulière, et l'habileté et la dextérité pour les tâches simples ne fait que croître :

« Les plus grandes améliorations dans la puissance productive du travail, et la plus grande partie de l'habileté, de l'adresse, de l'intelligence avec laquelle il est dirigé ou appliqué, sont dues, à ce qui semble, à **la division du travail.**

On se fera plus rapidement une idée des effets de la division du travail sur la société, si l'on observe comment ces effets opèrent dans quelques manufactures particulières [...].

Prenons un exemple dans une manufacture de la plus petite importance, mais où la division du travail s'est fait souvent remarquer : **une manufacture d'épingles.** Un homme qui ne serait pas façonné à ce genre d'ouvrage — dont la division du travail a fait un métier particulier — ni accoutumé à se servir des instruments qui y sont en usage — dont l'invention est probablement due encore à la division du travail — cet ouvrier, quelque adroit qu'il fût, pourrait peut-être à peine faire une épingle dans toute sa journée, et certainement il n'en ferait pas une vingtaine. Mais de la manière dont cette industrie est maintenant conduite, non seulement l'ouvrage entier forme un métier particulier, mais même cet ouvrage est divisé en un grand nombre de branches, dont la plupart constituent autant de métiers particuliers. Un ouvrier *tire le fil à la bobille,* un autre le *dresse,* un troisième *coupe la dressée,* un quatrième *empointe,* un cinquième est employé à *émoudre* le bout qui doit recevoir *la tête.* Cette tête est elle-même l'objet de deux ou trois opérations séparées : la *frapper* est une besogne particulière; *blanchir* les épingles en est une autre; c'est même un métier distinct et séparé que de *piquer* les papiers et d'y *bouter* les épingles; enfin l'important travail de faire une épingle est divisé en dix-huit opérations distinctes ou à peu près, qui, dans certaines fabriques, sont remplies par autant de mains différentes, quoique dans d'autres le même ouvrier en remplisse deux ou trois. J'ai vu une petite manufacture de ce genre qui n'employait que dix ouvriers, et où, par conséquent, quelques-uns d'entre eux étaient chargés de deux ou trois opérations. Mais quoique la fabrique fut fort pauvre et, par cette raison, mal outillée, cependant, quand ils se mettaient en train, ils faisaient environ douze livres d'épingles par jour; or, chaque livre contient au-delà de quatre mille épingles de taille moyenne. Ainsi, ces dix ouvriers pouvaient faire plus de quarante-huit milliers d'épingles dans une journée; donc, chaque ouvrier, faisant une dixième partie de ce produit, peut être considéré comme donnant dans sa journée quatre mille huit cent épingles. Mais s'ils avaient travaillé à part et indépendamment les uns des autres, et s'ils n'avaient pas été façonnés à cette besogne particulière, chacun d'eux assurément n'eut pas fait vingt épingles, peut-être pas une seule, dans sa journée, c'est-à-dire , à coup sûr, pas la deux cent quarantième partie, et peut-être pas la quatre mille centième partie de ce qu'ils sont maintenant en état de faire, en conséquence d'une division et d'une combinaison convenable de leurs différentes opérations.

Dans tout autre art et manufacture, les effets de la division du travail sont les mêmes que ceux que nous venons d'observer dans la fabrique d'une épingle, quoique dans un grand nombre, le travail ne puisse pas être aussi subdivisé, ni réduit à des opérations d'une aussi grande simplicité. Toutefois, dans chaque art, la division du travail, aussi loin qu'elle peut y être portée, amène un accroissement proportionnel dans la puissance productive du travail. C'est cet avantage qui paraît avoir donné naissance à la séparation des divers emplois et métiers.

Aussi, cette séparation est en général poussée plus loin dans les pays qui jouissent du plus haut degré de perfectionnement; ce qui dans une société encore un peu grossière est l'ouvrage d'un seul homme devient, dans une société plus avancée, le travail de plusieurs [...].

Cette grande augmentation dans la quantité d'ouvrages qu'un même nombre de bras est en état de fournir, en conséquence de la division du travail, est due à trois circonstances différentes : premièrement, à un accroissement d'habileté chez chaque ouvrier individuellement; deuxièmement, à l'épargne du temps qui se perd ordinairement quand on passe d'une espèce d'ouvrage à un autre; et troisièmement enfin, à l'invention d'un grand nombre de machines qui facilitent et abrègent le travail, et qui permettent à un homme de remplir la tâche de plusieurs. »

A; Smith, *Recherches sur la nature et les causes de la richesse des nations.*

Seule l'étendue des marchés limite la spécialisation, d'où l'intérêt de l'extension maximale des marchés par le biais du libre-échange, pour obtenir l'efficacité sociale maximale.

• Pour A. Smith plus l**e capital** est abondant plus on peut disposer de travailleurs productifs entre lesquels il devient possible de diviser le travail à l'extrême. Cela permet d'élever la productivité du travail en créant plus de richesses. La société d'abondance peut épargner et ainsi à nouveau investir en créant un stock de capital sans cesse croissant. Telle est la boucle vertueuse de croissance :

Division du travail et croissance

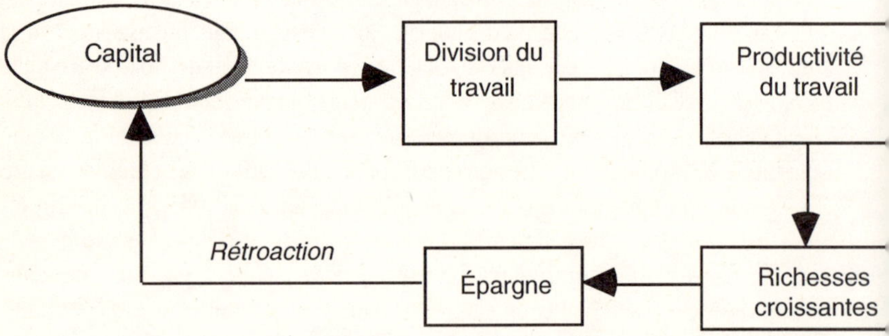

Mais A. Smith précise que ce travail « en miettes » a des conséquences souvent négatives et même débilitantes pour les ouvriers :

> « L'homme dont la vie entière est dépensée à la réalisation de peu d'opérations simples, opérations dont les effets sont aussi à peu près toujours les mêmes, n'a pas d'occasion d'exercer son intelligence ou son inventivité pour trouver des remèdes aux difficultés qui se produisent. Il perd naturellement par conséquent l'habitude d'un tel exercice et devient généralement aussi stupide et ignorant que cela est possible pour une créature humaine. La torpeur de son esprit le rend incapable , non seulement de savourer ou de jouer un rôle dans une conversation rationnelle, ni de concevoir un quelconque sentiment généreux, noble ou tendre, et, par conséquent, de former un quelconque jugement concernant les événements et les obligations ordinaires de la vie privée.»
>
> *A; Smith, Recherches sur la nature et les causes de la richesse des nations.*

De tels effets de la division du travail sont à mettre au passif des sociétés industrielles et commerciales. L'optimisme d'A. Smith est donc tout relatif.

Une théorie de la valeur à trois dimensions

Trois conceptions de la valeur se retrouvent dans l'œuvre de A. Smith qui insiste sur le travail passé, le travail commandé et le rôle de la demande à court terme.

Acte 1 Au départ « dans cet état grossier des sociétés naissantes », le travail passé ou travail nécessaire sert d'étalon de valeur, les prix s'établissent comme **des prix d'offre** :

« **Le prix réel** de chaque chose, ce qu'elle coûte réellement à la personne qui a besoin de l'acquérir, est l'équivalent de la peine et de l'embarras qu'il a fallu pour l'acquérir. »

« Dans cet état grossier des sociétés naissantes, qui précède l'accumulation des capitaux, et l'appropriation des terres, le rapport entre la quantité de travail nécessaire pour acquérir chaque objet paraît la seule donnée qui puisse conduire à poser une règle pour l'échange des uns contre les autres. Par exemple, si dans une nation de chasseurs il en coûte ordinairement deux fois autant de travail pour tuer un castor que pour tuer un daim, on donnera naturellement deux daims pour un castor, ou, en d'autres termes, un castor vaudra deux daims. Il est tout simple que ce qui est d'ordinaire le produit de deux journées ou de deux heures de travail vaille le double de ce qui n'exige ordinairement qu'un jour ou une heure de travail. »

A; Smith, Recherches sur la nature et les causes de la richesse des nations.

Dans ce monde simplifié où le travailleur n'a besoin ni d'utiliser la terre d'autrui, ni de se faire salarié chez un capitaliste, tous les types de prix vont coïncider : on a égalité entre la quantité de travail incorporée dans le bien (coût de production), le travail commandé et le prix réel des marchandises. Ainsi, ce n'est que dans une société où la totalité de ce qui est produit est la pleine propriété des travailleurs que le prix des biens est déterminé par **la théorie de la valeur travail.** Dans ce cas où le travailleur est totalement libre et indépendant, le prix des marchandises est bien égal à la quantité de travail nécessaire pour les produire.

Distinguer travail commandé et travail incorporé !

♦ **Le travail incorporé** dans une marchandise comprend le travail direct et indirect nécessaire pour la produire.

En simplifiant, un magnétoscope qui nécessite 100 heures de travail payé 80 F aura une valeur travail incorporée de 80 F x 100 F = 8 000 F. Dans ce travail il y a le travail direct de ceux qui ont fabriqué le magnétoscope et le travail indirect de ceux qui ont fabriqué les machines servant à réaliser cette marchandise.

♦ **Le travail commandé** par une marchandise est la quantité de travail qu'il est possible d'acquérir en échange de ce que vaut cette marchandise.

Ainsi, un lecteur de Compact discs qui vaut 4 000 F permet de commander 50 heures de travail si l'on prend comme salaire horaire 80 F : $N = \frac{4\ 000\ F}{2\ 000\ F} = 50$ heures.

Acte 2 Dans les sociétés avancées, A. Smith précise que cela devient plus complexe que dans les sociétés de chasseurs cueilleurs.

Pour A. Smith, toute marchandise dispose d'**un prix naturel** qui est égal au **coût de production.** Autrement dit, le prix naturel est la somme des rémunérations des trois facteurs qui entrent dans la composition d'une marchandise : le salaire des travailleurs, la rente des propriétaires fonciers et les profits des détenteurs de capitaux. Le prix naturel est un minimum; c'est le prix requis pour inciter les producteurs à fournir une marchandise donnée dans une économie de concurrence. Dans une telle situation concurrentielle, la mobilité des facteurs est forte et en conséquence, la rémunération de facteurs est la même quel que soit son domaine d'activité.

La richesse s'exprime sous la forme d'un pouvoir d'acheter ou encore de commander, c'est-à-dire d'obtenir du travail en échange des marchandises disponibles.

A. Smith précise alors que, dans les sociétés complexes, la valeur des marchandises est fonction du travail commandé :

> « La division une fois établie dans toutes les branches du travail, il n'y a qu'une partie de toutes ces choses (ses besoins) qu'un homme puisse obtenir directement par son travail; c'est du travail d'autrui qu'il faut attendre la plus grande partie de toutes ces jouissances; ainsi, il sera riche ou pauvre selon la quantité de travail qu'il pourra commander ou qu'il sera en état d'acheter. »
>
> A. Smith, *Recherches sur la nature et les causes de la richesse des nations.*, ch V, livre I

Le **prix réel** d'une marchandise dans une société moderne est donc selon A. Smith égal à la quantité de travail qu'elle peut commander.

Acte 3 Cependant, A. Smith sait que dans la pratique quotidienne, le jeu de l'offre et de la demande peut forger *un prix de marché nominal* qui fluctue autour du *prix réel*.

Puis Adam Smith a précisé la notion de prix nominal d'un bien :

> « Chaque marchandise est plus fréquemment échangée, et par conséquent comparée, avec d'autres marchandises qu'avec du travail. Il est donc plus naturel d'estimer sa valeur échangeable par la quantité de quelque autre denrée que par celle du travail qu'elle peut acheter [...]. »
>
> A. Smith, *Recherches sur la nature et les causes de la richesse des nations.*, ch V, livre I

Cette quantité est le prix réel par opposition au prix nominal qui, dans une économie monétaire, est la quantité d'argent nécessaire pour obtenir un bien.

> « Le prix de marché de chaque marchandise particulière est déterminé par la proportion entre la quantité de marchandises existant actuellement sur le marché et les demandes de ceux qui sont disposés à en payer le prix naturel. »
>
> *Opus cit.*, ch V, livre VII.

Pour A. Smith, normalement et à long terme, le prix nominal des biens tend à osciller autour du prix réel car la concurrence impose aux échangistes sa loi d'airain. Ainsi, en prenant un exemple contemporain, pour les mémoires servant aux ordinateurs, il y a des cycles périodiques où l'offre excède la demande puis la demande vient à devenir dominante. Lorsque la demande de mémoire est excédentaire, ce sont les offreurs qui font la loi et le prix de marché est au dessus du prix réel. Mais, la concurrence pousse alors de nouveaux capitaux à s'investir dans ce domaine très rémunérateur. Ainsi l'offre de mémoires va augmenter jusqu'au point où il y aura à nouveau déséquilibre; la demande dominera de nouveau et ce seront les acheteurs qui feront la loi. Les capitaux seront alors moins abondants et la production s'ajustera à la demande, etc.

Le prix du travail

Pour A. Smith, ce n'est que dans « l'état grossier » que le salarié dispose de la totalité du produit qu'il réalise. Dès que l'on est dans une société moderne, il doit accepter de n'obtenir qu'une fraction de ce qu'il produit, le reste servant à payer le fermage à celui qui possède la terre et le profit au capitaliste.

Le salaire naturel désigne le minimum salarial nécessaire pour que le travail de qualité la plus basse puisse se reproduire, autrement dit c'est la rémunération qui permet de survivre et d'élever une famille ouvrière. Le salaire réel dépend généralement de la demande de travail qui croît en fonction du stock de capital. Par contre, le salaire nominal dépend du prix des biens nécessaires à la consommation ouvrière.

Pour expliquer la diversité des rémunérations, A. Smith distingue cinq causes des inégalités de salaire pour des emplois salariés de nature proche :

> « Premièrement, les salaires du travail varient suivant que l'emploi est aisé ou pénible, propre ou malpropre, honorable ou méprisé. [...].
>
> — Deuxièmement, les salaires du travail varient suivant la facilité et le bon marché de l'apprentissage ou la difficulté et la dépense qu'il exige [...].
>
> — Troisièmement, les salaires du travail varient dans les différentes professions, suivant la constance ou l'incertitude de l'emploi [...].
>
> — Quatrièmement, les salaires peuvent varier suivant la confiance plus ou moins grande qu'il faut accorder à l'ouvrier. Les orfèvres et les joailliers, en raison des matières précieuses qui leur sont confiées, ont partout des salaires supérieurs à ceux de beaucoup d'autres ouvriers dont le travail exige non seulement autant, mais même beaucoup plus d'habileté.
>
> — Cinquièmement, les salaires du travail dans les différentes occupations varient suivant les chances de succès [...]. L'avocat, qui ne commence peut-être qu'à l'âge de quarante ans à tirer partie de sa profession, doit réserver la rétribution, non seulement d'une éducation longue et coûteuse, mais encore de celle de plus de vingt autres étudiants, à qui probablement cette éducation ne rapportera jamais rien.»

A. Smith, *Recherches sur la nature et les causes de la richesse des nations.*

L'épargne source de croissance et d'accumulation de capital

Au cœur de l'analyse classique de la croissance et de l'emploi, il y a l'idée que le capital est rare. Or l'origine du capital est l'épargne qui fournit la base de l'accumulation et donc la source d'une nouvelle richesse. A. Smith est **un économiste de l'offre** à la différence de Mandeville qui avait montré dans *La Fable des abeilles* que l'excès d'épargne nuit à l'investissement en freinant la demande.

> « **Les capitaux** augmentent par l'économie[au sens d'épargne]; ils diminuent par la prodigalité et la mauvaise conduite.

Tout ce qu'une personne épargne sur son revenu, elle l'ajoute à son capital; alors, ou elle l'emploie elle-même à entretenir un nombre additionnel de gens productifs, ou elle met quelque autre personne en état de le faire, en lui prêtant ce capital moyennant un intérêt, c'est-à-dire une part sur les profits. De même que le capital d'un individu ne peut s'augmenter que par le fonds que cet individu épargne sur son revenu annuel ou sur ces gains annuels, de même le capital d'une société, lequel n'est autre chose que celui de tous les individus qui la composent, ne peut s'augmenter que par la même voie. »

A. Smith, *Recherches sur la nature et les causes de la richesse des nations.*

A. Smith refuse l'idée d'une épargne stérile et inutilisée :

« La cause immédiate de l'augmentation du capital, c'est l'économie [au sens d'épargne], et non le travail [...]. *L'épargne,* en augmentant le fonds destiné à l'entretien des salariés productifs, tend à augmenter le nombre de ces salariés dont le travail ajoute à la valeur du sujet auquel il est appliqué; elle tend donc à augmenter la valeur échangeable du produit annuel de la terre et du travail du pays; elle met en activité une quantité additionnelle d'industrie, qui donne un accroissement de valeur au produit annuel.

Ce qui est annuellement épargné est aussi régulièrement consommé que ce qui est annuellement dépensé, et il l'est aussi presque dans le même temps; mais il est consommé par une autre classe de gens[...]Le prodigue, en ne bornant pas sa dépense à son revenu entame son capital. Comme un homme qui dissipe à quelque usage profane les revenus d'une fondation pieuse, il paye des salaires à la fainéantise avec ces fonds que la frugalité de ses ancêtres avait, pour ainsi dire, consacrés à l'entretien de l'industrie. En diminuant la masse des fonds destinés à employer le travail productif, il diminue nécessairement, autant qu'il est en lui, la somme de ce travail qui ajoute une valeur au sujet auquel il est appliqué et, par conséquent, la valeur du produit annuel de la terre et du travail du pays, la richesse et le revenu réel de ses habitants. »

A. Smith, *Recherches sur la nature et les causes de la richesse des nations.*

Mais l'épargne ne suffit pas à obtenir la croissance, le progrès technique et l'organisation du travail sont des éléments clés pour développer la production et en dégager un produit net (surplus).

Vive le libre-échange

Au libéralisme et à l'harmonie nationale est ajoutée aussi une vue équilibrée de l'échange international, source de bénéfices pour tous.

La loi des avantages absolus est l'une des premières lois qui justifie théoriquement l'échange international. Le raisonnement part de l'exemple individuel qui fait que chacun veut profiter de l'excellente **spécialisation** du professionnel le mieux placé pour produire ce que l'on ne sait faire soi-même aussi adroitement. Le raisonnement implicite est que le spécialiste a une plus grande efficacité. En participant à **la division du travail,** on peut ainsi économiser son travail dans les domaines où l'on est médiocre et lui donner ainsi la plus grande efficacité en se consacrant aux domaines où l'on excelle. Le résultat est que chacun peut s'offrir un plus grand nombre de biens :

> « La maxime de tout chef de famille prudent est de ne jamais essayer de faire chez soi la chose qui lui coûtera moins à acheter qu'à produire. le tailleur ne cherche pas à faire des souliers, mais il les achète au cordonnier; le cordonnier ne tâche pas de faire ses habits, mais il a recours au tailleur; le fermier ne s'essaye point à faire ni les uns ni les autres, mais il s'adresse à ces deux artisans et les fait travailler. Il n'y en a pas un d'eux tous qui ne voie qu'il y va de son intérêt d'employer son industrie tout entière dans le genre de travail dans lequel il a quelque avantage sur ses voisins, et d'acheter toutes les autres choses dont il peut avoir besoin avec une partie du produit de cette industrie, ou, ce qui est la même chose, avec le prix d'une partie de ce produit. »

A. Smith, *Recherches sur la nature et les causes de la richesse des nations.*

Le raisonnement sur **la spécialisation** individuelle peut être généralisé aux nations.

> « Ce qui est prudence dans la conduite de chaque famille en particulier, ne peut guère être folie dans celle d'un grand empire. Si un pays étranger peut nous fournir une marchandise à meilleur marché que nous ne sommes en état de l'établir nous-mêmes, il vaut bien mieux que nous la lui achetions avec quelque partie du produit de notre propre industrie, employée dans le genre dans lequel nous avons quelque avantage. »

A. Smith, *Recherches sur la nature et les causes de la richesse des nations.*

Les pays sont en effet **dotés inégalement par la nature**, ce qui fonde logiquement une spécialisation fondée sur *leurs avantages absolus*; cela économise des dépenses inutiles lorsque l'on peut se procurer moins cher à l'étranger ce que l'on ne peut faire qu'avec plus d'effort chez soi.

> « **Les avantages naturels** qu'un pays a sur un autre pour la production de certaines marchandises sont quelquefois si grands, qu'au sentiment unanime de tout le monde, il y aurait folie à vouloir lutter contre eux. Au moyen de serres chaudes, de couches, de châssis de verre, on peut faire croître en Écosse de fort bons raisins, dont on peut faire aussi du fort bon vin avec trente fois peut-être autant de dépense qu'il en coûterait pour s'en procurer de tout aussi bon à l'étranger. Or, trouverait-on bien raisonnable un règlement qui prohiberait l'importation de tous les vins étrangers uniquement pour encourager à faire du vin de Bordeaux et du vin de Bourgogne en Écosse ? »

A. Smith, *Recherches sur la nature et les causes de la richesse des nations.*

L'État à sa place

La conséquence logique de la foi dans le marché est le refus de l'interventionnisme public. Quelles sont les fonctions de l'État dans un monde où règne *la main invisible* ?

Pour A. Smith, l'État doit être sobre... Mais il ne faut pas confondre cette position avec celle des *ultra-libéraux* qui défendent une société sans État. A. Smith pour sa part assigne à l'État une série de rôles bien précis :

- « Le premier devoir du souverain, est celui de **défense nationale,** c'est-à-dire de protéger la société contre la violence et l'injustice des autres nations qui deviennent au cours du temps de plus en plus expansionnistes au fur et à mesure que leur société avance vers la civilisation. La force militaire de la nation est ce qui conduit le souverain d'une nation à dépenser en temps de paix comme en temps de guerre [...]

• Le deuxième devoir du souverain, celui de **protection;** autant que possible, chaque membre de la société doit être soustrait à l'injustice ou à l'oppression d'un autre membre de celle-ci; or, le devoir d'administrer la justice requiert à des degrés divers des dépenses qui dépendent des divers stades de développement des sociétés [...].

• Le troisième et dernier devoir du souverain est celui de développer **les biens publics,** c'est-à-dire de créer et de maintenir les institutions publiques et les édifices et travaux publics qui, bien qu'ils puissent être au plus haut degré utiles à la société sont cependant d'une telle nature que l'obtention d'un profit ne peut jamais couvrir les dépenses d'un individu ou d'un petit groupe de citoyens, et qu'en conséquence, on ne peut espérer qu'un petit nombre d'individus les créera ou les entretiendra. La réalisation de ce devoir nécessite à des degrés différents des dépenses qui varient selon les stades de développement des sociétés. »

Opus cit., Livre V.

A. Smith propose même dans certains cas une politique active de soutien à l'industrie nationale.

«Il semble, cependant qu'il y a deux cas dans lesquels il est généralement avantageux de donner certaines restrictions aux importations, et ce afin d'encourager l'industrie nationale

— Le premier cas, est celui de ce type d'industries particulières nécessaires à la défense d'un pays. » Ici l'argument n'est pas économique, A. Smith pense que les barrières protectionnistes sont défavorables au consommateur. Mais, il accepte de les mettre en place au nom d'un intérêt supérieur à l'économie : « que la défense est bien plus importante que l'opulence ».

— Le deuxième cas, dans lequel il est généralement avantageux de faire supporter un droit de douane sur les importations est celui d'un encouragement à l'économie nationale lorsque celle-ci se voit imposer des taxes sur ses exportations [...]. Cela ne créera pas de monopole sur le marché national à l'industrie locale [...], cela rétablira simplement la situation initiale de compétition entre l'industrie nationale et l'industrie étrangère. »

Ibid.

Une pensée toujours actuelle ?

Après A. Smith se sont succédé les autres classiques puis, après 1860, les néo-classiques, et enfin les « keynésiens-classiques » de 1937 à nos jours. Les successeurs ont-ils vraiment dépassé le maître ? K.E. Boulding doute de l'apport effectif des contemporains mais il fait l'éloge du grand fondateur que fut A. Smith :

« Toutes les théories walrasiennes, marshalliennes et hicksiennes des prix [...] sont clairement implicites dans le concept de prix naturel énoncé par Adam Smith [...]. De la même façon, dans la théorie du développement économique, on peut parfois se demander si tous les raffinements modernes et tous les modèles mathématiques ne sont pas autre chose que des exercices talmudiques à propos de l'intuition fondamentale d'Adam Smith concernant la division du travail et les effets de l'accumulation et de l'accroissement des connaissances. »

After Samuelson, Who needs Adam Smith ? In « History of Political Economy », Fall, 1977.

L'actualité de la pensée de A. Smith est cependant quasi permanente; Smith inspirera les travaux de l'école de Vienne puis ceux de Chicago.

Pourtant, la foi de Smith dans l'harmonie spontanée ne s'est guère vérifiée dans la réalité; le XIXe siècle a connu ses crises périodiques. Les fonctions de l'État se sont largement développées durant une période qui fut pourtant de croissance rapide (1945-1973.

Quelques économistes libéraux ont même imaginé récemment un retour au monde merveilleux de A. Smith… Ils affirment que c'est pour avoir rompu avec les lois du marché que nous sommes aujourd'hui dans une crise persistante.

Être « smithien » aujourd'hui, c'est vouloir dénationaliser, désétatiser, réduire les prélèvements sociaux, accroître la flexibilité des salaires et du temps de travail, réduire le pouvoir de négociation collectif des syndicats. On le voit, les smithiens ont fait évoluer le message de leur inspirateur…

David Ricardo,
Le logicien de l'économie classique

DAVID RICARDO (1772-1823)

Un théoricien spéculatif doublé d'un gestionnaire avisé

David Ricardo est né à Londres le 19 avril 1772. Il vit dans une famille d'immigrants juifs sépharades portugais. Son père, Abraham Israël Ricardo est un courtier en valeurs et marchandises qui l'initie très tôt à l'économie pratique.

A quatorze ans, il travaille déjà à la Bourse de Londres sous la direction de son père qui le forme aux affaires et au maniement de l'argent. Cela ne lui laisse guère de temps pour acquérir une formation universitaire. L'école de Ricardo est ouverte sur le monde des affaires.

Parfaitement intégré à la société anglaise, il se marie avec une protestante et adopte la religion anglicane, ce qui le conduit à rompre avec sa famille attachée aux traditions hébraïques. Cette rupture contribue à sa formation économique car il doit alors s'établir à son compte et faire fortune par son aptitude à mener des opérations boursières.

A vingt-cinq ans, il a assez d'argent pour se retirer des affaires; mais il faut attendre 1809 pour qu'il utilise ses rentes à passer de la pratique aux problèmes théoriques de l'économie politique.

♦ Paradoxalement, l'esprit pratique de Ricardo va engendrer l'œuvre théorique la plus formelle de l'école classique. C'est à trente-sept ans que Ricardo écrit trois lettres à la *Morning Chronicle;* elles sont sa première contribution à l'économie. Il expose sous une forme brève et limpide **la théorie quantitative de la monnaie.** En cette période caractérisée par le développement accéléré des échanges, le réglage de l'émission monétaire est en effet, avec la déréglementation des marchés, le sujet principal de préoccupation des économistes. Nous allons voir que la baisse de la valeur des billets émis par la Banque d'Angleterre amène Ricardo à expliquer le prix de l'or non par une quelconque qualité de la monnaie, mais par sa quantité en circulation; à l'inverse, l'excès d'émission de billets est pour lui la seule raison du fait que les lingots d'or font prime sur les billets. De même, la montée du prix des marchandises s'explique par une excessive circulation de billets par rapport aux richesses réelles…

Les propos de Ricardo ont un écho qui doit autant au tranchant de sa plume et à sa logique d'exposition qu'à sa science concrète et reconnue de la finance... En 1810, il rédige un *Essai sur les hauts prix du lingot*, puis, en 1811, une *Réponse à M. Bosanquet* qui confirme son intérêt pour la monnaie. Ricardo prend alors partie pour le *currency principle* (principe de circulation) qui veut que l'émission des billets soit bornée de façon rigoureuse par l'encaisse métallique de la Banque centrale. Il veut que les billets émis par la Banque d'Angleterre demeurent convertibles en or à un taux de change fixe. L'histoire de son temps lui donne provisoirement raison, car le Peel Act en 1819 et le *Bank charter Act* de 1844 marquent le triomphe de la *currency school*. Mais, à plus long terme, Ricardo aura manqué de lucidité ! Ce sera le *banking principle* (principe qui fait de la banque la responsable et la garante de l'émission monétaire) qui l'emportera dans l'économie plus contemporaine. Dès le début du XXe siècle, la création monétaire est essentiellement issue de la demande de crédit commercial comme en atteste le bilan des banques centrales où la principale partie des actifs est constituée des créances sur l'économie.

♦ Il faut attendre 1815 et la parution de son *Essai sur l'influence du bas prix du blé sur les profits* pour que l'on constate que Ricardo a étendu sa réflexion économique à la plupart des grands problèmes du capitalisme anglais. Il va sortir de la seule réflexion monétaire pour s'interroger sur la répartition des revenus dans l'économie et le rôle des profits dans la croissance. Une fois encore sa réflexion est liée au débat politique et il prend position dans la législation des blés (*corn laws*); il combat les propriétaires fonciers et leur logique de rentiers protectionnistes (importer du blé serait faire baisser leurs revenus).

♦ En 1817, Ricardo va enfin écrire et publier son chef-d'œuvre d'analyse économique : *Principes de l'économie politique et de l'impôt*. Ce texte est fondamental car il constitue une vision d'ensemble de l'économie industrielle anglaise de son époque; il développe une théorie originale de la rente et des échanges internationaux. Il prend parti pour la valeur travail. Et surtout, il utilise la méthode déductive et la formalisation des relations économiques.

> « La méthode analytique de Ricardo est entièrement fondée sur deux principes : la réduction de la complexité économique en données de plus en plus nombreuses à mesure de la progression logique, l'établissement de relations causales entre les variables qui subsistent. D'où les possibilités offertes par Ricardo à la retranscription ultérieure de son texte à l'aide des mathématiques. »
>
> Préface de Pierre Dockès aux *Principes de l'économie politique et de l'impôt,* Flammarion, 1971.

Un théoricien de la valeur travail

Distinguer valeur d'usage et valeur d'échange

D. Ricardo comme A. Smith s'intéresse à la valeur des objets; il distingue aussi les deux faces de la valeur d'une marchandise :

> « Adam Smith a remarqué que le mot valeur a deux significations différentes, et exprime tantôt l'utilité d'un objet quelconque, tantôt la faculté que cet objet

transmet à celui qui le possède, d'acheter d'autres marchandises. Dans un cas, la valeur prend le nom de valeur en usage ou d'utilité , dans l'autre, celui de valeur en échange. »

Principes de l'économie politique et de l'impôt.

Ricardo versus *Adam Smith ?*

David Ricardo va développer une analyse de la valeur travail qui plaira à Marx et va remettre en cause celle de A. Smith sur des points essentiels. Ainsi, Daniel Diatkine précise cette opposition entre ces deux grands théoriciens de la pensée classique en s'appuyant sur une lettre de Ricardo à James Mill datée du 2 décembre 1816.

> « [...] dès 1816, Ricardo relit Smith et trouve "de nombreuses propositions à discuter", qui lui "semblent toutes fondées sur son erreur initiale concernant la valeur". Cette "erreur initiale" consiste à limiter le domaine de validité de la théorie de la valeur travail incorporé à "l'état primitif", et à adopter la théorie de la valeur travail commandé pour "l'état avancé". Or, cette dernière est inacceptable. Car la quantité de travail commandé par une marchandise ne peut être connue qu'en divisant son prix par le taux de salaire. Or, du point de vue de Ricardo, le salaire [réel] dépend des prix (sauf à supposer qu'il existe un seul bien salaire parfaitement homogène), ce qui ne permet pas de résoudre la question posée. Au contraire, les quantités de travail incorporées semblent à Ricardo pouvoir être connues par la connaissance des techniques de production, indépendamment des prix. »

Introduction de Daniel Diatkine à
Recherches sur la nature et les causes de la richesse des nations, Flammarion, 1991.

Le travail, clé de la valeur pour Ricardo

La première réflexion sur la valeur de D. Ricardo consiste à démontrer que lorsque les marchandises sont produites dans des conditions techniques de production identiques ou proches leur valeur d'échange est proportionnelle à la quantité de travail incorporé.

Biens reproductibles et non reproductibles

D. Ricardo distingue les types de biens pour comprendre la valeur. Il distingue les biens reproductibles par l'industrie et qui sont gouvernés par la valeur travail. En ce sens, D. Ricardo comme la plupart des autres Anglais de l'école classique est un théoricien de la valeur travail. Mais Ricardo sait aussi que d'autres facteurs que le travail interviennent dans le prix des biens; en particulier, les biens non reproductibles ont une valeur qui dépend de leur rareté.

> « Les choses, une fois qu'elles sont reconnues utiles par elles-mêmes, tirent leur valeur échangeable de deux sources, de leur rareté et de la quantité de travail nécessaire pour les acquérir.
>
> Il y a des choses dont la valeur ne dépend que de leur rareté. Nul travail ne pouvant en augmenter la quantité, leur valeur ne peut baisser par suite d'une plus grande abondance. Tels sont les tableaux précieux, les statues, les livres et les médailles rares [...] enfin une foule d'autres objets de même nature, dont la valeur est entièrement indépendante de la quantité de travail qui a été nécessaire à leur

production première. Cette valeur dépend uniquement de la fortune, des goûts et du caprice de ceux qui ont envie de posséder de tels objets. Ils ne forment qu'une très petite partie des marchandises qu'on échange journellement. Le plus grand nombre des objets que l'on désire posséder étant le fruit de l'industrie, on peut les multiplier [...] Quand nous parlons des marchandises, de leur valeur échangeable et des principes qui règlent leurs prix relatifs, nous n'avons en vue que celles de ces marchandises dont la quantité peut s'accroître par l'industrie de l'homme, dont la production est encouragée par la concurrence, et n'est contrariée par aucune entrave.

Nous avons regardé le travail comme le fondement de la valeur des choses, et la quantité de travail nécessaire à leur production, comme la règle qui détermine les quantités respectives des marchandises qu'on doit donner en échange pour d'autres; mais nous n'avons pas prétendu nier qu'il n'y eût dans le prix courant des marchandises quelque déviation accidentelle et passagère de ce prix primitif et naturel.

La valeur des marchandises se trouve modifiée, non seulement par le travail immédiatement appliqué à leur production, mais encore par le travail consacré aux outils, aux machines, aux bâtiments qui servent à les créer [...]. Supposons que l'arme propre à tuer le castor exige pour sa fabrication, beaucoup plus de travail que celle qui suffit pour tuer le daim, en raison de la difficulté plus grande d'approcher du premier de ces animaux et de la nécessité d'être par conséquent muni d'une arme propre à porter un coup assuré. Dans ce cas, il est probable qu'un castor vaudra plus que deux daims, précisément parce que, tout considéré, il faudra plus de travail pour tuer le premier. »

Principes de l'économie politique et de l'impôt.

Les biens sont produits par le travail et le capital

Pour D. Ricardo, le travail incorporé dans les marchandises est l'origine et la clé de leur valeur d'échange :

« Toutes les marchandises sont le produit du travail et n'auraient aucune valeur sans le travail dépensé à les produire. »

Principes de l'économie politique et de l'impôt.

Mais il n'ignore nullement que le capital est nécessaire pour produire de façon efficace et moderne. Il distingue même deux formes de capitaux :

« Suivant que le capital disparaît rapidement et exige un renouvellement fréquent ou qu'il se consomme lentement, on le divise en deux catégories qui sont : le capital fixe et le capital circulant. »

Principes de l'économie politique et de l'impôt.

Ricardo est conduit à distinguer **le travail direct** nécessaire pour produire les marchandises qui est dépensé lors de leur fabrication et le **travail indirect** qui est contenu dans les machines et qui lui aussi doit être inclus dans le produit. A ce stade encore Ricardo considère que la valeur des marchandises n'est rien d'autre que la somme du travail direct et du travail indirect dépensés pour les produire.

L'effet-Ricardo

Il précise alors que la présence de capital va modifier l'application simple de la loi de la valeur travail :

> « Le principe selon lequel la quantité de travail consacrée à la production des marchandises détermine leur valeur relative est considérablement modifié par l'emploi des machines et d'autres formes de capital fixe durable. »
>
> *Principes de l'économie politique et de l'impôt.*

Et il précise alors :

> « Il apparaît que la valeur relative des marchandises auxquelles on a consacré un capital durable varie proportionnellement à la persistance de ce capital et en raison inverse du mouvement des salaires.
>
> Pour les marchandises, au contraire, qui ont surtout été créées avec du travail et peu de capital fixe, ou du moins avec un capital fixe d'une nature plus fugitive que celle de l'étalon des valeurs, elles baisseront et hausseront parallèlement aux salaires. »
>
> *Principes de l'économie politique et de l'impôt.*

Un exemple typique de *l'effet-Ricardo* est une variation du prix du blé qui détermine la valeur des salaires qui servent à la subsistance des ouvriers et sont égaux à ce qui est juste nécessaire pour maintenir en vie un ouvrier et les siens. Si le prix du blé monte, les salaires de subsistance aussi. Il en résulte alors une baisse des profits qui varient en sens inverse des salaires. Les prix vont changer mais pas de façon uniforme car les prix vont varier selon l'importance du capital de chaque secteur. Ainsi, les secteurs qui emploient beaucoup de travail (peu capitalistiques) et qui dépensent beaucoup en salaires vont monter plus vite que les secteurs modernes qui emploient plus de machines. Bref, une montée des prix du blé fait s'élever les prix relatifs des secteurs peu capitalistiques et baisser les prix relatifs des secteurs capitalistiques. Tel est *l'effet Ricardo* qui explique aussi certaines tendances à la substitution du capital au travail car les capitaux recherchent à s'investir dans les secteurs où le taux de profit est le plus élevé.

Cette analyse complique sérieusement la tâche de Ricardo qui montre que le prix des marchandises est fonction de la répartition. Fort logiquement, la part de gâteau de chacun dépend de la taille de celui-ci mais aussi de la façon dont on va le découper.

A la recherche d'un étalon pour mesurer la valeur

Ricardo tente alors de trouver un étalon invariant de la valeur invariant et avoue une certaine impuissance dans cette recherche qui ne trouvera une solution théorique qu'avec les travaux du néo-ricardien Sraffa .

> « Les marchandises variant dans leur valeur relative, il est à désirer que l'on trouve les moyens de déterminer quelles sont celles dont la valeur réelle s'élève ou s'abaisse. Pour cela il faudrait les comparer séparément avec un étalon invariable inaccessible à toutes les fluctuations qu'éprouvent les marchandises. Or, il est impossible de se procurer cette mesure type par la raison qu'il n'est pas de marchandise qui ne soit elle-même exposée aux variations qui atteignent les objets

dont il s'agirait de calculer la valeur : en d'autres termes, il n'en est aucune qui ne nécessite pour sa création des quantités variables de travail. »

Principes de l'économie politique et de l'impôt.

Il va se contenter de prendre l'or comme étalon en précisant que :

« L'or et l'argent, ainsi que toutes les autres marchandises, n'ont de valeur qu'en proportion de la quantité de travail nécessaire pour les produire et les faire arriver au marché.

Principes de l'économie politique et de l'impôt.

L'insuffisance de la loi de l'offre et de la demande

Dans certains cas particuliers, pour les biens reproductibles, la valeur subjective des biens est reconnue par Ricardo. Dans ce cas, l'offre et la demande peuvent jouer leur rôle dans la détermination des prix de marché. Mais pour la grande majorité des produits de l'industrie, Ricardo distingue le prix naturel, ou valeur des choses fondée sur le travail, et le prix courant qui peut osciller autour du prix naturel…

« Ce sont les frais de production qui règlent en dernière analyse le prix des choses, et non comme on l'a souvent avancé, le rapport entre l'offre et la demande. Ce rapport, à la vérité, modifie pour quelque temps la valeur courante d'une chose, selon que la demande peut avoir augmenté ou diminué et jusqu'à ce que l'approvisionnement en devienne plus ou moins abondant; mais cet effet n'aura qu'une durée passagère.

Diminuez les frais de fabrication des chapeaux et leur prix finira par tomber à leur nouveau prix naturel, quoique la demande puisse doubler, tripler ou quadrupler. »

Principes de l'économie politique et de l'impôt.

Prix du travail et salaire de subsistance

Le travail est, comme toute marchandise, mesuré par son prix de revient :

« Le prix naturel du travail dépend donc du prix des subsistances et de celui des choses nécessaires ou utiles à l'entretien de l'ouvrier et de sa famille. »

Principes de l'économie politique et de l'impôt.

« La valeur de chaque espèce de travail est bientôt fixée, et elle l'est avec assez de précision pour satisfaire aux nécessités de la pratique : elle dépend beaucoup de la dextérité comparative de l'ouvrier, et de l'activité avec laquelle il a travaillé. L'échelle comparative une fois établie, elle n'est sujette qu'à peu de variations.»

Principes de l'économie politique et de l'impôt.

Les variations de la situation du marché du travail ne peuvent pas changer le salaire de subsistance; plus généralement, les salaires oscillent autour du prix naturel du travail :

« Le prix courant du travail est le prix que reçoit réellement l'ouvrier, d'après les rapports de l'offre et de la demande, le travail étant cher quand les bras sont rares, et à bon marché lorsqu'ils abondent. Quelque grande que puisse être la déviation du prix courant relativement au prix naturel du travail, il tend, ainsi que toutes les denrées, à s'en rapprocher. »

Principes de l'économie politique et de l'impôt.

Seuls les progrès de la productivité du secteur agricole déterminent à long terme le coût du travail :

> « Diminuez les frais de l'entretien des hommes, en diminuant le prix naturel de la nourriture et des vêtements qui soutiennent la vie, et vous verrez les salaires finir par baisser, quoique la demande de bras ait pu s'accroître considérablement. »
>
> *Principes de l'économie politique et de l'impôt.*

Un fondateur du raisonnement différentiel

Pour la valeur, Ricardo raisonne généralement en termes de moyenne. L'analyse des rendements décroissants des terres mises en culture l'amène à penser de façon différentielle (à la marge).

C'est un des apports majeurs de Ricardo à l'analyse économique qui pensait alors le plus souvent en moyenne. **Sa théorie de la rente différentielle**[1] consiste à expliquer l'origine du prix des terres payées au propriétaire foncier lorsqu'il les donne en exploitation à autrui. Le prix des terres varie selon d'autres critères que la valeur travail. C'est la nature qui donne des qualités différentes au travail.

> « La rente est cette portion du produit de la terre que l'on paie au propriétaire pour avoir le droit d'exploiter les facultés productives et impérissables du sol. Cependant on confond souvent la rente avec l'intérêt et le profit du capital, et dans le langage vulgaire on donne le nom de rente à tout ce que le fermier paie annuellement au propriétaire [...]. C'est donc uniquement parce que la terre varie dans sa force productive, et parce que dans le progrès de la population, les terrains d'une qualité inférieure, ou moins bien situés, sont défrichés, qu'on en vient à payer une rente pour avoir la faculté de les exploiter. Dès que par suite des progrès de la société on livre à la culture des terrains de fertilité secondaire, la rente commence pour ces deux premiers et le taux de cette rente dépend de la différence dans la qualité respective des deux espèces de terre. Dès que l'on commence à cultiver des terrains de troisième qualité, la rente s'établit aussitôt pour ceux de la seconde, et est réglée de même par la différence de leurs facultés productives. »
>
> *Principes de l'économie politique et de l'impôt,* 1817.

A titre d'exemple de ce raisonnement marginal, D. Ricardo suppose que l'économie se compose de trois terrains produisant 100, 90 et 80 quintaux de blé; il explique que le propriétaire du terrain donnant 90 quintaux avec la même quantité de travail nécessaire à celui qui en fournit 80 quintaux va attribuer à sa terre cette différence de production. Celui qui a la meilleure terre aura 20 quintaux de rente, car c'est la différence entre ce que produit cette terre (100 q) et ce que produit la plus mauvaise (80 q).

Ainsi, Ricardo sort du raisonnement en termes de travail moyen. **Il invente le raisonnement à la marge**. Mais ce sont les ingénieurs français, autrichiens et les néo-classiques qui développeront formellement le marginalisme; la théorie marginaliste

---

[1] A la différence de Ricardo, Marx recherchera aussi les fondements de la rente absolue.

devient en effet plus tard une théorie subjective de la valeur couplée avec un calcul différentiel de la productivité des facteurs. N'acceptant pas l'approche subjective de la valeur, Ricardo n'est pas un marginaliste en ce domaine !

La croissance et l'accumulation du capital selon Ricardo

Le capital et l'épargne au cœur de la croissance

Comprendre la valeur est une étape dans l'analyse de la croissance et de la répartition. L'approche de la croissance par Ricardo est classique en ce sens **qu'elle attribue à l'épargne le rôle clé dans la constitution du capital.** Le capital étant à un niveau donné, il en déduit un niveau du revenu et de l'emploi. Pour les classiques, un pays est d'autant plus riche au départ qu'il dispose en abondance des outils de production efficaces nécessaires au travail et donc à la production. Reste ensuite à expliquer la dynamique de l'accumulation du capital.

L'état stationnaire de Ricardo

Le système de pensée de Ricardo est d'une grande rigueur, car, au moyen de quelques variables, il aboutit à une prévision sur l'avenir du capitalisme. Ricardo est probablement l'ancêtre des constructeurs de modèles de croissance modernes. Bien entendu, sa conclusion reflète ses hypothèses et tombe sous le coup des critiques que l'on peut faire à celles-ci. En particulier, le pronostic d'un futur état stationnaire est largement contesté à la lueur de l'expérience. Mais le raisonnement déductif de Ricardo est un moment clé de la science économique car sa démonstration utilise un nombre limité de variables et de relations.

Sous l'effet de l'augmentation de la population, il faut mettre un nombre croissant de terres en culture. Or, **la loi des rendements décroissants** en agriculture fait que les dernières terres cultivées sont de plus en plus médiocres. La rente différentielle va donc augmenter et la part du produit brut consacrée au paiement des propriétaires fonciers aussi. Comme les salariés touchent **des salaires de subsistance incompressibles** et que leur nombre est croissant, la masse salariale augmente à court terme proportionnellement à la population. La conséquence logique est que le profit va être laminé. Ce même résultat est obtenu à long terme, avec la seule croissance de la rente foncière. En effet, selon Ricardo, le profit est un solde, c'est-à-dire ce qui reste du produit brut, une fois payés les salaires et les rentes. Autrement dit, en longue période, le profit va tendre vers zéro. Or, les capitalistes n'épargnent et n'investissent qu'en vue d'obtenir un profit. Le stock de capital existant va donc se stabiliser à un niveau donné. Le nombre des salariés employables étant fonction du stock de capital, le volume d'emploi devient fixe et la masse salariale aussi. La dure loi de **la population de Malthus** limite à long terme l'accroissement de la population par la quantité de nourriture disponible. L'état stationnaire est donc stable, seul le progrès technique peut le modifier. Une découverte qui réduit le coût des moyens de subsistance relance les profits, mais à nouveau on atteindra par le même mécanisme un nouvel état stationnaire. D'une certaine façon, Ricardo préfigure Schumpeter qui verra dans l'épuisement du progrès technique la fin d'une onde longue de croissance. Mais Ricardo n'étudie pas précisément ce mécanisme de diffusion du progrès technique dans l'économie.

Le théoricien clé de l'analyse libérale du commerce international

Ricardo ne reste pas confiné dans une économie fermée, il veut aussi comprendre les échanges internationaux. Le raisonnement-clé de l'analyse libérale est que chacun recherchant son intérêt va se spécialiser de telle façon que la production et la consommation de l'ensemble soient maximales.

> « Le commerce avec l'étranger est « très avantageux pour un pays, puisqu'il augmente le nombre et la variété des objets auxquels on peut employer son revenu, et qu'en répandant avec abondance les denrées à bon marché, il encourage et favorise l'accumulation des capitaux [...] « Dans un système d'entière liberté du commerce, chaque pays consacre son capital et son industrie à tel emploi qui lui paraît utile. Les vues de l'intérêt individuel s'accordent parfaitement avec le bien universel de toute la société. C'est ainsi qu'en encourageant l'industrie, en récompensant le talent, et en tirant tout le parti possible des bienfaits de la nature, on parvient à une meilleure distribution et à plus d'économie dans le travail. En même temps l'accroissement de la masse générale des produits répand partout le bien-être; l'échange lie entre elles toutes les nations du monde civilisé par les nœuds communs de l'intérêt, par des relations amicales, et en fait une seule et grande société. C'est ce principe qui veut qu'on fasse du vin en France et au Portugal, qu'on cultive du blé en Pologne et aux États-Unis, et qu'on fasse de la quincaillerie et d'autres articles en Angleterre. »
>
> *Principes de l'économie politique et de l'impôt,* 1817.

En se spécialisant, un pays peut donc tirer le maximum d'avantages des domaines où il excelle et, en échange, obtenir au meilleur coût les biens pour lesquels il est moins compétitif :

> « Si le Portugal n'avait aucune relation commerciale avec d'autres pays, au lieu d'employer son capital et son industrie à faire du vin avec lequel il achète aux autres nations le drap et la quincaillerie nécessaires pour son propre usage, ce pays se trouverait forcé de consacrer une partie de ce capital à la fabrication de ces articles qu'il n'obtiendrait probablement qu'en qualité inférieure et en quantité moindre. »
>
> *Principes de l'économie politique et de l'impôt,* 1817.

L'efficacité relative détermine la spécialisation

La spécialisation est une solution logique lorsqu'un individu est plus efficace dans la production de chapeaux et l'autre dans celle de chaussures; le premier sera chapelier et le second cordonnier. Mais que faire si l'un est plus efficace dans les deux domaines ? L'approche de Ricardo est habile car il propose que l'on prenne pour règle d'arbitrage la productivité relative : le plus performant se spécialise là où il est relativement le mieux placé :

« Supposons deux ouvriers sachant l'un et l'autre faire des souliers et des chapeaux : l'un deux peut exceller dans les deux métiers; mais, en faisant des chapeaux, il ne l'emporte sur son rival que d'un cinquième ou de 20 %, tandis qu'en travaillant à des souliers, il a sur lui l'avantage d'un tiers, ou de 33 %. Ne serait-il pas de l'intérêt des deux que l'ouvrier le plus habile se livrât exclusivement à l'état de cordonnier, et le moins adroit à celui de chapelier ? »

Principes de l'économie politique et de l'impôt, 1817.

La règle qui fixe la spécialisation des individus selon leur productivité relative peut aussi s'appliquer aux coûts relatifs de production des pays.

Le débat entre libre-échangistes et protectionnistes est vif [1]. Ricardo choisit le libre-échange et apporte un argument décisif. Il répond aux esprits encore marqués par la logique mercantiliste. Il veut rassurer ceux qui craignent qu'un pays qui exporte peu, voie sa production et l'emploi limités par des industries étrangères trop puissantes.

Le libre-échange enrichit tous les partenaires commerciaux

La force du raisonnement de Ricardo consiste à démontrer que l'échange international sera profitable aux deux pays même si l'un d'entre eux est plus efficace dans tous les domaines.

Ricardo utilise un exemple volontairement non conforme à la réalité pour renforcer son raisonnement. Il suppose que l'Angleterre est moins efficace que le Portugal à la fois dans la viticulture et dans l'industrie textile :

« L'Angleterre peut se trouver dans des circonstances telles qu'il lui faille, pour fabriquer le drap, le travail de 100 hommes par an, tandis que, si elle voulait faire du vin, il lui faudrait peut-être le travail de 120 hommes par an : il serait donc de l'intérêt de l'Angleterre d'importer du vin, et d'exporter en échange du drap.

Au Portugal, la fabrication du vin pourrait ne demander que le travail de 80 hommes pendant une année, tandis que la fabrication du drap exigerait le travail de 90 hommes. Le Portugal gagnerait donc à exporter du vin contre du drap. Cet échange pourrait même avoir lieu dans le cas où on fabriquerait au Portugal l'article importé à moindres frais qu'en Angleterre. Quoique le Portugal pût faire son drap en n'employant que 90 hommes, il préférerait le tirer d'un autre pays où il faudrait 100 ouvriers pour le fabriquer, parce qu'il trouverait plus de profit à employer son capital à la production du vin en échange duquel il obtiendrait de l'Angleterre une quantité de drap plus forte que celle qu'il pourrait produire en détournant une portion de son travail employée à la culture des vignes, et en l'employant à la fabrication des draps.

Dans ce cas, l'Angleterre donnerait le produit du travail de 100 hommes en échange du produit de 80. Un pareil échange ne saurait avoir lieu entre les individus du même pays. On ne peut échanger le produit du travail de 100 Anglais pour celui de 80 autres Anglais; mais le produit du travail de 100 Anglais peut être échangé contre

[1] Le blocus napoléonien contre l'Angleterre et les débats importants sur l'importation des blés étrangers rendent ce sujet brûlant.

le produit de 80 Portugais, de 60 Russes ou de 120 Asiatiques. Il est aisé d'expliquer la cause de cette différence qui existe à cet égard entre un pays et plusieurs : cela tient à la facilité avec laquelle un capital passe constamment, dans le même pays, d'une province à l'autre pour trouver un emploi plus profitable, et aux obstacles qui en pareil cas s'opposent au déplacement des capitaux d'un pays à l'autre.

Dans la supposition que nous venons de faire, les capitalistes de l'Angleterre et les consommateurs des deux pays gagneraient sans doute à ce que le vin et le drap fussent l'un et l'autre faits au Portugal, le capital et l'industrie anglais passant par conséquent, à cet effet, de l'Angleterre au Portugal [...]

Nous savons cependant par expérience, que bien des causes s'opposent à la sortie des capitaux. Telles sont : la crainte bien ou mal fondée de voir s'anéantir au-dehors un capital dont le propriétaire n'est pas le maître absolu, et la répugnance naturelle qu'éprouve tout homme à quitter sa patrie et ses amis pour aller se confier à un gouvernement étranger, et assujettir des habitudes anciennes à des mœurs et des lois nouvelles. Ces sentiments, que je serais fâché de voir affaiblis, décident la plupart des capitalistes à se contenter d'un taux de profit moins élevé dans leur propre pays, plutôt que d'aller chercher dans des pays étrangers un emploi plus lucratif pour leurs fonds. »

Principes de l'économie politique et de l'impôt, 1817.

Dans un supplément à l'encyclopédie britannique, Ricardo met en évidence les vertus du libre-échange pour un pays qui dispose d'une compétitivité importante dans l'industrie la protection y devient inutile :

« Il suffirait de la liberté du commerce pour protéger un pays comme la Grande-Bretagne, abondamment pourvu des différents produits de l'industrie humaine des marchandises propres à satisfaire les besoins de toute société, contre le retour de la disette. Les nations de la terre ne sont pas facilement condamnées à tirer constamment au sort celle qui, parmi toutes, devra s'éteindre de la famine. A prendre le globe dans son ensemble, les subsistances y abondent toujours : et pour jouir à jamais d'un riche approvisionnement, nous n'avons qu'à renoncer à nos prohibitions, à nos restrictions et à cesser de lutter contre les vues bienfaisantes de la Providence. »

Article sur la législation et le commerce des céréales.

Un libéral pour une fiscalité douce

Ricardo a gardé de son passage aux affaires un caractère d'économiste de l'offre. Il considère que le poids de la fiscalité ne doit pas limiter l'offre.

En théoricien de l'offre, Ricardo pense que l'impôt ne doit pas tuer les affaires et donc... l'impôt !

Une fiscalité trop élevée frappant les entrepreneurs risque de limiter l'accumulation et l'efficacité économique et par là même, d'appauvrir le pays et le gouvernement. On retrouvera ces raisonnements sous une forme plus élaborée chez les théoriciens de l'offre du XXe siècle — cf. *Les Contemporains* — :

« L'impôt est cette portion du produit de la terre et de l'industrie d'un pays qu'on met à la disposition du gouvernement. En définitive, cette portion est toujours payée par le capital ou le revenu de la nation [...]. Lorsque la consommation du gouvernement augmentée par la levée de nouveaux impôts, est suivie d'une augmentation de production, soit d'une consommation moins forte de la part de la nation, l'impôt ne frappe que le revenu, et le capital national reste intact; mais s'il n'y a ni augmentation de la production ni diminution de consommation dans la nation, l'impôt atteint nécessairement le capital [...]. Malgré l'énorme dépense que le gouvernement anglais a faite pendant les vingt dernières années, il paraît certain que cette déperdition de richesse a été plus que compensée par l'augmentation de la production nationale. Non seulement le capital national est resté intact, mais encore il s'est accru de beaucoup, et le revenu annuel du peuple, même après avoir payé les impôts, est peut-être plus considérable actuellement qu'il ne l'a jamais été à aucune époque antérieure de notre histoire [...]. Et cependant, il faut reconnaître que sans les prélèvements de l'impôt cet accroissement de richesse eût été bien plus rapide. Il est peu de taxes qui n'aient une tendance à diminuer la puissance d'accumulation inhérente aux capitaux. Tout impôt doit nécessairement atteindre le capital ou le revenu. S'il frappe le capital, il diminue proportionnellement le fonds dont l'importance règle le développement que peut recevoir l'industrie d'un pays. S'il atteint le revenu il affaiblit l'accumulation ou force les contribuables à combler, par l'épargne, le vide que fait l'État dans leurs ressources; et la consommation improductive des objets de luxe, d'agrément ou même de première nécessité diminuera dans le pays. Certaines taxes, plus que d'autres sont de nature à produire cet effet; mais les maux qui résultent des impôts exagérés se révèlent moins par tels ou tels désordres partiels que par l'influence qu'ils exercent sur l'ensemble de la fortune publique. »

Id.

La pensée de Ricardo va longtemps demeurer l'archétype du modèle de pensée des économistes classiques. Il faut attendre les années 1860 pour qu'avec l'arrivée du « néo-classicisme », une partie du monde ricardien soit remise en cause (valeur-travail, analyse globale, état stationnaire, etc.). Mais nombre d'idées de Ricardo seront intégrées par A. Marshall au sein de la synthèse classique : calcul à la marge, étude du commerce international, coûts comparatifs, etc.

Thomas Robert Malthus, un ancêtre de l'économie positive

THOMAS ROBERT MALTHUS (1766-1834)

Pasteur, moraliste et économiste classique

Malthus est né en 1766 à Roockery, dans le comté de Surrey. Il est marqué par l'influence de son père, avocat et gentleman-farmer. Celui-ci est disciple de Condorcet et de Godwin (1756-1836); J.-J. Rousseau l'a choisi comme exécuteur testamentaire.

Malthus étudie à l'université de Cambridge. Après sept années passées au Jesus College de Cambridge, en 1796, il devient pasteur anglican d'un petit bourg. Il tente d'appliquer les idées généreuses de Godwin. Celui-ci est un rationaliste du XVIIIe siècle qui croit à un progrès sans limites. Homme d'Église, Malthus est chargé de l'aide aux pauvres dans sa commune; les mauvaises récoltes de 1794 à 1800 engendrent misère et détresse, et frappent son imagination. Il écrit, en 1796, un opuscule *La crise (The Crisis)* qui prend position en faveur de la justice sociale et propose de développer le système d'assistance publique aux pauvres.

L'économie et la société constituent son terrain de réflexion principal. Il sera nommé professeur d'histoire moderne et d'économie politique en 1805 au College fondé par la Compagnie des Indes orientales à Hailebury.

Mais le précoce disciple de Godwin va se révolter contre son inspirateur lorsqu'il lit *La Justice politique*(1793).

♦ Dans cet ouvrage non exempt de véritables divagations, Godwin décrit une société où une population croissante va connaître la prospérité et la justice. Il suffit, pour que l'harmonie règne, de supprimer la propriété. Avec le progrès technique et la disparition du luxe inutile, tous pourront vivre dans une société débarrassée de la pauvreté égalitaire et où régnera un ordre naturel sans administration ni gouvernement…

Le divorce entre les idées utopistes de Godwin et la réalité brutale qu'il observe conduit Malthus à changer radicalement d'analyse. En 1798, paraît un pamphlet : *Essai sur le principe de population et comment il intéresse l'amélioration future de la société.* Malthus y développe sous une plume anonyme les principaux arguments de ce que l'on appellera plus tard **le malthusianisme.** Il affirme que les subsistances ont tendance à croître moins vite que la population et qu'en conséquence les lois sur les pauvres et l'assistance sont condamnées à l'échec car elles favorisent la multiplication des plus pauvres. Ce n'est qu'en 1803 que l'essai est entièrement remanié par l'auteur qui dévoile son identité et défend ses idées scandaleuses pour l'époque de façon publique et polémique. Le sous-titre évolue et l'ouvrage devient : *Essai sur le principe de population, ou exposé des effets passés et présents de l'action de cette cause sur le bonheur du genre humain; suivi de quelques recherches relatives à l'espérance de guérir ou d'adoucir les maux qu'elle entraîne.* Du vivant de Malthus ce texte va connaître quatre rééditions. L'ouvrage a quadruplé de volume, du pamphlet au traité, et Malthus a multiplié les voyages afin de compléter ses données d'observations sur le terrain (Suède, Norvège, Finlande, Allemagne et Russie).

♦ Les propos de Malthus sentent le soufre et son biographe Bonnard en témoigne clairement :

> « Il était l'homme qui se félicitait de la petite vérole, de l'esclavage et de l'infanticide; l'homme qui dénonçait les soupes populaires, les mariages précoces et les secours communaux; l'homme qui avait eu l'imprudence de se marier après avoir tonné contre le fléau qu'était la famille. Dès le début, jamais Malthus ne fut ignoré; il s'attira pendant trente ans un déluge de réfutations. »

♦ Il n'hésite pas à traduire ses idées sur le plan concret et s'engage politiquement sur le sujet de **la loi des pauvres.** En 1807, il tente d'influencer le législateur en prenant la plume et en écrivant : *Observations à Samuel Whitbread sur son projet tendant à modifier la loi des pauvres.*

♦ Mais Malthus ne se contente pas de réfléchir sur la relation entre population et développement. Il écrit en 1800 une réflexion sur *Le Prix élevé des subsistances,* puis en 1814, *Observations relatives aux lois des blés.* Ces ouvrages situent clairement Malthus comme un **des fondateurs de l'économie positive** car il réunit des statistiques et tente de fonder ses analyses sur l'observation des faits; il ne se borne pas simplement à illustrer ses hypothèses par des exemples. Polémiste, il écrit en 1815 *Fondements d'un avis sur la politique limitant l'importation du blé étranger.*

♦ La rencontre avec David Ricardo pousse Malthus **à faire œuvre de théoricien.** Ses talents en ce domaine vont se révéler en 1820 dans les *Principes d'économie politique considérés dans le rapport de leur application pratique.* Cet ouvrage élabore une théorie de la croissance et du déséquilibre qui annonce celle de Keynes. Son combat contre la loi de J. B. Say défendue par Ricardo est un grand moment d'histoire de la pensée économique. En 1823, il écrit la *Mesure de la valeur* puis, en 1827, il réunit une somme de connaissances dans *Définitions en économie politique.*

La gloire de Malthus en tant que théoricien va souffrir de la dureté de ses positions sur les pauvres. Le talent de logicien de Ricardo éclipsera aussi celui de Malthus. Mais, en 1933, Keynes, dans un essai de biographie de Malthus, réhabilite son prédécesseur :

« Si seulement Malthus avait été à la place de Ricardo, la branche maîtresse d'où était sortie l'économie du XIXe siècle, combien le monde serait aujourd'hui un endroit plus sage et plus riche ! Nous avons à redécouvrir laborieusement et à extraire à travers les enveloppes de notre éducation fourvoyée ce qui n'aurait jamais dû cesser d'être évident. J'ai depuis longtemps appelé Robert Malthus le premier économiste de Cambridge. »

John Maynard Keynes, *Essays in Biography,* Macmillan, Londres, 1933.

L'explosion démographique du tiers monde contribue aujourd'hui à réactualiser la question du contrôle des naissances dans une économie en développement. La prise en compte du caractère limité des ressources naturelles par les modèles d'éco-développement est aussi un champ de recherche contemporain que ne désavouerait nullement Malthus.

LES TEXTES ET LES IDÉES FONDAMENTALES DE T.-R. MALTHUS

La théorie de la population et du développement

L'analyse malthusienne est fondée sur **l'idée des rendements décroissants** de la terre. C'est une analyse à la marge.

Malthus est assez pessimiste sur la possibilité d'augmenter par le progrès technique les quantités de nourriture disponibles :

« Je dis que le pouvoir multiplicateur de la population est infiniment plus grand que le pouvoir qu'a la terre de produire la subsistance de l'homme. La cause que j'ai en vue est la tendance constante qui se manifeste chez tous les êtres vivants à accroître leur espèce plus que ne le comporte la quantité de nourriture qui est à leur portée. Nous pouvons tenir pour certain que lorsque la population n'est arrêtée par aucun obstacle, elle va doublant tous les 25 ans et croît de période en période, suivant *une progression géométrique.* Les moyens de subsistance dans les conditions les plus favorables ne peuvent jamais augmenter plus rapidement que suivant *une progression arithmétique*. »

Essai sur le principe de population, 1798.

La démonstration est sommaire : ni véritables statistiques, ni véritable modèle général. Le scénario catastrophe de Malthus est « démontré » de façon très fruste. Un exemple arithmétique tient lieu de preuve :

« Comptons pour mille millions le nombre des habitants de la Terre. La race humaine croîtra selon la progression 1, 2, 4, 8, 16, 32, 64, 128, 256… tandis que les moyens de subsistance croîtront selon la progression 1, 2, 3, 4, 5, 6, 7, 8, 9. Au bout de deux siècles, la population et les moyens de subsistance seront dans le rapport de 256 à 9; au bout de trois siècles, de 4 096 à 13; après deux mille ans, la différence sera immense et incalculable. »

Essai sur le principe de population, 1798.

Malthus est assez *pessimiste* pour le progrès technique; **la loi d'accroissement des biens de subsistance** est régie par une progression arithmétique liée aux rendements limités des terres. Sur le plan démographique, Malthus imagine que, spontanément, les populations adoptent un comportement de fécondité maximale et il formule **une loi d'accroissement *théorique* de la population** de type géométrique. Bien entendu, la population doit subsister, la progression de la population réelle est donc bornée par la quantité de nourriture disponible.

Malthus définit alors **le principe de population** :

> « 1. Le niveau de la population est nécessairement limité par les moyens de subsistance.
> 2. La population s'accroît invariablement partout où croissent les moyens de subsistance à moins que des obstacles puissants et manifestes ne l'arrêtent.
> 3. Ces obstacles particuliers [...] forcent la population à se réduire au niveau des moyens de subsistance, peuvent tous se rapporter à ces trois chefs, la contrainte morale, le vice et le malheur. »

Essai sur le principe de population, livre I, ch. III.

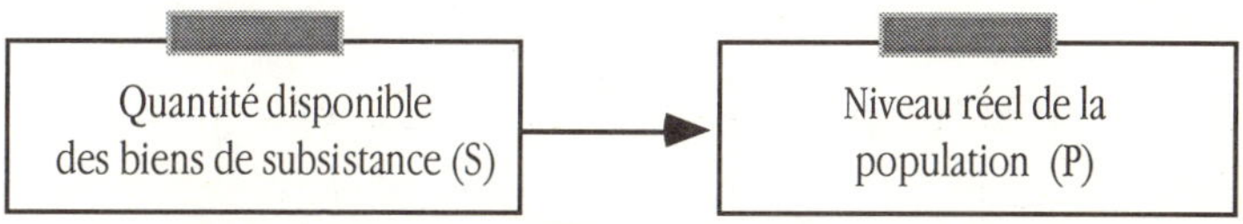

La restriction des naissances devient donc une condition nécessaire pour assurer aux populations une situation acceptable quant à leur niveau de vie. La quantité de nourriture disponible doit dicter à la population son rythme de progression. Il en résulte **une vision déterministe et sombre** de l'économie :

> « De la difficulté de se nourrir, résulte un frein puissant, agissant constamment sur la population [...]. **Cette inégalité naturelle** entre le pouvoir multiplicateur de la population et le pouvoir de production de la terre et cette importante loi de nature qui maintient constamment leurs effets en équilibre constituent le grand obstacle, qui me paraît insurmontable, sur le chemin de la perfectibilité de la société. Tout autre argument n'a qu'une faible et secondaire importance en regard de celui-ci. Je ne vois aucun moyen par lequel l'homme puisse échapper au poids de cette loi qui s'impose à toute la nature vivante. Aucune utopie égalitaire, aucun code agrarien, même poussé à l'extrême, ne pourrait en écarter le joug, ne fût-ce que pour un siècle. Et cette loi semble donc s'opposer de manière décisive à l'éventualité d'une société dont tous les membres vivraient dans l'aisance, le bonheur et le loisir correspondant, sans éprouver la moindre angoisse pour assurer leur subsistance et celle de leurs familles. »

Ibid.

Malthus, l'antisocial ?

Secourir les pauvres, c'est multiplier la pauvreté

Conséquence du principe de population : l'excès de pauvres symbolisé par l'exemple **du banquet.**

> « Un homme qui est né dans un monde déjà possédé, s'il ne peut obtenir de ses parents la subsistance qu'il peut justement leur demander, et si la société n'a pas besoin de son travail, n'a aucun droit de réclamer la plus petite portion de

nourriture et, en fait, **il est de trop au banquet de la nature**; il n'a pas de couvert vacant pour lui. Elle lui recommande de s'en aller et elle mettra elle-même promptement ses ordres à exécution s'il ne peut recourir à la compassion de quelques-uns des convives du banquet. Si ces convives se serrent et lui font place, d'autres intrus se présentent immédiatement et demandent la même faveur. Le bruit qu'il existe des aliments pour tous ceux qui arrivent remplit la salle de nombreux arrivants qui réclament. L'ordre et l'harmonie des invités sont troublés, l'abondance qui régnait auparavant se change en disette et le bonheur des convives est détruit par le spectacle de la misère et de la gêne qui règnent en toutes les parties de la salle et par la clameur importune de ceux qui sont justement furieux de ne pas trouver les aliments sur lesquels on leur avait appris à compter. Les convives reconnaissent trop tard l'erreur qu'ils ont commise en contrecarrant les ordres stricts à l'égard des intrus donnés par la grande maîtresse du banquet. »

Essai sur le principe de population, 1803.

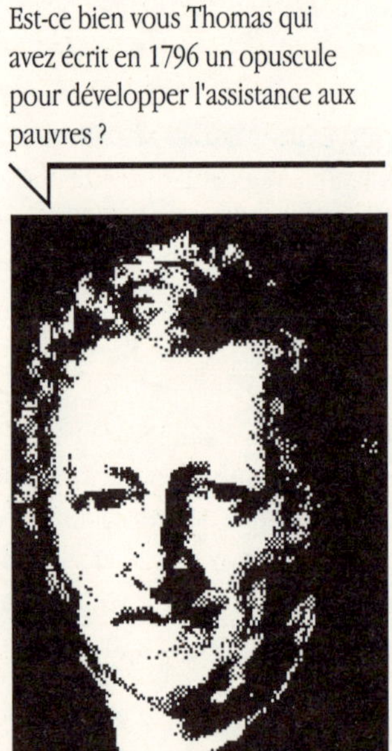

Ce texte est fait pour frapper les esprits, il est métaphorique et on y voit le pasteur habitué à s'exprimer devant des foules aimant les récits et les images. De façon moins lyrique il affirme qu'il n'est pas efficace économiquement ni même juste moralement d'aider les pauvres car :

« la quantité d'aliments qui se consomme dans les maisons de travail, et qui s'y distribue à une partie de la société qu'on ne peut envisager comme la plus précieuse, diminue d'autant les portions qui sans cela seraient réparties à des membres de la société plus laborieux et plus dignes de récompense. »

Essai sur le principe de population, 1803.

Les progrès de la morale doivent, selon Malthus, limiter les désastreux effets de la natalité débordante sur le niveau de vie des nations :

> « Qu'est-ce que **la contrainte morale ?** C'est le mariage tardif pour éviter une famille nombreuse et la chasteté jusqu'au mariage. »
>
> *Essai sur le principe de population*, 1798.

Malthus défend aussi l'école gratuite et obligatoire; pour lui, les lumières apportées au peuple sont la meilleure façon de lutter contre la pauvreté. Un peuple instruit comprend qu'en limitant les naissances il améliore le niveau de vie moyen des membres de la famille.

Pour un prix élevé des biens de subsistance

La position de Malthus sur les *corn laws* est significative de sa conception de la politique économique. Il observe que le prix élevé des subsistances de 1792 à 1813 est associé à un taux de profit élevé. A l'inverse, Malthus considère que la récession économique généralisée de 1815 est liée à une diminution des revenus des propriétaires fonciers liée au bas prix du blé. Il va donc défendre les propriétaires fonciers et leur demande de protection contre les produits concurrents qui limitent les prix des biens de subsistance. Il est donc dans le camp opposé à celui de D. Ricardo qui, pour sa part, propose *le libre-échange* et veut faire diminuer le prix des produits alimentaires de première nécessité. Ricardo pense que l'intérêt bien compris des salariés, des employeurs et des industriels suppose de bénéficier des avantages comparatifs, sources de moindre coût pour la valeur du travail. Mais ce sont les arguments de Malthus qui l'emportent; le Parlement où siègent en majorité des propriétaires fonciers choisit le protectionnisme. Il faudra une dizaine d'années avant que l'on commence à abroger les *corn-laws* comme le désirent les industriels.

Malthus, théoricien des déséquilibres

L'excès d'épargne engendre les crises

T. R. Malthus a combattu ce qu'on appelle *la loi de J.-B. Say*; il tente une approche de la dynamique économique fondée sur l'observation. Observateur de la réalité sociale, il est *un libéral pessimiste* et refuse de faire l'apologie de l'économie de marché. Il va notamment observer les effets perturbateurs d'un excès d'épargne. Keynes reconnaîtra en lui un précurseur; dans son *Essai sur Malthus,* il citera cette lettre de Malthus à Ricardo :

> « Dans presque toutes les parties du monde, on voit d'**immenses forces productives qui ne sont pas mises en œuvre**; nous expliquons ce phénomène en disant que, faute d'une bonne distribution des produits réels, il n'y a pas de motifs suffisants de continuer à produire. Nous affirmons expressément qu'**un effort d'accumulation très rapide**, qui implique une diminution considérable de la consommation improductive, doit, en affaiblissant grandement les motifs habituels de production, entraîner un arrêt prématuré du développement de la richesse. Mais, s'il est vrai qu'un effort d'accumulation très rapide provoque entre le travail et le profit un divorce assez profond pour anéantir presque complètement

aussi bien le motif que le moyen d'accumuler davantage et pour supprimer par conséquent la possibilité d'entretenir et d'employer une population croissante, ne faut-il pas reconnaître qu'un tel effort d'accumulation, ou en d'autres termes **une épargne exagérée,** peut causer à un pays un réel préjudice ? »

Correspondance de Malthus, 7 juillet 1821.

Mais Malthus concède cependant des vertus au capitalisme; il peut aboutir à l'existence d'**un taux d'épargne optimal,** c'est-à-dire fournissant le maximum de richesse et d'emploi :

« Adam Smith a affirmé que la parcimonie développe le capital, qu'un homme économe est un bienfaiteur public et que l'accroissement de la richesse dépend de l'excès de la production sur la consommation. Que ces propositions contiennent une grande part de vérité ne peut être contesté. Mais il est bien évident qu'elles sont vraies seulement dans certaines limites, et que le principe de l'épargne, poussé à l'extrême, détruirait le motif de la production. Si chacun se contentait de la nourriture la plus simple, du vêtement le plus pauvre et de la maison la plus humble, il est certain qu'il n'existerait pas d'autres sortes de nourriture, de vêtements, ni de maisons. Les deux extrêmes sont évidents, il existe donc nécessairement un point intermédiaire, même si les moyens de l'économie politique ne permettent pas de le déterminer, où compte tenu de la capacité de production et de la volonté de consommer, le motif à accroître la richesse est maximum. »

Principes d'économie politique, Préface.

Malthus distingue les deux types de dépenses, celles des détenteurs de capital et celles des salariés. Il constate que le capitaliste obtient un revenu qu'il peut très bien ne pas consacrer à l'achat de biens de consommation, diminuant par là même la demande. Il suffit que l'incitation à investir soit émoussée par le risque, l'insuffisance de la demande ou l'indolence du capitaliste pour qu'une partie des gains distribués à partir des revenus gagnés par la production ne se retrouve pas dans la demande. Malthus considère qu'il y a danger de surinvestissement par rapport à une demande de biens de consommation insuffisante pour écouler toute la production.

« Une troisième erreur, la plus grave que ces auteurs déjà cités aient commise, consiste à supposer que l'accumulation assure la demande, ou que la consommation des ouvriers employés par les individus dont le but est d'économiser crée une demande réelle de denrées, suffisante pour encourager d'une manière soutenue l'accroissement de la production [...]. D'après ce principe, on a supposé que si la portion la plus riche de la société renonçait à ses jouissances habituelles d'aisance et de luxe, dans le but d'accumuler, le seul effet qui en résulterait serait de porter presque tout le capital national vers la production des choses nécessaires — ce qui conduirait à un grand accroissement de la culture et de la population. Mais c'est là précisément le cas dans lequel M. Ricardo reconnaît qu'il pourrait arriver un encombrement général; car la quantité de denrées nécessaires produites alors dépasserait la demande. Cet état de choses, ne pourrait pas se continuer, car la baisse qui en serait la suite arrêterait à la fois la culture et l'accumulation du capital. Si, dans un système d'épargne, tout ce qui était perdu par le capitaliste était gagné par le travailleur, l'obstacle à l'accroissement de la richesse ne serait que temporaire, ainsi que le dit M. Ricardo, et les suites n'en seraient point à craindre. Mais si la transformation du revenu en capital, poussée au-delà d'un certain point, doit, en diminuant la demande effective pour les produits, laisser les classes ouvrières sans ouvrage, il est évident que les habitudes de parcimonie poussées trop loin peuvent être suivies, tout d'abord des effets les plus désastreux et causer ensuite un déclin sensible et permanent dans la richesse et la population. »

Principes d'économie politique.

Malthus semble parfaitement clair et peu dogmatique; mais il atteste aussi de la faiblesse de ses moyens de modélisation; en particulier il ne dispose ni d'une véritable théorie de l'épargne et de l'investissement ni d'une théorie monétaire suffisante.

Malthus, théoricien de la demande

T. R. Malthus est un des rares économistes classiques à affirmer que **la demande stimule l'offre.** Après avoir montré les dangers de l'excès de l'épargne, il insiste sur le rôle d'une demande comme aiguillon de l'accumulation. Il est d'ailleurs étrange qu'un penseur de la pénurie ait imaginé la sous-consommation alors même que sa théorie de la population est placée sous le signe de la sous-production de nourriture.

« La richesse générale et la richesse individuelle naissent toujours de **la demande effective.** Toutes les fois que la demande des produits est grande, c'est-à-dire toutes les fois que la valeur échangeable de toute la masse rétribue plus de bras qu'à l'ordinaire sans augmentation du capital consacré à la production, il faut s'attendre aussi exactement à voir un accroissement général des produits qu'à voir s'accroître la masse de tel ou tel objet lorsque son prix courant s'élève. »

Principes d'économie politique.

Malthus distingue, outre les capitalistes, deux classes de travailleurs : les productifs (ouvriers par exemple) et les improductifs (employés notamment). *La relance de la demande* qu'il propose pour stimuler la croissance passe d'abord par la relance de la consommation des improductifs, c'est-à-dire de ceux qui ne pèsent pas sur les coûts de production des entrepreneurs. Cette solution sera critiquée par Sismondi qui veut stimuler d'abord la consommation des travailleurs et des plus démunis.

♦ Malthus privilégie *une théorie de la valeur* fondée sur **l'échange**.

« Tout le monde convient que **l'offre et la demande** règlent exclusivement, et avec la plus grande régularité et la plus exacte précision, les prix des denrées, en monopole, sans aucun égard aux frais de production, et l'expérience journalière et constante nous fait voir que les prix des produits bruts, surtout de ceux qui sont le plus exposés à l'influence des saisons, se règlent toujours, au moment de la vente, d'après l'état du marché et la contestation qui a lieu entre le vendeur et l'acheteur, et varient beaucoup d'une année à l'autre, et à des époques différentes, quoiqu'ils puissent avoir coûté dans ces différents cas à peu près la même somme d'avances nécessaires à leur production et que le taux général des profits n'ait pas varié [...]. Il est cependant une autre classe de produits, tels que les objets manufacturés, surtout ceux dont la matière première est à bas prix, à l'égard desquels le prix courant réel coïncide bien plus souvent avec les frais de production, et peut paraître par conséquent déterminé exclusivement par ces frais. Dans ce cas même cependant, l'expérience familière nous montre qu'une variation quelconque dans les rapports entre la demande et l'offre l'emporte complètement et pour un certain temps sur l'influence de ces frais de production. »

Principes d'économie politique.

Malthus considère que les prix de longue période peuvent être gouvernés par les fluctuations du marché; en cela, il s'oppose aux autres classiques qui admettent que *le prix courant* fluctue autour du *prix naturel.*

Il emprunte à A. Smith l'exemple du « prix du travail d'un pasteur » qu'il évalue de façon moderne préfigurant *la théorie du capital humain* en prenant en compte le coût de production de son éducation :

« L 'exemple connu [...] de l'insuffisance du traitement des pasteurs, malgré tous les efforts de la législature pour l'augmenter, prouve d'une manière frappante que le prix *permanent* d'une chose se règle d'après la demande et l'offre, et non d'après les frais de production. Dans l'exemple cité, il est probable que les frais réels d'éducation seraient plutôt augmentés par les souscriptions de bienfaisance; mais comme ces frais sont payés par d'autres personnes et non par les individus eux-mêmes, ils ne peuvent ni régler ni limiter l'approvisionnement, lequel, devenant et continuant à être plus abondant par l'effet de cet encouragement, maintient les traitements toujours bas, quels que soient, en réalité, les frais que coûte l'éducation des jeunes prêtres. »

Principes d'économie politique.

La population active, source de richesse

T. R. Malthus fait de la quantité d'emploi, dont une nation dispose la source de sa richesse et de son développement.

« La mesure précise de la population d'un pays n'est pas la quantité de nourriture qu'il produit, puisqu'il en exporte une partie, mais la quantité d'occupation ou d'emploi qu'il peut offrir à la population laborieuse. C'est cette quantité d'emploi qui règle le salaire réel du travail. Les salaires réels sont le principe régulateur de la population et sa plus juste limite. »

Essai sur le principe de population, 1798.

Nous sommes au cœur de l'analyse classique de l'emploi et de la croissance qui affirme que c'est le stock de facteurs de production fixes (terre, capital) disponibles au sein d'une nation qui fournit au travail l'occasion de s'employer. La richesse d'un pays découle évidemment aussi de l'efficacité de ces facteurs qui fournissent la consommation potentielle , donc le niveau de population qu'un pays peut faire vivre. Les analyses modernes de la population ont largement réactualisé cette façon de voir.

J. S. Mill, un classique de transition

JOHN STUART MILL (1806-1873)

De l'enfant surdoué au théoricien sous influence

J. S. Mill est né le 20 mai 1806, il est l'aîné de neuf enfants. Il sera élevé par son père, James Mill, philosophe utilitariste, ami de Bentham et de Ricardo.

Il est un peu **le cobaye** de son père qui, en disciple d'Helvetius, pense que l'éducation détermine le destin individuel...

A trois ans, il apprend le grec; à huit ans, il a déjà lu des œuvres des principaux philosophes grecs : Hérodote, Platon, Ovide, Aristote, etc. Il est privé d'enfance, interdit de jouets et ignore la notion de récréation. Ses soirées étaient même réservées à l'arithmétique. En lieu et place des activités enfantines, il est nourri de leçons de philosophie, abreuvé de discours économiques. Il passe de la logique de Hobbes à douze ans à la lecture de D. Ricardo, éminent ami de son père.

Celui-ci fait ingurgiter à son fils, âgé de treize ans, les célèbres *Principes d'économie politique et de l'impôt.* Les voyages formant la jeunesse : à quatorze ans, J. S. Mill passe un an sur le continent où il bénéficie de l'influence de J.-B. Say qui lui fait connaître une vie adolescente plus douce. Puis, à quinze ans, la lecture du *Traité de législation* de Bentham le convertit à **l'utilitarisme.** Il voit alors l'homme comme une machine à plaisir guidé par son intérêt, minimisant ses peines et maximisant ses sources de satisfaction. Au rang des influences paternelles majeures, il faut aussi noter l'engouement de J. S. Mill pour le malthusianisme dont il est un ardent défenseur.

♦ On comprend aisément qu'à vingt ans, J. S. Mill soit victime d'une dépression. Durant cette crise d'une personnalité en formation accélérée, il remet en question le modèle paternel.

♦ J. S. Mill se retrouve alors rapidement sous l'influence d'une femme, Mme Taylor... D'après ses propres écrits, de cette rencontre date son ouverture aux questions sociales. Elle ne serait pas étrangère à la remise en question du modèle « utilitariste-libéral » standard au profit d'un certain réformisme, celui qui caractérise son apport spécifique à la pensée classique. Dès ses vingt-deux ans, J. S. Mill participe aux débats de son temps et se passionne pour la politique et l'économie.

♦ **Théoricien,** il est philosophe et économiste; c'est au sens plein un adepte des sciences sociales et sa conception de l'économie est marquée par des préoccupations d'action.

Son activité de philosophe s'exprime dans un intérêt pour la méthode qu'il manifeste en 1843 dans *Le Système de la logique (System of Logic).* En économiste libéral, il va écrire en 1859 un véritable **bréviaire du libéralisme :** *La Liberté (On Liberty).* Il y défend le droit de l'individu au non-conformisme et le refus de la tyrannie des coutumes et de l'opinion. Mais la postérité se souvient de lui comme auteur du grand livre classique les *Principes d'économie politique,* qui va servir de livre de référence jusqu'en 1890 environ, date à laquelle *les Principes* d'A. Marshall viendront lui succéder. Dans cet ouvrage majeur, il tente de reprendre l'essentiel du message de Ricardo sous une forme plus pédagogique et en recherchant certaines **réformes,** sources d'une meilleure harmonie économique. On notera aussi, parmi ses principales œuvres, son ouvrage féministe d'avant-garde : *Sur l'assujettissement des femmes* (1869) et ses *Mémoires* (1873).

♦ **Praticien de l'économie,** il entre à dix-sept ans au service de l'état-major de la Compagnie des Indes orientales dont il est un membre influent. Ce n'est qu'à cinquante-deux ans qu'il prendra sa retraite après trente-cinq ans de service…

♦ **Réformiste social,** J. S. Mill est membre du Parlement de 1865 à 1868. Il appartient alors au *parti radical* qui défend le suffrage des femmes. Il est partisan de la réforme agraire, défend le syndicalisme, soutient une fiscalité redistributive et s'oppose à l'esclavage. Dans un ouvrage de science politique, *Le Gouvernement représentatif,* il défend la démocratie et l'égalité. Il précise même que la démocratie doit empêcher

> « qu'une classe, fût-elle la plus nombreuse, ne soit capable de réduire à l'insignifiance politique tout ce qui ne lui convient pas et de diriger la marche de la législation et de l'administration d'après son intérêt exclusif de classe ».
>
> *Consideration on Representative Gouvernement.*

UN ÉCONOMISTE PÉDAGOGUE ET NOVATEUR

La loi de l'offre et de la demande

J. S. Mill est souvent présenté comme celui qui a formulé de façon moderne **la loi de l'offre et de la demande.**

> « Ainsi, nous voyons que l'idée de *rapport* entre l'offre et la demande serait déplacée et n'a rien à faire ici : s'il faut chercher un terme dans le langage des mathématiques, il convient d'employer celui d'**équation.**
>
> Il faut que l'offre et la demande, la quantité offerte et la quantité demandée, soient égalisées. S'il se produit une inégalité, elle est couverte par *la concurrence,* et la chose a lieu par la hausse ou la baisse de la valeur. Si la demande augmente, la valeur s'élève; si la demande diminue elle baisse; si l'offre est insuffisante, la valeur monte, et elle descend si l'offre augmente. La hausse ou la baisse ont lieu jusqu'à ce

que l'offre et la demande soient exactement égales l'une à l'autre; et la valeur à laquelle une marchandise s'élève sur le marché n'est autre que celle qui, sur ce marché, détermine une demande suffisante pour absorber toutes les quantités offertes ou attendues.

Telle est la loi de la valeur pour toutes les marchandises, qui ne peuvent être multipliées à volonté. Ces marchandises, sans doute sont une exception. Il existe une autre loi pour la classe bien plus nombreuse des objets susceptibles d'une multiplication indéfinie. »

Principes d'économie politique, Guillaumin 1873.

La loi qui gouverne les biens reproductibles est celle du coût de production. J. S. Mill reste pour l'essentiel attaché à la valeur travail typique de l'école anglaise :

« Le prix réel de chaque chose, ce qu'elle coûte réellement à la personne qui a besoin de l'acquérir, est l'équivalent de la peine et de l'embarras qu'il a fallu pour l'acquérir.»

Principes d'économie politique, Guillaumin 1873.

La monnaie et l'échange sont neutres par rapport à la production

Partisan de la valeur travail, J. S. Mill ne fait nullement de l'échange la source des revenus des facteurs :

« Nous ne saurions trop nous pénétrer de cette idée : que le fait que l'échange, soit qu'il ait lieu par l'intermédiaire de l'argent ou qu'il soit direct, n'est autre chose que le mécanisme par lequel chacun transforme la rémunération de son travail ou de son capital dans la forme qui lui convient le mieux, mais que cet échange n'est nullement la source et la cause de la rémunération. »

Principes d'économie politique, Guillaumin 1873.

Le propre de l'analyse classique est de considérer, selon la logique de J.-B. Say, que fondamentalement « les produits s'échangent contre des produits » : la monnaie n'a qu'un rôle négligeable.

« Il n'est pas dans l'économie d'une société quelque chose de plus insignifiant en elle même que la monnaie, si on la considère autrement que comme un mécanisme pour faire vite et commodément ce que l'on ferait moins vite et moins commodément s'il n'existait pas [...]. L'introduction de la monnaie ne modifie en rien l'action des lois de la valeur [...]. La valeur ou la puissance d'acquisition de la monnaie dépend en premier lieu de l'offre et de la demande [...]. L'offre de monnaie représente donc la quantité que les gens ont besoin de dépenser [...] à l'exception de celle qu'ils destinent à la thésaurisation [...]. La demande de monnaie se compose au contraire de toutes les marchandises mises en vente [...]. Comme la totalité des marchandises qui sont sur le marché constitue la demande de monnaie, de même, la totalité de la monnaie constitue la demande de marchandises. La monnaie et les marchandises se recherchent pour être échangées : elles sont réciproquement l'offre et la demande l'une de l'autre. »

Principes d'économie politique, Guillaumin 1873.

Cette dernière phrase restera très célèbre. Elle est caractéristique de l'analyse **dichotomique** : d'un côté l'économie réelle, de l'autre la monnaie et le crédit qui mettent simplement de l'huile dans les rouages sans agir sur la croissance. Il faudra attendre J. M. Keynes et son « économie monétaire de production » pour remettre en cause radicalement cette approche de la monnaie.

Une théorie du capital au cœur de l'accumulation

Classique, J. S. Mill l'est encore plus nettement dans sa théorie de la croissance.

J. S. Mill pense le cycle du capital en reliant épargne, accumulation et production. Il utilise aussi le concept d'amortissement des machines qui doivent être renouvelées et entretenues. Il prend en compte la consommation productive du capital qui disparaît dans le processus de production....

> « Le capital est la richesse appliquée à un emploi [...] Le capital est le résultat de l'épargne.[...]. Revenons à notre théorème fondamental. Tout ce qui est produit est consommé; ce qui est épargné aussi bien que ce qui est dépensé, le produit épargné tout aussi rapidement que le produit dépensé [...]. Il y a dix ans, existait déjà du capital productif actuel du pays; encore tous ces bâtiments, ces navires, ces fabriques, ces routes ne seraient-ils pas ce qu'ils sont aujourd'hui si depuis dix ans chaque année n'avait vu un travail nouveau de changement et de réparations s'efforcer d'entretenir leur valeur. La terre est presque le seul instrument de richesse qui dure, qui subsiste. »
>
> *Principes d'économie politique,* Guillaumin 1873.

L'offre a le rôle principal !

J. S. Mill fait de **l'offre** le facteur créateur de la dynamique économique.

> « Ce qui entretient le travail productif, c'est le capital dépensé pour sa mise en train et non la demande des acheteurs pour le produit du travail quand il est achevé. La demande d'objets manufacturés n'est pas la demande de travail. La demande des objets détermine la branche particulière d'industrie à laquelle le travail et le capital devront être appliqués. Elle détermine la direction du travail mais non la quantité plus ou moins grande de travail même, ou d'entretien des travailleurs. »
>
> *Principes d'économie politique,* Guillaumin 1873.

Le volume d'emploi est borné par la quantité de capital

Du capital et de l'offre, J. S. Mill peut passer à l'emploi. Pour lui comme pour les classiques, le volume de travail fourni par l'économie est étroitement associé au stock de capital :

> « Si d'une part, l'industrie est limitée par le capital, tout accroissement de capital donne ou doit donner, d'autre part, un emploi, un aliment nouveau à l'industrie [...]. Toute addition, tout accroissement de capital donne au travail soit une addition d'emplois, soit une addition de rémunération. S'il trouve des bras nouveaux prêts à travailler, il accroît la production générale; s'il ne trouve que les mêmes bras employés auparavant, il accroît leur rémunération, et même, en ce

dernier cas, il peut accroître la production, en stimulant les travailleurs par un salaire plus abondant. »

Principes d'économie politique, Guillaumin 1873.

« Acheter le produit n'est pas alimenter le travail. La demande de travail est constituée par les salaires qui précèdent la production et non par la demande qui peut exister pour les objets résultant de la production. »

Principes d'économie politique, Guillaumin 1873.

L'épargne et le capital déterminent la croissance

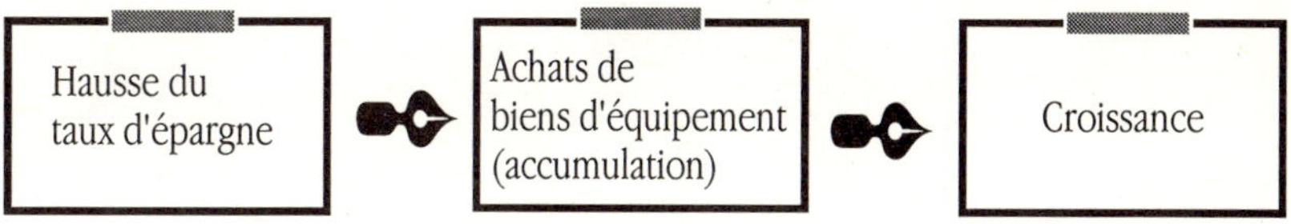

Si le capital détermine la croissance, lui-même est le résultat d'une épargne. Cela conduit à une conception où **l'épargne** préalable consacrée à l'achat de moyens de production est ce qui détermine l'accumulation. La *hausse du taux d'épargne macro-économique* est donc le déterminant ultime du développement et de l'emploi. Le travail est, pour sa part, considéré comme automatiquement disponible car un raisonnement malthusien suppose que son augmentation n'a pas d'autres bornes que la nourriture disponible...

« Les éléments indispensables à la production étant le travail, le capital et la terre, on a vu par le chapitre précédent que les obstacles à l'accroissement de la production ne viennent pas du premier de ces éléments. De la part du travail, il n'y a aucun obstacle à un accroissement de la production, car sa progression est d'une rapidité incessante [...] Si le travail était l'unique condition essentielle de la production, les produits pourraient s'accroître et s'accroîtraient naturellement dans la même production; et il n'y aurait point de borne à la production [...] mais il y a pour la production d'autres conditions nécessaires; parmi celles-ci, il faut compter le capital [...] Il ne peut exister dans aucun pays [...] un nombre de travailleurs productifs qui dépasse celui qui peut être entretenu par cette part du produit du travail accompli, qui est épargné par son possesseur sur ses jouissances, pour être employé à la reproduction et qu'on appelle capital. »

Principes d'économie politique, Guillaumin 1873.

L'analyse des motivations de l'épargnant devient donc cruciale pour comprendre la croissance et ses limites :

« Puisque tout capital est le produit de l'épargne, c'est-à-dire de la renonciation à une consommation actuelle en vue d'un bien futur, l'accroissement du capital doit dépendre de deux choses : le fonds sur lequel l'épargne peut s'opérer et la puissance des motifs qui engagent à cette épargne.

Le fonds sur lequel l'épargne peut se réaliser est l'excédent du produit du travail, qui reste après qu'on a pourvu aux besoins de la vie de tous ceux qui ont pris part à la production (en y comprenant les produits employés à remplacer les matières premières et à renouveler le capital fixe [...] C'est **le produit net réel du pays** [...].

Le désir réel d'accumuler se manifeste avec une énergie inégale non seulement suivant les variétés du caractère personnel, mais suivant l'état général de la société et de la civilisation.[...]. Toute accumulation implique le sacrifice du présent en vue d'un bien ultérieur [...]. Plus la sécurité sera complète, plus sera puissante l'énergie réelle du désir d'accumuler. »

Principes d'économie politique, Guillaumin 1873.

Vers l'état stationnaire

Mais le capital et l'épargne ne sont pas infinis. Comme Ricardo, J. S. Mill pense que la croissance est bornée. Il prévoit qu'elle va s'émousser et céder la place à **un état stationnaire.** Seul, le progrès technique et le degré de motivation de la classe des entrepreneurs peuvent relancer la croissance.

« Lorsqu'un pays a porté la production aussi loin qu'elle peut être portée dans l'état actuel de ses connaissances, avec un profit correspondant à la puissance moyenne du désir réel de l'accumulation, ce pays a atteint ce qu'on appelle l'état stationnaire; cet état dans lequel le capital ne peut augmenter que s'il survient quelque perfectionnement dans les arts productifs ou un accroissement dans la puissance du désir d'accumuler. »

Principes d'économie politique, Guillaumin 1873.

L'échange international réglé par les coûts relatifs et la demande relative

J. S. Mill ne se contente pas d'une économie fermée; il veut aussi penser l'échange international. Là encore, il semble d'abord reprendre pour l'essentiel le message classique, mais il préfigure aussi une nouvelle interprétation.

J. S. Mill reprend d'une façon relativement pédagogique **la loi sur les coûts relatifs de Ricardo**, mais il apporte une précision qui réduit l'incertitude dans la zone de l'échange en prenant en compte les demandes des nations. L'apport spécifique de J. S. Mill consiste à avoir ajouté *la loi d'équation de la demande entre nations :*

« On peut donc considérer que lorsque deux pays échangent deux marchandises, la valeur respective d'échange de ces marchandises s'adapte aux goûts et aux besoins des consommateurs, dans l'un et l'autre pays, de manière à ce que la marchandise demandée par l'un des pays paye exactement la quantité de la marchandise demandée par l'autre pays [...]. Ainsi l'augmentation de la demande des produits d'un pays à quelque pays qu'elle se manifeste, permet à celui-ci d'obtenir à meilleur marché les objets d'importation [...]. La loi que nous venons d'exposer peut être appelée avec exactitude **loi d'équation de la demande entre nations.** On peut l'exprimer en peu de mots dans les termes suivants : les produits d'un pays s'échangent contre les produits des autres pays, dans un rapport de valeur tel que la somme des exportations de ce pays égale exactement la somme de ses importations [...]. Mais tout commerce, soit entre les nations, soit entre les individus, est un échange de marchandises dans lequel les objets que chacun offre constituent ses moyens de payer ce qu'il demande : les marchandises offertes par l'un forment sa demande pour celles qui sont apportées par l'autre, et réciproquement. »

Principes d'économie politique, Guillaumin 1873.

Les échanges entre nations sont donc déterminés par **l'intensité relative des demandes entre les deux pays.** Celui qui est en situation d'offreur est dans une situation favorable pour obtenir des prix rémunérateurs... On connaît aujourd'hui l'importance des variations relatives dans les demandes des pays... Lorsqu'un pays est incapable de répondre rapidement à une variation de sa demande, il est en effet placé en situation plus délicate que ses concurrents.

La répartition selon J. S. Mill

Sachant comment on accumule et comment on détermine le produit net, il faut encore expliquer comment se fait le partage. J. S. Mill annonce ici les institutionnalistes américains.

Salaires, population, capital et coutume

J. S. Mill innove par rapport à la notion de salaire de subsistance qui contentait relativement D. Ricardo. J. S. Mill préfigure quelque peu le courant *institutionnaliste* en analysant les salaires selon deux facteurs principaux : la concurrence et la coutume.

« **Le prix des salaires,** comme celui de toutes choses, peut être déterminé par la concurrence ou par la coutume [...]. Le taux des salaires dépend donc principalement des rapports de l'offre et de la demande de travail; ou, comme on le dit souvent, du rapport qui existe entre la population et le capital. Par population, on entend seulement la classe laborieuse ou plutôt les personnes qui travaillent au prix d'un salaire; et par capital, seulement le capital circulant et non pas même la totalité de celui-ci, mais seulement la portion qui est employée à l'acquisition directe du travail [...]. Le taux moyen des salaires ne peut s'élever que par un accroissement du capital affecté au salaire ou par une réduction de ceux qui sont en concurrence pour offrir leur travail. »

Ibid.

Les profits récompensent l'abstinence des propriétaires

J. S. Mill n'associe nullement profit et exploitation. Au contraire, le profit récompense l'épargne nécessaire à constituer le capital qui donne le travail aux ouvriers. Le profit rémunère l'entrepreneur pour son activité de direction (profit pur) et sert à payer l'intérêt (revenu du capital placé).

« De même que le salaire de l'ouvrier est la rémunération de son travail, les profits du capitaliste sont à proprement parler, comme l'a fort bien dit M. Senior, la rémunération de son abstinence. C'est ce qu'il gagne à ne pas consommer le capital pour son usage personnel et à le faire consommer par des ouvriers qui reproduisent leur travail. Cette abstinence doit être récompensée [...]. Toutefois, une partie seulement des gains que la possession du capital permet de faire est, à proprement parler, le prix de l'usage même du capital; c'est celle qu'une autre personne empruntant le capital consentirait à payer. Cette partie, qui s'appelle l'intérêt, comme chacun sait, est tout ce que le capitaliste gagne en s'abstenant simplement de consommer immédiatement son capital et en permettant à d'autres de s'en servir reproductivement [...]. Le produit brut du capital, les gains qui reviennent à ceux qui fournissent des fonds à la production doivent suffire à cette triple rémunération. Ils doivent donner une indemnité pour l'abstinence, une prime pour le risque, une rémunération pour le travail et l'habileté nécessaires à la direction. Ces différents prix peuvent être payés à une seule personne ou à plusieurs. »

Ibid.

Pour J. S. Mill, le montant des profits dépend à la fois de la productivité du travail et du partage de la valeur ajoutée entre salariés et capitalistes :

« La cause du profit est que le travail produit plus qu'il n'est nécessaire pour son entretien [...]. Ainsi nous voyons que les profits naissent, non du jeu des échanges, mais de la puissance productive du travail [...]. On voit par là que les deux seuls éléments desquels dépendent les profits du capitaliste sont premièrement l'importance du produit, ou en d'autres termes, la puissance productive du travail et secondement, la proportion que les travailleurs eux-mêmes prennent dans ce produit, le rapport qui existe entre la rémunération du travail et la valeur du produit. »

Ibid.

J. S. Mill, un utilitariste libéral mais social

La sphère d'intervention de l'État

J. S. Mill est un libéral tempéré en ce sens qu'il considère que **l'individu n'est pas le seul juge de ses intérêts**... Il y a donc dans la pensée de J. S. Mill un ferment d'hétérodoxie qui le distingue de *l'individualisme méthodologique* le plus fondamental.

« La seule partie de la conduite de chacun qui est soumise à la société est celle qui concerne les autres.»

On Liberty.

Bernard Manin insiste sur la justification **utilitariste** du libéralisme. J. S. Mill est libéral d'abord pour des raisons d'**efficacité** du marché :

« Chez John Stuart Mill le commerce, l'activité économique sont expressément rangés parmi les activités qui concernent les intérêts d'autrui et donc qui ne se rangent pas à priori dans la sphère dans laquelle le pouvoir politique ne doit pas intervenir. elles sont donc par nature situées dans la sphère où les intérêts d'autrui sont affectés.

Mais il fait alors intervenir une autre argumentation, car il défend en fait le libéralisme économique. Cet autre argument consiste à dire qu'en réalité, l'intervention de l'État dans ce domaine s'avère beaucoup plus inefficace que le jeu de la liberté. »

Intervention, n°9, 1984.

J. S. Mill, convaincu de l'utilité du libéralisme économique, n'en oubliera pas moins de pratiquer **une philanthropie sociale.** Il organisera, par exemple, des réunions destinées aux ouvriers afin, entre autres, de les éclairer sur l'intérêt du libéralisme. L'action de l'État ne doit pas remplacer l'initiative individuelle mais elle doit être pédagogique et incitative. Pour J. S. Mill, il faut **aider l'association des individus,** non planifier et étatiser :

« Les secours du Gouvernement, lorsqu'ils sont appliqués à défaut d'esprit d'entreprise de la part des particuliers, devraient être accordés de manière à présenter autant que possible un cours d'enseignement dans l'art d'accomplir de grandes choses au moyen de l'énergie individuelle et de l'association volontaire. »

Intervention, n°9, 1984.

A chacun selon son travail mais **l'éducation** est la clé des progrès économiques et sociaux pour J. S. Mill :

« Nous pensions que le problème social de l'avenir consistait à concilier la plus grande liberté d'action de l'individu avec le droit de tous sur la propriété des matières brutes qu'offre le globe, et avec une participation de tous dans les profits du travail commun [...]. Nous voyions clairement que pour opérer une si grande transformation [...] il fallait qu'un changement tout aussi considérable s'opérât dans le caractère de ce troupeau inculte que sont aujourd'hui les masses populaires, et aussi dans la grande majorité de la classe qui emploie leur travail. Il faut que ces deux classes apprennent par la pratique à travailler et à unir leurs efforts dans la poursuite de fins généreuses, et en tout cas conçues dans l'intérêt public et social, et non dans celle de vues étroites d'intérêt privé.»

Mémoires.

La justice sociale mais non l'égalitarisme

J. S. Mill est pour *un capitalisme tempéré*, mais il refuse toute idée d'égalité totale entre les citoyens. Il préfère la liberté à l'égalité [1] :

« L'éducation qui enseignerait ou les institutions sociales qui exigeraient des individus d'échanger la libre disposition de leurs actes contre une somme quelconque d'aisance ou d'abondance, c'est-à-dire de renoncer à la liberté en vue de l'égalité, dépouilleraient ces individus des caractères les plus élevés de la nature humaine.»

Principes d'économie politique, Guillaumin, 1873.

L'égalitarisme émousse l'esprit de concurrence et freine la croissance économique :

« **L'erreur commune des socialistes** est de ne pas tenir compte de la paresse naturelle aux hommes, de leur tendance à la vie passive, à se faire les esclaves de la coutume et à persister indéfiniment dans une voie déterminée. Que l'homme obtienne une situation qu'il estime tolérable, ce qu'on doit en craindre, c'est de le voir aussitôt tomber dans la stagnation, de voir toutes les facultés humaines se rouiller au point de perdre même la vigueur nécessaire pour ne pas reculer. »

Principes d'économie politique, Guillaumin, 1873.

---

[1] Ce sera très exactement cette référence que reprendra en 1970 le professeur de Harvard, J. Rawls ,pour élaborer sa *Théorie de la justice* (cf. *Les Contemporains*).

L'association des pauvres et non l'assistance

J. S. Mill refuse de considérer les classes populaires comme devant être dépendantes et assistées. Comme Condorcet en France (1790), Mill croit à la diffusion de la culture parmi les masses et au progrès obtenu par l'association des travailleurs :

> « Les pauvres sont sortis des lisières, et ils ne peuvent plus être gouvernés ou traités comme des enfants. C'est de leurs qualités personnelles que dépendra leur destinée. Il faut que les nations modernes apprennent que le bien-être du peuple doit résulter de la justice et du *self-government* [...].
>
> Les progrès **du mouvement coopératif** permettent d'en espérer même un accroissement de la puissance productive de l'industrie. Cet accroissement peut tenir à deux causes : en premier lieu, la classe des simples distributeurs, qui sont non des producteurs mais de simples auxiliaires de la production et dont le nombre excessif, bien plus que l'intérêt payé au capitaliste, empêche qu'une grande partie de la richesse produite passe aux mains du producteur, sera réduite [...]. En second lieu [...], en limitant le nombre des distributeurs à ce qui est réellement nécessaire pour rendre les marchandises accessibles aux consommateurs, le système coopératif rend un plus grand nombre de bras disponibles pour la production, en même temps que les capitaux qui les rémunéraient vont être employés à rémunérer des producteurs.
>
> Cette grande économie dans les ressources générales du monde aurait lieu lors même que la coopération se limiterait aux associations d'achat et de consommation, sans s'étendre à la production.
>
> La coopération tend plus efficacement encore à augmenter la productivité du travail en stimulant l'énergie de ceux qui s'y livrent, en plaçant les ouvriers — considérés en masse — dans une situation telle qu'ils aient intérêt à faire le plus, au lieu de faire, comme aujourd'hui, le moins possible en échange de leur rémunération [...]. La dignité du travail s'élèverait, la classe laborieuse acquerrait un nouveau sentiment de sécurité et d'indépendance, de telle sorte que les occupations journalières de tout être humain deviendraient une école de sympathie sociale et d'intelligence pratique. »

Principes d'économie politique, Guillaumin, 1873.

La justice fiscale

J. S. Mill part du principe selon lequel il faut choisir l'impôt de telle façon que l'on demande « à chaque individu un sacrifice égal ». L'idée de diminuer les inégalités intolérables convient au réformiste J. S. Mill, mais il refuse l'application stricte d'un impôt dont le taux progressif augmenterait avec les tranches du revenu :

> « Je désirerais autant que tout autre qu'on prit des moyens de diminuer ces inégalités, mais non pas de manière à dégrever les prodigues aux dépens des hommes prudents. Imposer les gros revenus plus que les petits, c'est imposer l'activité et l'économie; c'est frapper d'une amende ceux qui ont plus travaillé et plus économisé que leurs voisins. Ce n'est pas aux fortunes gagnées qu'il convient de

poser des limites, c'est aux fortunes non gagnées [...]. Il n'y a point de justice dans l'impôt sur le revenu si l'on n'en exempte les épargnes [...]. Il importe en effet que l'impôt ne diminue pas le capital national. »

Ibid.

Sur la démographie et la famille

Un malthusien

J. S. Mill est malthusien. Avoir moins d'enfants est pour lui une façon d'améliorer la situation sociale des classes populaires. Mais surtout, il y voit un progrès considérable pour le statut de la femme.

Sur le plan de l'argumentation économique, J. S. Mill n'apporte rien de plus que Malthus :

« L'accroissement du travail, c'est l'accroissement de l'espèce humaine, de la population. Les discussions soulevées à ce sujet par l'essai de Malthus ont fait connaître si complètement la vérité, bien que cette vérité ne soit pas admise unanimement, qu'il suffira sans doute d'examiner aujourd'hui la question plus succinctement qu'il n'eût été nécessaire autrement.»

Ibid.

Mais, J. S. Mill est plus optimiste car l'éducation et la hausse du niveau de vie ralentissent la fécondité. Il observe que la hausse des ressources disponibles, loin de conduire automatiquement à avoir plus d'enfants, peut au contraire limiter les naissances :

« Soit par suite d'une culture intellectuelle et morale plus avancée, soit par l'habitude d'une vie confortable, ils apprennent à mettre mieux à profit une situation propice. »

Ibid.

L'observation de l'Angleterre et de la France conforte même sa remarque empirique même si, en fait, elle devient un argument *anti-malthusien* :

« En France, les produits de l'agriculture et de l'industrie s'accroissent dans une proportion progressive, tandis que la population à chaque recensement quinquennal, présente une proportion plus faible dans le chiffre des naissances, comparé à celui de la population. »

Ibid.

Un pionnier de l'égalité des sexes

J. S. Mill est un pionnier dans la lutte pour l'égalité des sexes. Il a écrit un ouvrage sur *l'assujettissement des femmes.* Il combat par la plume pour changer le rôle économique et social des femmes; il veut les affranchir de leur état domestique et les soustraire à leur subordination à l'homme. Cela n'exclut pas des textes assez contradictoires avec ces idées modernes. Il fait, par exemple, de *l'esprit idéal de la chevalerie* un modèle.

Mais il se reprend dans son principal ouvrage économique :

« Les idées et les institutions d'après lesquelles l'accident du sexe est le point de départ d'une inégalité des droits et d'une différence nécessaire de fonction sociales seront bientôt reconnues comme un des plus grands obstacles à tout progrès moral, social et même intellectuel. Je n'indiquerai ici parmi les effets qu'aurait probablement l'indépendance industrielle et sociale de la femme qu'une grande diminution des maux de l'excès de population. C'est en employant à la fonction exclusive de faire des enfants la moitié de l'espèce humaine c'est parce qu'un sexe tout entier n'a pas d'autre occupation et que l'autre y est constamment mêlé que l'instinct animal dont il s'agit a pris des proportions démesurées et qu'il a exercé une énorme influence sur la vie des hommes jusqu'à ce jour. »

Ibid.

En conclusion, J. S. Mill est sans nul doute un des auteurs les plus accessibles pour pénétrer le monde libéral et classique. *Les Principes* combinent avec bonheur des innovations théoriques et des synthèses claires propices à l'initiation économique. Le libéralisme de l'auteur est largement tempéré par son réformisme culturel et social.

3.1.3. Des classiques à l'école française

A Les physiocrates

LA SECTE DES ÉCONOMISTES

Depuis Gide et Rist, l'étude des fondateurs de **l'économie moderne** commence traditionnellement en France par la découverte des physiocrates. La réflexion économique date pourtant de bien avant le milieu du XVIIIe siècle, mais elle n'est alors que le produit de penseurs relativement isolés qui ne construisent pas un système de pensée global, cohérent et moderne [1]. **L'école physiocratique** marque donc les débuts du *classicisme français*. Ses travaux vont donner naissance à une école de pensée *structurée et systématique :*

> « Leur grand mérite fut de concevoir les formes du mode de production capitaliste comme des formes physiologiques de la société, issues de la nature même de la production et indépendantes de la volonté, de la politique, etc. Ce sont des lois matérielles. La seule erreur **des Physiocrates** fut d'avoir conçu la loi matérielle de la société à un stade déterminé, comme une loi dominant uniformément toutes les sociétés. »

Marx, *Théories sur la plus-value.*

LES PHYSIOCRATES (1756-1777) CONTRE L'ÉTAT TOUT PUISSANT

Les physiocrates ont forgé leur nom à partir de *physis* qui signifie nature et *kratos* pour puissance.

L'expression « gouvernement de la nature » a une double signification.

◆ D'une part, la théorie de la valeur part de la productivité de l'agriculture et le cycle économique est le reflet du cycle agricole; Dupont de Nemours utilise la métaphore de la ruche pour définir *le gouvernement naturel* de l'économie : « Les abeilles se soumettent d'un commun accord et dans leur propre intérêt à l'organisation de la ruche. »

◆ D'autre part, la conception de l'organisation économique préfigure une foi dans les mécanismes spontanés du marché.

La confiance des physiocrates en l'harmonie spontanée surgissant de la nature les oppose aux **mercantilistes.** Ils dépassent ainsi la vision étroite du mercantiliste français Montchrestien (1576-1621) pour lequel l'économie est la science des affaires du prince. Pour eux, l'économie ne doit plus être au service des seuls puissants mais

---

[1] Notons cependant que, dès l'antiquité, des grandes œuvres économiques sont présentes. Mais nous avons choisi de nous consacrer principalement à **l'histoire de la pensée économique moderne** (fondateurs et contemporains).

elle doit servir les producteurs et les citoyens. A *l'amoralisme des* mercantilistes qui privilégient la raison d'État, ils opposent une philosophie plus humaniste et plus libérale (au sens économique du terme).

La physiocratie contre les mercantilistes

La pensée des physiocrates apparaît en opposition résolue aux principales propositions **des mercantilistes.** Les physiocrates répondent point par point.

♦ *Le protectionnisme mercantiliste* était en faveur de taxes multiples pour que des armées puissantes augmentent la force des nations; Les physiocrates disent « *laisser-passer* » car la circulation des biens et des marchandises stimule la production et la richesse de tous; ils s'opposent à tous les privilèges fiscaux et demandent un impôt unique sur les propriétaires fonciers appliqué tant aux nobles, qu'au clergé et aux bourgeois possédants.

♦ *Le mercantilisme bullioniste* espagnol voyait dans l'accumulation physique d'or une source de la richesse; cela le conduit à *théoriser* la logique du pillage de l'Amérique latine par les gallions espagnols. Les physiocrates pensent à l'inverse qu'il faut **une agriculture** riche, créatrice d'un surplus qui bénéficie aux propriétaires et aux artisans. La priorité donnée à l'agriculture permet de progresser vers la richesse de tous. L'argent n'est rien, la production réelle est tout.

♦ *Le mercantilisme commercial* des Anglais poussait à faire de la flotte et du commerce international la base de la richesse des peuples. Plus généralement, les mercantilistes ont voulu limiter les importations en stimulant les exportations afin de faire entrer l'or dans les caisses de la nation. L'or est le nerf des armées et donc de la puissance du prince. Mais cela conduisait à un protectionnisme stérilisant. Au contraire, les physiocrates disent « *laisser-passer* » car il existe un cercle vertueux du *libre-échange*. La liberté du commerce crée des ressources, lesquelles permettent d'acheter à ses partenaires. Le mode de représentation en termes de circuit de F. Quesnay démontre que toute entrave à la circulation des richesses limite la croissance de la production.

♦ Le *colbertisme* s'est imposé comme la forme concrète de la politique mercantiliste à la française. Pour cette école de pensée, le développement de l'intervention des pouvoirs publics devait remplacer l'initiative privée défaillante. L'État avait donc pour fonction de se faire entrepreneur et de réaliser ainsi une véritable pédagogie industrielle frayant ainsi la voie à des entrepreneurs. Là encore, la réponse des physiocrates est : « **laisser-faire** ». L'idée des physiocrates est que l'initiative privée ne doit pas être affaiblie par des lois, des règlements, des corporations sources de rentes et d'inefficacité.

Alors que le volontarisme industriel de Colbert (1619-1683) avait favorisé les manufactures royales, les physiocrates privilégient l'agriculture et non l'industrie. Cela les conduit à défendre la liberté des prix agricoles. Mais là encore, il ne faut pas que les pouvoirs publics agissent à la place des agriculteurs, il faut seulement les inciter à l'action. Les physiocrates veulent un prix plus rémunérateur pour les grains afin de stimuler l'activité des producteurs et des propriétaires fonciers.

LES ANALYSES DES PHYSIOCRATES

Un programme économique et politique clair

Les objectifs politiques des physiocrates sont très clairement exprimés sous forme de maximes synthétiques par Quesnay dans ses *Maximes générales du gouvernement économique d'un royaume agricole* :

> I. « Que l'autorité souveraine soit unique, et supérieure à tous les individus de la société et à toutes les entreprises injustes des intérêts particuliers; car l'objet de la domination et de l'obéissance est la sûreté de tous, et l'intérêt licite de tous [...].
> II. Que la nation soit instruite des lois générales de l'ordre naturel qui constituent le gouvernement évidemment le plus parfait [...].
> III. Que le souverain et la nation ne perdent jamais de vue, que la terre est l'unique source des richesses, et que c'est l'agriculture qui les multiplie [...].
> IV. Que la propriété des biens fonds et des richesses mobilières soit assurée à ceux qui en sont les possesseurs légitimes; car la sûreté de la propriété est le fondement essentiel de l'ordre économique de la société [...].
> V. Que l'impôt ne soit pas destructif ou disproportionné à la masse du revenu de la nation; que son augmentation suive l'augmentation du revenu; qu'il soit établi immédiatement sur le produit net des biens fonds, et non sur le salaire des hommes, ni sur les denrées, où il multiplierait les frais de perception, préjudicierait au commerce, et détruirait annuellement une partie des richesses de la nation [...].
> VI. Que les avances des cultivateurs soient suffisantes pour faire renaître annuellement les dépenses de la culture des terres le plus grand possible [...]
> VII. Que la totalité des sommes du revenu rentre dans la circulation annuelle et la parcoure dans toute son étendue; [...]
> VII Que le gouvernement économique ne s'occupe qu'à favoriser les dépenses productives et le commerce des denrées du cru, et qu'il laisse aller d'elles-mêmes les dépenses stériles [...]. »
>
> Quesnay, *Maximes générales du gouvernement économique d'un royaume agricole.*

Une véritable école

La pensée des physiocrates est **féconde et fondatrice**. Avec Turgot, elle se développe en liaison avec l'école classique anglaise; A. Smith la découvre lors d'un voyage en France décisif quant à l'orientation de sa réflexion, et il s'en inspirera pour son premier ouvrage consacré à la science économique proprement dite. Avec le *Tableau* de Quesnay, la physiocratie a inventé un outil qui est l'ancêtre du fameux tableau économique d'ensemble de notre comptabilité. Cet instrument ingénieux va inspirer des économistes divers et réputés.

Marx en tirera l'intuition des *tableaux de la reproduction* qui expliquent comment une économie accumule en distinguant le secteur des biens de production et celui des biens de consommation. Les physiocrates ont :

« été non seulement la première, mais la seule école d'économistes qui, en France, ait eu une économie politique pure originale, et ainsi au milieu de leurs erreurs apparaissent des vues d'une profondeur et d'une justesse extraordinaires. »

K. Marx, *Théories sur la plus-value.*

Le prix Nobel 1973, W. Léontieff, puisera dans l'œuvre de Quesnay, l'idée de ses matrices input-output qui expliquent comment certaines branches fournissent à d'autres leurs moyens de production. Léon Walras reconnaît que *le Tableau économique* a marqué sa façon de concevoir l'économie dans son ensemble.

♦ **Les physiocrates** ont constitué une école car ils ont réalisé une innovation théorique fondamentale avec les travaux de Quesnay créant pour la première fois une représentation systématique et modélisée de l'économie de leur temps. Un vulgarisateur de talent le marquis de Mirabeau (1715-1789) popularisera leurs thèses. Il en fait un succès de libraire. *La Philosophie rurale* est l'ouvrage qui diffuse le plus largement les idées de Quesnay. *La Théorie de l'impôt* de ce même auteur développe l'idée d'une taxation plus juste qui s'applique d'abord aux plus riches et non aux producteurs de richesse.

Les physiocrates entrent même dans l'histoire par Turgot qui est à la fois un théoricien et un conseiller du Prince. De 1764 à 1789, la France va appliquer une politique de modernisation de son agriculture, inspirée par les physiocrates; mais Turgot ne fait qu'un court passage au pouvoir, d'août 1774 à mai 1776.

♦ Les physiocrates ont marqué leur siècle par leur capacité à nourrir le débat depuis la lointaine province jusqu'aux salons de Mme de Pompadour. Quesnay sera reconnu comme faisant partie des lumières de son siècle et participera à l'Encyclopédie de Diderot.

François Quesnay (1694-1774)

LE CHEF DE FILE DE L'ÉCOLE

En 1717, F. Quesnay s'installe comme maître chirurgien après avoir obtenu un diplôme à la faculté de médecine de Paris. Sa réputation va croissant. La marquise de Pompadour se l'attache tant pour son savoir-faire médical que pour son sens de la conversation. Il vient aux **sciences sociales** par la médecine. En 1755, il écrit pour *l'encyclopédie* un texte intitulé « médecine sociale »; c'est en fait un article d'**économie**.

Avec l'aide de Mirabeau, il systématise l'enseignement des physiocrates. La découverte de la circulation sanguine lui donne l'intuition d'une représentation de l'économie comme un vaste corps où circulent richesses et marchandises d'une classe à une autre. Chaque classe, comme les organes du corps humain, a une fonction indispensable à la vie de tous. Le *Tableau* paraît en 1758.

Mais Quesnay ne veut pas se contenter de science, il veut pénétrer les consciences et la vie politique. Avec Jean de Gournay (1712-1759), Mirabeau et Baudeau forment « la secte des économistes » qui anime salons et débats publics. Quesnay veut **populariser** ses idées et il publie dans le journal de Mirabeau, *Les Éphémérides,* différents articles. Un livre de cours, *La Physiocratie* (1768), réunit tous les matériaux pédagogiques qu'il a ébauché dans ses articles et ses conférences aux membres de la secte des physiocrates…

Seule la terre crée de la valeur

Mirabeau a résumé le credo des physiocrates : « La terre est la mère de tous les biens. » Les physiocrates développent une théorie de la valeur marquée par une civilisation agraire. L'image la plus simple est celle des grains qui, utilisés comme semences, se multiplient et permettent à celui qui a travaillé de retirer du grain pour se nourrir jusqu'à la récolte suivante, mais aussi pour les semences nouvelles et pour payer le propriétaire foncier qui possède la terre, sans oublier le grain pour acheter aux artisans des produits divers : bougies, savon, etc.

> « Il faut distinguer **une addition** de richesses réunies, d'avec **une production** de richesses, c'est-à-dire une augmentation par réunion de matières premières, et de dépenses en consommation de choses qui existaient avec cette sorte

d'augmentation, d'avec **une génération** ou création de richesses, qui forment un renouvellement **réel** de richesses renaissantes. »

Quesnay, *Sur les travaux des artisans, second dialogue.*

Cantillon (1680-1734) d'origine irlandaise établi à Paris, banquier rival de Law, mais aussi théoricien de l'économie et démographe, avait, avant Quesnay, explicité cette théorie de la valeur :

> « Toutes les denrées de l'État sortent, directement ou indirectement des mains du fermier, aussi bien que tous les matériaux dont on fait de la marchandise. C'est la terre qui produit toutes choses excepté le poisson; encore faut-il que les pêcheurs qui prennent le poisson soient entretenus du produit de la terre [...].
> La consommation des habitants d'un État n'est, dans un sens, utile que pour leur nourriture. Le logement, le vêtement, les meubles, etc., correspondent à la nourriture des ouvriers qui y ont travaillé.
> La valeur intrinsèque d'une chose peut être mesurée par la quantité de terre qui est employée pour sa production, et par la quantité de terre dont on attribue le produit à ceux qui y ont travaillé. »

Essai sur la nature du commerce en général, 1735.

Les classes sociales ont un rôle défini dans le circuit économique

Quesnay distingue **trois classes fondamentales** dans la vie économique de la nation : la classe productive, la classe des propriétaires et la classe stérile. Sa représentation de la société est celle d'*une harmonie :* à l'image du corps, chaque classe remplit une fonction nécessaire à maintenir la bonne santé de l'ensemble. Il faut empêcher tout ce qui limite la circulation des biens et des valeurs entre les classes sociales pour que le flux de richesse irrigue bien tout le corps.

♦ **La classe productive** des agriculteurs crée plus de valeur qu'elle n'en consomme :

> « La classe productive est celle qui fait renaître par la culture du territoire les richesses annuelles de la nation, qui fait les avances et les dépenses des travaux de l'agriculture et qui paye annuellement les revenus des propriétaires des terres. On renferme dans la dépense de cette classe tous les travaux et toutes les dépenses qui s'y font jusqu'à la vente des productions à la première main; c'est par cette vente qu'on connaît la valeur de la reproduction annuelle des richesses de la nation.»

Tableau économique des Physiocrates, 1758.

♦ **La classe des propriétaires** comprend le souverain, les propriétaires fonciers et les collecteurs d'impôts; elle vit sur du surplus de valeur créé et consomme les biens produits par les autres classes :

> « Cette classe subsiste par le revenu ou **produit net** de la culture, qui lui est payé annuellement par la classe productive, après que celle-ci a prélevé sur la reproduction qu'elle fait renaître annuellement les richesses nécessaires pour se rembourser de ses avances annuelles et pour entretenir ses richesses d'exploitation. »

Tableau économique des Physiocrates, 1758.

♦ **La classe stérile** comprend tous les citoyens occupés à des travaux autres que l'agriculture et en particulier les artisans; elle se contente de transformer les biens existants et restitue juste la valeur qu'elle utilise; par exemple le bois qui devient meuble ne voit pas sa valeur augmentée par l'artisan.

Toutes ces classes sont donc liées au sein d'**un circuit** qui mène de la production à la répartition des revenus, pour aboutir à la dépense.

• Mirabeau dans un commentaire du *Tableau économique des physiocrates* met en évidence l'origine de la valeur créée par la classe des cultivateurs, puis sa circulation :

> « D'entre ces biens tout ce que consomme celui qui cultive [la terre] est **subsistance;** il n'y a que ce qu'il peut vendre qui soit **richesse.** Si l'homme cultive la terre avec ses bras, il n'en retirera que sa subsistance et celle de sa famille, en vivant même bien pauvrement. Il faut donc qu'il se procure de l'aide qui lui fournisse plus de produit, et qui lui demande moins d'entretien.
>
> Cette aide consiste en machines, en bestiaux, en froment ou en engrais, etc. Toutes ces choses ont un prix dont le montant compose le bloc *des avances primitives.*
>
> Comme ces choses consomment et usent du travail, il leur faut un entretien et des réparations, dont le montant joint aux frais de consommation de ceux qui les font aller, aux semences, etc., ce que nous appelons *avances annuelles,* attendu que tous les ans il faut réparer et compléter son atelier, vivre, travailler et semer avant que de recueillir.
>
> Le fruit d'une bonne culture doit être une forte récolte qui fournisse : 1° la rentrée des avances annuelles, pour prévenir et préparer la récolte future; 2° l'intérêt des avances primitives, c'est-à-dire un honnête profit, qui serve de revenu des fonds employés en machines, bestiaux, engrais, etc.; 3° un excédent et profit en rapport, que le cultivateur puisse vendre ou échanger.
>
> C'est cet excédent que nous appelons *revenu.* C'est la seule richesse, parce que c'est la seule portion disponible; tout le reste étant nécessairement engagé à l'entretien indispensable du rouage de la machine économique.
>
> Sur cette portion constatée *richesse,* et appelée *revenu,* roule toute la contexture économique de la société. C'est sur cette portion que se prélèvent 1° la dîme destinée à l'entretien des autels et au service extérieur de la religion; 2° le revenu public assigné au maintien et à la défense de la société; 3° le restant forme ce que nous appelons le revenu des propriétaires, c'est-à-dire le prix de la location des terres, dont la culture est donnée à utiliser aux cultivateurs, et dont ils rendent un tant aux propriétaires, franc et quitte des frais de cultivation. »
>
> *L'Ami des hommes, Avignon, 1760.*

Du tableau au circuit économique de Quesnay

Quesnay prend un exemple numérique qui concrétise son modèle économique. Bien qu'arithmétique et non algébrique, le raisonnement de Quesnay peut parfaitement se généraliser avec des variables.

> « Supposons donc qu'un grand royaume dont le territoire porté à son plus haut degré d'agriculture rapporterait tous les ans une reproduction de la valeur de 5 milliards; [...]

Le *Tableau économique* renferme les trois classes et leurs richesses annuelles et décrit leur commerce dans la forme qui suit :

Ainsi, **la classe productive** vend pour 1 milliard de productions aux **propriétaires de revenu,** et pour 1 milliard à **la classe stérile** qui y achète les matières premières de ces ouvrages, pour :

.... **2 milliards**

Le milliard, que *les propriétaires du revenu* ont dépensé en achats à *la classe stérile,* est employé par cette classe pour la subsistance des agents dont elle est composée en achats de productions prises à *la classe productive,* .... **+ 1 milliard**

Total des achats faits par *les propriétaires du revenu* et par *la classe stérile* à *la classe productive,* ci .... **= 3 milliards**

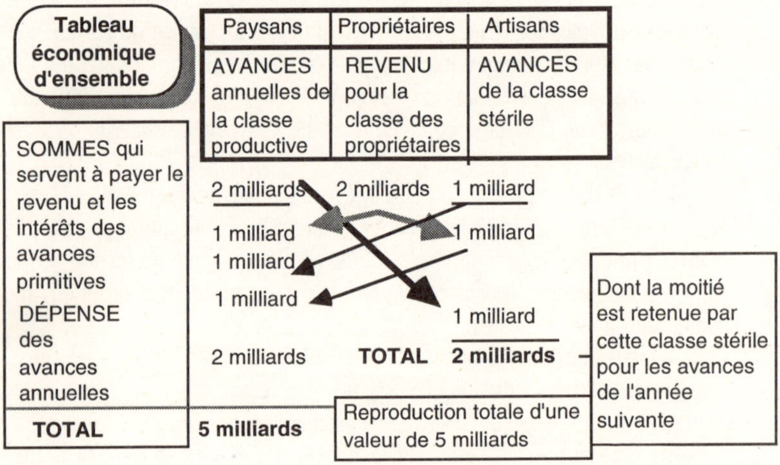

De ces 3 milliards reçus par **la classe productive** pour 3 milliards de productions qu'elle a vendues, elle en doit 2 milliards aux propriétaires pour l'année courante du revenu, et elle en dépense 1 milliard en achats d'ouvrages pris à **la classe stérile.** Cette dernière classe retient cette somme pour le remplacement de ses avances, qui ont été dépensées d'abord à **la classe productive** en achats de matières premières qu'elle a employées dans ses ouvrages. Ainsi ses avances ne produisent rien; elle les dépense, elles lui sont rendues et restent toujours en réserve d'année en année.

Les matières premières et le travail pour les ouvrages montent les ventes de **la classe stérile** à 2 milliards, dont 1 milliard est dépensé pour la subsistance des agents qui composent cette classe; et l'on voit qu'il n'y a là que consommation ou anéantissement de productions et point de reproduction; car cette classe ne subsiste que du payement successif de la rétribution due à son travail, qui est inséparable d'une dépense employée en subsistances, c'est-à-dire en *dépenses de pure consommation, sans régénération de ce qui s'anéantit par cette dépense* *stérile, qui est prise en entier sur la reproduction annuelle du territoire.* L'autre milliard est réservé pour le remplacement de ses avances, qui, l'année suivante, seront employées de nouveau à la classe productive en achats de matières premières pour les ouvrages que la classe stérile fabrique.

Ainsi, les 3 milliards, que *la classe productive* a reçus pour les ventes qu'elle a faites aux *propriétaires du revenu* et à *la classe stérile,* sont employés par la classe productive au payement du revenu de l'année courante de 2 milliards et en achats de 1 milliard d'ouvrages qu'elle paye à la classe stérile.»

Tableau économique des Physiocrates.

Les physiocrates ont ainsi présenté une économie sous la forme moderne d'un circuit économique avec accumulation (produit net). Les trois grands types d'agents économiques dont les fonctions économiques sont bien définies sont ainsi reliés par une circulation des biens physiques et des paiements monétaires. Il est possible de déduire du tableau de Quesnay un circuit d'une forme élémentaire :

LE CIRCUIT IMPLICITE DE QUESNAY

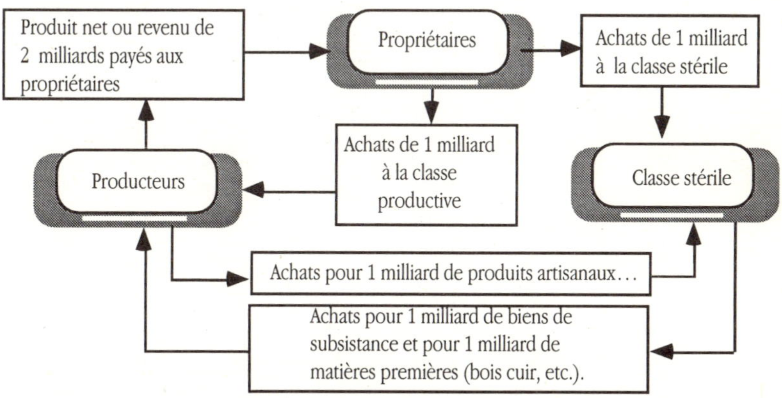

Un théoricien d'exception

Quesnay se révèle un théoricien libéral en économie — pas en politique — toujours actuel par les mesures qu'il préconise : faciliter la circulation des marchandises, décourager l'épargne stérile, favoriser le développement des besoins, encourager la concurrence et combattre les monopoles, aider les vrais producteurs et les productions utiles au détriment des produits de luxe. Sa volonté de justice fiscale en faveur des créateurs de richesse est aussi très moderne.

Sans nul doute, Quesnay va marquer son siècle et l'histoire des pensées économiques. La longévité du concept de circuit sera sa principale gloire de théoricien. Le public français après l'engouement des débuts se détournera de ses théories physiocratiques. Quesnay observe son succès à l'étranger. Et l'accession au pouvoir de Turgot lui permet de voir pratiquer certaines de ses idées de son vivant.

Jacques Turgot (1727-1781)

LE CHEF DE PARTI DES PHYSIOCRATES

Un physiocrate militant et cultivé

Turgot est issu de la famille du prévôt des marchands de Paris. Il reçoit **une formation** très classique car sa famille le destine à une carrière religieuse. Ses brillantes études de théologie développent sa connaissance des langues, des auteurs grecs et latins et de la philosophie. Il étudie aussi la physique. Mais il renonce à une carrière ecclésiastique, après avoir participé, avec un esprit critique, au débat sur la religion. Turgot écrit *Discours sur les progrès successifs de l'esprit humain.* En 1750, il participe à l'*Encyclopédie*. En 1750, il écrit des discours sous le titre évocateur d'*Avantages que le christianisme a procurés au genre humain.* Son champ de réflexion dépassant la religion, il écrit un ouvrage de *géographie politique.*

♦ **Sa carrière** est remarquable. Il se consacre d'abord à la loi comme conseiller et maître des Requêtes au Parlement de Paris de 1752 à 1760. Puis il devient intendant de Grenoble . Puis il est nommé intendant du Limousin en 1761. Il aura alors l'occasion d'étudier les routes, les travaux publics, les impôts et les secours aux pauvres.

Remarquable administrateur, il combine pratique et analyse. Pendant les treize années d'administration, il va diminuer les charges qui pèsent sur les producteurs. Les paysans furent les principaux bénéficiaires de ses décisions : il supprime la corvée, il rend libre la circulation des grains sur sa province, il encourage même la culture des pommes de terre (ce qui contredit *le laisser-faire* des physiocrates).

♦ Il écrit **des ouvrages économiques clés** pendant sa période féconde. Il possède le texte de Hume sur la balance du commerce lorsqu'il écrit lui-même sur ce sujet en 1753-1754. Entre 1759 et 1770, il *analyse le processus d'équilibrage des prix de marché* et les entraves institutionnelles (corporatives ou autres) qui l'empêchent de déboucher.

Pour lui, étudier le commerce, c'est :

> « découvrir les causes et les effets cachés de cette multitude de révolutions et leurs variations continuelles; remonter aux ressorts simples dont l'action, toujours combinée et quelquefois déguisée par les circonstances locales, dirige toutes les opérations du commerce; reconnaître ces lois uniques et primitives fondées sur la nature même, par lesquelles toutes les valeurs existant dans le commerce se balancent entre elles et se fixent à une valeur déterminée, comme les corps abandonnés à leur propre pesanteur s'arrangent entre eux-mêmes suivant l'ordre de leur gravité spécifique ».

Éloge de Vincent de Gournay, 1759.

On retiendra aussi en 1766 ses *Réflexions sur la formation et la distribution des richesses.* Il multiplie la correspondance économique; ses préoccupations libérales et favorables au monde agricole sont regroupées sous le titre de *Lettres à l'abbé Terray sur le commerce des grains* publiées en 1770. **Théoricien,** il tente de comprendre le lien entre la formation des prix et l'échange. Il établit que la terre fournit *des rendements décroissants.* Il annonce les classiques en faisant de la formation d'une épargne nationale la source de la formation du capital et de l'emploi. Il fait de l'intérêt le fruit d'une rencontre entre l'offre de capitaux et l'offre d'épargne. Il préfigure aussi les *néo-classiques* car il donne une place clé à l'interaction des individus sur un marché concurrentiel. Il forge des rudiments de théorie de la monnaie et de l'intérêt. Cela le conduit à dépasser un raisonnement économique purement physique en esquissant une approche monétaire du circuit économique.

Avant *la Richesses des nations,* de A. Smith, Turgot décrit le processus nécessaire de spécialisation et de division des terres. Pour lui, l'échange est un échange de différences. Les marchands accélèrent la vitesse de circulation des capitaux. Le taux d'intérêt doit être plutôt faible. le progrès s'ensuivra car toute l'épargne sera investie **(loi dite de Turgot-Smith).**

Au plan **méthodologique**, Turgot est plutôt *un individualiste institutionnel.* Les individus sont rationnels, mais les institutions de la propriété et de la monnaie contraignent et façonnent les comportements des agents économiques. Trois classes doivent être distinguées : les cultivateurs, les artisans et les propriétaires.

♦ Au service du prince, mais surtout de ses idées, il va, en 1774, être nommé **ministre des Finances.** Son acte décisif est un acte libéral : il rétablit la liberté du commerce pour les céréales.

Il pratique une rigueur budgétaire sélective qui atteint les dépenses improductives de la cour et freine ainsi les charges fiscales sur les paysans. Mais il touche aux intérêts des puissants. Bref, les idées physiocratiques se heurtent au tissu social réel. L'harmonie entre les classes postulée en théorie ne se rencontre guère en pratique... Il est chassé du pouvoir par Louis XVI en juillet 1776.

Une œuvre théorique non négligeable

Au total, Turgot est l'ancêtre de ceux qui veulent **un État minimum**. En dirigeant du parti physiocratique, il combat les idées de Colbert qui fut le chef de file politique des mercantilistes. Contre l'intervention de l'administration considérée comme inefficace, il fait l'apologie de la concurrence. Il exprime clairement les principes de son école dans son éloge de Vincent de Gournay :

> « M. de Gournay en concluait que le seul but que dut se proposer l'administration était : 1° de rendre à toutes les branches du commerce cette liberté précieuse que les préjugés des siècles d'ignorance, la facilité du gouvernement à se prêter à des intérêts particuliers, le désir d'une perfection mal entendue, leur ont fait perdre; 2° de faciliter le travail à tous les membres de l'État afin d'exciter la plus grande concurrence dans la vente, d'où résulteront nécessairement la plus grande perfection dans la fabrication et le prix le plus avantageux à l'acheteur; 3° de donner en même temps à celui-ci le plus grand nombre de concurrents possible, en ouvrant

au vendeur tous les débouchés de sa denrée, seul moyen d'assurer au travail sa récompense, et de perpétuer la production, qui n'a d'autre objet que cette récompense.

L'administration doit se proposer en outre d'écarter les obstacles qui retardent les progrès de l'industrie en diminuant l'étendue ou la certitude de ses profits. »

Écrits économiques.

Il développe de façon assez moderne une théorie qui relie abondance de l'offre, vaste marché et intérêt du consommateur :

> « Ceux dont le métier est de labourer, de semer et de recueillir, ne prennent cette peine et ne font ces frais que dans la vue d'en retirer un profit. Ce profit ne peut être que ce qu'ils retirent de la vente de leurs denrées. Le laboureur ne cultive donc qu'autant qu'il peut vendre son grain et le vendre assez cher pour y gagner; s'il cessait de gagner, il cesserait de cultiver [...]. La seule manière de favoriser le consommateur et de lui procurer une abondance durable est donc de favoriser le laboureur.
>
> La faveur que le laboureur demande, l'objet qu'il se propose en cultivant, la récompense qu'il attend de son travail ne peuvent être que la vente facile et avantageuse de ses récoltes. Or, la vente est d'autant plus facile et d'autant plus avantageuse qu'il y a plus de produits concurrents pour l'achat. Il ne peut donc y avoir trop d'acheteurs et tout ce qui tend à en resserrer le nombre tend à diminuer les profits et les espérances du laboureur, et diminue par contrecoup la production. »

Écrits économiques.

Turgot formule à sa façon la loi de l'offre et de la demande. Il se pose la question : « Comment s'établit la valeur courante dans l'échange des marchandises ? » Et il répond à partir de l'exemple de deux biens qui sont en rapport dans l'échange.

> « La valeur du blé et du vin n'est plus débattue entre deux seuls particuliers relativement à leurs besoins et à leurs facultés réciproques; elle se fixe par la balance des besoins et des facultés de la totalité des vendeurs de blé avec ceux de la totalité des vendeurs de vin [...]. Le prix mitoyen entre les différentes offres et les différentes demandes deviendra le prix courant auquel tous les acheteurs et les vendeurs se conformeront dans leurs échanges, et il sera vrai de dire que *six pintes* de vin seront pour **tout le monde,** l'équivalent d'*un boisseau* de blé, si c'est là le prix mitoyen, jusqu'à ce que la diminution de l'offre d'un côté, ou de la demande, de l'autre fasse changer cette évaluation. »

Écrits économiques.

Selon la même logique, Turgot analyse le *taux de l'intérêt* :

> « Le prix du prêt n'est point du tout fondé, comme on pourrait l'imaginer sur le profit que l'emprunteur espère faire avec le capital dont il achète l'usage. Ce prix se fixe, comme le prix de toutes les marchandises, par le débat entre le vendeur et l'acheteur, par la balance de l'offre avec la demande. »

Écrits économiques.

Au total, Turgot est un trait d'union entre les économistes français (classiques et libéraux) et anglais (classiques et néo-classiques). Il favorise aussi **la transition** entre les anciens et les modernes...

B Pour l'économie de marché

L'ÉCOLE CLASSIQUE FRANÇAISE

En France, l'école classique est moins féconde que l'école anglaise; on lui associe, à l'origine, les noms de J.-B. Say, F. Bastiat et Dunoyer. Ses thèmes seront repris ensuite à satiété par les économistes libéraux français du XIXe siècle.

Cette école se caractérise par une clarté d'exposition non dénuée d'académisme. Elle a le goût du libre-échange et la haine corrélative du protectionnisme. Elle défend aussi l'économie de marché capable d'éviter les crises et de respecter le consommateur et ses choix. Elle privilégie l'entrepreneur et l'offre. C'est aussi une pensée de l'harmonie à l'image du titre de l'ouvrage majeur de F. Bastiat.

Jean-Baptiste Say (1767-1832)

UN CLASSIQUE LIBÉRAL

J-B. Say institutionnalise l'enseignement de l'économie en France

C'est à vingt et un ans que Jean-Baptiste Say publie son premier texte significatif, il mène alors un combat en publiant en 1789 une brochure au nom évocateur : *La liberté de la presse*...

J.-B. Say croit profondément aux idées philosophiques qui accompagnent la révolution française : liberté de la presse, élections libres, République... A vingt-neuf ans, il va en Angleterre pour travailler, il y observe l'essor prodigieux de l'industrie.

Il trouve chez A. Smith la clé de l'univers industriel qu'il étudie avec intérêt et soif de découverte. Il devient alors un disciple zélé du grand maître de Kirkaldy.

Les facettes de J.- B. Say sont multiples :

♦ **vulgarisateur,** il fait pénétrer en France une œuvre alors largement méconnue. celle de A. Smith. Son *Traité d'économie politique* (1803) est même considéré pendant longtemps comme une simple vulgarisation d'Adam Smith;

♦ **révolutionnaire** et polémiste, il s'engage pour le libéralisme dans une société pourtant peu libérale; il écrit un vigoureux *Catéchisme d'économie politique* (1815) qui défend la concurrence et *le libre-échange;* il préconise la plus grande liberté d'entreprendre sans entraves réglementaires;

♦ **praticien** de l'économie, il crée une entreprise prospère de plus de 400 salariés qu'il s'efforce de gérer de façon efficace;

♦ **créateur d'école de pensée** et pédagogue apprécié, il est nommé professeur d'économie. Il obtient la reconnaissance institutionnelle; professeur aux Arts et Métiers, il rédige un volumineux *Cours complet d'économie politique* (1828-1829). Il obtient ensuite la création d'une chaire d'économie au Collège de France en 1830 [1], marquant ainsi l'entrée d'une discipline nouvelle dans le temple officiel de la pensée. De nombreux disciples et zélateurs lui succéderont et diffuseront largement son message en France.

Jean-Baptiste Say, théoricien de l'équilibre macro-économique

Pour la valeur utilité

J.-B. Say se distingue des classiques anglais qui, jusqu'à J.S. Mill, ont fondé la valeur d'échange sur le travail. Au contraire, J.-B. Say, reprenant Bentham, anticipe sur *les néo-classiques* en faisant de **l'utilité** la source de la valeur et de la richesse.

> « En effet, lorsqu'un homme vend à un autre un produit quelconque, il lui vend l'utilité qui est dans ce produit; l'acheteur ne l'achète qu'à cause de son utilité, de l'usage qu'il peut en faire. Si, par une cause quelconque, l'acheteur est obligé de le payer au-delà de ce que vaut pour lui cette utilité, il paie une valeur qui n'existe pas, et qui, par conséquent, ne lui est pas livrée [...]. Il n'y a donc véritablement production de richesse que là où il y a création ou augmentation d'utilité. »
>
> *Traité d'économie politique,* 1803..

Mais il ne formule pas la loi de l'offre et de la demande; J.S. Mill sera le premier à la présenter clairement .

Une conception élargie des facteurs productifs

J.-B. Say prend le contre-pied des physiocrates qui limitaient la valeur nouvelle à la sphère agricole.

> « Ce système est à l'opposé des Économistes du XVIIIe siècle, qui prétendaient au contraire que le travail ne produit aucune valeur sans consommer une valeur équivalente; que, par conséquent, il ne laisse aucun excédent, aucun produit net, et que la terre seule, fournissant gratuitement une valeur, est donc l'unique source du produit net. »
>
> *Traité d'économie politique,* 1803.

[1] Précisons qu'il ne l'occupera qu'en 1831.

Connaisseur de la révolution industrielle, J.-B. Say considère l'industrie comme un secteur productif au même titre que l'agriculture. L'industrie augmente l'utilité des biens. Certes, le drap transformé en chemise n'a pas accru sa dimension, mais il est plus utile en habit qu'en coupon de tissu.

> « Or, les faits nous montrent que les valeurs produites sont dues à l'action et au concours de l'industrie, des capitaux et des agents naturels, dont le principal, mais non pas le seul à beaucoup près, est la terre cultivable... »

Ibid.

La monnaie-voile : « les produits achètent des produits»

Une des idées clés des classiques sera celle de la **neutralité de la monnaie**... J.B. Say pense que la monnaie n'est désirée que pour le produit qu'elle permet d'acheter. Il rejoint sur ce point pleinement J.S. Mill.

> « Semblables à l'huile qui adoucit les mouvements d'une machine compliquée, les monnaies, répandues dans tous les rouages de l'industrie humaine, facilitent des mouvements qui ne sont plus productifs dès que l'industrie cesse de les employer. »

Ibid.

Selon son analyse, la monnaie n'est pas désirée pour elle-même :

> « Tel fermier [...] achètera d'autant plus qu'il aura produit davantage. Il ne peut rien acheter s'il ne produit rien. Vous-mêmes, vous n'êtes à même de lui acheter son froment et ses laines, qu'autant que vous produisez des étoffes. Vous prétendez que c'est l'argent qu'il vous faut, je vous dis moi que ce sont d'autres produits qu'il vous faut et non de l'argent. La monnaie d'argent qui aura servi dans la vente de vos produits, et dans l'achat que vous avez fait des produits d'un autre, ira, un moment après servir au même usage entre deux contractants; elle servira ensuite à d'autres et à d'autres encore, sans fin [...]. L'argent n'est que la voiture des produits. Tout son usage a été de voiturer chez vous la valeur des produits que l'acheteur avait vendus pour acheter les vôtres [...]. C'est donc avec la valeur de vos produits transformés momentanément en une somme d'argent que vous achetez, que tout le monde achète les choses dont il a besoin. »

Ibid.

Seule compte donc l'économie réelle, la dimension monétaire n'en est que le reflet momentané :

> « L'or et l'argent comme toutes les autres matières dont l'ensemble forme les richesses d'une nation, ne sont utiles à cette nation que jusqu'au point où ils n'excèdent pas les besoins qu'elle en a. Le surplus occasionnant plus d'offres de cette marchandise qu'il n'y a de demandes et il en avilit la valeur d'autant plus que l'offre est plus grande, et il en résulte un puissant encouragement pour en tirer parti au-dehors avec bénéfice. »

Ibid.

Marx et Sismondi affirmeront, au contraire, que celui qui dispose d'argent par une vente n'est pas automatiquement prêt à le dépenser... De même, l'analyse de Keynes supposera que l'on désire la monnaie pour bénéficier de sa liquidité et saisir ainsi les opportunités de spéculer...

La fameuse loi des débouchés (loi de Say)

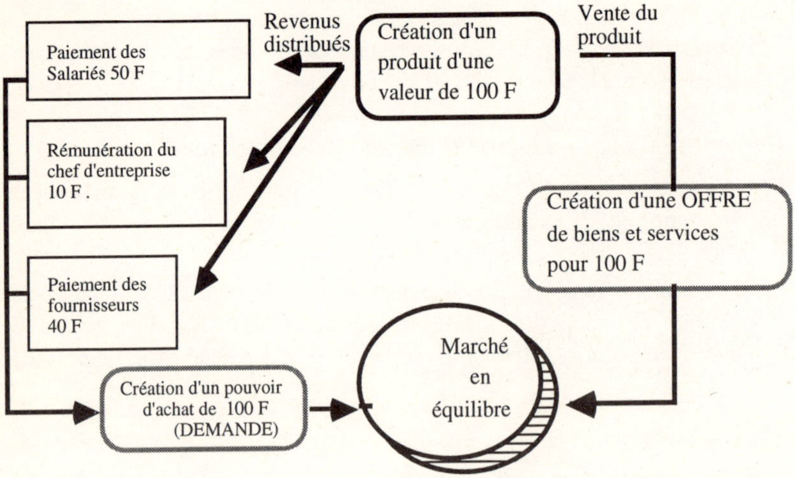

Pour J.-B. Say, produire, c'est créer automatiquement des débouchés correspondants :

> « Dans les lieux qui produisent beaucoup, se crée la substance avec laquelle seule, on achète : je veux dire la valeur. L'argent ne fait qu'un office passager dans ce double échange; et, les échanges terminés, il se trouve toujours qu'on a payé des produits avec des produits. Il est bon de remarquer qu'un produit terminé offre, dès ce instant, un débouché à d'autres produits pour tout le montant de sa valeur. En effet, lorsque le dernier producteur a terminé un produit, son plus grand désir est de le vendre, pour que la valeur de ce produit ne chôme pas entre ses mains. Mais il n'est pas moins empressé de se défaire de l'argent que lui procure sa vente, pour que la valeur de l'argent ne chôme pas non plus. Or, on ne peut se défaire de son argent qu'en demandant à acheter un produit quelconque. On voit donc que le fait seul de la formation d'un produit ouvre, dès l'instant même, un débouché à d'autres produits. »

Ibid.

Créer un bien nouveau, c'est créer de la valeur qui est distribuée et qui donne le pouvoir d'acheter un produit d'une valeur équivalente.

L'idée de base de la loi de J.-B. Say est que la valeur de tout produit est aussitôt transformée en revenus pour ceux qui l'ont créée. On payera des salaires, des profits, des fournisseurs. Et cet argent qui circule toujours sera automatiquement dépensé. Ainsi, la valeur totale de la production sera égale à la valeur totale des revenus distribués qui, elle même, provoquera autant de dépenses (en biens de consommation et en biens de production). Bref, tout ce qui est produit sera acheté car un pouvoir d'achat équivalent a été distribué.

J.-B. Say peut conclure en **théoricien de l'offre** que la richesse ne vient nullement de la demande, mais de la production qui crée les revenus qui enrichissent les citoyens. *La demande est serve*. Le consommateur est toujours supposé en manque, l'argent qui ne se thésaurise pas revient toujours aux producteurs pour qu'ils engagent un nouveau cycle de production.

> « Les entrepreneurs des diverses branches d'industrie ont coutume de dire que la difficulté n'est pas de produire, mais de vendre; qu'on produirait toujours assez de marchandises, si l'on pouvait facilement trouver le débit. Lorsque le placement de leurs produits est lent, peu avantageux, ils disent que *l'argent est rare*; l'objet de leurs désirs est une consommation active qui multiplie les ventes et soutienne les prix [...]. Lors donc qu'on dit : la vente ne va pas, parce que l'argent est rare, on prend le moyen pour la cause; on commet une erreur qui provient de ce que presque tous les produits se résolvent en argent avant de s'échanger contre d'autres marchandises [...]. On ne devrait pas dire : la vente ne va pas, parce que l'argent est rare, mais parce que les autres produits le sont [...]. Un marchand, placé dans une ville industrieuse et riche, vend pour des sommes bien plus considérables que celui qui habite un canton pauvre où dominent l'insouciance et la paresse [...]. La raison en est simple : il est entouré de gens qui produisent beaucoup dans une multitude de genres, et qui font des achats avec ce qu'ils ont produit, c'est-à-dire avec l'argent provenant de la vente de ce qu'ils ont produit [...]. Une ville entourée de riches campagnes y trouve de nombreux et riches acheteurs, et dans le voisinage d'une ville opulente, les produits de la campagne ont bien plus de valeur. »
>
> *Ibid.*

Say a ainsi une vue optimiste de la croissance auto-entretenue. La demande n'a que le rôle d'*orienter* l'activité vers les branches les plus utiles créant le maximum de revenus et de croissance :

> « Après avoir compris que la demande des produits est en général d'autant plus vive que la production est plus active, vérité constante malgré sa tournure paradoxale, on doit se mettre en peine de savoir vers quelle branche d'industrie il est à désirer que la production se dirige. Les produits créés font naître des demandes diverses, déterminées par les mœurs, les besoins, l'état des capitaux de l'industrie, des agents naturels du pays; **les marchandises les plus demandées** sont celles qui présentent, par la concurrence des demandeurs, de plus forts intérêts pour les capitaux qui y sont consacrés, de plus gros profits pour les entrepreneurs, de meilleurs salaires pour les ouvriers; et ce sont celles-là qui sont produites de préférence [...]. A la vérité, le nombre des consommateurs étant borné par les denrées alimentaires, leurs autres besoins peuvent se multiplier de même et s'échanger entre eux. Ils peuvent se multiplier également sous forme des accumulations et des capitaux [...] Toujours est-il vrai que les produits se vendent d'autant mieux que les nations ont plus de besoins, et qu'elles peuvent offrir plus d'objets en échange; c'est-à-dire qu'elles sont généralement civilisées.»
>
> *Ibid.*

L'État est un mauvais entrepreneur !

J.-B. Say est un théoricien de l'offre au sens plein, il est pour un État qui assure les fonctions régaliennes (armée, justice, police) et qui s'abstienne de toute intervention. Point de règlements qui entravent ! Et surtout, il ne faut pas d'entreprises publiques car le privé fait plus et mieux pour produire et vendre au meilleur prix. On comprend qu'il parte en guerre contre la manufacture des Gobelins, héritage lointain des mercantilistes dont l'interventionnisme est à l'opposé du libéralisme de Say...

> « La manufacture de tapisserie des Gobelins, qui est entretenue par le gouvernement de France, consomme des laines, des soies, des teintures; elle consomme la rente de son local, l'entretien de ses ouvriers; toutes choses qui devraient être remboursées par ses produits, et qui sont loin d'être une source de richesse, je ne dis pas seulement pour le gouvernement, qui sait bien qu'il y perd, mais pour la nation tout entière, car elle est pour elle une cause toujours subsistante de perte. »
>
> *Ibid.*

Say dénonce aussi la concurrence injuste et inégale du secteur public. Dans un langage moderne, on parlerait aujourd'hui d'effet d'éviction :

> « Les efforts de l'État pour créer des produits ont un autre inconvénient; ils sont nuisibles à l'industrie des particuliers, non des particuliers qui traitent avec lui, et qui s'arrangent pour ne rien perdre; mais à l'industrie des particuliers qui sont ses concurrents. L'État est un agriculteur, un manufacturier, un négociant qui a trop d'argent à sa disposition, et qui n'est pas assez intéressé au succès de ses entreprises industrielles. Il peut consentir à vendre un produit au-dessous du prix coûtant, et recommencer sur le même pied, parce que la perte qui en résulte ne sort pas de la poche de celui qui dirige l'opération. Il peut consommer, produire, accaparer en peu de temps une quantité de produit telle, que la proportion qui s'établit naturellement entre le prix des choses soit violemment dérangée; or, tout changement brusque dans le prix des choses est funeste. Le producteur assied ses calculs sur la valeur présumable des produits au moment où ils seront achevés. Rien ne le décourage comme une variation qui se joue de tous les calculs. Les pertes qu'il fera seront aussi peu méritées que les profits extraordinaires que de telles variations peuvent lui procurer; et ses profits, s'il en fait seront une charge pour les consommateurs. »
>
> *Ibid.*

Pour la privatisation

J.-B. Say veut rendre au secteur privé des entreprises nationalisées au nom de l'intérêt d'État; pour lui, l'efficacité prime le soi-disant intérêt de la défense nationale :

> «On prétend qu'il y a des entreprises que le gouvernement peut sans imprudence confier à d'autres qu'à ses agents, telles que la construction des vaisseaux de guerre, la fabrication de la poudre à canon, etc. : cependant le gouvernement anglais confie sans inconvénients ces travaux à des entrepreneurs particuliers; et en France même, ce sont en grande partie des particuliers qui fournissent les canons, les

fusils, les chariots et les caissons dont l'administration de guerre a besoin. Peut-être devrait-on étendre le même système à tous les objets au service de l'État. »

Ibid.

Say explique les bienfaits de la privatisation par la meilleure efficacité d'un chef d'entreprise privé qui poursuit son propre intérêt en surveillant la qualité et les prix de ses fournisseurs et salariés.

« Un gouvernement ne peut agir que par ses procureurs, c'est-à-dire par l'intermédiaire de gens qui ont un intérêt particulier différent du sien, et qui leur est beaucoup plus cher. »

Ibid.

L'État doit créer un environnement favorable à l'enrichissement

J.-B. Say reconnaît cependant que les pouvoirs publics peuvent servir l'intérêt collectif. Il va même jusqu'à apprécier certains services publics :

« Si le gouvernement est un mauvais producteur par lui-même, il peut du moins favoriser puissamment la production des particuliers par des établissements publics bien conçus, bien exécutés et bien entretenus, et notamment par les routes, les ponts, les canaux et les ports. Les moyens de communication favorisent la production précisément de la même manière que les machines qui multiplient les produits de nos manufactures et en abrègent la production. Ils procurent le même produit à moins de frais, ce qui équivaut exactement à un plus grand nombre de produits obtenus avec moins de frais. Ce calcul, appliqué à l'immense quantité de marchandises qui couvrent les routes d'un empire populeux et riche, depuis les légumes qu'on porte au marché jusqu'aux produits débarqués dans les ports, se répandent ensuite sur la surface d'un continent, ce calcul, dis-je, s'il pouvait se faire, donnerait pour résultat une économie presque inappréciable dans les frais de production. La facilité de communications équivaut à la richesse naturelle et gratuite qui se trouve en un produit, lorsque sans la facilité des communications, cette richesse naturelle serait perdue [...]. Les académies, les bibliothèques, les écoles publiques, les musées, fondés par les gouvernements éclairés contribuent à la production des richesses en découvrant de nouvelles vérités, en propageant celles qui sont connues, et en mettant ainsi les entrepreneurs d'industrie sur la voie des applications que l'on peut faire des connaissances de l'homme à ses besoins. »

Ibid.

L'État doit dire aux particuliers « je crée un environnement favorable aux affaires, maintenant enrichissez-vous ». Bref, Say n'est pas pour la disparition de l'État, il lui assigne simplement un rôle de catalyseur.

« Mais de tous les moyens qu'ont les gouvernements de favoriser la production, le plus puissant, c'est de pourvoir à la sûreté des personnes et des propriétés, surtout quand ils les garantissent même des atteintes du pouvoir arbitraire. Cette seule protection est plus favorable à la prospérité générale que toutes les entraves inventées jusqu'à ce jour ne lui ont été contraires. Les entraves compriment l'essor de la production; le défaut de sûreté la supprime tout à fait. »

Ibid.

Fiscalement, Say développe l'argument selon lequel une relance peut se faire en limitant le poids des impôts pour stimuler l'offre :

> « Une diminution d'impôts, en multipliant les jouissances du public augmente les recettes du fisc. »
>
> *Ibid.*

L'actualité de la pensée de J.-B. Say

Ses concepts les plus importants

Théoricien de la production au sens large (services inclus), Say apparaît comme moderne. Favorable au développement des besoins comme facteur de croissance, il trouve des échos nombreux chez les partisans de l'économie de marché et de la publicité. Pour avoir formulé l'idée d'un équilibre macro-économique en économie, il a donné son nom a une loi économique majeure de l'analyse libérale.

Le poids de la critique

Pour Sismondi, Malthus, Marx et de nombreux contemporains, Say apparaît comme trop optimiste sur une économie de marché en proie aux crises cycliques durant tout le XIXe siècle.

De même, les keynésiens **théoriciens de la demande** (à la suite de J.-M. Keynes, leur chef de file), réfuteront *la loi de Say* alors que, les théoriciens de l'offre, vont, plus tard, chercher à la réhabiliter..

Les critiques qui s'opposent à la loi de J.-B .Say affirment que :

- certains produits ne trouvent pas d'acheteurs faute d'une bonne adaptation de l'offre à la demande. Loin d'être toujours omniscient, le marché est parfois aveugle et souvent myope;
- une mauvaise répartition des revenus peut créer un excès d'épargne, chez les plus riches, qui n'investissent plus assez, alors qu'au contraire les plus démunis ne disposent pas des revenus suffisants pour acheter et fournir à l'épargne un débouché dans un comportement d'investissement.

A cela, J.-B. Say a répondu d'une façon que beaucoup considèrent comme une pirouette : un produit qui ne trouve pas d'acheteurs n'est tout simplement pas un produit véritable car il est dénué d'utilité.

Ses principaux continuateurs

J.-B. Say a eu des disciples prestigieux et divers : F. Bastiat, Pellegrino Rossi, A. Blanqui, H. Baudrillard. Il a marqué l'école française d'économie en lui donnant une coloration libérale et le sens de la clarté dans l'exposition des idées.

Aujourd'hui, **les théoriciens de l'école de l'offre** *(cf. Les Contemporains)* donnent une formulation actualisée de son œuvre ; c'est cette permanence de la référence à J.-B. Say qui en fait un classique au sens plein.

Frédéric Bastiat (1801-1850)

UN POLÉMISTE LIBÉRAL

L'homme des paraboles et des harangues

Bastiat est né à Bayonne dans une famille de commerçants aisés. Il est familier du monde du commerce et a même dirigé une exploitation agricole.

Il fait des études juridiques et devient juge de paix; puis il s'engage dans la politique et obtient le poste de conseiller général des Landes.

Partant d'une réflexion sur le droit de propriété associée à son expérience du monde des affaires, il s'oriente vers une analyse économique. Bastiat n'est pas un économiste « à l'anglaise », soucieux de théorisation et de modèles; il est plutôt un polémiste engagé. Son œuvre va compter près de sept volumes.

Un article dans *le journal des économistes* en 1844 lui confère le statut de théoricien de l'économie. Il est pour la concurrence, s'oppose à l'intervention de l'État dans le domaine économique. Il refuse le protectionnisme et choisit le libre-échange. Il est dans l'esprit du temps et ses *Sophismes économiques* de 1845 reprennent, sous une forme élégante, les notions libérales de base. Point de modèles ni de théorie dans cet ouvrage; il recherche d'abord une forme d'exposition vivante et claire. Il met sa plume au service de l'économie de marché. La force de son style est largement symbolisée par le pamphlet célèbre au propos ironique et évocateur : *Pétition des marchands de suif contre* [...] *la concurrence du soleil.* Il fonde l'Association pour la liberté des échanges qui va populariser les thèses libérales et fournir une caisse de résonance à ses textes. Son principal ouvrage *Harmonies économiques,* est publié peu avant sa mort qui le fauche à Rome avant même la cinquantaine....

Le corpus central de l'analyse de Bastiat

Même s'il est diversement apprécié et plutôt perçu comme un polémiste engagé, un vulgarisateur accrocheur et un « *lobbyiste* » en quête d'unanimité, Bastiat reste un économiste dont on peut retenir cinq propositions qui s'articulent logiquement :

1. Bastiat est **un des premiers théoriciens des services** (marchands et non marchands); pour cela, il développe *une théorie de l'effort épargné* qui pourrait aujourd'hui servir de base à une étude d'un tertiaire devenu majoritaire par l'emploi et la valeur ajoutée, mais qui demeure un territoire relativement vierge pour l'économie politique. Sa théorie de l'échange prend appui sur ce concept de valeur : chacun épargne de l'effort en acceptant des biens et services d'autrui en contrepartie de ce qu'il offre.

2. Bastiat a une vue optimiste des choses économiques, il postule l'existence de **rendements croissants** en agriculture (et, *a fortiori,* dans l'industrie). Son observation de l'Angleterre et de ses révolutions agricole, industrielle et commerciale va dans le sens de son assertion.

3. En conséquence des propositions 1 et 2, **le libre-échange** est profitable pour tous dans la mesure où il permet d'élargir l'échelle de production de tous les pays vus comme un tout; l'échange permet ensuite de répartir les gains (il n'étudiera pas les conflits éventuels dans cette répartition[1]). Convaincu de l'intérêt de commercer librement, Bastiat va essentiellement procéder à la destruction systématique des thèses protectionnistes. Il est un des premiers théoriciens du libre-échange universel qu'il relie à l'anti-colonialisme et au pacifisme. En effet, seule la paix permet de commercer au mieux et de multiplier les échanges et les marchandises offertes.

4. Sa quatrième thèse découle des propositions 2 et 3; il propose de façon moderne **une fiscalité optimale**; la fiscalité doit encourager une offre que rien ne borne et que l'échange permet d'écouler au mieux.

5. Sa cinquième proposition a un caractère plus général, il passe de la juste fiscalité à **l'État efficace**. Il préconise une conception politique où le vote permet aux individus de s'exprimer sur *un marché politique* tempéré par une certaine dose de solidarité dans laquelle l'État n'intervient que modérément. Il expose une approche que ne renieraient nullement aujourd'hui J. Buchanan ou G. Tullock.

Le credo libéral sans son appareil théorique

La protection est spoliatrice

Par-delà les attaques polémiques, Bastiat développe un vrai raisonnement économique pour fonder sa défense du libre-échange. Il montre la logique des groupes de pression qui agissent pour obtenir des protections tarifaires et non tarifaires. Il identifie aussi les effets sur l'offre et sur la demande d'un freinage des importations.

> « Le but immédiat de **la protection** est de favoriser *le producteur. Ce que celui-ci demande,* c'est le placement avantageux de son produit. Le placement avantageux d'un produit dépend de sa *cherté* — et *la cherté* provient de *la rareté.* Donc la protection aspire à opérer la rareté. C'est sur *la disette des choses* qu'elle prétend fonder le *bien-être des hommes. Abondance et richesse* sont à ses yeux deux choses qui s'excluent, car l'abondance fait le bon marché, et le bon marché, s'il profite au consommateur importune le producteur dont la protection se préoccupe exclusivement [...]. Un droit élevé peut bien faire que les oranges mûries par la chaleur artificielle de nos serres *se vendent* au même prix que les oranges mûries par le soleil de Lisbonne. Mais il ne peut pas faire que les conditions de production soient égales en France et au Portugal. Ainsi, *cherté, rareté* sont les conséquences nécessaires de la protection, toutes les fois que la protection a des conséquences quelconques. Déjà une foule de produits anglais sont à plus bas prix que les nôtres, puisque nous sommes réduits à les exclure. A mesure que la liberté produit en

---

[1] Cette insuffisance en fait un piètre théoricien de l'échange international à la différence de Ricardo, Mill, Ohlin, Samuelson, etc.

Angleterre ses effets naturels, *le bon marché* de tous les objets de consommation; à mesure que la restriction produit en France ses conséquences nécessaires, *la rareté,* la cherté des moyens de subsistance, cette distance entre le prix des produits similaires ira toujours s'agrandissant, et il viendra un moment où les droits actuels seront insuffisants pour *réserver* à nos producteurs le marché national [...]. Nos produits fabriqués, chassés de partout par cette concurrence invincible, seront donc refoulés dans nos ports et nos magasins; il faudra donc les laisser pourrir ou *vendre à perte.* Mais vendre à perte ne peut être l'état permanent de l'industrie. Il faudra donc opter : ou arrêter la fabrication, ou réduire le taux de salaire. L'un de ces partis facilitera l'autre. Plus il se fermera d'ateliers, plus la place regorgera d'ouvriers sans pain et sans emploi, qui se feront concurrence, et loueront leurs bras au rabais [...]. La classe laborieuse sera donc réduite à retrancher sur toutes ses consommations déjà si restreintes; dès lors, et je prie de remarquer ceci, ce ne sont plus les débouchés extérieurs que nous aurons perdus, mais encore ces débouchés réciproques que nos industries s'ouvrent les unes aux autres [...]. Le Nord ruiné demandera moins de vins et de soieries du Midi, le Midi appauvri se passera dans une forte proportion des draps et des cotonnades du Nord. »

Journal des économistes, octobre 1844.

Le libre-échange est source de richesses accrues

Bastiat formule même une sorte de *multiplicateur du libre-échange*. Son raisonnement est développé à partir d'une question : *quelle est l'influence du prix des aliments sur le taux des salaires ?* A partir de cette question, il précise la dynamique suivante :

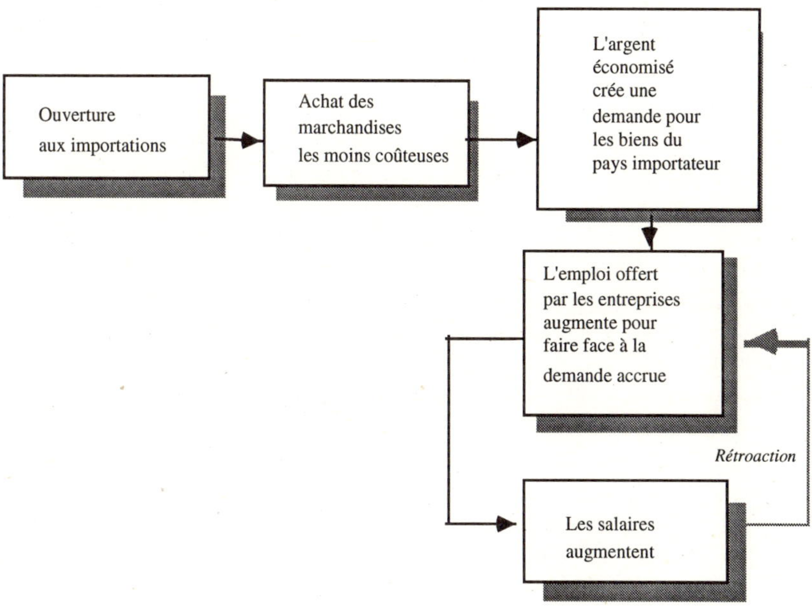

Pour la propriété privée

Contre la critique des inégalités par Rousseau, Bastiat développe une apologie de la propriété comme droit naturel de l'homme. A la différence de Rousseau qui recherche l'origine de la propriété privée et des inégalités, Bastiat fait des rapports sociaux de l'économie de marché une forme éternelle.

> « On peut dire que le principe de la propriété est reconnu jusque parmi les animaux. L'hirondelle soigne paisiblement sa jeune famille dans le nid qu'elle a construit par ses efforts [...]. De même l'homme vit et se développe par *appropriation.* L'appropriation est un phénomène naturel, providentiel, essentiel à la vie, et la *propriété* n'est que l'appropriation devenue un droit par le travail. Quand le travail a rendu *assimilables et appropriables* des substances qui ne l'étaient pas, je ne vois vraiment pas comment on pourrait prétendre que, de droit, le phénomène de l'appropriation doit s'accomplir au profit d'un autre individu que celui qui a exécuté le travail [...]. *Le droit de propriété de la loi* [...]. La loi demain peut retirer cette garantie, et alors la propriété n'est plus légitime. Je le demande, que doit-il arriver ? C'est que le capital et le travail s'épouvantent; c'est qu'ils ne puissent plus compter sur l'avenir. Le capital, sous le coup d'une telle doctrine, se cachera, désertera, s'anéantira. Et que deviendront alors les ouvriers, ces ouvriers pour qui vous professez une affection si vive, si sincère, mais si peu éclairée ? [...] Seront-ils plus occupés quand les capitaux auront disparu ? »
>
> *Journal des économistes,* 15 mai 1848.

Pour le consommateur

Alors que les théoriciens socialistes ont souvent pris parti pour le producteur, Bastiat, en libéral, défend le consommateur; dans sa déclaration pour **l'Association pour la liberté des échanges,** il prend parti dans sa conclusion pour « la cause de l'intérêt général, qui se confond, partout et sous tous les aspects, avec celle du *consommateur* ».

Cela conduit Bastiat à développer une théorie des services qui fait de chacun le consommateur des services d'autrui.

Un des précurseurs de la théorie des services

Bastiat est incontestablement moderne par sa mise en évidence de la notion de **service** qu'il met au cœur de sa théorie économique. Par-delà les biens concrets, il décèle l'existence d'une qualité immatérielle par laquelle ils satisfont notre souci d'avoir une existence plus facile et plus agréable. Il va même faire de cette notion de service le cœur de l'économie politique :

> « Forme le domaine de l'économie politique tout effort susceptible de satisfaire, à charge de retour, les besoins d'une personne autre que celle qui l'a accompli, et, par suite, les besoins et satisfactions relatifs à cette nature d'efforts. »
>
> *Harmonies économiques,* 2 e Ed, 1851.

Sa théorie fait de l'appréciation relative par les individus des services comparatifs qu'ils se rendent le cœur de sa conception de la valeur. Le capital lui-même est analysé comme un service rendu dont la valeur dépend de la peine épargnée à ceux qui produisent en l'utilisant. L'intérêt est le service rendu à celui qui va jouir immédiatement d'un bien de consommation ou de la peine qu'il va économiser en utilisant un bien de production. Celle-ci devient donc la base de sa conception de l'économie politique. L'économie ne cesse de trouver des moyens techniques pour épargner à chacun des efforts. Le progrès technologique substitue de *l'utilité gratuite* à de *l'utilité onéreuse.* Le capital est censé par les gains de productivité qu'il procure au travail humain fournir au consommateur ce que les économistes d'aujourd'hui appellent un surplus (cela n'a lieu effectivement que si la baisse du prix relatif s'applique au produit ayant bénéficié de ce progrès). Voir, par exemple, la théorie des surplus selon le prix Nobel français Maurice Allais.

Une théorie de la valeur selon l'effort épargné

Bastiat réfute tant la valeur d'échange que la valeur travail; pour lui la valeur d'une marchandise résulte en réalité du **travail épargné** à celui qui se procure un bien ou un service.

> « Bien loin que la Valeur ait ici une proportion nécessaire avec le travail *accompli* par celui qui rend le service, on peut dire qu'elle est plutôt proportionnelle au travail *épargné* à celui qui le reçoit; c'est du reste la loi des valeurs, loi générale et qui n'a pas été, que je sache, observée par les théoriciens, quoiqu'elle gouverne la pratique universelle. »

Harmonies économiques, Ch V.

Bastiat ne pense pas que la valeur soit fondée sur de pures fantaisies subjectives. Ainsi, un bien précieux possède une valeur, car on économise en l'achetant tous les efforts qu'il faut fournir pour le trouver. De même, un concertiste talentueux, car il offre un plaisir considérable à ceux pour lesquels acquérir son savoir-faire coûterait des efforts considérables sinon hors de portée.

Bien entendu, c'est au marché et au mécanisme de l'offre et de la demande que se réfère Bastiat pour déterminer la valeur des marchandises qu'il assimile au service qu'elles rendent ou à la peine qu'elles épargnent :

> « *Les services* s'échangent contre *des services.*
> *L'équivalence* des services résulte de l'échange volontaire et du libre débat qui le précède.
> En d'autres termes, chaque *service* jeté dans le milieu social *vaut* autant que tout autre service auquel il fait équilibre, pourvu que toutes les *Offres* et toutes les *demandes* aient la *liberté* de se produire, de se comparer, de se discuter. »

Harmonies économiques, ch XVI.

Bastiat prend l'exemple de l'eau (comme Böhm Bawerk) pour expliquer la valeur épargnée par la mise en place du capital. Il constate que l'homme a mis en place des moyens techniques pour transporter l'eau : la brouette, la roue, le siphon, le tuyau, etc. Il précise que, lorsque l'on paie l'eau, elle coûte cependant moins cher malgré toutes les dépenses en capital car tous les moyens techniques mis en œuvre épargnent bien plus d'efforts que n'en coûterait la recherche par chacun de l'eau avec un simple seau.

Les services, source de la valeur

Bastiat s'oppose aux théories de la valeur les plus usuelles à son époque, cela lui permet de développer une nouvelle approche de l'économie conçue à travers la notion de **service.**

« Le diamant joue un grand rôle dans les livres des économistes. Ils s'en servent pour élucider les lois de la valeur ou pour signaler les prétendues perturbations de ces lois. C'est une arme brillante avec laquelle toutes les écoles se combattent L'école anglaise dit-elle : *la valeur est dans le travail,* l'école française lui montre un diamant : *Voilà* dit-elle, *un produit qui n'exige aucun travail et renferme une valeur immense.* L'école française affirme-t-elle que la valeur est dans l'utilité, aussitôt l'école anglaise met en opposition le diamant avec l'air, la lumière et l'eau. *L'air est fort utile,* dit-elle, *et n'a pas de valeur; le diamant n'a qu'une* ***utilité*** *contestable, et* ***vaut*** *plus que l'atmosphère* [...]. Tout ce que j'ai à démontrer ici c'est que la prétendue *valeur* des choses n'est que la Valeur des *services,* réels ou imaginaires, reçus et rendus à leur occasion; qu'elle n'est pas dans les choses mêmes, pas plus dans le pain que dans le diamant, ou dans l'eau ou dans l'air; qu'aucune part de rémunération ne va à la nature; qu'elle se distribue tout entière, par le consommateur définitif, entre des hommes, et qu'elle ne peut leur être par lui accordée que parce qu'ils lui ont rendu des services, sauf dans le cas de fraude ou de violence.

[...] Les *services* s'échange contre des *services.*
L'équivalence des *services* résulte de l'échange volontaire et du libre débat qui le précède.
En d'autres termes, chaque service jeté dans le milieu social *vaut* autant que tout autre service auquel il fait équilibre, pourvu que toutes les *offres* et toutes les *demandes* aient la *liberté* de se produire, de se comparer, de se discuter. »

Harmonies économiques, 1850, .

Contre le socialisme

L'apologie de la propriété privée se double logiquement d'une critique du socialisme. Bastiat dénonce en fait le refus par les socialistes d'une auto organisation par des individus rationnels. Il reproche aux socialistes leur tendance à diriger au nom et à la place du peuple.

« Le Socialisme, comme la vieille politique d'où il émane, confond le Gouvernement et la Société. [...] En effet, ils commencent par supposer que les hommes ne portent en eux-mêmes ni un principe d'action, ni un moyen de discernement; qu'ils sont dépourvus d'initiative; qu'ils sont de la matière interne, des molécules passives, des atomes sans spontanéité, tout au plus une végétation indifférente à

son propre mode d'existence, susceptible de recevoir d'une volonté et d'une main extérieures, un nombre infini de formes plus ou moins symétriques, artistiques, perfectionnées.
Ensuite chacun d'eux suppose sans façon qu'il est lui-même sous les noms d'Organisateur, de Révélateur, de Législateur, d'Instituteur, de Fondateur, cette volonté créatrice dont la sublime mission est de réunir en société ces matériaux épars, qui sont des hommes. »

La loi, juin 1850.

Que retenir de Bastiat ?

Bastiat l'économiste ne doit pas être totalement dissimulé par les talents du polémiste. Il a contribué à décortiquer plusieurs concepts majeurs pour l'analyse libérale de l'économie : une théorie de l'échange fondée sur une théorie de l'effort épargné, la défense du libre-échange et conséquemment la critique du protectionnisme. Dans un monde où les chefs d'entreprise frileux demandent la protection, Bastiat n'est pas un simple conservateur, il gêne en effet les hommes d'État tels Thiers, Guizot, Fould, Rémusat. Il a su — comme J.-B. Say — prendre le parti du consommateur. Il donne au concept de **service** économique une place considérable, originale pour son époque, et sa position est aujourd'hui amplement confirmée. Autre versant de sa modernité, nous avons noté son étude de la bureaucratie et des mécanismes qui relient demande politique, clientélisme et croissance de l'État. Sa conception de la fiscalité a été, elle aussi, lucide et constructive. Plus étonnant, Bastiat se révèle un analyste puissant de la décolonisation et fonde le pacifisme sur sa foi dans le marché et l'efficacité de la division du travail librement définie sur la base de réalités économiques et non sur le pouvoir des baïonnettes.

Mais Bastiat pêche sans doute par excès d'optimisme. Son refus de la vision pessimiste des Anglais (Malthus et Ricardo) le conduit à passer sur les déséquilibres et les phénomènes de rendements décroissants qui se manifestent durant son siècle. Son opposition radicale et militante au socialisme l'empêche de penser les formes institutionnelles nécessaires pour compléter les mécanismes du marché et pour adapter le capitalisme aux conditions du développement économique harmonieux des marchés qu'il désire si ardemment. Son manque de rigueur dans ses démonstrations nuit enfin à la qualité scientifique de son œuvre.

Triomphe sans gloire des libéraux français ?

La pensée libérale française va être une garante de l'ordre social et de la propriété privée, cela va lui permettre de devenir une matière d'enseignement reconnue par les institutions. Mais ce discours moralisateur et conservateur sera relativement stérile sur le plan des concepts.

C'est à Lausanne que l'on forgera la théorie de l'équilibre général, à Vienne que le marginalisme fleurira et en Angleterre que les néo-classiques connaîtront un développement majeur. La pensée libérale française va néanmoins inspirer une « suite libérale française du XIXe siècle. »

C De la suite libérale du XIXe siècle à l'école française d'économie

UNE LITTÉRATURE RÉSOLUMENT ET ANTI-SOCIALISTE

L'école libérale française est résolument **anti-socialiste**. Fille spirituelle de J.-B. Say, elle partage avec lui sa foi en l'équilibre d'une économie de marché capable de vivre sans crise. En réaction contre les institutions héritées du XVIIe et du XVIIIe siècle, elle refuse le protectionnisme et fait de la formule *laisser-faire, laisser-passer* le cœur d'un message à la fois dérangeant pour les conservateurs et délibérément anti-socialiste. En même temps, elle s'institutionnalise; elle devient une école de professeurs prudents qui gèrent un patrimoine de notions certes limitées mais logiquement ordonnées comme les lignes végétales d'un jardin à la française. A la différence de leur maître J.-B. Say, ils sont essentiellement soucieux de répéter quelques idées simples et d'ordonner un savoir plutôt que de forger des idées neuves.

Cette pensée devient aussi l'idéologie de la réaction anti-socialiste. En pratique, la réflexion est menée dans un petit cercle fermé qui ne cherche nullement à intégrer les méthodes et les outils des autres courants (cf. par exemple *Les Ingénieurs français*).

UNE PENSÉE FRILEUSE ET FERMÉE

La conviction libérale de J.-B. Say, le grand porte-drapeau du libéralisme au XIXe siècle, s'était forgée au contact d'une réalité sombre et dictée par la guerre, par opposition au monde ancien placé sous le sceau du corporatisme et de l'interventionnisme.

Quand Napoléon Ier renforce le protectionnisme dans le cadre d'un blocus continental contre l'Angleterre, J.-B. Say n'hésite pas à se prononcer contre cette politique au nom d'un raisonnement en faveur du *libre-échange*. Pourtant de telles convictions allaient contre son intérêt personnel; industriel, il pouvait bénéficier d'un marché protégé et s'opposer au maître absolu de la France ne pouvait que nuire à sa carrière d'économiste. Ses successeurs auront moins de peine. Ils connaîtront, avec la monarchie de Juillet un régime politique plus conforme à leurs convictions libérales. Après 1860, Napoléon III choisit une stratégie libérale et nomme l'économiste Michel Chevalier au poste de ministre du commerce. Il le charge, à ce titre, de négocier les traités commerciaux devant ouvrir la voie au libre-échange en Europe. Le courant protectionniste ne désarme cependant pas et la crise des années 1880-1890 voit le ministre Méline mettre en place des barrières à l'entrée des importations, selon le conseil de l'économiste Cauwès. Mais l'école libérale française a maintenant *pignon sur rue.*

• Le courant libéral français peut s'installer comme l'ardent défenseur de la propriété privée et de l'économie de marché; il réagit contre les idées interventionnistes, régulatrices et surtout socialistes en politique et en économie.

• Il refuse généralement les méthodes des classiques anglais, puis celles de l'école historique allemande, (à l'exception de E. Levasseur, professeur à l'école libre des sciences politiques). L'école libérale française veut ainsi avoir sa propre vision en économie politique.

LA SOCIÉTÉ D'ÉCONOMIE POLITIQUE

Ainsi se constitue en 1842 une Société d'économie politique plutôt fermée et jalouse de ses prérogatives. Les moyens de diffusion des idées libérales sont *Le Journal des économistes,* né en 1841, et la maison d'édition Guillaumin qui dispose d'un dictionnaire qui lui donne un quasi monopole jusqu'à la création en 1887 de *La Revue d'économie politique* qui échappe à son contrôle. La *Société d'économie politique* constitue un réseau d'alliances qui gère l'attribution des places institutionnelles en économie.

A la mort de J.-B.. Say, le Collège de France choisit pour lui succéder Rossi, un ami de Guizot qui y restera jusqu'en 1840. M. Chevalier, futur ministre du Commerce sous l'empire libéral, lui succède jusqu'en 1852. H. Baudrillard, gendre de Say, prend la suite jusqu'à ce que P. Leroy-Beaulieu, gendre de Chevalier, soit préféré à ce poste au novateur Léon Walras qui ne fait pas partie du cénacle. Au Conservatoire des arts et métiers, la succession de J.-B. Say est assurée par A. Blanqui (frère aîné du révolutionnaire) puis Wolonski (futur fondateur du Crédit Foncier). A l'École supérieure de commerce de Paris, A. Blanqui laissera sa place à son gendre J. Garnier qui cumule ses fonctions d'enseignement avec celles de rédacteur en chef du *Journal des économistes* et occupe le poste de secrétaire perpétuel de la Société d'économie politique. Professeur à l'école des ponts-et-chaussés J. Garnier voit ses manuels souvent réédités et imprime ainsi sa marque à la formation de générations d'économistes... Léon Say est une autre grande figure de la pensée libérale : petit-fils de J.-B. Say, il mène une carrière politique comme ministre des finances de la IIIe république (1872 -1882) puis il est élu à l'Académie des sciences morales et politiques en 1870 et donne des conférences célèbres sur l'impôt à l'école des Sciences politiques (créée en 1871) .

Jusqu'aux années 1890, cette Société d'économie Politique fermée peut développer un enseignement dont les caractéristiques principales sont : le libéralisme, la préférence pour l'économie appliquée et l'hostilité aux mathématiques. En outre, le sentiment dominant est alors que l'économie est une science achevée dont il faut simplement assurer l'enseignement et la diffusion la plus large, notamment par la vulgarisation.

LES TROIS VISAGES D'UNE DOCTRINE

Pour le libre-échange et contre les idées socialistes

Prenant la suite de J.-B. Say et d'A. Smith, la Société d'économie politique est d'abord attachée au principe de la liberté économique, ce qui exclut le protectionnisme ou l'interventionnisme étatique en matière sociale et économique. Bastiat avait popularisé l'essentiel de ces thèmes.

« L'école qu'on appelle **économiste** propose la destruction immédiate de tous les privilèges, de tous les monopoles, la suppression immédiate de toutes les fonctions inutiles, la réduction immédiate de tous les traitements exagérés. »

Journal des économistes, F. Bastiat, 1848.

«Si l'État laisse faire, nous serons libres et économiquement administrés, rien ne coûtant moins que le laisser-faire. S'il empêche de faire, malheur à notre liberté et à notre bourse; à notre liberté, puisque empêcher, c'est lier les bras; à notre bourse, car pour empêcher, il faut des agents, et pour avoir des agents, il faut de l'argent. »

Œuvres complètes, T7, F. Bastiat, éd. Guillaumin 1863.

Face aux idées socialistes et protectionnistes qui se développent dans la tourmente révolutionnaire de 1848, l'école libérale française défend l'économie de marché et, dans le cas de Bastiat, s'oppose même au réformisme social :

« Faire intervenir l'État, lui donner pour mission de pondérer les profits et d'équilibrer les pertes, en prenant aux uns, sans consentement, pour donner aux autres, sans rétribution, le charger de réaliser l'œuvre de nivellement par voie de spoliation, assurément, c'est l'œuvre du communisme. »

F. Bastiat, janvier 1849.

L'État tyran et sangsue est dénoncé :

« l'État, c'est la grande fiction à travers laquelle tout le monde s'efforce de vivre aux dépens de tout le monde. »

Œuvres complètes, T4, F. Bastiat.

- **Le conservatisme social** s'exprime en une théorie des inégalités naturelles. F. Bastiat pense que ce n'est pas en limitant le travail dans les manufactures « que l'on trouvera le moyen de partager la misère. » (1845).
- **Les taxes et les primes sont injustes** car elles modifient l'allocation naturelle des ressources et modifient la répartition obtenue par le seul mérite sanctionné par le marché :

« J'ose défier qui que ce soit de soutenir que le dernier terme du système des primes, poussé jusqu'au bout, ne soit pas le Communisme absolu… Il plaît à l'État de se faire juge des profits, de décider que tel travail n'est pas assez rémunéré, que tel autre l'est trop […]. Le gouvernement n'est pas chargé de garantir les propriétés, mais de les niveler. En d'autres termes, il n'y a pas de propriété.
Passons à la restriction. S'il y a protection, par exemple, du charbon national, par le renchérissement relatif du combustible, tous les consommateurs de houille ont perdu, ils ont dû restreindre proportionnellement leurs autres consommations et l'ensemble du travail national a été découragé par cette mesure. »

Œuvres complètes, T4, F. Bastiat.

Une satire de Bastiat révèle les talents de polémistes de cette école; il tourne en dérision le protectionnisme dans la fameuse «pétition des fabricants de bougies, lampes, chandeliers, réverbères, mouchettes, éteignoirs, et des producteurs de suif, d'huile, résine, alcool, et généralement de tout ce qui concerne l'éclairage» contre, «l'intolérable concurrence d'un rival étranger... qui inonde notre marché national à un prix fabuleusement réduit : le soleil.»

L'économie appliquée : « science du grand pot-au-feu national»

Refusant l'économie mathématique ou les spéculations théoriques, l'école libérale française se veut a**ppliquée et concrète,** elle refuse toute idée critique à l'égard du système économique et social existant.

> « L'économie politique n'est pas une science universelle; c'est une science circonscrite et spéciale, marchant sur son terrain, agissant dans ses limites. Elle est appelée à jouer dans la vie des peuples un rôle essentiel, mais elle n'aspire pas à décider seule de leurs destinées; elle a ses problèmes particuliers, mais elle ne se flatte pas de résoudre tous les problèmes [...]. C'est avant tout une science pratique. »

L. Reybaud, *Journal des économistes,* 1841.

De même, **C. Dunoyer** fonde la science sociale sur la *seule observation des faits;* et **Leroy-Beaulieu** annonce :

> « L'économie politique est **une science d'observation** et non une science expérimentale [...]. Elle est la science qui constate les lois générales déterminant l'activité et l'efficacité des efforts humains pour la production et la jouissance des différents biens que la nature n'accorde pas gratuitement et spontanément à l'homme [...]. Elle est beaucoup plus vaste que la science de l'échange [...]. L'école dite d'observation directe fondée par **Le Play [...]** a fourni de très utiles contributions [...] l'économique est à la fois une science et un art [...]. Elle fait bon ménage avec la morale [...]. Elle est une partie des sciences de l'homme, c'est-à-dire des mobiles qui le déterminent dans ses actions, et une partie de la science de la nature, à savoir de la façon générale dont elle répond aux sollicitations les plus pressantes de l'homme pour l'accroissement de sa production. »

Traité théorique et pratique d'économie politique, Alcan, 1910.

Cette démarche est dans la lignée du *Catéchisme d'économie politique* (1815) de J-B Say; celui-ci avait voulu faire œuvre de vulgarisation en publiant un « cours complet d'économie politique pratique, destiné à mettre sous les yeux des hommes d'État, des propriétaires fonciers, des capitalistes, des savants, des agriculteurs, des manufacturiers, des négociants et en général de tous les citoyens, l'économie de la société». Bref, il s'agit de développer **« la science du grand pot-au-feu national. »** J.-B. Say, 1832.

L'économie comme science pratique et science **d'observation** va trouver en **Frédéric Le Play** un traditionnaliste vertueux capable de réformisme.

Ce polytechnicien entre à l'école des Mines en 1827; il voyage dans toute l'Europe avant 1848 et aiguise ainsi son sens de l'observation et de la comparaison. Homme influent, il se tourne vers les problèmes sociaux et assigne aux économistes le but suprême de favoriser **la paix sociale.** Précurseur de la sociologie empirique il écrit en 1855 *Les Ouvriers européens.* Il est nommé conseiller d'État sous l'empire. Il fonde la Société d'économie sociale qui observe et analyse, puis il consigne ses réflexions dans *La Réforme sociale* (1864). Après la Commune de Paris, il organise des unions de Paix Sociale, et lance une revue *La Réforme sociale.* Il est un adepte de la méthode monographique et historique; il prend parti pour la famille, la tradition, la hiérarchie et l'autorité. Mais il s'oppose au libéralisme des ultras comme à l'égalitarisme et l'esprit révolutionnaire des socialistes. Il est célèbre pour sa proposition de *patronage volontaire,* c'est-à-dire d'altruisme patronal; sa conception sociale ne s'élève pas au-delà de la notion de philanthropie.

L'économie politique, une science achevée à vulgariser

Le premier numéro du *Journal des économistes* définit l'économie politique comme **une science achevée.** Les travaux antérieurs, selon le journal des économistes : « forment un ensemble de doctrines au delà duquel il y a peu de choses à espérer. » (1841). **J. Garnier** dans son *Traité d'économie politique* (1860) ne propose qu'un « exposé didactique des principes et des applications de cette science et de l'organisation économique de la société ». Exposé dans la lignée du *Catéchisme d'économie politique* de J.-B. Say (1817) ou du *Cours complet d'économie politique pratique* de **F. Bastiat**, cette économie des professeurs crée peu d'idées mais elle en brasse encore moins; un peu comme les médecins de Molière, à toutes les questions, ils fournissent une réponse unique : *la concurrence !* J. Garnier n'hésite pas à répondre que, pour prendre des décisions d'investissement, d'infrastructure ou de gestion, la réponse est **unique** : organisez la concurrence et tous les problèmes techniques disparaîtront. Bref, on peut parler d'**une école libérale naïve qui pratique l'apologie du marché;** elle comprend des laudateurs plus que de véritables analystes ou innovateurs comme en atteste cet extrait :

> « **La concurrence** est la grande force, la principale du monde économique, c'est la force à la fois implosive et régulatrice et coordinatrice par excellence; en dehors d'elle, il n'y a que chaos, arbitraire et fantaisie, incertitude [...]
> 1) elle facilite singulièrement le classement des capacités humaines[...];
> 2) elle constitue le stimulant le plus énergique qui puisse exister dans l'humanité [...];
> 3) elle facilite et hâte les progrès industriels et leur propagation; elle abaisse les prix, réduisant les profits exagérés [...];
> 4) elle pousse les capitaux, les produits et les personnes à se porter le plus rapidement possible vers les lieux et les emplois où ils peuvent rendre le plus de services [...];
> 5) elle évite mieux que toutes les autres organisations, les engouements excessifs et les paniques qui, les uns et les autres, causent des déperditions de forces [...] La société n'est jamais lancée à toute vapeur dans une seule direction; elle trouve en son propre sein des contrepoids ou des freins. »

P. Leroy-Beaulieu, Alcan, 1910.

UNE RÉACTION TARDIVE CONTRE « LES PENSEURS DE L'HARMONIE »

La nouvelle économie politique française

La contestation dû monopole de la Société d'économie politique est généralement implicite dans les travaux des ingénieurs français (**Dupuit et Cournot**), en revanche, elle entraîne une protestation véhémente de l'exclu **L. Walras.** A leur tour, les professeurs français d'économie politique des facultés de droit veulent se doter :

> « d'un organe indépendant et fournir par là à des hommes nouveaux l'occasion de se produire et de rester indépendants de toute école de façon à laisser à chacun de nos collaborateurs la liberté de chercher sa route, sans rien exiger d'eux que la sincérité. »

Revue d'économie politique, 1887, n°1.

C. Gide ajoute en décembre 1886 :

> « Mon intention [...] a été d'émanciper l'enseignement économique du joug qu'a fait peser si longtemps sur lui le *Journal des économistes,* l'Institut, etc. »

Il est possible de considérer les *Principes d'économie politique* qu'il publie en 1884 comme le commencement *d'une nouvelle tradition française,* plus éclectique et plus orientée vers l'idée de paix sociale. L'initiateur des divergences est P. Cauwès. Puis *l'historicisme* se développe avec B. Nogaro, *la promotion de la statistique* avec A. Aftalion, celle de *la démographie* avec Landry, celle de *la recherche* avec F. Simiand et G. Pirou. *L'unité de l'ensemble* est mise en forme par G. Gide et C. Rist, qui œuvrent pour la synthèse dans leurs manuels et leurs cours ainsi que par leur célèbre ouvrage d'*Histoire des doctrines économiques* (1909). Enfin, le *marginalisme des ingénieurs français* poursuit son développement avec les travaux de Colson qui assure la charnière avec l'école libérale française maintenue et incarnée plus tard par J. Rueff.

Paul Leroy-Beaulieu (1843-1916)

LE CONTRE-FEU AUX IDÉES SOCIALISANTES

Paul Leroy-Beaulieu était le gendre de Michel Chevalier (1806-1879), l'adepte de Saint-Simon reconverti sur le tard au libéralisme industriel. C'est un économiste littéraire, qui cherche la scientificité, mais ne refuse pas les polémiques. Après un complément d'études à Bonn et à Berlin, il écrit un premier mémoire, primé en 1867, sur « l'état moral et intellectuel des populations ouvrières et son influence sur le taux de salaire. » Il est alors polyvalent et s'intéresse autant à l'administration locale en France et en Angleterre qu'au travail des femmes au XIXe siècle, ou encore à la colonisation chez les peuples modernes.

A trente-quatre ans, il entre à l'Académie des sciences morales et politiques. En 1879, il devient professeur au Collège de France où il joue le rôle de suppléant pour son beau-père. Léon Walras sera évincé d'un poste qu'il convoitait et il se plaindra amèrement de cette nomination qui ne fera que peu de cas de son talent (que reconnaîtra la postérité mais non ses contemporains français).

Paul Leroy-Beaulieu manifeste de façon croissante après 1872 une peur prononcée pour le collectivisme et l'interventionnisme. Dans *le Collectivisme, examen critique du nouveau socialisme* publié en 1881, il exprime clairement ses craintes.

En 1872, il fonde *L'Économiste français.* De son vivant, cette revue contiendra dans presque tous ses numéros un article de lui (un numéro seulement fera exception). Colon en Tunisie, viticulteur dans le Languedoc, cultivateur en Normandie, professeur à Sciences Politiques, rédacteur en chef de revue, administrateur des phosphates de Gofsa, de la compagnie des chemins de fer portugais, de la société d'assurances La Foncière président de la compagnie du chemin de fer sous-marin entre la France et la Grande-Bretagne, il multipliera les expériences (à l'exception de la députation).

Malgré cette activité débordante et multiple, son œuvre écrite est notable et inclut des *best seller* considérables, elle comprend :

- en 1877, *Traité de la science des finances;*
- 1888, *Précis d'économie politique,* Éditions Delagrave (14 éditions de ce titre en feront un classique de la formation économique de l'époque);
- 1889-1890, *L'État moderne et ses fonctions,* éditions Guillaumin;
- 1896, *Traité théorique et pratique d'économie politique,* éditions Alcan. Cet ouvrage de près de 3 000 pages verra sa première édition épuisée en seulement 6 mois;
- 1913, *La Question de la population;*
- 1914, nouvelle édition de *Art de placer et gérer sa fortune;*
- 1914-1816, il publie dans *L'Économiste français* des notes sur la guerre fort régulières.

Un optimiste sur le salariat

Dans son *Essai sur la répartition des richesses* (1880), Paul Leroy-Beaulieu affirme clairement sa croyance dans une tendance à la réduction des inégalités sociales. Bien entendu, il pense que cette diminution des disparités dans les conditions ne commence qu'après la phase de mise en place de la révolution industrielle, source de misère pour la classe laborieuse chargée de cette mission historique difficile.

> « La période chaotique de la grande industrie » va finir et le paupérisme diminuera après avoir augmenté dans cette phase d'installation du capitalisme industriel. Le salariat est défini par P. Leroy-Beaulieu comme « une association à forfait absolument analogue à l'intérêt du capital » Face à lui, le capital et la direction d'entreprise est un concurrent complémentaire et non un exploiteur antagonique ! Une espèce de sélection naturelle se charge d'assurer la survie des meilleurs salariés et des patrons les plus capables. La perspective adoptée ici est proche de

celle du philosophe Herbert Spencer. La lutte pour la vie des espèces et la concurrence économique sont ainsi du même ordre.

Sans la relation salariale, le partage du risque est asymétrique :

— le salarié reçoit, par avance, une somme fixée;

— l'entrepreneur capitaliste, lui, dispose d'un revenu résiduel.

Le travail des femmes est perçu comme s'améliorant dans l'industrie par rapport à l'agriculture. Il importe donc, selon Leroy-Beaulieu, de ne pas trop réglementer en ce domaine.

« L'État n'a pas pour mission de faire régner la vertu, la sagesse ou la santé [...] .L'État n'a pas charge d'âmes. C'est sur les choses, presque uniquement, que son action doit s'exercer. »

Le travail des femmes au XIXe siècle, 1873.

Un populationniste conservateur

Leroy-Beaulieu est hostile aux thèses de Malthus. Il parle de « calculs absurdes sur l'encombrement du globe » [1] et précise sans hésitation que la réalité s'est chargée d'infirmer ces calculs. Il s'oppose donc à J. Garnier et aux divers économistes malthusiens de son temps. Il explique par exemple le célibat par le poids des impôts, la durée du service militaire, l'impossibilité d'une phase d'essai avant le mariage, ou encore, le désir du paysan de ne pas morceler sa fortune. Sur la natalité, il écrit :

> « Dans l'ordre matériel, les enfant ne sont plus rémunérateurs et n'apportent pas de revenus aux parents, comme autrefois dans les occupations agricoles et industrielles de l'enfance et de l'adolescence [...]. Le développement de l'instruction, de l'ambition personnelle et familiale, des idées démocratiques, la concurrence la plus âpre dans les carrières divers, les goûts de luxe, de sans-gêne, l'excès de prévoyance retardent, s'ils ne diminuent pas, les mariages et, de l'autre côté, font appréhender la venue d'un nombre un peu notable d'enfants par ménage [...]. L'homme civilisé, quelles que soient les ressources qu'il possède cesse en règle générale d'être prolifique [...]. »

Le seul remède est illusoire car, nous dit-il, ce serait un changement complet dans les idées et les sentiments. Aussi Leroy-Beaulieu prône-t-il prosaïquement :

— la lutte contre « la masculinisation de la femme » !

— l'assimilation des étrangers par « naturalisation graduelle »;

— l'aide au troisième enfant;

— le développement des « honneurs ou préséances accordés aux pères de famille nombreuse » (le suffrage plural donnerait plus de voix aux pères prolifiques);

— le « châtiment méthodique et efficace de l'avortement » !

— la réduction de 30 % des salaires des fonctionnaires célibataires !

Un colonisateur habile ?

> « La colonisation est pour la France une question de vie ou de mort : ou la France deviendra une grande puissance africaine, ou elle ne sera dans un siècle ou deux

[1] Cf. Chapitre 9 de *La quesion de la population*, Alcan, 1913.

qu'une puissance européenne secondaire; elle comptera dans le monde à peu près comme la Grèce ou la Roumanie en Europe. »

La Colonisation chez les peuples modernes, 3e édition, 1886.

« La formation des sociétés humaines, pas plus que la formation des hommes ne doit être abandonnée au hasard. »

Ibid., XVI

« Il faut établir l'alternance des cultures, il faut produire des vivres à côté des denrées d'exportation. »

Ibid., p. 240.

« La colonisation du continent africain sera donc une œuvre beaucoup plus ardue, plus coûteuse et plus lente que ne semblent l'imaginer les diverses puissances [...]. C'est au XXe siècle seulement que reviendront les profits du développement de cette vaste entreprise. »

Ibid., p 315.

Arès une observation minutieuse de l'exemple de l'Algérie, Leroy-Beaulieu développe une approche colonialiste « éclairée ». Il propose d'étendre la représentation politique des indigènes et de soustraire l'administration de l'Algérie au régime arbitraire des décrets du gouverneur.

Formation et répulsion pour l'État

Orphelin à seize ans d'un père sous-préfet, Leroy-Beaulieu s'est toujours beaucoup intéressé à l'administration et au pouvoir, mais avec des sentiments très mêlés.

Dans l'État moderne et ses fonctions, il le caractérise en une phrase restée célèbre :

« l'État est un organisme pesant, uniforme, lent à se mouvoir et à concevoir, propre à certaines tâches générales mais ne constituant nullement le cerveau de la société, attendu qu'il ne renferme aucune aptitude à diriger. »

Leroy-Beaulieu a ici un point de vue opposé à celui des institutionnalises allemands, qui, selon lui « tombent dans une sorte d'extase quand il s'agit de l'État. » Il veut être plus scientifique en ce domaine. Il interdira dans son journal toute citation de la *Revue d'économie politique* (de Charles Gide) soupçonnée d'avoir des attaches avec le « socialisme de la chaire ». Son analyse est malheureusement très inégale et empreinte de fascination-répulsion pour l'État.

Il parle de « la folie Freycinet », de « l'engouement pour l'instruction publique, pour la tutelle, la réglementation, la protection », il dénonce « l'excès de la législation » et il insiste sur la difficulté qu'il y a « à apprécier à l'avance l'utilité d'un travail public », ou à éviter le clientélisme des élus politiques. En même temps, il se spécialise dans l'étude des finances publiques en prévenant que :

« la science des finances [...] a une terrible façon de se venger des gouvernements qui l'ignorent vu qu'ils la bravent. »

Traité de la science des finances, Préface à la cinquième édition.

Dans son journal, il publie les cotations des titres de la dette publique.

Il prend position sur la question de la nécessité de l'impôt :

« Dans une société où règne le suffrage universel, tout le monde doit payer l'impôt ».

Il ajoute cette phrase restée célèbre sur les impôts indirects et sur la consommation des ménages :

« Ils atteignent aisément tous les revenus, même les plus petits [...]. Ils sont à peu près le seul moyen de tirer une contribution un peu forte des très petites fortunes et de la population ouvrière. »

Traité, Ibid. p 222 et p 283.

Paul Leroy-Beaulieu est, pour beaucoup de raisons un exemple des contradictions qui traversent la IIIe République commençante.

Paul Cauwès (1843-1917)

UN NATIONALISTE POUR L'ÉTAT RÉGULATEUR

Paul Cauwès est l'anti-Bastiat, son approche s'oppose vivement aux économistes les plus en vue disposant du *Journal des économistes* comme porte-voix et du libéralisme pour bannière. C'est un mélange assez curieux pour l'époque de nationalisme inspiré de List et de Carey et de partisan de la méthode historique s'inspirant de l'école allemande. Cauwès, comme List, défend un protectionnisme éducatif et industrialiste, il se déclare favorable à l'intervention de l'État dans la sphère de l'économie. La *Socialpolitik* allemande lui sert de modèle pour l'organisation sociale. Sa formation et son enseignement sont marqués par plusieurs champs de connaissance. D'abord juriste, il est aussi formé à l'approche documentaire et à la démarche historique. Ce n'est qu'en 1873 qu'il rencontre vraiment l'économie alors totalement intégrée aux enseignements juridiques. J. Schumpeter, dans son *Histoire de l'analyse économique,* lui refuse le titre d'économiste scientifique mais loue son tempérament énergique.

- Conservateur et partisan de l'ordre établi, il refuse à la fois la révolution socialiste et la révolution libérale, trop corrosive à ses yeux. *La Revue d'économie politique* note la singularité de son propos :

« M. Cauwès a été le premier professeur en France qui ait rompu avec l'enseignement traditionnel pour adhérer aux doctrines nationales et interventionnistes. Cette rupture a marqué un tournant dans l'histoire des doctrines en France, d'autant plus qu'elle a coïncidé avec la date (1878) à laquelle l'enseignement de l'économie politique a pris une place officielle dans les programmes des cours et des examens dans les facultés de droit. »

Revue d'économie politique, mai-juin 1917.

L'initiateur de la rupture et des divergences

P. Cauwès s'inspire de la tradition de F. Bastiat croyant à l'harmonie sociale, mais il introduit une rupture avec le credo central de l'école libérale française : il s'oppose au fameux *laisser-faire, laisser-passer.* Il réhabilite même l'interventionnisme de l'État.

> « List et Carey ont formulé la théorie de la protection des industries nationales; je n'ai fait que m'y rallier, en y apportant quelques tempéraments, mais c'est peut-être encore, vu l'état des esprits en France, une grande témérité. »
>
> *Précis du cours d'économie politique,* 1878.

P. Cauwès a procédé à *un examen critique des «exagérations de l'individualisme »* en insistant sur la coexistence, dans la réalité de deux forces agissantes : l'une privée, l'autre publique. Il ose formuler une *théorie générale des attributions de l'État.*

> « Si l'on excepte l'individualisme radical de **Spencer,** on ne conçoit guère de société régulière sans des administrations centrales et locales qui veillent à l'exécution des lois et prennent des mesures réglementaires; [...] sans une justice, un système pénitentiaire, la défense nationale[...] les agents diplomatiques [...]; les services financiers [...]; le service d'instruction publique nous semble devoir également être considéré comme essentiel [...]. L'instruction publique doit être fortement constituée. La diffusion des connaissances élémentaires est d'ailleurs commandée par l'intérêt économique de la production. »
>
> *Précis du cours d'économie politique,* 1878.

P. Cauwès ajoute une liste d'**attributions facultatives de l'État** qui s'inspire des principes de S. Mill. Pour l'essentiel, le domaine industriel est perméable à l'action de l'État :

> « On ne saurait ni approuver ni condamner absolument la prétention de l'État de donner l'exemple à l'industrie privée ou d'entretenir une certaine production de haut goût [...]. Il en coûterait de sacrifier les Gobelins, Sèvres ou Beauvais [...]. Les principaux monopoles existants sont des monopoles publics. Ce sont des monopoles de fabrication maintenus pour des raisons de sûreté publique (armes de guerre, poudres) ou dans un intérêt fiscal (tabacs). Il est un autre monopole public qui se justifie spécialement à cause des inconvénients que présenterait la concurrence, c'est celui des postes. »
>
> *Précis du cours d'économie politique,* 1878.

L'opposition Spencer/Cauwès marque *la fracture* franche de l'école libérale française, car les adeptes de Spencer, eux, veulent renforcer le libéralisme traditionnel.

H. Spencer est un parfait représentant de **l'ultra-libéralisme**, il exprime trois idées forces dans *Essais de Politique* (traduction française chez Alcan), ou encore dans *L'individu contre l'État* (1884) :

— la force créative de l'organisation sociale (administration, commerce, etc.) est toujours une somme de désirs individuels;

— les sociétés, comme les particuliers, donnent d'abord satisfaction aux besoins les plus essentiels. Par conséquent, un besoin public qui n'a pas été satisfait de manière spontanée doit rester sans offre correspondante;

— la coopération volontaire ou spontanée des forces individuelles (pour des raisons d'intérêt personnel ou d'altruisme) produit, en temps voulu, toutes les institutions convenables pour le bon accomplissement des fonctions nécessaires à la société (il n'y a qu'une exception, la fonction de justice et l'ordre interne et externe).

Pour la colonisation et le protectionnisme

L'analyse de la colonisation est envisagée sous l'angle économique, c'est-à-dire par l'étude concernant « les profits ou les charges résultant des fondations coloniales, en un mot la question économique ». Mais l'éclectisme confirmé de P. Cauwès l'amène à mentionner une distinction de type politique concernant le type de gouvernement pour lequel il faut opter.

• Le nationalisme de P. Cauwès a une forte connotation raciale quand il aborde *la dimension politique* de la colonisation. Parlant de l'Algérie il précise : « Attirer à la civilisation supérieure la race conquise est évidemment la solution la meilleure ». Il préfère assimiler et intégrer plutôt que refouler et isoler les colonisés. Il préfère aussi une administration civile pour les colons et les colonisés assimilés, tandis que l'administration militaire est la manière forte qui doit s'imposer aux colonisés réfractaires.

• *Sur le plan économique,* P. Cauwès le protectionniste pense trouver dans la colonisation un moyen efficace de fournir à une nation l'avantage compétitif que Ricardo et Mills accordent au libre-échange. P. Cauwès se veut un théoricien de **l'impérialisme** conquérant comme moyen d'accéder à une division internationale du travail adéquate. P. Cauwès concilie ainsi nationalisme conquête et spécialisation économique. Le cœur de son analyse tient en une assertion :

> « La formule du problème économique de la colonisation est la suivante : exporter des travailleurs et des capitaux vers des pays neufs où les facilités de la production sont plus grandes que dans la mère patrie, afin de produire à meilleur marché, de bénéficier de la différence et d'augmenter le bien-être général. Les idées du *libre -échange* entre nations indépendantes ont tourné l'attention d'une manière trop exclusive sur l'avantage qu'il peut y avoir à faire venir les produits du lieu où ils se vendent au plus bas prix : " *On n'a guère pensé en comparaison à la bonne économie qu'il y aurait à aller produire les marchandises là où elles peuvent être produites au meilleur marché.* " C'est St. Mill, qui s'exprime ainsi. »

Précis du cours d'Économie Politique, TI, p 458, 2e édition, Larose et Forcel 1881.

Plus généralement, l'État se doit d'entretenir **une action d'impulsion** (enseignement supérieur public) ou d'**encouragement** (arts); il peut **protéger** une industrie nationale par des primes directes (marine marchande); il peut exercer un pouvoir tutélaire et réglementaire.

> « Que l'État recueille toutes les informations statistiques, qu'il dirige des enquêtes, qu'il s'entoure de conseils et de comités, qu'il institue des juridictions spéciales pour concilier ou juger les contestations qui s'élèvent en matière industrielle...»
>
> *Ibid.*

QUEL EST L'APPORT DE PAUL CAUWÈS ?

Paul Cauwès examine presque toujours les questions sous un triple aspect :

1) l'économie est l'occasion de discuter de l'utilité des produits et des actions des agents économiques;

2) le raisonnement juridique permet de parler sur le mode de ce qui est juste ou injuste;

3) l'évaluation morale permet de tirer des conclusions sur le bien et le mal.

Probablement, Cauwès s'est affirmé comme un farouche opposant à la notion de « science économique » en train de naître dans le monde anglo-saxon avec la révolution marginaliste ou plus encore comme l'anti-Walras car l'économie pure de l'école de Lausanne est aux antipodes de sa démarche historique.

> « La conception d'un type uniforme de société d'après un idéal convenu et de règles abstraites non appropriées au milieu social doit être écartée. Il existe en réalité plusieurs économies spéciales correspondant aux différents âges de la civilisation, à la nature du climat et du sol, et à l'étendue et à l'énergie des forces productives[...] L'économie politique prise dans son ensemble n'est pas universelle. Elle distingue dans la vie des peuples différents états : chacun a un régime qui lui est propre. Celui des peuples pasteurs n'est pas le même que celui des peuples agriculteurs ou sédentaires, et ce denier est différent de celui des peuples industriels et commerçants. »
>
> *Précis du Cours d'économie politique,* TI, p 16, éditions Larose et Forcel, 1881.

Charles Gide (1847-1932)

LA NOUVELLE ÉCONOMIE POLITIQUE FRANÇAISE

Le XIXe siècle fut celui des déchirements doctrinaux entre socialistes, ultra-libéraux, marginalistes, mathématiciens et ingénieurs, réformistes sociaux et protectionnistes. Le XXe siècle voit émerger une tentative de synthèse qui constitue la fois un dépassement des courants particuliers et une mise à plat des méthodes en Économie politique. Les *Principes d'économie politique* sont l'exemple français le plus célèbre de cette recherche de l'unité tentée par **C. Gide** et les fondateurs de la *Revue d'économie politique* (**Jourdan** d'Aix, **Villey** de Caen, **Faure** de Bordeaux), en 1887.

Le but de C. Gide n'est pas de tourner le dos à la tradition française dominant le XIXe siècle, mais d'élargir et de dépasser cette tradition. L. Walras aurait préféré une revue avec des positions plus critiques. Mais C. Gide veut simplement « un organe indépendant et fournir, par là, à des hommes nouveaux l'occasion de se produire». Les hommes nouveaux seront souvent les professeurs d'économie politique des facultés de droit issus du *nouveau concours d'agrégation* des facultés de droit (1896) où est créée une section *sciences économiques.* Ainsi commence la véritable institutionnalisation de l'économie politique en France. En 1919, apparaît pour la première fois à l'agrégation un sujet sur *le rôle de la statistique en économie.*

Panorama des diverses écoles économiques

C. Gide tente de définir la méthode des sciences économiques :

> « La véritable méthode procède par trois étapes :
> 1) observer les faits, sans idée préconçue;
> 2) imaginer une explication générale qui permette de rattacher entre eux certains groupes de faits dans des rapports de cause à effet : en d'autres termes, formuler une hypothèse;
> 3) vérifier le bien-fondé de cette hypothèse. »

Principes d'économie politique, Sirey, 1917.

Mais deux écoles utilisent encore la méthode déductive : l'école mathématique et l'école psychologique (dite aussi autrichienne). C. Gide ne les condamne pas parce qu'elles « ne donnent leur principe hédonistique et leurs abstractions que comme des hypothèses nécessaires pour établir la science pure. »

Il distingue par ailleurs **cinq écoles** en indiquant sa préférence pour la cinquième caractérisée par le *solidarisme.* Ce sont :

- *« l'école libérale,* individualiste, orthodoxe, optimiste, naturaliste, conservatrice;
- *les socialistes scientifiques,* déterministes dans leur approche des rapports sociaux;
- *les socialistes d'État*, que l'on qualifierait aujourd'hui de sociaux-démocrates et qui se rattachent alors étroitement à l'école historique allemande, ils luttent pour des législations en faveur des travailleurs;
- *les chrétiens sociaux* plus ou moins anti-libéraux et confiants dans un triple patronage : le père, le patron et l'église;
- *les solidaristes* qui veulent faire de la société des hommes « une grande société de secours mutuels, où la solidarité naturelle, rectifiée par la bonne volonté de chacun ou, à son défaut, par la contrainte légale, deviendra la justice. »

Ibid.

Pour la satisfaction des besoins de l'homme

Pour Gide, la production, la circulation et la répartition constituent les phases d'un processus économique dont l'aboutissement est la consommation. L'économie a donc pour but la satisfaction **des besoins de l'homme** qui sont le moteur justifiant toute l'activité économique. L'économie est donc une science des besoins et de leur satisfaction. C. Gide et la nouvelle économie française du XXe siècle jusqu'à Henri Bartoli seront principalement **des humanistes** incertains quant à la réussite réelle du modèle *pur* de l'économie de marché.

Il en résulte une insistance sur la valeur-utilité, notion d'emblée relative, compte tenu de la loi de la rareté : « l'utilité finale n'est en somme que le nom savant de l'utilité rare. » Mais cette insistance ne va pas jusqu'à nier l'importance du travail dans la formation de la valeur :

> « L'esprit humain épris de l'unité cherche en tout une cause unique, mais pourquoi la valeur n'aurait-elle pas deux pôles, deux faces ? L'utilité et le travail. »
>
> *Ibid.*

Une synthèse à la française

Contrairement à A. Marshall, C. Gide ne cherche pas nécessairement à innover dans la présentation formelle de la théorie économique. Il emprunte successivement à la démarche historique et comparative; son objectif est de fournir **un survol des principaux problèmes économiques de son temps.**

• Il montre comment se règle **la production,** quels sont les avantages et les inconvénients de la division du travail et comment évolue la concentration industrielle. Il n'hésite pas à exposer les formes particulières d'organisation de la production : associations de travailleurs, associations de capitaux, trusts et cartels, entreprises d'État et entreprises municipales. Le secteur public n'est pas nécessairement moins performant que les entreprises privées.

• L'économie de la production est d'emblée présentée comme une économie monétaire, mais en un sens pré-keynésien. C. Gide étudie **la monnaie et le crédit,** mais pour lui, « le crédit n'est pas un agent de la production [...] il ne peut être qualifié de productif, en ce sens qu'il ne crée pas de capitaux. » Il rend seulement « d'éminents services à la production en permettant d'utiliser le mieux possible des capitaux existants. »

• **L'échange international** présente de nombreux avantages, mais il porte nécessairement préjudice à certains intérêts. C. Gide préconise la solution intermédiaire de *traités de commerce ou d'unions commerciales.* Là réside l'avenir en particulier pour l'Europe...

• **La répartition entre classes sociales** est un problème majeur qui peut être résolu de manière diversifiée.

Il peut, par exemple, y avoir des solutions pour éviter que la rente foncière privée soit trop forte et pour démocratiser la propriété foncière. Le capitaliste rentier (vivant des intérêts sur ses placements) peut être payé moins cher grâce aux associations de crédit mutuel. Le salariat doit être stabilisé grâce à la conciliation, l'arbitrage, l'intervention des législateurs pour protéger les ouvriers, l'assurance obligatoire contre certains risques, la participation aux bénéfices, immédiate ou différée (l'ordonnance de 1967 optera pour cette dernière solution appréciée par C. De Gaulle), l'actionnariat ouvrier et l'association coopérative de production. La modernité de C. Gide se manifeste par son ouverture en ce domaine de la répartition.

3.2. Les innovations théoriques du courant central

3.2.1. La révolution théorique des néo-classiques

D'UN SIÈCLE A L'AUTRE (1860-1930)

Pour une théorie formalisée du comportement économique

Les néo-classiques sont *les héritiers critiques des classiques*. Une lecture élémentaire des néo-classiques fait seulement apparaître leur filiation avec les classiques et tout particulièrement avec A. Smith. Cela conduit généralement à constituer un tout des classiques et des néo-classiques. Dans cet esprit, A. Marshall (1842-1924) dont l'œuvre majeure *Principes d'économie politique* date de 1890 va surtout insister sur les liens qui unissent ces deux temps de la pensée libérale fusionnant ainsi la tradition et la modernité.

Ce type de classement est souvent justifié ainsi :

> « Le rattachement à la vision classique et néo-classique s'appuie sur les critères suivants : apologie du libéralisme économique, adhésion à la philosophie de l'ordre naturel, analyse en termes de prix, de comportement de marché, approche micro-économique avec recours à l'hypothèse de rationalité des comportements des individus, dichotomie des phénomènes réels et monétaires, adhésion à la loi des débouchés, réalisation de l'équilibre avec plein emploi, la valeur est déterminée par la quantité de travail et/ou par l'utilité marginale. »
>
> *Cahiers français*, n° 217, 1984.

Mais faire des néo-classiques des « smithiens» et résumer les classiques par la pensée du père fondateur est pratique; une telle classification conduit cependant à une simplification abusive. Les néo-classiques sont en fait bien autre chose que les classiques. Sur bien des points, il y a rupture entre les anciens libéraux et les « néo ».

♦ Les néo-classiques se constituent en partie *en opposition avec la pensée classique.* Ils vont ajouter à leur lecture de l'économie une approche plus formelle et systématique en termes de marché et d'équilibre — cette démarche n'est qu'esquissée par J. B. Say (1767-1832) et J. S. Mill (1806-1873).

En outre, **trois nouveautés décisives** par rapport au classicisme seront introduites :

1) le passage d'une théorie de la valeur travail de A.. Smith (1723-1790) et Ricardo (1772-1823) à une analyse en termes de valeur utilité et de valeur rareté;

2) l'élaboration d'une nouvelle théorie de l'intérêt, de l'épargne et de la monnaie;

3) la mise en place de raisonnements *à la marge* pour expliquer à la fois les comportements des consommateurs et des firmes…

La période 1840-74 est celle de la découverte simultanée des concepts d'utilité marginale et de calcul à la marge… Les ingénieurs français, Jevons (1835-1882) et Walras (1834-1910) sont les fondateurs associés à cette approche nouvelle… Ils font dériver l'économie vers une approche **micro-économique**. **L'individualisme méthodologique** triomphe aussi à Vienne, mais avec des formes particulières, à la suite de Carl Menger.

> « *La théorie du consommateur* a été le premier acquis, et le plus nécessaire selon Jevons, de la théorie **marginaliste.** Le marginalisme se propose d'expliquer rationnellement un fait empirique : la pente négative de la courbe de demande et sa conséquence l'existence d'un prix d'équilibre. Cette explication tient dans une série de propositions dont les unes sont les hypothèses nécessaires des autres :
> • l'individu cherche à maximiser son avantage net;
> • les utilités des divers biens en balance ont une dérivée seconde négative;
> • par conséquent, la maximisation de l'utilité est effective s'il y a égalisation des utilités marginales,
> • ce raisonnement appliqué à la demande montre que la courbe de demande a une pente négative.
> Le marginalisme s'est ensuite intéressé au comportement **du producteur.** […] Jevons a étudié le comportement d'un producteur consommateur qui, dans un monde *sans moyens de production,* emploie sa force de travail jusqu'à ce que la désutilité marginale de son travail soit juste compensée par l'utilité marginale de la quantité produite. »

Panorama des sciences humaines, Gallimard, 1966.

♦ **Les hypothèses** de base des néo-classiques peuvent être résumées par trois énoncés que, plus tard, Keynes explicitera dans sa *Théorie générale* :

> « 1. Que le salaire réel est égal à la désutilité marginale de l'emploi existant;
> 2. Qu'il n'existe rien de pareil au chômage involontaire au sens strict du mot;
> 3. Que l'offre crée sa propre demande en ce sens que, pour tous les volumes de la production et de l'emploi, le prix de la demande globale est égal au prix de l'offre globale.
> Or, ces trois hypothèses sont équivalentes, en ce sens qu'elles sont simultanément vraies ou fausses, chacune d'elles découlant logiquement des deux autres. »

Keynes, *Théorie générale de l'intérêt, de l'emploi et de la monnaie,* Payot, 1966.

De façon plus précise, Keynes explicite les deux postulats marginalistes de façon très claire :

> • « Le salaire est égal au produit marginal du travail.
> Cela veut dire que le salaire d'une personne employée est égal à la valeur qui serait perdue si l'emploi était réduit d'une unité (déduction faite des autres coûts que la réduction corrélative de la production épargnerait), avec cette restriction que

l'égalité peut être contrariée, conformément à certains principes, par l'imperfection de la concurrence et des marchés.

• L'utilité du salaire quand un volume donné de travail est employé est égale à la désutilité marginale de ce volume d'emploi.

Ceci veut dire que le salaire réel d'une personne employée est celui qui est juste suffisant (au jugement des personnes employées elles-mêmes) pour attirer sur le marché tout le volume de travail effectivement employé, avec cette restriction que l'égalité pour chaque unité individuelle de travail, peut être contrariée par une coalition des unités disponibles, analogue aux imperfections de la concurrence qui affaiblissent le premier postulat. La désutilité doit s'entendre ici comme englobant les raisons de toute nature qui peuvent décider un homme ou un groupe d'hommes à refuser leur travail plutôt que d'accepter un salaire qui aurait pour eux une utilité inférieure à un certain minimum. »

Théorie générale..., Payot..

L'orthodoxie néo-classique combinera ensuite :

• l'individualisme méthodologique, c'est-à-dire le postulat que le monde peut être étudié à partir des actions individuelles;

• le calcul à la marge, qui s'intéresse à ce qui se passe pour la dernière unité produite ou consommée;

• la croyance en la logique du marché et à ses vertus d'équilibre spontané, qui conduit à raisonner en termes d'équilibre et de statistique, sans dynamique ni dimension historique;

• le formalisme mathématique qui permet de démontrer les propositions essentielles et justifie en partie le terme de «science» économique.

On note une nette tendance à l'impérialisme des néo-classiques dans l'ensemble des sciences sociales. Pour ce courant, toutes les activités humaines relèvent de l'économie car chaque être humain recherche son intérêt en essayant d'atteindre ses objectifs au moindre coût. L'économiste autrichien Von Mises parle de **praxéologie.** L'économie devient une véritable **science des choix** selon l'expression de Robbins qui parle de « science qui étudie l'allocation des ressources rares à des fins alternatives ». Le sujet économique est perçu comme un être rationnel qui cherche à satisfaire des besoins dans un monde de rareté. Comme il ne dispose que d'une quantité limité de moyens pour atteindre ses objectifs il doit faire les choix optimaux (sous la contrainte d'un revenu fixe par exemple). L'être humain efficace et rationnel doit donc atteindre le meilleur résultat possible en utilisant un minimum de moyens. Dans ce monde de rareté, les prix jouent un rôle de guide en conduisant à la détermination d'un ensemble de prix d'équilibres sur tous les marchés où règne une concurrence supposée pure et parfaite[1].

---

[1] **La concurrence est pure et parfaite** lorsque sont réunies les quatre conditions suivantes :
1) **atomicité du marché** car chaque agent est trop petit pour décider à lui seul de l'issue du marchandage;
2) **libre accès au marché** car il n'existe pas de barrières à l'entrée d'un nouveau concurrent;
3) **homogénéité du produit** dont les qualités sont parfaitement interchangeables d'une unité à une autre;
4) **transparence du marché** car les participants doivent disposer des mêmes informations et cela pour un coût supposé nul.

Les principaux courants de la pensée néo-classique

Le courant *néo-classique* s'oppose donc aux classiques. Il va dominer le débat économique mondial de 1860 aux années trente. Trois lieux de pensée sont particulièrement représentatifs de cette approche : l'école de Lausanne en Suisse dominée par Léon Walras, un Français exilé, l'école de Cambridge en Angleterre, symbolisée par A. Marshall et l'école de Vienne fondée en Autriche par Menger. Nous y rajouterons en France l'école des ingénieurs français souvent négligés mais essentiels pour le calcul marginaliste avec pour figure de proue Cournot (1801-1877).

Nous distinguerons plusieurs *courants* parmi les néo-classiques :

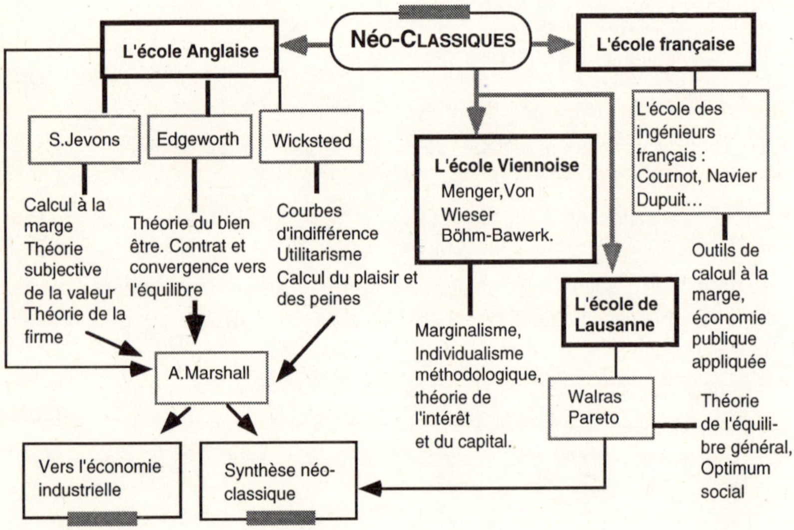

♦ **Les marginalistes** anglo-saxons sont les plus connus; ils utilisent une approche subjective de la valeur fondée sur la dernière unité de biens consommés. En Angleterre, S. Jevons (1835-1882) développe une théorie du consommateur et de la production à partir du calcul à la marge. L'école anglaise a pour autres fondateurs : Wicksteed, Edgeworth et Sidgwick. A. Marshall (1842-1924) a réussi une synthèse entre l'apport des classiques anglais et des néo-classiques. C'est probablement ce corps de connaissances qui forme bientôt le socle de la pensée centrale : Marshall dominera longtemps la pensée économique mondiale et constituera *l'orthodoxie.* Pourtant, certaines réflexions de Marshall sont de véritables ouvertures pour de nouvelles voies en économie. On peut aujourd'hui le considérer comme «l'archevêque de l'économie.» On parle parfois de **l'école de Cambridge** pour désigner cette synthèse libérale qui trouvera dans Pigou (1877-1959) un successeur d'A. Marshall (1842-1924) à Cambridge (Angleterre) qui reprendra et figera une véritable vulgate. Il faudra attendre les années vingt pour voir ce courant remis en cause radicalement. Keynes et ses amis vont symboliser depuis Cambridge une critique radicale de cette synthèse de l'orthodoxie d'alors.

♦ **L'école de Vienne,** moins connue en France, apportera une philosophie au marginalisme; elle a créé plusieurs éléments essentiels de l'« orthodoxie libérale ». En effet, en même temps que Jevons (1835-1882), Menger (1840-1921) a découvert le marginalisme et développé *l'individualisme méthodologique.* Böhm-Bawerk (1851-1914) et Von Wieser (1851-1926) vont systématiser cette démarche. Ce corpus théorique sera prolongé par Von Mises (1881-1973) et par l'ultra-libéral Hayek (1899-1992).

♦ **L'école de Lausanne** avec Walras (1834-1910) et Pareto (1848-1923) met en place un modèle *d'équilibre général*, et les outils de pensée de l'économie du bien-être. Walras est, au même titre que Jevons et Menger, un théoricien marginaliste. Mais l'originalité de Walras consiste à formaliser un modèle d'équilibre **généralisé;** il fournit ainsi à la micro-économie une démonstration de *l'existence de l'équilibre de l'ensemble des marchés* constituant la totalité de l'économie. Cette école montre que le marché concurrentiel conduit à une situation économique équilibrée et optimale pour tous ses membres.

♦ **L'école française** fut plus modeste et plus appliquée. **Les ingénieurs français** développent les outils de calcul formel permettant de prendre des décisions privées et publiques. De Navier à Isnard, de Cournot (1801-1877) à Dupuit, l'économie trouve en France **des praticiens** qui inventent le calcul micro-économique moderne. Leur formalisme est une innovation importante pour l'époque. Ils utilisent le calcul à la marge, l'analyse graphique et statistique et les courbes de demande qui, en particulier, leur servent à décrire les préférences des agents économiques, etc. Ils s'opposent pratiquement aux méthodes de l'école libérale française.

Nous l'avons déjà vu, *le noyau dominant institutionnellement* au cours du XIXe siècle est, « en effet », formé d'économistes plus littéraires qui répètent que le libre-échange et la concurrence sont les meilleures situations possibles. Le courant central de la France de l'époque a pour principales personnalités Leroy-Beaulieu, Baudrillart et Garnier. Ces économistes dominant alors la France refusent la voie ouverte par le Français Walras qui propose un formalisme mathématique d'un type nouveau. Cela conduit Walras à l'exil; il crée ainsi *l'école de Lausanne*.

3.2.2. Les pères fondateurs anglais de la pensée néo-classique

William Stanley Jevons (1835-1882)

LE PREMIER NÉO-CLASSIQUE ANGLAIS

Vie et œuvre de William Stanley Jevons

William Stanley Jevons est né en 1835 à Liverpool il étudie à l'*University College* de Londres mais abandonne ses études à dix-neuf ans avant même d'avoir obtenu son diplôme. Puis, il émigre en Australie pour y occuper un poste de professeur de philosophie. Ses travaux embrassent deux domaines, l'économie et la logique.

♦ Dans le domaine de **la philosophie des sciences et de la logique,** W. S. Jevons est un fondateur de l'école philosophique britannique. Il écrit plusieurs ouvrages : *La Logique pure* (*Logic Pure,* 1863), *Les Principes de la science* (*Principles of Science,* 1874), *Leçons élémentaires de logique* (*Elementary Lessons in Logic,* 1876).

Il innove en économie quantitative appliquée et en économie pure. Il considère l'économie comme une science et utilise tant la logique que le calcul différentiel. Il fonde ses calculs sur des lois psychologiques élémentaires. Quelques concepts clés constituent les éléments clés de cette science : ce sont l'utilité, la valeur, les ressources, la valeur, les biens économiques et les facteurs de production (terre, capital, travail).

♦ En précurseur de **l'économie appliquée,** W. S. Jevons fait preuve d'un goût très moderne pour l'observation et la quantification.

En 1862, il rédige *Sur l'étude des fluctuations commerciales périodiques;* puis en 1863 il observe le lien entre les découvertes d'or en Californie et en Australie et la hausse des prix, dans un opuscule, *Une chute sérieuse dans la valeur de l'or (A Serious Fall in the Value of Gold).* Toujours soucieux de comprendre la réalité, il rédige *Sur la question du charbon (The Coal Question,* 1865) ouvrage dans lequel il étudie le lien entre la prospérité anglaise et la disposition de combustible à bas prix. Il écrit aussi en 1867 sur les postes et le télégraphe pris comme exemples de gestion publique (1867). Mais sa passion pour l'étude statistique des relations économiques est parfois source d'erreur : dans *Les Crises commerciales et les taches du soleil, (Commercial Crises and Sun spots,* 1878-79), il met en évidence une corrélation entre les taches solaires et les cycles économiques. Il en déduit que les taches solaires déterminent les récoltes qui influent sur la production globale. L'histoire de la pensée économique a retenu de lui cette **erreur méthodologique** concernant la coïncidence entre la périodicité des taches solaires (10,45 années) et la durée moyenne du cycle des affaires. *« Corrélation n'est pas raison » et encore moins causalité* disent les économètres contemporains. Mais si l'erreur est notable et témoigne d'une insuffisante maîtrise des méthodes d'inférence statistique, la démarche d'observation et de modélisation est scientifique et moderne.

♦ **L'économie pure** est le domaine où W. S. Jevons se révèle un fondateur.

M. Dobb, à l'occasion du centenaire de la naissance de W. S. Jevons affirme que « **la révolution** introduite par Jevons fut plus importante que la révolution keynésienne ». Dans son esprit, cette remarque vaut d'abord pour la position de Jevons **contre la théorie de la valeur et de la répartition** des *pères fondateurs* D. Ricardo et J.S. Mill (valeur travail).

Lors d'un congrès célèbre en 1862, W. S. Jevons développe le concept de « degré final d'utilité » qui restera dans la théorie économique sous l'étiquette théorique d'**utilité marginale.** C'est pour cette théorie subjective de la valeur et pour sa formalisation mathématique que Jevons va marquer l'analyse dite micro-économique.

Le goût de Jevons pour l'économie formalisée se manifeste tôt dans son œuvre avec *Une contribution à une théorie mathématique de l'économie politique (Notice of a General Mathematical Theory of Political Economy,* 1862). Son ouvrage majeur est ***La Théorie de la politique économique*** *(Theory of Political Economy,* 1872); dans un style incisif, précis et novateur, W. S. Jevons pose les bases de l'école néo-classique anglaise. En une formule lapidaire, il résume l'essentiel des propositions marginalistes : « Le coût de production détermine l'offre; l'offre détermine le degré final d'utilité, le degré final d'utilité détermine la valeur. »

Il continue son travail théorique en analysant, dans un livre de 1876, *La Monnaie et les mécanismes de l'échange.*

♦ Il s'intéresse aussi à **la politique économique et sociale.** Il est plutôt *libéral et anti-interventionniste* au moment où apparaissent les premières lois sociales en Angleterre (en 1871 et 1875 est votée la *Trade Union Legislation).*

Alors que les dépenses publiques s'accroissent et qu'il faut dégager des recettes fiscales nouvelles, il publie un pamphlet en faveur de la taxe sur les allumettes appliquée à tous (1871) : « si nous commençons à exempter les pauvres, où nous arrêterons-nous ? » Cependant, Jevons devient plus paternaliste à la fin de sa vie; il écrit alors un ouvrage qui défend la protection des plus faibles mais refuse les syndicats : *L'État et le monde du travail (The State in Relation to Labour,* 1883). **Il devient alors favorable au logement social, aux musées et aux parcs municipaux et même à la nationalisation des postes.**

♦ W. S. Jevons n'a pas su, de son vivant, former une véritable école de pensée structurée et cohérente…

Il croit qu'« une certaine dose de solitude et de réserve sont nécessaires à la formation d'un caractère original et ferme.» A l'exception de ses successeurs immédiats,

F. Y. Edgeworth (1845-1926) et P. H. Wicksteed (1844-1927), il **n'aura guère de disciples directs.** Cependant, sa postérité est largement assurée.

Une vision nouvelle de l'« économique »

Dans la préface à la 2e édition de la *Théorie de la politique économique,* W. S. Jevons se déclare en faveur du terme commode et unique d'« **Économique** », et non de l'expression d'« économie politique » .

> « Je ne peux m'empêcher de penser qu'il serait bon de rejeter aussi rapidement que possible le vieux nom composé troublant de notre science. »

La communauté d'esprit avec **les utilitaristes** dans la lignée de Bentham et avec les travaux des ingénieurs français est assez nette. W. S. Jevons affirme cependant qu'il n'a pas, dans un premier temps, pris connaissance des travaux de ces derniers, et qu'il y a lieu de considérer les découvertes comme des découvertes **simultanées** plutôt que comme des emprunts :

> « C'est à l'ingénieur français Dupuit que doit probablement être attribué l'honneur d'avoir le premier eu la parfaite compréhension de la théorie de l'utilité [...]. Il établit en fait la théorie de la graduation de l'utilité exposée superbement et de manière parfaite à l'aide de diagrammes géométriques, et cette théorie coïncide indubitablement dans son essence avec celle contenue dans ce livre [...]. Le premier traité de Cournot, ses admirables *Recherches sur les principes mathématiques de la théorie des richesses,* ressemble aux travaux de Dupuit [...]. Son investigation n'a que peu de rapports avec le contenu de cet ouvrage, parce que Cournot ne procède d'aucune théorie de l'utilité mais commence seulement avec les lois phénoménales de l'offre et de la demande. [...]. Le fait que quelques quatre ou cinq auteurs **indépendants**, tels que Dupuit, Gossen, Walras et moi-même, soient arrivés par des moyens aussi différents sensiblement aux mêmes vues des idées fondamentales de la science économique, ne peut que prêter à ces vues de très grandes probabilités, pour ne pas dire une certitude approchée. »
>
> *The Theory of Political Economy.*

Une théorie subjective de la valeur

W. S. Jevons élabore une théorie subjective de la valeur; ce faisant, il construit sa pensée contre celle de Ricardo ou J.S. Mill.

> « J. S. Mill parle incidemment de choses s'échangeant contre d'autres *dans le* rapport de leurs coûts de production, mais il néglige toujours de dire nettement que la valeur d'échange est elle-même un rapport. Quant à Ricardo, Malthus, A. Smith et autres grands économistes anglais, bien qu'ils traitent assez longuement des significations du mot valeur, je ne sache pas qu'ils aient jamais explicitement appliqué le nom de *rapport* à l'échange ou à la valeur d'échange. Cependant, *rapport* est indubitablement le terme scientifique exact et le seul terme qui soit rigoureusement et entièrement exact.»
>
> *Ibid.*

> *La valeur ou rapport d'échange* ou pouvoir d'achat « est le rapport de la quantité d'un produit à la quantité de quelque autre produit contre laquelle on l'échange. » La théorie de la valeur de W. S. Jevons comme celle de L. Walras semble ainsi *objective*, la valeur étant un *nombre pur sans dimension* (un indice sans unité). Mais la question est en réalité plus complexe. Jevons utilise en effet également le mot valeur dans le sens d'une théorie subjective de la valeur. « Quand nous faisons un usage du mot valeur dans le sens d'évaluation, ou d'intensité du désir, la sensation avec laquelle Olivier Twist doit avoir considéré quelques bouchées de plus lorsqu'il en *demandait encore,* la signification du mot [...] est identique au *degré final d'utilité* dont la dimension est *U.* »
>
> *Ibid.*

Il s'agit de **l'utilité marginale** de Von Wieser ou de **la rareté** de L. Walras. Et surtout lorsque nous faisons la somme des utilités marginales (ou l'intégrale dans le cas continu) nous obtenons **l'utilité totale** qui fournit une unité absolue de la valeur ressentie au cours d'une série de consommations. Ainsi, l'utilité ne peut être appréciée que de manière subjective. Même si W. S. Jevons s'en défend :

> « La *valeur* d'un produit divisible, si je puis pour un moment faire usage de ce terme dangereux, est en effet mesurée, non par son utilité totale, mais par l'intensité du besoin que nous avons d'en avoir davantage. »
>
> *Ibid.*

L'arrière-plan de la valeur au sens du rapport d'échange ne peut être que la valeur absolue de l'utilité totale.

> « La *Théorie de l'échange* [...] repose entièrement sur la considération de quantités d'utilité; et aucune référence n'a été faite au travail ou au coût de production.»
>
> *Ibid.*

W. S. Jevons est, ce faisant, un détracteur acharné de la théorie de la valeur travail.

> « Le simple fait qu'il y ait beaucoup de choses telles que des livres, des monnaies, et des antiquités, etc., rares et anciennes, qui sont de grande valeur et que l'on est absolument incapable de produire actuellement détruit la notion que la valeur dépend du travail. Une grande entreprise, comme le *Great Western Railway* ou le tunnel sous la Tamise, peut avoir incorporé des quantités considérables de main-d'œuvre, mais sa valeur dépend entièrement du nombre de personnes qui la trouvent utile. »
>
> *Ibid.*

W. S. Jevons se revendique clairement comme utilitariste :

> « La théorie qui suit est entièrement basée sur le calcul des plaisirs et des peines et l'objet de l'économie est de maximiser le bonheur en achetant le plaisir, pour ainsi dire, pour le coût de l'effort le plus faible [...]. Je n'hésite pas à accepter la théorie utilitarienne de la morale qui retient l'effet sur le bonheur de l'humanité comme le critère de ce qui est vrai ou faux. »
>
> *Ibid.*

Une première contribution à la théorie de l'équilibre

Ayant établi la nature subjective de la valeur, l'échange devient une clé de l'économie néo-classique.

> « Par un *marché*, j'entendrai très sensiblement ce que les commerçants expriment par ce mot [...] deux ou un plus grand nombre de personnes négociant deux ou un plus grand nombre de produits, lorsque les *stocks* de ces produits et les *intentions* des co-échangistes sont bien connus de tous. »
>
> *Ibid.*

La théorie de l'échange de W. S. Jevons est au premier abord très proche de celle de L. Walras; le marginalisme résulte bien de *découvertes simultanées :*

> « *Le rapport d'échange* de deux produits quelconques sera inversement proportionnel au rapport des degrés finaux d'utilité des quantités de produits disponibles pour la consommation, après que l'échange est achevé. »

Son exemple porte sur le blé et le bœuf alors que L. Walras avait raisonné sur le blé et l'avoine.

L'idée de convergence vers l'équilibre lors d'un échange est exposée ainsi :

> « L'échange se continuera jusqu'à ce que chacune des deux parties ait obtenu tout le profit possible, et si on échangeait davantage il en résulterait une perte d'utilité [...]. Le point d'équilibre s'établira lorsqu'une quantité infiniment petite de produit échangée en plus, dans le même rapport, n'apportera ni gain, ni perte d'utilité. En d'autres termes, si les incréments de produits sont échangés dans le rapport établi, leurs utilités seront égales pour les deux parties. »
>
> *Ibid.*

Il s'agit de l'exposition claire **du principe d'égalisation des utilités marginales.** Nous sommes là *au cœur du raisonnement marginaliste.* W. S. Jevons procédant ensuite à *un exposé symbolique de la théorie,* utilise exactement le même appareil mathématique que L. Walras; seules varient les expressions utilisées, *rareté* pour Walras joue un rôle équivalent à *degré final d'utilité* pour Jevons.

> « Supposons maintenant que le premier commerçant ***A*** possédait à l'origine la quantité *a* de blé et que le second individu ***B*** possédait la quantité *b* de bœuf, l'état des choses sera le suivant après l'échange.
>
> ***A*** détient *(a-x)* de blé et *y* de bœuf,
>
> ***B*** détient *x* de blé et *(b-y)* de bœuf.
>
> Désignons par Φ_1 (a-x) le degré final du blé pour ***A*** et par Φ_2 (x) la fonction correspondante pour ***B.*** Désignons aussi par Ψ_1 (y) le degré final d'utilité du bœuf de *A* et par Ψ_2 (b-y) la fonction similaire de *B.* Alors, ***A*** ne sera pas satisfait à moins que l'équation suivante ne soit vérifiée :

$$\Phi_1 (a\text{-}x).\, dx = \Psi_1 (y)\,.\, dy \text{ ou } \frac{\Phi_1\ (a\text{-}x)}{\Psi_1\ (y)} = \frac{dy}{dx} = \frac{y}{x}$$

Ce qui est vrai pour ***A*** le sera aussi pour ***B***, *mutatis mutandis :*

$$\frac{\Phi_2\ (x)}{\Psi_2\ (b\text{-}y)} = \frac{dy}{dx} = \frac{y}{x}$$

Les deux équations sont suffisantes pour déterminer le résultat de l'échange; car elles ne renferment que deux quantités inconnues, à savoir x et y, qui sont respectivement les quantités données et reçues. »

The Theory of Political Economy.

Ensuite, W.S. Jevons, comme L. Walras, généralise son raisonnement au cas de 3 puis de *n* marchandises. Mais son exposé bute à son insu sur la sommation des fonctions d'utilité nécessaires pour obtenir les utilités collectives marginales des ensembles formés par les vendeurs et par les acheteurs. Nous savons aujourd'hui que la somme obtenue dépend de la répartition des quantités possédées avant et après l'échange car l'utilité varie avec la quantité détenue : **l'utilité collective** est *fonction de la répartition des richesses.*

L'offre de travail et la théorie de l'utilité marginale

Le raisonnement marginaliste et l'hypothèse d'un comportement rationnel de l'individu par rapport à ses plaisirs et ses peines conduisent W. S. Jevons à tracer **le diagramme d'équilibre** des plaisirs et des peines.

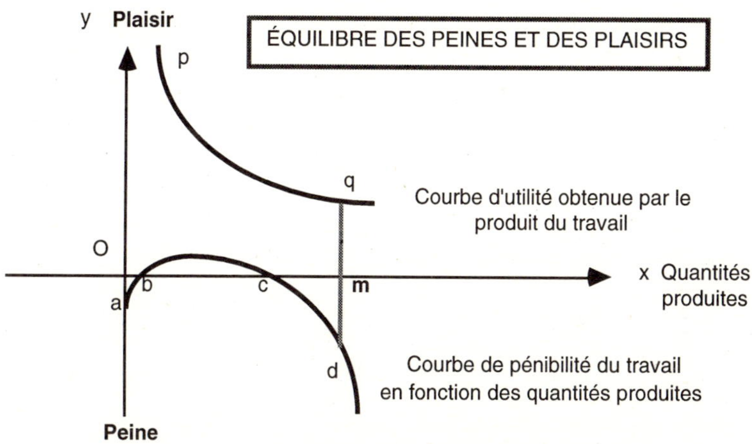

m est le point d'équilibre (qm= md), c'est-à-dire que le plaisir obtenu grâce au salaire est égal à la peine ressentie lors du travail

« La pénibilité du travail par rapport au produit est représentée par une courbe telle que *abcd* [...]. Au début, le travail est habituellement plus pénible que lorsque l'esprit et le corps sont bien tendus sur l'ouvrage. Ainsi, au début, l'effort est mesuré par *Oa.* En *b,* il n'y a ni plaisir ni effort. Entre *b* et *c,* il y a un excès de plaisir dû à l'effort lui-même, mais après *c,* l'énergie commence à être épuisée et l'effort résultant est représenté par l'allure de la courbe *cd.* Nous pouvons en même temps représenter le degré final du produit par une courbe telle que *pq,* la quantité du produit étant mesurée suivant la ligne *Ox.* Le travailleur cessera évidemment de travailler au point ***m.*** Il serait incompatible avec la nature humaine qu'un homme travaillât lorsque l'effort de travail excède le désir de posséder, qui comporte toutes les causes d'épuisement.»

The Theory of Political Economy.

Il s'agit d'une généralisation au cas du facteur travail. Elle débouche sur un résultat assez moderne et qui donne une autre image de la théorie de la valeur et de sa définition du rapport d'échange : **les coûts salariaux par unité produite vont s'égaliser** dans toutes les activités économiques grâce à la concurrence entre les capitaux et l'échange.

« *Le coût de production varie à l'inverse du degré de productivité.* Le taux des salaires demeurant constant, le coût par unité de produit doit, bien entendu, être d'autant plus petit que la quantité produite en échange d'un certain montant de salaires est plus grande.

Nous pouvons ainsi poser l'équation :

$$\frac{\text{Degré de productivité de } Y}{\text{Degré de productivité de } X} = \frac{\text{Coût de production de } X}{\text{Coût de production de } Y}$$

Les rapports des quantités échangées sont directement proportionnels aux productivités relatives et les rapports entre les valeurs sont « inversement proportionnels au rapport des quantités échangées. » La valeur est donc « proportionnelle au coût de production »

Ibid.

Ainsi, au total :

« Le rapport d'échange de deux produits quelconques sera déterminé par une sorte de lutte entre les conditions de consommation et de production. »

Ce résultat annonce la célèbre **formule des deux lames de ciseaux** de A. Marshall formées par les courbes d'offre et de demande qui se coupent et dont les pentes sont de sens opposé...

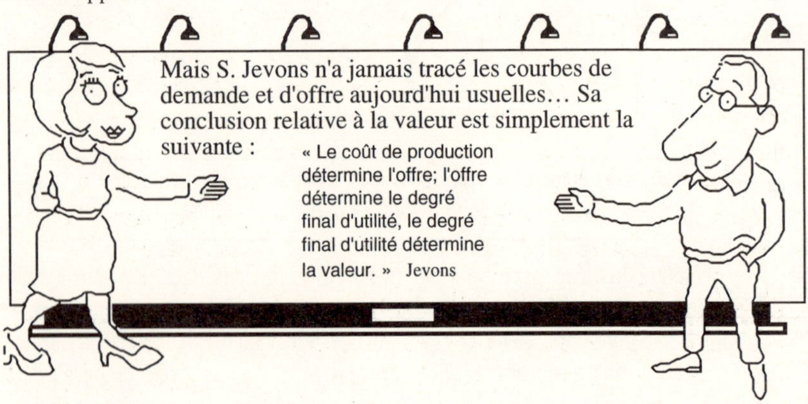

Francis Isidoro Edgeworth (1845-1926)

L'HOMME ET LA COLLINE DU PLAISIR

Vie et œuvre

Edgeworth est né en 1845, il fait ses études au Trinity College de Dublin. Doué pour les langues et les appréciant, il connaît le français, l'allemand, l'italien et l'espagnol. Il enseigne comme *lecturer* en logique à partir de 1880 au King's College de Londres, puis, en 1891, à l'Université d'Oxford. De façon étrange, ce théoricien qui consacrera sa vie à voir en l'homme le comptable des plaisirs mènera une existence très austère :

> « Timide et neurasthénique, il fuyait les plaisirs de la compagnie humaine pour se confiner dans l'atmosphère moins plaisante de son club; il supportait mal le fardeau des problèmes matériels et ne prenait que peu de plaisir dans ce que possèdent usuellement les gens. Ses chambres étaient nues, il n'avait d'autre bibliothèque que la bibliothèque publique, il n'avait ni faïence, ni papier, ni même de gravure.»
>
> *Les Grands Économistes*, R-L Heilbroner, Le Seuil, 1971.

Ses centres d'intérêt sont la philosophie, l'éthique et l'économie. C'est un familier des œuvres de Laplace et de Maxwell. Son œuvre sera influencée largement par les travaux de Darwin et de Galton sur la théorie de l'évolution des espèces et sur la distribution des dons selon les générations successives. Pour Edgeworth, les goûts changent avec l'évolution et avec l'éducation.

♦ **Universitaire consacré,** il détient la chaire d'économie d'Oxford de 1891 à 1922; son influence est considérable. Il est consacré par ses pairs qui lui confient le poste de vice-président de la Royal Economic Society. Il partage avec J.-M. Keynes la rédaction en chef de *The Economic Journal,* qui publie les articles des théoriciens les plus éminents à partir de 1891.

♦ **Auteur d'ouvrages originaux,** il publie en 1877 *New and old Methods of Ethics,* et surtout en 1881 son œuvre essentielle *Psychologie mathématique (Mathematical Psychics, An Essay on the Application of Mathematics to the Moral Sciences*).

Il s'applique dans ce traité à considérer que la science économique qui traite des quantités doit être livrée au raisonnement mathématique. Il forge des outils fondamentaux pour *l'économie du bien-être* tels **les courbes d'indifférence, l'équilibre des consommateurs** dans l'échange et **les courbes de contrat.**

La psychologie mathématique d'Edgeworth

La courbe d'indifférence : la géométrie des plaisirs

Edgeworth invente une fonction d'utilité généralisée pour les divers biens entrant dans la consommation d'un individu.

L'agent économique va attribuer une note non à un bien donné mais à un panier de biens (cela suppose de construire une fonction à plusieurs variables). Dans le cas des courbes d'indifférence qu'il a construites et imaginées, il représente une courbe d'utilité constante et quantifiée pour la consommation d'un ensemble de paniers de biens.

Edgeworth est donc **un économiste utilitariste**. On lui associe le tracé des courbes d'indifférence que reprendra Pareto (1848-1923). Mais ce dernier tentera de se dégager de l'approche cardinale de l'utilité pour se contenter d'une comparaison ordinale (je sais que je préfère les fraises aux poires mais je ne peux dire combien de fois je les préfère).

♦ Une **courbe d'indifférence** est donc la courbe qui représente les diverses combinaisons des quantités de deux biens qui offrent à un consommateur donné le même niveau d'utilité (iso-utilité).

COURBES D'INDIFFÉRENCE

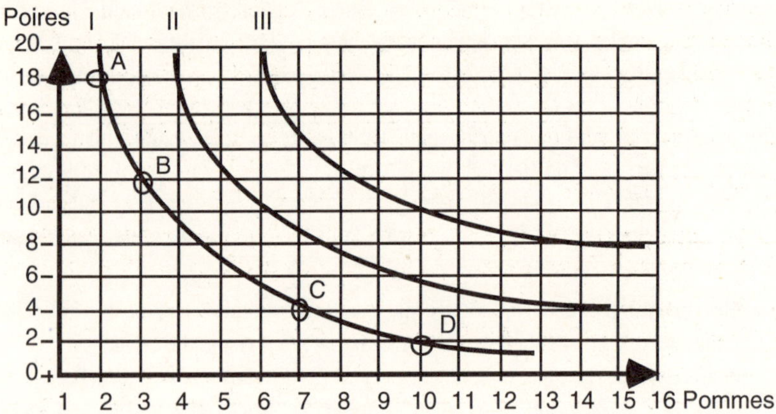

Dans notre exemple graphique, le consommateur trouve un niveau identique d'utilité en *A, B, C, D;* cela signifie en particulier que le point *A* correspondant à un panier de biens formé de 18 poires et de 2 pommes le satisfait autant que la combinaison *B* de 3 pommes et de 12 poires. Ainsi, il est prêt à renoncer à 6 poires pour obtenir une pomme supplémentaire. On parle d'un **taux marginal de substitution** des poires en pommes qui, dans ce cas, est de 6. Plus généralement, *le taux marginal de substitution* du bien **X** par rapport au bien **Y** désigne la quantité du bien **X** qu'il est prêt à céder pour obtenir une unité supplémentaire de **Y** afin de garder le même niveau global d'utilité. Mathématiquement, cela correspond à la *pente de la tangente* de la courbe d'indifférence au point envisagé.

• Ce tracé de courbe reflète clairement l'hypothèse d'utilité marginale décroissante. En *A,* il dispose de beaucoup de poires et de très peu de pommes; l'utilité marginale d'une pomme supplémentaire est donc élevée. A l'inverse, en *C,* il dispose de peu de poires et pour passer en *D,* il ne cédera que deux poires pour obtenir 3 pommes supplémentaires.

• Il résulte des hypothèses usuelles sur les goûts des consommateurs que les courbes d'indifférence ont une pente négative, sont concaves par rapport à l'origine et ne peuvent pas se couper.

♦ **La carte d'indifférence** d'un consommateur sera tracée plus tard par Irving Fisher et Vilfredo Pareto. Elle est formée de l'ensemble de ses courbes d'indifférence, elle définit entièrement le système de préférence, donc les goûts d'un individu. Un tel graphique n'a de sens que pour un individu à un moment donné.

• Dans l'exemple graphique, on a tracé trois courbes d'indifférence : lorsque l'on passe de la courbe I à la courbe II, la satisfaction globale du consommateur est meilleure que dans la première situation car on augmente à la fois la quantité disponible des deux biens.

• Pour tracer une carte d'indifférence, nous avons besoin seulement d'un ordre entre les préférences d'un consommateur ,qui doit pouvoir dire s'il préfère telle combinaison des deux biens à telle autre. Le passage du niveau d'utilité de la courbe II à la courbe III, ne nous indique nullement de combien il est plus heureux. On sait simplement qu'en passant de I à II, puis de II à III, il améliore son plaisir; on ne sait pas si en passant de I à II il s'est trouvé plus heureux qu'en passant de II à III; on dit que l'on dispose d'une classification ordinale et non quantitative ou cardinale de l'utilité.

La boîte d'Edgeworth et l'équilibre contractuel

L'apport majeur d'Edgeworth à la science économique est un diagramme suggéré par Edgeworth et actuellement connu sous le nom de **boîte d'Edgeworth** *(Edgeworth-Box).*

DIAGRAMME D'EDGEWORTH

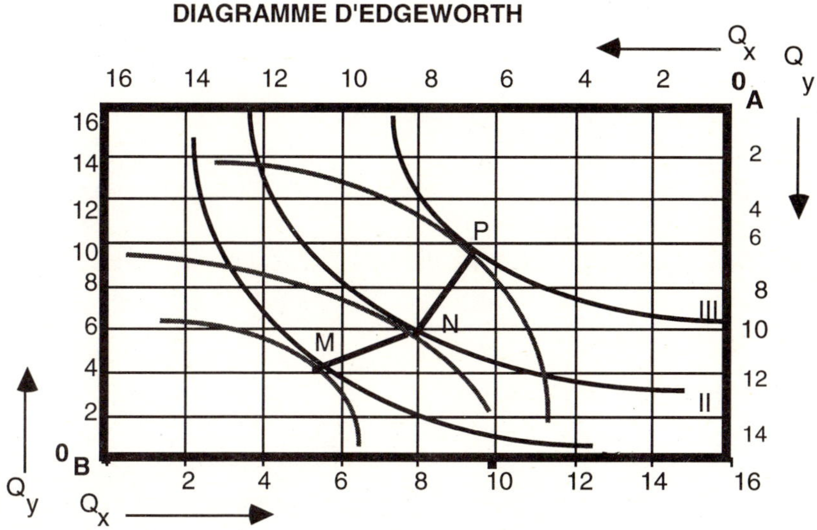

L'astuce de la représentation d'Edgeworth consiste à décrire les échanges entre *deux* consommateurs *A* et *B* dotés chacun de leurs cartes d'indifférence représentées dans un rectangle avec des *axes inversés.*

Les individus étant dotés initialement en certaines quantités des deux biens (par exemple en N', N"), par l'échange, ils peuvent parvenir **progressivement** à une satisfaction optimale (point N). Bien entendu, chacun d'entre eux arrête l'échange quand il cesse d'obtenir une satisfaction supplémentaire en offrant une quantité du bien dont il a une quantité excessive par rapport à l'autre qui peut lui apporter une satisfaction marginale supérieure. On comprend aisément que chacun tente de se situer sur sa carte d'indifférence la plus haute et que les négociations s'effectueront sur les points de contact (tangence) entre les courbes d'indifférence de l'un et de l'autre (points M, N, P). En ces points de rencontre, les taux marginaux de substitution entre les deux biens sont égaux en même temps pour les deux consommateurs[1].

♦ **La courbe des contrats (MNP)** est constituée par l'ensemble des points où on ne peut satisfaire davantage l'un des consommateurs sans que l'autre ne s'estime lésé.

Dans notre exemple, la courbe des contrats est formée par les points *M, N, P,* qui sont des points de tangence entre les courbes d'utilité des deux consommateurs... Les différents points de la courbe de contrat correspondent évidemment à des **différences de répartition de revenu** entre les individus. Ainsi au point *M,* c'est l'individu *A* qui est mieux doté que l'individu *B,* et inversement au point *P.*

Edgeworth, un penseur novateur

♦ Edgeworth a aussi cherché à résoudre des problèmes laissés sans réponse par Jevons ou Marshall. En particulier, il a montré les raisons de l'indétermination de la solution d'équilibre dans un marché qui comporte un petit nombre de compétiteurs. Là où Jevons indique que « la solution finale dépend des dispositions et de la force de caractère des différentes parties », Edgeworth introduit **le calcul hédoniste** comme principe de l'arbitrage final. Les échangeurs s'orientent progressivement vers le « contrat tendant vers l'utilité totale la plus grande. »

♦ En ce sens, Edgeworth est aussi l'un des fondateurs de **l'approche contractuelle** que l'on retrouvera débarrassée de l'utilitarisme dans l'ouvrage de J. Rawls *A Theory of Justice* (1971). Nous noterons surtout qu'Edgeworth introduit un concept alternatif au *tâtonnement walrasien* pour déterminer l'équilibre général : c'est la *renégociation* des contrats conclus d'abord *provisoirement*. Il s'agit d'une présentation nouvelle de l'équilibre, mais comme chez Walras, il s'agit plus d'un artifice utile pour l'analyse et la pédagogique que d'une théorie dynamique de l'équilibre (ou du déséquilibre) sur des marchés réels.

---

[1] On vit ici dans un modèle d'échange sans production.

H. Sidgwick (1838-1900)

LE MARGINALISME RENCONTRE LA MORALE

Vie et œuvre

H. Sidgwick est **un utilitariste**, continuateur de Bentham et de J.-S. Mill; sa réflexion combine la morale et la réflexion économique. Son ouvrage de 1874, *Méthodes de l'éthique (Methods of Ethics)*, influence les travaux de F.-Y. Edgeworth. En 1883, il rédige un livre synthétique *Les Principes de l'économie politique (The Principles of Political Economy)*, A. Marshall reprendra sept ans plus tard le même titre…

Individualiste méthodologique, il précise la frontière public/privé

♦ H. Sidgwick justifie **l'individualisme méthodologique** de façon pragmatique. En effet, il est très difficile de trouver un substitut adéquat à l'intérêt individuel qui puisse faire agir les individus « soit comme force d'impulsion, soit comme force régulatrice. » Cela « est un obstacle quasi-insurmontable à une reconstruction de la société sur tout autre fondement que celui de l'individualisme actuel. » Il admet cependant que l'altruisme ou les sentiments moraux peuvent guider certaines décisions humaines.

♦ H. Sidgwick reconnaît que **des imperfections** subsistent dans une économie de marché. En cas de défaillance du marché, il admet qu'une intervention gouvernementale vienne pallier ses carences.

H. Sidgwick a fourni *l'exemple du phare* comme bien **collectif** typique. En effet, le phare ne peut faire l'objet d'une exploitation privée car on ne peut *exclure les usagers non payants.* La visibilité du phare est identique pour tous. Il est nécessaire pour la collectivité de permettre aux navires d'éviter les récifs, bien que nul agent privé n'ait intérêt à le faire individuellement.

Une entreprise privée ne peut en assurer l'exploitation rationnelle en faisant payer les usagers réels pour en tirer un profit. Il est donc nécessaire que la puissance publique prenne en charge la production de tels biens, **publics** par la nature technique de leur fonctionnement, car on ne peut exclure les usagers non payants. Ce *bien indivisible* est par essence de nature collective et justifie en conséquence sa production hors marché.

Philip Henry Wicksteed (1844-1927)

UN ADEPTE DE LA PRODUCTIVITÉ MARGINALE DES FACTEURS

Vie et œuvre

Pasteur de l'Église réformée, P.-H. Wicksteed est **un marginaliste** pour qui la psychologie des comportements obéit « aux lois de la vie ». Il exprime clairement sa filiation théorique dans *Commentaire de la théorie de Jevons* en 1899. Puis, en 1894, il écrit *Un essai sur les convergences des lois relatives à la distribution (An Essay on the coordination of the Laws of Distribution).* Mais son œuvre majeure est *Le Sens commun en économie politique (Common Sense of Political Economy)* en 1910.

Robbins en fera l'éloge :

> « Jamais un travail de ce type ne fut nommé de façon aussi malencontreuse. Ce n'est pas *le sens commun* au sens ordinaire de ce terme, et ce n'est pas non plus de *l'économie politique.* C'est, tout au contraire, l'exposé non mathématique le plus exhaustif des complexités techniques et philosophiques de ce que l'on appelle la théorie marginale en Économie Pure. »

Les concepts majeurs de P.-H. Wicksteed

L'utilité marginale décroissante, un facteur d'équilibre

Wicksteed propose de la théorie du consommateur.

> « En augmentant notre offre d'un bien quelconque, nous réduisons son utilité marginale et faisons baisser le prix d'une unité supplémentaire dans notre échelle de préférences; et les unités additionnelles offertes la feront baisser autant que vous le désirez. Ainsi, quel que soit le prix d'une marchandise qu'une ménagère trouve sur le marché, elle l'achètera aussi longtemps que son utilité marginale est à ses yeux supérieure à son prix. Mais le fait même d'en disposer en quantité de plus en plus importante réduit son utilité marginale, et plus elle achète, plus celle-ci décroît. Le montant nécessaire pour que l'utilité marginale coïncide avec le prix du marché détermine le montant de ses achats. »

Common Sense of Political Economy.

Plus le consommateur augmente la quantité d'un bien dont il dispose, plus il approche de la satiété pour ce bien, alors que les autres biens deviennent relativement plus attractifs; ainsi, il va automatiquement atteindre un point d'équilibre où il arrête sa consommation pour commencer celle d'un autre bien. La rareté relative des biens est évidemment la base de cet arbitrage qui aboutit à **des prix relatifs** qui correspondent au rapport des utilités marginales.

L'allocation optimale des facteurs et l'égalisation des revenus des facteurs avec leur productivité marginale

Comme J. B. Clark aux États-Unis, Wicksteed étudie aussi les conditions de production efficace; il établit que le signe clé d'une bonne allocation des facteurs dans une économie concurrentielle est *l'égalisation des différentes productivités marginales.* La distribution des revenus efficace est celle où chaque facteur est rémunéré exactement selon le niveau de sa productivité marginale. Il reprend ici, en la généralisant, l'analyse de son précurseur Ricardo qui a élaboré le premier la théorie de la rente différentielle.

Alfred Marshall (1842-1924)

L'ARCHEVÊQUE DE L'ÉCONOMIE

Vie et œuvre

A. Marshall est né à Bermondsey en 1842 au milieu des tanneries de Londres. **Son éducation** se fait sous le signe du travail et de l'effort; un père passablement despotique veut faire de lui un pasteur.

En classe, il est surnommé *chandelle de suif* à cause de sa pâleur car son père, clerc de la Banque d'Angleterre, lui impose un rythme de travail excessif. Cette éducation ferme et sévère est seulement tempérée par l'influence modératrice d'une mère aimante... Il écrit : « seulement quelques vacances estivales auprès d'une tante lointaine m'ont sauvé de l'épuisement mental. » Mais il se révolte contre ces exigences paternelles et refuse une bourse à Oxford car il ne veut pas devenir pasteur.

• Il trouve refuge dans le jeu d'échecs et **les mathématiques.** En 1867, à vingt-cinq ans il se met à l'apprentissage de l'économie politique, il lit J-S Mill et visite les quartiers pauvres des grandes villes.

• Il épouse Mary Paley (1850-1924) qui est dès lors pour lui une véritable **collaboratrice**; c'est avec elle qu'il écrit en 1879 son premier livre *Économie industrielle (Economy of Industry).* Il se montre un observateur attentif du monde des affaires anglais en pleine époque victorienne.

• **Sa carrière universitaire** est brillante; il enseigne à Oxford, puis il dirige un établissement à Bristol. En 1884, il devient professeur à Cambridge où son influence sera majeure; Keynes écrira de lui : « nous sommes tous les élèves d'A. Marshall. »

Il veut s'adresser aux hommes d'affaires, aux juristes et aux politiciens. Pour être largement lu et diffusé, il relègue les mathématiques en *annexes* de son ouvrage majeur *les Principes d'économie politique (Principles of Political Economy,* 1890) qui connaît huit éditions successives. Pourtant, les mathématiques constituent le cœur de sa pensée à tel point que Keynes conseille à l'économiste professionnel de « ne lire que les annexes des *Principes* ». Jusqu'en 1930, *les Principes* formeront des générations d'étudiants anglo-saxons; encore aujourd'hui, l'ouvrage fait partie des textes de base.

• L'intelligence d'A. Marshall consiste d'abord à « mettre tout mieux ensemble »; il a le sens de la synthèse convaincante et brillante. Il est **le trait d'union** entre la pensée des classiques (Ricardo, Mill, Smith) et celle des marginalistes (Cournot, Dupuit, Walras, Menger). C'est par **sa méthode** qu'il devient le pilier central de la « cathédrale néo-classique » anglo-saxonne et le point de passage obligé entre les marginalistes du continent et les néo-classiques britanniques… En outre, il propose de nombreuses ouvertures qui ne seront pas toujours exploitées par ses successeurs : ouvertures vers les analogies de l'économie, avec la biologie plus qu'avec la physique; ouvertures sur les fondements de la micro-économie et de la macro-économie; ouvertures enfin vers les réalités dynamiques qui échappent aux méthodes statiques et vers les réalités sociales (le problème de la pauvreté).

Comme son maître Adam Smith, il ne veut pas réduire **la théorie de la valeur** à une seule de ses composantes. Pour lui, il y a une véritable symétrie entre la valeur estimée comme **un coût** de production qu'il interprète à la façon des *classiques* en termes d'efforts et de sacrifices, et la **valeur utilité** des « utilitaristes », qui mesure une satisfaction obtenue en contrepartie du travail réalisé et de la peine dépensée. Selon la leçon d'A. Smith, il donne même souvent la priorité à la théorie de la production faisant de l'offre un mécanisme déterminant avec la formation d'un *prix d'offre.*

La question de l'amalgame entre les divers apports théoriques lui tient à cœur; en 1896, il écrit des *Discours sur la génération ancienne des économistes et la nouvelle génération.*

La pratique des affaires est un de ses thèmes favoris de réflexion et, en 1919, il écrit *Industrie et commerce (Industry and Trade),* ouvrage populaire qui connaît de multiples rééditions. Mais il revient à des considérations plus théoriques et mathématiques en 1923, dans son dernier livre *Monnaie, crédit et commerce (Money, Credit and Commerce).* Cet ouvrage reprend pour l'essentiel la théorie des avantages comparatifs de Ricardo, de façon plus formelle et en insistant sur le rôle des élasticités de l'offre par rapport aux prix et de la demande.

• Marshall est aussi **un praticien** important, membre très actif et influent de la Commission royale du travail. Il veut résoudre des problèmes pratiques et sociaux. Il comprend les hommes d'affaires, admire les chefs d'entreprise et prend part à leurs soucis.

Il est en désaccord avec les partisans de la réforme sociale en Angleterre; il s'oppose aux méthodes et aux théories des « fabiens » comme J. A.. Hobson (1858-1940) ou S. Webb. Un théoricien de l'équilibre ne pouvait, en effet, se reconnaître dans les théories de Hobson sur l'excès d'épargne des riches comprimant les salaires des pauvres, et devant nécessairement déboucher sur l'impérialisme pour éviter les crises. Pourtant, il écrit que :

> « Le sujet dominant de l'économie politique pour la présente génération est de contribuer à la résolution des problèmes sociaux. »
>
> *Ibid.*

La méthode marshallienne

A. Marshall est un défenseur de **la méthode empirique,** pour lui :

> « Le rôle de la science est de réunir, de grouper et d'analyser les faits économiques et d'utiliser les connaissances tirées ainsi de l'observation et de l'expérience. »
>
> *Principes d'économie politique,* préface, édition Giard et Brière 1906.

Il est aussi **déterministe et positiviste.** L'observation et l'expérience sont nécessaires «pour déterminer ce que doivent être les effets immédiats et les effets postérieurs des divers groupes de causes.» L'analyse doit être *positive et non normative* :

> « Il est entendu aussi que les lois économiques expriment les tendances formulées sur le mode indicatif et non des préceptes éthiques sur le mode impératif. »
>
> *Ibid.*

Il est cependant nécessaire, dans un second temps, de recourir à **des jugements de valeur :**

> « Les lois et les raisonnements économiques constituent simplement une partie des matériaux que la conscience et le sens commun ont à utiliser pour résoudre les problèmes pratiques et pour établir les règles qui peuvent servir de guide dans la vie. »
>
> *Ibid.*

En outre, les **comportements humains** ne doivent pas être trop simplifiés :

> « Il existe une gradation continue depuis les actes de l'homme d'affaires, basés sur des calculs réfléchis et d'une portée lointaine et exécutés avec vigueur et habileté, jusqu'à ceux des gens ordinaires qui n'ont ni le pouvoir, ni la volonté de diriger leurs intérêts à la manière des hommes d'affaires. »
>
> *Ibid.*

Enfin, le **temps historique** ne peut être ignoré que provisoirement :

> « Ce volume s'occupe donc d'un bout à l'autre des forces qui causent le mouvement; et sa méthode est celle de la dynamique. Mais les forces dont il s'agit sont si nombreuses qu'il vaut mieux n'en considérer qu'un petit nombre à la fois, et établir un certain nombre de solutions partielles qui seront autant d'auxiliaires pour la tâche principale. C'est ainsi que nous commençons par isoler les rapports primaires de l'offre, de la demande et du prix pour une marchandise particulière; nous réduisons toutes les autres forces à l'inaction au moyen de la formule *toutes choses égales par ailleurs.* Nous ne supposons pas qu'elles soient inactives, mais pour le moment, nous ignorons leur activité [...]. Ce qu'il faut faire ensuite, c'est

dégager de nouvelles forces de ce sommeil hypothétique qui pesait sur elles [...] Les hypothèses statiques fragmentaires ont leur utilité comme auxiliaires temporaires des conceptions dynamiques... Mais l'idée centrale doit être celle de la force vivante du mouvement. »

Ibid.

L'analyse de Marshall distingue le point de vue **statique** du point de vue **dynamique.** Trop souvent, on réduit l'apport de « l'archevêque cambridgien » à la seule **analyse statique de l'équilibre.** C'est ainsi qu'il sera intégré au « noyau central » néo-classique. Mais, dans de nombreux passages, A. Marshall insiste sur la « dynamique du vivant » et annonce les théories les plus modernes de l'entrepreneur schumpéterien. Par contre, il se montre *assez prudent sur l'école historique allemande* et les travaux très englobants de G. Schmoller :

« L'étude des âges lointains n'a aucun droit exclusif à être qualifiée de dynamique, ni quant aux organismes physiques, ni quant aux organismes économiques; et l'économiste, comme le physiologiste, fera souvent mieux d'appliquer presque toute son énergie aux phases récentes d'évolution, tout en faisant bon accueil aux renseignements que d'autres lui fournissent en ce qui concerne les phases anciennes. »

Ibid.

L'analyse de l'équilibre partiel sur un marché

Pour Walras, l'équilibre est une notion instable et qui varie sans cesse dans le temps :

« Lorsque l'offre et la demande sont en équilibre, la quantité de la marchandise qui est produite dans une unité de temps peut être désignée sous le nom de quantité d'équilibre et le prix auquel cette quantité est vendue peut être appelée le prix d'équilibre [...]. Dans la pratique, les tableaux de demande et d'offre ne restent pas longtemps invariables, mais ils sont constamment en voie de changement; et chaque changement modifie la quantité d'équilibre et le prix d'équilibre, et déplace ainsi les centres autour desquels la quantité et le prix tendent à osciller. »

Ibid., livre V, ch III.

Tandis que L. Walras avait déjà proposé l'analyse de **l'équilibre général** sur tous les marchés considérés comme interdépendants, A. Marshall, moins ambitieux dans son propos avance une analyse plus approfondie d'équilibre seulement *partiel*; il fait ainsi un travail complémentaire intégrable dans le *corpus* néo-classique. Il se contente de raisonner « toutes choses égales par ailleurs » *(ceteris paribus)*.

« Choisissons un exemple dans un marché à blé d'une ville de province [...]. Les résultats de **l'étude de marché** peuvent être exposés dans le tableau suivant :

Au prix de :	**Les détenteurs voudront vendre :**	**Les acheteurs voudront acheter :**
37 shillings	1000 quarters	600 quarters
36 shillings	**700** quarters	**700** quarters
35 shillings	500 quarters	900 quarters

Le prix de 36 shillings pourra alors, à juste titre, être appelé le véritable **prix d'équilibre,** parce que, en effet, s'il était fixé au commencement, et si l'on s'y tenait tout le temps, il égaliserait exactement l'offre et la demande; et aussi parce que tout spéculateur, qui a une parfaite connaissance des conditions du marché, s'attend à ce que ce prix soit établi. »

*Ibid., l*ivre V, ch II.

La présentation courante est symétrique de celle usuellement utilisée pour les fonctions d'offre et de demande (les axes sont permutés graphiquement).

MODÈLE DE WALRAS	MODÈLE DE MARSHALL
Quantités offertes = f (Prix de marché) Quantités demandées = g (prix de marché)	Prix d'offre = F(Quantités offertes) Prix de demande = G (quantités demandées)
Propriétés :	g et G décroissantes f et F croissantes
Condition d'équilibre :	Quantités offertes = quantités demandées Prix de demande = Prix d'offre

• **La demande :**

« Dans un semblable marché, il existe *un prix de demande* pour chaque quantité, les circonstances qui gouvernent ce prix (mode, goût, existence de produits de substitution), changent... Cependant, le prix de demande pour chaque unité diminue au fur et à mesure qu'augmente la quantité offerte.»

Ibid.

A. Marshall utilise l'expression "désir de satisfaction" là où Jevons emploie "degré final d'utilité"; il se démarque, cependant, au fil des éditions, d'un utilitarisme trop étroit. Mais, pour lui, et au moins en courte période, la demande reste un facteur décisif dans la détermination du prix («plus la période sera longue et plus importante sera l'influence exercée par le coût de production sur la valeur»).

Cependant, la formule de Jevons : «le degré final d'utilité détermine la valeur» est insuffisante. Pour A. Marshall, d'une part «une série moins fausse que celle de Jevons pourrait être établie en inversant l'ordre», et on doit dire : «l'utilité détermine la quantité qui doit être offerte, la quantité qui doit être offerte détermine le coût de production, le coût de production détermine la valeur.» D'autre part, **le prix de demande** sera régi ainsi : «le prix que les gens voudront payer pour cette chose sera déterminé par le désir qu'ils ont de cette même chose, et en même temps, par la somme qu'ils peuvent y employer.» La notion de **pouvoir d'achat** est introduite comme explication du *prix de demande limite.*

• **L'offre** : pour « *l'entreprise type* » de A. Marshall (on dira aussi *entreprise représentative),* **le prix d'offre normal :**

« D'une quantité quelconque d'une marchandise peut être considéré comme étant constitué par les dépenses normales de production (y compris les bénéfices bruts de direction) de cette entreprise, ce qui revient à admettre que ce prix d'offre est celui dont l'attente suffira exactement pour maintenir la quantité produite à son niveau actuel.» Marshall se situe en courte période : «bornons notre attention [...] aux cas dans lesquels le prix normal d'offre reste constant pour différentes quantités ou augmente lorsque la quantité produite augmente. »

Ibid.

L'équilibre stable est atteint :

« Lorsque le prix de demande est égal au prix d'offre, la quantité produite n'a tendance ni à être augmentée, ni à être diminuée; elle est en état d'équilibre [...]. Un semblable équilibre est un équilibre stable, c'est-à-dire que le prix, s'il s'en écarte tant soit peu, tend à y retourner, comme un pendule oscille autour de son point d'équilibre le plus bas. »

Ibid.,

La «croix» de A. Marshall
Diagramme de l'équilibre stable

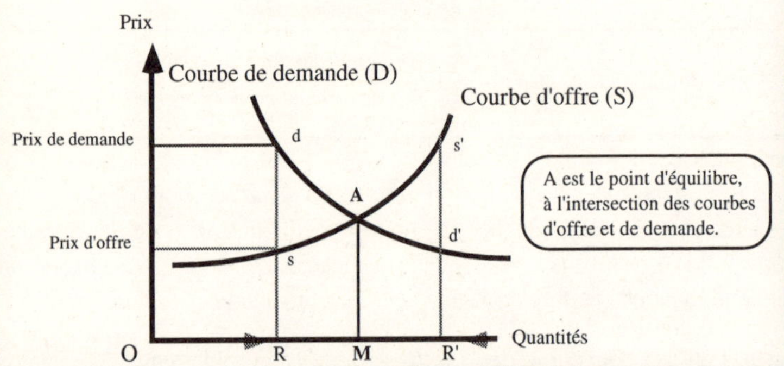

Le raisonnement de base est le suivant :

• si le prix de la demande s'établit au point *d* supérieur au prix d'offre, les entrepreneurs vont être poussés à produire plus et le niveau de la production va se déplacer dans le sens *RM;*

• à l'inverse, si le prix de demande se situe à droite du point d'équilibre, le prix d'offre qui va s'imposer sur le marché sera trop élevé pour les consommateurs et ils vont déplacer les quantités demandées de *d'* vers *A,* le mouvement de la demande se fait donc à la baisse dans la direction *R'M*;

• *l'oscillation* se met en action de façon automatique vers **le point *A* d'équilibre** qui égalise les quantités demandées et les quantités offertes (abscisse M) et correspond aussi à un prix conjoint et unique de la demande et de l'offre (propriété de stabilité locale d'un équilibre de longue période).

Courte et longue périodes

« Les difficultés de l'équilibre de l'offre et de la demande tiennent surtout aux différences relatives à l'espace et à la période de temps sur laquelle s'étend le marché en question; **l'influence du temps** étant plus fondamentale que celle de l'espace. »

Ibid.

• **La courte période** « n'est pas assez longue pour permettre aux producteurs d'introduire des changements importants dans l'offre » face à une demande variable. Il y a des variables économiques plus inertes que d'autres. Ici, c'est donc la demande qui détermine le prix de marché.

• **La longue période** est celle pour laquelle « l'action normale des forces économiques a tout le temps de s'exercer de manière plus complète ». Dans ce cas, **les rendements d'échelle** permettent de diminuer les coûts unitaires lorsque l'on produit plus; cela résulte notamment des économies techniques sur l'organisation et d'une meilleure répartition des frais fixes (recherche, réseau commercial, etc.); l'amélioration de la courbe d'expérience fournit des économies **internes** et le développement général de l'industrie permet des économies **externes**; les prix des fournisseurs et la qualité des consommations intermédiaires s'améliorent, les débouchés deviennent plus stables, etc. Alors, la technologie détermine le prix de marché.

Impôt, subvention et variation du prix normal d'offre

Utilisant une courbe de demande comme approximation de l'utilité d'une marchandise (à la manière des ingénieurs français), et une courbe d'offre de longue période, A. Marshall cherche à déterminer **si l'État peut intervenir pour améliorer le bien-être social.** A. Marshall, en scientifique, s'oppose au *libéralisme idéologique et spontané* de F. Bastiat selon lequel les harmonies économiques sont telles que la loi du marché suffit. Pour A. Marshall, une subvention aux productions à rendement croissant et un impôt sur les productions à rendement décroissant peuvent être intéressants du point de vue social. Même si cette proposition est aujourd'hui encore fort discutée, A. Marshall se révèle être un néo-classique qui fonde son libéralisme non sur des principes mais sur des raisonnements économiques; en cela, il est plus avancé théoriquement que les économistes français libéraux du XIXe siècle.

Le cas du monopole et l'intervention de l'État

Le cas du monopole a été longuement traité par les ingénieurs français; mais il est repris de façon **originale** par A. Marshall. Il insiste sur le fait qu'une unique et puissante entreprise, dans le cas des **rendements croissants à l'échelle** peut abaisser ses coûts unitaires, donc ses prix, et ne pas être trop malthusienne sur les quantités, dans le cas où « pendant plusieurs générations » elle est administrée avec habileté et énergie, et où « elle dispose d'un capital illimité ».

L'exemple qu'il choisit est celui de la compagnie de gaz. Et la question posée est la suivante : l'État doit-il intervenir ou laisser le monopoleur libre de rechercher le maximum de son revenu net ?

La réponse d'A. Marshall est nuancée; il indique que le monopoleur peut avoir intérêt à baisser ses prix, au moins dans un premier temps, pour **rendre sa clientèle captive** du gaz. «Plus le gaz est à bas prix et plus les gens sont portés à l'amener dans leurs habitations; et dès qu'une fois cette habitude est prise, ils sont portés à continuer à en faire usage.» On pourrait aujourd'hui prendre l'exemple de l'électricité pour le chauffage.

Quant à l'État, s'il assure la gestion d'un monopole public, il « doit savoir si le tarif des prix devra être très élevé, de façon à donner un revenu net élevé et à diminuer les impôts; ou si, au contraire, ce tarif doit être peu élevé de façon à augmenter le surplus des consommateurs. » Cette question demeure aujourd'hui d'une actualité brûlante.

Au total, la solution choisie par le monopoleur risque, selon A. Marshall, d'être **une solution de compromis;** ce cas dit « du monopole altruiste » n'était pas envisagé antérieurement.

> « Il est donc clair qu'il est nécessaire d'examiner les calculs au moyen desquels un monopoleur doit régler ses actes, en supposant qu'il considère une augmentation du surplus des consommateurs comme tout aussi favorable pour lui, sinon qu'un égal accroissement de son propre revenu de monopole, du moins qu'un accroissement, par exemple, de moitié ou d'un quart aussi grand. »

Ibid.

La naissance d'une théorie moderne de la consommation

A. Marshall aborde les notions complexes de **demandes conjointes** ou dérivées; c'est le cas par exemple des demandes de consommations intermédiaires pour les tissus qui servent à faire des chemises par exemple; et de **demande de composite** qui nécessite la prise en compte des phénomènes concernant des biens complémentaires ou substituables.

A. Marshall en tire **une théorie de la valeur dérivée** qui a une parenté notable avec la théorie autrichienne développée par Menger et Von Wieser de *la valeur imputée aux biens.*

> « Le pain répond directement à des besoins de l'homme, et la demande qui le concerne est appelée demande directe. Mais un moulin à fabriquer de la farine et un four à cuire le pain ne répondent à ces besoins que d'une manière indirecte en contribuant à la fabrication du pain, etc., et alors la demande qui les concerne est dite *indirecte ou dérivée*[...]. Les services du moulin à farine et du four à cuire le pain se trouvent réunis dans le produit final, c'est-à-dire dans le pain; c'est pour cela que la demande qui les concerne est appelée *demande conjointe.* »

Il fournit un autre exemple éclairant avec celui des plâtriers dont la demande est conjointe à celle de construction...

> « Un arrêt temporaire dans l'offre du travail des plâtriers amènera un arrêt proportionné dans l'offre de constructions; le prix de demande pour ce nombre moins grand d'habitations sera un peu plus élevé qu'auparavant... Cette marge nous indique la limite de la hausse possible du prix qui sera offert pour le travail des plâtriers, en supposant que le travail des plâtriers soit indispensable. »

Ibid.

On peut alors déduire de cette marge la valeur dérivée du facteur travail du plâtrier. A. Marshall précise, en termes mathématiques :

> « La contribution (marginale) que l'une quelconque des forces apporte au résultat est représentée par le (faible) changement dans le résultat [...] par rapport à cette force. »
>
> *Ibid.*

Nous sommes à nouveau en plein **marginalisme** : la demande d'un facteur de production *(input)* quelconque peut être dérivée si on connaît le prix d'offre des autres facteurs et la demande du produit final; ainsi, par exemple, on peut dériver la demande de manches de couteaux si on connaît le prix d'offre des autres facteurs et la demande de couteaux.

De même qu'il existe une demande conjointe pour des choses ayant une destination commune, de même, il existe **une offre conjointe** pour les choses qui ont une commune origine. Les exemples les plus connus sont formés par les couples suivants : les bestiaux et les cuirs, le blé et la paille, le gaz et le coke de charbon; le mouton et la laine. Il se pose alors un problème de détermination **du prix d'offre isolé** de chacun des produits conjoints. On sait par exemple que des gaspillages sont souvent engendrés par des productions conjointes; ainsi on a souvent brûlé en Arabie Saoudite le gaz des torchères provenant de puits de pétrole au lieu de récupérer ce précieux combustible... A. Marshall propose la solution suivante :

> « Lorsqu'il est possible de modifier les proportions des produits joints, il est toujours possible de déterminer exactement la portion des frais totaux de production qui seraient économisés en modifiant ces proportions assez légèrement. »
>
> *Ibid.*

Le cas de **la demande composite** consiste à considérer que l'on ne demande pas une marchandise mais un service donné ou des propriétés proches (c'est l'analyse moderne de G. Becker de la consommation, — voir *Les Contemporains* —). Lorsque la Chine a vendu plus cher la badiane, plante qui sert à réaliser les fameuses boissons anisées chères aux Français, le groupe Pernod-Ricard n'a pas hésité à utiliser le fenouil pour produire les apéritifs de la firme... Concrètement cela correspond à la différence faite par M. Porter entre **la concurrence apparente** de ceux qui produisent la même marchandise et celle **potentielle** qui englobe ceux qui font des produits substituables.

> « La tyrannie qu'un seul facteur de production d'une marchandise pourrait, dans certains cas, exercer sur les autres facteurs par l'action d'une demande dérivée, est tempérée par le principe de substitution. »
>
> *Ibid.*

Il existe aussi de véritables **offres composites :**

> « Offres rivales ou concurrentes les unes par rapport aux autres. Mais qui, par rapport à la demande, coopèrent l'une avec l'autre, puisque, en effet, elles *se composent* pour former l'offre totale qui répond à la demande. »
>
> *Ibid.*

Ainsi, un plat d'escalope de veau ou de dinde peut être accommodé de la même façon à partir de deux produits substituables; l'efficacité de la substitution dépend du degré de sensibilité des demandeurs — s'ils sont gastronomes, ils seront sensibles à la différence dans la nature de la viande.

3.2.3. Les ingénieurs français du XIXe siècle

PRAGMATISME ET ORIGINALITÉ

Une genèse empirique du calcul économique

Les ingénieurs économistes français font face à des problèmes d'**économie pratique.** La demande à laquelle ils doivent répondre est non seulement d'ordre technique (le pont doit être solide) mais elle concerne aussi l'économie théorique et la gestion des infrastructures qui vont servir de base au développement : il faut arbitrer entre plusieurs projets et sélectionner les plus rentables car les moyens sont limités.

Ils doivent élaborer des critères de prise de décision rigoureux. Ils sont donc **peu doctrinaires**, car ils pensent d'abord à leur prise en charge de projets concrets : tracer des routes, creuser des canaux, ériger des ports. Ces ingénieurs tentent de s'élever vers des raisonnements globaux par des généralisations et des analyses qui dépassent les cas d'espèce; ils forgent **des outils de décision** de nature analytique. Là où les doctrinaires s'affrontent dans de vastes débats idéologiques, les ingénieurs ont plutôt tendance à résoudre des problèmes pratiques bien définis et à en faire une analyse systématique.

C'est dans ce contexte qu'ils seront amenés à étudier des questions importantes concernant **la rationalisation des choix administratifs**; ainsi par exemple, ils s'interrogent sur l'utilité du monopole public, les règles de gestion de l'entreprise publique. En cela, ils sont **les précurseurs de l'économie publique**. Mais ce sont aussi des pionniers dans l'analyse des marchés lorsque règne la concurrence imparfaite : situations *de monopole, de duopole et d'oligopole*.

L'usage des mathématiques en économie est l'une des spécialités de ces ingénieurs qui, par formation, disposent des outils pour modéliser les problèmes qu'ils rencontrent. Ils obtiendront **leur reconnaissance officielle** grâce à l'intégration de leurs analyses techniques dans de vastes modèles interprétatifs des économistes mathématiciens et formalisateurs que furent S. Jevons (1835-1882), L. Walras (1834-1910) et V. Pareto (1848-1923), etc. Rétrospectivement, l'importance de ces ingénieurs est grande; les noms d'A. Cournot (1801-1877) et de J. Dupuit (1801-1866) émergent incontestablement par la pérennité des concepts qu'ils ont forgés. Ils procèdent à des découvertes souvent faites simultanément ailleurs, on note par exemple chez les ingénieurs français des similitudes avec les travaux de Johann Von Thünen (1783-1850).

Henri Navier (1785-1836)

NAVIER ÉNONCE LA PREMIÈRE RÈGLE

L'École des ponts-et-chaussées a été créée en 1747. Dans les années 1830, elle donne l'occasion à l'un de ses professeurs, Navier, de procéder à **l'analyse coûts-avantages** des travaux publics. Celui-ci s'inspire d'une tradition orale très importante, renforcée après la Révolution française de 1789, qui consistait à débattre de l'utilité et de la gestion des grands équipements.

Navier reconnaît que **la solution privée** peut se révéler dans certains domaines une mauvaise solution par rapport à celle du secteur public :

- le risque peut être élevé;
- l'intérêt du public peut nécessiter la protection par une réglementation;
- la nécessité d'un profit pour le privé peut interdire à celui-ci certaines activités peu rentables à court terme, alors qu'elles sont pourtant utiles à la collectivité.

Ainsi, **le péage** nécessaire pour créer des recettes privées peut entraîner une diminution de l'utilité reçue par le public — en ralentissant la circulation —. La gestion publique peut remédier à cet inconvénient en supprimant le péage.

Navier propose, à partir de l'exemple d'un canal, **un premier mode de calcul de l'utilité d'un équipement public.** Le principe de calcul consiste à comparer le coût de transport sur un kilomètre soit par la route soit par le canal. La différence de coût pour un même service offert par le public et le privé révèle selon Navier l'utilité d'un service public. Ce mode de calcul élémentaire sera, bien entendu, critiqué et amélioré ensuite par l'école des ingénieurs français.

Si, par exemple, la route permettait de transporter de la pierre sur une distance de 4 lieues à partir d'une carrière pour 4 francs par tonne et si le canal réalise le transport de pierre en provenance d'une autre carrière éloignée de 100 lieues pour 13 francs par tonne, la différence de coût de transport, à distance égale, est de 100 francs par tonne pour 100 lieues avec la route moins 13 francs par tonne pour une même distance par le moyen du canal public. On gagne donc 87 francs par tonne, ce qui mesure l'utilité du canal pour la collectivité. Bien entendu, H. Navier néglige de prendre en compte des éléments que l'on sait aujourd'hui fondamentaux dans **l'analyse coût/avantage** : l'amortissement du capital et les coûts de production du canal ne sont pas envisagés. Mais H. Navier a clairement établi une méthode moderne : fonder l'action du secteur public sur une mesure permettant une comparaison comptable a des avantages et des coûts. Le problème du choix de l'édification d'un canal n'est plus laissé à l'estimation des seuls politiciens; il devient un problème de gestion publique, fondé sur le calcul public, la comparaison et la prévision.

Navier peut ensuite chercher si cette différence de coût de transport multipliée par les quantités transportées suffit ou non à couvrir les dépenses d'intérêt du capital investi et les dépenses d'entretien. C'est **la règle de Navier.**

Elle sera applicable dans tous les cas de choix entre plusieurs solutions. En 1835, Navier étudie ainsi les coûts finaux par tonne de marchandises transportées par chemin de fer, pour une demande et un niveau de production donnés. *Pionnier de la comptabilité analytique,* il décompose ces coûts annuels de construction, d'administration et de maintenance en : dépenses des locomotives, des fourgons, des frais de magasins et d'expédition.

Loin des débats idéologiques et des doctrines en faveur du marché, H. Navier a fait progresser concrètement la rationalité dans l'action de l'État.

Joseph Minard (1781-1870)

LE PIONNIER MÉCONNU

Professeur d'ingénierie et super-intendant de l'École des ponts-et-chaussées, Joseph Minard envoie en 1832 un manuscrit à J.-B. Say. Il est désormais établi que ce manuscrit contient l'essentiel des progrès de l'analyse économique appliquée à la gestion publique. J. Minard est le découvreur de la plupart des analyses que l'on attribue généralement à Dupuit, dont les travaux sont passés à la postérité en jetant une ombre sur ceux du véritable pionnier.

Pour Minard, le but des travaux publics est de produire de **l'utilité collective publique** et celle-ci peut être estimée. Minard montre que l'estimation de la valeur publique est fonction à la fois de la demande et de la répartition des revenus.

Pour lui, beaucoup de questions de l'économie politique sont d'ailleurs connectées à la distribution inégale des revenus. La ligne directrice à adopter consiste à satisfaire d'abord **les besoins les plus essentiels,** donc ceux des plus pauvres. Ensuite, il ne faut pas oublier de tenir compte **des délais de production** et des gains procurés par **le raccourcissement des transports.** Minard prend l'exemple du pont par rapport au bac pour traverser une rivière. Il évalue le temps gagné, le convertit en journées de travail puis en valeur. C'est un bénéfice social. Minard évalue également le total de la valeur de l'investissement à réaliser en tenant compte **des intérêts composés,** les dépenses s'échelonnant en effet sur plusieurs années (exemple de la digue du port de Cherbourg ou du canal de Saint-Quentin).

Joseph Minard répond ainsi de manière précise à la demande qui est faite aux économistes dans les années 1820. Les canaux se révèlent moins rentables que prévu, leur achèvement est quelquefois remis en question. Il faut donc procéder à une analyse plus approfondie. De même, concernant les routes, il s'agit de trancher entre la budgétisation, le paiement selon l'usage, le paiement selon la dégradation de la voie. **La tarification publique** est bien un domaine clé où Minard se révèle moderne : ainsi le paiement d'une taxe sur les camions, selon le nombre de tonnes à l'essieu, reflète le raisonnement de Minard qui veut que l'on paie selon l'usure que l'on fait subir à la route. Il s'avère aujourd'hui, par exemple en Europe, que les chemins de fer subissent une concurrence déloyale des transporteurs routiers, dès lors que ceux-ci ne financent qu'une petite partie de l'amortissement des routes et autoroutes qu'ils emploient (péages et taxes à l'essieu insuffisants).

Jules Dupuit (1804-1866)

UN HOMME D'ACTION CO-FONDATEUR DU MARGINALISME

Admis en 1822 à l'École polytechnique puis à l'école des ponts-et-chaussées, Jules Dupuit a la formation typique des ingénieurs économistes français. Il devient ingénieur dans la Sarthe et ses travaux naîtront de son activité concrète de praticien.

De 1833 à 1837, il se préoccupe de l'entretien des voies de communication; en 1840, il est envoyé dans la Marne où les routes sont difficiles à entretenir; il rédige alors des rapports qui ont pour objet d'obtenir les fonds nécessaires... Mais il veut dépasser les cas concrets qu'il étudie pour donner **des règles générales** de gestion publique.

En 1844, il écrit *De la mesure de l'utilité des travaux publics.* Puis il se préoccupe de la tarification publique. En 1849, il rédige *L'Influence des péages sur l'utilité des voies de communication.* Ces deux études seront diffusées parmi les spécialistes par *Le Journal des économistes* qui les publie en 1853 sous une forme condensée. La consécration des travaux d'économie publique de Dupuit est attestée par sa rédaction des articles spécialisés dans le fameux *Dictionnaire de l'économie politique* (éd. Guillaumin). Les titres des articles de Dupuit sont : « Eau », « Péage », « Poids et mesures », « Ponts et chaussées », « Routes et chemins », « Voies de communication »; ce sont les principaux domaines d'application de cette **économie publique appliquée.**

Mais il ne néglige pas pour autant **la réalité pratique**. Entre 1844 et 1850, il se consacre à la construction d'un pont sur la Loire aux Ponts de Cé. En 1850, à Paris, il se consacre au développement du réseau des eaux et invente les égouts à section ovoïde. Prompt à formaliser son expérience, il en tire en 1854 un ouvrage spécialisé : *Traité théorique et pratique de la conduite et de la distribution des eaux.*

La technique au service de l'utilité sociale

♦ Dupuit est avant tout **un homme d'action,** au service de l'État et confronté à des problèmes difficiles et concrets : embourbement sur les routes, inondations fluviales, égouts. Mais il présente **une démarche théorique et synthétique** qui l'amène, face à chaque problème, à se poser la question suivante : si l'État entreprend ces travaux, quelle sera la valeur ou l'utilité sociale de ceux-ci. Dupuit n'est pas un partisan du tout ou rien, il cherche à **mesurer cas par cas** les avantages et les inconvénients de l'action publique. En ce sens, il est un précurseur **du calcul économique public** ou de l'**économie du bien-être.**

♦ Dupuit considère que l'utilité du public se mesure par les sommes que sont prêts à payer les consommateurs et les usagers. L'utilité accordée aux biens publics est ainsi obtenue selon la technique de « la révélation des préférences ». D'emblée, Dupuit évacue les problèmes liés à l'existence des demandes non solvables :

> « L'économie politique ne fait du pain que pour celui qui peut l'acheter et abandonne à l'économie sociale le soin d'en fournir à celui qui n'a pas de valeur à donner en échange. » (1844).

J. Dupuit s'intéresse donc à l'utilité reconnue par les agents solvables et se propose de mesurer celle-ci d'abord pour chaque individu, puis pour la société tout entière **(utilité sociale des travaux publics),** en additionnant (en réalité, il pratique la sommation par intégration). Il suppose ainsi qu'il est possible de passer directement des utilités individuelles à une utilité collective et n'approfondit pas la question de la comparaison des utilités interpersonnelles.

Définition de l'utilité subjective et critique de la règle de Navier

J. Dupuit ne semble pas avoir connu les raisonnements développés dès 1838 par Cournot ni les courbes de demande utilisées par celui-ci. Pourtant, il adopte comme lui les hypothèses nécessaires au raisonnement utilitariste et marginaliste.

♦ **L'utilité** est à la fois subjective *et* fonction de la rareté.

L'exemple de la distribution de l'eau par des pompes publiques illustre ce double caractère. Produite en quantité croissante et utilisée pour des besoins moins pressants, l'eau a une utilité décroissante. Ainsi, un à trois litres d'eau sont nécessaires pour boire et ainsi satisfaire les besoins vitaux, il faut aussi se laver; arroser les plantes est un agrément, laver sa voiture est déjà moins urgent, etc..

♦ **L'utilité finale,** c'est-à-dire celle de la dernière unité consommée (à la marge) est celle qui définit la valeur attribuée à un bien. Cette analyse est le point commun du marginalisme, et réunit Bentham, Cournot, Walras, Jevons et l'école autrichienne.

Reprenant l'exemple de Navier, J. Dupuit procède à une double critique afin de l'améliorer :

• il réintègre les coûts de production là où Navier n'avait tenu compte que des coûts de transport;

• et surtout, il évalue le stock de pierres à partir de l'utilité de la dernière tonne transportée et non à partir des évaluations subjectives des acheteurs successifs.

♦ *L'exemple est le suivant.*

Avant la construction du canal, une ville consommait 10 000 tonnes de pierres par an à 20 francs par tonne (16 francs de coût d'extraction et 4 francs de coût de transport sur 4 lieues). Après cette construction, la ville consomme 30 000 tonnes à 15 francs (2 francs de coût d'extraction dans une carrière plus productive mais plus lointaine et 13 francs de coût de transport pour 100 lieues).

♦ *La solution de J. Dupuit se présente ainsi :*

> « Ainsi, avant le canal, on consommait 10 000 tonnes à 20 francs; après le canal, on en consommera 30 000 à 15 francs. L'utilité produite pour ces 20 000 nouvelles tonnes est-elle de 5 francs comme pour les 10 000 premières ? Les considérations que nous avons exposées sur l'utilité en général démontrent qu'il n'en peut être ainsi. Puisque les nouveaux acheteurs n'achetaient pas au prix de 20 francs, c'est qu'ils n'attachaient pas cette utilité à la consommation de la pierre; ils ne réalisent donc pas cette espèce de gain que constitue l'utilité relative. Ils achètent à 15 francs, il est vrai, mais parmi eux, il y en a qui attachent si peu de prix à la consommation de ces matériaux, que s'il y avait une hausse de 1 franc seulement, ils y renonceraient. Pour eux, l'utilité relative, le gain n'est donc pas de 1 franc. D'autres renonceraient à une hausse de 2 francs seulement; pour ceux-là, l'utilité est comprise entre 1 et 2 francs. En un mot, pour connaître l'utilité de chaque tonne consommée, il faudrait que chaque consommateur fit connaître la vivacité de ses désirs par le prix qui lui ferait renoncer à la consommation. Alors, le calcul deviendrait très facile à faire. Supposons qu'un impôt de 1 franc mis sur cette pierre, dont les frais de production sont de 15 francs, enlevât au canal 7 000 tonnes de pierres, nous ne nous tromperons pas beaucoup en disant que l'utilité de ce transport est de 1 franc. Un nouvel impôt de 2 francs fait disparaître 5 000 tonnes. Voilà donc 5 000 tonnes pour lesquelles l'utilité peut être évaluée au maximum à 2 francs.
>
> En mettant ainsi en regard des impôts les quantités de transport qui disparaissent, nous arriverons pour les 20 000 nouvelles tonnes transportées par le canal au résultat suivant :

7 000 tonnes	à 1 fr	7 000 fr
5 000 tonnes	à 2 fr	10 000 fr
4 000 tonnes	à 3 fr	12 000 fr
3 000 tonnes	à 4 fr	12 000 fr
1 000 tonnes	à 5 fr	5 000 fr
20 000 tonnes		**46 000 fr**

Soit 2,3 francs d'utilité moyenne au lieu de 5 francs qu'aurait donné le calcul basé uniquement sur la diminution des frais de production. Si on ajoute à ces 46 000 francs d'utilité les 50 000 correspondant aux 10 000 tonnes de la consommation primitive, et que nous aurions pu comprendre dans la même formule, puisqu'elles disparaissent avec un impôt de 5 francs, on arrive à un chiffre de 96 000 francs pour l'utilité totale relative à cette nature de transports. La formule de M. Navier donnerait 30 000 x 87 = 2 610 000 francs. N'est-il pas nécessaire avant d'entreprendre un canal de savoir si son utilité est l'une ou l'autre de ces deux quantités ? » 1844.

Le nouveau critère de la gestion publique du monopole

J. Dupuit, en traçant **la courbe de consommation** [1] se rend parfaitement compte de ce que pourrait être la stratégie d'un *monopoleur privé* confronté à une telle courbe. Pour maximiser son profit, il serait conduit à **discriminer,** c'est-à-dire à pratiquer des «prix à la tête du client» pour capter à son profit « le surplus du consommateur ».

J. Dupuit va inventer en quelque sorte la notion de **surplus du consommateur** qui correspond à l'idée suivante : lorsque se forme un prix sur un marché, il existe souvent des consommateurs qui seraient prêts à payer plus cher mais qui ,du fait des préférences et des revenus des autres consommateurs, bénéficient d'un prix plus avantageux que leur estimation subjective personnelle.

Prix	Quantités	Utilité	Recettes Brutes (1)	Recettes nettes (2)	Coûts (1-2)
0	100	445	0	- 200	200
1	80	425	80	-80	160
2	63	391	126	0	126
3	50	352	150	50	100
4	41	316	164	82	82
5	33	276	**165**	99	66
6	26	**234**	156	**104**	52
7	20	192	140	100	40
8	14	144	112	84	28
9	9	99	81	62	18
10	6	69	60	48	12
11	3	36	33	27	6
12	0	0	0	0	0

NOTE : **Recettes brutes** = Prix x quantités
Coûts = Coût fixe unitaire de 2 francs x quantités.

J. Dupuit indique alors ce que peuvent être les **contre-stratégies** : une gestion publique dans l'intérêt social, ou une solution plus équilibrée de gestion préservant l'intérêt des différents partenaires. Homme d'action, et non doctrinaire, il cherche à trouver des critères clairs qui permettent de savoir si l'État doit agir ou s'abstenir. Pour

[1] Ou courbe d'utilité marginale ou « loi du débit » chez Cournot, ou encore courbe de demande dérivée de la carte des courbes d'indifférence dans les manuels de micro-économie.

visualiser son raisonnement, inversons la courbe de consommation que Dupuit a imaginé en 1849, courbe où les quantités étaient en ordonnées.

Nous pouvons alors construire un diagramme où les prix sont en ordonnée et les quantités en abscisse.

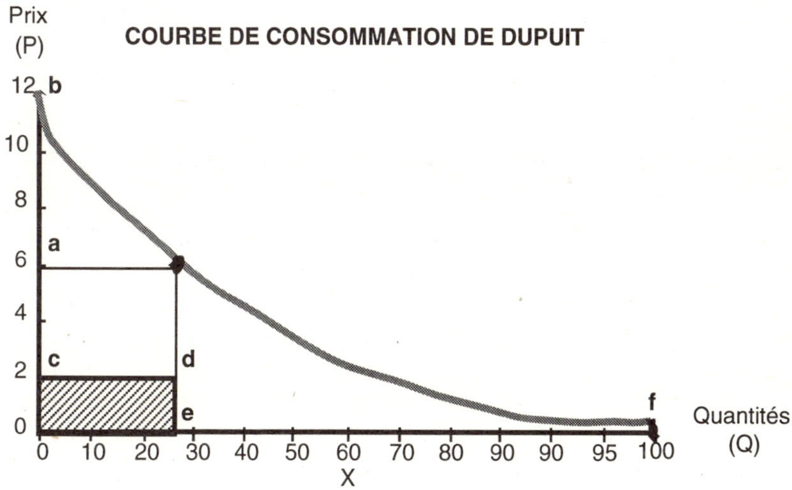

L'aire sous la courbe correspond à **l'utilité totale,** soit 445 francs; cette valeur s'obtient à partir de la considération des utilités finales :

(12 x 3) +(11 x 3) + (10 x 3) + (9 x 5) +...+ (1 x 100).

J. Dupuit indique que, dans le cas du **monopoleur privé,** la solution choisie risque d'être un prix de 6, des quantités égales à 26, des coûts de 52, et une recette nette marginale égale à 104, soit la solution ***MP*** du graphique.

Alors, l'utilité totale se décompose en quatre parties : les coûts d'entretien (52) soit la surface hachurée; le *surplus du consommateur* (aire *abMP* =78); le « surplus du producteur » ou recette nette (aire *caMPd* = 104) et enfin, *l'utilité perdue* (aire *eMPf* = 211), c'est-à-dire cette utilité qui pourrait être procurée aux consommateurs ou usagers si le bien ou service était vendu moins cher.

L'exemple montre clairement **l'écart entre l'optimum pour le monopoleur et l'optimum social,** ce dernier consistant à minimiser l'utilité perdue, c'est-à-dire à satisfaire tout usager potentiel.

Mieux encore, J. Dupuit montre que le monopoleur peut s'éloigner davantage de l'optimum s'il a la possibilité de discriminer. Il réduira ainsi le surplus du consommateur en pratiquant une structure de prix qui pénalise ceux qui sont les plus motivés pour acheter le bien; pour éviter cela, Dupuit justifie **une gestion publique** des situations monopolistiques. L'objectif public sera non le maximum de profit comme dans le privé mais *la maximisation du surplus du consommateur.* La tarification publique aura alors pour seule contrainte, **la couverture des coûts** du service rendu par le public. Ainsi le monopole public sera optimal socialement, à la différence du monopole privé !

♦ **Le monopoleur privé** placé dans une situation sans bénéfice va être amené à discriminer les consommateurs par les prix.
Cela s'observe aisément à travers l'exemple suivant : supposons qu'un coût fixe de 110 soit pris en compte dans l'exemple précédent. Dupuit obtient alors le tableau suivant :

Prix	Quantités	Utilité	Coûts variables	Coûts fixes	Coût total	Revenu brut	Revenu net
0	100	445	200	110	310	0	- 310
1	80	425	160	110	270	80	- 190
2	63	391	126	110	236	126	- 110
3	50	352	100	110	210	150	- 60
4	41	316	82	110	192	164	- 28
5	33	276	66	110	176	165	- 9
6	26	234	52	110	162	156	**-6**
7	20	192	40	110	150	140	- 10
8	14	144	28	110	138	112	- 26
9	9	99	18	110	128	81	- 47
10	6	69	12	110	122	60	- 62

Dans une telle situation, le tarif unique engendre une perte de 6 francs dans le meilleur des cas (chiffre en gras). Le monopoleur privé aura donc intérêt à choisir, par exemple, d'instituer deux types de tarifs. Une première classe à 8 francs et une seconde classe à 6 francs permettraient d'obtenir du profit. Alors 14 personnes paient 8 francs, soit une recette brute de 112 francs et 12 personnes paient 6 francs soit une recette brute de 72 francs. Au total, on obtient un profit de 22 francs car les coûts totaux sont de 162 francs (52+110) pour une recette brute de 184 francs. **Le surprofit** engendré par la discrimination tarifaire est de 28 francs [22 F - (-6F)]. Ce profit de monopole est donc acquis au détriment du surplus du consommateur qui n'est plus alors que de 50 francs.

♦ **Le monopoleur public,** affirme Dupuit, peut réaliser une solution meilleure du point de vue de l'intérêt social en ayant une politique différente de discrimination des prix et en couvrant les coûts totaux (équilibre budgétaire). Ce raisonnement pourrait être transposé au cas des tarifications non linéaires (par exemple, aujourd'hui le tarif SNCF).

EXEMPLE

S'il fixe le tarif de première classe à 6 francs et celui de seconde classe à 2 francs, 26 personnes paient 6 francs (recette de 156) et 37 paient 2 francs (recette de 74 francs). La recette brute totale est égale à 230 francs. Compte tenu des coûts totaux [110 F + (63x2) F], le compte est presque équilibré. Le résultat net est de -6 francs... L'utilité totale de 445 F se décompose en 236 de coûts, - 6 F de surplus du producteur public, 161 francs de surplus du consommateur et 54 francs d'utilité perdue. Nous sommes quasiment à **l'optimum social.**

Augustin Cournot (1801-1877)

UN PIONNIER DU MARGINALISME

Un théoricien en avance sur son temps

♦ **Homme polyvalent,** Augustin Cournot sera à la fois mathématicien, philosophe et économiste. Si la postérité le retient comme économiste, il est d'abord mathématicien professionnel.

Le physicien et statisticien Poisson le remarque et l'aide à trouver un poste de professeur de mathématiques à Lyon en 1834. Il travaille alors sur **les probabilités** et sa philosophie est marquée par la croyance dans les lois du hasard; il prône un véritable *probabilisme* qui est en avance sur la pensée scientifique de son époque car il ne trouvera des applications scientifiques classiques qu'avec la physique quantique et les travaux de Heisenberg notamment. Il écrit en 1843 un ouvrage sur ce thème : *Exposition de la théorie des chances et des probabilités.* Il n'oublie pas la pédagogie des mathématiques et rédige, en 1841, un *Traité élémentaire des fonctions et du calcul infinitésimal.* Sa réflexion sur **l'histoire et la méthode** est contenue dans son ouvrage de 1861 *Traité de l'enchaînement des idées fondamentales dans les sciences et dans l'histoire.* Il annonce largement V. Pareto en opposant ce qui relève de l'irrationnel et du subjectif, ce qui est historique et, enfin, en exposant la théorie pure. Il est nommé inspecteur général des études mathématiques, puis recteur de l'académie de Dijon en 1854.

♦ **Théoricien novateur et méconnu** en économie, sa notoriété sera faible de son vivant mais immense après sa mort. Walras le consacrera en affirmant qu'il est le « père de l'économie mathématique ». Edgeworth s'inscrira dans ses traces.

Son ouvrage majeur de 1838 en économie est *Recherches sur les principes mathématiques de la théorie des richesses.* Il doit publier à compte d'auteur ses travaux sur l'économie et il n'aura aucun succès. Le public boude un ouvrage austère et mal distribué; mais surtout, il ne touche pas les économistes de l'époque qui ne sont guère habitués à une approche mathématisée.

Aujourd'hui, Cournot est reconnu comme l'un des grands fondateurs de l'économie tant en France que dans les pays anglo-saxons.

Son analyse de **l'équilibre partiel,** complétée par A. Marshall, son étude de **la concurrence imparfaite** et sa prise en compte de la notion **d'équilibre général** en font un véritable *pont aux ânes* des apprentis micro-économistes. Son approche franchit d'autant mieux le temps qu'elle est épurée de beaucoup d'éléments concrets et que l'on peut y trouver **une économie de marché modélisée** indépendante du temps et de l'espace. Conscient de l'intérêt de son œuvre économique et de son accès difficile, Cournot publie en 1863 *Principes de la théorie des richesses,* ouvrage qui n'est au fond qu'une simple reprise des *Recherches* de 1838 mais expurgée des mathématiques afin de faciliter l'accès à son œuvre. De plus en plus marqué par l'étude de l'économie, il écrit une *Revue sommaire des doctrines économiques* qui est éditée en 1877.

Mais il finit sa vie en précurseur méconnu; solitaire après sa retraite de 1862, il devient aveugle et ignorera que ses travaux feront partie du panthéon de l'analyse économique.

Les textes et les idées clés d'A. Cournot

L'analogie avec la mécanique rationnelle

L'originalité de Cournot réside probablement dans son application des sciences à l'économie. En particulier, il dégage en économie des relations fonctionnelles pures par analogie avec la mécanique rationnelle. Les statistiques et les probabilités sont aussi des moyens d'analyse scientifique qu'il trouve adaptés à l'économie.

A. Cournot, dans ses études sur les probabilités, assigne un but à **la statistique :**

> « Nous entendons par statistique la science qui a pour objet de coordonner des faits nombreux dans chaque espèce, de manière à obtenir des rapports numériques sensiblement indépendants des anomalies du hasard et qui notent l'existence des causes régulières dont l'action s'est combinée avec celle des causes fortuites. »
>
> *Exposition de la théorie des chances et des probabilités,* 1843.

Il insiste sur l'idée que, même en cas d'incertitude ou d'imprécision sur les données, l'analyse doit malgré tout rechercher des relations déterminées entre les variables… Il refuse de simples liaisons arithmétiques mais veut trouver des équations de type algébrique et des relations fonctionnelles qui expriment des liaisons économiques de base. Ne disposant pas encore des outils modernes des économètres, il anticipe sur l'idée que l'on peut approcher la réalité économique en usant de fonctions qui modélisent la réalité.

> « L'analyse, en faisant voir quelles relations déterminées subsistent entre des quantités inconnues, réduit les inconnues au plus petit nombre possible et guide l'observateur dans le choix des observations les plus propres à faire découvrir les valeurs. Elle réduit et coordonne les documents statistiques; elle diminue en même temps qu'elle éclaire les travaux des statisticiens.»
>
> *Recherches sur les principes mathématiques de la théorie des richesses,* 1838, p 51.

Des richesses à la demande

L'œuvre de Cournot est profondément homogène. De 1838 avec les *Recherches* à 1863 avec ses *Principes de la théorie des richesses,* A Cournot fait preuve d'une grande confiance dans sa croyance dans les applications mathématiques en économie et dans sa référence à la méthode expérimentale. Il se montre aussi parfaitement capable de s'élever jusqu'à l'interprétation des phénomènes sociaux.

Il n'est pas simplement **le fondateur de l'économétrie;** il propose une *philosophie sociale.* Il construit son modèle à partir de la question de l'organisation de la production et de la répartition des richesses. La *chrématogénie* étudie la génération des richesses. La *dianémétique* s'intéresse au partage et à la distribution des richesses.

Mais comment mesurer la richesse ?

La réponse d'A. Cournot anticipe sur celles que fourniront L. Walras et l'école autrichienne. Pour lui, c'est la valeur d'échange qui fonde la richesse. Le prix demandé par le consommateur est donc l'unité de base de la richesse. Ce prix que veulent bien payer les demandeurs est une fonction de la rareté. Cournot fait pleinement confiance au marché institué.

♦ **Les richesses sont :**

> « Les choses auxquelles l'état des relations commerciales et les institutions civiles permettent d'attribuer une valeur d'échange.»

Principes de la théorie des richesses, 1863, p 2.

> « L'extension du commerce et le perfectionnement des procédés commerciaux tendent à rapprocher de plus en plus l'état réel des choses de cet ordre de conceptions dont la rigueur abstraite est un des postulats de la théorie. En fait de négoce, tout devient de plus en plus susceptible d'évaluation et, par conséquent, de mesure. »

Principes de la théorie des richesses, 1863, p 3.

♦ **Ce processus du marché** renvoie à l'existence de **la demande;** *l'offre* n'est que la contrepartie obligatoire de la demande. Cournot formule ainsi sa pensée :

> « La loi de la demande [...] tient essentiellement au chiffre de la population, au mode de répartition des richesses, à l'aisance, aux goûts, aux habitudes des populations qui consomment, à la multiplication des débouchés, à l'extension du marché par suite de la facilité des transports. »

Ibid.

Cette loi de la demande est présentée dans les *Recherches* sous le nom de **loi du débit,** la demande étant généralement une fonction décroissante du prix. Notons que A. Cournot précisera que, dans certains cas, la relation n'est pas vérifiée car il a une prescience de *l'effet Veblen* selon lequel un prix élevé peut rendre désirable des biens supposés de qualité. Cournot modélise en admettant une fonction de demande **continue,** c'est-à-dire « qui ne passe pas soudainement d'une valeur à une autre mais qui prend dans l'intervalle toutes les valeurs intermédiaires. » Il s'en explique ainsi :

> « Une denrée est d'ordinaire d'autant plus demandée qu'elle est moins chère. Le débit ou la demande — car pour nous ces deux mots sont synonymes, et nous ne voyons pas sous quel rapport la théorie aurait à tenir compte d'une demande qui n'est pas suivie d'un débit — le débit ou la demande, disons-nous, croît en général quand le prix décroît. »

Recherches sur les principes mathématiques de la théorie des richesses, 1838, p 48.

♦ A. Cournot est le premier à exprimer une fonction de demande exprimant les quantités (Q) en fonction du prix : $Q = F(p)$. La recette totale, égale au prix que multiplient les quantités, s'écrit : $\boxed{R = p \times Q = p \times F(p)}$.

« Puisque la fonction F(p) est continue, la fonction p x F(p) qui exprime la valeur totale de la quantité débitée annuellement le sera aussi. Cette fonction deviendrait nulle si p était nul. La fonction p x F(p) s'évanouit encore quand p devient infini. donc puisque la fonction p x F(p)va d'abord en croissant avec p, puis finalement en décroissant, il y a une valeur de p qui la rend maximale et qui est donnée par $F(p) + p \times F'(p) = 0$, F' désignant, suivant la notation de Lagrange, le coefficient différentiel de la fonction F. »

Recherches sur les principes mathématiques de la théorie des richesses, 1838, *p 56.*

A. Cournot a donc énoncé les conditions du premier ordre (sur la dérivée première); il formule celles du second ordre (sur la dérivée seconde) afin d'obtenir **le maximum de recette totale.** Précisons qu'il exprime clairement la notion **d'élasticité de la demande par rapport au prix** : $\frac{\Delta Q/ Q}{\Delta P/ P}$; il fournit une interprétation géométrique de cette notion économique clé. Le terme d'*élasticité* ne sera utilisé pour la première fois qu'en 1889 par Vordling et systématisé par A. Marshall.

Du monopole à la concurrence

Cournot procède de façon progressive en passant du simple au complexe. Il part du monopole (un producteur) puis étudie le duopole (deux producteurs), l'oligopole (quelques producteurs) et enfin la concurrence généralisée entre les producteurs.

♦ **Dans le cas du monopole,** A. Cournot envisage un propriétaire d'une source d'eau minérale. Il faut trouver comment maximiser le profit dans le cas d'une source capable de faire face à la demande. Cournot procède en étudiant l'évolution des recettes marginales et des coûts marginaux. Il est avec Von Thunen **le premier grand marginaliste systématique.**

Le profit est écrit de la manière suivante lorsque les coûts sont fonctions des quantités :

$$\pi = P \times D(p) - \phi\,[D(p)]$$
$$= \text{Recette totale} - \text{coût total}$$

En maximisant π , on obtient que **le profit est maximal quand la recette marginale est égale au coût marginal.** En dehors de toute mathématique complexe, cela s'interprète aisément : lorsque le supplément d'argent qui rentre dans les caisses en produisant plus devient inférieur au coût nécessaire pour produire, on comprend que c'est le moment exact où il faut cesser d'augmenter l'échelle de production. C'est le « point de Cournot ».

Cette règle d'action du monopoleur présente chez A. Cournot la particularité suivante : **la variable autonome du monopoleur est le prix** et la variable endogène est la quantité. Cette présentation est identique à celle de L. Walras mais inverse de celle d'A. Marshall.

Il en résulte que le coût marginal et la recette marginale sont définis ici par rapport à des variations du prix (alors que dans les présentations modernes, on raisonne par rapport à des variations de quantité).

♦ **Dans le cas du duopole**, A. Cournot envisage l'existence de deux sources d'eau de qualité identique. Il fournit la base d'une présentation moderne qui sera utilisée et critiquée plus tard par F.Y. Edgeworth et J. Bertrand.

«Dès lors le prix est nécessairement le même pour l'un et l'autre propriétaire » considère A. Cournot; le paramètre d'action du producteur n'est plus, comme dans le cas du monopole, le prix ,mais **le partage du marché** et les quantités fournies par l'un et l'autre...

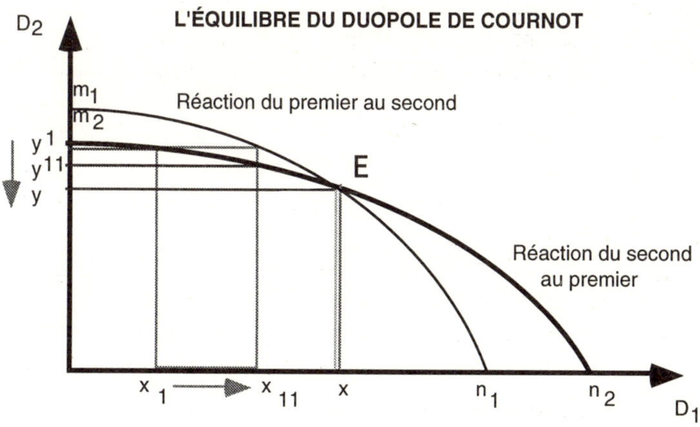

> « Soit p le prix de marché, D = F(p) le débit total, D_1 le débit de la source (1), D_2 celui de la source (2) de sorte que $D_1 + D_2 = D$.
> En négligeant pour débuter les frais d'exploitation, les revenus des propriétaires seront respectivement $p \times D_1$, $p \times D_2$; et chacun de son côté cherchera à rendre ce revenu le plus grand possible. »

Recherches sur les principes mathématiques de la théorie des richesses, 1838, p88.

• Le premier producteur veut maximiser son profit, son paramètre d'action est D_1 et D_2 est donné pour lui. Il cherche à maximiser son profit pour un niveau donné du débit de son concurrent D_2.

• Le second producteur agit de même pour un niveau donné du débit D_1 de son concurrent. Cournot décrit alors les conditions de maximisation du premier ordre permettant de déterminer D_1 et D_2 et par conséquent D et p. Mieux, Cournot propose une solution géométrique au **problème de l'équilibre du duopole.**

Cette solution est stable, c'est **un équilibre des forces : E**

> « La situation d'équilibre, correspondant au système de valeur Ox, Oy est donc stable; c'est-à-dire que si l'un ou l'autre des producteurs, trompé sur ses vrais intérêts, vient à s'en écarter momentanément, il y sera ramené par une suite de réactions, toujours diminuant d'amplitude.»

Ibid, p 91.

C'est la première fois qu'**une recherche de stabilité d'équilibre** est modélisée par un économiste de façon formelle. P. A. Samuelson, un siècle plus tard dans ses *Fondements de l'analyse économique,* proposera une analyse dynamique de la stabilité.

Calculs Illustrant la méthode mathématique de Cournot

Supposons que la courbe de demande soit régie par l'équation : $p = 10 - D$
La recette totale = prix x quantités demandées, donc : $R = p \times D = 10\,D - D^2$
La recette marginale s'obtient par dérivation: $R' = -2D + 10$
Le coût total est donné par la fonction : $F(D) = 1/2 \times D^2$
Le coût marginal est fourni par la dérivée première du coût total : $C' = F'(D) = D$
Les duopoleurs ont intérêt à produire jusqu'au point où la recette marginale est égale au coût marginal donc $R' = C'$; autrement dit pour $-2D + 10 = D$ soit lorsque $D = 10/3$. Ce niveau de demande est réalisé pour le prix $P = 10 - D$ avec $D= 10/3$, donc $p = 20/3$.

Note : Notations modernes

Mais le duopole était une forme de marché peu répandue à l'époque. A. Cournot s'en sert surtout pour passer à l'analyse du cas de la concurrence. Déjà en duopole, il montre que le prix est moindre qu'en monopole, et il conclut le « résultat de la concurrence est d'abaisser les prix. »

♦ **Dans le cas de la concurrence,** A. Cournot suppose que le producteur n'a aucune influence sur le prix. Il démontre par son modèle que le prix sur un marché concurrentiel est le plus bas et qu'il correspond pour le consommateur à une situation optimale. Cette apologie du marché est cependant nuancée :

> « S'il y a dans le monopole un principe de désaccord entre l'intérêt particulier et l'intérêt général, il y en a un autre dans la concurrence [...]. Quand l'aiguillon de la concurrence pousse à avilir les prix, notamment le prix du travail, jusqu'à amener le malaise des producteurs et à vicier les organes de la production, il ne nuit pas seulement à ceux qui en souffrent immédiatement, il devient nuisible au corps social tout entier, quelque avantage apparent qu'il donne pour le moment à d'autres classes de la société. »
>
> *Principes de la théorie des richesses,* livre IV, ch II.

♦ On retiendra que Cournot et Launhardt (en 1885) sont aussi les ancêtres de la théorie de la concurrence imparfaite et ce avant Sraffa, Hotelling, Chamberlin, Robinson, Stackelberg et Kaldor.

Une philosophie sociale à dévoiler

Cournot est loin de se réfugier comme F. Bastiat dans le rêve d'une harmonie universelle régnant à partir de l'interaction des choix individuels.

> « L'initiative venant [...] d'en haut, l'activité, le génie d'entreprises, la hardiesse et la constance appartenant aux classes supérieures, il y a, par la force des choses, exploitation des classes inférieures à l'avantage des classes supérieures ou dirigeantes. De là, le plus redoutable antagonisme dans l'avenir pour le repos des sociétés. »
>
> *Principes de la théorie des richesses,* livre IV.

A. Cournot est confronté aux problèmes déjà posés par l'école historique allemande et par F. List en particulier. Il s'interroge sans *a priori* sur le rôle de l'association des travailleurs, sur l'intérêt de la réglementation et sur les effets de l'interventionnisme public :

> « En présence d'inconvénients si palpables, dus à la libre concurrence, comment ne se produirait-il pas des systèmes d'association et de discipline et de réglementation? Comment s'étonner des grèves, des coalitions d'ouvriers, des pactes entre chefs d'industries, qui sont autant de protestations contre l'état d'indépendance et d'isolement, autant de tentatives pour enrégimenter et discipliner les différentes catégories de travailleurs ? »
>
> *Ibid.*

Pour lui, il ne faut négliger ni la question sociale, ni l'appartenance nationale.

> « La formation des grandes nationalités doit être considérée comme un progrès économique, malgré les charges croissantes qu'imposent aux peuples les frais d'une administration plus compliquée, l'entretien des grandes armées, le goût des grandes entreprises, suites naturelles d'un accroissement de puissance. »
>
> *Ibid.*

Enfin, **Cournot ne pense nullement détenir les clés de l'optimum social :** il reste interrogatif y compris pour l'avenir conforme à ses préférences :

> « Quelle est cette échelle de distribution de la richesse qui satisfait au vœu de l'égalité démocratique ou philanthropique, autant qu'on puisse y satisfaire sans nuire essentiellement aux conditions organiques de la production ? Personne ne pourrait le dire; personne ne pourrait donner la formule de cette loi idéale, qui certainement n'a pas la simplicité que notre esprit recherche, du moins tant qu'on n'aborde pas franchement l'utopie. »
>
> *Ibid.*

Ainsi par-delà le Cournot mathématicien et froid des manuels, il y a un Cournot **réformiste** qui s'interroge et reste ouvert sur la justice sociale et sur la nécessité des institutions. Il estime nécessaire d'insérer l'économie pure dans l'économie sociale et juridique.

Émile Cheysson (1836-1910)

LE GÉOMÈTRE EN ÉCONOMIE

Biographie et bibliographie synthétique

É. Cheysson a dix-huit ans en 1854 quand il entre à l'École polytechnique. Puis, en 1856, il est admis à l'École des ponts-et-chaussées. Il sera l'assistant de F. Le Play lors de l'Exposition universelle de Paris, en 1867. Il partage avec lui une conception sociale harmonique : capital et travail sont plus des associés faits pour s'entendre que des réalités antagoniques.

En 1870, il est appelé pour résoudre quelques problèmes de «l'économie de guerre». En particulier, il utilise l'énergie de quelques locomotives à vapeur pour faire tourner les moulins à farine. Il est ensuite directeur d'usine au *Creusot* de 1871 à 1874. Ce poste d'observation lui fait connaître les problèmes économiques qui conditionnent les choix techniques... Il fait face à des relations sociales dans une entreprise géante de 15 000 ouvriers.

♦ De retour dans le corps des ponts-et-chaussées en 1875, il est à la Direction de la division des cartes et plans au ministère des Travaux publics. Il y édite 12 volumes du Bulletin de statistique et de législation comparées et 13 volumes d'albums de statistique graphique. C'est ainsi qu'il arrive à être un spécialiste soucieux de perfection dans le domaine de **la statistique géométrique.**

♦ Il devient enseignant d'économie à l'École libre des sciences politiques de 1882 à 1910. Il publie un ouvrage de statistique géométrique en 1885, ce qui témoigne de la persistance de son intérêt pour la visualisation des faits. Il sera aussi enseignant de 1885 à 1906 à l'École des mines dont le rôle est primordial pour former les ingénieurs économistes français. Son enseignement prend une forme écrite dans ses *Cours d'économie industrielle,* qui font partie des *Annales des mines* (1889, vol.15). Son audience est importante car l'ouvrage *Émile Cheysson, œuvres choisies* ne comprendra en 1911 pas moins de 546 publications aux éditions Rousseau.

Le défenseur de la « statistique géométrique »

Le grand souci d'E. Cheysson est d'édicter des règles pour construire des bonnes statistiques. Il précise systématiquement la démarche à adopter pour la collecte des données, leur dépouillement, leur classement; puis il aborde la phase de calcul et le mode de présentation. Il défend l'intérêt de la monographie :

> « La **monographie,** étude approfondie d'un sujet choisi comme type [...], choix guidé par les grandes statistiques synthétiques et par les enquêtes administratives [...] vise la qualité plus que la quantité des observations. »
>
> *La Méthode statistique.*

En termes d'économie appliquée, E. Cheysson pense qu'il existe une méthode géométrique pour approcher la solution de plusieurs problèmes micro-économiques. Cette méthode permet de faire, dans une certaine mesure, l'impasse sur l'algèbre. Il fournira plusieurs exemples de ce type :

♦ Le nom d'E. Cheysson est ainsi associé à **l'économie du transport.**

• Les chemins de fer étaient en 1871 peu rentables pour les entrepreneurs privés. L'État, pour assurer le service public, s'est orienté vers la propriété publique de quelques lignes. En 1883, un nouveau compromis instaure un partage des profits et des pertes entre les compagnies et l'État. Ce partage peut s'analyser comme un impôt à la production. Pour savoir comment doit être gérée la compagnie, Cheysson réunit sur un même graphique les données permettant de discuter de la maximisation du profit de l'entreprise de chemin de fer. Sa méthode classique en économie des transports est la suivante. Il trace une courbe des débouchés, c'est-à-dire la demande, *CP* qui fait varier les quantités comme une fonction décroissante des prix. Puis il déduit la courbe de revenu brut total *OAP,* car on connaît la recette obtenue lorsque l'on connaît un prix et une quantité donnée de la demande. A l'aide d'une fonction de coût total estimée en partie grâce à la statistique pour un niveau donné de la demande et en fonction du parc ferroviaire disponible, il peut tracer la courbe de revenu net ou de profit (recettes-coûts). Le maximum du revenu net correspondant peut donc être trouvé graphiquement, c'est le point *N* de la figure d'E. Cheysson.

LE POINT DU MAXIMUM DE PROFIT

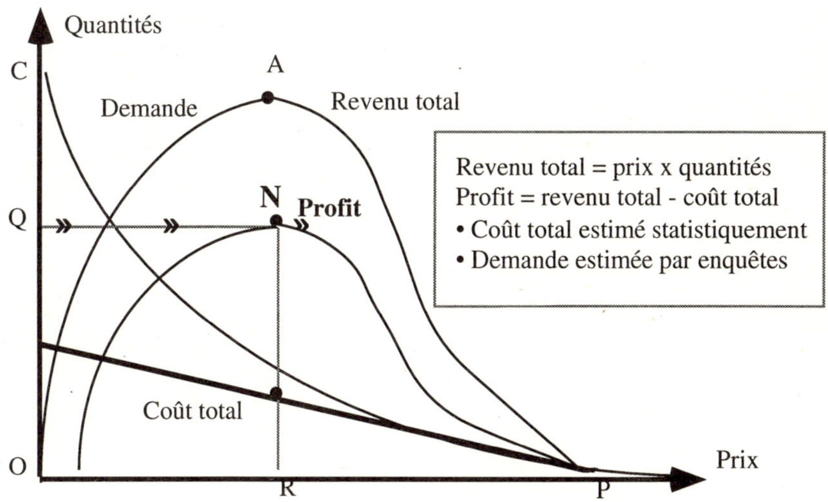

• E. Cheysson étudie le problème de **la concurrence rail-route** selon les tarifs pratiqués. Il trace géométriquement les courbes d'indifférence des utilisateurs entre les deux moyens de transport. Il fait pour cela des enquêtes.

♦ Puis E. Cheysson observe que sa méthode de statistique géométrique possède des applications **fiscales.** Il utilise un *modèle empirique* de consommation d'alcool et de coûts d'administration nécessaires à la collecte de la taxe sur les alcools. Il détermine alors la taxe optimale qui permet de maximiser les recettes en tenant compte du coût de perception.

C. Colson (1853-1939)

UNE CHARNIÈRE ENTRE LE MARGINALISME ET J. RUEFF...

Colson a aussi un parcours scolaire typique des ingénieurs économistes. Il est élève de l'École polytechnique puis de l'école des ponts-et-chaussées. Il sera lauréat du concours du Conseil d'État et détaché au ministère des Travaux publics. Il devient professeur à H.E.C. à partir de 1885 et il enseigne l'économie politique aux ponts-et-chaussées et à polytechnique; enfin il sera professeur à Sciences politiques.

Il rédige *le Cours d'économie politique* (1901-1907). Puis *Organisme économique et désordre social* (1918).

Ses principales contributions sont les suivantes :

• il approfondit l'idée d'équilibre partiel, développe la relation de cause à effet, et enfin précise l'idée d'équilibre général comme relation d'interdépendance;

• il différencie productivité et rentabilité, prix de revient marginal et individuel et prix de revient social. C. A. Pigou procédera de même;

• il montre que la répartition des revenus dépend de la productivité des facteurs et de leur plus ou moins grande rareté selon le raisonnement de Wicksteed.

Il est libéral et partisan d'un État peu interventionniste. Seules les assurances sociales et la prévention des accidents du travail relèvent, selon lui, de l'action de l'État.

Colson aura un rôle clé dans la formation de quelques grands économistes français de renom : F. Divisia, J. Rueff et R. Roy. Il leur donnera le goût de la statistique et Divisia développera la théorie des indices en chaîne dont le rôle est nécessaire pour faire évoluer dans le temps les indices des prix. Divisia sera aussi un des premiers à définir le champ de l'économétrie comme devant « favoriser l'avancement de la théorie dans ses rapports avec la statistique et les mathématiques. »

LA CONTRIBUTION DÉCISIVE DES INGÉNIEURS FRANÇAIS

Ainsi, l'École française des ingénieurs mathématiciens a-t-elle forgé des outils qui ont mené à l'observation de l'économie nationale, à la comptabilité nationale et à la modélisation. Pour eux, l'économie est d'abord une réalité positive où l'on constate les grandeurs. Au service du public sur le terrain, elle désire disposer de moyens de travailler de façon efficace. Ainsi la question de la mesure de l'utilité publique est avant tout une façon de réaliser les travaux publics essentiels en ne gaspillant pas l'argent du contribuable.

Plus généralement, cette école ouvre la voie à la modélisation de l'équilibre économique général avec pour fondement l'individualisme méthodologique. On notera que ce parti pris sur la méthode n'entraîne pas cependant des conclusions en termes de «laisser-faire» anarchique ou de relégation de l'action collective publique. Pour les ingénieurs français il ne s'agit pas de réaliser un État minimal, leur but est avant tout l'État efficace car sobre et entreprenant seulement quand il est au moins aussi efficient qu'un autre agent économique.

3.2.4. L'école de Lausanne

Léon Walras (1834-1910)

UN PENSEUR MARGINALISÉ FONDE LE MODÈLE CENTRAL

Genèse de la pensée d'un géant de l'économie

Les pères spirituels de Léon Walras

Léon Walras est né à Evreux en 1834. Son père Auguste Walras est à la fois philosophe, économiste et inspecteur d'académie.

Léon Walras est doublement influencé par son père.

• Pour A. Walras, la source de la valeur est **la rareté**; plus la quantité disponible d'un bien est faible, plus sa valeur sera forte. Il ne veut ni admettre la théorie anglaise de la valeur travail présente chez A. Smith et Ricardo, ni fonder la valeur sur l'utilité à la manière de J.-B. Say. L. Walras se ralliera aux thèses de son père.

• Dans la lignée de son père, L. Walras défend des idées relativement radicales sur l'impôt (*De l'impôt dans le canton de Vaud,* 1860); il s'oppose aux privilèges liés à la propriété des terres et prend parti pour les coopératives dans le journal *Le Travail,* qu'il anime avec Léon Say; il veut aussi une justice sociale qui corrige les inégalités de naissance.

Paradoxalement, celui qui fonde le modèle central de l'orthodoxie libérale en économie est ainsi sur le plan politique perçu comme **un socialiste** et même parfois un extrémiste; journaliste apprécié par son style et son ton, il s'oppose à son directeur en public lors d'un congrès sur l'impôt; cela met un terme à sa carrière naissante de journaliste.

♦ Lecteur précoce de Cournot, Léon Walras reconnaît clairement sa parenté avec celui qui fut ami et condisciple de son père :

> « Je suis dès à présent convaincu que, en résumé, nos résultats respectifs **se complètent** sans se contredire. Je désire que vous en pensiez de même. » En 1874, il confirme que c'est par A. Cournot que : « **La théorie du monopole** a été fournie sous sa forme mathématique, qui est la forme la plus claire et la plus précise. »

♦ Il découvre en lisant *Theory of Political Economy* (1872) que S. Jevons l'a précédé dans certaines découvertes :

> « M. Jevons répudie nettement toutes les erreurs de l'école anglaise. Comme il est philosophe, il a donné une importance et un développement particulier à la méthode d'expression mathématique et de représentation graphique des quantités morales : plaisir, peine, utilité. Nos deux ouvrages se confirment l'un l'autre et se complètent ainsi sans se nuire.»

Lettre à S. Jevons, juin, 1874.

♦ Ami du ministre J. Ferry, Léon Walras est pour une éducation libre et gratuite pour tous; dans l'esprit de Condorcet (1791), il propose des réformes éducatives hardies en faveur de l'éducation populaire.

Il propose en 1877 d'introduire l'économie politique dans les Facultés de Droit; il projette aussi d'utiliser celles-ci pour créer une section de science politique où l'on préparerait les carrières de la fonction publique; il imagine un projet qui n'est pas sans préfigurer l'E.N.A. actuelle. Mais il se révèle en ce domaine en avance sur son temps et ne sera pas immédiatement suivi; même son amitié avec le ministre ne lui permet pas d'être admis en France comme professeur titulaire…

Méconnu en France, prophète en Suisse !

♦ Léon Walras est un théoricien **sans diplôme** !

• L'un des trois plus grands économistes connaît un apprentissage placé sous le sceau de l'échec. Il est « collé » deux fois à l'entrée de Polytechnique, il entre à l'École-des-mines en 1854 mais triple sa classe et sort sans diplôme d'ingénieur ! Cette absence de parchemin lui sera fatale pour sa légitimation en France. Plus créateur que technicien, il maîtrise tardivement les techniques mathématiques de maximisation aujourd'hui enseignées aux étudiants de première année des facultés de sciences économiques.

• Dans sa biographie scientifique de L. Walras, H. Dumez a insisté sur l'indocilité d'un penseur novateur et adoptant une stratégie peu diplomatique pour faire avancer ses idées. J. Denizet souscrit à cet avis :

> « **Les novateurs sont des rebelles.** La réussite scolaire récompense les élèves dociles. Comme Einstein, Walras n'en était pas un, s'il l'avait été, il n'aurait pas *modélisé* l'économie avec cent ans d'avance sur son temps. »

Jean Denizet, *Le Figaro*, 21.1. 1986.

Léon Walras apparaît en France comme un hérétique, l'*establishment* français le réprouve. Sa première communication proposée à l'Académie des sciences morales et politiques se heurte à **l'incompréhension et à la méfiance** !

> « En prétendant faire de l'économie politique une science exacte, M. Léon Walras en a méconnu le vrai caractère : l'économie politique est une science morale qui a pour point de départ et pour but l'homme. »
>
> A. Wolonski, professeur d'économie, Académie, 1874.

♦ Léon Walras, n'obtient pas de poste en France. Il s'exile en Suisse où il passe les quarante dernières années de sa vie de 1870 à 1910. Connu comme maître de **l'école de Lausanne,** Léon Walras est parfois présenté comme un économiste suisse tant il est vrai que sa patrie d'adoption l'a mieux reconnu que celle de sa naissance !

Walras devenu **prophète à Lausanne,** Gide émet des regrets sur son départ :

> « Il est vraiment honteux de penser qu'en France, dans un pays qui occupe un rang éminent dans les sciences mathématiques et qui avec **Cournot** a inauguré l'économie politique, on ne compte pas un seul enseignant sur cette matière ni même un seul professeur qui fût en mesure de le donner ! Et par une singulière ironie, il se trouve que cet enseignement a été brillamment représenté à Lausanne pendant vingt ans par un Français mais qui est connu dans le monde entier comme Suisse : **Walras.** »
>
> C. Gide, *Rapport sur l'enseignement des sciences sociales,* 1900.

L'économie Walrasienne, une révolution théorique qui triomphe

Le propre des révolutions qui réussissent est de passer de la clandestinité ou de l'hérésie au statut de *nouvelle légitimité.*

Le résultat clé de Walras peut se résumer ainsi :

> « Walras a élaboré un modèle **d'interdépendance générale** où les consommateurs égalisent leur utilité marginale au prix des biens sur le marché des biens finaux, où les détenteurs de services égalisent l'utilité marginale des services qu'ils conservent au prix qui s'établit sur le marché des services, et où des producteurs combinent les services offerts, selon certaines proportions, pour produire les biens finaux; quantités et prix sont déterminés simultanément sur les deux marchés par l'égalité de l'offre et de la demande et par l'égalisation, du fait de la concurrence, du prix des biens finaux à leur coût de production.»
>
> *Panorama des sciences humaines,* Gallimard, 1963.

Triomphe de la science économique pour les uns, boîte vide pour les autres, ce **modèle central** est encore objet de polémiques parmi les économistes...

Quel objet économique veut comprendre Walras ?

Beaucoup de critiques de l'œuvre principale de Léon Walras tiennent à la méconnaissance de l'objectif précis qu'il s'est assigné en économie pure.

> « **L'économie politique pure** est essentiellement la théorie de la détermination des prix sous un régime hypothétique de libre concurrence absolue. L'ensemble de toutes les choses matérielles ou immatérielles, qui sont susceptibles d'avoir un prix parce qu'elles sont rares, c'est-à-dire à la fois *utiles* et *limitées en quantité,* forme la

> *richesse sociale*. C'est pourquoi l'économie politique pure est aussi *la théorie de la richesse sociale.* »
>
> Léon Walras, *Éléments d'économie politique pure (ou théorie de la richesse sociale)*, 1874-1877.

Léon Walras veut faire de l'économie une science :

> « Affirmer une théorie est une chose; **la démontrer** en est une autre. Je sais qu'en économie politique on donne et on reçoit tous les jours de prétendues démonstrations qui ne sont rien d'autre que des affirmations gratuites. Mais, précisément, je pense que l'économie politique ne sera une science que le jour où elle s'astreindra à démontrer ce qu'elle s'est à peu près bornée jusqu'ici à affirmer gratuitement.»
>
> *Ibid.*

L'équilibre général en concurrence pure et parfaite

Le raisonnement de L. Walras se situe d'emblée dans le cadre de la concurrence pure et parfaite :

> « **Cournot** passe du cas d'un monopoleur à celui de deux monopoleurs, et enfin du monopole à la concurrence indéfinie. J'ai préféré, quant à moi, partir de la concurrence indéfinie, qui est le cas général, pour arriver au monopole, qui est un cas particulier. »
>
> *Ibid.*

L. Walras s'intéresse au problème de **l'échange en général** et il formule pour cela la loi de l'offre et de la demande effectives ou loi d'établissement des prix d'équilibre.

Il postule d'abord **des possessions initiales et des dispositions à l'échange** chez les individus (pour deux marchandises, puis il généralise). Walras fait écho à la démarche de Jevons :

> « Prenons pour cela, un porteur de blé entre tous. Cet individu a du blé, mais il n'a pas d'avoine; il est désireux de garder une certaine quantité de blé pour lui, et disposé à en céder une certaine quantité en échange d'avoine pour ses chevaux. Tous les porteurs de blé, et non seulement tous les porteurs de blé d'un côté, mais tous les porteurs d'avoine de l'autre, sont dans des dispositions non pas semblables mais analogues. Et d'une façon générale, tout porteur d'une marchandise quelconque qui se rend sur le marché pour y échanger une certaine quantité de cette marchandise contre une certaine quantité de quelque autre marchandise y porte des dispositions à l'enchère, ou virtuelles, ou effectives, susceptibles d'une détermination rigoureuse. »
>
> *Ibid.*

Comme il y a plusieurs porteurs de la même marchandise :

> « **La courbe de demande** peut, en vertu de la loi dite des grands nombres, être considérée comme sensiblement continue.»
>
> *Ibid.*

Ensuite, **l'homo œconomicus** est supposé doté d'un *comportement dit rationnel de recherche du maximum de satisfaction de ses besoins,* c'est-à-dire du désir d'obtenir un maximum d'utilité. Ce comportement s'appuie sur une connaissance de la valeur des biens ou services ou plus simplement sur la relation qui unit la valeur et la quantité : la valeur d'un bien augmente avec sa rareté et diminue avec son abondance.

> « *La rareté est personnelle ou subjective,* alors que *la valeur d'échange est réelle ou objective*. C'est seulement en ce qui concerne tel ou tel individu qu'on peut, par l'assimilation rigoureuse de la rareté, de l'utilité effective et de la quantité possédée, d'une part, avec la vitesse, l'espace parcouru et le temps employé au parcours, d'autre part, définir la rareté : la dérivée de l'utilité effective par rapport à la quantité possédée, exactement comme on définit la vitesse : la dérivée de l'espace parcouru par rapport au temps employé à le parcourir. »
>
> *Ibid.*

Léon Walras ne cherche pas à approfondir la psychologie des échangistes à la différence des premiers Autrichiens. Il n'utilise nullement le terme *d'utilité marginale* comme le fera Von Wieser en 1889 dans son ouvrage *De la valeur naturelle.* Mais il raisonne incontestablement en **marginaliste.**

Deux hypothèses jouent un rôle clé pour l'analyse de Walras : la disposition à échanger des agents et leur connaissance de la variation de l'utilité effective en fonction de la quantité. A partir de cela, Léon Walras déduit que l'on peut *déterminer si les prix courants sont ou non des prix d'équilibre.* Les possesseurs de blé savent qu'ils vont demander de l'avoine, c'est-à-dire quelle est leur demande effective d'avoine qui est équivalente à leur offre effective de blé.

Le prix d'équilibre s'obtient ainsi :

> « Deux marchandises étant données, pour qu'il y ait équilibre du marché à leur égard, ou prix stationnaire de l'une en l'autre, il faut et il suffit que la demande effective de chacune de ces deux marchandises soit égale à son offre effective. Lorsque cette égalité n'existe pas, il faut, pour arriver au prix d'équilibre, une hausse du prix de la marchandise dont la demande effective est supérieure à l'offre effective, et une baisse du prix de celle dont l'offre effective est supérieure à la demande effective [..]. On voit clairement à présent ce qu'est le mécanisme de la concurrence sur le marché; c'est la solution pratique, et par hausse et baisse des prix, du problème de l'échange dont nous avons fourni la solution théorique et mathématique. On doit comprendre d'ailleurs que notre intention n'est aucunement de substituer une solution à l'autre. La solution pratique est d'une rapidité et d'une sûreté qui ne laissent rien à désirer. On peut voir sur de grands marchés fonctionnant même sans courtiers ni crieurs le prix courant d'équilibre se déterminer en quelques minutes, et des quantités considérables de marchandise s'échanger à ce prix en deux ou trois quarts d'heure. Au contraire, la solution théorique serait, dans presque tous les cas, absolument impraticable. »
>
> *Ibid.*

A l'équilibre, le rapport des utilités marginales et le rapport des prix s'égalisent :

> « Deux marchandises étant données sur un marché, la satisfaction maximale des besoins, ou le maximum d'utilité effective, a lieu, pour chaque porteur, lorsque le rapport des intensités des derniers besoins satisfaits, ou le rapport des raretés, est

égal au prix. Tant que cette égalité n'est pas atteinte, il y a avantage pour l'échangeur à vendre de la marchandise dont la rareté est plus petite que le produit de son prix par la rareté de l'autre, pour acheter de cette autre marchandise dont la rareté est plus grande que le produit de son prix par la rareté de la première. »

Ibid.

Léon Walras résume le cœur de son ouvrage :

« Mais toute cette théorie est **une théorie mathématique,** c'est-à-dire que, si l'exposition peut s'en faire dans le langage ordinaire, la démonstration doit s'en faire mathématiquement. Elle repose tout entière sur la théorie de l'échange, et la théorie de l'échange se résume tout entière dans le double fait, à l'état d'équilibre du marché, d'abord de l'obtention par chaque échangeur du maximum d'utilité, et ensuite de l'égalité de la quantité demandée et de la quantité offerte de chaque marchandise par tous les échangeurs. La mathématique seule peut nous apprendre la condition du maximum d'utilité. Elle le fait en attribuant à chaque échangeur, pour chaque objet de consommation ou service consommable, une équation ou courbe exprimant *l'intensité du dernier besoin satisfait*, ou *la rareté* en fonction décroissante de *la quantité consommée,* et en nous faisant voir que l'échangeur obtiendra la plus grande somme possible de satisfaction de ses besoins si, à certains prix criés, il demande et offre des marchandises en quantités telles que les raretés de ces marchandises après l'échange soient proportionnelles à leurs prix. Et la mathématique seule peut nous apprendre pourquoi et comment, non seulement dans l'échange, mais dans la production, la capitalisation et la circulation, on arrive à des prix courants d'équilibre en faisant la hausse du prix des services, des produits et des capitaux neufs dont la demande excède l'offre et en faisant la baisse du prix de ceux dont l'offre excède la demande. Elle le fait en déduisant d'abord des *fonctions de rareté,* des fonctions exprimant **l'offre** des services et **la demande** des services, produits et capitaux neufs en vue de la satisfaction maximale des besoins et des équations exprimant *l'égalité de l'offre et de la demande* de ces services, produits et capitaux neufs; et enfin en montrant :

1) que les problèmes de l'échange, de la production, de la capitalisation et de la circulation, ainsi posés, sont des problèmes déterminés, c'est-à-dire comportant des équations en nombre rigoureusement égal à celui des inconnues;

2) que le mécanisme de la hausse et de la baisse de prix sur le marché, combiné avec le fait du détournement des entrepreneurs des entreprises en perte vers les entreprises en bénéfice, n'est rien d'autre qu'un mode de résolution **par tâtonnement** des équations de ces problèmes.»

Ibid.

L'équilibre général de production est un état idéal et non réel !

Léon Walras précise la frontière entre la théorie pure et l'économie appliquée.

« Cet état d'équilibre de la production est, comme l'état d'équilibre de l'échange, un état idéal et non réel. Il n'arrive jamais que le prix de vente des produits soit absolument égal à leur prix de revient en services producteurs, pas plus qu'il n'arrive jamais que l'offre et la demande effectives des services producteurs ou des produits soient absolument égales. »

Ibid.

Profit nul à l'équilibre général de production

Un des résultats les plus surprenants du modèle d'équilibre général est qu'il suppose que le profit devient nul lorsque l'équilibre est réalisé ! Autant dire que l'aiguillon du système capitaliste devient une simple chimère dans le monde de l'économie pure. On est loin ici de l'exposé plus dynamique car centré sur l'évolution économique de J. Schumpeter...

« Sous le régime de libre concurrence, en effet, si dans certaines entreprises, le prix de vente des produits est supérieur à leur prix de vente, d'où résulte une **perte**, les entrepreneurs se détournent ou restreignent leur production, ce qui diminue la quantité des produits, en fait hausser le prix et réduit encore l'écart. [..] Ainsi, à **l'état d'équilibre** de la production, les entrepreneurs *ne font ni bénéfice ni perte.* Ils subsistent alors non comme *entrepreneurs*, mais comme propriétaires fonciers, travailleurs ou capitalistes dans leurs propres entreprises ou dans d'autres. J'estime que, pour tenir une comptabilité rationnelle, un entrepreneur qui est propriétaire du sol qu'il exploite ou qu'il occupe, qui participe à la direction de son entreprise, qui a des fonds engagés dans l'affaire, doit débiter ses frais généraux et se créditer lui-même d'un fermage, d'un salaire et d'un intérêt calculés au taux du marché des services producteurs et au moyen desquels il subsiste, sans faire à la rigueur, comme entrepreneur, ni bénéfice ni perte. »

Ibid.

La libre concurrence engendre l'optimum

Léon Walras pense être le premier auteur à avoir enfin rigoureusement démontré que la concurrence engendre effectivement un état économique que l'on peut appeler optimal.

« De plus, une importante vérité, que les économistes ont encore affirmée, mais non démontrée, est enfin établie, à l'encontre des négations socialistes, à savoir que le mécanisme de libre concurrence est, à certaines conditions et dans certaines limites, un mécanisme automoteur et autorégulateur de transformation des épargnes en capitaux proprement dits aussi bien que de transformation des services en produits. Et ainsi en matière de capitalisation et de crédit comme en matière d'échange et de production, la conclusion de l'économie politique pure nous fournit le point de départ de l'économie politique appliquée. »

Ibid.

Mais la libre concurrence suppose des conditions de perfection pas toujours rencontrées dans la réalité, égalité de tous les contractants, possibilité de connaître tous les prix, coût nul de l'information notamment :

« **La libre concurrence** en matière d'échange et de production procure le maximum d'utilité des services et des produits sous cette réserve qu'il n'y ait qu'une seule et unique proportion d'échange de tous les services et de tous les produits pour tous les échangeurs. La libre concurrence en matière de capitalisation et de crédit procure le maximum d'utilité des capitaux neufs sous cette réserve qu'il n'y ait qu'un seul et même rapport de l'intérêt net au capital pour tous les créateurs d'épargne. »

Ibid.

Les principales déductions d'économie pure de Léon Walras

♦ Pour **l'économie de la production,** il faut considérer trois séries de marchés :

• celui **des produits finis** disponibles pour la consommation;

• celui **des services producteurs** (services personnels et travail), les biens fonciers ou mobiliers distingués selon la nature du capital, « le capital étant tout bien durable qui ne se consomme qu'à la longue, toute utilité limitée en quantité qui survit au premier usage qu'on en fait. »

Ibid.

• **les marchés des capitaux** eux-mêmes.[1]

♦ C'est **l'entrepreneur** qui est l'agent de réalisation de l'équilibre entre les marchés. Son « rôle propre est de prendre à bail la terre du propriétaire foncier, les facultés personnelles du travailleur et le capital du capitaliste et d'associer, dans l'agriculture, l'industrie ou le commerce, les trois services producteurs. » Mais comme en concurrence « à l'état d'équilibre de la production, les entrepreneurs ne font ni bénéfice ni perte », on est loin dans l'œuvre de Léon Walras de l'entrepreneur *capitaine d'industrie ou chef de guerre* qui sera magnifié par A. Marshall, Veblen et Schumpeter.

« Dans le cas de la concurrence, l'entrepreneur est un intermédiaire dont on peut faire abstraction, et les propriétaires fonciers, travailleurs et capitalistes échangent entre eux des services producteurs sur le pied de l'équivalence. »

Éléments d'économie politique pure.

♦ Pour **la monnaie,** chaque individu sait à tout moment :

« Quelle encaisse il doit avoir pour rétablir ses approvisionnements et pour acheter des produits et des services consommables, au fur et à mesure de la consommation, en attendant les échéances de ses fermages, de ses salaires, de ses intérêts soit pour acheter des capitaux neufs » et que « la rareté ou la valeur du service de la monnaie est directement proportionnelle à son utilité et inversement proportionnelle à sa quantité. »

Ibid.

La monnaie est un bien comme un autre, peu importe pour Léon Walras le niveau général des prix; seuls les prix relatifs lui importent. **La monnaie est donc un voile,** elle n'est pas désirée pour elle-même mais pour les biens qu'elle permet d'acquérir dans l'échange.

---

[1] E. Von Böhm-Bawerk définira mieux les biens capitaux et leurs marchés .

Léon Walras, un réformateur radical

Morishima prévient clairement l'apprenti économiste contre les «lieux communs» des manuels économiques :

> « Il est entièrement faux de confondre Walras avec les walrasiens actuels, tout autant que de confondre Marx avec les marxistes. Walras ne s'est pas seulement préoccupé de la rigueur et de l'élégance de la théorie.
> Sur la base de sa théorie du capital, Walras proposa la nationalisation de nombre de propriétés privées (terres, monopoles naturels, chemin de fer, etc.), ce qui conduisait à une réforme fiscale, et sa théorie monétaire fournissait les fondements d'une réforme monétaire. »

L'économie walrasienne, Economica, 1979.

♦ Léon Walras est un réformiste actif.

En 1864, par exemple, il devient directeur d'une banque spécialisée, la *Banque du Travail* qui opère pour *la Caisse d'Escompte des Associations populaires* et dont l'objectif est de financer ce que l'on désigne aujourd'hui par le terme d'**économie sociale** et de défendre *la participation des salariés au capital des entreprises.* Walras écrit en 1865 sur les associations populaires un ouvrage qui apparaît comme un manuel d'autogestion. Il fonde *Le Journal des coopératives...* Son enthousiasme sur ce terrain social lui vaudra les critiques de Léon Say et de Jean Macé. Son expérience concrète tourne court car la banque sera liquidée en 1869.

♦ Quand la concurrence se révèle inadaptée, l'État se doit d'intervenir.

En 1875, dans *l'État et les chemins de fer,* il développe son raisonnement :

> « L' État peut et doit intervenir dans les industries de chemin de fer et à un double titre :
> 1) parce que le service des chemins de fer, en ce qui concerne le transport des services ou des produits d'intérêt public, est lui-même un service public;
> 2) parce que le service des chemins de fer, en ce qui concerne le transport des services ou produits d'intérêt privé, est un monopole naturel et nécessaire qui, par conséquent, doit être érigé en monopole d'État économique. »

Études d'économie politique appliquée ou Théorie de la production de la richesse sociale,
éd. Lausanne-Paris, 1936.

♦ **L'économie sociale** préoccupe Léon Walras qui est assez proche de D. Ricardo sur le point de la rente foncière. Léon Walras pense que :

> « La valeur de la terre et de la rente s'élève constamment dans une société progressive». Il cherche à découvrir une **formule de répartition de la richesse sociale qui soit équitable et efficace.** Il propose de donner davantage de ressources à l'État en imposant les fermages ou même en nationalisant les sols (ceux-ci étant ensuite loués aux fermiers).
> « L'État reprendrait les terres des propriétaires au prix courant; il les payerait en obligations de sa dette au taux courant; il les affermerait à des entrepreneurs pour y exercer l'agriculture, l'industrie ou le commerce ou à des consommateurs pour y

construire ou y entretenir des maisons, des châteaux, des jardins ou des parcs, à la seule condition, pour les uns et les autres, de payer le fermage le plus élevé. Le montant des fermages arrivant à dépasser le montant des intérêts, l'amortissement (de la dette contractée au départ) pourrait commencer à s'effectuer dès lors avec rapidité. Ainsi, l'État aurait racheté les terres *sans bourse délier.*»

Op. cit. édition 1936, p. 470-471.

♦ Léon Walras est sévère vis-à-vis de la France et de ses gouvernants qui ont bloqué l'enseignement économique et social et abaissé l'État du point de vue économique. Ainsi, en conclusion, **l'homme révolté** qu'est Léon Walras apparaît derrière ces quelques lignes :

« Jamais auparavant la classe qui, chez nous, a confisqué la Révolution à son profit par la ruine et l'abaissement de l'État au point de vue économique, qui a fondé sa fortune sur l'acquisition à vil prix des biens nationaux, qui l'a grossie dans les entreprises de charbonnages, de chemins de fer, et autres monopoles toujours concédés sans souci sérieux de l'intérêt public, dans les industries protégées aux dépens des consommateurs, n'a permis l'enseignement normal et régulier de la science économique et sociale. Elle l'a d'abord totalement prohibé; puis elle ne l'a toléré pendant longtemps que dans des proportions et des conditions dérisoires. Plus tard enfin, elle trouva mieux : elle réussit à s'emparer de toutes les situations que comportait cet enseignement et à les faire occuper par des hommes à elle que recrutent et que commandent ses propres chefs politiques, en appliquant ainsi à la science elle-même l'ingénieuse et triomphante formule : **exploitation en monopole à l'enseigne de liberté.** »

Études d'économie sociale, 1936.

Ainsi, Walras a-t-il été un théoricien plus complexe que ne le laissent présager ses présentations standardisées... Morishima précise et conteste la façon dont Walras prend traditionnellement place parmi les grands noms du *Panthéon de la science économique* :

«Selon *l'opinion commune,* Walras a insisté sur le choix du consommateur, les relations entre les marchés et la mécanique des prix; l'école autrichienne et Wicksell, sur les préférences intertemporelles et la structure du détour de production;

Schumpeter, sur les innovations et le rôle de l'entrepreneur; Keynes sur l'action économique du gouvernement et de la banque centrale; Hicks sur les anticipations, l'équilibre temporaire et l'équilibre absolu au cours du temps [...] Contrairement à l'opinion commune, j'apprécie beaucoup plus sa théorie de la croissance et de la monnaie que sa théorie de l'échange et de la production. »

L'économie walrasienne, Economica, 1979.

Walras a ainsi élaboré le modèle central de la pensée économique fondé sur l'individualisme méthodologique et qui sera approfondi plus tard par les théoriciens de *l'équilibre économique général et de l'optimum.* Ce type d'approche, comme le reconnaît Gérard Debreu est renforcée par l'attrait de l'esthétique mathématique. Mais les opinions politiques de Walras s'opposaient au capitalisme concurrentiel. Cette *opinion privée* de Walras ne passera pas à la postérité, à la différence de son modèle. Walras demeure actuel par un double message :

1) un réseau d'interdépendance généralisé parcourt l'économie;

2) le marché et la concurrence peuvent exister bien au-delà du capitalisme; les droits de propriété associés au marché transcendent le capitalisme; Braudel reprendra ce thème en montrant que la notion de marché ne se réduit nullement à la phase capitaliste de *l'économie monde.* Il reviendra plus tard à Oscar Lange d'imaginer un univers planifié fonctionnant selon les principes du monde walrasien.

Vilfredo Frederico Pareto (1848-1923)

PENSEUR DE L'ÉQUILIBRE ET DU BIEN-ÊTRE

Vilfredo Pareto est né le 15 juillet 1848 à Paris d'une mère française et d'un père génois; exilé en France, il rejoint l'Italie à dix ans...

♦ **De formation scientifique**, il obtient un diplôme d'ingénieur et soutient sa thèse en sciences physiques sur *l'équilibre des corps solides.*

♦ **Praticien**, il dirige une compagnie de chemins de fer puis une des plus grandes entreprises métallurgiques de Toscane.

♦ **Libéral et doctrinaire**, il entre à la société Adam Smith, et combat pour le libre-échange dans un pays suivant la voie protectionniste !

Il tente de se faire élire au Parlement et subit deux échecs qui achèvent de le convaincre de la corruption des bureaucrates et des gens de pouvoir... On peut voir dans ce dépit électoral une des causes de son rejet de la démocratie et de sa sympathie pour la théorie des élites.

♦ Il découvre tardivement **l'économie pure** et autour de 1890 se livre à la lecture de Cournot, d'Edgeworth et de Walras. Il déclare alors : « je pus y trouver l'or, c'est-à-dire le concept *d'équilibre économique.* »

Successeur de L. Walras à l'université de Lausanne en 1893, il peut dès lors se consacrer à *l'économie pure* qu'il veut étudier avec la même démarche formelle que celle de la physique.

♦ **Théoricien** tardif mais fécond, il écrit à quarante-huit ans son *Cours d'économie politique* (1896-97); cette œuvre se caractérise par une analyse systématique du concept d'utilité et par un formalisme rigoureux (cf. édition de la librairie Droz, 1964).

• Dans *Les Systèmes socialistes* (1900-1902), il oppose les mythes socialistes agissant sur les sentiments et les doctrines libérales faisant appel à la logique et à la raison donc plus difficiles à faire pénétrer parmi les masses (cf. édition de la librairie Droz, 1965).

• En 1906, il publie un *Manuel d'économie politique,* ouvrage toujours marqué par une conception de *l'homo œconomicus* guidé par son seul intérêt égoïste. Magnifique cathédrale consacrée à l'équilibre général, ce livre contient les concepts de base de **l'économie du bien être**; il pose la question de la prise en compte de l'agrégation par l'économiste des préférences collectives à partir des préférences individuelles (cf. édition de la librairie Droz, 1966).

La contribution originale de Pareto peut se synthétiser ainsi :

> « Il y a aussi, dans le marginalisme **une théorie de l'optimum économique.** Présente dans les intentions de Jevons et de Walras, qui faisaient reposer les avantages de la concurrence sur les processus de maximisation de l'utilité individuelle sous-jacente à l'échange, elle s'est précisée avec Pareto. **L'optimum de Pareto** renvoie à l'appréciation d'une distribution des biens entre les individus, telle que tout accroissement de la satisfaction de l'un des consommateurs se traduirait par une diminution de la satisfaction d'au moins un des autres consommateurs; la concurrence des producteurs et le libre choix des consommateurs permettent, selon Pareto, d'atteindre un tel optimum. L'appréciation de la concurrence repose désormais sur l'efficacité du système productif dans la satisfaction des besoins. »
>
> *Panorama des sciences humaines,* Gallimard., 1963.

• Mais l'économie pure ne suffit pas à sa réflexion. Dans un pamphlet de 1911, *Le mythe vertuiste et la littérature immorale,* il se gausse de la morale, des bons sentiments et du puritanisme. Sa réflexion glisse vers la sociologie. (cf. édition de la librairie Droz, 1968).

♦ **Sociologue controversé,** il écrit en 1916 un volumineux *Traité de sociologie générale.*

Cet ouvrage distingue les éléments psychologiques de base qu'il nomme *les résidus*, et les théories des actions, *les dérivations.* Là encore, il développe une approche déductive plus qu'inductive et fait peu de place à l'observation.

♦ Vers **la fin de sa vie,** il publie *Faits et Théories* en 1920, puis *Transformations de la démocratie* en 1921 où il réfléchit sur l'action politique en comparant objectifs, moyens et résultats.

Il adopte alors **des positions fort contestées** sur la montée du fascisme italien. En juillet 1923, il salue la naissance d'un gouvernement autoritaire et anti-démocratique dont il dit que « jusqu'ici, les effets ont été bons ». Puis, il nuance sa position en préconisant d'éviter la guerre, en s'élevant contre les restrictions à la liberté d'opinion et d'enseignement dans les universités. Il est nommé sénateur du royaume d'Italie début 1923 mais refuse çette nomination car il a préféré renoncer à la nationalité italienne pour devenir citoyen du micro-État libre de Fiume. Il meurt le 19 août 1923 dans une Italie fasciste qui récupère sa théorie des élites et sa vision cyclique et tragique de l'histoire des sociétés humaines.

LA PENSÉE SUBTILE D'UN STYLISTE ITALIEN

L'économie aux deux visages

♦ Pour V. Pareto, l'économie a deux formes : l'une pure et l'autre appliquée.

L'économie pure doit constituer une première approximation des phénomènes et des conditions générales de *l'équilibre économique.* Ensuite, il faut introduire les complications successives, procéder à la synthèse, c'est-à-dire reconstruire progressivement le réel qui est le domaine de l'économie appliquée. L'économie pure, en conséquence, est tout à fait semblable aux sciences physico-mathématiques : elle peut ne se préoccuper que des notions d'équilibre économique général et d'interdépendance.

♦ **L'économie appliquée**, au contraire, doit emprunter aux autres sciences sociales, en particulier à l'histoire et à la sociologie.

L'économie pure de Pareto

Une rupture dans l'utilitarisme primaire

♦ Jusqu'à la publication du *Cours d'économie politique* (1896-1897), les économistes utilitaristes avaient raisonné en faisant abstraction des difficultés que l'on rencontre lorsqu'on veut additionner les utilités individuelles pour obtenir une mesure du bien-être collectif.

• Chacun sait depuis l'école communale que l'on ne peut additionner des choux et des carottes. L'addition suppose que l'utilité puisse se voir attribuer des valeurs numériques dans une même unité (**cardinalité** des indices), et ce, pour des consommateurs divers. Or, V. Pareto affirme qu'il est impossible de procéder à des comparaisons interpersonnelles d'utilité car chacun est seul juge de sa satisfaction qui dépend de ses paramètres personnels (moment, durée, etc.).

• Pour le penseur libéral V. Pareto, nul ne peut arbitrer entre les individus à leur place en disant que tel niveau de satisfaction de Pierre buvant un café puisse valoir l'utilité perçue par Sandrine croquant deux pommes. Pierre ou Sandrine, seuls, peuvent établir leurs cartes d'utilité pour l'ensemble des biens… V. Pareto va, malgré la difficulté du problème, *rechercher des modes de comparaison* qui permettent à la société d'opérer des choix justes socialement sans pour autant brimer les individus ou faire intervenir un être suprême (Dieu ou le grand planificateur).

> « Il y a **deux grandes classes de théories.** La première a pour objet de comparer les sensations d'un homme placé dans des conditions différentes, et à déterminer

laquelle de ces conditions sera choisie par cet homme. **L'économie politique** s'occupe principalement de cette classe de théories... Ce qui constitue le caractère essentiel de cette classe de théories, c'est qu'on compare les différentes sensations d'un homme, et non pas celles de différents hommes.

La seconde classe de théories compare les sensations d'un homme avec celles d'un autre homme, et détermine les conditions dans lesquelles les hommes doivent être placés les uns par rapport aux autres, si l'on veut atteindre certaines fins. Cette étude est parmi les plus importantes de **la science sociale.** »

Manuel d'économie politique, 1896-97.

♦ Les comparaisons **inter**personnelles (entre des individus différents) d'utilité sont donc séparées des comparaisons **intra**personnelles (au sein d'un même individu). En outre, pour ces dernières, V. Pareto propose de *prendre du recul par rapport au psychologisme* et à la mesure cardinale de l'utilité.

« *L'économie politique* a [...] intérêt à empiéter le moins possible sur le domaine de la psychologie [...]. Ce ne sont pas les désirs que nous devons considérer [...] Ce sont les actes produits par la volonté. »

Lettre de Pareto, 1897.

Von Mises développera au sein de l'école de Vienne le même type de postulats — cf. *les Contemporains* —.

« Nous emploierons le terme **ophélimité** pour exprimer ce rapport de convenance entre un homme et une chose [...]. La *valeur d'usage* paraît avoir à peu près le même sens que l'ophélimité. »

Cours d'économie politique.

L'ophélimité est ainsi, pour Pareto, l'utilité que l'on peut affecter à une chose, non pas dans l'abstrait, mais au vu des actes de consommation de cette chose. La mesure est possible, mais elle ne peut être complète. Un classement ou une mesure ordinale (qui classe du meilleur au pire dans l'échelle de préférence) est réalisable selon Pareto, mais il ne faut pas espérer plus. De plus, le classement est limité :

« quand l'ophélimité d'une marchandise A, consommée en même temps que les marchandises, *B, C,...*, dépend non seulement de la consommation de *A*, mais aussi des consommations de *B, C,...* etc., l'ophélimité reste indéterminée, même après qu'on a fixé l'unité qui sert à la mesurer.»

Manuel d'économie politique.

En général, Pareto propose de se contenter de tracer sur un graphique « **les lignes d'indifférence des goûts** » (proposition analogue à celle d'Edgeworth). Il choisit l'exemple du pain et du vin (*Manuel d'économie politique*, p. 169). En présence de plusieurs lignes ou courbes d'indifférence, on a la possibilité, au vu de la préférence pour une combinaison du pain et du vin sur chaque courbe, d'obtenir des indices plus ou moins grands d'ophélimité. Les **courbes d'indifférence** sont ainsi analogues à des courbes de niveau sur les cartes de géographie, tous les points sur une même courbe sont alors équivalents pour le niveau de plaisir obtenu. Les **collines des indices du plaisir** sont en nombre infini. On sait aujourd'hui que ce mode de représentation a été utilisé par la suite par Bowley, Hicks ou Samuelson. Cela permet de se débarrasser effectivement des difficultés liées à la mesure cardinale de l'utilité. Cependant, leur efficacité s'arrête lorsqu'il faut envisager des comparaisons interpersonnelles d'utilité pour juger d'un état économique donné. On ne peut non plus construire par agrégation élémentaire des fonctions d'utilité collective lorsque l'on utilise une approche ordinale de l'utilité individuelle et non cardinale !

En outre, Pareto, loin de n'être qu'un innovateur par rapport aux tenants de l'utilitarisme primaire, est aussi le **continuateur du courant utilitariste et marginaliste.** La catégorie qu'il utilise comme référence première est celle de l'ophélimité élémentaire qui est définie dans l'espace mathématique des dérivées premières. Après avoir condamné l'utilité cardinale, il utilise des fonctions numériques continues et dérivables, ce qui est encore plus contraignant et plus rare au sein des relations mathématiques disponibles !

> « L'ophélimité, réduite à l'unité d'une très petite quantité d'un bien économique ajoutée à la quantité dont on a déjà joui, sera nommée **l'ophélimité élémentaire** qui correspond à cette quantité [...]. C'est le *final degree of utility* de Jevons, la *marginal utility* d'autres auteurs anglais, la *rareté* de Walras, le *grenznutzen* des auteurs allemands, le *Werth des letzen Atoms* de Gossen [...]. En ajoutant l'ophélimité élémentaire de la première portion à celle de la deuxième, etc., on a l'ophélimité totale. »
>
> *Cours d'économie politique.*

L'optimum de Pareto : équilibre général en économie pure

V. Pareto va donner les conditions de l'équilibre général walrasien pour une économie capitaliste ou collectiviste vue par l'économie pure.

Pareto raisonne d'abord en **économie d'échange.** Il se situe dans une économie de marché avec propriété privée des moyens de production mais il n'exclut nullement l'économie planifiée avec propriété collective des biens de production. En ce sens, M. Dobb verra en V. Pareto un pionnier non marxiste de la théorie formelle de la planification et du bien-être socialiste. Mais il ne s'agit que d'un plan d'allocation dans un état stable, sans progrès technique et sans allocation intertemporelle des ressources nécessaires à la production. Son vocabulaire est, là encore, spécifique. Il définit **l'ophélimité élémentaire pondérée** comme «l'ophélimité élémentaire divisée par le prix de la marchandise.» Dans le cas de **la concurrence** sur le marché, Pareto indique que « le moyen indiqué par M. Walras est bien celui qui représente la partie principale du phénomène économique. Pour chaque échangeur, toutes les ophélimités élémentaires pondérées doivent être égales » en situation d'équilibre. Et « on en déduit que, sous le régime de la libre concurrence, les prix s'établissent de manière à procurer à chaque échangeur le maximum d'ophélimité. »

Le même résultat peut être atteint en **économie de production** avec une confrontation des producteurs et des consommateurs (*Ibid*. p. 44 et s).

> « Chaque individu a pour revenu les loyers des capitaux qu'il possède et de l'épargne qu'il a faite. Il prend sur ses revenus de quoi acheter les biens économiques dont il jouit. Les entrepreneurs transforment les services des anciens capitaux en produits et en capitaux neufs. Les individus sont guidés par la considération du maximum d'ophélimité qu'ils tâchent de se procurer; les entrepreneurs tâchent d'acheter au meilleur marché et de vendre plus cher; mais la concurrence ramène à l'égalité les coûts de production et les prix de vente, et, de même, rend égaux tous les intérêts nets des nouveaux capitaux et le loyer de l'épargne. Pour les échangeurs qui consomment des biens économiques, **l'équilibre** se réalise par l'égalité des ophélimités élémentaires pondérées. Pour les entrepreneurs qui produisent des biens consommables, des matières premières, ou des capitaux, l'équilibre se réalise par l'égalité du coût de production, en numéraire, et du prix de vente, également en numéraire. »

Cours d'économie politique, p. 59 et 61.

• **Le cas du monopole** est également traité et la position est très critique « dans tous les cas, le bénéfice du monopoleur n'est obtenu qu'au détriment des autres individus. »

Cours d'économie politique, p. 69.

• Dans tous les cas, la production est l'œuvre d'entreprises parfaitement idéalisées et qui ne sont guère proches de l'entreprise marshallienne ni *a fortiori* de l'entreprise réelle. **L'entreprise est une organisation** dont le but est de se procurer le plus grand avantage mesuré en argent, en payant ses achats le moins cher possible et en vendant le plus cher possible. Pour Pareto, l'entreprise est donc d'abord **un pouvoir** sur les différents marchés avant d'être une combinaison productive, une technologie orientée, un savoir-faire et des incitations à produire dans telles ou telles conditions de productivité.

Dans cette perspective, il existe, en situation de concurrence, **un optimum commun** aux producteurs et aux consommateurs, et cet optimum est indépendant de l'organisation de la société et du statut de la propriété des moyens de production : propriété privée ou propriété collective, dès le moment où, dans ce dernier cas, il existe un **ministère de la production.**

> « Nous avons un problème de production : comment produire les biens économiques de façon telle que, en les distribuant ensuite suivant les règles obtenues par la solution du premier problème (celui des considérations sociales), les membres de la société obtiennent le maximum d'ophélimité en société collectiviste ?
>
> Après tout ce que nous avons dit, la solution de ce problème est facile. Les prix, les intérêts nets des capitaux peuvent disparaître, si toutefois cela est possible, comme entités réelles, mais ils demeureront comme entités comptables; sans eux, le ministère de la production marcherait à l'aveugle et ne saurait comment organiser la production. »

Manuel d'économie politique, op. cit. p. 362.

• V. Pareto **généralise ainsi le tâtonnement walrasien sur les prix.** Le commissaire priseur procédant aux échanges d'enchères avant de procéder à l'échange final devient un ministre échangeant avec les lieux de production périphériques des informations sur les réactions des offreurs et des demandeurs aux différents prix. L. Walras, F. Edgeworth, et V. Pareto ont apporté ici une contribution décisive à la compréhension des mécanismes qui conduisent à l'équilibre lors de l'allocation des facteurs en économie de production. Lorsque l'équilibre est atteint, la situation correspond à un optimum. Le langage courant des économistes contemporains fait référence à **l'optimum de Pareto** pour désigner cet optimum commun aux producteurs et aux consommateurs, pour lequel, en situation de concurrence, on ne peut améliorer la situation d'aucun individu sans diminution du bien-être pour au moins un autre individu. Situation où, quoi qu'on fasse, il n'est plus utile de *transformer* des biens ou des services par la production ou l'échange.

Dans la présentation de V. Pareto, rien ne dit que cet optimum soit unique. Au contraire, il existe en général plusieurs solutions pour obtenir le maximum d'ophélimité; celui-ci n'était pas considéré dans l'absolu, mais bien relativement : il est atteint **lorsqu'il n'est pas possible de faire mieux en améliorant la situation d'un nouvel agent sans diminuer la satisfaction d'un autre.**

Ce résultat est encore aujourd'hui la pierre angulaire de **l'économie du bien-être social** *(Social Welfare)*. L'italien **E. Barone** développera le thème en 1906, puis **N. Kaldor et J.-R. Hicks** seront, durant les années trente, les continuateurs de cette réflexion abstraite sur une économie planifiée. Ils imagineront un *ministre de la production en économie collectiviste* recherchant le bien-être optimal par un processus de tâtonnement et d'échanges inspiré de Pareto et Walras. Une suite de *paiements compensatoires* entre les individus permet d'atteindre des situations socialement préférées selon le critère de Pareto car toute personne peut obtenir des autres par contrat un échange ou une production supplémentaire en partageant le surplus de satisfaction lorsqu'il est suffisant. Mais cette direction de recherche est encore discutée, certains proposent d'en rester au critère initial de Pareto, d'autres de le dépasser.

> « *La théorie de l'optimum* trouve son prolongement dans la *théorie du bien-être* pour laquelle l'État corrige la distribution des revenus, compense les effets externes et produit les biens collectifs. On reconnaît ici le rôle assigné par Bentham à l'État législateur juridique dans la réalisation despotique de l'harmonie des intérêts individuels; c'est, de même, sur l'identité de ces intérêts que les adversaires de la théorie du bien-être fondent et leur conception de la démocratie et leur volonté de s'en tenir au seul critère parétien pour apprécier l'efficacité du capitalisme. »
>
> *Panorama des sciences humaines,* Gallimard, 1963.

Lorsqu'une situation est un optimum de Pareto, la situation correspondant à **l'efficacité maximale** est obtenue. Pareto fournit ainsi un critère commode permettant de séparer *in abstracto* les objectifs d'allocation efficace et de redistribution la plus juste pour la collectivité, et ce, sans intervention des préférences d'un dictateur ! Cette séparation est cependant plus analytique que réaliste dans la mesure où ,concrètement, *on peut difficilement séparer l'allocation des facteurs et la redistribution des revenus.*

• Pareto utilise cette opération pour définir la véritable tâche des économistes. Ceux-ci doivent être des experts pour les problèmes d'efficacité. Quant aux problèmes de justice sociale, il n'est possible de les aborder qu'après avoir demandé au système politique de formuler **des jugements de valeur,** des classements. Bref, la politique est l'instrument qui permet de construire **une fonction de bien-être social.** Alors seulement, il est possible de procéder à des comparaisons interpersonnelles d'utilité et d'aller au-delà des transformations qui permettent d'améliorer la situation d'un individu sans détériorer celle d'un autre. Il est alors possible de *redistribuer,* c'est-à-dire *d'habiller éventuellement un pauvre en déshabillant un riche.*

Le côté simpliste de cette présentation se heurtera à l'inévitable mélange, dans la pratique, des choix économiques et sociaux. L'école dite du *Public Choice (cf. Les Contemporains)* échappera de son côté à la distinction parétienne en réintégrant d'abord naïvement la politique dans l'analyse économique. Nous verrons de même que la *théorie de la justice* de Rawls propose une autre solution.

L'économie appliquée de Pareto

Une approche psycho-sociale et historique

♦ Les économistes ont surtout retenu l'économie pure de V. Pareto comme sa contribution essentielle, les sociologues s'approprient parfois son économie appliquée. Le passage du domaine abstrait au domaine concret est justifié par une analogie avec la médecine :

> « La société humaine nous apparaît [...] comme un vaste agrégat de molécules, qui rendent des services, consomment des produits et épargnent; et de centres ou de glandes où l'épargne se transforme en capitaux, et les produits les uns dans les autres [...]. Nous avons ainsi, pour la circulation économique, une figure théorique semblable à celle que l'on donne dans les traités de zoologie pour la circulation du sang. Il faut maintenant nous rapprocher de la forme concrète. Les courants dont nous venons de parler ne sont pas réguliers; ils éprouvent des remous, des pertes d'énergie, dont il faut tenir compte. **L'homme réel n'est pas seulement un *homo œconomicus.*** Enfin, il faut étudier l'évolution de l'agrégat considéré, “la société toute entière”, comme le physiologiste étudie l'évolution des formes animales. »

Cours d'économie politique, p. 71.

Pareto n'est pas seulement un formaliste. Comme L. Walras, il est préoccupé par le fonctionnement de **l'économie sociale.** Il l'étudie avec des éléments de *psycho-sociologie et d'histoire comparative.*

« **La psychologie** est évidemment à la base de l'économie politique et, en général, de toutes les sciences sociales [...] Nous devons partir de certains principes empiriques pour expliquer les phénomènes de la sociologie, comme ceux de la physique et de la chimie. Plus tard, la psychologie, en prolongeant la chaîne de ses déductions, la sociologie, en remontant à des principes toujours plus généraux, pourront se rejoindre et constituer une science déductive. »

Manuel, p. 40.

« **Les recherches historiques** sont d'une grande importance pour *l'économie politique*. Elles étendent dans le passé notre connaissance du présent. »

Cours d'économie politique, Livre II, p. 4.

La sociologie de Pareto : une synthèse pessimiste et audacieuse non dénuée d'amateurisme

Pareto, ingénieur et féru d'économie mathématiques, a découvert H. Spencer, Nietzsche, Quesnay et Marx en amateur ainsi que des territoires de la pensée relativement exotiques eu égard à sa formation.

Autodidacte en sciences sociales, il a l'audace de l'amateur qui dispose d'une formation rigoureuse et la capacité de *transférer des concepts* d'un champ à un autre par un travail de la pensée. Son *Traité de sociologie générale* est à la fois original et synthétique.

♦ **Les fondements de l'action :** *résidus et dérivations...*

V. Pareto distingue les actions selon qu'elles ont une fin logique ou non, **un tableau synoptique** rend compte de cette démarche :

GENRE ET ESPÈCES	LES ACTIONS ONT-ELLES UNE FIN LOGIQUE ?	
	Objectivement	**Subjectivement**
Actions logiques **Première classe** Le but objectif est identique au but subjectif	Oui	Oui
Actions non logiques **Deuxième classe** Le but objectif diffère du but subjectif		
• Premier genre	Non	Non
• Deuxième genre	Non	Oui
• Troisième genre	Oui	Non
• Quatrième genre	Oui	Non
3a,4a	Le sujet accepterait le but objectif s'il le connaissait	
3b,4b	Le sujet n'accepterait pas le but objectif s'il le connaissait	

Traité de sociologie générale, p. .67,68.

♦ La sociologie de Pareto apparaît ainsi commune généralisation de *la théorie l'action humaine.* V. Pareto est donc un ancêtre lointain de **la sociologie de l'action** si prisée de T. Parsons et A. Touraine. Mais il aborde cette sociologie en logicien plus qu'en observateur des pratiques sociales : « les actions logiques sont très nombreuses chez les peuples civilisés. » Mais « *l'induction* nous amène à reconnaître que les actions non logiques ont une grande part dans le phénomène social [...] Celles-ci rentrent [...] presque toutes dans le deuxième et le quatrième genre. »

♦ Cette généralisation est possible dès le moment où l'on sait définir **des résidus,** c'est-à-dire les éléments psychologiques de base qui, par comparaison, s'érigent en *sentiments et instincts* susceptibles de donner des fondements non logiques à l'action; elle est aussi possible dès le moment où l'on sait reconnaître **les différentes théories de l'action** qui se définissent comme des rationalisations de l'esprit rendant raison des résidus et que Pareto appelle des **dérivations.** On dispose en effet avec les résidus et les dérivations des différentes classes de sentiments, instincts et explications qui sont nécessaires à une sociologie générale et synthétique de l'action. Il est curieux de constater qu'à peu près au même moment un autre économiste , T. Veblen se tourne délibérément vers la psychosociologie et propose sa dialectique entre les instincts et les routines (institutions).

> « Les résidus sont des manifestations de sentiments. Les dérivations comprennent des raisonnements logiques, des sophismes, des manifestations de sentiments employés pour dériver : elles sont une manifestation du besoin de raisonner qu'éprouve l'homme » surtout dans le cas où il n'y a pas de théories logico-expérimentales, et il faut savoir que « celui qui vise exclusivement à faire une étude logico expérimentale doit s'abstenir avec le plus grand soin d'employer les dérivations. »

♦ Pour Pareto, **la classification des résidus** permet de distinguer :

- les tendances à combiner les choses (semblables ou contraires);
- les sentiments qui unissent les hommes entre eux (famille) ou qui unissent les hommes aux choses (la propriété);
- les sentiments transformés en réalités objectives;
- les tendances à la personnification ou à l'anthropomorphisme;
- les besoins de manifester les sentiments par des actes extérieurs (religiosité);
- les résidus en rapport avec la sociabilité (besoin d'uniformité, pitié et cruauté, sacrifice, partage, esprit hiérarchique, besoin de l'approbation de la collectivité);
- la défense de l'intégrité personnelle;
- la demande d'égalité chez *les classes inférieures;*
- le besoin sexuel.

♦ **La classification des dérivations** permet de différencier : les affirmations, les mélanges de faits et de sentiments, la preuve par l'autorité, la preuve par les sentiments ou l'accord avec des principes, les preuves verbales (métaphores, allégories, analogies, termes douteux, inappropriés qui ne correspondent à rien de concret, etc.). Ce sont en gros **les idéologies par rapport à la science.** L'idéologie est l'objet d'une critique sans ménagements.

♦ **Les élites, une proportion stable qui doit circuler.**

Les analyses de Pareto sur les revenus et les élites ont largement accrédité l'idée d'un théoricien réactionnaire... Si la démarche tend vers des résultats rigoureux, elle part, en effet, d'idées *a priori* fort contestables : la constance de la distribution des compétences quelle que soit la société et le moment de l'histoire, donc quels que soient les efforts d'éducation.

V Pareto part d'une constatation factuelle : dans toute société, il y aurait une séparation des classes inférieures et des classes supérieures et un processus plus ou moins lent de circulation des élites.

> « Formons une classe de ceux qui ont les indices les plus élevés dans la branche où ils déploient leur activité et donnons à cette classe le nom **d'élite** [...]. Pour l'étude à laquelle nous nous livrons, celle de *l'équilibre social,* il est bon de diviser en deux cette classe. Nous mettrons à part ceux qui , directement ou indirectement, jouent un rôle notable dans le gouvernement; ils constitueront **l'élite gouvernementale.** Le reste formera **l'élite non gouvernementale.** »
>
> *Traité de Sociologie générale,* op. cit. p.. 1297.

> « La classe gouvernante est entretenue, non seulement en nombre, mais ce qui importe davantage, en qualité, par les familles qui viennent des classes inférieures, qui lui apportent l'énergie et les proportions de résidus nécessaires à son maintien au pouvoir [...] Par l'effet de la circulation des élites, l'élite gouvernementale est dans un état de transformation lente et continue [...]. De temps en temps, on observe de brusques et violentes perturbations, semblables aux inondations d'un fleuve [...]. L'histoire est un cimetière d'aristocraties. »
>
> *Traité de Sociologie générale,* p. .1304-1305.

♦ Les revenus : une distribution inégale quasi éternelle selon Pareto, qui en fournit une courbe caractéristique :

COURBE DES REVENUS DE PARETO

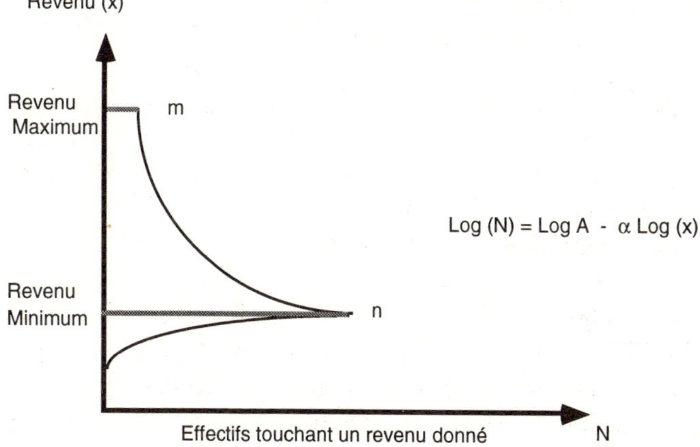

• De la circulation des élites naît une tendance à l'équilibre social de longue période. Cette thèse de Pareto est énoncée après des études statistiques sur la France, l'Angleterre, l'Allemagne, la Suisse, l'Autriche et les États-Unis, menées au milieu des années 1890 et débouchant sur une loi empirique assez simple de stabilité de la distribution des revenus. Cette loi est connue sous le nom de *courbe des revenus de Pareto.* Elle a été contestée en particulier d'emblée par Y. Edgeworth, mais J. Tinbergen a jugé bon en 1963 de montrer qu'elle ouvrait des perspectives à la théorie de la répartition (cahiers de l'I.S.E.A., série BA n° 2).

• L'énoncé de la loi date de 1896, elle se formule ainsi : « x indiquera un certain revenu; N sera le nombre de revenus qui seront égaux ou supérieurs à x» La courbe de revenus a une équation du type : $\text{Log}(N) = \text{Log}(A) - \alpha \, \text{Log}(x)$, où A est une constante ce qui permet de déduire : $N = \frac{A}{x^{\alpha}}$, qui se représente par une classe de fonctions de type hyperbolique.

Cette équation correspond à une courbe de répartition des revenus dont nous avons donné une représentation possible, le fragment de courbe [m,n].

« On parle souvent de **la pyramide sociale** dont les pauvres forment la base, les riches le sommet. A vrai dire, ce n'est pas d'une pyramide dont il s'agit, mais bien plutôt d'un corps ayant la forme de la pointe d'une flèche. »

Cours d'économie Politique, p. 313.

La répartition des revenus n'est pas l'effet du hasard, et en conséquence, Pareto peut énoncer une sorte de **loi d'airain de l'inégalité :**

> « Étant donnée la tendance qu'a la population à se disposer selon une certaine forme en ce qui concerne les revenus, il en résulte que toute modification apportée à certaines parties de la courbe se répercute sur les autres parties; et finalement la société reprend la forme accoutumée, de même que la solution d'un sel déterminé donne toujours des cristaux semblables, qu'ils soient gros ou petits. »

Manuel d'économie Politique, op. cit. p. 392-393.

♦ Pareto fournit, par son **scepticisme social,** des arguments aux conservateurs. Selon l'expression de R. Aron, *il n'allume aucune lueur d'espoir*. Et R. Aron ajoute, en guise de conclusion :

> « Qu'il me soit permis d'avouer que les événements en leur grossièreté ont donné trop souvent depuis un demi-siècle raison à Pareto. »

Notons cependant que, tout au contraire, Jean Fourastié constate une tendance à la réduction des inégalités sur deux siècles d'observation des revenus pour l'économie française (Cf : *Le jardin du voisin,* Hachette Pluriel, 1980). Le scepticisme social conduit généralement à la démobilisation des porteurs de progrès.

4

LE CONFLIT DES MÉTHODES EN EUROPE CENTRALE

4.1. Un débat toujours actuel

INDIVIDUALISME MÉTHODOLOGIQUE CONTRE INSTITUTIONNALISME

Le courant de pensée qui domine l'Angleterre, la Suisse et en partie la France, n'est pas unanimement reconnu en Europe.

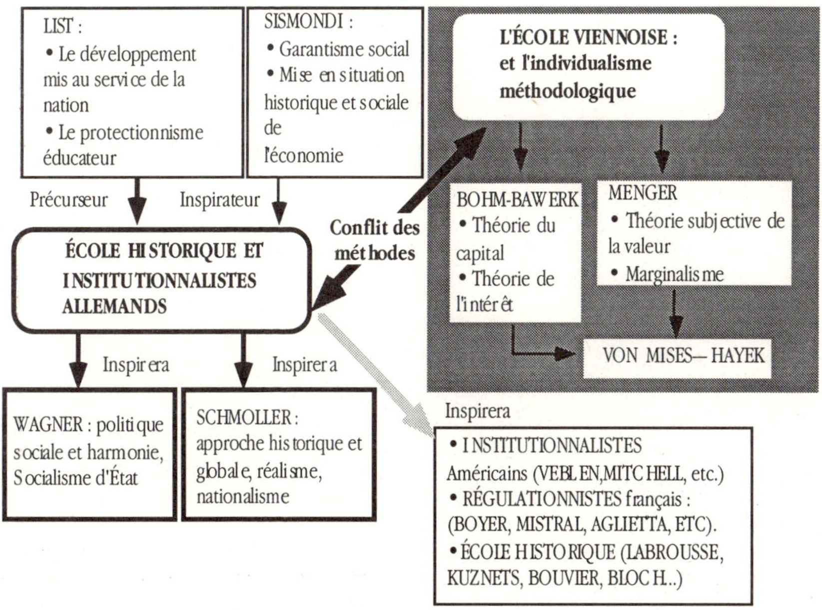

L'école historique allemande refuse l'individualisme méthodologique. Schmoller refuse de fonder l'analyse économique sur l'individu et son calcul; au contraire, il développe l'idée d'une économie inscrite dans l'histoire des peuples. Plus généralement, son courant développe *une approche globalisante* de l'économie. Pour Schmoller, il faut décrire, classer, distinguer les régimes économiques. Chaque moment de l'histoire est unique et forge **des institutions** qui régulent un type donné de croissance. La prise en compte des institutions, la nécessité de tempérer la concurrence par une intervention de l'État marquent la pensée allemande… Ainsi, le *garantisme social* de Sismondi trouve un écho dans une Prusse où Bismarck met en place une forme de protection sociale. Un État fort intègre la classe ouvrière par une assistance qui la détourne de la révolte et de la révolution. Pour Wagner (1835-1917), **le capitalisme mixte** est une solution de compromis entre le capitalisme concurrentiel et le socialisme.

Face à cette économie nationaliste, **l'école autrichienne** élabore une représentation ultra-individualiste de l'économie. Le désir guide les comportements; le calcul individuel des plaisirs et des peines permet à chacun d'agir sans besoin de contrôle; les décisions *micro-économiques* régulent spontanément la société; l'économie résulte de l'interaction d'une multitude d'individus. Ainsi, les viennois s'opposent au déterminisme historique des Allemands et réfutent le globalisme de leurs analyses. Certains, comme Hayek ou Von Mises, nient le besoin d'institutions qui garantissent le bonheur des individus car les particuliers savent mieux que les gouvernants ce qui est bon pour eux !

4.2. L'école historique allemande

UN COURANT GLOBALISTE ET INSTITUTIONNALISTE

La plupart **des économistes allemands** de la seconde moitié du XIXe siècle s'opposent à l'individualisme viennois. Ils refusent le calcul marginaliste anglais et critiquent le libre-échange cher aux Français et aux néo-classiques. Ils veulent relativiser la connaissance économique. Ils sont nationalistes et leur conception de l'économie est au service de leur vision de l'histoire.

F. List est **le précurseur** de cette école, il en donne le ton : celui qu'emprunteront ensuite tous les théoriciens de l'accumulation tardive et du développement de pays «en retard» baignant dans une économie mondiale donnée par des «pays plus avancés».

F. List considère que l'instauration du libéralisme n'est conforme qu'à l'intérêt national anglais; la supériorité de l'industrie britannique est telle que tous ne bénéficient pas également *du libre-échange.*

F. List constate que: « la crise anglaise et américaine de 1836-39 a de fâcheuses répercussions dans toute l'Europe ».

Pour lui :

« La prospérité d'un peuple ne dépend pas, comme Say le pense, de la quantité de richesses et de valeurs échangeables qu'il possède, mais du degré de développement des forces productives. Si les lois et les institutions ne produisent pas directement des valeurs, elles produisent du moins de la force productive et Say est dans l'erreur quand il soutient qu'on a vu des peuples s'enrichir sous toutes les formes de gouvernement et que les lois ne peuvent créer de la richesse.»

Système National d'Économie Politique, 1841.

Pour F. List, la dynamique nationaliste doit favoriser l'Allemagne en Europe continentale. Il adopte en conséquence un véritable programme *institutionnaliste* à trois facettes : **protectionnisme, industrialisme et étatisme.**

Dans la lignée de List, et en suivant l'esprit positiviste du Français A. Comte (1798-1857) se développent plusieurs **écoles historiques Allemandes.**

La première école

Cette école inaugure une tradition qui va courir sur un siècle à partir de 1840. Guillaume Roscher (1815-1894) est professeur à l'université de Göttingen après 1840, puis à Leipzig après 1848. En 1843, il amorce le nouveau mouvement de pensée et plante le décor dans son *Précis d'économie politique d'après la méthode historique.*

L'hypothèse de base est la suivante : le développement économique ne peut être analysé grâce à une construction purement logique. Ceci est une réaction contre les économistes de l'école classique anglaise au nom du *positivisme* :

« Tout ce qu'on appelle logique, métaphysique, idéologie est une chimère et une rêverie, quand ce n'est point une absurdité », affirme A. Comte en 1819. Ce Français positiviste a créé le mot de **sociologie** et marque les théoriciens allemands de son siècle.

La meilleure méthode est celle de l'histoire et de l'éventuelle recherche des régularités ou des différences; cela conduit au **relativisme** et à l'abandon de l'idée d'une science économique formalisable et universelle.

Il convient d'analyser en premier lieu les différentes étapes que traversent les économies et les sociétés en développement. List procède par **analogie** avec la physiologie et distingue l'enfance, la jeunesse, la maturité et la vieillesse. Cette méthode, largement enseignée, débouche sur la publication d'une encyclopédie historique concernant l'Allemagne en 1874 : *Histoire de l'économie nationale de l'Allemagne.* Abordant aussi les fluctuations de longue période G. Roscher, dans *La théorie des crises* fournit une critique sévère de la loi des débouchés de J.-B. Say en insistant sur les possibilités des crises de surproduction. Bruno Hildebrand, deuxième grande figure de cette première école historique allemande, définit l'économie comme : « la science des lois du développement historique des nations. »

Bref, il n'y a pas de **loi économique universelle,** pas de modèle général. La rupture est totale avec le noyau central — classique ou marginaliste — qui définit *un homo œconomicus* doté de cartes d'utilité (Jevons, Pareto, Edgeworth, etc.) et d'une algèbre des plaisirs qui débouche sur un modèle unique d'équilibre économique généralisé (à défaut de pouvoir fournir un modèle dynamique ou évolutionnaire).

La seconde école historique

♦ La *nouvelle école historique allemande* comprend G. Schmoller, et, avec des accents différents, A. Wagner comme principales figures de proue. Bücher (1847-1930) est aussi un théoricien marquant.

Cette tradition sera reprise par le sociologue Max Weber (1862-1920), par le théoricien de la dynamique du capitalisme Werner Sombart (1863-1941) et par Arthur Spiethoff (1873-1957).

♦ A. Wagner et G. Schmoller, institutionnalistes teintés de conservateurs et même de réactionnaires dans certains cas, vont développer **un socialisme de la chaire** qui s'interroge sur ce que l'on appelle aujourd'hui l'État providence chargé de justice sociale et de régulation économique... Ce « socialisme des professeurs » propose la mise en place d'*une économie mixte;* il influencera le mouvement ouvrier réformiste.

Le mouvement aura des échos contemporains aux États-Unis avec les institutionnalistes plus critiques tels Veblen, plus libéraux comme J. R. Commons aux États-Unis, puis récemment en France avec l'école de la régulation — cf. *Les Contemporains* —. Le développement concret du secteur public dans les économies industrielles confirmera le réalisme d'une telle conception.

Ces deux écoles ont en commun de ne pas avoir d'ambitions théoriques au sens de l'économie pure de Walras et Pareto. Ils s'écartent du socialisme révolutionnaire allemand, surtout après l'élaboration du programme de Gotha si critiqué par K. Marx .

Ce sont surtout les attentats qui déplaisent à ces «socialistes professeurs» qui réprouvent les violences de 1878 et les attentats successifs contre l'empereur d'Allemagne Guillaume Ier puis contre le roi d'Espagne Alphonse XII et le roi d'Italie Humbert. Mais *la réforme sociale* obtient leurs faveurs. G. Schmoller, « socialiste de la chaire », approuve la nouvelle politique sociale de Bismarck après 1883.

Frédéric List (1789-1846)

HIÉRARCHIE DES SYSTÈMES PRODUCTIFS

Qui est List ?

Frédéric List naît en 1798 à Reutlingen au Wurtemberg en Allemagne. De formation administrative, il cherche à s'intéresser à la formation universitaire en demandant fin 1916 au nouveau roi Guillaume Ier de Wurtemberg de fonder un nouveau département de socio-économie à l'université voisine de Tübingen. Il obtient cette création et, par la même occasion, est nommé professeur. En 1819, il écoute les plaintes des commerçants qui se plaignent des barrières douanières intérieures à l'Allemagne. Il compose avec eux une pétition et crée l'Association pour le commerce intérieur et extérieur allemand. Il est élu au Parlement de Wurtemberg en 1820. Il s'emporte alors contre la bureaucratie ambiante et la privation des libertés. En 1822, il est jugé et condamné à dix mois de prison pour diffamation. Il s'exile alors et voyage à Paris où il rencontre le marquis de Lafayette qui lui propose de partir aux États-Unis. F. List vivra entre 1825 et 1832 aux États-Unis où il publie, en 1827, *Outlines of American Political Economy.* Vivant comme fermier, il est intéressé par l'expérience communautaire développée par Robert Owen sous le nom de *Nouvelle Harmonie.* Sa philosophie se forge alors : « Ni trop d'État, ni pas assez d'État ». Journaliste à *Reading,* il acquiert une grande influence. Il fonde en 1829 une compagnie de charbon et de chemin de fer. Fort de cette expérience, il propose par lettres de créer en Allemagne une ligne de chemin de fer allant de la Bavière vers le Nord. Il y explicite les relations entre le développement, les infrastructures publiques et l'activité économique privée. En 1834, le président américain accrédite List comme consul à Leipzig. List reviendra ainsi en Allemagne puis sera nommé en France avant de retrouver le Wurtemberg.

♦ **Militant** du nationalisme Allemand, List se veut patriote et se bat pour l'unité du peuple allemand; il mène une propagande active en faveur du *pangermanisme* qui menace la partie individualiste et libérale de l'Autriche.

Il se laisse même souvent emporter contre l'exemple de l'Angleterre et contre les travaux d'Adam Smith. Pro-européen avant la lettre, il militera pour le développement général des transports en Europe et pour la construction de chemins de fer unifiant un pays marqué par la défaite contre Napoléon Ier et pour le *Zollverein* (1828), qui devait permettre d'unifier les échanges internes en créant une association douanière entre les États allemands s'unifiant sous l'égide de la Prusse.

♦ **Exilé** aux États-Unis de 1825 à 1830, List conçoit le projet d'une nation indépendante, fière et forte, fondée sur une puissance industrielle. Ce sera plus tard un théoricien raisonnant en termes de « potentiel industriel » plutôt qu'en termes de valeur.

♦ **Théoricien,** il écrit le *Système national d'économie politique* en 1840, ouvrage où il crée le concept de « protectionnisme éducateur ».

Ayant pu observer le décalage dans le développement des nations, il affirme que les pays moins avancés doivent prendre des leçons des pays les plus développés en s'isolant afin de laisser leurs industries acquérir techniques et savoir-faire en disposant d'un marché disponible payant plus cher que le prix mondial; ainsi on stimule l'industrie moderne qui peut investir, se moderniser et combler son retard. Les Japonais et certains N.P.I. d'Asie du Sud-Est ont développé des stratégies qui ne sont pas sans évoquer une telle démarche.

Les textes et la pensée de List

F. List **s'oppose à l'orthodoxie libérale** ambiante d'A. Smith et de D. Ricardo; il est avec Cauwès (en France) l'un des rares théoriciens des échanges internationaux à défendre le protectionnisme. Cependant, l'on notera que, contrairement à beaucoup de simplifications abusives, pour List, le protectionnisme n'est qu'un moyen : « La protection douanière est notre voie, le libre-échange est notre but. »

La domination des nations les plus avancées

Le protectionnisme est d'abord une défense contre la loi des plus forts.

> « Certaines nations, favorisées par les circonstances, ont devancé les autres dans les manufactures, le commerce et la navigation. Elles ont eu très tôt conscience que les progrès qu'elles avaient accomplis constituaient le moyen le plus efficace d'acquérir et de conserver la suprématie politique. Elles ont adopté et conservent aujourd'hui des mesures calculées pour **monopoliser les manufactures et le commerce** et pour entraver le progrès des nations retardataires. »

Système national d'économie politique, 1857 (traduction de la 4e édition)

Le système douanier est une arme

Pour que les faibles protègent leurs industries, les droits de douane sont un sas qui évite l'asphyxie économique des firmes nationales :

> « Le système douanier n'est donc pas, comme on l'a prétendu, une invention de têtes spéculatives. Il est une conséquence naturelle de la tendance des nations à rechercher des garanties pour leur prospérité et leur survie ou pour établir leur suprématie [...]. L'histoire nous montre que les restrictions douanières ne sont pas seulement les découvertes de têtes spéculatives, mais les conséquences naturelles des oppositions d'intérêts et de l'effort des nations pour assurer leur indépendance ou leur suprématie, donc les conséquences des rivalités nationales et de la guerre.»

Système national d'économie politique, 1857.

Le protectionnisme est un sacrifice justifié pour la nation

Le protectionnisme n'est pas un état idéal, c'est un prix à payer que supporte le consommateur brimé à court et moyen terme. Mais une fois l'industrie nationale devenue adulte, la nation bénéficie de son sacrifice :

> « Il est vrai qu'une protection douanière renchérit à ses débuts la production manufacturière, mais il est également vrai [...] qu'avec le temps une nation capable qui aura formé une force manufacturière complexe fabriquera à meilleur marché sur notre territoire les marchandises qu'elle pourrait importer de l'extérieur. Nous faisons avec la protection douanière un sacrifice à **la valeur** qui sera récompensé par le développement d'**une force productive**, laquelle assure à la nation pour le futur, non seulement un flux important et ininterrompu de biens matériels, mais aussi l'indépendance industrielle en cas de guerre. Grâce à l'indépendance industrielle et une prospérité intérieure grandissante, la nation acquerra la possibilité d'avoir un commerce extérieur, d'élargir sa navigation, d'élever sa civilisation, de perfectionner ses institutions internes et de renforcer sa puissance extérieure.
>
> Telle est l'influence de l'essor rapide d'une force manufacturière sur une nation capable, dans laquelle le système protectionniste a été totalement assimilé par ceux

qui possèdent des biens et qui sacrifient une partie de leurs valeurs matérielles pour former leurs enfants à une activité productive. »

Ibid.

Les nations trop petites doivent éviter le protectionnisme !

Mais la nécessité de se spécialiser s'impose cependant aux petits pays : ils doivent aussi choisir une spécialisation compétitive et non essayer de tout faire en risquant des coûts de production trop élevés du fait d'une faible échelle de production :

« Une nation dont le territoire est peu étendu, qui ne possède ni ressources naturelles diversifiées, ni les embouchures de ses cours d'eau ou qui n'est pas convenablement arrondie, ne peut pratiquement pas utiliser le système protecteur ou du moins ne le peut avec un plein succès. »

Ibid.

Que l'étranger serve le national

Pour List, le protectionnisme ne peut être qu'**éducateur,** il encourage les emprunts au savoir-faire étranger, première étape vers l'indépendance technologique :

« Ce système atteint son but de deux manières : en premier lieu en fermant progressivement notre marché aux produits manufacturés étrangers, un surplus de capitaux et de compétences qui sont maintenant à l'étranger devront chercher chez nous un refuge et, deuxièmement, notre système protectionniste, en offrant une prime aux travailleurs, aux compétences et aux capitaux émigrés stimule les forces productives à venir chercher refuge chez nous au lieu de s'enfuir vers des parties du monde et des colonies éloignées. »

Ibid.

Gustav Schmoller (1838-1917)

HISTORICISME, ORGANICISME ET NATIONALISME

Qui est Gustav Schmoller ?

Gustav Schmoller est **le théoricien majeur** de l'école historique allemande. Il est successivement professeur à l'Université de Halle, de Strasbourg puis de Berlin. En 1894, il publie *l'Économie politique et ses méthodes (Die Volkswirschaftlehre und ihre Methode),* ouvrage dans lequel il oppose la méthode empirique et inductive qu'il préconise, à l'approche déductive de l'école de Vienne et des marginalistes. Son œuvre clé ne sera éditée qu'en 1887; ce sont ses *Principes d'économie politique (Grundiss der allemeinen Vorkswirtschaftslehre).* Dans cet ouvrage, il fait de l'accumulation de statistiques et de descriptions historiques le cœur de *l'Économie politique* . Pas moins de cinq tomes sont nécessaires au développement de l'œuvre qui voit sa publication étalée de 1887 à 1900.

Homme d'action impliqué dans la politique économique et sociale de son pays, il sera membre du Conseil d'État de la Prusse. Il rédige en 1872 *Le Manifeste d'Eisenach.* Il défend une conception socialiste étatiste avec des pouvoirs publics interventionnistes. Il fonde *l'Association pour une politique sociale.* L'expression de *socialiste de la chaire* convient parfaitement à ce réformiste qui ne veut pas croire à l'harmonie spontanée du capitalisme vantée par les libéraux, mais qui, cependant, refuse d'emprunter le chemin de la révolution.

Les idées clés de Schmoller

Peu après List, les thèmes **nationalistes** sont repris par Gustav Schmoller :

> « En substituant aux théories de la valeur et de la quantité d'A. Smith une théorie des forces productives, c'est-à-dire des personnalités individuelles et sociales, List avait raison de la conception matérialiste d'un cours naturel mécanique du processus économique; en combattant pour les tarifs protecteurs et pour un système de chemin de fer et de canaux qui fussent la propriété de la nation, il ramenait à la droite intelligence des organisations sociales et politiques, sur lesquelles repose la vie économique; en indiquant d'une manière juste, en gros, quoique d'une manière sommaire et avec quelque parti pris, le cours du développement historique des peuples civilisés, il enterrait les idées fausses d'institutions et d'idéal économiques relevant d'un droit de nature et à réaliser partout. »

Principes d'économie politique, Introduction.

La doctrine qui domine, dans l'œuvre de G. Schmoller est **hyper-nationaliste** et en accord avec l'idée *d'expansionnisme allemand (pangermanisme)* tant redoutée d'une frange libérale des intellectuels autrichiens. L'école historique allemande est trop sûre d'elle-même. G. Schmoller affirme que la Prusse domine ses adversaires par ses valeurs. La tendance au conflit d'intérêt est perçue comme inéluctable dans « l'économie mondiale »; la défense nationale nécessite selon Schmoller la construction d'un empire capable de vivre en autarcie. Ce sentiment nationaliste exacerbé débouche sur une théorie élitiste, raciste, et belliqueuse, bref, sur un véritable *National Socialisme* avant la lettre !

> « Tout développement d'une organisation en classes sociales s'accompagne de l'élévation des plus vaillants, le rôle des dirigeants incombant naturellement aux individus les plus capables de rendre des services. Sans cette élévation et cette sélection des mieux doués, il n'y aurait aucun progrès d'aucune sorte. Toutes les races et tous les peuples n'ont progressé que de cette façon. Les éléments capables, actifs, puissants ont pris la direction; il s'est agi surtout en somme d'assurer la victoire à la force corporelle et intellectuelle la plus grande. La domination exercée par ces éléments est généralement, et malgré les abus qui ne font jamais défaut, acceptée avec reconnaissance; elle est payée en retour par le dévouement et la fidélité des sujets; et elle est toujours justifiée au fond, même quand elle repose sur le pouvoir et la violence. La soumission des races faibles par les races plus fortes et plus capables, des agriculteurs politiquement incapables par les peuples pasteurs,

voués à la guerre, a servi le progrès, en instaurant un gouvernement meilleur, une meilleure éducation intellectuelle, technique et morale, en réalisant plus de sécurité au dehors. »

Ibid.

Malgré ce discours agressif – à l'opposé de *l'individualisme méthodologique* et des idées libre-échangistes du XVIIIe siècle – Schmoller reconnaît quelques mérites théoriques aux économistes autrichiens libéraux de l'école de Vienne :

« Quant aux savants autrichiens qui ont pris en apparence position contre la grande masse des savants allemands, et parmi lesquels il faut nommer en première ligne C. Menger et E.V. Böhm-Bawerk, ils ont, avec leur nouvelle doctrine de la valeur, tout comme Jevons en Angleterre, compris plus exactement du point de vue empirique certains phénomènes psychologiques relatifs à la valeur et au marché, et analysé d'une manière plus précise certains points de la vie pratique. »

Ibid.

Mais cet **individualisme méthodologique** n'est pas la bonne approche selon G. Schmoller :

« Les individus restent toujours les éléments actifs du corps que l'économie nationale nous montre agissant. Mais lorsqu'ils agissent, c'est cependant toujours de préférence [...] comme attachés à des organes déterminés. »

Ibid., Livre II.

Les organes sociaux priment sur l'individu pour Schmoller; ce sont :

« Les formes constantes que revêt l'union des personnes et des biens en vue de buts déterminés : la gens, la famille, les sociétés, les corporations, les confraternités, les communes, les entreprises, l'État. »

Ibid.

L'approche économique selon G. Schmoller doit être **institutionnelle et globalisante** et non être fondée sur la micro-économie.

« La structure de l'économie nationale ne nous est connue qu'à la condition d'étudier la nature du bien qui attache les individus à ces organes et les principales formes sous lesquelles il peut se présenter. L'action économique, la situation, le rang social, le revenu, les moyens d'existence des individus sont essentiellement déterminés par la façon dont ils prennent place dans les organes sociaux. **Les institutions sociales** (la propriété, l'esclavage, le servage, le mariage, la tutelle, le marché, la monnaie, la liberté industrielle, etc.), qui déterminent la formation des organes pour des centaines de milliers d'années et le tiennent engagé dans certaines voies uniformes, sont le résultat de la nature humaine et de la technique d'une part, des pouvoirs spirituels de l'autre. L'économie nationale, au point de vue social, se présente comme un mécanisme composé de groupes et d'organes sociaux, réagissant d'une certaine façon les uns sur les autres. »

Ibid.

Ainsi conçue, **l'économie politique historique** n'est pas l'économie pure du noyau central libéral et orthodoxe. Elle devient *une gigantesque fresque* qui comprend :

« La terre, les hommes et la technique envisagés comme des phénomènes de masse et des éléments de l'Économie Politique;

- la constitution sociale;
- les organes les plus importants et leurs causes premières, le processus social de la circulation des biens et de la répartition, avec une étude du contrat et des institutions sociales modernes les plus importantes, l'évolution de la vie économique avec, en outre;
- une étude « des oscillations et des crises de l'économie nationale, des luttes et des relations économiques des États entre eux et du développement économique et général de l'humanité et des peuples en particulier. »

Ibid.

L'économie politique suppose donc **un encyclopédisme historique** sur les peuples, les masses et les nations, c'est-à-dire une attitude opposée à l'analyse des relations mathématisables et fonctionnelles. L'économie se conçoit dans un contexte situé historiquement et défini dans l'espace. La méthode doit être **l'induction** et il s'agit pour l'économiste d'être **réaliste**. Autant de banderilles plantées dans le corpus de *l'individualisme méthodologique* qui n'empêcheront nullement celui-ci de se développer et de constituer le noyau central de la pensée de l'époque. En Autriche, en Angleterre, en France et aux États-Unis la tentative de formalisation que constitue la micro-économie théorique et appliquée ne souffre guère des critiques de l'école historique allemande relativement isolée et hétérodoxe.

Mais l'institutionnalisme allemand survivra à Schmoller grâce à un économiste aujourd'hui méconnu. A. Wagner.

Adolph Wagner (1835-1917)

WAGNER ET LE SOCIALISME D'ÉTAT NATIONALISTE ET CONSERVATEUR

Qui est Adolph Wagner ?

♦ A. Wagner a mené **une carrière universitaire** longue et brillante; il enseignera successivement à Vienne, Hambourg, Fribourg et Berlin sur près d'un demi-siècle.

Ses quarante-six ans d'enseignement lui ont conféré une influence spirituelle majeure tant sous l'empire de Guillaume Ier (1861-1888) que sous celui de Guillaume II (1888-1918) et donc sous Bismarck (1862-1898).

♦ Il se révèle essentiellement **un grand spécialiste des institutions financières :** la banque, le crédit, les finances publiques sont ses principaux centres d'intérêt. Il publie plusieurs éditions de son *Traité des sciences des finances* de 1871-72 à 1883.

♦ C'est un homme intellectuellement engagé dans la vie publique, il va défendre **la nouvelle politique sociale** à partir de 1883 :

> « Il est bon de sortir du cabinet d'études pour marcher dans la vie, et y apprendre d'autres choses que les livres et les études seuls ne nous enseignent pas. Et en adepte d'une science qui, comme l'économie nationale de la science des finances, doit collaborer à la vie, à la prospérité nationale, j'ai considéré qu'il n'est point mal, mais qu'il est permis et même recommandé d'aider, autant que le permettent nos forces, à faire triompher dans la politique pratique ce *point de vue de la politique sociale* à participer à la lutte pour une législation présentant ce caractère… Je pense ainsi, surtout depuis que le message impérial du 17 novembre 1881 a fixé un but analogue, à la joie et à la satisfaction infinie des hommes de notre tendance.»
>
> *Traité des sciences des finances*, 1871. [1]

Wagner, penseur d'un social-étatisme

Wagner a été qualifié de « socialiste de la chaire » (celle des professeurs) ou de « socialiste d'État ». Dans *Les Fondements de l'Économie politique,* ouvrage publié en 1876, il énonce la légitimité des transferts sociaux… Pour lui, l'État peut légitimement redistribuer des revenus en versant des « salaires indirects ».

> « L'organisation de la classe ouvrière, l'assurance ouvrière, la protection ouvrière, l'assurance obligatoire en particulier, la contribution de l'État à l'assurance ouvrière, l'étatisation des chemins de fer, la politique des tarifs, la gestion financière des chemins de fer, le côté politico- social du libre-échange et de la protection, toutes ces questions m'ont souvent fourni l'occasion d'explications nouvelles et plus approfondies sur les rapports de l'individu et de la société, sur la légitimité de l'intervention de l'État dans le domaine économique, sur le rôle de l'État. »
>
> *Op. cit.*, Gérard et Brière, 1904.

C'est la naissance d'un **institutionnalisme allemand** proche d'un idéal de **social-étatisme,** « cherchant un terrain de conciliation entre l'individualisme et le socialisme ». Il rejoint sur ce terrain certaines thèses de L. Walras ou de Von Wieser.

> « En principe, il est d'accord avec le socialisme en ce qu'il approuve en partie la critique de l'état existant, qu'il considère comme partiellement réalisables ses revendications relatives à l'organisation de la propriété, et qu'il croit cette réalisation désirable; sur tous ces points, il s'écarte en principe de l'individualisme. Mais d'un autre côté, il met une borne à ces revendications du socialisme, parce qu'il reconnaît en principe que l'individualisme est aussi nécessaire qu'il est justifié, même dans l'intérêt de la collectivité. »

[1] 1871 est une année féconde pour la théorie économique; en même temps que paraît l'ouvrage méconnu de Wagner – mais dans une tout autre perspective–, sont publiés *Théorie de la politique économique* de S. Jevons et les *Principes d'économie politique* de Walras.

Cet institutionnalisme allemand a plusieurs branches. Il influencera l'institutionnalisme américain et on peut, pour l'étude économique des formes institutionnelles, retrouver ses traces dans l'école française de la régulation contemporaine. Adolph Wagner, cependant, ne peut apparaître leur inspirateur direct. On ajoutera que son engagement politique de l'époque est aujourd'hui frappé d'anachronisme. Le conservatisme de sa pensée s'exprime tout particulièrement dans sa nostalgie des corporations, qu'il regrette de voir affaiblies par le développement de la grande industrie. Sa peur des conflits de classe se manifeste aussi dans son attitude réticente vis-à-vis du système concurrentiel. Si Wagner anticipe à juste titre certains aspects de ce qu'est aujourd'hui **l'économie sociale de marché,** il développe aussi des analyses nationalistes et racistes dont l'antisémitisme est la forme la plus nauséabonde. Son goût pour l'expression de « peuple allemand » vient nourrir un bellicisme qui pollue considérablement le caractère moderne de sa pensée du social.

♦ A. Wagner se situe **en opposition avec le libéralisme** du XVIIIe siècle sous ses deux principales formes de l'époque, française et anglaise.

> « **La doctrine économique des physiocrates français** comme celle des économistes anglais est une philosophie de l'individualisme et du libéralisme appliqués au domaine économique… On peut encore l'appeler tout simplement le système de la libre concurrence, si l'on s'en tient au principe le plus important de l'organisation économique qu'elle préconise, à celui qui caractérise le mieux l'importance pratique de la doctrine [...]. Mais la théorie de Smith, l'individualisme et le libéralisme économique, ont fait leur temps dans la science et dans la vie, en théorie et en pratique [...]. Le rôle prépondérant que l'économie politique anglaise attribue à l'individu, sa tendance à prendre *l'essence* de l'individu, ou, si l'on veut, ses instincts naturels, ses désirs, se tendances comme le point de départ et comme le but de toute vie sociale — conséquences logiques de l'individualisme — sont minés par l'idée opposée, celle de la collectivité et de ses conditions d'existence, qui ne sont autres que celles de l'individu en tant que membre de la collectivité… C'est du point de vue social, *socialiste,* et non plus individualiste qu'on étudie désormais la vie économique, les problèmes économiques. »

Les Fondements de l'économie politique.

♦ Mais il est tout autant **opposé au socialisme révolutionnaire allemand** qu'à l'ancienne école historique allemande :

> « Malheureusement, **le socialisme radical,** théorique et pratique tend à tomber dans l'excès contraire [...]. *Le ciel descendra sur la terre* quand seront réalisées les réformes juridiques et économiques préconisées par le socialisme : c'est là l'optimisme du socialisme radical ».

• Wagner critique **l'école historique allemande ancienne** avec W. Roscher, K. Knies et B. Hildebrand et il n'est pas plus tendre pour G. Schmoller représentant de ses successeurs immédiats :

« Elle a une manière de voir différente sur la question de méthode et sur l'objet de notre science. Elle a, en outre, une tendance à confondre l'histoire concrète des faits économiques avec l'économie politique, à rejeter trop loin l'ancienne dogmatique anglaise considérée comme la base de la théorie économique proprement dite, à méconnaître la différence entre l'histoire concrète des faits économiques et l'économie politique *spéciale ou pratique* (la politique économique), même à ne faire aucune différence d'objet, de méthode, d'exposition entre l'histoire économique et la théorie économique (économie politique *théorique)*. »

Les Fondements de l'économie politique.

Cependant, « tous les économistes allemands que leurs adversaires, les libre-échangistes désignent depuis 1870 sous le surnom de « socialistes de la chaire », font également partie de l'école historique allemande. »

♦ La proposition de travail d'A. Wagner, son programme de recherche est, en fait, *éclectique* : **historique, juridique, institutionnel, systémique et même psycho-sociologique**. Le point de vue très moderne des fondements micro-économiques de la macro-économie complète ainsi utilement l'entrée par l'institutionnalisme.

« La théorie et la dogmatique anglaise ont incontestablement une grande et durable valeur si l'on admet certaines hypothèses [...]. Celles-ci oublient que les conditions réelles ne sont pas en général constantes [...]. elles sont en quelque sorte des catégories historiques, non pas des catégories absolues [...]. Le *temps* (époque, durée) par exemple, joue un bien plus grand rôle qu'on ne l'admettait autrefois [...]. Bien des points particuliers peuvent être corrigés.
A mon avis, et plus que l'école historique ne l'admet, les grands problèmes [...] se ramènent à des questions de droit économique, qui se rattachent aux institutions fondamentales du droit, même du droit privé, à l'organisation de la liberté, de la propriété, du droit contractuel. »

• **L'économie politique** est la « science des phénomènes économiques considérés comme les éléments du phénomène composé que constitue l'économie nationale »; l'économie nationale étant un **tout,** un système fondé sur la division du travail et la circulation entre les exploitations particulières. Ce tout est «considéré en lui-même, à un certain degré de son évolution et étant données certaines hypothèses juridiques.»

Ibid.

En cherchant à faire progresser la science économique, il ne faut pas « se borner à fermer les yeux sur les difficultés psychologiques, politiques ou techniques d'une organisation économique fondée sur le principe de la propriété sociale. »

« Nous rattachons tout aux faits fournis par l'histoire, au droit, à la réalité existante, mais tout est examiné en tenant compte constamment du côté psychologique des questions, et éventuellement des difficultés techniques de la production et de la répartition qui s'élèvent à chaque modification de l'état actuel des choses. »

A. Wagner a d'ailleurs commencé son ouvrage par un livre I consacré à *la nature économique de l'homme,* il y admet cinq mobiles directeurs à l'activité humaine :

> «A) Mobiles directeurs **égoïstes** :
> 1) recherche de l'avantage économique personnel et crainte pour soi du dénuement;
> 2) crainte du châtiment et espoir de récompense;
> 3) sentiment de l'honneur, soit de considération, crainte de la honte et du mépris;
> 4) impulsion vers l'action et plaisir que donne le travail en lui-même et par ses résultats; crainte des suites de l'inactivité (passivité).
> B) Mobile directeur **désintéressé :**
> 5) loi morale intérieure, sentiment du devoir, crainte du remords. »

Selon A. Wagner, c'est en s'appuyant sur ces mobiles et non en les niant que des réformes sociales peuvent être entreprises :

> « Le problème pratique ne consiste pas à remplacer le premier mobile par d'autres [...] mais d'en limiter l'action autant qu'il est nécessaire en le combinant avec les autres mobiles favorables [...]. C'est ce qu'il ne faut perdre de vue dans aucune des questions relatives aux institutions, à l'organisation au droit économiques. »

Ibid.

Il insiste de façon très moderne sur les fondements micro-économiques de l'approche macro-économique et sur la nécessaire prise en compte des comportements pour l'application des politiques économiques. A sa façon, il annonce la sociologie de Veblen.

Mais on n'insistera jamais sur les graves dangers que fait peser son amalgame entre ses positions théoriques anticoncurrentielles et son antisémitisme primaire. Le commerce étant une des rares activités permises aux personnes de religion juive de l'époque, il assimile abusivement judaïsme et goût du lucre !

Franz Oppenheimer (1864-1943)

La pensée d'Oppenheimer est un mélange de socialisme agraire et de libéralisme, une tentative de recherche de l'équilibre entre la campagne et la ville et une défense de certaines formes de coopération sociale.

Comme Walras, Oppenheimer propose la confiscation de la rente foncière, l'utilisation de la concurrence comme force motrice agissant sur :

> « le rapport général des valeurs de telle sorte que la force motrice se trouve équitablement répartie sur toutes les parties de la machine. »

L'Économie pure et l'Économie politique, traduction de Charles Gide, 1910.

Un doctorant d'Oppenheimer ne sera autre que Ludwig Erhard, le futur chancelier allemand. Oppenheimer s'est exilé en France dès 1933 pour fuir l'antisémitisme et, après un séjour en Israël, a fini ses jours aux États-Unis.

Werner Sombart (1863-1941)

Werner Sombart, professeur à Berlin à partir de 1917, est surtout connu pour son histoire et ses comparaison des systèmes économiques. Dès 1902, il a publié deux volumes sur *Le Capitalisme moderne.* En 1913 il publie successivement *Le Bourgeois : histoire des mentalités de l'homme d'affaires moderne* et *Études pour une histoire du capitalisme moderne. Luxe et capitalisme. Guerre et capitalisme.* Au début des années 1930, il insiste sur la nécessité de mener une politique économique intérieure d'économie corporative et d'autarcie avec « colonisation interne » pour absorber les chômeurs en développant l'agriculture. Il tourne ainsi résolument le dos à l'économie moderne de marché et de capitalisation (économie monétaire de production) et à la démocratie. Celles-ci ne seront remises sur pied qu'après 1950 après l'écrasement de Hitler et la diffusion du modèle de *l'économie sociale de marché.*

Une psychologie historique au service de l'analyse économique

L'étude de la vie économique et sociale par Werner Sombart est largement emprunte d'une psychologie historique typique du bourgeois :

> « La contribution que les forces morales ont apportée au développement de l'esprit capitaliste s'est, à mon avis, manifestée par les trois ordres de faits suivants :
> 1) elles ont fait naître ce que j'appellerais une disposition favorable au capitalisme, et notamment une conception de la vie ayant pour base la rationalisation et la méthodisation de toutes choses et à l'élaboration de laquelle la philosophie de la Basse Antiquité et, les trois principales religions ont pris une part égale;
> 2) elles ont provoqué la culture des vertus bourgeoises, qui a été à son tour préconisée aussi bien par les trois systèmes religieux que par les sages de l'antiquité;
> 3) elles ont contribué à refréner l'amour du gain et à imposer certaines limitations à la mentalité économique. Et ce résultat doit incontestablement être mis à l'actif des deux confessions chrétiennes qui ont, par leurs prédications, réussi à en faire une chose vivante et réelle. »

W. Sombart, *Le Bourgeois*, CH 12.

4.3. Les fondateurs de l'école autrichienne en économie

LA PREMIÈRE ÉCOLE AUTRICHIENNE

Un creuset économique social et culturel

Affiche de KOLOMAN MOSER, invite à une exposition d'artistes Sécessionnistes.

L'école de Vienne est associée à **l'individualisme méthodologique** : l'analyse économique doit commencer par étudier les comportements individuels des consommateurs et des producteurs.

C'est en pénétrant «l e bouillon de culture » qu'est l'Europe centrale à la fin du XIXe siècle que l'on peut saisir la genèse de cette pensée.

♦ L'Autriche est un empire finissant. En 1918, il sera réduit et il finira avec *l'Anschluss* de 1938. Cet absorption par son puissant voisin Allemand se fait dans *une apocalypse joyeuse* comme l'a titré l'exposition sur Vienne du centre Georges Pompidou en 1986. Le bouillonnement culturel que connaît cette période est des plus intenses... Les élites viennoises gagnées aux idées libérales de France ou d'Angleterre après 1848 sont emprisonnées dans les carcans de l'étiquette et de la bureaucratie impériale. Seul l'individu va leur sembler respectable face à la bureaucratie.

♦ **Sur le plan politique,** le couvercle de la cour impériale d'Autriche-Hongrie a bien du mal à se maintenir sur la marmite des idées nouvelles venues de l'Ouest. La bureaucratie et le militarisme de l'empereur François-Joseph 1er provoquent une réaction de rejet parmi les intellectuels. La cour impériale semble anachronique.

Cette fissure politique se retrouve en **politique extérieure.** En 1848, l'empereur refuse l'entrée de l'Autriche dans une grande Allemagne qui se constituerait sous la domination prussienne. Mais le contrôle sur l'empire s'effiloche. La bataille de Sadowa en 1866 consacre la supériorité de l'Allemagne sur l'Autriche.

♦ **Sur le plan économique,** l'Autriche-Hongrie est sans aucun doute avec le Japon un exemple typique de transition tardive de l'économie agraire où existe « un deuxième servage »; elle porte la marque de la noblesse et de l'empire alors que son économie se modernise. Au contraire de ses concurrents développés, l'Autriche a pour principales élites les propriétaires, les nobles, les militaires et les hauts fonctionnaires. L'empire autrichien relègue au second plan les industriels, les commerçants et, à un moindre degré, les financiers. L'échelle du prestige ne correspond pas au dynamisme réel d'une bourgeoisie commerçante et industrielle qui applique les idées et les méthodes occidentales du libéralisme économique.

♦ **Sur le plan culturel,** le bouillonnement des idées modernistes libérales et individualistes est une réaction contre l'immobilité politique et sociale face à un monde qui change. L'épanouissement artistique dans la musique, le théâtre et la littérature est selon G. Clare une véritable protestation contre cet anachronisme politique[1]... Il est probable que les idées économiques de l'école de Vienne émergent pour les mêmes raisons avec la marque exacerbée de *l'individualisme méthodologique.*

♦ **Sur le plan philosophique**, les recommandations du philosophe allemand E. Kant (1724-1804), font école. Kant souligne que la raison s'enferre dans des contradictions inévitables dès qu'elle prétend s'élever au-dessus de *l'expérience individuelle.* Les idées contraires de l'école historique allemande, leur vision organiciste du corps social, sont réfutées par l'adoption de l'individualisme méthodologique.

En 1866, E. Mach, le physicien, dans une *Analyse des sensations* indique que « l'homme est un complexe d'éléments » de type impressionniste et qu'il faut étudier les idées et les pensées en même temps que le fonctionnement physique... Lénine s'opposera dans *Matérialisme et empiriocriticisme* à cette approche individualiste. Contre le marxisme, S. Freud, inventeur viennois de la psychanalyse viendra, au contraire, au secours de cet *individualisme méthodologique* qui s'affirme en philosophie et en économie :

> « On ne saurait admettre que les motifs économiques soient les seuls à déterminer les comportements des hommes en société. Le fait indubitable que différentes personnes, races, peuples, dans les mêmes conditions économiques se comportent différemment suffirait à réfuter l'idée de la toute-puissance des facteurs économiques. On ne conçoit d'ailleurs pas qu'on puisse négliger les facteurs psychologiques, quand il s'agit de réactions d'êtres humains vivants. » (1933)

De C. Menger au milieu du siècle précédent à F. Hayek aujourd'hui, l'école de Vienne affirme **la primauté de l'individu** sur le corps social. Le lien social se conçoit à travers une interaction des individus qui s'autorégule par le marché sans intervention d'une administration, à l'extrême sans besoin d'institutions publiques, a *fortiori* sans s'encombrer d'un quelconque despote....

[1] *Dernière valse à Vienne,* 1980, édition française, Payot, 1986.

Carl Menger (1840-1921)

UN VIENNOIS SUBJECTIVISTE

Vie et œuvre

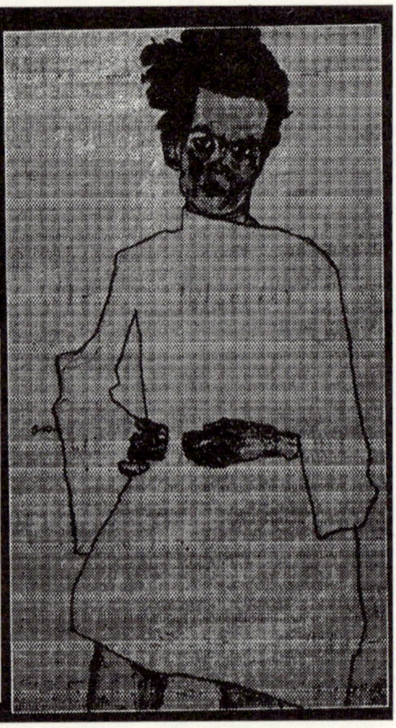
EGON SCHIELE, autoportrait, 1918.

C. Menger est un des auteurs clés de l'école économique de Vienne; il est influencé par l'école autrichienne de psychologie : F. Brentano, C. Ehrenfles et O. Kraus.

♦ **Professeur** réputé, il est titulaire de la chaire d'économie politique à l'université de Vienne de 1873 à 1903. Il forme une bonne partie des fonctionnaires de l'empire. Les cours polycopiés de C. Menger seront appréciés bien longtemps après son départ et, en 1920, ils sont encore utilisés par des cohortes d'apprentis économistes.

♦ **Homme de conviction,** Menger devient membre du Sénat; à partir de 1876, il est le tuteur du prince Rodolphe (fils de François-Joseph Ier et de « Sissi »). Il accompagne le prince dans ses voyages en Europe. Ils publient ensemble un pamphlet contre l'oisiveté de la noblesse autrichienne.

♦ **Théoricien fécond,** il écrit des ouvrages majeurs pour **l'école marginaliste.** Son ouvrage principal est édité en 1871, il a pour titre : *Les Principes d'économie politique (Grundsätze der Volkswirtschaftslehre).*

Il abandonne l'élaboration de la théorie économique de façon prématurée vers 1880 tout en poursuivant son enseignement. Bortkiewicz écrira à Walras que Menger n'a pas la moindre idée de l'analyse mathématique ou de la physique. Or, l'analogie avec la physique sera nécessaire pour compléter l'individualisme méthodologique autrichien et ainsi élaborer un des socles du **noyau central de la pensée néo-classique.** Menger forge en Europe centrale une partie seulement des concepts de *l'individualisme méthodologique;* cela lui permet de prendre place auprès de Walras, Jevons, Pareto et Marshall dans le panthéon des théoriciens néo-classiques. Sa théorie de *la moindre jouissance* est l'équivalent viennois du *degré final d'utilité de Jevons.* En 1883, dans son ouvrage *Recherches sur la méthode des sciences sociales et de l'économie politique,* il attaque « les erreurs de l'historicisme » de G. Schmoller et réfute les présupposés de l'école historique allemande. Adepte de *l'homo œconomicus,* il explique que le comportement de l'individu est rationnel et qu'il faut partir des choix individuels et des décisions micro-économiques pour comprendre le monde économique.

« Autoportrait du moi » publié dans
Essai d'analyse des sensations, Ernest Mach, 1900.

L'individualisme méthodologique

Une théorie subjective de la valeur

♦ Pour C. Menger, la valeur ne réside pas dans les qualités intrinsèques des biens. Il n'y a pas de valeur objective, l'individu est libre d'accorder ou non de la valeur aux biens. Il a donc le droit de dire ce que valent les choses, bref de les nommer (nominalisme).

La valeur ne tombe pas du ciel. elle n'est plus objectivement prédéterminée par la valeur-travail comme pour Ricardo. La vérité des choses n'est pas contenue en elles-mêmes (position universaliste) et il ne suffit pas de connaître le dogme et de le transmettre à la manière des prêtres dominicains enseignant la religion chrétienne.

La valeur réside dans **les jugements** que les individus portent sur *leurs besoins.(bedarf)* « Elle n'existe donc pas en dehors de leur conscience. » Principes, 1871.

La valeur subjective existe donc préalablement à l'échange social : c'est **une valeur d'usage** et elle est positive dans le cas des biens économiques, c'est-à-dire **des biens rares** dont la demande spontanée est supérieure à l'offre gratuite (au contraire de l'air ou de l'eau).

Comment s'établit la valeur d'usage ?

Menger suppose que **les besoins peuvent être classés par ordre décroissant** (I = alimentation, II = logement, III = vêtement, IV = soins médicaux, V = parure, VI = distractions, etc.) et que l'utilité d'un bien décroît avec la rareté. On note l'utilité avec des valeurs numériques (cardinales) représentant les intensités de satisfaction selon une *échelle décroissante* de satisfaction graduée de 10 à 0.

LE TABLEAU DES SATISFACTIONS DE K.MENGER

Besoins → Ordre décroissant

Intensités de Satisfaction ↓ Ordre décroissant

I	II	III	IV	V	VI	VII	VIII	IX	X
10	9	8	7	6	5	4	3	2	1
9	8	7	6	5	4	3	2	1	0
8	7	6	5	4	3	2	1	0	
7	6	5	4	3	2	1	0		
6	5	4	3	2	1	0			
5	4	3	2	1	0				
4	3	2	1	0					
3	2	1	0						
2	1	0							
1	0								
0									

NOTE : De dix à zéro, il y a 11 degrés dans l'échelle, la onzième ressource est la monnaie et le prix unitaire de chaque bien est supposé égal à 1. Si le consommateur dispose de 10 francs, il devra arrêter sa consommation à l'utilité de degré 7 pour les divers biens…

L'homo œconomicus **est rationnel, il alloue ses ressources monétaires de telle sorte que l'unité de revenu procure la même valeur subjective dans chacune des affectations possibles.**

Ainsi, un revenu de 10 francs permet d'obtenir 4 unités de **I**, 3 de **II**, 2 de **III** et 1 de **IV.** L'utilité totale obtenue sera maximale (on ne peut faire mieux avec 10 francs) et égale à la somme des utilités soit : 34 + 24 + 15 + 7 = 80. **La valeur d'usage** de chaque bien est identique pour la dernière unité de chacun d'entre eux, elle est égale à 7. Notons que le terme **d'utilité marginale** n'est pas encore présent chez Menger.

Il affirme simplement que :

> « La valeur pour cette personne d'une partie quelconque de la quantité totale disponible est égale à l'importance qu'il accorde aux satisfactions de moindre grandeur parmi celles qui sont assurées par la quantité totale. »
>
> *Ibid.* p. 132.

Une théorie sommaire de l'échange

Curieusement, le *Premier Autrichien* n'est pas un grand analyste de l'économie de marché et de l'échange. Pour Menger, l'échange n'est qu'un des moyens de satisfaction des besoins. Il se situe souvent dans un monde où se pratiquent le troc et l'autoconsommation. Menger n'utilise pas de courbe de demande qui relie l'utilité ou la rareté aux différentes quantités par une fonction continue et dérivable.

Les prix de marché de Menger ne sont pas déterminés par l'intersection des courbes de demande et d'offre selon le schéma néo-classique traditionnel. Il suppose simplement que la rencontre de l'offre et de la demande établit un prix de marché constaté. L'indétermination des prix de marché n'est levée pour Menger que dans le cas d'une concurrence exacerbée où le prix d'offre le plus faible s'impose. Il n'y a pas chez Menger comme chez Cournot, Walras ou Marshall, de modèle d'équilibre à un ou plusieurs marchés. Bref, le manque de géométrie ou d'algèbre économique nuit à l'exposition marginaliste de Menger. On est loin de la « catallactique » ou économie de l'échange généralisé de Hayek.

Une classification des biens qui demeure actuelle

La notion **de hiérarchie des biens** élaborée par C. Menger est caractéristique de l'école de Vienne. On la retrouve chez Von Wieser et Böhm-Bawerk; de même, A. Marshall en Angleterre l'a reprise et associée à la notion de demande dérivée. Il définit le **capital** comme un type de bien particulier ayant pour fonction d'engendrer d'autres biens. Les biens capitaux apparaissent comme *des biens d'ordre supérieur,* ceux immédiatement consommables *des biens de premier rang.* Cela conduit à rejeter l'idée marxiste selon laquelle le capital résulte de l'exploitation de la force de travail. Le concept de **productivité marginale du capital** permet de trouver la source légitime de la rémunération des capitaux…

Avec **n** machines, on obtient la production de **(P_n)** = ✌✌✌✌;

avec **n+1** machines, on crée une quantité **(P_{n+1}) =** ✌✌✌✌✌✌ produits; on en déduit que la productivité de la (n+1) ième machine (Δ_{n+1}) est de ✌✌ produits, soit la différence entre le nombre de produits avec **n+1** machines et avec **n** machines seulement Donc : $\Delta_{n+1} = P_{n+1} - P_n$.

Les biens d'ordre un fournissent directement des satisfactions, les autres biens ont une **utilité dérivée.** Disponibles immédiatement, ils sont complémentaires des biens d'ordre un. **Leur valeur prend naissance en aval,** du côté des biens de consommation. Un bien d'un ordre donné sera d'autant plus cher qu'il a engendré des biens secondaires très appréciés par le marché. On partira par exemple de la valeur du pain pour obtenir celle du meunier qui a moulu le grain, puis du cultivateur qui a créé l'épi, et enfin on déduira la valeur de la terre qui a engendré telle qualité de blé… La valeur se calcule par soustractions successives en partant du bien de consommation finale pour arriver aux facteurs de production sans négliger les consommations intermédiaires qu'il a fallu utiliser pour aboutir au produit.

> « En supposant que tous les biens disponibles d'ordre supérieur soient employés de la façon la plus économique, la valeur d'une quantité concrète de bien d'ordre supérieur est égale à la différence entre les satisfactions finales qui peuvent être obtenues avec cette quantité de bien supérieur et celles qui seraient obtenues si nous ne disposions pas de cette quantité. »

En conséquence, la valeur d'un facteur dépend de la rareté de celui-ci. Ainsi naît une théorie de **l'imputation d'une valeur** à un facteur de production qui est une fonction du supplément d'utilité finale qu'il procure *(utilité marginale).* Cette théorie du capital relie l'amont à l'aval. Elle sera reprise par les Viennois modernes, Hayek inclus.

Friedrich Von Wieser (1851-1926)

UN VIENNOIS COMPLET ET AMBIGU

Intellectuel, aristocrate et... économiste

♦ Intellectuel issu de l'aristocratie, il fait ses études de droit dans le but d'entrer dans un service public administratif.

Mais il se dirige vers l'enseignement, il exerce à l'Université de Prague et de Vienne. **Disciple de C. Menger,** il lui succède en 1903 à la chaire d'économie de Vienne. Il s'oppose alors aux méthodes dogmatiques et scolastiques alors en vigueur dans le système éducatif contrôlé par l'Église catholique.

♦ Mais il faut constater que Von Wieser a **un double visage.**

• Il suit Menger dans sa théorie de la valeur et dans sa classification des biens, même s'il discute de la détermination de la valeur par soustractions successives. En ce sens, il est un marginaliste au sens strict, intégrable au noyau central néo-classique, adepte de la micro-économie et de l'individualisme méthodologique.

• Mais, dans ses dernières œuvres, il se rallie à une conception non démocratique de l'État. Il insiste aussi sur le rôle des institutions capables de gérer les interdépendances là où la concurrence entre individus échoue à coordonner logiquement et de façon optimale.

♦ **Théoricien marginaliste**, on le créditera d'avoir généralisé la théorie classique de la rente à tous les rendements de facteurs productifs. Il écrit plusieurs ouvrages faisant progresser l'école de Vienne. En 1884, il publie *L'Origine et les lois principales de la valeur économique — Uber de Ursprung und die Hauptgesetze des wirtschaftlichen Werthes* —, il crée alors explicitement le concept d'**utilité marginale.**

Déjà en 1889, il entamait sa réflexion sur la valeur subjective dans *La Valeur naturelle* —Der natürliche Werth —; il s'y interroge sur la relation entre utilité et valeur et sur la rationalité de l'organisation économique. En particulier, il met en évidence certains effets pervers que l'inégalité provoque dans la répartition sur la valeur et les prix. Il s'éloigne sur ce point du mode de raisonnement néo-classique de type Pareto qui se refuse à comparer les utilités personnelles.

♦ **Praticien de l'économie,** il sera ministre du Commerce en 1917 et devra ainsi gérer une importante administration publique durant la guerre; mais l'éclatement de l'Empire « le renvoie à ses chères études » et à l'Opéra qu'il fréquente assidûment. Son antisémitisme était alors fort répandu dans une Vienne infestée par des idéologies totalitaires et crépusculaires. Sa pratique du pouvoir d'État le conduit cependant à des positions théoriques nouvelles.

♦ **Théoricien** marqué par son expérience gouvernementale, il va chercher à définir la « valeur sociale » .

Malheureusement, Von Wieser reste relativement confus et aboutit à une impasse après avoir prétendu à tord que le simple classement ordinal ($R_1 < R_2 < \ldots\ldots R_n$) des utilités est le seul possible. Puis, dans son raisonnement, il utilise implicitement des comparaisons interpersonnelles d'utilité. Il dérive alors vers un simplisme fortement antidémocratique dans sa recherche d'une utilité collective. Bref, plutôt que de trouver une solution théorique au concept d'utilité sociale, il imagine que celle-ci sera trouvée par « les masses » ajustant leurs désirs en se soumettant à la direction d'un chef charismatique.

Chargé de former des fonctionnaires, il est lui-même fils d'un cadre administratif important du ministère de la Guerre; son père deviendra même vice-président de la *Rechnungshof* ou cour d'évaluation et de calcul. Mais il ne résout pas le problème de l'utilité publique ou de l'évaluation sociale. **Son institutionnalisme est non seulement conservateur mais nostalgique.** Un certain nombre de buts sociaux ne peuvent être atteints par l'économie de marché. Chargé de former des fonctionnaires, il écrit en 1910 *Le Droit et l'Action — Recht und Macht* —. En 1913, il écrit *La Théorie de l'économie sociale — Theorie der Gesellechaftlichen Wirtschaft* —. En 1926, dans *La loi et la Puissance,* il s'oppose aux monopoles et préconise une lutte contre les inégalités de revenus et des lois pour resserrer les liens entre employeurs et salariés. A cette époque, il pose de vrais problèmes, mais il ne cherche nullement à les résoudre par un surplus de démocratie comme le feront les institutionnalistes américains. Von Wieser demeure enfermé dans des contradictions insurmontables sans une théorie du « marché politique ».

Son engagement à l'égard de l'administration et de la chose publique a même précédé son rôle de ministre.

La suite viennoise : théorie subjective de la valeur et imputation

♦ Von Wieser, comme Dupuit en France, identifie la valeur des biens avec l'utilité obtenue lors de la consommation de la dernière unité. Il donne un nom à ce concept qu'il appelle « au voisinage de » (*Grenznutzen*); cela se traduit en langage économique moderne par **utilité marginale.** Cela signifie tout simplement que la valeur subjective décroît pour le consommateur lorsque l'on augmente les quantités consommées d'un bien (ce que Walras appelle *la baisse de la rareté).*

♦ **L'utilité totale** est alors la somme des utilités marginales successives ainsi définies. Elle croît avec les quantités jusqu'à saturation.

La valeur totale est le produit de l'utilité marginale par les quantités. Elle est supposée d'abord croissante puis décroissante. Cette fois, c'est la valeur subjective de la dernière unité qui influence celle des premières unités…

Celles-ci ne sont pas évaluées à leur vraie valeur initiale mais à celle de la dernière unité. C'est un peu l'image de la parabole évangélique dans laquelle Jésus-Christ accorde au travailleur de la dernière heure un salaire identique à celui des autres.

Le décalage entre ces deux calculs d'utilité totale et de valeur totale fait apparaître par soustraction, l'utilité perdue du fait de l'indifférence croissante par rapport à des biens de plus en plus abondants (saturation).

Ce décalage va pouvoir être exploité par une stratégie d'entreprise qui contrôlerait parfaitement le marché et pourrait pratiquer une segmentation de celui-ci en multipliant les produits proches et en différenciant ceux-ci : par la construction d'une *image de marque,* le monopoleur a la possibilité de pratiquer ce que nous appelons aujourd'hui une discrimination de prix pour s'approprier cette « utilité perdue ».

Quantités (Q)	0	1	2	3	4	5	6	7	8	9	10	11
Valeur (utilité marginale, V)	0	10	9	8	7	6	5	4	3	2	1	0
Utilité (U)	0	10	19	27	34	40	45	49	52	54	55	55
Évaluation subjective = V x Q = E	0	10	18	24	28	30	30	28	24	18	10	0
Utilité perdue (U - E)	0	0	1	3	6	10	15	21	28	36	45	55

• Sans aller aussi loin dans l'analyse du **monopole discriminant,** Von Wieser, comme Dupuit, montre que **le monopoleur,** recherchant le maximum de valeur n'agit pas dans le but d'intérêt général, à savoir la maximisation de l'utilité totale. Seule **la concurrence** assure la réalisation de l'intérêt social maximum. Mieux que Menger, Von Wieser perçoit les difficultés que recèle la théorie subjective de la valeur. Ainsi, l'utilité marginale de la monnaie n'est pas égale pour tous, riches et pauvres étant dotés d'un pouvoir d'achat très inégal :

« C'est par conséquent **la distribution de la richesse** qui décide de ce qui sera produit et induit la consommation la plus non-économique : une consommation qui gaspille en biens non nécessaires et plaisirs coupables ce qui aurait mérité de guérir les blessures de la pauvreté. »

De la valeur naturelle, 1889.

• En outre, **les prix des biens dans le monde réel** ne sont pas ceux qu'on observerait dans un monde de parfaite égalité. Les riches paient le pain au prix demandé par le plus pauvre et non pas au prix qui correspondrait à leur propre courbe de demande. On trouve là d'une certaine façon le concept de *surplus du consommateur* repris par A. Marshall.

• Malgré ces difficultés, Von Wieser applique la théorie subjective de la valeur pour déterminer **la valeur imputable aux facteurs de production.** Mais contrairement à Menger ,qui procède par soustraction, Von Wieser l'obtient de manière additive. C'est le supplément d'utilité garanti par la possession ou l'emploi effectif d'une unité supplémentaire de facteur. On est alors dans une logique de la productivité marginale des facteurs de production. Dans le cas de plusieurs usages possibles du facteur de production, on lui attribuera pour valeur propre la valeur la plus faible qu'il permet de produire. Ainsi naît la notion moderne de **coût d'opportunité,** qui est le gain attendu d'un bien de production envisagé dans ses usages alternatifs.

Von Wieser prend le cas du voyage dont le coût n'est rien d'autre que la renonciation aux biens qui auraient pu être achetés avec la somme qui a servi à payer le voyage. Dans le cas de la théorie de la production, nous pouvons prendre l'exemple célèbre de l'alternative entre le beurre et les canons : si l'on dispose de moyens qui permettent de produire 100 tonnes de beurre ou 1 canon supplémentaire, le coût d'opportunité d'un canon supplémentaire sera égal aux 100 tonnes de beurre auxquelles il faudrait renoncer pour qu'il voit le jour. Au contraire du modèle d'A. Marshall, le coût de production et le rôle de l'offre n'interviennent guère dans le raisonnement de Von Wieser; le corpus théorique néo-classique est encore incomplet.

L'institutionnalisme conservateur de Von Wieser

L'ouvrage majeur de Von Wieser est *Éléments d'économie sociale*, il est édité en 1913. C'est l'Américain Weisley Clair Mitchell, disciple de Veblen qui va préfacer l'édition anglaise de 1927.

♦ Von Wieser a voulu étudier les cultures et les sociétés et situer **les rapports de pouvoir** et de **contre-pouvoir** à l'œuvre dans les économies. Il a une analyse plus complète que celle de Menger et annonce les travaux futurs d'économie publique. Ce n'est pas pour des raisons pédagogiques qu'il simplifie. Il dit qu'il faut procéder par « isolement des problèmes » et non par *idéalisation.*

Dans le livre I, il se limite donc à un modèle « à une seule personne ». Il n'a pas en tête l'économie réduite à sa plus simple expression de l'île de Robinson Crusoé. Il étudie le champ d'une nation entière. Il suppose simplement qu'il n'y a qu'un but et absence de conflit car il prend en compte les choix et les préférences d'un agent unique. Dans le livre II, au contraire, il introduit la notion de « monopole et autres inégalités de pouvoir ». Les travailleurs peuvent ériger des syndicats qui constituent un contre-pouvoir.

« Les syndicats obligent les entrepreneurs à accepter le prix qui serait effectivement établi s'il y avait une vraie concurrence. » Une telle position annonce les travaux de J. K. Galbraith bien plus que le libéralisme viennois de F. Hayek.

Dans le livre III, Von Wieser introduit l'action de l'État en insistant sur les besoins d'une analyse spécifique d'**« économie publique ».**

> « Presque tous les essais scientifiques d'explication de la nature de l'économie publique utilisent une méthode d'observation qui réduit le phénomène aux idées familières de l'économie privée. »
>
> « L'État dans l'économie a des moyens de puissance à sa disposition [et ils sont] totalement inconnus de l'économie privée. Il est par conséquent confronté à des tâches spécifiques et suit son propre développement. »

Ceci est particulièrement notable pour les dépenses collectives auxquelles Von Wieser porte une attention toute particulière qui en fait **un des fondateurs de l'économie publique,** comme en atteste le passage suivant :

> « Les dépenses collectives publiques sont collectives en ce sens qu'elles emploient des fonds communs sous une direction unifiée pour livrer des services sans discrimination à tous les individus.» Dans le cas d'entreprises publiques, « L'État doit garder en tête ses devoirs d'intérêt général, et éviter d'accroître ses revenus avec des moyens qu'il doit combattre et condamner en tant qu'État. Ainsi son calcul économique est-il illuminé par le rayon de soleil de l'évaluation sociale. »
>
> *Éléments d'économie politique,* 1913.

Eugen Von Böhm Bawerk (1851-1914)

UN ANTI-MARXISTE PRÉCURSEUR DE F. HAYEK

Un théoricien viennois engagé politiquement

Eugen Von Böhm Bawerk est né à Brün (Brno) en 1851. A trente ans il devient **professeur** à l'Université d'Innsbruck (1881-1889), puis après une carrière d'homme politique et de ministre des Finances, il accède à une chaire à l'université de Vienne en 1905.

♦ **Théoricien marginaliste,** l'histoire de la pensée économique retient surtout sa contribution à la théorie du capital et de l'intérêt.

Dès 1884, il écrit *Kapital und Kapitalzins* dont le premier tome est une *Histoire critique des théories de l'intérêt, du capital (Geschichte und Kritic der Kapitalismtheorien,* tr. fr. en 1900 chez Girard et Brière*),* mais sa contribution personnelle majeure sera publiée en 1888 dans son ouvrage clé : *Théorie positive du capital (Die positive Theorie of Kapitalism).* Il y expose la théorie marginaliste contemporaine de l'intérêt.

Pour lui, l'intérêt a une raison psychologique : consommer aujourd'hui est plus agréable que de pratiquer *l'abstinence* et attendre demain; et une raison technique : investir c'est augmenter l'efficacité du travail de demain en pratiquant *un détour de production.* Ce type de raisonnement sera repris et approfondi durant les années trente par Knight et Hayek. Mais A. Marshall, l'homme de la synthèse de la pensée néo-classique lui reprochera d'« avoir critiqué ses prédécesseurs dans la théorie du capital avec trop peu de générosité. » Keynes parlera d'« erreur curieuse ». Schumpeter sera encore plus sévère sur l'analyse subjective de l'intérêt et la théorie du capital chez Böhm Bawerk : « Le moment viendra où l'on reconnaîtra que la théorie de Böhm Bawerk est une des plus grandes erreurs jamais commises. »

Histoire de l'analyse économique, T. III, 1954.

Assez peu mathématicien, mais amateur de raisonnement logique, Böhm Bawerk se trouve quelques affinités avec D. Ricardo. Mais l'économie subjective de Böhm Bawerk est d'une toute autre nature que celle de Ricardo marquée par la valeur travail et la démarche macro-économique.

♦ **Politicien et praticien de l'économie publique,** il est trois fois ministre des FInances entre 1895 et 1898 puis retrouvera ce poste de 1900 à 1905. Les finances publiques appliquées sont un de ses domaines d'excellence; il crée l'impôt sur le revenu dans sa forme moderne; gère la dette publique avec habileté.

♦ **Anti-marxiste** convaincu, il inaugure une des spécialités de l'école de Vienne moderne : défendre le libéralisme contre le communisme et la planification.

Böhm Bawerk se révèle un redoutable polémiste. En 1896, dans *Karl Marx et le bilan de son système (Zum Abschluss des marxcschen Systems)* il tente de montrer que la notion de plus-value marxiste liée à l'exploitation est fausse et que, au contraire, la **valeur utilité** est plus féconde que **la valeur travail** pour interpréter les situations économiques. L'approche des prix relatifs par Marx est l'objet d'une critique à la fois logique et empirique.

Ses successeurs de l'école de Vienne, Von Mises et F. Hayek continueront ce combat idéologique. Ils s'opposent aux économies planifiées, aux syndicats et refusent les politiques visant à développer l'action régulatrice de l'État au sein des économies mixtes occidentales.

Böhm Bawerk et la théorie de la valeur

L'évaluation subjective du prix de marché

Böhm Bawerk part de la théorie de la valeur subjective de Menger; il la tient pour :

« une des conquêtes les plus certaines de la science économique moderne [...] Menger démontrant que la valeur des moyens de production [...] est déterminée, toujours, et sans exception par la valeur des produits qu'ils engendrent [...] et non inversement. »

Il ajoute des précisions pour pallier les insuffisances théoriques de la valeur d'échange de Menger; son objectif est de réduire la zone d'indétermination du prix qui se forme sur le marché. L'exemple du marché des chevaux permet de comprendre la formation des prix selon Böhm Bawerk. Il suppose que acheteurs et vendeurs puissent être classés selon leur degré de motivation. Il n'est pas nécessaire de supposer un ordre ou une demande continue. Le prix de marché se forme à la rencontre de l'offre faite par le moins désireux de vendre, parmi ceux qui vendent effectivement, et de la demande présentée par l'acheteur le moins pressé d'acheter, parmi ceux qui passent effectivement à l'acte. Le vendeur marginal et l'acheteur marginal forment **le couple limite.** Leurs évaluations subjectives déterminent le prix de marché pour tous les coéchangistes. Cela constitue un prix d'équilibre unique pour l'ensemble du marché.

Pourquoi le capital engendre-t-il du profit ?

E. Böhm Bawerk se révèle un observateur critique à la fois de la théorie du capital de J.-B. Say et de celle de Marx reliant exploitation et profit.

> « Quelques-uns des successeurs immédiats d'A. Smith tentèrent d'expliquer l'intérêt du capital par **la productivité du capital**. Ce fut J.-B. Say qui commença en 1803 [...]. L'idée que le capital produit lui-même son intérêt paraît claire et simple. » C'est une idée répandue, en effet.
> Il y a les « **théories naïves de la productivité**... Leur fondateur est J-B. Say [...] Leur caractéristique la plus saillante [...] c'est précisément le silence qu'elles observent au sujet de la relation causale existant entre la productivité du capital et l'effet qu'elle est censée produire : la plus value des produits. »

Ibid. p. 155.

En France, Leroy-Beaulieu écrira :
« Le capital engendre du capital, c'est incontestable » (1883). Face à ces affirmations, la position méthodologique de Böhm-Bawerk est très claire, il faut développer **une analyse anti-métaphysique et totalement nominaliste** à la façon de Menger.

> « Attribuer au capital une force créatrice de valeur au sens littéral du mot, c'est se méprendre complètement sur la nature de la valeur, d'une part, et sur celle de la production d'autre part. La valeur n'est pas et ne peut pas être produite. Ce qu'on produit c'est toujours des formes, des aspects, des combinaisons naturelles, des choses, des biens [...] Leur valeur leur vient du dehors, des besoins et des rapports d'échange du monde économique. La valeur ne provient pas du passé des biens, mais de leur avenir...»

Ibid. 1900.

Quant à la production :

> « Tout ce qu'elle peut faire, c'est simplement de créer des biens dont on espère qu'ils auront de la valeur par suite des rapports prévisibles entre le besoin et la satisfaction. La production ressemble en une certaine manière au blanchisseur. De même que celui-ci expose son linge au soleil, de même la production n'applique son activité qu'aux choses et qu'aux endroits où elle peut espérer de la valeur pour ses produits. Mais elle ne crée pas plus la valeur que le blanchisseur ne crée les rayons solaires. »

Ibid. p. 169.

Viennent ensuite :

> « **Les théories motivées de la productivité [...]** dégagées de l'idée mystique de la force productrice de valeur [...] et ne considérant plus comme évident que le rendement physique doive être accompagné d'un excédent de valeur. »
> « Elles introduisent par conséquent, dans le cours de leurs développements, une partie intermédiaire caractéristique, dont le rôle spécial est de prouver que l'augmentation de la quantité des produits conduit à un excédent de valeur. »

Les exemples critiqués sont ceux de Lauderdale, de Malthus, pour qui, « le profit du capital n'est simplement qu'une légère rémunération de la part prise à la production par le capitaliste » (1820) ou aux États-Unis de H. Carey, en 1858, dans ses *Principes des Sciences sociales (Principles of Social Science),* ou en 1842 de l'Allemand Von Thünen *(Der Isolirte Staat).*

Enfin, il regroupe une classe de théories indépendantes : **Les théories de l'utilisation :**

> « Elles partent de [...] l'existence d'un rapport rigoureux de causalité entre la valeur des produits et celle des moyens de production nécessaires à leur formation ». Alors, « l'explication de la plus-value par la productivité du capital tombe en défaut. »

Il faut donc trouver un autre schéma explicatif qui sera l'usage du capital. C'est une reprise de C. Menger :

> « Un capital n'est pas autre chose qu'un ensemble de biens complémentaires d'ordre supérieur. Cet ensemble tire sa valeur du produit auquel on prévoit qu'il donnera naissance. La production exige qu'on dispose des biens producteurs pendant toute sa durée. Ces utilisations ou ces emplois du capital, s'ils n'existent pas ou ne sont pas offerts en quantité suffisante, acquièrent une valeur [...]. Elles contribuent avec les biens à former la valeur totale dont le produit sera le véhicule. Comme une partie de cette valeur totale doit correspondre au bien économique « utilisation du capital », la valeur des autres moyens de production ne peut égaler complètement celle du produit futur. Telle est l'origine de la différence entre la valeur des biens employés à la production et celle du produit obtenu. Telle est en même temps l'origine de l'intérêt du capital. »

Ibid. T.1. p 279.

Böhm-Bawerk propose de dépasser cet apport de C. Menger. **L'utilisation est une fiction.** De même, *la théorie de l'abstinence du capitaliste,* de Senior (1836) et reprise par Bastiat en 1850 est plus morale que fondée scientifiquement. Il n'accepte pas non plus l'explication par **le salaire du travail du capitaliste** de J. S. Mill, Mac Culloch ou de Courcelle-Seneuil qui parle en 1858 de *travail d'épargne (Traité théorique et pratique d'économie politique)*. Il juge peu plausible l'explication d'A. Wagner pour qui les capitalistes sont « des fonctionnaires de la collectivité chargés de la formation et de l'utilisation du fonds national des moyens de production. » (1879).

• **Les théories de l'exploitation** sont inconsistantes affirme Böhm-Bawerk qui considère que *Le Capital* se contredit entre le livre II et le livre III.

Le procédé de K. Marx est « une démonstration purement logique, un raisonnement dialectique partant de la nature de l'échange. Marx représente l'échange de deux marchandises sous la forme d'une équation et en conclut que, dans les deux produits échangés et par là même considérés comme égaux, il doit y avoir « quelque chose de commun de la même grandeur ». Il cherche alors à déterminer cet élément commun auquel les deux choses doivent être « réductibles » en tant que valeur d'échange .»

Op. cit. T.2 p. 88.

> « Marx opère alors de la façon suivante : il passe en revue les diverses propriétés que possèdent, d'une façon générale, les objets constituant les deux termes égaux d'un échange. Il élimine toutes celles qui ne satisfont point à la condition imposée

et arrive ainsi à une propriété unique celle d'être le produit du travail. Celle-ci doit donc être la propriété commune cherchée. »

Op. cit., T.2 p. 88.

Böhm Bawerk lui reproche d'éliminer d'emblée, la terre, le sol, les biens naturels... bref, tout ce qui n'est pas marchandise produite par le travail.

Selon lui :

« Marx, une intelligence de premier ordre», « croyait à sa thèse comme un fanatique croit à un dogme. » En tout état de cause, « Il eut été impossible de l'établir empiriquement ou psychologiquement. Marx eut donc recours à des spéculations *logico-dialectiques* d'ailleurs conformes à sa tournure d'esprit. »

Op. cit., T.2 p. 98.

Le conflit des méthodes déjà présent entre Menger et *l'école historique allemande* rejaillit donc entre l'école autrichienne et Marx. En réalité, selon Böhm-Bawerk, «l'expérience montre que la valeur d'échange n'est proportionnelle au travail nécessité par la production que pour une partie des biens et que, même pour ceux-là, cette proportionnalité est seulement occasionnelle. » Ou « les lois formulant l'influence du travail sur la valeur d'échange des biens sont à la loi générale de la valeur comme cette loi "le vent d'ouest amène la pluie". »

• De la théorie de la valeur travail, naît **la théorie de l'exploitation comme source du profit** capitaliste. Celle-ci est délicate à présenter car « les capitaux pour lesquels la partie variable du capital l'emporte doivent rapporter un taux de profit plus considérable que ceux pour lesquels la partie constante est la plus forte. Or, l'expérience montre que, par suite de la loi d'égalisation des profits, tous les capitaux sans exception, et quelle que soit leur *composition organique* finissent avec le temps par rapporter le même taux de profit. Le troisième volume du *Capital* contient une explication détaillée de la difficulté, explication qui, à vrai dire, ne constitue pas une solution. C'est bien plutôt une confirmation de la contradiction et un abandon déguisé et inavoué de la doctrine contenue dans le premier volume. » Böhm-Bawerk annonce ainsi les difficultés rencontrées par les marxistes pour analyser le problème **de la transformation des valeurs-travail en prix de production.** Ce problème ne sera abordé de façon théoriquement satisfaisante qu'au XXe siècle après 1906, et Morishima en fournira plus tard encore une solution élégante à l'aide de l'algèbre matriciel.

Le temps et le capital

Une description permet de comprendre concrètement la notion de **détour de production :**

« Un campagnard a besoin d'eau potable et en désire. La source jaillit à une certaine distance de sa maison. Pour se procurer l'eau dont il a besoin, il peut employer différents moyens. Ou bien il ira lui-même chaque fois à la source et il boira dans le creux de sa main. C'est le moyen le plus direct. La satisfaction est obtenue immédiatement après la dépense de la peine, mais il est incommode, car notre homme doit journellement faire le chemin jusqu'à la source, autant de fois qu'il aura soif; il est en outre insuffisant, car de cette façon, on ne peut jamais recueillir et conserver la quantité d'eau assez grande dont on a besoin pour toutes sortes d'usages. Ou bien — et c'est le second moyen — le laboureur creuse dans un bloc de bois un seau dans lequel il portera en une fois de la source à la maison l'eau nécessaire pour la journée. L'avantage est évident; mais, pour l'obtenir, il a fallu se servir d'un moyen détourné qui a son importance. L'homme a peut-être dû passer toute une journée pour tailler le seau, et pour pouvoir le tailler, il a dû auparavant abattre un arbre dans la forêt; pour pouvoir faire cela, il lui a fallu d'abord fabriquer une cognée, et ainsi de suite. Mais notre campagnard a encore un troisième moyen à sa disposition : au lieu d'abattre un arbre, il en abat une quantité, il les creuse tous au milieu et en fait un canal par lequel il amène devant sa maison un filet abondant de l'eau de la source. Il est clair qu'ici le détour qui va de la dépense de travail à l'acquisition de l'eau est encore bien plus considérable, mais en revanche, il a conduit à un meilleur résultat : notre homme n'a plus du tout besoin maintenant de faire péniblement le chemin qui sépare sa maison de la source et il a cependant à chaque moment chez lui une quantité très abondante d'eau très fraîche.

L'enseignement que ces exemples s'accordent à nous fournir est clairement celui-ci. On réussit mieux en produisant les biens d'usage par des moyens détournés qu'en les produisant directement. »

Théorie positive du capital.

Une théorie alternative du temps et du capital constitue l'essentiel de la contribution originale de Böhm-Bawerk.

« Déduire simplement et fidèlement l'apparition de l'intérêt du capital des fondements naturels et psychologiques les plus simples de l'économie humaine [...] nommer une fois encore l'élément qui me paraît conduire à la pleine vérité : c'est l'influence du temps sur l'estimation de la valeur des biens. » **L'espoir et sans doute l'utopie de l'individualisme méthodologique** naît de cette phrase du tome II qui annonce le deuxième volume de la *Théorie positive du capital.*

Böhm-Bawerk part d'une **disposition psychologique incontournable :** Il suppose que les agents économiques sont dotés *d'une préférence pour le présent* (ce que reprendra Keynes):

« Les biens présents ont, en général, une valeur subjective plus grande que les biens futurs du même genre et de même quantité.

Ibid. , p.327.

Ce qui signifie que **le temps historique est « épais** » et modifie les rapports des individus aux biens pour au moins trois raisons :

1) l'échelonnement des besoins et des ressources présents et futurs. On peut penser par exemple que les biens de consommation seront moins rares dans le futur et préférer en disposer au présent;

2) une sous-estimation des besoins du futur;

3) la supériorité technique des biens présents sur les biens futurs : les biens présents peuvent être transformés en capital et réinvestis demain au moment où les biens futurs deviennent juste disponibles.

Ces trois raisons constituent au sens de Böhm-Bawerk le pourquoi de l'existence du profit et de l'intérêt du capital. Il est possible ensuite de remonter de l'intérêt du capital (évalué subjectivement en aval) au capital lui-même. Le capital va s'inscrire alors dans **une perspective intertemporelle.** Il s'agit d'une perte initiale de temps dont l'utilité est un gain futur en temps et même en valeur car le gain est supérieur à la perte initiale. La perte initiale de temps permet de procéder aux fameux **détours de production** *(Umweg).* Il y a allongement du processus productif, multiplication des biens intermédiaires (ceux qui ne sont pas des biens de consommation finale), et augmentation, ce faisant, de la productivité des facteurs originels (dans la limite, à long terme, des rendements décroissants).

Comment mesurer le capital ?

Böhm Bawerk tente une approche analytique du capital en le décomposant en une série de constituants :

> « **Le capital social** (ou encore productif), considéré comme ensemble des produits qui sont destinés à servir une production ultérieure, comprend :
> 1) les améliorations et tous les amendements apportés au sol;
> 2) les constructions de tout genre servant à la production;
> 3) les outils, les machines et autres instruments de la production;
> 4) les bêtes de somme et les bêtes de rapport employées dans la production;
> 5) les matières à transformer et les matières auxiliaires de la production;
> 6) Les biens de jouissance accumulés en dépôt chez les producteurs et les négociants;
> 7) le numéraire. »
>
> *Théorie Positive du Capital, Giard 1929.*

> **Le capital privé** ou encore lucratif :
> « Il est certain que les salaires réels de ouvriers, les vivres, les vêtements, les articles de chauffage et d'éclairage, etc., que les ouvriers consomment, font partie au point de vue de l'entrepreneur qui les leur avance, de son capital privé [...] on ne pourrait en juger autrement que si l'on voulait ne pas accueillir les ouvriers comme membres de la société bourgeoise en faveur de laquelle se développe l'économie nationale et si on ne les considérait que comme des machines à travail. »
>
> *Théorie Positive du capital.*

• Ainsi décomposé, seul **le capital social ou encore productif** est constitué des produits intermédiaires présents dans les détours d'un processus productif constamment en train de se dérouler et débouchant sur la mise en vente de services et biens de consommation finale dans le futur. Comment mesurer un tel capital social à l'exclusion donc des avances en salaires ou capital privé ?

• La mesure ne peut être réalisée selon Böhm-Bawerk à partir de la valeur actualisée (en francs d'aujourd'hui) des services futurs, car on ne connaît pas le taux de change du futur au présent; en termes modernes, nous disons **le taux d'actualisation** qui permet de dire ce que vaut aujourd'hui un bien dont on disposera à une date donnée du futur — mais nous savons aussi aujourd'hui que les choses sont même un peu plus compliquées. En fait, on *tourne en rond* car si l'on connaît la valeur des services procurés par un capital cela signifie que l'on est capable de savoir la valeur du capital qui l'a engendré et inversement.

L'Autrichien va donc proposer **une mesure purement technique du capital.** *Il y a du temps incorporé aux biens capitaux*. Il ne s'agit plus comme chez Marx de « travail passé cristallisé ». Ce temps incorporé correspond à ce que Böhm-Bawerk appelle *la période moyenne de production.*

• Pour introduire le concept de **période moyenne de production,** Böhm-Bawerk utilise l'exemple suivant :

> « Si la production d'un bien de jouissance ajoute en tout 100 journées de travail — pour simplifier je ferai abstraction des utilités du sol qui y coopèrent — et si une de ces journées a été employée il y a dix ans, une autre il y a 9,8,7,6, 5,4,3,2, et un an et que les 90 autres journées ont été employées immédiatement avant l'achèvement de l'ouvrage, la première journée de travail est payée au bout de dix ans, la seconde après 9 ans, la troisième après 7 ans et ainsi de suite, tandis que les 90 dernières sont payées immédiatement; et en moyenne les 100 journées de travail se payent après : $\frac{10+9+8....+1}{100} = \frac{55}{100}$ c'est-à-dire déjà après 6 mois environ. Si la production d'un autre bien demandait également un total de 100 journées de travail, qui doivent également être fournies dans le cours d'une période de dix ans, mais de telle façon qu'il en soit fourni 20 dans la première des 10 années, 20 encore dans la deuxième et 5 chaque année depuis la troisième à la dixième et les 20 dernières journées de travail immédiatement avant l'achèvement de l'ouvrage, la moyenne deviendrait tout autre et serait bien plus forte, elle s'élèverait à : $\frac{200+180+40+35+30+25+20+15+10+5}{100} = \frac{560}{100}$ par conséquent plus de 5 ans et demi. »
>
> *Ibid.*

La mesure du capital ainsi proposée est très sommaire, c'est une simple **moyenne arithmétique.** Il n'y a pas de prise en compte des intérêts composés. Si on les introduisait, il faudrait connaître le taux d'intérêt du capital avant de le mesurer. On entrerait ainsi de façon visible dans un cercle vicieux que n'évite Böhm-Bawerk qu'au prix d'une inacceptable simplification. Enfin, il faudrait aussi introduire le concept de capital fixe qui ne s'incorpore que très progressivement dans les produits.

Böhm-Bawerk ne voulait obtenir qu'**un classement des intensités capitalistiques** (rapport entre la quantité de produit et la quantité de capital nécessaire pour l'obtenir).

Sa vision rétrospective de la structure productive fera l'objet de transformations dans les travaux de K. Wicksell et de K. Hayek; elle sera critiquée en 1937 par M. Dobb dans *L'Économie politique et le capitalisme.* Le spécialiste des modèles de croissance R.M. Solow critique lui aussi la solution viennoise :

> « Il n'y a aucune raison de supposer que l'on puisse définir un objet unique appelé **capital** pour exprimer en un seul nombre tout un ensemble de faits touchant les décalages temporels, les périodes de production, les stocks de matières premières,

d'en-cours et de produits finis, de machines anciennes et nouvelles et de bâtiments de longévité différente et des améliorations plus ou moins permanentes apportées à la terre. Seul quelqu'un d'assez naïf pour identifier tous les aspects de la production capitalistique avec l'un d'entre eux — peu importe lequel — pourrait croire possible de rassembler toute la théorie en définissant quelque chose sous le vocable de capital et en appelant le taux de l'intérêt, productivité marginale de ce quelque chose. »

Mais la théorie du capital de Böhm-Bawerk reste un point de passage obligé pour tous ceux qui abordent l'étude du capital. J.-R. Hicks écrit dans *Valeur et capital* (1939), « tous ceux-la sont, un jour ou l'autre, victimes de cette théorie ! » De façon moderne, *la théorie de l'agio* se résume aujourd'hui dans la formule populaire suivante : « le temps, c'est de l'argent.»

Joseph Alois Schumpeter (1883-1950)

PENSEUR DE LA DYNAMIQUE ÉCONOMIQUE

Qui est J. A. Schumpeter ?

1883 est l'année qui voit naître J. Schumpeter et mourir Marx. C'est aussi l'année de naissance de Keynes dont le talent éclipsera celui de Schumpeter de son vivant. Schumpeter voit le jour en Moravie, dans la petite ville de Triesch. Fils d'un industriel du textile, sa jeunesse se déroule parmi les élites d'une société où se concurrencent deux mondes : au sommet de la société officielle, une noblesse de cour qui détient les rênes politiques; tandis que de grands banquiers et de hauts fonctionnaires dominent la société civile.

Schumpeter étudie le droit et l'économie à l'université de Vienne de 1901 à 1906. Il suit les cours de Von Wieser et de Böhm-Bawerk. Dès 1908, Schumpeter publie *Nature et contenu principal de la vie économique* (*Das Wesen und der Hauptnhalt der theoretischen Nationalökonomie*); il obtient en 1909 une chaire à l'université de Czernowitz. Puis, en 1911, il va à Graz où il est nommé professeur, il y enseigne jusqu'en 1919. Dès 1913 l'université de Columbia l'invite aux États-Unis..

Il noue des liens avec l'austro-marxiste Otto Bauer qu'il rencontre dans un séminaire également fréquenté par Hilferding. Mais ses principales influences sont alors celles des professeurs Wieser et Böhm Bawerk, ainsi que la lecture des œuvres de Walras, Pareto et Edgeworth.

♦ Par amitié pour Otto Bauer et contre toute attente, il accepte en 1919 le poste de **ministre des Finances** d'un gouvernement socialiste. Le contexte est difficile, l'empire vient d'éclater et la république est proclamée. Il ne restera guère à ce poste tant les contradictions financières et politiques sont, à l'époque, insurmontables.

♦ Puis il devient président de la *Biedermannbank* à Vienne jusqu'à la faillite de celle-ci; cela met un terme à son expérience de **praticien de l'économie.**

♦ Il retourne alors à sa carrière d'universitaire et de théoricien en devenant professeur à l'université de Bonn. Mais après quelques voyages aux États-Unis et au Japon (qui lui fait très bon accueil), il abandonne « le bateau qui sombre » de l'Europe et s'installe définitivement à Harvard après 1932. Bourreau de travail, marqué par un drame familial et généralement pessimiste, il donne l'image d'un aristocrate raffiné. Mais il sait être proche de ses étudiants et déceler en eux le ferment du talent; il est d'ailleurs payé en retour car E. Schneider, Stackelberg, Stolper, Sweezy et Samuelson notamment vont apprécier son enseignement sans pour autant copier le grand maître.

♦ **Théoricien novateur,** il a marqué l'analyse économique par l'importance donnée à la dynamique, à l'histoire et bien entendu par sa réinterprétation des cycles économiques en tenant compte du progrès technique et des entrepreneurs. Son ouvrage classique paru en 1912 a le titre évocateur de *Théorie de l'évolution économique* (tr. fr. Dalloz, 1935) (*Theorie der Wirtschaftlmichen Entwicklung*). Il poursuit son œuvre en Amérique avec une étude des cycles économiques, *Business Cycles : a Theoretical, Historical and Statistical Analysis of the Capitalist Process* (McGraw-Hill, 1939); puis il s'interroge sur les chances de survie d'un capitalisme marqué par la diminution de l'esprit d'entreprise et d'innovation, *Capitalisme, socialisme et démocratie,* 1942 (*Capitalism, Socialism and Democracy*).

♦ **Historien** de la pensée économique, il a rédigé une somme des connaissances économiques de son époque encore inégalée par son érudition et ses commentaires éclairants : *Histoire de l'analyse économique* qu'il laisse inachevée en 1950, date de sa mort (*History of Economic Analysis*). De 1914 à sa mort, il vit en familier des plus grands économistes. Éclectique et homme de goût, il réunit : Marx, Walras, Menger, Marshall, Pareto, Böhm-Bawerk, Fisher, Mitchell et Keynes dans *Ten Great Economics from Marx to Keynes* (Allen & Unwin, 1952). Ses travaux d'Histoire seront réunis après sa mort grâce à la diligence de sa troisième épouse qui les publie en 1954. Il faut attendre 1983 pour que les éditions Gallimard en réalisent une traduction en français.

♦ **Sociologue**, il n'a pas hésité à s'aventurer en dehors de son domaine de connaissance reconnu en réfléchissant sur les impérialismes (*Zur Sologie der Imperialismen*), les classes sociales (*Die sozialen Klassen im ethnisch homogenen Milieu*), et enfin sur les crises de l'État fiscal en 1918 (*Die Krise des Steuerstaates*). Ces œuvres sont rassemblées en français par J. -C. Passeron (éditions de Minuit, 1972).

Schumpeter va s'éteindre dans le Connecticut en 1950. La popularité de J. Schumpeter remonte surtout à l'après-1975 lorsqu'une certaine déception s'instaure en Europe et aux États-Unis face à la stagflation et à la crise économique. Il devient alors habituel de renvoyer à **la dynamique schumpetérienne** de l'évolution du capitalisme, même si celle-ci renvoie à son tour nécessairement au caractère incontournable des fluctuations cycliques et même si J. Schumpeter avait souligné — non sans tristesse — dans *Capitalisme, socialisme et démocratie* qu'au bout du compte l'innovation devait s'essouffler, la bureaucratie l'emporter et le capitalisme céder la place au planisme.

La dynamique schumpetérienne provient de **l'innovation déjà présentée** par Jeremy Bentham un siècle auparavant (ressort technico-commercial et organisationnel) portée par la classe des entrepreneurs. L'analyse n'est donc pas exactement centrée sur les problèmes macro-économiques à la manière de Keynes et l'on a donc pu opposer les deux grands économistes du XXe siècle.

UN THÉORICIEN DES TEMPS LONGS

L'innovation et l'évolution économique

Schumpeter, qui connaît aussi bien Quesnay que Marx, sait retracer ce que serait le **circuit économique** sans principe de mouvement. Le circuit serait bouclé avec une croissance zéro (état stationnaire de Ricardo, reproduction simple de Marx, équilibre général statique de Walras).

Sans innovation, l'économie est stationnaire

Décrire la situation de stabilité économique permet à Schumpeter de présenter en contrepoint les facteurs endogènes de transformation et le capitalisme sous son véritable visage : celui d'une économie dont le moteur est la croissance et le dynamisme des fluctuations. Lorsque l'économie est supposée, pour des raisons pédagogiques, en état stationnaire, elle apparaît comme une économie de **réciprocité de l'échange.**

> « Nous pouvons dire [...] que chaque agent économique verse un apport dans ce grand réservoir de l'économie nationale et y fait un prélèvement. A cet apport correspond en quelque endroit de l'économie nationale le droit d'un autre agent à un prélèvement [...]. Le circuit de l'économie par là encore se ferme inévitablement. »
>
> *Théorie de l'évolution économique*, p. 233, Dalloz, 1935.

L'orientation de la production provient donc nécessairement **des consommateurs** qui procèdent aux échanges. Ainsi, **la théorie subjective de la valeur** est-elle pertinente selon Schumpeter. Les biens de consommation « sont des biens de premier degré » comme chez Von Wieser.

Ce circuit fermé a deux particularités. Les considérations par rapport au **futur** n'interviennent pas. **Il n'y a pas d'entrepreneur** pour parier sur l'évolution de la demande future, pas de profit, pas de crise.

> « Il n'y a aucune raison de comparer les valeurs présentes aux valeurs futures. Car l'économie suit le chemin qui lui est prescrit. Elle est organisée en vue de certaines productions. »
>
> Idem , Dalloz, p .270.

> « L'absence d'entrepreneur est surtout sensible [...]. Nous sentons aussi l'absence d'autres éléments. Tout d'abord, l'absence de revenus caractéristiques [...], l'absence du profit et de l'intérêt [...]. La loi du coût règne strictement ici [...]. Enfin, il ne peut y avoir de crise. »
>
> *Ibid.* , Dalloz, p. 303.

Le facteur endogène de la dynamique du cycle

♦ La notion de **changement** est au cœur des interrogations économiques de J. Schumpeter qui étudie les fluctuations sur longue période. Il distingue fondamentalement les véritables ruptures et les simples fluctuations cycliques de faible ampleur :

> « Il convient de ne jamais confondre les changements continus et progressifs et les changements par à-coups. »
>
> *Théorie de l'évolution économique*, 2° édition, 1926, traduction française, Dalloz, 1935.

♦ Dans les économies capitalistes **réelles**, il y a **évolution** et pas seulement en raison de chocs exogènes sur les économies, mais par application de facteurs endogènes.

> « Par *évolution*, nous comprendrons seulement ces modifications du circuit de la vie économique que l'économie engendre elle-même [...]. Nous supposons donc la constance de la population, de l'organisation politique et sociale [...]. La forme et la matière de *l'évolution* au sens donné par nous à ce terme sont alors fournies par la définition suivante : exécution de nouvelles combinaisons productives.
> Ce concept englobe les cinq cas suivants :
> 1) fabrication d'un bien nouveau [...];
> 2) introduction d'une méthode de production nouvelle [...];
> 3) ouverture d'un débouché nouveau [...];
> 4) conquête d'une nouvelle source de matières premières ou de produits semi-ouvrés [...];
> 5) réalisation d'une nouvelle organisation, comme la création d'une situation de monopole. »
>
> Idem , Dalloz, p 319.

Cette évolution est de type cyclique :

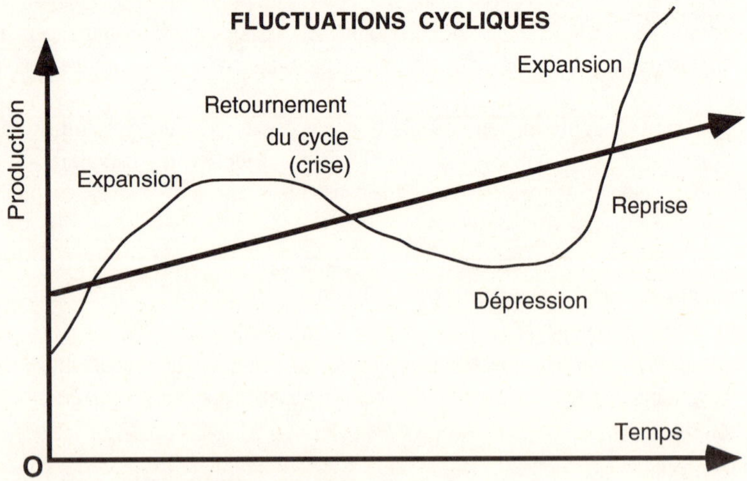

La phase **d'expansion** ou **d'essor** se définit ainsi :

> « L'apparition *en grappes* de *nouvelles combinaisons* explique sans artifice les traits fondamentaux de la période d'essor. Elle explique pourquoi les dépôts croissants de capital sont le tout premier symptôme de l'essor commençant [...] Elle ex-

plique l'apparition massive d'un nouveau pouvoir d'achat, par la hausse caractéristique des prix des périodes d'essor... Elle explique en outre le recul du chômage et la hausse des salaires, la hausse du taux de l'intérêt, l'augmentation du fret, la tension croissante des situations bancaires... »

Ibid, Dalloz.

La dynamique de l'offre poussée par le progrès technique est puissante :

« L'apparition d'une ou de quelques entreprises rend plus facile et, par là, provoque l'apparition d'autres entreprises, et cette apparition provoque elle-même l'apparition d'entreprises différentes et toujours plus nombreuses.»

Ibid, Dalloz.

Puis vient la phase de dépression et la crise :

• « La *dépression* peut-être caractérisée comme le processus normal de résorption et de liquidation de l'économie; la brusque apparition d'une crise accompagnée de l'effondrement du système de crédit, d'épidémies de banqueroutes et leurs conséquences ultérieures peut être considérée comme un processus causal.»

Ibid, Dalloz

• « Si le développement se fait *par à-coups* [...] c'est exclusivement parce que l'exécution de nouvelles combinaisons n'est pas également répartie dans le temps. [...]. Il faut regrouper l'économie avant qu'on puisse aller de nouveau vers l'avant, son système de valeurs a besoin d'être réorganisé. Ainsi, l'évolution qui reprend à pied d'œuvre est une évolution nouvelle.»

Ibid, Dalloz

• « La conduite des agents économiques *anticipe* sur certains faits dans une mesure très inégale : ainsi la diminution des investissements, la baisse de l'activité des entrepreneurs et l'engorgement de l'industrie de biens de production peuvent-ils survenir avant que l'essor n'ait atteint son point culminant.»

Ibid, Dalloz

La crise résulte largement de mauvaises anticipations des entrepreneurs les moins habiles qui agissent dans **la seconde vague** d'expansion; ces « seconds couteaux » essaient de profiter de la vague et de diffuser les véritables **innovations primaires** que les entrepreneurs les plus clairvoyants ont mis au point dans les secteurs où la technologie a été trouvée et développée :

« Bien des gens agiront en se basant sur l'hypothèse que les changements qu'ils observent dureront indéfiniment et se lanceront dans des transactions qui entraîneront des pertes aussi longtemps que les faits ne vérifieront pas leurs prévisions [...]. Et le processus de la vague secondaire nous offre en fait une foule d'exemples de prêts improductifs [...]. Dans l'atmosphère de la prospérité secondaire, des entreprises malsaines ou frauduleuses se développent, qui n'ont aucune chance de succès et qui ne peuvent soutenir l'épreuve de la récession [...]. Tout ceci n'entraînera pas nécessairement une panique ou une crise, mais créera *les conditions favorables d'une crise.* Si elle se produit, une autre situation se crée et des ajustements additionnels s'avèrent nécessaires. Mais si la crise ne se produit pas, nous apercevons aisément les deux effets qui définissent la spirale vicieuse. D'un côté, une baisse des valeurs qui oblige à la liquidation et entraîne mécaniquement une autre baisse des valeurs. *Les prix tombent parce qu'ils sont tombés* (A. Marshall) [...]. D'un autre côté, non seulement les observateurs mais aussi les personnages du drame comprennent combien il est nécessaire de liquider et poussent cette fureur de liquidation jusqu'à l'hystérie. »

Business Cycles, Ch IV.

Le plus intéressant est évidemment la description du retournement à la hausse qui conduit à l'expansion. Schumpeter refuse les explications monétaires du cycle telles que les propose notamment Hawtrey; il insiste sur le retour d'une nouvelle grappe d'innovations :

« La doctrine traditionnelle attribue la reprise à trois facteurs. D'abord les baissiers *(bears)* se couvriront et ainsi constitueront un parachute [...]. Ensuite, les initiés *(insiders)* achèteront tranquillement. Cela se produit toujours dans une certaine mesure mais non d'une manière quantitativement suffisante pour renverser le courant. En troisième lieu, l'attitude de l'investisseur moyen changera en raison de l'incitation croissante à l'investissement résultant d'une baisse de la cote boursière. Cela semble à l'auteur tout à fait irréel [...]. C'est le changement dans les perspectives des affaires, c'est-à-dire un fait extérieur à ces marchés financiers qui les sort de la dépression. »

Business Cycles, Ch IV.

Après avoir passé en revue les limites des travaux de ses illustres prédécesseurs [1], J. Schumpeter revient à son **explication réelle du cycle** : le dépassement des frontières technologiques avec toutes les conséquences réelles en termes de marchés, de produits et d'organisation. Il lui faut alors mettre en scène son tableau favori, celui où intervient *la classe des entrepreneurs.*

Les entrepreneurs schumpetériens

♦ Dans une économie capitaliste, Schumpeter attribue le rôle le plus glorieux à la classe des entrepreneurs, véritable héroïne de l'évolution dont il trace le portrait psychologique :

« Ici pour le succès tout dépend du *coup d'œil,* de la capacité de voir les choses d'une manière que l'expérience confirme ensuite [...] la capacité d'aller seul de l'avant, de ne pas sentir l'insécurité et la résistance comme des éléments contraires [...] enfin la faculté d'agir sur autrui, qu'on peut désigner par les mots *d'autorité,* de *poids.* »

Ibid.

L'idéal-type qu'est l'entrepreneur est animé par des motivations individuelles de réussite :

« Il crée sans répit car il ne peut rien faire d'autre [...] Il y a d'abord en lui le rêve et la volonté de fonder un royaume privé, le plus souvent quoique pas toujours, une dynastie aussi [...]. Puis vient la volonté du vainqueur [...]. La joie enfin de créer une forme économique nouvelle est un troisième groupe de mobiles [...]. Les possibilités qu'il y aurait de les conserver suivant les circonstances, peut-être avec

[1] Juglar, Kitchin, Kondratieff, Frisch, Keynes, Kalecki, Akerman, Mitchell, Slutzky.

d'autres stimulants, tout cela est une question fondamentale d'une économie dirigée. »

Ibid., Dalloz.

L'aiguillon des entrepreneurs n'est pas le bien-être, le profit est à la fois le but et l'instrument de mesure du capitalisme. **Le profit** est issu de l'innovation qui a réussi sur un marché; plus précisément, lorsqu'un progrès technique est mis en œuvre par un entrepreneur et lui permet de créer une valeur supérieure pour une même dépense, il empochera la différence. Un entrepreneur fait d'autant plus de profit qu'il est supérieur à la moyenne dans l'art d'effectuer des combinaisons économiques : par des innovations de processus de production ou par la découverte de produits nouveaux faciles à vendre cher. Il en déduit que la clé du profit est dans l'innovation :

« Ces exemples nous montrent que le profit est, par essence, le résultat de l'exécution de nouvelles combinaisons. Ils montrent aussi comment il faut se représenter le phénomène, avant tout comme un nouvel emploi de biens productifs présents. L'entrepreneur n'a pas à épargner pour se procurer les moyens dont il a besoin, il n'amasse pas de biens avant de se mettre à la production.»

Ibid, Dalloz

Mais les entrepreneurs ne constituent pas une classe au sens sociologique :

« L'accomplissement de la fonction d'entrepreneur ne crée pas les éléments d'une classe pour l'entrepreneur heureux et les siens, elle peut marquer une époque de son existence, former un style de vie, un système moral et esthétique de valeurs, mais en elle-même, elle a tout aussi peu le sens d'une position de classe qu'elle en présuppose une. »

Ibid, Dalloz, p 360.

Schumpeter insiste surtout sur leur fonction économique et sociale :

« Ce que l'on voit dans mon exposé comme favorable à l'entrepreneur n'est que la démonstration que l'entrepreneur a une fonction propre dans le processus social. »

Ibid, Dalloz, p 352.

L'entrepreneur n'est pas seulement un créateur permanent, c'est aussi un théoricien, un génial calculateur déjà apprécié par Von Mises :

« Nous pouvons apprendre plus encore de notre homme d'affaires et de la perception qu'il a de ce que nous appellerons la situation économique générale. Il essaie de son point de vue, et pour ses projets, de la diagnostiquer et de la pronostiquer. Ainsi, il fait inconsciemment, quelque fois même en le cachant, quelque chose qui ressemblerait à l'analyse théorique. »

Business cycles, Op. Cit. vol I, Ch. I.

♦ En même temps, l'entrepreneur seul ne peut impulser l'évolution, il lui faut des financiers qui lui fassent **crédit.** Cet acte consiste à détacher du circuit économique des moyens de production afin de **les attribuer à des nouvelles combinaisons :**

« On le fait par le crédit en monnaie : grâce à lui, celui qui veut exécuter de nouvelles combinaisons renchérit sur les producteurs du circuit [...] et leur arrache les quantités de moyens de production qui lui sont nécessaires. »

Ibid. p .326.

Plus exactement, Schumpeter indique que **la production du crédit** (et la création monétaire qui en est la contrepartie) peut être perçue comme une *production ex nihilo,* ce qui est un aperçu tout à fait moderne du fonctionnement de ce qu'on appelle *l'économie d'endettement* et un énoncé du principe bien connu *les crédits font les dépôts* (théorisé par l'économiste français Jacques Le Bourva à partir de 1959).

> « Le banquier n'est donc surtout pas un intermédiaire dont la marchandise serait *la puissance d'achat;* il est d'abord le producteur de cette marchandise.»
>
> *Ibid.* p. 329.

Ainsi perçus, l'entrepreneur et le financier sont indissociables. Sans leur alliance, point de capitalisme. Sans eux, on est en présence d'un autre système économique et social le *planisme* ou le *socialisme.*

Schumpeter face à Marx et Keynes

♦ Schumpeter croit plus en la classe des entrepreneurs qu'à l'État pour venir à bout des grandes crises, cela l'oppose fondamentalement aux keynésiens. Pragmatique, il admet cependant que la reconstruction d'après-guerre nécessite la direction de l'État et la mise en place d'un impôt sur la fortune, d'un accompagnement de la reconversion de l'appareil productif aux besoins de l'économie de paix, d'une stimulation de l'investissement et enfin d'une importation des équipements indispensables. Mais cela n'est qu'une phase transitoire. Pour lui, c'est l'économie libérale qui doit assurer le succès de la reconstruction. Tout éloignement durable du laisser-faire risque de scléroser l'innovation.

> « Capitalisme signifie surtout un système de valeurs, une attitude à l'égard de l'existence, une civilisation..»
>
> «La Crise de l'État fiscal » *in, l'Impérialisme et Classes sociales,* trad. fr. Minuit, 1972.

♦ Schumpeter est cependant plutôt inquiet et pessimiste sur l'avenir du capitalisme.

> « L'unité industrielle géante parfaitement bureaucratisée n'élimine pas seulement, en “expropriant” leurs possesseurs, les firmes de taille petite ou moyenne, mais, en fin de compte, elle élimine également l'entrepreneur et exproprie la bourgeoisie en tant que classe appelée à perdre, de par ce processus, non seulement son revenu, mais encore, ce qui est infiniment plus grave, sa raison d'être. Les véritables pionniers du socialisme n'ont pas été les intellectuels ou les agitateurs qui ont prêché cette doctrine, mais bien les Vanderbilt, les Carnegie, les Rockfeller. »
>
> *Capitalisme, socialisme et démocratie,* trad. fr. Payot, 1961.

Cela le conduit à rejoindre des thèses stagnationnistes car le moteur de l'innovation éteint, la bureaucratie engendre la croissance nulle :

> « Marx s'est trompé dans son pronostic des modalités d'effondrement de la société capitaliste, mais il n'a pas eu tort de prédire qu'elle s'effondrerait finalement. Les stagnationnistes se trompent dans leur diagnostic des motifs en vertu desquels le progrès capitaliste doit faire face à la stagnation [excès d'épargne en particulier], mais il leur est parfaitement possible que l'expérience confirme leur pronostic de stagnation [...] si le secteur public leur prête suffisamment main-forte. »
>
> *Capitalisme socialisme et démocratie,* trad. fr.. Payot, 1961.

♦ *Quelle est la meilleure des organisations économiques ?* Pour Schumpeter, ce n'est certainement pas le socialisme prôné par Marx qui est associé à la disparition des entrepreneurs et de l'innovation. Si Keynes rêve à une démocratie moderne, Schumpeter rêve à une démocratie qui ne saurait être respectée que dans une économie d'entrepreneurs, dans un monde qui génère périodiquement un sang nouveau sous la forme *d'hommes d'affaires.*

> « La société bourgeoise a été coulée dans un moule purement économique : ses fondations, ses poutres, ses lanternes sont toutes composées de matériaux économiques. La façade du bâtiment est tournée vers le côté économique de la vie. Les primes et les amendes sont exprimées en termes pécuniaires. L'ascension et le déclin correspondent à des pertes monétaires [...]. La simplicité et la vigueur du groupe de motifs auxquels il fait appel pour une part, et qu'il engendre pour une autre part, sont incomparablement efficaces. Il donne suite avec une rapidité inexorable aux promesses de richesse et aux menaces de ruine qui sanctionnent ses règles de conduite. »

Capitalisme socialisme et démocratie, trad. fr.. Payot, 1961.

Son analyse **des liens entre répartition et efficacité** est aussi très originale :

> « Bien que les récompenses ne soient pas distribuées à l'aveuglette, cette réussite suppose néanmoins une part de chance qui ajoute à son attrait; le jeu des affaires ne ressemble pas à la roulette, mais plutôt au poker. Ces récompenses sont attribuées à la compétence, à l'énergie, à la puissance exceptionnelle de travail; si cependant il était possible de mesurer soit ces qualités en général, soit les accomplissements individuels qui entrent dans la réalisation de chaque réussite spécifique, on constaterait vraisemblablement que les primes effectivement payées ne sont pas proportionnelles à l'un ou l'autre de ces éléments de succès. Des gains impressionnants, beaucoup plus élevés qu'il n'aurait été nécessaire pour provoquer tel ou tel effort spécifique, sont jetés en pâture à une faible minorité de gagnants et, du même coup, impriment une impulsion beaucoup plus puissante que ne l'aurait fait une répartition égalitaire et plus « juste » à l'activité de la grande majorité des hommes d'affaires qui, en retour de leurs initiatives, ne reçoivent qu'une rémunération très modeste, sinon rien ou moins que rien, mais qui néanmoins s'évertuent au maximum parce qu'ils ont les yeux constamment fixés sur les gros lots et surestiment leurs chances de réussir aussi bien que les gros lots gagnants. De même, les sanctions de ce système sont dirigées contre l'incompétence. Mais, bien que les hommes non qualifiés et les méthodes désuètes soient effectivement éliminés, parfois, après un sursis, la faillite menace également ou même engloutit plus d'un homme capable et, par suite, ce risque immanent tient en haleine *tous* les entrepreneurs et agit, à son tour, beaucoup plus efficacement que ne le ferait un système de pénalités plus égalitaire et plus *juste*. »

Capitalisme socialisme et démocratie, trad. fr.. Payot, 1961.

BILANS ET PERSPECTIVES DE SCHUMPETER

Au total, le mythe schumpetérien perdure. On notera cependant que :

1) l'entrepreneur n'est chez Schumpeter qu'*un idéal-type* au sens de Max Weber, c'est-à-dire une catégorie logique permettant de raisonner sur la classe de tous ceux qui ont pour fonction d'innover plus qu'un héros nommément désigné. Nul « capitaine des affaires » ne peut être identifié comme étant l'entrepreneur en action de Schumpeter tant il idéalise ce sujet économique et le disjoint des êtres de chair et de sang qui font l'histoire;

2) que Schumpeter n'a jamais écrit la théorie d'une économie monétaire de production susceptible de rendre compte complètement des économies modernes. A la différence de Keynes, Schumpeter ne peut donc totalement théoriser les économies de marché et de capitalisation actuelles. Il s'arrête au début de l'histoire;

3) que Schumpeter n'a guère compris les travaux de Keynes ou ceux des institutionnalistes américains comme Commons, qui insistent sur la possibilité de remédier par les politiques économiques appropriées aux défauts des « prix de marché » comme seuls signaux pour les décisions. Son pessimisme foncier fut renforcé par les sombre réalités des années trente et quarante. Mais il fut aussi influencé par les idées ultra-conservatrices de sa troisième épouse qui émaillent parfois ses ouvrages historiques, les rendant ainsi difficilement utilisables dans le contexte démocratique actuel. La théorie schumpetérienne de l'évolution économique et de l'innovation est pourtant un événement majeur pour la pensée économique.

Mais cette avancée demeure inachevée par Schumpeter. Loin d'avoir tout inventé dans son approche dynamique, Schumpeter a des prédécesseurs célèbres qui ont posé des jalons non négligeables. Dès le XVIIIe siècle, il y a des efforts pour penser l'évolution avec Jeremy Bentham et Jean-Baptiste Say; mais c'est surtout à la fin du XIXe siècle que les travaux de John Bates Clark analysent la rupture de l'état stationnaire (chère à Ricardo) en considérant les discontinuités qu'introduit dans l'évolution économique l'apparition de « nouvelles combinaisons » productives au sens d'Alfred Marshall.

Ainsi resitué dans cette perspective d'histoire de la pensée, Schumpeter n'est pas un penseur révolutionnaire, il est plutôt « évolutionnaire » tout en étant lui-même conservateur. Il a fait progresser l'analyse d'autres grands économistes (certes moins connus pour leur contribution à cette vision dynamique du développement capitaliste fondée sur l'innovation et l'apport des entrepreneurs). Mais la formalisation de la dynamique est encore, pour l'essentiel, un problème non résolu par les économistes actuels.

5 POUR UNE ÉCONOMIE ALTERNATIVE

5.1. Expériences et utopies

GENÈSE D'UNE CRITIQUE

Alors que les classiques forgent l'analyse libérale d'un monde où règne le marché supposé naturel et éternel, se développe un courant **critique** de l'ordre économique et social du capitalisme concurrentiel. Des théoriciens observent la difficile situation des classes laborieuses dans le cadre d'une révolution industrielle marquée par la recherche du profit capitaliste. Ils refusent en conséquence l'économie de marché et s'opposent aux lois de l'économie classique anglaise. Ils proposent de modifier les institutions et les droits de propriété au nom de la justice sociale; en conséquence ils adoptent des méthodes globalistes et des attitudes réformistes qui s'opposent à *l'individualisme méthodologique* des néo-classiques. Certains préfèrent l'expérimentation économique et sociale à l'élaboration d'une théorie économique complexe. Pragmatiques, ces théoriciens partent généralement d'actions locales ayant une valeur d'exemple.

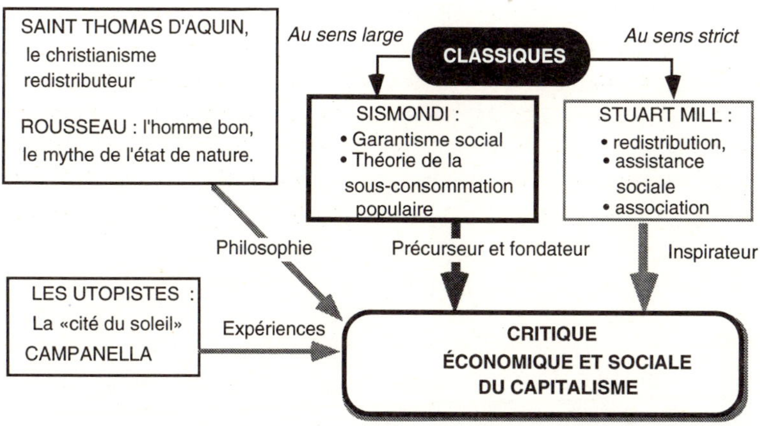

Ils ont comme **précurseurs classiques** : J.-S.. Mill en Angleterre, qui a pris en compte la notion de justice sociale et d'autonomie des producteurs. En France, Sismondi avec son *garantisme social* élaborant des notions clés à opposer au « capitalisme sauvage » qui s'installe durant la révolution industrielle occidentale. L'idée d'un capitalisme tempéré et régulé est ainsi précisée.

Les composantes de la critique économique et sociale

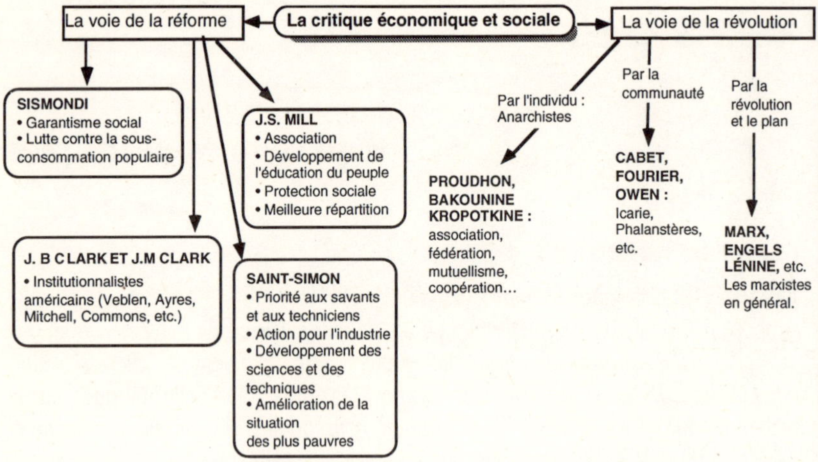

♦ En France, Sismondi élabore le « garantisme social » avant que Keynes n'élabore le concept « d'État providence ». Saint-Simon, en industrialiste, imagine un système économique d'un genre nouveau donnant une place majeure aux nouvelles élites productrices. Il propose une politique économique volontaire et industrialiste qui évoque par certains aspects la planification. Aux États-Unis, dans la foulée académique de John Bates Clark et derrière la révolte empreinte de confusion de T. Veblen se met en place l'école moderne de l'institutionnalisme américain. La théorie d'une économie moderne de marchés et de capitalisation avec institutionnalisation de la justice sociale naîtra précisément sous ces influences des tenants de la voie de la réforme.

♦ D'autres vont encore plus loin, ils imaginent une transformation radicale des règles du jeu économique :

• l'approche anarchiste ou associationniste de Proudhon, Bakounine, Kropotkine, propose de partir de petits groupes d'individus et de transformer leur mode d'organisation;

• les « communistes utopiques » tels Fourier, Cabet, Owen imaginent une nouvelle organisation économique et sociale et décrivent souvent dans le détail le monde idéal dont ils rêvent;

• la conception plus globale des socialistes et communistes révolutionnaires affirme qu'il faut prendre l'appareil d'État, développer la planification et instaurer la propriété collective des principaux moyens de production. Les marxistes refusent d'imaginer une nouvelle société, ils défendent l'idée d'*un socialisme scientifique*. Souvent, ils laissent aux révolutionnaires le soin de trouver la route du changement de système économique. K. Marx consacre ses travaux de théoricien à *une critique radicale de l'économie politique,* révolutionnaire il consacre sa vie à lutter contre le capitalisme.

5.2. Le courant réformiste

Sismondi, un classique penseur du déséquilibre et du garantisme social

UN HÉTÉRODOXE SOUCIEUX DU « BONHEUR DE TOUS »

Vie et œuvre (1773-1842)

Jean-Charles Léonard Sismondi est né le 9 mai 1773 à Genève. Il est élevé par un père pasteur et calviniste. Sa jeunesse est marquée par de multiples voyages en Europe. D'exil en exil, il découvre la diversité des niveaux de développement. Il se frotte ainsi à la pensée philosophique et économique des pays les plus avancés. Ses œuvres naîtront de ces chocs successifs.

J.-C. L. Sismondi est un théoricien aux multiples facettes.

♦ Exilé à Lyon en 1790, il travaille dans **une banque.** Il est ainsi très tôt confronté à la finance; il découvre le monde des affaires par les dossiers de crédit de nombreuses entreprises textiles. Mais la révolution française inquiète sa famille et le mène en Angleterre où il découvre la première puissance *industrielle* mondiale; il déduit de ses observations de terrain que les institutions libérales conviennent parfaitement à la croissance économique.

♦ Un nouvel exil de Genève le conduit en Italie. Il rencontre alors un mode de développement *rural* passablement archaïque qui est en contraste violent avec l'industrieuse et moderne Angleterre. Il administre une grande exploitation agricole en Toscane, ce qui lui donne une expérience de **chef d'entreprise.**

Il écrit alors son premier ouvrage *Tableau de l'agriculture toscane* (1801). Mais le souvenir de l'Angleterre ne l'a pas quitté. Il tire la leçon de son séjour anglais et il la consigne dans un livre *De la richesse commerciale* (1803). Cet ouvrage est une véritable apologie de la pensée d'A. Smith et une glorification de l'efficacité de l'économie de marché et du commerce. Mais l'Italie l'inspire; il rédige une *Histoire des républiques italiennes du Moyen Age* en 16 volumes qui s'égrènent entre 1807 et 1818. Sismondi se révèle comme **historien** de l'économie et des sociétés.

♦ **Théoricien du politique et des institutions**, il développe sa pensée politique dans *Examen de la Constitution française* (1815).

Ce livre est le fruit d'une rencontre et d'une amitié avec le penseur libéral Benjamin Constant. Il fréquente le salon littéraire de Mme de Staël; l'amour de l'Italie l'unit à Stendhal et le détourne d'un enthousiasme trop strict pour les seules forces matérielles des industries anglaises. Il va alors progressivement se détacher du libéralisme de sa jeunesse pour tenir un discours *hétérodoxe.*

♦ **Grand hérétique,** sa contribution majeure à l'économie politique est contenue par les *Nouveaux principes d'économie politique ou de la richesse dans ses rapports avec la population* (1819). Il renie alors son apologie d'A. Smith. Il insiste sur la réalité des **crises** de surproduction qu'il observe de façon cyclique. La nécessité **d'une justice sociale** s'impose à lui.

Il affirme la prééminence du bonheur social sur la seule efficacité matérielle. Sismondi développe *une approche hétérodoxe.* Il propose des solutions marquées par **le réformisme social**; il faut une législation qui permette aux ouvriers de se coaliser; le repos hebdomadaire doit être obligatoire; l'héritage ne doit plus transmettre automatiquement la propriété mais la richesse doit être associée au mérite des individus. Il pense que l'entreprise doit être liée au salarié et lui verser un salaire même lorsqu'elle ne le fait pas travailler car il est à l'origine de sa richesse. Nullement socialiste au sens strict, il ne refuse pas la propriété privée et affirme que l'existence d'un marché est nécessaire. Il est un des précurseurs du courant **social-démocrate** en économie; il prône une politique économique qui tempère le marché par une régulation assurant protection sociale et favorisant le plein emploi.

♦ **Ouvert aux sciences sociales,** Sismondi va développer une conception de l'économie qui intègre le temps et les institutions.

Plusieurs ouvrages attestent de ces préoccupations : *Histoire des Français* 1831-1844, *Études sur les constitutions des peuples libres* (1836), *Études des sciences sociales* (1836-1838). Pour Sismondi, on ne peut séparer l'économie, le droit et la justice sociale, l'histoire des peuples et la prise en compte des relations sociales.

Un penseur réformiste

L'économie doit être au service du bonheur de tous

Sismondi rompt avec la croyance en l'harmonie du marché. Il ne pense pas devoir faire une œuvre de science objective en décrivant le monde tel qu'il est. Il veut aussi dire comment il doit être. Il ajoute **une composante normative** à son analyse de l'efficacité d'une économie :

> « Nous ajoutons que la jouissance est le seul but de cette accumulation, et qu'il n'y a accroissement de la richesse nationale que quand il y a aussi accroissement des jouissances nationales. »

Pour Sismondi, « l'accroissement des richesses n'est pas le but de l'économie politique, mais le moyen dont elle dispose pour **procurer le bonheur de tous.** » Il ne se contente pas d'une vision théorique de la justice et de l'harmonie et veut **observer la réalité** des sociétés. Selon les classes, l'économie n'est pas perçue de la même façon; ainsi le salaire qui est un revenu pour le salarié est une dépense pour le capitaliste.

La rupture avec les classiques libéraux

Quatre traits logiquement articulés font de la pensée de Sismondi un outil de réflexion original aux ferments **hétérodoxes** :

- **le refus de la loi des débouchés** de J.-B. Say et du concept d'équilibre général obtenu par le libre jeu de la concurrence;
- l'affirmation de **l'existence des crises** qui en découle. Sismondi fournit une interprétation particulière en termes de sous-consommation et tente de mettre en évidence la dynamique et les déséquilibres économiques;
- la prise en compte de **la diversité du jugement** de chacune des *classes sociales* sur l'état d'une économie et d'une société;
- l'idée normative que l'économie doit aboutir à **la justice sociale** pour l'ensemble des citoyens de la nation.

Les idées fondamentales de Sismondi

Contre la loi des débouchés

Sismondi refuse la loi de J-B. Say :

> « M. Ricardo, en Angleterre, M. Say, sur le continent, ont soutenu qu'il suffit à l'économiste de s'occuper de la production des richesses; car la plus grande prospérité des nations tient à produire toujours davantage. Ils ont dit que la production en créant des moyens d'échange, crée des consommations; qu'on ne doit jamais craindre que les richesses encombrent le marché, quelle que soit la quantité qu'en ait produite l'industrie humaine, parce que les besoins et les désirs de l'homme seront toujours prêts à convertir toutes ces richesses à son usage.
> D'autre part, M. Malthus, en Angleterre, a soutenu comme j'ai essayé de le faire sur le continent, que *la consommation n'est point la conséquence nécessaire de la production;* que les besoins et les désirs de l'homme sont, il est vrai, sans bornes, mais que ces besoins et ces désirs ne sont satisfaits par la consommation qu'autant qu'ils sont unis à des moyens d'échange. Nous avons affirmé qu'il ne suffisait point de créer ces moyens d'échange. »

Nouveaux Principes d'économie politique, 2e édition, 1827.

Il faut prendre en compte **la répartition** pour comprendre les déséquilibres entre l'offre et la demande :

> « Nous avons affirmé qu'il ne suffisait point de créer ces moyens d'échange pour les faire passer entre les mains de ceux qui avaient ces désirs ou ces besoins; qu'il arrivait même souvent que les moyens d'échange s'accroissent dans la société, tandis que la demande de travail ou le salaire diminuait; qu'alors les désirs et les besoins d'une partie de la population ne pouvaient pas être satisfaits, ce n'était pas la production croissante de richesses, mais la demande croissante de travail, ou l'offre croissante de salaire qui le récompensait. »

Ibid.

J.-M. Keynes a explicitement reconnu sa dette à l'égard de Malthus allié de Sismondi contre Ricardo, Smith et J.-B. Say. Le qualificatif de *grand hérétique* accolé à Malthus s'applique encore plus exactement à Sismondi. Les années 1930 ont vu un certain renouveau de la pensée de J.-C.. L. Sismondi consacré par l'hommage rendu aux théories de la sous-consommation par le théoricien de *la Théorie générale de l'emploi, de l'intérêt et de la monnaie.*

Contre le mythe de l'harmonie spontanée

La filiation Keynes-Sismondi est très nette dans l'analyse du marché du travail. Sismondi fait du plein emploi une valeur fondamentale de l'état d'une économie. Il refuse l'idée qu'une baisse des salaires est favorable au plein emploi.

> « MM. Ricardo et Say n'ont point nié que la demande croissante de travail ne soit un symptôme de prospérité mais ils ont affirmé qu'elle résulte inévitablement de l'accroissement des productions. M. Malthus et moi, nous le nions : nous regardons ces deux accroissements comme résultant de causes indépendantes, et qui quelquefois peuvent être opposées. Selon nous, lorsque la demande de travail n'a pas précédé et déterminé la production, le marché s'encombre, et alors une production nouvelle devient une cause de ruine, non de jouissance. »

La dynamique de la croissance

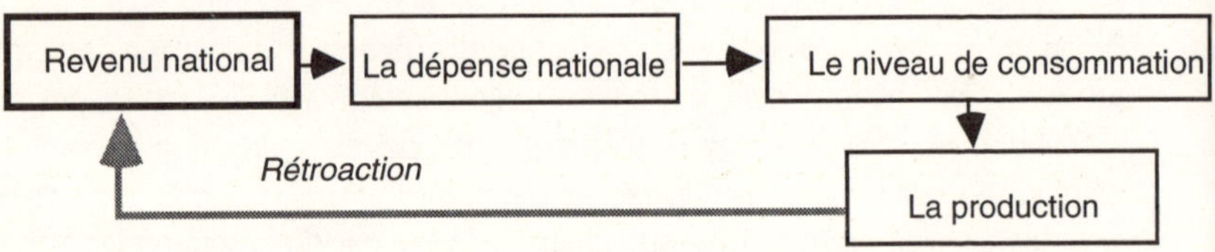

Sismondi est un des précurseurs de l'analyse dynamique de la croissance avec une prise en compte du rôle de la répartition des revenus.

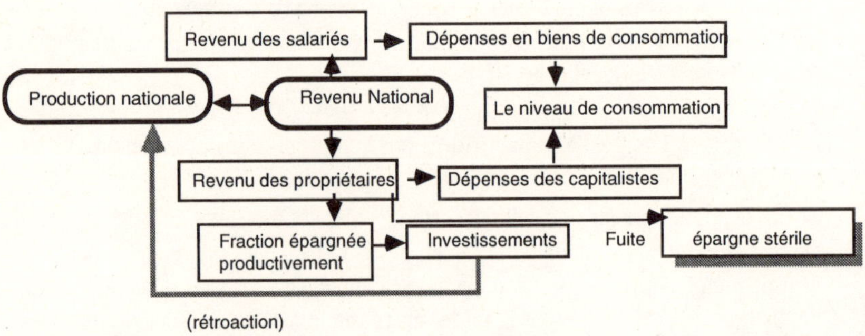

> « La richesse nationale, dans sa progression, suit *un mouvement circulaire*; chaque effet devient cause à son tour, chaque pas est réglé par celui qui le précède, et détermine celui qui le suit, et le dernier ramène le premier dans le même ordre. **Le revenu national** doit régler la **dépense nationale,** celle-ci doit absorber dans le fonds de consommation, la totalité de la production; la consommation absolue dé-

termine une reproduction égale ou supérieure, et de la reproduction naît le revenu. La richesse nationale continue à s'accroître, et l'État à prospérer, si une consommation prompte et entière détermine toujours une reproduction supérieure, et si les autres parties de la richesse, qui sont en rapport les unes avec les autres, suivent ce mouvement d'un pas égal, et continuent à s'accroître d'une manière graduelle; mais dès que la proportion entre elles est rompue, l'État dépérit. »

La répartition du revenu national est essentielle pour comprendre l'évolution de la croissance et la dynamique des crises.

« Le revenu national doit régler la dépense nationale. Nous avons vu que ce revenu est de deux natures, **un profit matériel** chez les riches, **une puissance de travailler** chez les pauvres. Les premiers n'ont besoin que de se consulter eux-mêmes pour échanger ce profit sur la richesse qui fait leur revenu, contre les divers objets de consommation qui satisferont leurs besoins et leurs désirs; mais, s'ils dépassent leur revenu, ils sont nécessairement forcés d'emprunter sur le capital même de cette richesse d'où leurs profits sont nés, ils diminuent leurs profits pour l'avenir, ils se ruinent.

Les pauvres, qui n'ont que leur travail pour revenu, sont dans la dépendance de la classe supérieure. Il faut qu'ils réalisent ce travail, il faut qu'ils le vendent avant de pouvoir obtenir la jouissance de ses fruits; et ils ne peuvent le vendre qu'à ces riches qui, après avoir dépensé leur revenu pour eux-mêmes, échangent leur revenu dès que cette puissance est employée; elle n'est rien si elle ne trouve point d'acheteur; et, même employée en son entier, elle augmente ou diminue de valeur selon qu'elle est plus ou moins recherchée. Le pauvre ne dépensera donc pas son revenu, le travail, qu'après l'avoir vendu, et il réglera sa dépense sur le prix auquel il l'aura vendu. Toute dépense qu'il fait par-delà ce prix, qu'il y pourvoit par ses petites épargnes ou par ses emprunts est ruineuse pour lui-même et pour la société; d'autre part, toute privation qu'il s'impose, d'après la modicité ou la cession de ce prix, est également ruineuse pour la société, dès qu'elle attaque sa vie, sa santé ou ses forces, car elle diminue ou détruit sa faculté future de travailler, qui fait une partie si essentielle du revenu social [...].

La dépense nationale, limitée par le revenu, doit absorber, dans le fonds de consommation, la totalité de la production.

La consommation absolue détermine une reproduction égale ou supérieure. c'est dans ce point que le cercle peut s'étendre et se changer en spirale : l'année passée avait produit et consommé comme dix; on peut se flatter que l'année prochaine, en produisant comme onze, on consommera aussi comme onze. La plus ou moins grande facilité avec laquelle s'est accomplie la consommation indique le résultat plus ou moins heureux d'une opération semblable qui s'était faite l'année précédente. Déjà **les riches** avaient retranché quelque chose de leur revenu pour l'ajouter à leur capital ou aux salaires qu'ils offrent aux pauvres : plus d'ouvrage avait été achevé en conséquence. Si plus d'ouvrage est vendu et bien vendu, ce nouveau capital a donc fait naître un revenu proportionné, et ce revenu demande une nouvelle consommation. **L'épargne** faite l'année passée se partagera l'année prochaine; une portion du revenu augmentera les jouissances du pauvre. L'opération faite avec prudence et mesure peut donc se continuer. Mais on la rendrait ruineuse en la précipitant. C'est le revenu de l'année passée qui doit payer la production de cette année; c'est une quantité prédéterminée qui sert de mesure à la quantité indéfinie du travail à venir [...]. On n'augmente les richesses qu'en augmentant le travail demandé, le travail qui sera payé à son prix; et ce prix, fixé d'avance, c'est le revenu préexistant. On ne fait jamais, après tout, qu'échanger la totalité de la production de l'année contre la totalité de la production de l'année précédente.»

Sismondi, *Nouveaux principes d'économie politique.*

La crise résulte, soit d'une épargne stérile trop grande car l'épargne des riches ne trouve pas à s'employer, soit d'une consommation insuffisante des pauvres dont les revenus ne permettent pas d'écouler la totalité de la production. Sismondi néglige la notion d'amortissement.

Le conflit pour le partage des richesses

Sismondi complète cette première approche des fluctuations par une étude des **perturbations économiques**. Il élabore une théorie du **déséquilibre** en étudiant les évolutions non proportionnées des principales variables macro-économiques. Il propose aussi des moyens d'éviter les fluctuations brutales de l'activité économique.

Ainsi, il souligne les rapports nécessaires entre production et consommation, entre partage de la valeur ajoutée et gains de productivité; il établit une liaison entre machinisme, progrès technique et croissance.

« Mais, en général, le capital qui salarie le travail et qui le rend possible, n'est pas resté aux mains de celui qui le travaille. Il en est résulté un partage plus ou moins inégal entre le capitaliste et l'ouvrier, partage dans lequel le capitaliste s'efforce de ne laisser à l'ouvrier que justement ce qu'il lui faut pour maintenir sa vie, et se réserve à lui-même tout ce que l'ouvrier a produit par-delà la valeur de cette vie. L'ouvrier, de son côté, lutte pour conserver une part un peu plus importante dans le travail qu'il a accompli [...]. C'est au contraire **l'opposition d'intérêt** entre les producteurs qui concourent au même ouvrage, entre les maîtres et les manouvriers, qui cause seule l'encombrement des marchés; la balance entre eux distrait de l'autre balance plus importante entre les producteurs qui concourent au même ouvrage, non point parce que les consommateurs le leur demandent, mais parce que les ouvriers leur offrent de le faire au rabais. »

Ibid.

Il s'écarte de la solution de Malthus qui consiste à conjurer le risque de sous-consommation en accroissant le nombre des travailleurs improductifs. Il esquisse un raisonnement que l'on peut aujourd'hui qualifier de **préfordiste**. Pour Sismondi, la distribution des fruits du travail aux salariés permet de créer une demande qui favorise l'écoulement de la production. Il propose même une réduction du temps de travail afin d'éviter la surproduction et le chômage pour ajuster volume d'emploi et consommation. Sismondi est ainsi un précurseur du « travail choisi ».

Pour un État qui tempère les effets de la concurrence

Ayant remis en cause les méfaits d'une dynamique du capitalisme non maîtrisé, il propose une **régulation** par l'intervention publique.

> « Adam Smith [...] a dit : il n'y a pas de riche qui ne s'efforce de devenir plus riche encore : laissez-le faire; il enrichira la nation en s'enrichissant lui même [...]. Nous avons vu que les riches pouvaient augmenter leurs richesses, soit par une production nouvelle, soit en prenant pour eux une plus grande part de ce qui était auparavant réservé aux pauvres; et, pour régulariser ce partage, pour le rendre équitable, nous invoquons presque constamment cette intervention du gouvernement qu'Adam Smith repoussait. Nous regardons le gouvernement comme devant être **le protecteur du faible contre le fort,** le défenseur de celui qui ne peut point se défendre par lui-même, et le représentant de l'intérêt permanent, mais calme, de tous, contre l'intérêt temporaire, mais passionné de chacun [...]. Lui seul peut s'élever au-dessus du calcul matériel de l'augmentation des produits, qui suffit à déterminer les individus, et lui comparer le calcul de l'augmentation des jouissances et de l'aisance de tous, qui doit être le but vers lequel tendent les nations. »
>
> *Ibid.*

Intérêt particulier et intérêt collectif ne coïncident pas !

L'action gouvernementale est justifiée car seules des **institutions** permettent aux individus de ne pas agir contre leur intérêt collectif en suivant leur inclination individuelle.

> « L'intérêt des ouvriers qui travaillent en journée est sans doute que le salaire d'un travail de dix heures par jour leur suffise pour vivre, et pour élever leurs enfants jusqu'à ce que leur corps soit complètement formé; c'est aussi l'intérêt de la société; mais l'intérêt du journalier sans ouvrage, est de trouver du pain à quelque prix que ce soit; il travaillera quatorze heures par jour, il fera entrer ses enfants dès l'âge de six ans dans une manufacture, et il compromettra avec sa santé et sa vie l'existence de toute sa classe, pour échapper à la pression actuelle du besoin. »
>
> *Ibid.*

L'apport de Sismondi

Sismondi est profondément **réformiste**, il accepte la propriété privée mais refuse l'injustice sociale. Il attribue un rôle protecteur au gouvernement. En ce sens, il est un précurseur du **garantisme social**. Sa théorie de la croissance prend en compte le temps et les enchaînements dynamiques. La répartition est intégrée à l'analyse des crises et de la croissance. **Hétérodoxe,** Sismondi refuse l'individualisme méthodologique. Il annonce Keynes par son refus de la loi de Say et par sa prise en compte de la distribution des revenus sur la demande et sur la croissance. Mais Sismondi ne s'associe pas aux planificateurs et aux collectivistes. Il croit au marché, mais il veut seulement que des institutions en tempèrent la brutalité.

5.3. Les industrialistes

Le comte de Saint-Simon (1760-1825)

Une vie sociale et intellectuelle riche et agitée

Claude Henri de Rouvroy est le petit cousin du duc de Saint-Simon le fameux mémorialiste. Sa vie est tumultueuse et variée.

• **Libre penseur** précoce, il refuse de faire sa première communion à treise ans et cette rébellion contre l'autorité paternelle le conduit à l'enfermement au couvent de Saint Lazare.

• **Homme d'action,** il n'a que dix-neuf ans lorsqu'il participe à la guerre d'Indépendance des Américains contre les Anglais; il est très actif durant la Révolution française de 1789.

• **Homme d'affaires intrépide,** il s'associe à un banquier Suisse pour réaliser des affaires en vendant les biens nationaux, cela le mène à la fortune, puis il se ruine par des dépenses somptuaires et irréfléchies. En 1797, il monte une affaire de transport mais fait faillite car son associé est un escroc.

• Ruiné, il commence sa carrière de **théoricien**.

Il écrit, en 1803, *Lettres d'un habitant de Genève à ses concitoyens.* Précurseur du **positivisme** il veut fonder une science sociale à l'image des sciences de la nature. Le titre de son deuxième ouvrage de l'époque est très significatif : *Introduction aux travaux scientifiques du XIX e siècle.* Il fonde la revue *l'Industrie* en 1816.

La république des industriels et des savants

Il milite pour une société industrielle confiée aux savants et aux artistes. Avec A. Comte, il publie *l'Organisateur* (1819-1820), qui contient la fameuse *parabole de Saint-Simon.* Il défend une théorie qui associe les producteurs et les oppose aux dirigeants et aux gouvernants qui usent du pouvoir et de la parade et ne créent pas les richesses réelles. A la différence des socialistes révolutionnaires qui choisissent les travailleurs contre les propriétaires, Saint-Simon oppose les producteurs et ceux qui s'occupent de fonctions bureaucratiques et honorifiques et ne créent rien. Dans *Le Système industriel* (1820-1822) il développe des idées pré-socialistes et imagine même une élite qui organise, réalise des grands travaux et éduque par l'exemple toute la société. Dans *Le Nouveau Christianisme,* il s'intéresse aux laissés-pour-compte de la société industrielle. Il est dans cet ouvrage plus proche du peuple que de l'élite; il affirme la nécessité d'une « amélioration la plus rapide possible du sort de la classe la plus pauvre. » C'est ce message plus social et plus populaire qui va marquer ses successeurs. De théorie scientifique, le saint-simonisme va devenir sous l'impulsion d'Enfantin, Bazard et Leroux une véritable secte. Les disciples de Saint-Simon vont créer une véritable contre-société avec ses rites et ses croyances. Mais l'œuvre de Saint-Simon va trouver des continuateurs pragmatiques dans la banque et même parmi les ingénieurs français qui mettent leur compétence au service de l'État industrialiste.

De Saint-Simon au saint-simonisme

Qui sont les industriels ?

Saint-Simon est le premier des penseurs socialistes partisans d'une action industrielle active. Avec Saint-Simon, le socialisme ne se contente pas de poser la question de la répartition des richesses, il veut développer les forces productives. Il considère qu'**une offre abondante** améliore le sort des classes populaires plus sûrement qu'un partage de richesses limitées.

La notion clé de Saint-Simon est celle **d'industriel**, il lui donne un sens plus large que le sens commun :

> « **Question** : qu'est-ce qu'un industriel ?
> **Réponse** : un industriel est un homme qui travaille à produire ou à mettre à la portée des différents membres de la société, un ou plusieurs moyens matériels de satisfaire leurs besoins ou leurs goûts physiques; ainsi, un cultivateur qui sème du blé, qui élève des volailles, des bestiaux, est un industriel [...] un négociant, un roulier, un marin employé sur des vaisseaux marchands sont des industriels. Tous ces industriels réunis travaillent à produire et à mettre à la portée de tous les membres de la société tous les moyens matériels de satisfaire leurs besoins ou leurs goûts physiques, et ils forment trois grandes classes qu'on appelle les cultivateurs, les fabricants et les négociants. »

Le Catéchisme des industriels.

Vivent les industriels !

Auteur de nombreux ouvrages souvent restés inachevés, le comte de Saint-Simon est plus à l'aise dans la parabole au style vif et nerveux. Tout en se prétendant descendant de Charlemagne, Saint-Simon refuse d'attribuer un rôle socialement utile à tous les hommes de cour et de pouvoir. Par *sa parabole,* il va lancer un hymne à l'industrie, au talent et à la création d'une grande modernité :

• « Supposons que la France perde subitement ses cinquante premiers physiciens, ses cinquante premiers chimistes, ses cinquante premiers physiologistes, ses cinquante premiers mathématiciens, ses cinquante premiers poètes, [...] ses cinquante premiers mécaniciens, ses cinquante premiers ingénieurs civils et militaires [...] ses cinquante premiers banquiers, ses cinquante premiers cultivateurs [...] ses cinquante premiers maçons, ses cinquante premiers charpentiers[...] et les cent autres personnes des divers états non désignés, les plus capables dans les sciences, dans les beaux-arts, et dans les arts et métiers, faisant en tout les trois mille premiers savants et artisans de France.

Comme ces hommes sont les Français les plus essentiellement producteurs, ceux qui donnent les produits les plus importants, ceux qui dirigent les travaux les plus utiles à la nation, et qui la rendent productive dans les sciences, les beaux-arts et dans les arts et métiers, ils sont réellement la fleur de la société française; ils sont de tous les Français les plus utiles à leur pays, ceux qui lui procurent le plus de gloire, qui hâtent le plus sa civilisation et sa prospérité : la nation deviendrait un corps sans âme à l'instant où elle les perdrait; elle tomberait immédiatement dans un état d'infériorité vis-à-vis des nations dont elle est aujourd'hui la rivale, et elle continuerait à rester subalterne à leur égard tant qu'elle n'aurait pas réparé sa perte, tant qu'il ne lui aurait pas repoussé une tête. Il faudrait à la France au moins une génération entière pour réparer ce malheur [...].

• Passons à une autre supposition. Admettons que la France conserve tous les hommes de génie qu'elle possède dans les sciences, dans les arts et dans les arts et métiers, mais qu'elle ait le malheur de perdre, le même jour, Monsieur, frère du roi, monseigneur le duc d'Angoulême [...] qu'elle perde en même temps tous les grands officiels de la Couronne, tous les ministres d'État [...] tous les employés dans les ministères, tous les juges, et, en sus de cela, les dix mille propriétaires les plus riches parmi ceux qui vivent noblement.

Cet accident affligerait certainement les Français, parce qu'ils sont bons [...]. Mais cette perte des trente mille individus réputés les plus importants pour l'État ne leur causerait de chagrin que sous un rapport purement sentimental, car il n'en résulterait aucun mal politique pour l'État.

D'abord pour la raison qu'il serait très facile de remplir les places devenues vacantes [...].

La prospérité de la France ne peut avoir lieu que par l'effet et en résultat des progrès des sciences, des beaux-arts et des arts et métiers : or, le prince, les grands officiers de la Couronne, les évêques, les maréchaux de France, les préfets et les propriétaires oisifs ne travaillent pas directement aux progrès des sciences, des beaux arts et des arts et métiers; loin d'y contribuer, ils ne peuvent qu'y nuire, puisqu'ils s'efforcent de prolonger la prépondérance exercée jusqu'à ce jour par les théories conjecturales sur les connaissances positives; il nuisent nécessairement à la prospérité de la nation, en privant, comme ils le font, les savants, les artistes et les artisans, du premier degré de considération qui leur appartient légitimement; ils y nuisent, puisqu'ils emploient leurs moyens pécuniaires d'une manière qui n'est pas directement utile aux sciences, aux beaux arts et aux arts et métiers; ils y nuisent, puisqu'ils prélèvent annuellement sur les impôts payés par la nation une somme de trois à quatre cents millions sous le titre d'appointements, de pensions, de gratifications d'indemnités, etc., pour le paiement de leurs travaux qui lui sont inutiles. »

Parabole de Saint-Simon, 1810.

Quelle politique mener pour les industriels ?

Saint-Simon est souvent présenté comme un interventionniste, cela est abusif. Il n'est pas du tout partisan du *Tout État :*

« Voici , ce me semble, les vérités les plus générales [...] :

• que la production des choses utiles est le seul but raisonnable et positif que les sociétés politiques puissent se proposer, et, conséquemment que *le principe de respect à la production et aux producteurs* est infiniment plus fécond que celui-ci : *respect à la propriété et aux propriétaires;*

• que le gouvernement **nuit toujours à l'industrie quand il se mêle de ses affaires;** d'où il suit, que les gouvernements doivent borner leurs soins à préserver l'industrie de toute espèce de troubles et de contrariétés;

• Que les producteurs de choses utiles étant les seuls hommes utiles dans la société, ils sont les seuls qui doivent concourir à régler sa marche; qu'étant les seuls qui payent réellement l'impôt, ils sont les seuls qui aient le droit de le voter [...].

La politique est donc, pour me résumer en deux mots, *la science de la production,* c'est-à-dire la science qui a pour objet l'ordre des choses le plus favorable à tous les genres de production. »

L'Industrie

Pour un gouvernement des Lumières

Saint-Simon propose une organisation qui évoque la planification. Mais il n'imagine pas celle-ci centralisée et étatique.

Il décrit **une chambre d'intervention** qui comprend des ingénieurs, des poètes, des architectes, des peintres et des musiciens. Très élitiste, il imagine que ces spécialistes vont chaque année proposer des projets de travaux publics :

« Cette chambre s'occupera **des travaux suivants :**

Elle présentera, à l'expiration de la première année de sa formation, un projet de travaux publics à entreprendre pour accroître les richesses de la France et pour améliorer le sort de ses habitants, sous tous les rapports d'utilité et d'agréments; elle donnera, ensuite, tous les ans, son avis sur les additions à faire à son plan primitif et sur les améliorations dont il lui paraîtra susceptible.

Les dessèchements, les défrichements, les percements de routes, les ouvertures de canaux, seront considérés comme la partie la plus importante de ce projet; les routes et les canaux à faire ne devront pas être conçus seulement comme des moyens de faciliter les transports; leur construction devra être combinée de manière à les rendre le plus agréable possible aux voyageurs.

Cette chambre présentera un autre travail qui consistera dans un projet de fêtes publiques. »

L'Organisateur, Paris, Corréard, 1820.

Bref, il envisage « un projet d'amélioration générale du territoire de la France ». Son idée n'est donc pas d'une planification impérative et centralisée, mais il envisage **un effet d'entraînement** d'un État mécène et pédagogue. Les élites techniques et artistiques ont le rôle clé dans cette démarche éducative et industrialiste :

« Les artistes, les hommes à imagination, ouvriront la marche [...] Ils exalteront une telle entreprise. »

Utopie et pragmatisme

Paradoxalement, les œuvres de Saint-Simon seront médiocrement diffusées; en revanche, ses partisans et ses disciples vont donner à son œuvre un grand retentissement. Enfantin, Bazard et Leroux vont créer une quasi-religion fraternelle et utopique.

5.4. La nouvelle voie des institutionnalistes américains

LES ÉCONOMISTES AMÉRICAINS A LA NAISSANCE DE *L'AMERICAN ECONOMIC ASSOCIATION* (1885)

Aux États-Unis, entre 1873 et 1905, 59 professeurs d'économie ont étudié en Allemagne. L'influence des institutionnalistes Allemands est donc complexe mais réelle. Ainsi Karl Knies (1821-1898) connaît un rayonnement qui dépasse de beaucoup Heildelberg où il professe. Le ph D allemand, équivalent au doctorat français est alors reconnu comme une formation d'excellence.

Richard Ely (Heidelberg), Henry Carter Adams (Berlin et Heidelberg), Edwin Seligman (Berlin, Heidelberg et Halle), Edmund James, R. Mayo-Smith, sont co-fondateurs de l'*American Economic Association* en 1885 après avoir fait leurs études en Allemagne. Ils ne sont pas les seuls économistes américains dans ce cas puisqu'on doit ajouter à la liste Simon Patten, Frank William Taussig, Irving Fisher, Wesley Clair Mitchell.

Le programme défendu par cette association un peu copiée sur le modèle allemand de la *Verein für Sozialpolitik* est le suivant :

- l'approche historique est fondamentale en économie politique;
- les activités économiques ne sont qu'un aspect des activités de l'organisme social;
- l'éthique sociale est une vraie question globale;

- il faut donc s'interroger sur le rôle de l'État;
- il ne saurait être question de considérer qu'il existe un modèle unique d'économie.

Le programme fera l'objet d'un large débat dès la fin du XIXe siècle. Pour Taussig, professeur à Harvard, il est trop sociologique donc trop spéculatif. John Bates Clark s'en détachera progressivement en tournant ses centres d'intérêt dans une direction opposée, celle de la statique de l'équilibre général (approche que l'on qualifiera bientôt de néo-classique). Mais c'est l'histoire et la lutte idéologique qu'elle va entraîner qui va rompre le lien entre la pensée économique allemande et celle des États-Unis. Ainsi, les débuts de la planification soviétique et l'instauration d'un régime autoritaire en Allemagne vont jeter une puissante suspicion sur les économistes allemands et leur conception économique et sociale.

L'instauration du régime soviétique en Russie et parmi les puissances satellites, la peste brune en Europe centrale sont autant de raisons de rompre les liens humains et intellectuels entre l'Amérique et l'Europe. Au contraire, la fuite des intellectuels viennois persécutés aux États-Unis achève de créer une rupture avec la pensée de l'école historique allemande. Ainsi se prépare une domination sans partage de l'individualisme méthodologique sur l'essentiel des économistes d'outre-Atlantique. L'école néo-classique attachée à l'approche micro-économique et au modèle d'équilibre général se renforce aux États-Unis. Toute interrogation sur les institutions ou toute volonté d'imposer à la société une vision macro-économique est désormais mise hors du courant dominant parmi les économistes.

En 1886, naît à Harvard une revue essentielle, le *Quaterly Journal of Economics;* en 1890, à Chicago c'est le *Journal of Political Economy,* et, en 1892, à New Haven dans le Connecticut est fondée la *Yale Review.*

Ces trois outils prestigieux de diffusion de la pensée économique d'Amérique du Nord vont donner aux membres de l'*American Economic Association* une position dominante dans le monde de l'économie scientifique du XXe siècle qui point alors.

John Bates Clark (1847-1938)

Après des études à Amhest College aux États-Unis, à Heidelberg puis à Zurich, John Bates Clark débute dans la pensée économique par une approche historiciste et institutionnaliste. Ce point de départ est particulièrement paradoxal pour celui qui allait être présenté comme l'un des fondateurs de l'école économique américaine. C'est son discours analytique et néo-classique qui lui vaudra sa réputation internationale.

Ses principales publications ont lieu à la charnière du XXe siècle : en 1885 il écrit sur la philosophie des richesses (*The Philosophy of Wealth).* Puis, en 1899, il s'intéresse à la distribution des richesses avec *The Distribution of Wealth : a Theory of Wages and interest.* Son influence va bien au-delà du cercle étroit des spécialistes de l'économie théorique avec des publications relatives au contrôle des trusts *(An Argument in favor of Curbing the Power of Monopoly by a Natural Method,* 1901), et il s'intéresse aux moyens de trouver une juste répartition des revenus en 1913 *(Social Justice Without Socialism).* Puis, en 1914 il défend une réglementation des salaires minima par la voie de la négociation collective.

Économiste complet, optimiste sur les possibilités pour des économies de marché de rester dynamiques, il croit à la fois à l'importance de la « main invisible » de la concurrence et au bienfait de certaines institutions régulatrices. Philosophe et analyste de la valeur économique, il peut être rapproché d'Alfred Marshall dont les *Principles of Political Economy* sont publiés en 1890, soit cinq années après *The Philosophy of Wealth.*

Classer John Bates Clark n'est pas chose aisée du fait de son relatif éclectisme. Il n'est pas un classique. Il gardera des traces de l'influence autrichienne et allemande. Il opère une synthèse entre une approche socio-économique et des éléments de nature franchement néo-classique. John Bates Clark annonce aussi bien John Maurice Clark et John Roger Commons que Irving Fisher. Pour cette dernière raison, il sera la cible de Thorstein Veblen.

L'économie comme science morale

Au moment où les marginalistes développent la théorie de la valeur fondée sur l'utilité individuelle, John Bates Clark s'intéresse à **la valeur sociale** ou à l'utilité d'intérêt général dans une société considérée comme un tout organique. Cette approche de l'organisme social précède celle de Joseph Schumpeter (1909), ou celle de Von Wieser (1913).

La valeur sociale n'émerge pas seulement des prix de marché sous l'effet de la concurrence; elle est une rectification des prix de marché par l'application d'une « force morale ». **Le marchandage** est la loi qui régit la relation entre offreurs et demandeurs sur l'ensemble des marchés. Même la force de travail est soumise à une telle loi concurrentielle. Mais un arbitrage supérieur à la seule loi de l'offre et de la demande existe, et l'État peut réaliser un compromis pour fixer le prix des biens sujets à une forte demande sociale (par exemple pour le prix du travail). John Bates Clark prône une éthique du commerce et même l'introduction du principe de coopération pour administrer la « concurrence coupe-gorge » et les « ignobles combats pour le profit personnel ».

Il est insatisfait de la relation salariale existante, celle du conflit de classe entre les employeurs et les salariés. Son réformisme annonce celui de son fils John Maurice Clark.

Les fondements d'une théorie moderne du capital

Dès 1888, John Bates Clark considère qu'on ne doit plus traiter le capital comme une collection de biens d'équipement physique. Le « pur capital » est le fond d'investissement de l'homme d'affaires; il est financier au moins implicitement même s'il prend des allures matérielles (terre, machines, etc.). En conséquence, toutes les formes du capital procurent le même revenu pur : c'est la rente de la terre, la rente du capital, la rente financière ou le rendement des fonds investis (qui comprend les rentes foncières, les intérêts ou les profits d'entreprise, etc.). C'est une rente provenant des droits de propriété sur les fonds investis. On retrouve là l'influence des économistes allemands (Karl Knies, Karl Rodbertus) et la théorie est plus large que celle de Böhm Bawerk qui s'attache surtout aux biens capitaux *produits.* Surtout, il s'agit d'un abandon de la théorie du profit fondée sur la théorie de la valeur travail des classiques et de Marx. La détention de richesses signifie le pouvoir d'accumulation ou de capitalisation en économie dynamique.

> « Les gains de chaque type de biens capitaux interviennent comme des surplus et ceci n'est pas seulement vrai de la terre [...]. Le pouvoir de chaque pièce de terre à créer de la richesse fixe sa rente de la même façon que le pouvoir de chaque unité de capital à créer de la richesse fixe son taux d'intérêt. »
>
> *The Distribution of Wealth,* Macmillan, p .345, 1899.

De l'analyse dynamique à l'analyse statique

Selon J. B .Clark, l'industrie est toujours en mouvement. Le capital est un flux, analogue à une source d'eau. Il change de forme en fonction de la demande : il est en *évolution* pour aboutir à des utilités sociales elles-mêmes changeantes, « la société, dans son ensemble jouant le rôle du guide de la valeur. » Op. cit. p. 243.

Il existe en conséquence un profit net pur qui est le bonus de l'évolution. Ce bonus varie avec le cycle et avec les changements techniques qui bouleversent l'organisation et les produits. C'est une théorie pré-schumpéterienne. Pour Clark, le bonus est global. les grandes entreprises, « telles des éléphants au travail » dans l'économie mondiale doivent en coordonner la répartition entre le centre (Europe occidentale, Amérique du Nord principalement) et la périphérie (les pays moins développés). Bref, il établit une dichotomie entre les pays riches en capital (centre) et les pays riches en travail non qualifié (périphérie). La répartition des profits n'est pas optimale en raison d'éléments de monopole qu'il faut limiter pour aller dans la bonne direction.

Si l'on fait abstraction du profit pur lié à la dynamique des lois fondamentales déterminent la structure des revenus en statique : les droits de propriété (liberté d'entreprendre et de contracter) le désir de gagner le maximum, le niveau de productivité dans l'économie. John Bates Clark, pour être plus analytique, se résout à la simplification de *la rémunération de chaque facteur de production (le travail et le capital) à sa productivité marginale* (celle de la dernière unité engagée dans la production. Il n'y a plus alors de repère absolu de la valeur. Le revenu du travail est déterminé par des conditions techniques et par le niveau des quantités produites (l'échelle de production) : il n'y a plus d'exploitation (au sens de Marx) possible du travail salarié. John Bates Clark revient ici vers une « loi naturelle » de l'économie des quantités.

Le courant néo-classique, Samuelson en particulier, s'appropriera cette partie de son œuvre en délaissant tout ce qui l'avait précédée. Une telle lecture est réductrice car elle occulte la richesse de l'approche socio-économique et dynamique de J.-B. Clark.

Thorstein Veblen (1857-1929)

UNE HÉRÉSIE *MADE IN USA*

Une vie singulière comme son œuvre

T. Veblen est né en 1857. Sixième enfant d'une famille de charpentiers norvégiens émigrés aux États-Unis, il sera marqué par son enfance peu banale. La pauvreté de la famille de T. Veblen est d'autant plus grande qu'il vécut dans une famille nombreuse où les naissances se succèdent jusqu'au chiffre de douze.

T.-L. Heilbronner fournit quelques éclairages biographiques qui expliquent aisément son rapport ultérieur au luxe et au gaspillage d'une société de consommation en contraste brutal avec son **milieu familial** :

> « Il eut une enfance de pionnier : simple, austère, peu gâtée. Les vêtements étaient confectionnés à la maison, la laine était inconnue, les manteaux étaient faits en peau de veau. Le café et le sucre restaient un luxe; de même qu'un vêtement aussi simple qu'un maillot de corps. Le fait que ce fut une enfance d'étranger fut d'une importance plus grande encore. Les Norvégiens en Amérique formaient de petites communautés fermées et séparées où le norvégien était la langue commune et la Norvège la véritable patrie. »

Les Grands Économistes, Seuil, 1971.

♦ Ses **études universitaires** furent marquées par un rapport difficile à la langue anglaise qu'il maîtrisait mal car elle fut pour lui une langue étrangère bien plus qu'une langue maternelle. Ses manières rudes, sa distance à l'égard de la religion, son manque d'argent et son système de valeurs personnel l'isolent des autres étudiants. Il obtient cependant son doctorat (Ph. D) à l'université Yale en 1884 en surmontant ses ennuis d'argent.

Cultivé, original, boulimique dans ses lectures et ses apprentissages, T. Veblen dépasse la norme commune. Il parlera jusqu'à 22 langues selon un de ses étudiants.

♦ Peu docile, iconoclaste et fier, il ne peut s'intégrer immédiatement à *l'establishment* universitaire malgré une thèse appréciée par le jury. Il reste **oisif** de 1884 à 1891.

Il accumule les échecs d'insertion sociale en raison d'un tempérament fougueux et imprévisible. On lui refuse de nombreux postes malgré ses titres. Il profite de son oisiveté pour se forger une culture considérable et éclectique perceptible dans son œuvre qui franchit les frontières de l'orthodoxie. Il se plonge dans des ouvrages d'économie après avoir dévoré des livres de chants luthériens, puis il s'ouvre à l'anthropologie et à la sociologie sans oublier les écrits politiques, l'histoire et la philosophie.

♦ Il obtient **son premier emploi** à trente-cinq ans; l'université de Chicago sera son lieu d'enseignement mais aussi un lieu d'observation des comportements économiques et culturels.

Observateur mordant et ironique, collectionneur de femmes, T. Veblen sera à la fois un universitaire célèbre et un professeur créant le scandale par son enseignement...

♦ **Auteur célèbre,** il obtient à quarante-deux ans le succès auprès du public avec *Théorie de la classe de loisir (The Theory of Leisure Class,* 1899). Mais son audience est plus forte comme polémiste et comme auteur satirique que comme économiste. Son deuxième ouvrage *Théorie de l'entreprise d'affaires (The theory of Business Enterprise,* 1904) aura moins de succès.

Sa recherche des déterminants psycho-sociaux des comportements dans la compétition économique s'oppose à *l'homo œconomicus* des tenants de l'orthodoxie. Mais il sera aussi connu de la communauté économique par son rôle d'éditeur du *Journal of Political Economy.* Il est un théoricien créatif qui rédige de nombreux articles et ouvrages. En 1908, il écrit un article sur *la nature du capital (On the Theory of Capital*, 1908, Quarterly Journal of Economy). Puis, en 1911, il écrit un véritable pamphlet contre les comportements au sein de l'université, *L'Enseignement supérieur en Amérique.*

• Un divorce retentissant et des mœurs qui sentent le soufre le conduisent malgré son prestige vers des universités de renommée décroissante car *l'establishment* l'accueille difficilement; il enseigne à Stanford et à l'université du Missouri.

• En 1914, il s'intéresse au travail et aux motivations qui déterminent l'*esprit du travail professionnel (The Instinct of Wokmanship)*. Ouvert au monde et à ses enjeux, il écrit *l'Allemagne impériale (Imperial Germany and The Industrial Revolution*, 1919), où il dénonce la nature belliqueuse de ce pays.

• On reproche souvent à Veblen une tendance à transformer l'économie en **sociologie**. Mais M. Blaug nuance cette critique en faisant de Veblen un précurseur :

> « Le développement récent de l'intérêt porté à la cybernétique, à la recherche opérationnelle, à la gestion, à la théorie de l'organisation et à l'analyse des systèmes doit sans doute quelque chose aux attaques répétées de Veblen et Commons contre le champ trop étroit de l'économie traditionnelle. »
>
> *Economic Theory in Retrospect.*

• Sa célébrité est suffisante pour qu'on lui propose la prestigieuse présidence de *l'American Economic Association,* mais il est alors proche de sa fin et il refuse cette fonction car « on ne la lui avait pas proposée lorsqu'il en avait besoin. »

♦ **Défricheur de nouvelles voies,** il écrit vers la fin de sa vie un ouvrage novateur : *Les Ingénieurs et le Système des prix (The Engineers and the Price System,* 1921). Il s'interroge ainsi sur le rôle des ingénieurs et des économistes par rapport à la rationalité des entreprises et de l'économie de marché. Il annonce par là même les réflexions de Burnham sur les organisations ou de Galbraith sur la technostructure. En même temps, il semble croire qu'il est possible de planifier par les quantités en se passant des prix de marché et, en particulier, des signaux très intéressants fournis par le marché des actions.

Cette vision résulte probablement d'une incapacité à développer une véritable théorie de l'économie monétaire de production (au sens de Keynes), ou de l'économie des marchés de capitalisation (au sens de I. Fisher et des théoriciens modernes de la finance) ou de l'économie de marché régulée par les institutions collectives (au sens du véritable institutionnaliste qu'est l'Américain Commons). Il sera incontestablement selon l'épitaphe de W. Mitchell, son élève et disciple, **un hérétique au grand cœur.**

Comme l'a bien observé Heilbroner :

> « Personnalité surprenante et complexe, donc repliée sur elle-même et qui ne s'exprimait que d'une seule manière : il écrivait avec un anglais tranchant comme un rasoir dans un style bien à lui, compliqué et chargé de données et de terminologies ésotériques... Il a traité les principales organisations religieuses de *succursales des grands magasins.* Son examen de la société est impitoyable.»
>
> *Ibid.*

Il écrit aussi sur des sujets relativement iconoclastes et peu habituels pour les économistes de l'époque sur *Le Statut barbare de la femme (The Barbarian Status of Women)*, et sur *La Théorie économique du vêtement féminin (The Economic Theory of Woman's Dress).*

♦ **Chef de file des institutionnalistes américains**, il n'a pas réussi à présenter une théorie concurrente de l'économie néo-classique. Pour cette raison, en dépit de la portée de nombreuses critiques institutionnalistes adressées à l'orthodoxie, le mouvement est resté fragile et isolé.

Pour que l'hétérodoxie prenne une forme significative, il faut qu'elle se révèle capable de créer une véritable théorie cohérente et structurée; elle ne doit pas seulement se contenter d'une critique de l'étroitesse des hypothèses courantes parmi les adeptes de l'individualisme méthodologique. Même une présentation originale et convaincante de certains faits économiques et sociaux ne suffit pas à donner les bases d'une pensée alternative. Pourtant, la flamme du courant institutionnaliste allumée par T. Veblen luit encore avec la publication actuelle de la revue *The Journal of Economic Issues.* M. Morishima reprend même pour analyser le capitalisme Japonais contemporain les analyses de T. Veblen qui dans la lignée de M. Weber relient morale et dynamique de l'économie de marché *(Christian Morals and the Competitive Systems).*

UNE PENSÉE PSYCHO-SOCIO-TECHNIQUE

Une dialectique instincts-institutions

♦ T. Veblen ne se conforme pas aux méthodes et aux positions politiques de l'institutionnaliste allemand A. Wagner. Mais, un peu à sa manière, il critique la simplification abusive qui consiste à réduire l'action humaine à une seule motivation : la maximisation des plaisirs et la minimisation des peines...

♦ Veblen élabore une véritable *théorie des instincts* qui serait, selon lui, le fondement de l'action sociale. Ceux-ci peuvent se mêler les uns aux autres, s'influencer réciproquement et même se transformer avec le temps. Mais ils constituent avec des éléments plus globaux, *les institutions et les techniques,* les éléments essentiels de l'explication de l'évolution de l'économie.

En effet, les instincts et les institutions s'ajustent les uns aux autres par **action réciproque.** L'analogie s'impose avec la dialectique marxiste qui fait jouer un rôle clé à la contradiction entre forces productives et rapports sociaux. Mais, à la différence du déterminisme historique de Marx, l'analyse de T. Veblen n'attribue aucun sens à l'histoire. Bref, « on ne sait pas comment tout cela va finir ». Tout ce que l'on peut dire, c'est que **les institutions** seront jugées sur la base de leur compatibilité avec **les instincts.** Ceux-ci, à leur tour, ne se réduisent pas à des données psychologiques immuables. La dynamique des instincts et des institutions semble une nécessité pour T. Veblen.

La dynamique des instincts

Les quatre grands instincts sont : les liens de parenté, une curiosité toujours en éveil, l'instinct artisan et l'instinct prédateur.

> « Par une nécessité sélective, l'homme est un agent [...]. C'est un agent qui dans chaque acte cherche l'accomplissement de quelque fin concrète, objective, impersonnelle. En vertu de cet état, il est doué d'un goût de l'effort. Il sent le mérite de ce qui est de bon service, ou rendement, et le démérite de ce qui est vanité, gaspillage, incapacité. Cette attitude, ce penchant, on peut l'appeler **instinct artisan.** »

En anglais, l'expression utilisée est *instinct of workmanship* qui signifie propension au travail de professionnel.

Lorsque la société passe d'un état primitif à un état de rapacité croissante, ce sont les valeurs guerrières qui vont l'emporter.

> « Une comparaison dénigrante s'établit entre l'occupation industrielle et l'exploit, l'acquisition d'une capture. L'indignité qui se rattache au labeur lui donne un caractère ingrat. »

Il se développe alors **un instinct prédateur.**

> « Ôter la vie [...] devient suprêmement honorable. En revanche, le travail d'industrie se fait odieux à proportion; pour le sens commun, le maniement des outils et ustensiles tombe au-dessous de la dignité des hommes capables, le travail devient, insupportable. »

Ainsi, peut on trouver chez Veblen **une théorie psychologique de l'impérialisme** : le principe de coercition entre *les intérêts investis (vested interests)* des détenteurs des propriétés et *l'homme du commun* est présent à l'intérieur du système économique. Le prédateur peut alors l'emporter sur le pacifiste.

Le rôle clé des institutions

♦ Les institutions sont aujourd'hui définies sur le plan du droit, sur le plan sociologique et sur le plan économique.

• **Sur le plan juridique**, ce sont les droits et obligations auxquels sont soumis les agents dans leur vie économique, elles résultent dans ce cas de contrats implicites ou explicites.

• **Sur le plan sociologique**, elles désignent les systèmes de rôles et de statuts qui distribuent inégalement droits et devoirs, pouvoir social, récompenses et sanctions, selon des positions différenciées dans un système de stratification.

• **Sur le plan économique**, on considère souvent que ce sont les éléments qui définissent quels *marchés* ou *échanges au sens large* sont possibles; ce sont aussi les règles qui permettent des relations économiques en dehors de l'existence de marché (troc, distribution des biens publics, etc.).

♦ T. Veblen a surtout contribué à mettre l'accent sur l'importance des institutions au plan économique. Pour lui, *les institutions sont datées et modèlent les « habitudes mentales » des individus.* Ceux-ci n'ont donc guère de marge de liberté comme dans la vision historique incarnée par l'institutionnalisme allemand, ou dans une approche marxiste trop primaire des rapports sociaux.

> « L'évolution de la structure sociale a été un processus de sélection naturelle des institutions. Les institutions humaines ont fait et font encore des progrès qui se réduisent en gros à une sélection naturelle des habitudes mentales les plus recevables, et à un processus d'adaptation forcée des individus à leur milieu [...]. Les institutions elles mêmes ne sont pas seulement les résultats d'un processus sélectif et adaptatif qui façonne les types prédominants d'attitude et d'aptitude spirituelle; elles sont en même temps des méthodes particulières de vie et de relations humaines et , à ce titre, elles sont à leur tour de puissants facteurs de sélection. »

T. Veblen insiste sur le côté **internalisé** (au niveau psychologique) **des institutions** et non sur les contrats et les droits *écrits* qui gouvernent la vie et les relations humaines comme le fait A. Wagner en Allemagne :

> « En substance, les institutions sont des habitudes mentales prédominantes, des façons très répandues de penser les rapports particuliers et les fonctions particulières de l'individu et de la société. »

La classe de loisir, une institution au rôle clé

T. Veblen procède à l'étude d'une institution particulière : celle de *la classe de loisir*. Celle-ci a un mode de vie de *rentier*, ce qui :

> « A pour effet de réduire le rendement industriel de la société, comme de retarder l'adaptation de la nature humaine aux nécessités de la vie industrielle moderne. [...]. Elle ne vit pas dans mais plutôt de la société industrielle. Elle entretient avec l'industrie des rapports d'une nature plus pécuniaire qu'industrielle. »

Ce jugement ne ferait peut-être pas l'unanimité aujourd'hui car le temps de loisir permet, de plus en plus, d'obtenir des connaissances ou du savoir-faire qui peut se révéler professionnellement utile dans une société où se développent métiers de communication et d'information.

♦ **La classe de loisir se définit** par des vertus aristocratiques qui s'inscrivent en contrepoint du monde industriel. Pour appartenir à la classe de loisir, il faut montrer « que l'on n'a pas gâché son temps dans une activité d'industrie. » L'exploit ou l'effort doit-être gratuit et désintéressé. Le sport est une des pratiques les plus adaptées à la classe de loisir, il remplace symboliquement les armes de l'aristocrate :

> « L'inclination pour les sports athlétiques, qu'il s'agisse de participation directe ou tout aussi bien de soutien moral, est une caractéristique plus ou moins accusée de la classe de loisir ». Mais il faut aussi compter comme conforme à la classe de loisir "le penchant pour le jeu" lié à "la foi en la chance", ou "les pratiques de dévotion" souvent déléguées aux femmes. L'observation du milieu universitaire américain lui permet de considérer que "à leurs origines et dans leurs premières manifestations", les études supérieures sont, comme le sport, des pratiques nécessaires à la classe de loisir. T. Veblen, dresse la liste des pratiques culturelles qui permettent à la classe de loisir de s'affirmer dans son luxe et son désintéressement pratique : les arts dits d'agrément, semi-érudition, la connaissance d'opérations et d'événements qui ne contribuent pas directement au progrès de la vie humaine [...] la connaissance des langues mortes et des sciences occultes; de l'orthographe, de la syntaxe et de la prosodie; des divers genres de musique d'intérieur et autres arts domestiques; des dernières particularités de l'habillement et de l'ameublement, de l'équipement, des jeux, [...], des animaux d'agrément. »

Théorie de la classe de loisir.

Une vision critique du capitalisme moderne

La vision critique de T. Veblen comporte une contestation du pouvoir trop important de la finance sur l'industrie; il mène une réflexion sur la technologie et le machinisme et sur leurs conséquences; il manie férocement l'ironie lorsqu'il observe les manifestations de la *société de consommation.*

L'institution de la propriété et de la big corporation

> « La théorie des droits naturels de propriété fait de l'effort productif d'un individu autosuffisant et isolé la base de la propriété qu'on lui attribue. Ce faisant, elle néglige le fait qu'il n'y a ni isolement ni autosuffisance de l'individu. Toute la production est, en fait, une production grâce à la communauté, et la richesse n'est telle qu'en société. »

The American Journal of Sociology, novembre 1898.

> « L'institution de la propriété a commencé par la propriété des personnes, et tout d'abord des femmes. Pour acquérir ces sortes de biens, les hommes ont été stimulés par :
> 1) la tendance à dominer et à contraindre;
> 2) l'utilité de ces personnes comme témoignage de la vaillance de leurs possesseurs;
> 3) l'utilité de leurs services.»

Théorie de la classe de loisir.

« Le concept de *propriété* est en train d'évoluer et de se limiter. Au-delà d'une certaine dose, le principe d'inviolabilité de la propriété dans la nouvelle conception populaire décline. »

The Journal of Political Economy, juin 1894.

La propriété qui se généralise est *la propriété absente* ou absentéiste *(Absentee Ownership).*

« C'est seulement dans la mesure où des choses utiles sont mises en œuvre par d'autres que leurs propriétaires, ou aussi longtemps qu'elles sont écartées de leur utilisation productive par leurs propriétaires, qu'elles doivent être correctement classées dans la catégorie de la propriété absente; seulement dans la mesure où leur utilisation productive est disjointe de leur usufruit, de sorte que *l'instinct artisan* et la propriété sont séparés. »

Absentee Ownership.

T. Veblen procède à la critique du divorce croissant qui s'établit entre l'appareil productif réel et ceux qui *font de l'argent et non des choses :* marchands de biens, spéculateurs, financiers, etc. Il dénonce ainsi ceux qui accumulent d'énormes fortunes sans aucune participation à l'effort productif. Cette critique est annonciatrice de celle de J.-K. Galbraith.

« La *corporation* est toujours un lieu d'affaires, pas d'application industrielle. C'est un moyen de faire de l'argent, non de créer des biens [...]. La production des biens et services [...] est subordonnée à la production d'argent et elle est menée à bien si et seulement si elle procure le plus grand gain net en argent. »

Absentee ownership.

Le capitaine d'industrie et le financier

Le capitaine d'industrie :

- « a été une institution de la vie civilisée... dans le même sens que la Couronne, le *Country Gentleman* ou la prêtrise ont été des institutions, ou parce qu'ils sont à des places où les habitudes mentales qu'ils incorporent ont une force institutionnelle;
- dans les manuels, le capitaine d'industrie figure encore comme le technicien-investisseur entreprenant des premiers jours et , en tant que tel, il est encore un article garanti de la doctrine économique à l'en-tête de l'*Entrepreneur;*
- par la force des choses, le capitaine d'industrie devient avec le temps et la croissance, entièrement occupé par l'objectif financier. Les capitaines d'industrie du premier type passent au second plan, deviennent lieutenants. »

Comme la plupart des autres agents (ouvriers, ingénieurs, techniciens, fermiers...) ils deviennent des victimes des financiers, vendeurs, publicitaires... En même temps, ils continuent de former avec eux la classe des prédateurs. Celle qui sera légitimée par les institutions et mieux, celle qui fascinera l'autre classe, celle des hommes du commun ou gentils sauvages à la J. -J. Rousseau.

Les institutions technologiques domineront-elles le futur ?

« Pendant les premières décennies de l'ère des machines, celles des précurseurs, il a été vrai, en gros, comme on le voit, que la routine habituelle de l'administration de l'industrie consistait à chercher de nouvelles méthodes et à accélérer la production au maximum de ses capacités. »

Les Ingénieurs et le Capitalisme.

Puis, **la finance** a pris le dessus :

« Le résultat en a été un volume toujours plus grand de gaspillage et une incohérence croissante dans l'utilisation des équipements, des ressources et de la main-d'œuvre dans l'ensemble du système industriel. »

Les Ingénieurs et le Capitalisme.

Au contraire :

« *Les experts, techniciens, ingénieurs* [...] constituent l'état-major indispensable du système industriel. Sans leur contrôle immédiat et leurs corrections éventuelles, le système industriel ne fonctionne pas [...]. Sans eux, sans leur attention constante, l'outillage de l'industrie, ses moyens mécaniques ne seraient plus qu'un tas de ferraille... Jusqu'ici ils ne se sont pas encore groupés, même de loin, en une force de travail autonome.» Mais, «ils sont en position de faire le pas suivant [...]. Les techniciens sont encore tout à fait loyaux... envers l'ordre établi du profit commercial et de la propriété absentéiste...»

Les Ingénieurs et le Capitalisme.

Mais il faut prévoir **un nouveau mode d'organisation** et T. Veblen, allant dans ce sens, prévoit « un mémorandum pour un soviet de techniciens ».

« Il appartient aux techniciens, s'ils s'entendent entre eux, de connaître les ressources disponibles du pays en énergie mécanique et en équipement; de connaître et mettre en œuvre le fonds commun de savoir technologique indispensable à la production, autant que de connaître les besoins et usages courants de la communauté en biens de consommation et d'y pourvoir. »

C'est l'amorce d'**une planification technocratique** qu'il esquisse ainsi. Le fondement en est **le niveau de la technologie :** celle-ci consacre la domination de la course folle de *la machine (the machine process).* Il est séduit par le cycle régulier de la machine, ses performances, son automatisme et sa précision. T. Veblen est séduit par la force matérielle de la science et la révolution Russe suscite pour un temps des espoirs puissants. Il affichera même ses sympathies pour la politique menée en URSS avant sa mort (1929), mais il reste sceptique sur l'économie de Marx.

« D'une manière générale, la discipline du machinisme joue à la désintégration de l'héritage institutionnel [...] Par conséquent, elle déchire les fondements de droit et d'ordre sur lesquels l'entreprise est assise [...] Que peut-on faire pour épargner le savoir civilisé de la vulgarisation et de la désintégration apportées par le machinisme? [...] Des mesures palliatives, un appel au sentiment philanthropique, esthétique ou religieux seront insuffisantes. Les remèdes viendront des hommes d'affaires dans le domaine de la culture et pour son développement, au regard de leur motivation de profit ? »

The Theory of Business Enterprise.

La consommation ostentatoire et l'effet Veblen

Les hommes sont, selon Veblen, des créatures complexes qui n'obéissent pas à la seule règle du maximum de plaisir (hédonisme ou utilitarisme). Le niveau technologique élevé, la séparation entre la propriété et la gestion, permettent le développement d'une classe oisive dont la culture dite *culture pécuniaire* va avoir tendance à se diffuser dans toutes les classes sociales en raison de **comportements d'émulation** distincts de la représentation simpliste conforme à *l'individualisme méthodologique.*

Le statut social dans la classe du loisir dépend moins du niveau que du genre de vie :

> « Le désir de disposer d'un plus grand confort et de se mettre à l'abri du besoin, voilà un mobile qui se trouve à tous les stades du processus d'accumulation dans une société industrielle moderne; toutefois, ce qu'on peut appeler à cet égard le niveau de suffisance est à son tour profondément affecté par les habitudes de rivalité pécuniaire. »
>
> *Théorie de la Classe de Loisir.*

Dans la classe pécuniairement supérieure :

> « Pour s'attirer et conserver l'estime des hommes, il ne suffit pas de posséder simplement richesse ou pouvoir; il faut encore les mettre en évidence, car c'est à l'évidence seule que va l'estime [...]
>
> • Au stade quasi pacifique, l'homme comme il faut, l'homme de loisir, fait mieux que consommer au-delà du minimum requis pour la subsistance et l'efficacité physique : sa consommation se spécialise aussi en qualité [...] comme on signale sa richesse en consommant ces produits plus parfaits, on en tire grand honneur. »
>
> *Ibid.*

La consommation ostentatoire est souvent à l'opposé du sens commun et parfois du confort. Pour se différencier ou se distinguer, il faut parfois s'imposer des objets et des pratiques qui vont à l'encontre des besoins les plus élémentaires. Le signe l'emporte sur l'utilité, la mode féminine est en ce domaine un modèle de cette logique de la hiérarchie symbolique.

- « La femme moderne est choyée; on lui permet, on lui enjoint même de consommer en abondance et visiblement — par procuration de son mari ou de quelque autre tuteur naturel. On l'exempte ou on l'exclut, des occupations vulgairement utiles — afin de s'acquitter du loisir par délégation, pour le bon renom de son tuteur naturel (pécuniaire). »
- « Les talons hauts, la jupe, le chapeau impossible, le corset, et toute cette méconnaissance du confort qui caractérise partout l'accoutrement de la femme actuelle, tout cela témoigne que dans le genre de vie moderne et civilisé, la femme demeure en théorie la protégée économique de l'homme. »

L'ostentation remplace la satisfaction tirée de l'objet. Cela permet en quelque sorte de modifier la loi banale de la rareté de L. Walras, au lieu de dire « Ce qui est rare est cher », Veblen énonce : « Ce qui n'est pas cher ne vaut rien » pour ceux qui recherchent distinction et jouissance onirique et non la satisfaction de leurs besoins humains. Là encore, la femme est la reine de la consommation ostentatoire.

> « Plus la société, disons surtout les classes riches de la société, accroissent leur richesse, gagnent en mobilité, étendent le cercle de leurs contacts humains, et plus la loi du gaspillage ostentatoire parlera en despote sur les questions d'habillement

[...]. Plus vite les modes changeront et passeront; et plus grotesques et insupportables seront les styles divers qui feront tour à tour sensation. »

• « C'est une véritable accoutumance : à force de percevoir les signes de cherté, à force d'identifier beauté et honorabilité; on finit par ne plus tenir pour belle une belle chose qui ne se vend pas cher. Les marques de superfluité, de somptuosité, sont des marques de mérite. »

• « *Bon marché, mauvaise qualité,* ce verdict passe pour vrai dans l'habillement comme ailleurs et s'adoucit moins facilement qu'ailleurs [...]. Jusqu'au présent donc, nous avons une grande norme qui prédomine dans le vêtement, c'est le principe général du gaspillage ostentatoire. »

« Consommer par la personne interposée de l'épouse, c'est toujours la règle. »

5.5. L'économie du rêve

UN IDÉAL COMMUNAUTAIRE

Les utopistes prennent leurs désirs pour des réalités car ils croient en la réalité de leurs désirs!

Les *communismes utopiques* du XIXe siècle ont en commun leur goût du rêve. Ils imaginent des sociétés idéales qui tentent d'offrir « à chacun selon ses besoins ». Certains comme Fourier resteront dans le domaine du projet, d'autres réaliseront des expériences. Owen sera un entrepreneur à succès mais à un niveau local; Cabet, pour sa part, finira ses jours dans une communauté relativement conforme à ses vœux....

Mais leurs adeptes seront peu nombreux et leurs réalisations ne dureront qu'un temps limité.

Ces auteurs souvent utopistes et originaux frapperont l'imaginaire de leurs concitoyens, mais leur mode d'action tient souvent plus de la secte ou de la religion que d'un véritable *mouvement social.* Leur analyse économique est le plus souvent fruste et les marxistes préféreront le « socialisme scientifique » aux chimères de l'utopie.

Charles Fourier (1772-1837)

UN PENSEUR UTOPIQUE ET DÉCAPANT

Fourier est le fils d'une famille de commerçants de Besançon. Il se révolte contre cette profession, mais, nécessité faisant loi, il sera commis-voyageur dès dix-neuf ans. Cela lui permet de découvrir la situation de ses concitoyens.

En 1808, il écrit *Théorie des quatre mouvements et des destinées,* ouvrage qui présente les sociétés humaines comme soumises à des lois naturelles d'attraction.

Puis, en 1812, il commence à élaborer son propre système de pensée dans *Traité de l'association domestique agricole* où il développe ses idées d'économie agraire et associative. En 1829, il publie *le Nouveau Monde industriel et sociétaire* qui décrit, avec de multiples détails, le monde idéal. Mais d'innombrables manuscrits souvent inachevés vont alimenter son œuvre et paraîtront dans le journal du mouvement fouriériste : *La Phalange.*

Un penseur engagé et utopique et un expérimentateur

Fourier prend le contre-pied de la pensée classique qui ne fait pas de sentiment; si Carlyle parle de « science du lugubre » pour caractériser l'économie, cela convient sans nulle doute pour Malthus ou Ricardo, mais nullement pour Fourier. C. Fourier veut réformer un monde qui lui déplaît. Si l'économie néo-classique parle de « plaisirs et des peines », elle se veut sérieuse et morale comme l'attestera Sidgwick. Avec Fourier, la réflexion devient l'art de la critique de la société bourgeoise. Loin d'essayer de comprendre les lois de l'économie marchande comme K. Marx ou Proudhon, Fourier va passer sa vie à définir **le monde idéal** qu'il veut construire. Bref, il élabore des utopies. Par sa volonté de construire une société idéale, il est un lointain parent des réformateurs sociaux; mais à leur différence, peu lui importe le réalisme et le compromis. En fait, Fourier refuse le monde industriel qu'il voit naître :

> « Le progrès de l'industrie n'est qu'un leurre pour la multitude. Dans l'Angleterre tant vantée, la moitié de la population est réduite à travailler seize heures par jour, une partie même dans des ateliers infects, pour gagner *sept sous de France* dans un pays où la subsistance est plus coûteuse qu'en France. Combien la nature est sage en inspirant aux sauvages un profond dédain pour cette industrie civilisée, fatale à ceux qui l'exercent et profitable seulement aux oisifs et à quelque chefs ! »

Il part des quelques idées et de leur logique souvent délirante, et veut que le monde vienne à sa rencontre par passion et adhésion.

Il n'y parvient guère. Pourtant, Fourier aura des défenseurs très éloignés de son délire, F. Engels plaide en sa faveur :

> « Nous mettons notre joie à rechercher les germes d'une pensée géniale que recouvre cette enveloppe fantastique et pour lesquels les Philistins n'ont pas d'yeux. »
>
> *Anti-Dühring.*

Pour le garantisme social

Charles Fourier est un des premiers penseurs de l'État providence. Il imagine un stade de garantisme social qui précède l'harmonie, degré supérieur de la société. Il imagine ainsi un projet de « ferme fiscale » qui assure une protection sociale aux plus défavorisés :

> « Selon ce plan, le roi opinerait à forcer les réunions économiques, et à rassembler toute la classe pauvre, toutes les familles sans moyens dans des *fermes fiscales* où on leur procurerait à peu de frais des occupations gaies et très productives, aux jardins, aux étables, et à des fabriques de leur choix. »
>
> *Nouveau monde industriel et sociétaire.*

Pour le droit au bonheur

> « **Le bonheur** sur lequel on a tant raisonné (ou plutôt déraisonné) consiste à avoir le plus de passions possibles, et les plus ardentes et les plus excessives, et à pouvoir les satisfaire toutes. »

Tous ceux qui de Marcuse à Reich ou G. Deleuze vont forger au XXe siècle une courant d'**économie désirante** peuvent se reconnaître en Fourier. Adversaire de tout *refoulement* :

> « Du moment où nous voulons réprimer une seule passion, nous faisons un acte d'insurrection et d'hostilité contre dieu. »

Le cœur de son système de pensée consiste à imaginer que le travail doit devenir un plaisir :

> « Il faudra donc, en régime sociétaire, que le travail soit aussi attrayant que le sont aujourd'hui nos festins et nos spectacles. Dans ce cas, le remboursement du minimum avancé sera garanti par l'attraction industrielle ou passion du peuple pour des travaux très agréables et très lucratifs : passion qui ne pourra se soutenir qu'autant qu'on aura une méthode de répartition équitable, allouant à chaque individu, homme femme ou enfant, trois dividendes affectés à ses trois facultés industrielles, *capital, travail et talent,* et pleinement satisfaisants pour lui. »
>
> *Nouveau Monde industriel et sociétaire.*

Pour l'association industrielle

Fourier propose une « association industrielle » fondée sur «l'attraction passionnée». Cette association doit se réaliser spontanément, chacun étant libre de s'orienter selon ses aptitudes et ses goûts :

« L'Attraction passionnée est l'impulsion donnée par la nature antérieurement à la réflexion, et persistante malgré l'opposition de la raison, du devoir, du préjugé, etc. »

Nouveau Monde industriel et sociétaire.

L'idée de base de Fourier consiste à libérer cette force instinctuelle qui est réprimée par la société. En permettant à chacun de ne suivre que ses désirs profonds, on pourra établir une division du travail qui satisfasse les besoins de tous.

Le phalanstère

L'imagination réformatrice de Fourier aboutit au monde idéal du phalanstère. Son sens du détail est ici considérable : le phalanstère comprend 1 620 hommes et femmes combinant 810 caractères psychologiques distingués par Fourier et permettant une division du travail selon les passions. Les groupes se divisent en séries passionnées qui collaborent pour réaliser certaines tâches le plus souvent agricoles. Il imagine une répartition des revenus qui combine le talent, le travail et le capital; il fixe même des proportions précises pour rétribuer chaque facteur de production. Ses idées seront reprises dans des associations et ceci tout particulièrement aux États-Unis.

Étienne Cabet (1788-1856)

LE COMMUNISTE UTOPIQUE

Le patriarche vénéré

E. Cabet est le fils d'un artisan tonnelier; élève puis étudiant doué, il obtient un titre de docteur en droit et, à vingt-quatre ans, il exerce le métier d'avocat à Dijon. Il connaît deux vies liées mais différentes.

Sa « première vie » le conduit à la politique classique; après la révolution de juillet qu'il anime comme dirigeant de la Charbonnerie, il obtient le poste de député de la Côte-d'Or en 1832. Il défend alors des thèses tout à fait acceptables pour la démocratie parlementaire. Il soutient le suffrage universel, l'éducation du peuple comme moyen d'émancipation, etc. Mais il va se radicaliser. En 1833, il fonde un journal *Le Populaire.* Ses idées républicaines le conduisent à l'exil.

Il en profite pour écrire une *Histoire populaire de la Révolution française* de 1789 à 1830.

Mais il imagine de plus en plus que le bonheur est associé à un état de nature où seront supprimées les inégalités, l'argent, le commerce, etc. Bref, il imagine un monde d'abondance et d'égalité absolue qu'il va décrire dans *Voyage en Icarie* évoquant sous une forme romanesque l'organisation économique et sociale idéale.

• Sa « seconde vie » le mène en « Icarie ». Après la révolution de 1848, Cabet va rejoindre ses disciples qui ont commencé à mettre en pratique ses idées; il anime au Texas une communauté qui va connaître des scissions successives donnant naissance à d'autres expériences. Il meurt dans l'Illinois en véritable patriarche.

Un communisme égalitariste

> « Premier droit : vivre. Premier devoir : travailler. A chacun suivant ses besoins. De chacun selon ses forces. »
>
> *Voyage en Icarie*

Dans la tradition de l'égalitariste, G. Babeuf (1760-1797), le patriarche, va développer une théorie extrêmement centralisée et organisée qui inspirera des sectes aux États-Unis :

> « Quel est son principe concernant les **personnes ?** — La nation ou le peuple forme une véritable société consentie dans l'intérêt commun; *tous les membres de la nation sont associés, frères, parfaitement égaux en droits et en devoirs :* la nation n'est même qu'une famille; elle n'est aussi qu'une seule personne morale.
>
> Quel est le principe par rapport aux **biens ?** — tous les biens sont communs et ne forment qu'*un capital social;* le territoire ne forme qu'*un domaine* exploité en commun.
>
> Quel est le principe pour **l'industrie ?** — L'industrie sociale est unique, c'est-à-dire ne forme qu'une seule industrie exploitée par le peuple comme par un seul homme, de manière à produire tout ce qui est nécessaire en divisant et en ordonnant le travail, et de manière à produire le plus possible, sans double emploi, et sans perte.
>
> Quel est le principe relativement aux **droits** et aux **devoirs ?** — Ils sont les mêmes pour tous; chacun a le devoir de travailler le même nombre d'heures par jour, *suivant ses moyens,* et le droit de recevoir une part égale, suivant *ses besoins,* dans tous les produits.
>
> Mais, n'est-il pas injuste que l'homme de talent et de génie n'ait qu'une part égale à celle des autres ? — Non, parce que le talent et le génie sont le résultat de l'éducation que donne la société, et que l'homme de talent ne serait rien sans la société [...].
>
> Quel est le principe par rapport au **travail ?** — Il est général et obligatoire pour tous; commun, dans de grand ateliers publics, et le plus possible attrayant, car facilité par les machines [...].
>
> Quel est le principe concernant la nourriture, le vêtement, le logement et l'ameublement ? Ils sont, autant que possible, les mêmes pour tous, préparés par la

communauté et fournis par elle à chacun : tout est fait d'après un *modèle* adopté par la loi. »

Voyage en Icarie.

Cabet n'aura pas une influence aussi vaste que R. Owen, plus éclectique dans son action et plus heureux dans l'expérimentation.

Robert Owen (1771-1858)

UN UTOPISTE PRAGMATIQUE

Un utopiste entrepreneur à succès

R. Owen va réussir là où l'utopie du Français Cabet a échoué. Il va disposer d'une importante usine textile qu'il va transformer en **usine modèle.** Il ne partira pas de l'utopie pour élaborer un projet de communauté lointaine mais , au contraire, il partira d'une usine rentable pour chercher la voie de l'efficacité et de la justice.

Après avoir réussi comme chef d'entreprise traditionnelle, il est gagné par l'idée de nouvelles perspectives sociales. Loin des discours révolutionnaires, Owen pratique le changement social à l'échelle micro-économique. Ainsi dans son usine, il va réduire le temps de travail, créer des jardins d'enfants (au lieu de les exploiter dans les usines). Il ouvre des cours du soir car l'intelligence améliore la productivité et la conscience des travailleurs. Sa réussite prend un accent de modernité à un moment où nous connaissons une remise en cause du taylorisme et une volonté d'incorporer l'intelligence et la participation des travailleurs au sein du processus de production.

« A *New Lanark*, R. Owen invente l'organisation rationnelle du travail, bien avant Taylor. A la différence de ce dernier, dont il n'a évidemment pas le brio, il tient compte cependant de l'existence concrète du travailleur, chose qu'oubliera l'Américain. Owen réussit ce tour de force, aux débuts de la révolution industrielle, d'humaniser les conditions de travail, et d'obtenir, en conséquence directe, un rendement supérieur. Il diminue les journées, abolit les amendes, améliore l'hygiène, agrandit les logements, ouvre des magasins bon marché, crée un foyer culturel .»

Dictionnaire du mouvement ouvrier, Éditions universitaires, 1970.

Mais il ne se contente pas d'expériences locales; il prévoit un système national fonctionnant selon les principes qu'il expérimente. Ainsi, il oppose la notion de **coopération**, à l'exploitation capitaliste et à la compétition.

Dès 1817, il imagine une généralisation de ses idées sociales au cœur même de l'Angleterre, il propose de créer des communautés de 500 à 2 000 personnes vivant de façon coopérative. Mais ses «villages coopératifs» n'ont guère de succès. La généralisation de son expérience ne réussit guère. Il va alors s'exiler pour créer en Amérique la communauté de *New Harmony* en 1824. De retour en Angleterre son activité ne se dément pas. De 1829 à 1834, il réussit à créer une réseau de coopératives; il met en place des Bourses de travail assurant un minimum de défense des intérêts des ouvriers anglais et il crée même une union syndicale qui ne durera guère. Il consigne ses théories dans *Le livre du nouveau Monde moral* (1834-1845). Mais sur le plan pratique, il ne touche que quelque dizaines de milliers de disciples au plus fort de son action. Le mouvement échoue, mais la figure d'Owen reste un moment clé du mouvement coopératif.

Les idées clés d'Owen

Une vision organisatrice des sciences sociales

La vision par Owen de la science sociale donne les clés de son analyse. Il se veut pragmatique et scientifique; son but est d'améliorer le sort de tous. Il pense en termes de gestion efficace et juste. Peu d'analyses sont aussi peu utopiques. Pas de délire à la Fourier chez Owen.

« Les éléments sociaux existent dans tous les états de la société. Il y a une science de la production et de la distribution des richesses, une science de la formation du caractère, ou éducation, et une science du gouvernement. Le progrès social consiste à perfectionner chacune de ces sciences, et à les combiner en proportions propres à produire le plus d'avantages et de bien-être pour tous et chacun. Ce résultat est le but et l'objet de tous les efforts de l'homme. [...].

La science de la production des objets utiles [...] est une branche importante de la science sociale [...]. La société contient les plus amples pouvoirs, convenablement appliqués et sagement dirigés, pour produire une surabondance de richesses pour tous, au moyen d'une vie agréable [...]. Les moyens nécessaires sont au pouvoir des gouvernements, et leur devoir consiste à mettre en action les pouvoirs productifs, *de manière que l'existence de chacun soit assurée dans un état permanent de bien-être, avec pleine garantie de sa durée pendant la vie entière.*

Dans la société actuelle, distribuer les richesses occupe une grande population qui n'ajoute rien à la somme des produits. Cette classe comprend les acheteurs et vendeurs, négociants, marchands en gros et en détail, banquiers, courtiers, agents receveurs de rentes, salaires et impôts. L'intérêt de chacun se trouvant en opposition avec celui des autres, le désir d'acheter à bon marché et de vendre cher produit mille ruses, fraudes, mensonges, querelles, jalousies et misères; en un mot, un véritable état de guerre sociale.

Dans une société rationnelle, tous ces malheurs disparaîtraient et la distribution des produits deviendrait simple et facile, assurant à chacun, **selon ses besoins,** une ample provision d'objets utiles. »

Le livre du nouveau monde moral, 1844.

Si on le classe parmi les utopistes, c'est sans doute pour sa pratique d'expériences relativement aventureuses. Peu enclin à théoriser, il reflète cependant clairement une démarche active dans le monde de l'économie expérimentale et alternative.

Les principes du monde idéal d'Owen

L'utopie d'Owen consiste essentiellement dans sa description très détaillée du « nouveau monde » qu'il veut édifier :

« Le **gouvernement de transition,** celui qui doit former la population de manière à devenir rationnelle, diffère de celui qui la dirigera lorsqu'elle sera ainsi régénérée.

Le premier, qui doit être formé par l'élection des individus les plus éclairés et les plus capables d'effectuer la réorganisation, doit être parfaitement instruit des causes du bien et du mal[...].

Il doit être également versé dans les sciences de la production et de la distribution des richesses et de l'éducation. Sous **le gouvernement rationnel**, le principe d'élection sera remplacé par une nouvelle classification[...].

Pour réaliser les principes qui forment la science sociale, il serait bon que le gouvernement établisse plusieurs noyaux ou associations modèles, contenant de 500 à 2 000 habitants, dans des bâtiments convenables, pour produire et conserver une variété de produit et élever et donner aux enfants une éducation conforme. Chaque établissement posséderait un terrain suffisant pour nourrir la population et combiner l'agriculture, le jardinage, les arts et métiers, et, dans certains cas, les mines et la pêche [...].

Le classement naturel et rationnel se ferait d'après l'âge : chaque classe ayant des fonctions à remplir auxquelles chaque âge est le plus propre par nature [...]. Il n'y aurait aucune espèce de fonction qui ne serait exécutée avec plaisir par tous à l'âge convenable. »

Le livre du nouveau monde moral, 1844.

5.6. L'économie libertaire

QUI SONT LES ANARCHISTES ?

Le courant anarchiste a eu un rôle important dans le mouvement ouvrier mondial. Il est cependant exclu de l'Association internationale des travailleurs au congrès de La Haye de 1872. Bakounine perd ce combat contre Marx. Mais, en France, l'anarchisme de Pelloutier, qui anime les Bourses de travail de 1894 à 1901, marque le syndicalisme. Les théories de Proudhon influencent probablement plus la masse des ouvriers que celles de Marx.

Les anarchistes refusent le capitalisme tout en s'opposant aux marxistes révolutionnaires trop étatistes et aux sociaux-démocrates trop conciliants :

> « Que la liberté sans le socialisme, c'est le privilège, l'injustice; et que le socialisme sans liberté, c'est l'esclavage et la brutalité. La ligue proclame hautement la nécessité d'une réforme sociale et économique radicale, ayant pour but la délivrance du travail populaire du joug du capital et des propriétaires, fondée sur la plus stricte justice »

Bakounine, *Œuvres*, T.1. Stock.

La dimension violente de l'anarchie va cependant éloigner progressivement la masse des salariés de ce courant. Le terrorisme de Ravachol et de Vaillant à la fin du XIXe siècle ou le banditisme de la « bande à Bonnot » de 1911-1913 vont discréditer le mouvement social anarchiste qui s'isole dans des actes spectaculaires.

Les principes communs du courant libertaire sont :

♦ Une morale libertaire développant une éducation qui aide à l'épanouissement. L'auteur de *l'unique et la propriété,* Max Stirner, exprime ce principe pour l'éducation :

> « Toute éducation doit devenir personnelle [...]. Ce n'est pas le savoir qui doit être inculqué, c'est la personnalité qui doit parvenir à son propre épanouissement. Le point de départ de la pédagogie ne doit pas être de civiliser, mais de former des personnalités libres, des caractères souverains; aussi la volonté jusqu'ici brutalement opprimée doit-elle cesser d'être affaiblie. » 1842.

Ce principe s'applique aussi aux mœurs, à l'économie et à la vie sociale qui doivent limiter les entraves et permettre un maximum de jouissance.

♦ « Ni Dieu ni maître » affirme Kropotkine, qui met sur le même plan la soumission à un Dieu tout puissant qu'il refuse, à un État qui légifère et dirige, ou encore vis-à-vis d'un patron qui dispose de la force de travail de ses salariés... Proudhon exprime clairement cette haine de l'État tyran :

> « Être gouverné, c'est être à chaque opération, à chaque transaction, à chaque mouvement, noté, enregistré, recensé, tarifé, timbré, toisé, cotisé, patenté, licencié, autorisé, apostillé, admonesté, empêché, réformé, redressé, corrigé. C'est sous prétexte d'utilité publique, et au nom de l'intérêt général, être mis à contribution,

exercé, rançonné, exploité, monopolisé, concussionné, pressuré, mystifié, volé; puis à la moindre résistance, au premier mot de plainte, réprimé, amendé, vilipendé, vexé, traqué, houspillé [...]. »

Idée générale de la révolution, 1851.

♦ Les principes d'organisation anarchiste seront l'association volontaire qui permet à un groupe d'individus de passer un contrat de **coopération** par lequel ceux-ci vont se lier par des droits et des devoirs. Les anarchistes vont participer à la création des coopératives, des mutuelles, etc.

♦ Mais les échanges doivent dépasser le niveau local, il faut créer **des fédérations,** qui du niveau le plus simple au plus complexe, établissent des relations d'échange, de coopération, etc.

De la commune au département, à la région et à la nation puis au monde, le principe fédératif doit aller du simple au global affirment tant Proudhon que Kropotkine.

♦ Le refus de l'argent est aussi un des thèmes anarchistes majeurs. La fédération anarchiste d'Aragon, va appliquer ce principe en décidant :

« La suppression de la monnaie dans les collectifs et son remplacement par la carte de ravitaillement, qui permettront de mettre à la disposition de chaque collectif les quantités de subsistance nécessaires. »

Programme de la fédération des collectifs d'Aragon, 14 mars 1937.

D'après Picabia
Mars 1923

Pierre Joseph Proudhon (1809-1865)

UN MICROCOSME VIVANT

Misère matérielle, richesse intellectuelle

P.-J. Proudhon est issu du peuple. Son père était garçon brasseur à Besançon et sa mère cuisinière. Cette origine modeste va l'entraver longtemps dans sa formation et dans sa vie. Il est d'abord simple bouvier puis dès dix ans il est admis comme boursier au collège . Il va, dès lors, cumuler les prix d'excellence malgré d'immenses difficultés d'existence matérielle pour vivre parmi des compagnons moins doués mais plus fortunés. Il expérimente l'injustice que représente l'inégalité dans la naissance. Il se forge alors une personnalité complexe faite de révolte et de culture. Son existence sera aussi très variée : il sera ouvrier puis écrivain et homme politique.

> « Paysan de souche et ouvrier de condition, manuel d'origine et intellectuel d'accession, praticien par profession et théoricien par vocation, pragmatique par tempérament et moraliste par caractère, économiste et sociologue par observation, politique et éducateur par induction, Proudhon apparaît comme un microcosme du peuple français. »

Universalis, 1985.

Mais Proudhon demeure un théoricien majeur des sciences sociales par sa fécondité dans la création d'idées nouvelles au sein du mouvement ouvrier. A. Nataf en témoigne ainsi :

> « Proudhon "invente" l'autogestion [...]. Apolitisme, mutualisme revigoré, anarchisme, fédéralisme, ces thèmes feront fortune dans *l'inconscient* du mouvement ouvrier. De son vivant, Proudhon exercera plus que tout autre une influence sur les ouvriers français. »

Dictionnaire du mouvement ouvrier, Éditions Universitaires, 1970.

Un penseur engagé et multiple en sciences sociales

Sa théorie de l'exploitation

J. Proudhon a une vision nuancée des facteurs qui engendrent la richesse en économie :

> « La vérité est que *ni* la terre n'est productive, *ni* le travail n'est productif, *ni* les capitaux ne sont productifs; la production résulte de ces trois éléments également nécessaires, mais pris séparément également stériles.
> En effet, l'économie politique traite de la production, de la distribution et de la consommation des richesses ou des valeurs; mais de quelles valeurs ? Des valeurs produites par l'industrie humaine, c'est-à-dire des transformations que l'homme fait subir à la matière pour l'approprier à son usage, et nullement des productions spontanées de la nature. »

Système des contradictions économiques ou Philosophie de la misère. éd. Rivière.

Proudhon comme A. Smith pense que la division du travail engendre une productivité accrue. Il adopte l'analyse de G. Garnier sur **la force collective** du travail :

> « **L'association,** de plusieurs hommes qui mettent en commun leur industrie, multiplie leurs moyens dans une telle progression que le dividende de chacun d'eux s'en accroît d'une matière prodigieuse. La diversité des talents, la division du travail, l'addition des forces, le concours des inventions, les échanges forment des combinaisons incalculables dont chacune est un nouveau moyen de faire. »

Il prolonge cette idée par une théorie de la répartition en déclarant que :

> « La force collective étant incomparablement plus grande que celle d'un travailleur élevée au centuple, cette force n'était pas payée par le salaire de 100 individus; conséquemment qu'il y avait aujourd'hui erreur de compte entre ouvriers et maîtres, et que la loi sur les coalitions était à refaire. »

De la création de l'ordre dans l'humanité, éd. Rivière.

Contre la propriété

Proudhon affirme que «la propriété, c'est le vol»; il dénonce ainsi l'appropriation par le capitaliste de **la force collective :**

> « Le capitaliste, dit-on, a payé les *journées* des ouvriers; pour être exact il faut dire que le capitaliste a payé autant de fois une journée qu'il a employé d'ouvriers chaque jour, ce qui n'est point du tout la même chose. Car cette force immense qui

résulte de l'union et de l'harmonie des travailleurs, de la convergence et de la simultanéité de leurs efforts, il ne l'a point payée. »

Qu'est-ce que la propriété ?

Le salarié étant payé à son salaire de subsistance, il ne peut acheter la valeur des produits qu'il réalise, le propriétaire a donc le privilège de lui extorquer la valeur que la collectivité va engendrer. Bref, les propriétaires « volent » le supplément de valeur qu'engendre la force collective par rapport à la force individuelle.

La réforme sociale sans révolution violente

P.-J. Proudhon ne croit pas à la révolution violente; il veut développer au sein même du capitalisme une anti-société qui appliquerait les principes d'association, de mutuelle, etc. Bref, il ne croit pas au « grand soir » de la révolution. Il s'oppose en cela clairement à K. Marx :

« Je crois que nous n'avons pas besoin [de révolution] pour réussir; et qu'en conséquence nous ne devons pas poser *l'action révolutionnaire* comme **moyen de réforme sociale,** parce que ce prétendu moyen serait tout simplement un appel à la force, à l'arbitraire, bref, une contradiction. Je me pose ainsi le problème : *faire rentrer dans la société, par une combinaison économique, les richesses qui sont sorties de la société par une autre combinaison économique.* En d'autres termes, tourner en économie politique la théorie de la propriété, contre la propriété, de manière à engendrer ce que vous autres socialistes allemands appelez *communauté,* et que je me bornerai, pour le moment, à appeler *liberté, égalité.*»

Lettre à K. Marx, 17 mai 1846.

Le refus des intermédiaires inutiles est une des idées de base de Proudhon qui est un partisan de **l'auto-organisation** des agents économiques. Ainsi, les travailleurs pourront s'attribuer la valeur supplémentaire obtenue par leur coopération :

« Les seuls agents de la production étant l'intelligence et les bras de l'homme, il est dès lors possible d'organiser la production, d'assurer la circulation des produits et leur consommation normale, par le seul fait de la *communication directe des producteurs et des consommateurs,* appelés, par suite de la suppression d'un intermédiaire onéreux et de l'établissement de rapports nouveaux, à recueillir les bénéfices que s'attribue actuellement le capital, ce souverain dominateur du travail, de la vie et des besoins de tous..»

Idée générale de la révolution.

Contre le collectivisme

P.-J. Proudhon est un penseur **libertaire.** Il s'opposera à Marx dans une lettre célèbre qui mettra fin à leur amitié :

« Je fais profession avec le public, d'**un anti-dogmatisme** économique, presque absolu.

Cherchons ensemble, si vous voulez, les lois de la société, le mode dont ces lois se réalisent, le progrès suivant lequel nous parvenons à les découvrir; mais pour Dieu ! après avoir démoli tous les dogmatismes *a priori,* ne songeons point à notre tour, à endoctriner le peuple [...] donnons au monde l'exemple d'une tolérance savante et prévoyante, mais, parce que nous sommes à la tête d'un mouvement, ne nous faisons pas les chefs d'une nouvelle intolérance, ne nous posons pas en apôtres d'une nouvelle religion; cette religion fût-elle la religion de la logique, la religion de la raison. »

Lettre à K. Marx, 17 mai 1846.

Il refuse toute tendance au monopole et à la centralisation. Pour lui *small is beautiful.* Il se méfie des centralisateurs qui veulent tout regrouper sous une même autorité centrale qui planifie et dirige. Il critique les monopoles et les bureaucraties publiques et privées. Un exemple éclaire l'analyse qui le fait diverger de ceux qui veulent nationaliser la production et la planifier et qu'il désigne du nom de « féodalité industrielle » :

« J'ai connu un établissement d'imprimerie qui cumulait, avec la composition et l'impression que l'on ne sépare guère, la libraire en gros et en détail, la papeterie, la fonte des caractères, la fabrication des presses, le chichage, la reliure, la menuiserie, etc.. On voulait encore y créer une école pour les apprentis et une petite académie. Cet établissement monstre s'affaissa rapidement par le gaspillage, le parasitisme, l'encombrement, les frais généraux, le soulèvement des concurrences, la disproportion croissante entre les dépenses et les recettes. La féodalité industrielle a les mêmes tendances : elle aura la même fin. »

Capacité politique des classes ouvrières, éd. Rivière.

Il s'oppose à l'État producteur qui crée des **monopoles** et fait vivre de subventions des firmes dotées de privilèges :

« Donc l'entreprise de tabacs, érigée en monopole, coûte à la société nécessairement plus qu'elle ne lui rapporte; c'est une industrie qui, au lieu de subsister de son propre produit, vit de subventions; qui par conséquent, loin de nous offrir un modèle, est un des premiers abus que doive frapper la réforme.

Et quand je parle de la réforme à introduire dans la production du tabac, je ne considère pas seulement l'impôt énorme qui triple ou quadruple la valeur de ce produit; ni l'organisation hiérarchique de ses employés, qui fait des uns, par leur traitements, des aristocrates aussi coûteux qu'inutiles et des autres, des salariés sans espérance, retenus à jamais dans une condition subalterne. Je ne parle pas davantage du privilège des bureaux et de tout ce monde de parasites qu'ils font vivre; j'ai surtout en vue le travail utile, le travail des ouvriers. Par cela seul que l'ouvrier de l'administration n'a point de concurrence, qu'il n'est intéressé ni au bénéfice ni à la perte, qu'il n'est pas libre, en un mot sa productivité est nécessairement moindre et son service trop cher. »

Système des contradictions économiques.

Du contrat social au mutualisme

P.-J. Proudhon reprend et développe la théorie du contrat social de Rousseau qu'il veut appliquer à la société

« Le **contrat social** est l'accord de l'homme avec l'homme, accord duquel doit résulter ce que nous appelons la société. […]. Le contrat est l'acte suprême par lequel chaque citoyen engage à la société, son amour, son intelligence, son travail, ses services, ses produits, ses biens; en retour de l'affection, des idées, travaux, produits, services et biens de ses semblables : la mesure du droit pour chacun étant déterminée toujours par l'importance de son apport, et le recouvrement exigible au fur et à mesure des livraisons [...]. Ainsi, le contrat social doit embrasser l'universalité des citoyens, de leurs intérêts et de leurs rapports. »

Idée générale de la Révolution, éd. Rivière.

La **mutualité** découle logiquement de la notion de contrat social. Plusieurs principes régissent le mutualisme.

« Les entreprises ont un réseau d'échange et de garanties régi par un système **d'équilibration entre forces libres,** dans lequel chacune est assurée de jouir des mêmes droits à la condition de remplir les mêmes devoirs, d'obtenir les mêmes avantages en échange des mêmes services, système par conséquent essentiellement égalitaire et libéral, qui exclut toute acceptation de fortunes, de rang et de classes [...].

Service pour service [...] produit pour produit, prêt pour prêt, assurance pour assurance, crédit pour crédit, caution pour caution, garantie pour garantie, etc. elle est la loi [...]. De là [découlent] toutes les institutions du mutualisme : assurances mutuelles, crédit mutuel, secours mutuel, enseignement mutuel; garanties réciproques de débouché, d'échange, de travail, de bonne qualité et de juste prix des marchandises, etc. »

Capacités politiques des classes ouvrières.

Pour le crédit gratuit

P.-J. Proudhon imagine que le capitalisme sera battu par le talent et l'industrie... Plus qu'à la révolution, il croit à l'esprit d'entreprise. Il refuse simplement que ceux qui sont privés d'argent restent toujours dans l'esclavage du salariat et de la misère.

« Sous la tyrannie de l'or, le crédit est [...] *unilatéral :* c'est-à-dire que le détenteur de l'or peut seul donner crédit; lui-même ne le reçoit pas. D'après la loi de la réciprocité, au contraire, le crédit est *bilatéral,* tout le monde se faisant réciproquement crédit d'une partie de son travail; de là la double réduction que nous avons faite des prix et des salaires.

Créditer, sous le règne monarchique de l'or, c'est *prêter.*

Créditer, sous le régime républicain du bon marché, c'est *échanger.* »

Solution du problème social, éd. Lacroix. Œuvres, T. VI.

Il imagine que le crédit gratuit pourrait permettre aux plus entreprenants de créer et de combattre le pouvoir du capital et de la propriété privée en les transformant en chefs d'entreprise. Bref, son socialisme est celui d'**une offre** abondante stimulée par un coût du crédit nul rendant l'investissement très attractif :

« **La banque d'échange** représente la totalité des producteurs, c'est par eux qu'elle existe, c'est pour eux qu'elle travaille.

La banque d'échange crédite sur hypothèque, *sans intérêt* et moyennant annuités. Cela signifie que par la banque d'échange la totalité des producteurs fait volontairement au producteur rural, sur l'hypothèque de sa propriété, l'avance des produits et services dont il a lui-même besoin pour améliorer son exploitation.

> En échange de ce crédit, l'emprunteur rembourse chaque année à la banque, ce qui veut dire à la totalité des producteurs-commanditaires, l'annuité promise, en sorte que le remboursement du créancier est aussi réel que la créance. Là, point d'intermédiaire parasite, usurpant, comme l'État, les droits du travailleur et absorbant, comme le capitaliste, une part de ses produits.
> L'État, aussi bien que le numéraire, étant exclu de ce régime, le crédit se réduit à un simple échange dans lequel l'une des parties livre son produit en une fois, l'autre remet le sien en plusieurs échéances, le tout sans intérêt, sans autres frais que ceux de la comptabilité [...].
> La suppression du numéraire creuse au travail **un débouché** sans fond. Car, chose remarquable et point du tout remarquée, l'or, qu'on se figure comme la clef du commerce, n'en est que le verrou [...]. Ainsi le véritable commanditaire est le consommateur : entre lui et le nouvel entrepreneur, l'entremise de l'homme d'argent n'est plus nécessaire; des produits, dont les uns sont réalisés, et les autres réalisables dans un avenir plus ou moins éloigné, s'échangent immédiatement, sans entremetteur, sans usure, par la simple constitution de l'échange; chose impossible aujourd'hui, sous la royauté prohibitive du numéraire. L'entrepreneur n'a plus à s'occuper de l'argent; il ne s'agit pour lui que d'établir sa propre productivité, autrement dit l'acceptabilité de ses produits.
> Une immense facilité est ainsi donnée aux entrepreneurs, soit pour s'établir, soit pour développer leurs entreprises, soit enfin pour réparer leurs échecs, ou se relever de leurs sinistres. »

Solution du problème social, éd. Lacroix. Œuvres, T. VI.

Pour le fédéralisme

Proudhon est un penseur politique nuancé. Il pense que la vie politique des peuples doit associer deux principes contradictoires : **l'autorité et la liberté.** Pour cela, la notion clé est celle de convention qui permet en toute liberté d'établir des principes qui vont ensuite avoir force d'autorité sur ceux qui se sont engagés sans contrainte à les suivre dans l'intérêt de tous.

P.-J. Proudhon définit **la fédération** comme un principe d'association, qui relie les divers niveaux de la société. Il suffit pour cela qu'il forge **une convention**

> « par laquelle un ou plusieurs chefs de famille, une ou plusieurs communes, un ou plusieurs groupes de communes ou États s'obligent respectivement et également, les uns envers les autres, pour un ou plusieurs objets particuliers, dont la charge incombe spécialement alors et exclusivement à la fédération.»

Le Principe fédératif, éd. Lacroix.

Proudhon va avoir de nombreux disciples, mais ses idées prendront racine concrètement. Les associations, les coopératives, les mutuelles, sont des **institutions** qui se sont développées et confirment la justesse de nombreuses intuitions de Proudhon. Mais loin de remplacer le capitalisme, ces institutions l'ont aménagé et adouci.

Bakounine (1814-1876)

UN SOCIALISTE LIBERTAIRE

Une vie de conspirateur anarchiste

Bakounine est né en 1814 dans une famille noble et libérale. Sa vie comprend trois grandes périodes.

♦ En 1840, il va en Allemagne et découvre la philosophie de Fichte et de Hegel. Il se situe alors dans la gauche hégélienne qui fait l'apologie de la négation dialectique; pour ses partisans, seule une destruction radicale de l'ordre existant peut mener à un ordre plus vrai; il fréquente alors aussi bien le poète Herwegh que le musicien Reichel et l'ouvrier communiste Weitling.

♦ Il participe activement à la Révolution de 1848, tant en France que dans ses prolongements en Allemagne. Il est fait prisonnier, remis à la police russe et il va alors subir une longue période de captivité de 1849 à 1861. Il réussit enfin à s'évader de Sibérie.

♦ Il devient un théoricien anarchiste conspirant dans des associations révolutionnaires. En 1864, il collabore activement à une société secrète, puis en juillet 1868 il participe à l'A.I.T. dans laquelle il s'oppose à Marx. En 1870, il dirige une émeute à Lyon et déclare l'avènement de la Commune. Il est exclu en 1872 de l'A.I.T. avec les diverses fédérations qui sont fidèles aux idées anarchistes. Il meurt à Berne en 1874 non sans avoir encore une fois essayé de déclencher en 1872 une nouvelle insurrection à Bologne.

Un théoricien anarchiste

Le projet de Bakounine est égalitaire et libertaire :

> « Organiser la société de telle sorte que tout individu, homme ou femme, venant à la vie, trouve des moyens à peu près égaux pour le développement de ses différentes facultés et pour leur utilisation par son travail; organiser une société qui, rendant à tout individu, quel qu'il soit, l'exploitation du travail d'autrui, ne laisse chacun participer à la jouissance des richesses sociales, qui ne sont en réalité jamais produites que par le travail, qu'autant qu'il aura directement contribué à les produire par le sien [...].
>
> Nous nous hâtons d'ajouter, que nous repoussons énergiquement toute tentative d'organisation sociale qui, étrangère à la plus complète liberté tant des individus que des associations, exigerait l'établissement d'une autorité réglementaire de quelque nature que ce fût, et qu'au nom de cette liberté que nous reconnaissons

comme l'unique fondement et comme l'unique créateur légitime de toute organisation, tant économique que politique, nous protesterons toujours contre tout ce qui ressemblera de près ou de loin au communisme et au socialisme d'État.

L'unique chose que, selon nous, l'État pourra et devra faire, ce sera de modifier d'abord peu à peu le droit d'héritage, pour arriver aussitôt que possible à son abolition complète. »

Œuvres, T1, Stock.

Théoricien relativement modeste, il n'en a pas moins l'intuition du danger d'une bureaucratie communiste étatique :

« Les termes de socialiste scientifique et socialisme scientifique qui reviennent sans cesse dans les écrits des lassaliens et des marxiens, prouvent par eux-mêmes que le pseudo-État populaire ne sera rien d'autre que le gouvernement despotique des masses prolétaires par une nouvelle et très restreinte aristocratie de vrais ou de prétendus savants. Le peuple n'étant pas savant, il sera affranchi des soucis gouvernementaux et en tout entier intégré dans le troupeau des gouvernés. Bel affranchissement ! »

Bakounine, œuvres, TIII.

Si le communisme étatique tend à la dictature, c'est que Bakounine ne croit pas à un homme naturellement bon; au contraire, comme tous les anarchistes il pense «que le pouvoir absolu corrompt absolument» :

« D'anciens ouvriers, mais qui, dès qu'ils seront devenus des gouvernants ou des représentants du peuple, cesseront d'être des ouvriers et se mettront à regarder le monde prolétaire du haut de l'État ne représenteront plus le peuple, mais eux-mêmes et leurs prétentions à gouverner. »

Bakounine, œuvres, TIII.

L'organisation économique proposée par Bakounine a pour unité de base la commune :

« La base de toute l'organisation politique d'un pays doit être la commune, absolument autonome, représentée toujours par la majorité des suffrages de tous les habitants, hommes et femmes à titre égal, majeurs. Aucun pouvoir n'a le droit de se mêler dans sa vie, dans ses actes et dans son administration intérieure. Elle nomme et destitue par élection tous les fonctionnaires [...]. Chaque commune aura le droit incontestable de créer indépendamment de toute sanction supérieure sa propre législation et sa propre constitution. Mais, pour entrer dans la fédération provinciale et pour faire partie intégrante d'une province, elle devra absolument conformer sa charte particulière aux principes fondamentaux de la constitution provinciale et la faire sanctionner par le parlement de cette province. [...]. La province ne doit être rien qu'une fédération libre de communes autonomes.»

Archives Bakounine.

Kropotkine (1842-1921)

L'ANARCHISME RENCONTRE LE COMMUNISME RÉEL

Kropotkine est né en 1842 à Moscou dans une famille noble. Il profite de sa carrière militaire pour découvrir Proudhon et Reclus et ainsi devenir anarchiste. Il adhère à l'A.I.T. en 1872, puis revient en Russie où il fait deux ans de prison. De retour en Suisse, il rejoint la fédération jurassienne favorable aux thèses de Bakounine. Il veut fonder un anarchisme scientifique capable de rivaliser avec celui de Marx. Mais il n'achèvera jamais son ouvrage *L'Éthique.* Partisan de « la propagande par le fait », un attentat à Lyon lui coûte en 1882. une condamnation à cinq ans de prison.

Il va confirmer les craintes de Bakounine sur la dictature communiste. Il revient dans son pays natal après la révolution d'octobre 1917; il soutient d'abord le gouvernement de Kerenski puis les bolcheviks. Mais, très vite, son jugement devient sévère et il tente de réunir une opposition anarchiste :

> « Les bolcheviks s'efforcent d'introduire, par la dictature d'une fraction du parti social-démocrate, la socialisation du sol, de l'industrie et du commerce. Ce changement qu'ils s'efforcent d'accomplir, c'est le principe fondamental du socialisme. Malheureusement, la méthode par laquelle ils cherchent à imposer, dans un État fortement centralisé, un communisme rappelant celui de Babeuf, et en paralysant le travail constructif du peuple, cette méthode rend la réussite absolument impossible[...]. L'état de guerre a été un prétexte pour renforcer les méthodes dictatoriales du parti ainsi que sa tendance à centraliser chaque détail de la vie dans les mains du gouvernement, ce qui a eu pour effet d'arrêter l'immense branche des activités usuelles de la nation. Les maux naturels du communisme d'État ont été décuplés sous prétexte que toutes les misères de notre existence sont dues à l'intervention des étrangers [...]. Aussi longtemps qu'un pays est gouverné par la dictature d'un parti, les conseils d'ouvriers et de paysans perdent toute leur signification [...]. Un conseiller du travail cesse d'être un conseiller libre et sérieux quand il n'y a pas de liberté de la presse dans le pays, et nous nous trouvons dans cette situation depuis près de deux ans [...]. Le gouvernement développe une bureaucratie si formidable, qu'en comparaison, le système bureaucratique français — qui exige l'intervention de quarante fonctionnaires pour vendre un arbre abattu sur une route nationale —, devient une bagatelle en comparaison de lui.»

Lettre à Georges Brandès, 1919.

6 MARX ET LES MARXISTES : L'ÉCONOMIE DU MOUVEMENT OUVRIER

6.1. La critique de l'économie politique

PENSER POUR CHANGER LE MONDE

Une critique radicale de l'orthodoxie économique représentée par la branche classique (Ricardo tout particulièrement) inspire la pensée de Marx. Mais, loin de se résumer à une nouvelle pensée économique, cette branche va formuler une véritable **critique de l'économie politique.** Il ne s'agit plus simplement de penser l'économie et d'en trouver les lois, il faut la transformer selon un idéal politique.

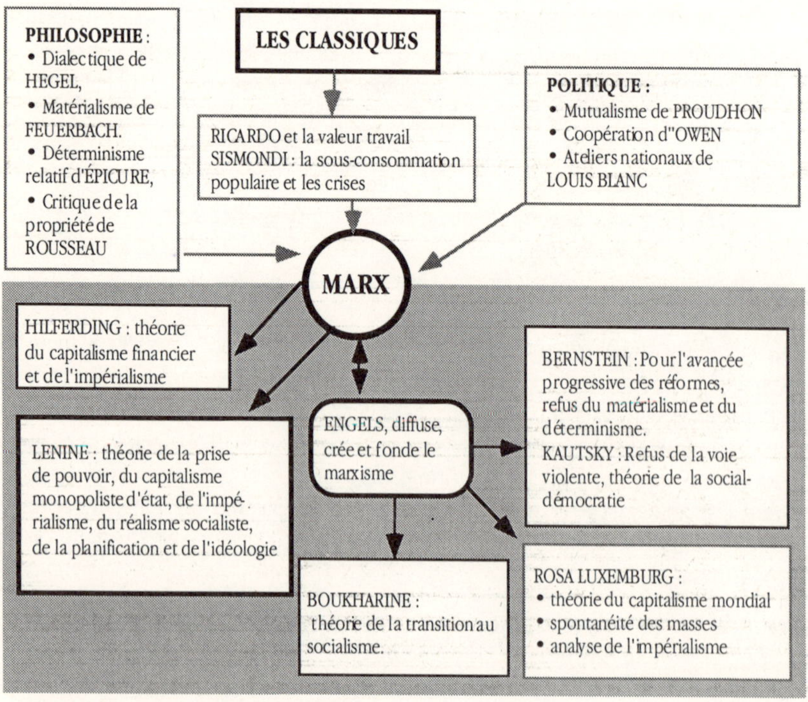

ÉCONOMIE DE LA RÉVOLUTION ET RÉVOLUTION DE L'ÉCONOMIE

Le constat part d'une remise en cause de la situation de la classe ouvrière lors de la première révolution industrielle. Le mode de production capitaliste n'est pas perçu comme le seul mode d'organisation du système économique. Pour ce courant, il faut **une rupture** avec le capitalisme qui exploite et aliène la classe ouvrière.

Marx élabore une analyse d'ensemble du mode de production capitaliste; il refuse toute réforme et met sa vie et son œuvre au service de la révolution. Il trouve en Engels un compagnon et un fondateur du marxisme qui, ensuite, aura diverses branches.

Le rameau de Lénine mène à la révolution, celui d'Hilferding à l'analyse financière du capitalisme. R. Luxemburg pense la dimension internationale d'un capitalisme en pleine expansion. La branche de Kautsky et Bernstein développe une conception réformiste. L'idée d'un passage progressif au socialisme va trouver des défenseurs. Boukharine théorise l'économie politique d'une société en transition vers le socialisme.

La critique de l'économie de marché, la remise en cause de l'exploitation capitaliste font déboucher sur un autre système économique à base de planification et de direction étatique de l'État. A la suite d'octobre 1917, un autre système économique fut mis en place, l'expropriation des propriétaires, la prise par l'État des principaux moyens de production et la mise en place d'une économie planifiée caractérisent un nouveau type de système économique. Ce système concurrent du capitalisme ne prendra fin qu'avec la chute de Mikhaïl Gorbatchev en décembre 1991. Mais l'échec historique de ce mode de production dit « communiste » ne signifie nullement que la pensée critique de Marx et de ses successeurs soit désormais sans objet. L'analyse critique du capitalisme est d'autant plus nécessaire que ce système semble désormais sans concurrent à l'horizon 2000.

6.2. Karl Marx, le prophète boulimique

KARL MARX (1818-1883), THÉORICIEN ET MILITANT

Un siècle après sa mort, pour un tiers de l'humanité, la pensée de Karl Marx (parfois horriblement défigurée) était encore la référence absolue en matière de sciences sociales. Dans le reste du monde, des dizaines de millions de syndicalistes, des dizaines de milliers de chercheurs, historiens, sociologues, géographes, politologues, et bien sûr économistes appuyaient leur lutte ou leurs recherches sur des thèmes, des thèses, lancés par Marx. Et, dans la majorité hostile des autres chercheurs, publicistes, politiciens, on se sentait périodiquement tenu de démontrer pour la énième fois la mort de Marx. En attaquant des thèses qui lui sont difficilement attribuables, ou en concédant que son œuvre n'apporte rien par rapport à des contributions… ultérieures.

Situation *totalement exceptionnelle* dans le domaine des sciences sociales. Seules les postérités de Keynes et de Freud peuvent lui être comparées, dans des domaines bien plus restreints. Car Marx n'est pas qu'un économiste. C'est *un philosophe qui, par militantisme, a fondé un socle épistémologique* nouveau pour l'ensemble des sciences sociales, et ne s'est jamais totalement spécialisé dans celle qu'il jugea la plus utile de critiquer et de développer : l'économique.

Genèse d'une pensée critique

Né en 1818 à Trèves d'un père juif converti au protestantisme, il partage, dans sa jeunesse studieuse, l'angoisse de sa génération : pourquoi la Révolution française n'a-t-elle pu apporter à l'Europe le bonheur fondé sur la raison ? Il défend en 1841 sa thèse sur *La Différence de la philosophie de la nature chez Démocrite et Epicure,* où il oppose au déterminisme absolu du premier le déterminisme relatif du second, qui ménage aux atomes un petit degré de liberté. Lourdeur des déterminismes, espace pour la liberté qui peut finalement changer le monde : toute sa philosophie est déjà là.

Démocrate radical issu de cercles « jeunes hégéliens », il doit se réfugier à Paris en 1843. Là s'accomplit, dans les bibliothèques et les arrière-salles de cafés ouvriers, la « fusion de la philosophie allemande, de l'économie politique anglaise et du socialisme français ». En 1843, il publie la *Critique de la philosophie du droit de Hegel,* où il identifie dans le prolétariat la classe qui, n'ayant rien, ne peut se libérer qu'en libérant toutes les autres. Les *Manuscrits philosophico-économiques* de 1844, puis *l'Idéologie allemande* et les *Thèses sur Feuerbach* (1845) scandent cette évolution fulgurante qui va faire de lui à la fois le fondateur de la première Ligue des Communistes, et celui du matérialisme historique et dialectique.

Matérialisme historique et révolution

♦ La révolution qui balaie alors l'Europe met en avant et le militant (il sera membre du Comité de salut public de Cologne) et le rédacteur, avec son ami F. Engels, du *Manifeste communiste* (1848), puis le politologue qui tirera les leçons de la défaite (*Les Luttes de classes en France,* 1850, *Le 18 Brumaire de Louis Bonaparte,* 1852).

♦ De ces œuvres et des lettres de cette époque ressort une vision assez cohérente de ce que serait **une science de l'Histoire.**

On peut la résumer en trois thèses :

Thèse 1) « Les hommes font leur propre histoire, mais sur la base des conditions données, héritées du passé.» *Id.*

Thèse 2) Parmi celles-ci, «les conditions de la reproduction matérielle de la société sont déterminantes en dernière instance. »

Ces deux premières thèses définissent **une théorie matérialiste de l'histoire**, mais (toujours Epicure contre Démocrite !) **non déterministe** : la subjectivité y a sa place, les hommes se font eux-mêmes, en même temps qu'ils agissent.

> « **La doctrine matérialiste,** qui veut que les hommes soient des produits des circonstances et de l'éducation, oublie que ce sont précisément les hommes qui transforment les circonstances, et que l'éducateur a besoin d'être éduqué. La coïncidence du changement des circonstances et de l'activité humaine, ou *autochangement,* ne peut être comprise rationnellement qu'en tant qu'activité révolutionnaire. »
>
> *IIe thèse sur Feuerbach.*

Il s'agit d'un matérialisme **dialectique,** en ce qu'il perçoit tout rapport (les rapports sociaux qui définissent les conditions, comme les rapports entre les conditions et la conscience pratique) comme une *contradiction :* un rapport qui en même temps définit, unit, et oppose les deux termes. D'où la possibilité de trouver chez Marx des citations comme quoi l'économie (voire « le rapport immédiat du travailleur à son outil ») détermine tout le reste (« prenez le moulin à eau, vous avez le féodalisme ») et puis de rigoureuses mises en garde soulignant l'autonomie des différentes pratiques, de la conscience et de la politique vis-à-vis de l'économique. Source de malentendus d'autant plus fréquents que Marx ne se sentait pas tenu de n'écrire qu'en présence de son avocat, aimait les boutades, et lançait à ses admirateurs dogmatiques « Moi, en tout cas, je ne suis pas marxiste. »

Mais le plus grave n'est pas là. Marx n'est pas seulement un théoricien (contesté) des sciences sociales, mais **un militant,** et sa prise de parti est le mobile de son travail. Cette prise de parti peut se résumer dans une troisième thèse :

Thèse 3) Toutes les formes sociales ont jusqu'ici « **aliéné** » une majorité de l'humanité, c'est-à-dire ont dépossédé les individus, les ont rendus «étrangers» à leurs capacités créatrices, qu'elles s'expriment dans leur produit, dans leur mode de coopération, dans la maîtrise même de leur propre activité. Les rapports de la société bourgeoise poussent les individus à cette aliénation extrême. *Corollaire* : l'émancipation du prolétariat serait «donc» l'émancipation de l'humanité toute entière. *Variante encore plus forte* : parce que la société bourgeoise développe au maximum l'aliénation, pour cette raison-là, elle crée la force qui abolira toute aliénation, marquera la fin de la « préhistoire de l'humanité ».

Dans sa variante faible, cette troisième thèse n'est qu'une prise de parti politique, qui ne porte pas atteinte à l'objectivité de l'analyse de « l'état des choses existant », même si c'est elle qui justifie l'acharnement théorique de Marx. La variante forte au contraire, démarquée de la «dialectique du maître et l'esclave» de Hegel, transforme le matérialisme historique en une *téléologie,* en religion donnant un sens à l'histoire.

♦ Rien n'indique que Marx ait jamais renoncé à l'objectif et à l'idéal implicitement contenu dans la «version faible» de sa critique de l'aliénation. En 1875, il annoncera encore dans sa *Critique du programme de Gotha* la fin de l'« asservissante subordination de l'individu à la *Division du travail.* » Il restera ainsi fidèle aux propos du jeune Marx de *L'idéologie allemande,* qui voyait dans le communisme un état où l'on pourrait être « le matin pêcheur, l'après midi chasseur, et le soir critique littéraire » : double critique du marché d'Adam Smith et de la division « travail manuel/travail intellectuel » !

Ce qui fait problème et pèsera lourdement sur toute l'histoire du mouvement ouvrier, c'est la variante forte :

> « Ce n'est pas à moi que revient le mérite d'avoir découvert les classes, pas plus que la lutte des classes [...]. Ce que j'ai apporté de nouveau, c'est :
> 1) de démontrer que l'existence des classes n'est liée qu'à des phases historiques déterminées du développement de la production;
> 2) que la lutte des classes mène nécessairement à la dictature du prolétariat;
> 3) que cette dictature elle-même ne représente qu'une transition vers l'abolition de toutes les classes et vers une société sans classes.»

Lettre de K. Marx à Weydemeyer, 5 mars 1852.

Marx n'a bien sûr en fait jamais rien *démontré* de ce genre. Sans doute cherchera-t-il dans tous ses travaux d'économiste à démontrer le point 1. Mais les points 2 et 3 n'effleureront plus que deux fois dans ses textes économiques publiés : dans la *Préface* de 1859, que nous commenterons plus loin, et dans un petit passage du *Capital*. Une « opinion privée » en quelque sorte, l'opium personnel des moments de déprime du militant-théoricien. Certes pas une thèse centrale de sa « science de l'histoire »... et de son économique.

Théorie de la révolution et activité militante

En tout cas, en 1850, la Révolution est finie en Europe. Convaincu que « la prochaine ne sera possible qu'à la faveur d'une nouvelle crise, mais que celle-ci est aussi inéluctable que celle-là », et qu'en attendant il n'a pas de temps à perdre à faire de la politique, Marx ferme la « boutique » de la *Ligue des communistes* et, réfugié à Londres dans la plus noire misère, se replonge dans les bibliothèques. Son œuvre économique commence : « jamais on n'aura écrit sur l'argent en en manquant à ce point. »

Non, comme révolutionnaire, Marx n'est pas un homme de terrain, ni de congrès. Dévoreur de livres, élitiste (« L'ignorance n'est pas un argument politique »), il nous a laissé de remarquables conférences destinées à des cercles ouvriers, excellentes introductions à son œuvre économique (*Salaires, prix et profits,* 1865). Et pourtant, Lénine a raison d'écrire : « L'âme vivante du marxisme, c'est l'analyse concrète de la situation concrète. »

La formidable capacité de lecture et l'intuition de Marx en font un stupéfiant **géopoliticien**, devinant à l'avance le déroulement de la Guerre de Sécession, comme il pronostiquera plus tard un demi-siècle de conséquences de la victoire allemande de 1871. Il prophétisera que le Pacifique évincerait l'Atlantique comme celle-ci évinça la Méditerranée, mais n'évitera pas de «mémorables bourdes», comme à propos des chemins de fer en Inde censés dissoudre le système des castes.

Saisissant l'occasion d'un meeting de solidarité avec la Pologne, il pousse en 1864 à la création de **l'Association internationale des travailleurs,** lance celle-ci dans le soutien sans réserve à la Commune de Paris de 1871 (dont il avait désapprouvé l'initiative), transformera la Commune en un mythe éternel, prendra parti pour l'autonomie d'organisation des ouvriers irlandais contre le chauvinisme des ouvriers anglais, et redissoudra l'Internationale en 1876 quand il estimera plus urgent de retourner «à ses chères études». Il passera ses dernières années dans une boulimie encyclopédique, lisant toutes les langues d'Europe, dévorant tous les développements de la recherche, de la chimie aux mathématiques et à l'anthropologie. Tout intéresse Marx et il n'achèvera jamais sa cathédrale théorique.

L'A.I.T. n'aura regroupé qu'une minorité de la mouvance socialiste. Mais la victoire idéologique de Marx, sanctionnée par l'exclusion des anarchistes de Bakounine (1872) assurera durablement l'identification formelle entre le marxisme et le mouvement ouvrier. Pourtant Marx avait à lutter sur deux fronts : contre les anarchistes dont il partageait pourtant la haine de l'État (il refusait par exemple l'enseignement public d'État), mais aussi contre les partisans de Lassalle et du socialisme d'État. Malgré *la Critique du programme de Gotha,* Marx ne parviendra pas à éviter la victoire en profondeur du lassallisme dans le mouvement ouvrier.

Tout écarte pourtant Marx d'une conception de la transformation sociale déléguée à un État assurant les « réformes prolétariennes ». **L'État** est pour lui, avec le marché, l'autre forme emblématique de l'aliénation résultant comme lui de la division du travail.

D'ailleurs, se refusant « à faire bouillir les marmites de l'avenir », il ne laissera pas de plan de la société à construire. Pour Marx, « le communisme est le mouvement réel qui abolit l'état des choses existant. » Il ne peut être défini que comme une *tendance* au renversement des causes qui engendrent l'aliénation : aliénation devant l'échange marchand, aliénation devant une machine étrangère, l'usine despotique, l'État.

Mais paradoxalement, c'est dans cette recherche même des causes objectives qui poussent de l'intérieur même de la société bourgeoise à l'évolution de celle-ci, c'est là qu'il se laisse parfois aller à la « version forte », téléologique de sa vision de l'histoire, comme dans cette *Préface de 1859* :

> « Dans la production sociale de leur existence, les hommes entrent en des rapports déterminés, nécessaires, indépendants de leur volonté, rapports de production qui correspondent à un degré de développement déterminé de leurs forces productives matérielles [...]. A un certain stade de leur développement, les forces productives matérielles de la société entrent en contradiction avec les rapports de production existants, ou, ce qui n'en est que l'expression juridique, avec les rapports de propriété au sein desquels elles s'étaient mues jusqu'alors. De formes de développement des forces productives qu'ils étaient, ces rapports deviennent des entraves. Alors s'ouvre une époque de révolution sociale. Le changement dans la base économique bouleverse plus ou moins rapidement toute l'énorme superstructure [...]. Les rapports de production bourgeois sont la dernière forme contradictoire du processus de production sociale [...]. Cependant les forces productives qui se développent au sein de la société bourgeoise créent en même

temps les conditions matérielles pour résoudre cette contradiction. Avec cette formation sociale s'achève donc la préhistoire de la société humaine. »

Préface de 1859.

Cette « religion des forces productives » dont le développement conduirait inéluctablement au socialisme, deviendra à son tour l'opium du mouvement ouvrier.

On peut, bien sûr, se contenter des analyses du réel et rester sceptique sur les prophéties. On peut aussi préférer le jeune hégélien qui ambitionnait d'accoucher « le rêve que l'humanité a dans la tête et qu'il lui suffit de connaître pour le posséder réellement ». Mais, en tant qu'économiste, seul le « vieux » Marx nous intéresse.

UNE CATHÉDRALE EN CHANTIER PERPÉTUEL

Avant d'examiner plus en détail un certain nombre de points-clés de la pensée économique de Marx, nous avons besoin d'un petit « guide de voyage ». Nous partirons de la «lecture standard » (celle des manuels de vulgarisation), puis nous verrons comment on peut lire Marx directement, enfin quelle est sa méthode.

La lecture élémentaire de K. Marx

LECTURE STANDARD DE MARX

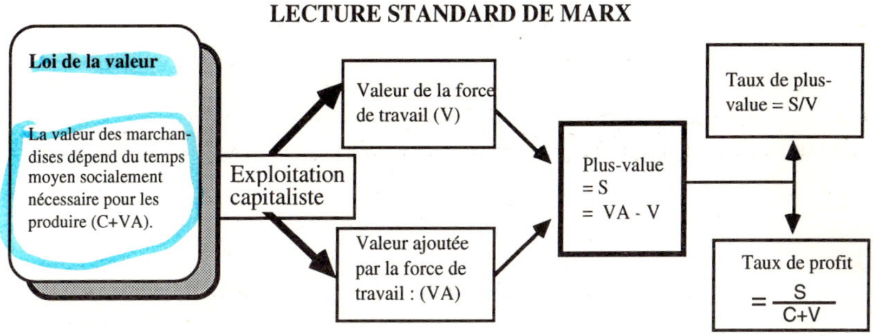

S'il fallait résumer en quelques mots la théorie économique de Marx, telle qu'elle est présentée dans les ouvrages de vulgarisation, on dirait à peu près ceci.

Les marchandises ont une valeur : c'est le temps de travail (abstrait) incorporé dans leur production. Il est la somme du temps de travail déjà incorporé dans les moyens de production (C) et de la valeur ajoutée par le travail vivant VA. Dans le capitalisme, la force de travail est une marchandise. Elle a donc une valeur (V), inférieure à la valeur que peut produire cette même force. La différence apparaît sous la forme de **plus-value** (ou survaleur S), partagée entre les capitalistes (profit, intérêt, rentes, etc.).

D'autre part, le progrès technique abaisse la valeur des marchandises, mais en augmentant la part représentée par les moyens de production que doit racheter le capital engagé. Ce qui tend à réduire le taux de profit. Les capitalistes réagissent en abaissant les salaires. Mais alors, ils ne trouvent plus assez de clients. D'où les crises. Et voilà.

LECTURE MARXISTE STANDARD DE LA CRISE

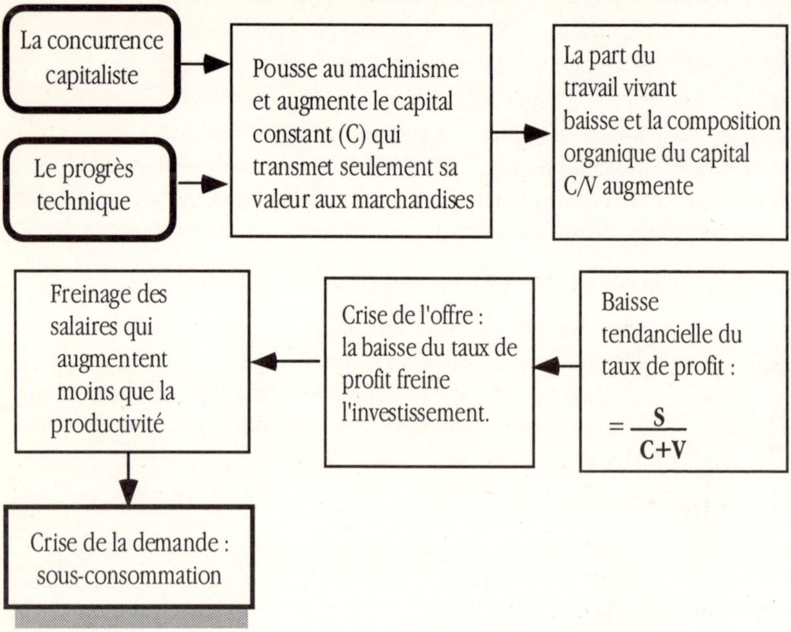

Les obstacles majeurs à une lecture univoque de Marx

C'est sous cette « forme standard » que Marx est généralement critiqué avec (pas toujours) des « références » pour montrer qu'elle résume bien « tout ce qu'il y a dans Marx ». Or, il est impossible d'avoir lu « tout Marx », et encore moins de prétendre connaître les écrits complets de ce « binôme intellectuel » qu'il formait avec son ami F. Engels.

Le dépouillement et la mise en microfilms de tous les écrits que l'on a pu retrouver de ces deux ogres de la pensée *(la MEGA)* est encore en cours d'édition en Allemagne de l'Est. Il semble à un cerveau normal de marxologue qu'il ne pourrait simplement lire en une vie ce qu'ils ont écrit. Les quelques livres traduits en français représentent toujours le choix, plus ou moins subjectif, d'un compilateur. Car, même en ne retenant que la partie proprement économique de l'œuvre de Marx, on n'a jamais affaire qu'aux matériaux (notes de lecture sur d'autres auteurs) et aux *brouillons* d'une unique et immense cathédrale, jamais achevée, toujours recommencée. A deux reprises, les fondements de cette cathédrale ont été «inaugurés», livrés à l'impression. Mais c'est pour être à nouveau remis en chantier, dès la première traduction, dès le second tirage.

D'où la difficulté fondamentale de la lecture de Marx et la vanité de la plupart des critiques. Car à toute thèse que l'on prétend «extraire» de la masse correspond nécessairement une autre citation, qui la nuance, la dément. La mort seule figera les ébauches en texte définitif, livré à l'adoration d'embaumeurs partiels et à la fureur de critiques partiaux.

Un exemple : tel passage célèbre des *Manuscrits de 1857-58* est parfois érigé en « théorie marxiste de la monnaie ». Or, Marx conclut ce développement par la remarque :

> « Avant de passer à autre chose, il faudra corriger la manière idéaliste de l'exposé, car elle éveille l'impression qu'il s'agit d'établir des catégories et de manier leur dialectique. Surtout la phrase : le produit devient marchandise, la marchandise valeur d'échange et la valeur d'échange argent. » Ouf !

Pistes pour une lecture de l'œuvre accessible de K. Marx

Essayons de classer un peu ces « brouillons ».

♦ D'abord, les *Manuscrits philosophico-politiques de* 1844. Premières notes de lecture sur les économistes, de la part d'un philosophe de l'aliénation et de l'émancipation, ils ont parfois la beauté fulgurante des textes mystiques. On les lira avec plaisir, par humanisme, mais ils ne contribuent guère à notre compréhension de l'économie.

♦ C'est avec les manuscrits de 1857-1858, publiés généralement sous le titre de *Fondements (Grundrisse) de la critique de l'économie politique* et accompagnés de la précieuse *Introduction* méthodologique de 1857, que commencent les choses sérieuses. D'abord, ce titre (qui sera toujours conservé) de *critique* de l'économie politique. K. Marx *lit* les théoriciens classiques, les débats en cours des économistes appliqués (les *Grundrisse* commencent par une discussion des débats sur la réforme monétaire), mais les lit de l'extérieur : derrière les catégories comptables, les concepts économiques, il cherche à mettre au jour **des rapports sociaux.** Militant, historien, sociologue de l'économie, il finira pourtant par fonder lui-même une théorie économique **hétérodoxe.**

Mais les passages les plus célèbres des *Grundrisse,* portant sur **l'argent** (technique de circulation), sur **l'automation** (technique de production), soulignent son souci fondamental : derrière les rapports entre les choses, voir les rapports entre les hommes. Curieusement, il déléguera à Engels le soin de développer des pistes fructueuses sur le rapport hommes/femmes, dans *L'Origine de la famille, de la propriété privée et de l'État.*

♦ En 1859, Marx pense pouvoir sortir des «brouillons» et entamer la publication de la *Critique de l'économie politique.* Il ne dépassera pas l'analyse des rapports d'échange marchand. Les *Manuscrits de 61-63* sont pourtant déjà prêts, qui traitent du salariat, ainsi que ce qui deviendra le *Chapitre inédit du Capital,* sur les rapports de dépossession dans le travail. Mais déjà, il faut recommencer l'écriture de la partie sur les rapports marchands et l'argent, car la pensée de K. Marx a considérablement évolué : au couple « travail concret/travail général » (sources respectivement de la « valeur d'usage » et de la « valeur d'échange » des marchandises) se substitue la contradiction « travail privé/travail social ».

♦ On repart donc à zéro : et c'est *Le Capital (Das Kapital,* toujours sous-titré *Critique, etc.)* Cette fois, le premier livre est entièrement publié… mais aussitôt remanié pour traduction. La quatrième édition allemande, base de la nouvelle traduction des Éditions Sociales, représente la référence désormais figée par la mort.

C'est sans doute le « must » pour un étudiant, l'équivalent des grands livres de Ricardo et Keynes. On y traite en fait les trois rapports fondamentaux du mode de production capitaliste : le rapport d'échange marchand, le rapport salarial, et les formes d'organisation du travail propres au capitalisme. On y *esquisse* aussi une théorie de la concurrence, une étude de l'accumulation primitive et une vision du marché mondial.

• En principe, le *livre II* doit traiter du développement des capitaux autonomes et de leurs rapports réciproques dans la circulation, le *livre III* du processus d'ensemble, le *livre IV* des autres doctrines économiques. En fait, *rien* ne sera publié par Marx. Le *livre IV,* collationné par Kautsky et traduit en français sous le titre de *Histoire des doctrines économiques* puis *Théories sur la plus-value* est une suite de notes de lecture accumulées dès 1861. C'est donc une réserve de matériaux pour tout le reste. Engels a collationné les *livres II et III.*

Les manuscrits du *livre II* ont été écrits en dernier. C'est ce qui ressemble le plus à un livre d'économie. La lecture en est mortelle et c'est normal. Marx y étudie en effet d'abord la gestion de ces « valeurs qui se mettent en valeur » : les capitaux individuels. C'est en réalité le premier cours théorique de gestion ! Puis il étudie le rapport de ces capitaux entre eux dans ce qu'on appellerait un « sentier de croissance équilibré » : avec les fameux « schémas de reproduction », il nous livre (mais d'un point de vue toujours *critique* !) les ancêtre directs (et avoués) des modèles de croissance en deux sections de Kalecki et Harrod, et des analyses de Léontief sur les tableaux d'échanges interindustriels. On y trouve même une théorie des fluctuations (cycle des affaires expliqué par un cycle de moyen terme des investissements).

Les matériaux du *livre III*, plus anciens et hétérogènes, constituent un capharnaüm dont Engels a fait ce qu'il a pu. Il s'agit de rien moins que du « processus d'ensemble de la production capitaliste ». Donc de la théorie des crises. Mais aussi de la *perception* par les agents de ce qui se passe, et de leur comportement : une théorie des prix et une théorie des anticipations. Mais il faut rajouter des agents négligés dans le *livre I* : donc aussi une théorie de l'intérêt et de la rente foncière. Cela toujours de façon « critique », c'est-à-dire rapporté à des rapports sociaux historiquement définis. Or ces rapports se transforment, et Marx ne vivra qu'un seul des « grands régimes » successifs du capitalisme : selon sa propre vision des choses, ces analyses, quoique géniales, souvent mal comprises, et, dans leurs fondements, encore d'actualité, restent irrémédiablement datées.

D'après certaines lettres de Marx, on peut supposer qu'il restait encore à écrire un livre sur la concurrence, un sur le marché mondial, un sur l'État, « et pour finir [le *livre III*], sur la lutte des classes, qui est le dénouement de toute cette merde… » Pour la lutte des classes, l'État et le marché mondial, il faut se reporter aux écrits politiques de Marx et à ses articles de circonstance. Pour la concurrence (sans doute la micro-économie et la théorie de l'« économie fétiche »), on trouve en fait quantité de matériaux (généralement ignorés par les critiques) dans le *livre IV*, dans le fouillis de la fin du livre III, et même dans les deux premiers livres.

Par ci, par là, on trouve encore des éléments sur les formes précapitalistes, et sur la transition au capitalisme. Mais on ne trouve pas la trace d'un projet d'une « économie politique du socialisme ». Marx, savant, n'a jamais écrit que sur la réalité, passé et présente.

La méthode

A lire les travaux livrés à l'impression (en fait : le livre I du *Capital)*, la méthode de K. Marx semble inspirée d'une démarche **logique déductive,** les notations concrètes n'intervenant que comme des exemples. On pose un concept simple (*l'économie marchande),* on l'approfondit dans ses aspects qualitatifs et quantitatifs, puis on rajoute un autre concept *(le salariat),* que l'on fait jouer avec le premier, et ainsi de suite, du simple au complexe. Le style en plus, on retrouve la démarche scientifique classique qui semble reproduire la réalité à partir d'axiomes posés a priori. Mais — et les brouillons en témoignent — ce n'est là que « **procédé d'exposition** » :

> « Certes, **le procédé d'exposition** doit se distinguer formellement du **procédé d'investigation.** A l'investigation de faire la matière sienne dans tous ses détails, d'en analyser les diverses formes de développement, et de découvrir leur lien intime. Une fois cette tâche accomplie, mais seulement alors, le mouvement réel peut être exposé dans son ensemble. Si l'on y réussit, de sorte que la vie de la matière se réfléchisse dans sa reproduction idéale, ce mirage peut faire croire à une construction *a priori.* »

Postface au *Capital.*

La démarche **du chercheur** matérialiste part, elle, du foisonnement désordonné du réel :

> «[On finit] toujours par découvrir, au moyen de l'analyse, un certain nombre de rapports généraux **abstraits** qui sont déterminants, tels la division du travail, l'argent, la valeur, etc. Dès que ces catégories ont été plus ou moins élaborées et abstraites, [on] échafaude les systèmes économiques qui, à partir de notions simples, s'élèvent jusqu'à l'État, l'échange entre les nations et le marché mondial. C'est manifestement la méthode scientifique correcte [...]. **Le concret** est concret parce qu'il est la synthèse de nombreuses déterminations, c'est l'unité de la diversité. Pour la pensée, il est un processus de synthèse et un résultat, et non un point de départ. A nos yeux il est le point de départ de la réalité, et donc aussi de l'intuition et de la représentation. »

Introduction de 1857.

La complexité du réel, tissu de «rapports généraux», est donc la première caractéristique du matérialisme de Marx. Tout aussi importante est la prise en compte de **la représentation**, qui fait partie du réel : l'économique de Marx (et la politique, etc.) a donc deux faces. L'une étudie les *« rapports internes »* qui définissent les éléments en rapport (le rapport marchand, le rapport salarial...). L'autre étudie les trajectoires, les comportements des éléments définis par ces rapports (l'entreprise et ses concurrentes, le capital et le travail), tels qu'ils se perçoivent *extérieurement* l'un à l'autre, dotés de leur logique propre, de leur *autonomie :*

> « Le fait que ces processus qui se présentent indépendamment l'un en face de l'autre forment une unité interne, cela signifie tout autant que cette unité interne qui est la leur se meut dans des contradictions externes. Si l'autonomisation extérieure des dépendances internes [...] s'accentue jusqu'à un certain point, alors l'unité se fait valoir violemment par une crise. »
>
> *Le Capital, livre I,* édition allemande.

Il est hors de question de présenter ici l'ensemble des développements de cette méthode. Voyons là plutôt à l'œuvre sur quelques points fondamentaux et controversés.

LES RAPPORTS FONDAMENTAUX DU CAPITALISME

Qu'est ce que le capitalisme ?

Le capitalisme est : 1) **une société marchande** 2) où les propriétaires des unités économiques, les capitalistes, recrutent les producteurs qui sont régis par **le salariat**, 3) et où les propriétaires ont une tendance propre à réorganiser **le processus de production.** Le *livre I* du *Capital* examine et quantifie successivement ces trois aspects. Les vulgarisateurs ne retiennent généralement que leur dimension quantitative. Mais l'analyse de Marx, qui vise d'abord les rapports sociaux, est bien plus subtile.

Le rapport marchand

On prête généralement à Marx l'idée suivante : les « valeurs d'usage » (objets d'utilité) sont échangées en fonction de leur «valeur d'échange» proportionnelle à la «valeur» propre des produits, celle-ci étant fonction du travail social nécessaire à leur production.

La valeur d'un produit serait alors la somme de la valeur des intrants (C), et de la valeur ajoutée par le travail direct (VA), soit : C + VA.

En termes matriciels modernes, la théorie marxiste contemporaine a formalisé ce processus de formation de la valeur ainsi :

$$v = v A + l \text{ d'où } v = l \ (I-A)^{-1}$$

v étant le vecteur des inputs unitaires (donc les coefficients correspondent aux divers types de biens pour produire une unité du bien étudié);
l est le vecteur des travaux directs (donc du travail vivant consommé lors de la production).
I est la matrice unitaire formée de 1 sur la diagonale principale et de zéros partout ailleurs, -1 en exposant indiquant que l'on prend l'inverse de la matrice I-A.

Cette lecture dite de *la valeur travail* repose sur un paragraphe du chapitre I du *Capital :*

« En faisant abstraction de sa valeur d'usage [d'une marchandise], nous faisons du même coup abstraction des composantes corporelles et des autres formes qui en font une valeur d'usage [...]. Il n'en subsiste rien d'autre qu'une objectivité fantomatique, qu'une simple gelée de travail humain indifférencié, c'est-à-dire de dépense de force de travail humaine indifférente à la forme dans laquelle elle est dépensée. tout ce qui est encore visible dans ces choses, c'est que pour les produire on a dépensé de la force de travail humaine, accumulé du travail humain. C'est en tant que cristallisations de cette substance sociale, qui leur est commune, qu'elles sont des valeurs : des valeurs marchandes. »

Le Capital, livre I.

Or cette théorie de la valeur, Marx l'attribue à ses devanciers, les Classiques(A. Smith et D. Ricardo). Il ne cherche nullement à la défendre (contre une théorie de « la valeur-utilité » par exemple). Son problème est tout autre. Il veut comprendre pourquoi le caractère social du travail prend *la forme de valeur* attachée au produit :

« Le bavardage sur la nécessité de démontrer la notion de valeur ne repose que sur une ignorance totale non seulement de la question dont il s'agit, mais aussi de la méthode scientifique. N'importe quel enfant sait que toute nation crèverait qui cesserait le travail, je ne veux pas dire pour un an, mais ne fût-ce que pour quelques semaines. De même cet enfant sait que les masses de produits correspondant aux divers besoins exigent des masses différentes et quantitativement déterminées de la totalité du travail social. Il va de soi que cette nécessité de la répartition du travail social en proportions déterminées n'est nullement supprimée par la forme déterminée de la production sociale : c'est la façon dont elle se manifeste qui peut seule être modifiée [...]. Et la forme sous laquelle cette répartition proportionnelle du travail se réalise, dans un état social où la structure du travail social se manifeste sous la forme d'un échange privé de produits, de produits individuels du travail, c'est précisément la valeur d'échange de ces produits. »

Lettre à Kugelman, 1868.

Les critiques adressées à la «théorie de la valeur travail» (le travail n'est pas homogène, son utilité importe, etc.) portent justement sur ces problèmes auxquels Marx apporte une réponse :

« C'est seulement dans leur échange que les produits du travail acquièrent comme valeurs une existence sociale identique et uniforme, distincte de leur existence matérielle et multiforme comme objets d'utilité. Cette scission du produit du travail en objet utile et en objet de valeur s'élargit dans la pratique dès que l'échange a acquis assez d'étendue et d'importance pour que ces objets utiles soient produits en vue de l'échange, de sorte que le caractère de valeur de ces objets est déjà pris en considération dans leur production même. A partir de ce moment, les travaux privés des producteurs acquièrent en fait un double caractère social. D'un côté, ils doivent être travail utile, satisfaire des besoins sociaux et s'affirmer ainsi comme parties intégrantes du travail général, d'un système de division sociale du travail qui se forme spontanément; de l'autre côté ils ne satisfont les besoins divers des producteurs eux-mêmes que parce que chaque espèce de travail privé utile est échangeable avec toutes les autres espèces du travail privé utile, c'est-à-dire réputé leur égal. »

Le Capital, livre I.

On remarque ici l'importance que Marx attribue à **la représentation.** Un *rapport social,* ce n'est pas qu'une réalité objective; il implique un médium qui mette les agents en rapport. « La valeur est la langue que les marchandises se parlent entre elles. » Les marchandises «ont» une valeur parce que leurs producteurs privés offrent, de manière autonome, de se les échanger comme telles.

« Le double caractère social des travaux privés ne se réfléchit dans le cerveau des producteurs que sous la forme que leur imprime le commerce pratique, l'échange des produits. Lorsque les producteurs mettent en présence et en rapport les produits de leur travail à titre de valeurs, ce n'est pas qu'ils voient en eux une simple enveloppe sous laquelle est caché un travail humain; tout au contraire : en réputant égaux dans l'échange leurs produits différents, ils établissent par le fait que leurs différents travaux sont égaux. Ils le font sans le savoir. »

Le Capital, livre I.

Mais alors l'unité du travail social ne se révèle qu'après coup, dans la concurrence, au risque de la mévente, de la crise :

« Il faut que la production marchande se soit complètement développée avant que de l'expérience même se dégage cette vérité scientifique : que les travaux privés exécutés indépendamment les uns des autres, bien qu'ils s'entrelacent comme ramifications du système social et spontané de la division du travail, sont constamment ramenés à leur mesure sociale proportionnelle. Et comment? Parce que, dans les rapports d'échange accidentels et toujours variables de leurs produits, le temps de travail social nécessaire à leur production l'emporte de haute lutte comme loi naturelle régulatrice, de même que la loi de la pesanteur se fait sentir à n'importe qui lorsque sa maison s'écroule sur sa tête. »

Le Capital, livre I.

Plus exactement, les producteurs privés offrent leur produit contre de l'argent, qui leur permettra plus tard d'acheter (ou de rembourser un crédit). Ainsi, l'argent chez Marx n'est pas qu'un moyen technique permettant de faciliter les trocs. C'est *une institution* permettant d'abord de **valider** un travail privé offert à la cantonade, cette **réalisation** (la transformation d'une marchandise en argent, qui lui s'échange inconditionnellement contre n'importe quoi) contribue à résoudre la contradiction social/privé. Le prix affiché (valeur d'échange contre argent) est « l'œillade amoureuse que lancent les marchandises. » La théorie des prix chez Marx est donc, en termes modernes, une « théorie des prix d'offre » qui implique la possibilité des déséquilibres : la « possibilité formelle des crises ».

Le rapport salarial

Les unités de production marchandes sont **capitalistes** quand elles sont la propriété d'un personnage qui a de l'argent, son *capital* (A), achète les moyens de production (le **capital constant** (C)), et loue la force de travail salarié [avec la partie **variable** de son capital (V)], fait produire des marchandises (M) et les vend contre argent (A'), et ainsi de suite selon le schéma ci-après :

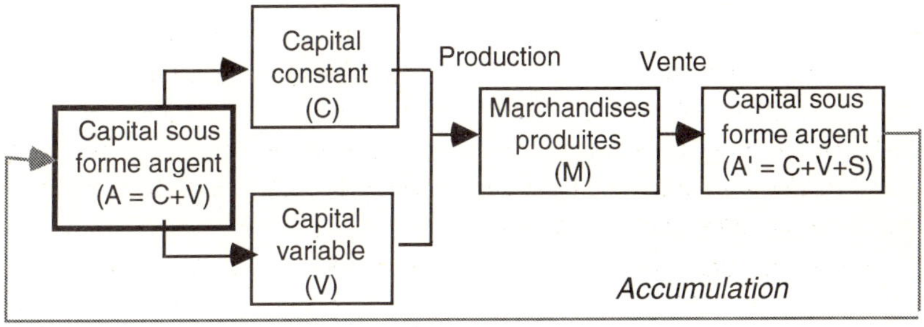

Comme la valeur de M est C+VA, Il suffit que la valeur V versée aux salariés soit inférieure à la valeur qu'ils produisent pour que (A') soit plus grand que A. La différence résultant de cette « **exploitation** » est appelée **plus-value** ou survaleur (S). Nous pouvons écrire : A' = C + V + S :

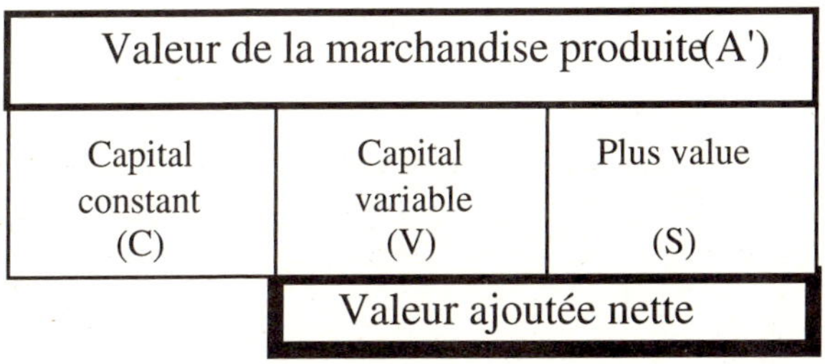

Quant à la valeur précise de la force de travail, Marx l'assimile souvent à la valeur de la marchandise «force de travail», c'est-à-dire au temps nécessaire à la reproduire.

> « Qu'est-ce donc que la valeur de la force de travail ?
> Comme celle de toute autre marchandise, sa valeur est déterminée par la quantité de travail nécessaire pour la produire. La force de travail d'un homme, c'est tout simplement ce qu'il y a de vivant dans un individu. Une certaine masse de denrées nécessaires permet à un homme de grandir et de se maintenir en vie. Mais l'homme, comme la machine se détériore et doit être remplacé par un autre homme. En plus de la quantité de moyens de subsistance nécessaire à son propre entretien, il lui en faut une autre quantité pour élever un certain nombre d'enfants destinés à le remplacer sur le marché du travail et à perpétuer la race des travailleurs. En outre, pour développer la force de travail, il dépensera une autre quantité de valeur. Pour notre propos, il nous suffit de considérer le seul travail moyen, dont les coûts en éducation et en développement tendent à zéro. La valeur de la force de travail est déterminée par la valeur des moyens de subsistance nécessaires pour produire, développer, entretenir et perpétuer la force de travail. »
>
> *Salaire, prix, profit.*

Ce qui est souvent compris comme la valeur (w) du « panier de la ménagère » que permet de s'acheter le salaire ouvrier.

Les «marxistes algébristes» utilisent toujours la notation matricielle pour étudier un ensemble n de marchandises produites au moyen du travail.
Si l'on écrit w (nombre)la valeur de la force de travail et d (vecteur) le “panier de la ménagère” correspondant, on aura : w = v.d (les quantités de biens composant le “panier”de travail sont multipliées par leur valeur unitaire).
Donc la valeur des marchandises pourra s'écrire :

$$v = vA + (v.d.)\, l + (1 - v.d)\, l.$$

Les notations reprennent celles de l'encadré précédent. En particulier, l représente les quantités de travail.

Une telle comptabilité trouve bien sûr ses références chez Marx :

> « La valeur journalière de la force de travail s'élevait à 3 shillings, parce qu'une demi-journée de travail était objectivée en elle, c'est-à-dire parce que les moyens de subsistance nécessaire pour produire chaque jour la force de travail coûtaient une demi journée de travail. Mais le travail passé que contient la force de travail et le travail vivant qu'elle peut fournir, autrement dit le coût journalier de son entretien et sa dépense journalière sont deux grandeurs tout à fait différentes. La première détermine sa valeur d'échange, l'autre constitue sa valeur d'usage. Qu'il faille une demi-journée de travail pour maintenir le travailleur en vie pendant 24 heures ne l'empêche aucunement de travailler pendant une journée entière. La valeur de la force de travail et sa valorisation dans le procès de travail sont deux choses différentes. »

Le capital, Livre I, chV.

Or, comme l'ont montré de célèbres polémiques des années 1960-70, où s'illustra Paul Samuelson, la théorie de la valeur et de l'exploitation, réduite à cette comptabilité est d'un pauvre intérêt : elle signifie simplement que la classe des travailleurs ne consomme pas tout ce qu'elle produit ! Là encore, une simple lecture du texte montre que cette équation comptable n'intéresse guère Marx (bien qu'il se vante d'avoir ainsi, dans la plus-value, identifié la source de tous les revenus non salariaux). Comme toujours, son problème c'est **le rapport social** qui se cache derrière l'échange du salaire contre du « travail ».

Et d'abord, le capitaliste n'achète pas du travail mais une *capacité de travail,* dont il faut *extraire* le surtravail. Et cela dépend de *l'intensité* et de la *durée* de la journée de travail : « Ce n'est pas une qualité innée du travail humain que de fournir du produit net». C'est le résultat d'une lutte quotidienne (où joue le chantage à l'emploi, l'organisation disciplinaire de l'usine, etc.) portant sur la durée de la journée de travail, les temps de pause, les cadences, etc. L'accroissement du surtravail (qui peut résulter de cette lutte), Marx l'appelle **plus-value absolue.**

Quant à la valeur concédée en salaire, Marx n'insiste guère sur sa détermination par « le panier de la ménagère ». Car ce panier est lui-même le produit d'une lutte constante.

En outre, la valeur des éléments du panier tend à diminuer avec les progrès de la productivité dans les branches productrices de biens-salaire, qui n'est autre que l'inverse mathématique de la valeur de ces biens. L'accroissement de la plus-value qui en résulterait (à pouvoir d'achat constant) est appelée **plus-value relative.**

Dans toute la suite du *Capital,* Marx évalue donc directement la valeur de la force de travail comme un droit (en argent) sur une certaine fraction du travail accompli (mesuré en nombre d'heures). Mais y a-t-il chez Marx une théorie du salaire réel ? Pas vraiment. La plupart du temps, il suppose le salaire réel constant. Mais dès qu'il aborde le problème de la plus-value relative *(Livre I, ch XII),* il montre que **la concurrence** oblige l'entreprise introduisant une innovation productive à baisser ses prix (à salaire constant) pour accroître sa part de marché : une part des gains de productivité est donc rétrocédée aux ouvriers. Dans *Salaires, prix et profits,* Marx formule un argument « ultra-moderne » : la lutte des syndicats, en arrachant des hausses de salaire, élargit le marché. Ainsi, les entreprises obtiennent des gains de productivité, qui, à prix égal, abaissent la valeur des marchandises, d'où un maintien de la valeur de la force de travail et du taux d'exploitation. Ces deux mécanismes de « diffusion des gains de productivité » feront, un siècle plus tard, le miel des « approches en termes de régulation ».

> « En comparant article par article dans un même pays et les marchandises de divers pays les unes avec les autres je pourrais vous montrer que à part quelques exceptions plus apparentes que réelles, c'est en moyenne le travail bien payé qui produit les marchandises bon marché et le travail mal payé qui produit les marchandises chères [...]. Les valeurs des marchandises sont directement proportionnelles au temps de travail employé à leur production et inversement proportionnelles à la force productive du travail employé. [...]. Grâce à une productivité de travail, la même quantité moyenne de moyens de subsistance actuellement nécessaires pourrait tomber de 3 shillings à 2, c'est-à-dire n'exiger que 4 heures de la journée de travail au lieu de 6 pour produire l'équivalent de la valeur quotidienne de ces moyens de subsistance. L'ouvrier serait alors en mesure d'acheter avec 2 shillings exactement autant de denrées de nécessité courante qu'il en pouvait acheter précédemment avec 3 shillings. En fait, *la valeur du travail* aurait baissé mais cette valeur diminuée représenterait la même quantité de marchandises qu'auparavant. Alors, le profit s'élèverait de 3 à 4 shillings et le taux de profit de 100 à 200 pour cent. Bien que les conditions d'existence absolues de l'ouvrier fussent restées les mêmes, son salaire *relatif,* et partant sa *situation sociale relative* comparée à celle du capitaliste auraient baissé. Si l'ouvrier opposait de la résistance à cette diminution de salaire relative, il ne ferait que s'efforcer **d'obtenir une part de la productivité accrue de son propre travail et conserver son ancienne situation relative.** »
>
> *Salaire, prix et profits.*

Mais Marx n'a pas fini son analyse. Après avoir montré les liens profonds qui unissent les deux fractions de la valeur ajoutée, il passe au point de vue « extérieur » : les deux termes cherchent à imposer leur prix selon une logique autonome.

La section 6 du livre I détaille **l'institutionnalisation** de la représentation selon laquelle le travail s'est bien vendu à un prix (wl). Le *livre III* montrera comment le capital cherche à capter la plus-value comme une marge, fixée en pourcentage sur le capital avancé. Bref, un capitaliste pour calculer le prix d'un produit pourra ajouter à son prix de revient un profit calculé à partir du taux de profit moyen (r) selon la formule : prix de vente = prix de revient (1+r). Comme nous le verrons, ainsi s'amorce **une théorie extérieure des prix et des revenus nominaux.**

L'organisation du travail

Tout aussi important que le *taux d'exploitation* dans la détermination du taux de profit, est ce que l'on nomme aujourd'hui le « coefficient de capital » K/Y [1], dont Marx est le premier économiste à saisir l'importance, sous le nom de **composition organique du capital,** qu'il note *C/V*. Une étude plus attentive du texte montre qu'il utilise *V* comme « indice de valeur produite », ce qui est dans notre notation *VA*. Au sens strict il faut donc écrire la composition organique *C/VA*.

Or, Marx affirme (sur la base des données historiques de l'époque) que cet indicateur tend à croître historiquement, que c'est même une des lois tendancielles du capitalisme. Pourtant il remarque que la hausse de « la composition technique » du capital (le capital fixe par tête) est contrecarrée par la baisse de valeur des équipements, due aux gains de productivité. Cette fois encore, l'aspect purement algébrique monopolisera le débat ultérieur alors que c'est *le rapport de production immédiat* qui intéresse Marx.

Le rapport *C/VA* ne traduit en effet que le rapport entre la quantité de travail déjà cristallisé dans un dispositif technique, propriété du capitalisme, et la quantité de travail direct. Il traduit « la manière propre au capitaliste d'accroître la productivité du travail social », par des montages qui permettent de moins en moins aux ouvriers de s'approprier les effets de leur propre coopération, de la croissance du savoir faire collectif.

Anticipant extraordinairement sur le taylorisme et le fordisme, Marx résume cette tendances dans un paragraphe clé du *Chapitre inédit du Capital,* où l'on retrouve la trilogie « rapport interne/autonomisation/représentation » :

> « Avec le développement du mode de production spécifiquement capitaliste, ce ne sont plus seulement les objets — ces produits du travail, en tant que valeurs d'usage et valeurs d'échange — qui, face à l'ouvrier, se dressent sur leurs pieds comme *capital,* mais encore les formes sociales du travail qui se présentent comme formes de développement du capital, si bien que les forces productives, ainsi développées, du travail social apparaissent comme les forces productives du capital : en tant que telles, elles sont *capitalisées,* en face du travail. En fait, l'unité collective se trouve dans la coopération, l'association, la division du travail, l'utilisation des forces naturelles, des sciences et des produits du travail sous forme de machines. Tout cela s'oppose à l'ouvrier individuel comme quelque chose qui lui est étranger et

[1] K pour le capital, Y pour le produit.

existe au préalable sous forme matérielle; qui plus est, il lui semble qu'il n'y ait contribué en rien, ou même que tout cela existe en dépit de ce qu'il fait. Cela prend des formes d'autant plus réelles que, d'une part, la capacité de travail elle-même est modifiée par ces formes, au point qu'elle devient impuissante lorsqu'elle en est séparée, autrement dit que sa force productive autonome est brisée lorsqu'elle ne se trouve plus dans le rapport capitaliste; et que, d'autre part, la machinerie se développe, si bien que les conditions de travail en arrivent, même du point de vue technologique, à dominer le travail en même temps qu'elles le remplacent, l'oppriment et le rendent superflu dans les formes où il est autonome. »

Le Capital.

Évolution dont *le Capital* analyse minutieusement les premiers pas, de la «coopération simple» à la « grande industrie », et que semblent, aujourd'hui seulement, démentir *certaines* tendances, sans doute minoritaires, du capitalisme moderniste à remobiliser en sa faveur la « ressource humaine » que constituent l'initiative et les savoir-faire ouvriers.

LA CONSTRUCTION D'UNE ÉCONOMIE EXTÉRIEURE

Si le *livre I* du *Capital* apparaît comme un immense effort pour rapporter les aspects quantitatifs de l'économie à la « physiologie de la société bourgeoise », à ses rapports sociaux, les l*ivres II et III* ainsi que la fin du livre IV développent au contraire l'analyse de la vie économique capitaliste telle qu'elle est perçue par ses agents qui calculent des prix, se battent pour s'approprier des revenus... Pas à pas, Marx nous fait dériver des *rapports fondamentaux* qui s'expriment en valeurs, à ce monde « extérieur » de la vie pratique qui s'exprime en prix. Cette *extériorisation,* on l'a vu, est la conséquence du fait que les agents en rapports agissent de manière autonome. Ainsi, le salaire ayant été fixé par telle ou telle procédure à la somme w qu'il faut débourser pour obtenir la quantité de travail l, le capitaliste fixe son **prix d'offre** en ajoutant un taux de profit r, jugé normal, à ses dépenses en capital constant (pA) et variable.

Soit, pour les «marxistes algébristes» dans la représentation commune :

$$\mathbf{p} = (1+r)\,(pA + w\,l) \qquad \text{(I)}$$

Naturellement, ce taux de profit r doit tendre à s'égaliser de branche à branche. Or il ne pourrait en être ainsi si les prix étaient proportionnels aux valeurs, car le taux de profit serait alors de la forme :

$$\mathbf{r} = \frac{S}{C+V} = \frac{S/VA}{C/VA + V/VA} \qquad \text{(II)}$$

Cette grandeur dépendant à la fois de S/VA (le taux d'exploitation, qu'on peut admettre en première approximation égal dans toutes les branches), et de la composition organique *particulière* à la branche, C/VA.

Marx donne alors brièvement dans les brouillons du livre III un algorithme de « transformation des valeurs en prix de production » (c'est-à-dire en prix égalisant les taux de profit). Il souligne qu'au total la somme des profits est égale à la plus-value totale : cette « péréquation » ne remet pas en cause sa théorie de l'exploitation et l'équation (II) reste valable au niveau agrégé.

Ce misérable brouillon d'algorithme engendrera une des plus célèbres batailles de l'économie académique. Marx admettait pourtant son caractère approximatif, en donnait d'ailleurs deux raisons : une seule (la difficulté d'évaluer "C") suffira, aux yeux de ses détracteurs à condamner **toute la théorie de Marx.** Périodiquement le débat ressurgira, justifiant ainsi l'annonce de «la crise définitive du marxisme». Dernière résurgence dans les années 1960-70 : elle se conclura vers 1980 par la démonstration de l'exactitude des résultats essentiels annoncés par Marx, une fois bien compris ce que signifiait la « valeur (V) de la force de travail ».

Comme d'habitude, le petit théorème de la transformation n'intéressait guère Marx. Ce qu'il voulait montrer était d'une tout autre portée : la compatibilité *dans certaines conditions* entre d'une part la fixation des prix d'offre par les agents privés selon une formule de type (I) qu'il élargira d'ailleurs au cas de présence de rentes foncières, et d'autre part le lien profond, caché, entre les différents revenus dont la somme ne peut excéder la valeur produite totale. Une fois ce résultat acquis, il devient légitime de raisonner comme le font ces agents privés qui « fixent leur prix » :

> « Aussitôt que la production capitaliste a atteint un certain degré de développement, l'égalisation entre les différents taux de profit des sphères isolées et l'établissement consécutif d'un taux moyen de profit ne s'accomplissent nullement par le simple jeu d'attraction et de répulsion au cours duquel les prix de marché attirent ou repoussent du capital. Après que les prix moyens et les prix de marchés correspondants se sont consolidés pendant un certain temps, les capitalistes individuels prennent conscience qu'au cours de cette uniformisation certaines différences se compensent et ils ne tardent pas à les inclure dans leurs comptes réciproques. »

Le Capital, l.III.

Ici, Marx rejette résolument l'idée d'un quelconque « tâtonnement walrasien » et opte résolument pour **la théorie des « équilibres à prix fixés ».** La théorie de la transformation, ou plus généralement de «l'extériorisation», montre à quelles conditions ces prix fixés sont compatibles avec la «réalisation» (par la vente) des travaux privés engagés indépendamment les uns des autres, à quelles conditions, autrement dit, la somme des revenus réclamés peut être égale à la valeur sociale produite :

> « Supposons que le procès de production se répète constamment dans les mêmes conditions, ce qui présuppose une productivité inchangée du travail, ou du moins que les variations de la productivité n'altèrent pas les rapports des agents de la production. Il est vrai que dans ce cas il ne serait pas exact, du point de vue théorique, de dire que les différentes parties de la valeur déterminent la valeur ou le prix de tout, mais il serait pratique et juste de dire qu'elles la constituent, pour autant que par constituer l'on entende la formation du tout par addition des parties. On pourrait donc dire : P, le prix de la marchandise, se résout en salaire, profit (intérêt) et rente, et d'autre part, salaire, profit (intérêt) et rente **constituent**

> la valeur ou plutôt le prix [...] Ce que la valeur est pour l'économiste véritable, le prix de marché l'est pour le capitaliste praticien. »
>
> *Théories sur la plus-value.*

Dans ce cas, la «représentation» serait conforme aux « rapports internes ». Or, justement :

> « Cette répétition de la reproduction dans les mêmes conditions n'a pas lieu. La productivité se modifie et elle modifie les conditions. Les conditions de leur côté modifient la productivité. Mais les écarts se manifestent soit par des oscillations superficielles qui se compensent à bref délai, soit par une accumulation progressive de divergences qui ou bien conduisent à une crise, à un retour violent, apparent aux anciens rapports, ou sont reconnues, mais très lentement, comme un changement des conditions et finissent par s'imposer. »
>
> *Théories sur la plus-value.*

Ainsi, parce que les conditions sous-jacentes changent, les échanges à prix fixés par les agents conduisent pour Marx à des **déséquilibres**, à la crise, selon une conception reprise un siècle plus tard par les « théories du déséquilibre » (J.-P. Benassy, puis E. Malinvaud). Nous verrons que la similitude (ou l'inspiration, ou le plagiat ?) est encore plus profonde. Mais admirons auparavant la distinction que fait Marx entre une dynamique de courte période (cyclique) et une dynamique de longue période menant à une *catastrophe* (au sens mathématique) ou à une mutation plus étalée.

LA THÉORIE DES CRISES

Une fois admise, dès l'origine, « possibilité formelle des crises » (qui réside dans le caractère privé d'une production offerte contre de l'argent), Marx propose de façon dispersée, de multiples raisons de **déséquilibres partiels.**

Mais son développement central sur les crises s'articule sur deux modalités d'une situation macro-économique : la baisse de la *rentabilité* qui devient insuffisante pour inciter les capitalistes à la croissance et l'insuffisance de la *demande* sociale par rapport à l'offre. Soit, dirait-on aujourd'hui, la crise « classique » et la crise de type « keynésien ».

Tout d'abord, la tendance à la hausse de la composition organique engendre une tendance à la baisse du taux de profit.

Comme d'habitude, cette thèse a fait l'objet de débats de type algébrique inépuisables et de faible intérêt. Il suffit de reprendre la formule (II) pour voir qu'à terme, une hausse suffisante de la composition organique du capital *(C/VA)* entraîne une baisse de *r*, quelle que soit l'évolution du taux d'exploitation *S/VA*. Reste qu'à court-moyen terme les gains productivité dans les branches de biens d'équipement (en diminuant *C/VA*), ou la hausse du taux d'exploitation (en augmentant *S/VA)* peuvent inverser la tendance. Marx en convient : ce sont pour lui des « causes qui contrecarrent la loi »....et qui vont précipiter la crise « par l'autre côté ». Nous avons vu qu'il affirme néanmoins, sans argument autre que la sociologie du travail, la hausse de *C/VA*. Ne reste donc, pour maintenir la rentabilité, que la hausse du **taux d'exploitation** *S/VA.*

La tendance à la surproduction

Nous avons vu dans l'analyse du rapport salarial que Marx admet une certaine **«restitution» des gains de productivité** aux travailleurs sous forme de hausse du pouvoir d'achat (ce qui d'ailleurs écarte l'une des critiques les plus fortes, celle d'Okishio et Samuelson, contre sa théorie de la baisse du taux de profit). Mais, admet toujours Marx, cette *restitution* reste incomplète : le taux d'exploitation croît, ce qui maintient le taux de profit. Et, c'est justement ce qui conduit à la **surproduction (ou de sous-consommation).**

Le partage de la productivité : dilemme fondamental

La productivité croît plus vite que la demande sociale, pour autant que la fraction la plus stable de celle-ci est la consommation des salariés :

> « Dès que la quantité de surtravail qu'on peut tirer de l'ouvrier est matérialisée en marchandises, la plus-value est produite. Mais avec cette production de plus-value, c'est seulement le premier acte qui s'est achevé. Le capital a absorbé une quantité déterminée de travail non payé. A mesure que se développe le procès qui se traduit par la baisse du taux de profit, la masse de plus-value ainsi produite s'enfle démesurément.
>
> Alors s'ouvre le deuxième acte du procès. La masse totale des marchandises, le produit total, doivent être vendues. Si cette vente n'a pas lieu ou n'est que partielle, ou si elle a lieu seulement à des prix inférieurs aux prix de production, l'ouvrier certes est exploité, mais le capitaliste ne réalise pas son exploitation en tant que telle. Les conditions de l'exploitation immédiate et celles de sa réalisation ne sont pas identiques. Elles ne diffèrent pas seulement par le temps et le lieu, théoriquement non plus elles ne sont pas liées. Les unes n'ont pour limite que la force productive de la société, les autres les proportions respectives des diverses branches de production et la capacité de consommation de la société.
>
> Or, celle-ci n'est déterminée ni par la force productive absolue, ni par la capacité absolue de consommation, mais par la capacité de consommation sur la base de rapports de distribution antagoniques, qui réduit la consommation de la grande masse de la société à un minimum susceptible de varier seulement à l'intérieur de limites plus ou moins étroites. Elle est en outre limitée par la tendance à l'accumulation, la tendance à agrandir le capital et à produire de la plus-value sur une échelle élargie. C'est là, pour la production capitaliste, une loi imposée par les constants bouleversements des méthodes de production elles-mêmes, la nécessité de perfectionner la production et d'en étendre l'échelle, simplement pour se maintenir et sous peine de disparaître. Il faut donc que le marché s'agrandisse sans cesse, si bien que ses connexions internes et les conditions qui le règlent prennent de plus en plus l'allure de lois de la nature, indépendantes des producteurs et échappent de plus en plus à leur contrôle. Cette contradiction interne cherche une solution dans l'extension du champ extérieur de la production.
>
> Mais plus la force productive se développe, plus elle entre en conflit avec la base étroite sur laquelle sont fondés les rapports de consommation. Étant donnée cette

base pleine de contradictions, il n'est nullement contradictoire qu'un excès de capital s'y allie à une surpopulation croissante. Car s'il est vrai que le couplage de ces deux facteurs accroîtrait la masse de plus-value produite, par là même s'accroît précisément la contradiction entre les conditions dans lesquelles cette plus-value est produite et celle où elle est réalisée. »

Le Capital, Livre III.

Une lecture de Marx, source d'inspiration pour «les contemporains»

Les approches en termes **de régulation** montreront cependant que cette forme de crise (la surproduction) n'est pas si inéluctable : des compromis institutionnalisés, « fordiens » ou « keynésiens », peuvent la prévenir en stabilisant le partage des gains de productivité. Ce qui se serait passé après 1945… rendant son actualité à la crise de type « classique », aux enchaînements résultant d'une rentabilité décroissante. Hausse de la composition du capital, maintien du salaire, baisse de la rentabilité, contrecarrée par une inflation qui peut à son tour (en érodant le salaire réel) déclencher une *crise de sous-consommation* : c'est ce que Marx appelle une « crise de suraccumulation relative ». Il en montre même l'aspect inflationniste, anticipant tout naturellement (puisque sa théorie est fondamentalement «à prix fixés», sur les raisonnements *post-keynésiens* en termes de *mark-up* et d'indexation des salaires.

« Mettons que le taux général de profit, partant le profit moyen exprimé en valeur-argent, soit supérieur à la plus-value moyenne effective calculée d'après sa valeur-argent. Pour ce qui est des capitalistes, il est alors indifférent qu'ils se comptent réciproquement un profit de 10 ou de 15 %. L'un de ces pourcentages ne correspond pas à une plus grande valeur-marchandise réelle que l'autre, parce que l'expression monétaire est exagérée de part et d'autre. Nous avons supposé que les ouvriers reçoivent leur salaire normal. Or, pour ce qui est des ouvriers, la hausse des prix des marchandises résultant de l'augmentation du profit moyen doit correspondre à un accroissement de l'expression monétaire du capital variable. En réalité, cette hausse nominale générale du taux de profit et du profit moyen — qui le rend supérieur au taux résultant de la division de la plus-value réelle par le capital total avancé —, ne peut avoir lieu sans entraîner une augmentation du salaire ainsi qu'une hausse des prix des marchandises constituant le capital constant. »

Le capital, Livre III.

L'ACTUALITÉ DE MARX

♦ Rôle décisif de la monnaie comme lien social dans la situation d'incertitude qui caractérise les économies de marché, rejet du «tâtonnement», importance décisive de la productivité, du salaire réel et du coefficient de capital dans la rentabilité, critique des formes d'organisation du travail excluant l'implication du travailleur, mise en évidence des rapports inter-branches dans les sentiers de croissance équilibrés, arbitrage instable et inflationniste entre la crise « classique » et la « crise keynésienne » dans les situations d'indexation : il semble qu'aujourd'hui les thèmes centraux de *l'économique* de Marx aient envahi le discours de l'économie académique et de certaines tendances patronales et gouvernementales. Sous une autre étiquette, naturellement, mais qu'importe le flacon !

♦ Alors, triomphe posthume et anonyme de Marx (après ses multiples morts) ? Si Marx n'était qu'un économiste, sans doute. Mais si l'on se souvient que cette « économique » n'était que l'enveloppe d'une **critique** de la division du travail, de l'aliénation des producteurs devant le marché, l'État, ou la machine, et qu'il espérait bien voir le mouvement ouvrier s'en emparer pour « abolir l'ordre des choses existant »... alors le bilan est, aujourd'hui du moins, beaucoup plus sombre.

Le « marxisme », comme référence, semble s'être effondré définitivement avec le mur de Berlin. Mais, le marxisme, comme expression particulière de l'aspiration à une vie plus juste et plus libre, survivra sans doute, méconnaissable, sauf pour les historiens, comme les anciennes murailles romaines encastrées dans les maisons de la Rome moderne.

6.3. Les fils spirituels du prophète

6.3.1. Friedrich Engels : du marxisme standard à la social-démocratie

LE COMPLÉMENTAIRE DE K. MARX

F. Engels (1820-1895), un industriel révolutionnaire

F. Engels est né le 28 novembre 1820 à Barnem au cœur des provinces rhénanes alors en plein développement industriel. Fils d'un industriel du textile, il achève des études secondaires au gymnase d'Eberfeld; mais l'université l'ennuie.

Il entre dans les affaires familiales, puis travaille dans une maison de commerce de Brême. Il s'engage dans l'artillerie, ce qui le mène à Berlin. L'université de Berlin lui semble alors digne d'intérêt; il y suit des cours et tisse des liens avec une triade de jeunes étudiants hégéliens : Bauer, Strauss et Ruge; il fréquente aussi Stirner.

En 1842, il va à Manchester travailler pour la filiale de son père. C'est à ce moment que Engels va commencer sa double vie. Alors qu'il s'occupe de commerce à Manchester, il s'intéresse au mouvement chartiste, collabore aux journaux du socialiste anglais R. Owen. Il va même rassembler des matériaux d'enquête qui vont servir à son ouvrage sur *La Situation de la classe laborieuse en Angleterre*.

Un théoricien au service du prophète

Engels retourne sur le continent en passant par Paris; en 1844, il rencontre K. Marx avec lequel il commence une fructueuse collaboration intellectuelle.

Les deux amis rédigent ensemble *La Sainte famille,* et *l'Idéologie allemande.* Ils vont aussi commencer à œuvrer pour la révolution. Ils entrent en 1845 dans *la Ligue des justes* qui va ensuite donner naissance à la *Ligue des communistes* (1847). Ces étapes les mèneront à la création de la première internationale (A.I.T.).

Rarement, une osmose aussi profonde unira deux penseurs. F. Engels sera, de façon abusive, éclipsé par son compagnon de lutte et de recherche.

Quand K. Marx est démuni, c'est F. Engels qui subvient en partie à ses besoins. Lorsque le prophète doit cacher l'enfant qu'attend de lui sa servante Hélène Demuth, c'est F. Engels qui en accepte l'embarrassante paternité.

Éléanor Marx note dans une courte biographie écrite à l'occasion des 70 ans de F. Engels : « Les deux amis s'écrivaient presque tous les jours ». Elle cite une des phrases clés souvent répétée par Engels définissant sa relation avec Marx :

> « J'ai été deuxième violon et je crois être arrivé à une certaine virtuosité; j'étais rudement content d'avoir un premier violon tel que Marx. »

Engels accepte 20 ans durant de sacrifier ses propres recherches en travaillant dans la firme paternelle afin de pouvoir aider matériellement K. Marx, exilé à Londres et démuni de toute ressource.

Mais F. Engels ne se contente pas d'une aide matérielle. Les manuscrits économiques désordonnés des livre II et III que la mort du prophète avait laissés en l'état seront repris et ordonnés avec soin par F. Engels. Entre 1885 et 1894, il est entièrement au service de l'œuvre du « premier violon » dont il tente de restituer la musique en se constituant compositeur et même chef d'orchestre, car la partition inachevée laisse libre court à l'interprétation. Rude tâche pour un « second violon ».

Les champs défrichés par F. Engels

Un dirigeant socialiste international

E. Balibar et P. Macherey considèrent qu'Engels fut le « premier dirigeant du prolétariat international » :

> « Conseiller des socialistes marxistes de tous les pays, il intervient notamment de très près dans la constitution des partis socialistes allemand et français, dans le développement du socialisme russe et italien. Jusqu'à sa mort à Londres, son rôle fut d'orientation et de rectification politique (notamment sur la question décisive de la dictature du prolétariat), d'éducation (la plupart des dirigeants de la IIe internationale furent ses élèves directs), enfin de centralisation des luttes et des programmes. »

Universalis, 1985.

Une contribution au marxisme encyclopédique

Lorsque l'ambition encyclopédique du marxisme les amène à défricher de multiples champs d'analyse, c'est F. Engels qui laisse à K. Marx le terrain, jugé majeur, de l'économie.

Mais sans F. Engels, le marxisme n'aurait pu prétendre à l'universalité... Le **matérialisme historique** aurait eu bien des trous. Quand il faut s'attaquer à la philosophie des sciences, c'est F. Engels qui rédige *l'Anti-Dühring* (1878).

> « *L'Anti-Dühring* apportait donc quelque chose d'absolument neuf. Il était vraiment le premier exposé du marxisme en tant que conception du monde. Il rattachait toute l'action des partis socialistes à une philosophie d'ensemble qui transcendait de loin les luttes politiques et rappelait en termes clairs que ces luttes

> de classes, menées consciemment par le prolétariat, non seulement s'inscrivaient dans un mouvement historique nécessaire, mais avaient aussi pour fin la libération de l'homme. Le *Manifeste communiste* l'avait déjà dit, mais sans dégager avec évidence ces principes fondamentaux. »

Ibid. Éd. Sociales.

Lorsqu'il faut fonder la critique sociale du capitalisme, c'est F. Engels qui mène l'enquête sur *les Classes laborieuses anglaises.* Quand il faut critiquer les mœurs bourgeoises et en montrer la relativité, c'est F. Engels qui étudie *L'Origine de la famille, de la propriété privée et de l'État* (1884) et stigmatise la division du travail entre les sexes. En 1888, Engels rédige une nouvelle fois un ouvrage philosophique : *Ludwig Feuerbach et la Fin de la philosophie classique allemande.*

Contribution à une anthropologie marxiste

F. Engels va partir des travaux de l'ethnologue américain Morgan *(Ancient Society,* 1877) pour inventer une approche marxiste de l'anthropologie.

Il recherche ainsi le fondement concret **du matérialisme historique.**

> « Selon la conception matérialiste, le facteur déterminant en dernier ressort, dans l'histoire, c'est la production et la reproduction de la vie immédiate. Mais, à son tour, cette production a une double nature. D'une part, la production de moyens d'existence, d'objets servant à la nourriture, à l'habillement, au logement, et des outils qu'ils nécessitent; d'autre part, la production des hommes mêmes, la propagation de l'espèce. Les institutions sociales sous lesquelles vivent les hommes d'une certaine époque historique et d'un certaine pays sont déterminées par ces deux sortes de production : par le stade de développement où se trouvent d'une part le travail, et d'autre part la famille. Moins le travail est développé, moins est grande la masse de ses produits et, par conséquent, la richesse de la société, plus aussi l'influence prédominante des liens du sang semblent dominer l'ordre social. Mais, dans le cadre de cette structure sociale fondée sur les liens du sang, la productivité du travail se développe de plus en plus et, avec elle, la propriété privée et l'échange, l'inégalité des richesses, la possibilité d'utiliser la force de travail d'autrui et, du même coup, la base des oppositions de classes : autant d'éléments nouveaux qui s'efforcent, au cours des générations, d'adapter la vieille organisation sociale aux circonstances nouvelles, jusqu'à ce que l'incompatibilité de l'une et des autres amène un complet bouleversement. La vieille société fondée sur les liens du sang éclate par suite de la collision des classes sociales nouvellement développées. Une société nouvelle prend sa place, organisée dans l'État, dont les subdivisions ne sont plus constituées par des associations fondées sur les liens du sang, mais par des groupements territoriaux, une société où le régime de la famille est complètement dominé par le régime de la propriété, ou désormais se développent librement les oppositions de classes et les luttes de classes qui forment le contenu de toute l'histoire écrite jusqu'à nos jours. »

L'Origine de la famille, de la propriété privée et de l'État, Éd. Sociales.

Il reprend une classification des sociétés en trois temps :

« Pour l'instant, nous pouvons généraliser comme suit la classification établie par Morgan :

- **État sauvage :** Période où prédomine l'appropriation de produits naturels tout faits; les productions artificielles de l'homme sont essentiellement des outils aidant à cette appropriation.
- **Barbarie :** Période de l'élevage du bétail, de l'agriculture, de l'apprentissage des méthodes qui permettent une production accrue de produits naturels grâce à l'activité humaine.
- **Civilisation :** Période où l'homme apprend l'élaboration supplémentaire de produits naturels, période de l'industrie proprement dite et de l'art. »

Ibid.

Il distingue aussi trois phases dans l'histoire de la famille.

« Il y a donc trois formes principales du mariage, qui correspondent en gros aux trois stades principaux du développement de l'humanité. A l'état sauvage, **le mariage par groupe**; à la barbarie **le mariage apparié** [un partenaire principal et d'autres liaisons secondaires]; à la civilisation **la monogamie** complétée par l'adultère et la prostitution. Entre le mariage apparié et la monogamie se glissent, au stade supérieur de la barbarie, l'assujettissement des femmes esclaves aux hommes et la polygamie. »

Ibid.

La division du travail dans la société et celle dans la famille sont liées. Il tient des propos très féministes :

« Le renversement du droit maternel fut *la grande défaite historique du sexe féminin.* Même à la maison, ce fut l'homme qui prit en main le gouvernail; la femme fut dégradée, asservie, elle devint esclave du plaisir de l'homme et simple instrument de reproduction. »

Ibid.

L'État est une institution clé dans l'évolution des sociétés et dans la régulation des conflits.

« Comme l'État est né du besoin de réfréner des oppositions de classes, mais comme il est né, en même temps au milieu du conflit des classes, il est, dans la règle, l'État de la classe la plus puissante, de celle qui domine au point de vue économique et qui, grâce à lui, devient aussi classe politiquement dominante et acquiert ainsi de nouveaux moyens pour mater les esclaves, comme l'État féodal fut l'organe de la noblesse pour mater les paysans serfs et corvéables, et comme l'État représentatif moderne est l'instrument de l'exploitation du travail salarié par le capital. Exceptionnellement, il se présente pourtant des périodes où les classes en lutte sont si près de s'équilibrer que le pouvoir de l'État, comme pseudo-médiateur, garde pour un temps une certaine indépendance vis-à-vis de l'une et de l'autre. Ainsi, la monarchie absolue du XVIIe siècle et du XVIIIe siècle maintint la balance égale entre la noblesse et la bourgeoisie; ainsi, le bonapartisme du Premier, et notamment celui du second empire français, faisant jouer le prolétariat contre la bourgeoisie, et la bourgeoisie contre le prolétariat. La nouvelle performance en la matière, où dominateurs et dominés font une figure également comique, c'est le nouvel empire allemand de la nation bismarckienne : ici, capitalistes et travailleurs sont mis en balance les uns contre les autres, et sont également grugés pour le plus grand bien des hobereaux prussiens dépravés.

Dans la plupart des États que connaît l'histoire, les droits accordés aux citoyens sont en outre gradués selon leur fortune et, de ce fait, il est expressément déclaré que l'État est une organisation de la classe possédante, pour la protéger contre la classe non possédante. C'était déjà le cas pour les classes d'Athènes et de Rome établies selon la richesse. C'était le cas dans l'État féodal du Moyen Age, où le pouvoir politique se hiérarchise selon la propriété foncière [...]. Dans la forme d'État la plus élevée, la république démocratique [...] la richesse y exerce son pouvoir *d'une façon indirecte, mais d'autant plus sûre.* D'une part, sous forme de corruption directe des fonctionnaires [...] d'autre part sous forme d'alliance entre le gouvernement et la Bourse; cette alliance se réalise d'autant plus facilement que les dettes de l'État augmentent d'avantage et que les sociétés par actions concentrent de plus en plus entre leurs mains non seulement le transport, mais aussi la production elle-même, et trouvent à leur tour leur point central dans la Bourse. »

Ibid.

Contribution à une philosophie de la science

F. Engels a tenté dans *Dialectique de la nature* de formuler une application du matérialisme dialectique aux sciences exactes et expérimentales. Cet ouvrage inachevé comprend une réflexion philosophique sur les sciences de la nature. L'ouvrage est à la fois une mini-histoire des sciences et une réflexion philosophique sur la connaissance. Il contient une discussion de la théorie de Darwin, mais aussi une approche de la physique avec une réflexion sur la chaleur, l'électricité, l'astronomie, la mécanique; il n'oublie pas non plus de parler de la chimie, des mathématiques, etc.

Il refuse d'opposer **induction et déduction.** Il renvoie dos à dos les partisans de l'empirisme et de la science pure et idéaliste.

« Toute l'induction du monde ne nous aurait jamais aidés à nous expliquer le *processus* de l'induction. Seule *l'analyse* de ce processus pouvait y parvenir. Induction et déduction vont aussi nécessairement de pair que synthèse et analyse. Au lieu de porter exclusivement aux nues l'une aux dépens de l'autre, il faut chercher à utiliser chacune à sa place, et cela n'est possible que si l'on ne perd pas de vue qu'elles vont de pair, qu'elles se complètent réciproquement [...]. La machine à vapeur a donné la preuve la plus péremptoire que l'on peut mettre en jeu de la chaleur et obtenir du mouvement mécanique. Cent mille machines à vapeur ne l'ont pas mieux démontré qu'*une seule;* elles ont seulement contraint de plus en plus les physiciens à l'expliquer. Sadi Carnot a été le premier à s'en occuper sérieusement; mais non par induction. »

Sciences de la nature.

Il pense que **les lois dialectiques** s'appliquent à la science :

> « C'est donc l'histoire de la nature et de celle de la société humaine que sont abstraites les lois de la dialectique. elles ne sont précisément rien d'autre que les lois les plus générales des deux phases du développement historique ainsi que de la pensée elle-même. Elles se réduisent pour l'essentiel aux trois lois suivantes :
> - la loi du passage de la quantité à la qualité et inversement;
> - la loi de l'interpénétration des contraires;
> - la loi de la négation de la négation. »
>
> *Sciences de la nature.*

F. Engels annonce la nécessité d'une science de la pensée de nature historique. Il est un précurseur de *l'épistémologie.*

> « L'étude empirique de la nature a accumulé une masse si énorme de connaissances positives que la nécessité de les ordonner systématiquement et selon leur enchaînement interne dans chaque domaine de recherche séparé est devenue impérieuse [...]. La pensée théorique de chaque époque, est un produit historique qui prend en des temps différents une forme très différente [...]. **La science de la pensée** est donc comme toute autre science, une science historique, la science du développement historique de la pensée humaine [...]. En second lieu, si la connaissance du développement historique de la pensée humaine, avec les conceptions des enchaînements généraux du monde extérieur qui ont paru aux diverses périodes est un besoin pour la science théorique de la nature, c'est encore parce qu'elle fournit un critère pour les théories que cette science doit édifier. »
>
> *Sciences de la nature.*

De la théorie de l'exploitation au « socialisme scientifique »

Dans *La Situation de la classe laborieuse en Angleterre,* F. Engels va mettre en évidence le mécanisme de la révolution industrielle. Il relie ces transformations technologiques au développement du capitalisme. Il forge une théorie de l'exploitation du prolétariat à partir de son enquête mais aussi en élaborant des concepts. Il étudie les rapports de production avec ses diverses composantes : rapports de pouvoir, rapport salarial et lutte des classes. F. Engels pratique même une véritable *enquête participante,* il vit alors avec une ouvrière irlandaise dont il partage le mode de vie... Mais au même moment il peut observer le capitalisme de l'intérieur car il participe à la direction de la filiale paternelle de textile Manchester. Engels analyse alors les procédures de gestion d'un cycle productif et financier en expert. Il fournira à K. Marx des matériaux de première main sur la direction capitaliste des entreprises dans le pays le plus avancé. F. Engels fréquente alors le mouvement chartiste et devient un disciple admiratif de R. Owen. Le caractère scientifique du socialisme naîtra largement de l'expérience d'Owen et de ses théories.

Dans l'*Anti-Dühring,* il décrit ainsi les leçons tirées de R. Owen :

> « Dans la révolution industrielle, la plupart des hommes de son groupe social ne voyaient que confusion et chaos, où il faisait bon pêcher en eau trouble et s'enrichir rapidement. Il y vit l'occasion d'appliquer sa thèse favorite et de mettre par là de l'ordre dans le chaos. Il s'y était déjà essayé avec succès à Manchester comme

dirigeant de 500 ouvriers dans une fabrique; de 1800 à 1929, il régit comme associé gérant la grande filature de coton de New Lanark en Écosse et il le fit dans le même esprit, mais avec une plus grande liberté d'action et un succès qui lui valut une réputation européenne. Une population qui monta peu à peu jusqu'à 2 500 âmes et se composait à l'origine des éléments les plus mêlés, pour la plupart fortement démoralisées, fut transformée par lui en une parfaite colonie modèle où ivrognerie, police, justice pénale, procès, assistance publique et besoin de charité étaient choses inconnues.

Et cela tout simplement en plaçant les gens dans des circonstances plus dignes de l'homme, et surtout en faisant donner une éducation soignée à la génération grandissante. Il fut l'inventeur des écoles maternelles et le premier à les introduire. Dès l'âge de deux ans, les enfants allaient à l'école, où ils s'amusaient tellement qu'on avait peine à les ramener à la maison. Tandis que ses concurrents travaillaient de treize à quatorze heures par jour, on ne travaillait à New Lanark que dix heures et demie. Lorsqu'une crise du coton arrêta le travail pendant quatre mois, les ouvriers chômeurs continuèrent à toucher leur salaire entier, ce qui n'empêcha pas l'établissement d'augmenter en valeur de plus du double et de donner jusqu'au bout de gros bénéfices aux propriétaires.

Mais tout cela ne satisfaisait pas Owen. L'existence qu'il avait faite à ses ouvriers était, à ses yeux, loin encore d'être digne de l'homme; “les gens étaient mes esclaves” [...]

Les forces de production nouvelles et puissantes, qui n'avait servi jusque-là qu'à l'enrichissement de quelques-uns et à l'asservissement des masses, offraient pour Owen la base d'une réorganisation sociale et étaient destinées à ne travailler que pour le bien-être commun, comme propriété commune de tous.

C'est de cette pure réflexion de l'homme d'affaires, comme fruit pour ainsi dire du calcul commercial, que naquit le communisme owénien[...]. Le passage au communisme fut le tournant de la vie d'Owen. Tant qu'il s'était contenté du rôle de philanthrope, il n'avait récolté que richesse, approbation, honneur et renommée. Il était l'homme le plus populaire d'Europe; non seulement ses collègues, mais aussi des hommes d'État et des princes l'écoutaient et l'approuvaient. Mais lorsqu'il se présenta avec des théories communistes, tout changea. Il y avait trois grands obstacles qui semblaient lui barrer surtout la route de la réforme sociale : la propriété privée, la religion et la forme actuelle du mariage. »

Anti-Dühring, Éd. sociales.

La lecture marxiste standard

L'approche «marxiste standardisée» est mise au point par F. Engels puis reprise et développée par K. Kautsky. Les deux ouvrages marxistes les plus diffusés sont le *Manifeste du parti communiste,* et le petit ouvrage de Engels *Socialisme utopique et socialisme scientifique,* extrait de l'*Anti-Dühring.*

Le mode de production capitaliste

F. Engels fournit dans *l'Anti-Dühring* un des condensés les plus célèbres de l'analyse « marxiste standard » du mode de production capitaliste :

« **Révolution capitaliste** – Transformation de l'industrie, d'abord au moyen de la coopération simple de la manufacture. Concentration des moyens de production jusque-là dispersés en de grands ateliers, par suite transformation des moyens de production de l'individu en moyens sociaux; – transformation qui ne touche pas à la forme de l'échange dans son ensemble. Les anciennes formes d'appropriation restent en vigueur. Le *capitaliste* apparaît : en sa qualité de propriétaire des moyens de production, il s'approprie aussi les produits et en fait des marchandises. La production est devenue un acte social : l'échange et avec lui l'appropriation restent des actes individuels, actes de l'homme singulier : *le produit social est approprié par le capitaliste individuel.* Contradiction fondamentale, d'où jaillissent toutes les contradictions dans lesquelles se meut la société actuelle et que la grande industrie fait apparaître en pleine lumière.

A. – Séparation du producteur d'avec les moyens de production. Condamnation de l'ouvrier au salariat à vie. **Opposition du prolétariat et de la bourgeoisie.**

B. – Manifestation de plus en plus nette et efficacité croissante des lois qui dominent la production des marchandises. Lutte de concurrence effrénée. **Contradiction de l'organisation sociale dans chaque fabrique et de l'anarchie sociale dans l'ensemble de la production.**

C. – D'un côté, perfectionnement du machinisme, dont la concurrence fait une loi impérative pour tout fabricant et qui équivaut à une élimination toujours croissante d'ouvriers : *armée industrielle de réserve.* – De l'autre côté, extension sans limite de la production, également loi impérative de la concurrence pour chaque fabricant. – Des deux côtés, développement inouï des forces productives, excédent de l'offre sur la demande, surproduction, encombrement des marchés, crises décennales, cercles vicieux : *excédent, ici, de moyens de production et de produits – excédent, là d'ouvriers* sans emploi et sans moyens d'existence; mais ces deux rouages de la production et du bien-être social ne peuvent s'engrener, du fait que la forme capitaliste de la production interdit aux forces productives d'agir, aux produits de circuler, à moins qu'ils ne soient précédemment transformés en capital : ce que leur surabondance même empêche. La contradiction s'est intensifiée en contre-raison : **le mode de production se rebelle contre la forme d'échange.** La bourgeoisie est convaincue d'incapacité à diriger davantage ses propres forces productives sociales.

D. – Reconnaissance partielle du caractère social des forces productives s'imposant aux capitalistes eux-mêmes. Appropriation des grands organismes de production et de communication, d'abord par *des sociétés par actions,* puis par des trusts, ensuite par *l'État.* La bourgeoisie s'avère comme une classe superflue; toutes ses fonctions sociales sont maintenant remplies par des employés rémunérés. »

Ibid. éd. Sociales, 1971.

Cela conduit à une approche des crises en termes de **surproduction**.

« Nous avons vu comment la perfectibilité poussée au maximum du machinisme moderne se transforme par l'effet de l'anarchie de la production dans la société, en une loi impérative pour le capitaliste industriel isolé, en l'obligeant à améliorer sans cesse sa force de production. La simple possibilité de fait d'agrandir le domaine de sa production se transforme pour lui en une autre loi tout aussi impérative. L'énorme force d'expansion de la grande industrie, à côté de laquelle celle des gaz est un véritable jeu d'enfant, se manifeste à nous maintenant comme un *besoin* d'expansion qualitatif et quantitatif, qui se rit de toute contre-pression. La contre-pression est constituée par la consommation, le débouché, les marchés pour les produits de la grande industrie. Mais la possibilité d'expansion des marchés, extensive aussi bien qu'intensive, est dominée en premier lieu par des lois toutes différentes, dont l'action est beaucoup moins énergique. L'expansion des marchés ne peut pas aller de pair avec l'expansion de la production. La collision est inéluctable et comme elle ne peut pas engendrer de solution tant qu'elle ne fait pas éclater le mode de production capitaliste lui-même, elle devient périodique. La production capitaliste engendre un nouveau "cercle vicieux".

En effet, depuis 1825, date où éclata la première crise générale, la totalité du monde industriel et commercial, la production et l'échange de l'ensemble des peuples civilisés et de leurs satellites plus ou moins barbares se détraquent environ une fois tous les dix ans. Le commerce s'arrête, les marchés sont encombrés, les produits sont là aussi en quantités aussi massives qu'ils sont invendables, l'argent comptant devient invisible, le crédit disparaît, les fabriques s'arrêtent, les masses travailleuses manquent de moyens de subsistance pour avoir produit trop de moyens de subsistance, les faillites succèdent aux faillites, les ventes forcées aux ventes forcées. l'engorgement dure des années, forces productives et produits sont dilapidés et détruits en masse jusqu'à ce que les masses de marchandises accumulées s'écoulent enfin avec une dépréciation plus ou moins forte, jusqu'à ce que production et échange reprennent peu à peu leur marche. Progressivement, l'allure s'accélère, passe au trot, le trot industriel se fait galop et ce galop augmente à son tour jusqu'au ventre à terre d'un *steeple chase* complet de l'industrie, du commerce, du crédit et de la spéculation, pour finir, après les sauts les plus périlleux, par se retrouver... dans le fossé du krach. Et toujours la même répétition [...]. On voit, dans les crises, la contradiction entre production sociale et appropriation capitaliste arriver à l'explosion violente. La circulation des marchandises est momentanément anéantie; le moyen de circulation de l'argent, devient obstacle à la circulation; toutes les lois de la production et de la circulation des marchandises sont mises sens dessus dessous. La collision économique atteint son maximum : *le mode de production se rebelle contre le mode d'échange, les forces productives se rebellent contre le mode de production pour lequel elles sont devenues trop grandes.* »

Anti-Dühring, éd. Sociales, 1971.

Qu'est-ce que le socialisme ?

A la différence des socialistes utopiques, ni K. Marx, ni F. Engels n'ont jamais voulu décrire le monde futur. L'histoire étant ce qu'en font les hommes engagés dans les luttes sociales, nul plan ne doit entraver leur découverte.

« **Révolution prolétarienne** — Résolution des contradictions : le prolétariat s'empare du pouvoir public et, en vertu de ce pouvoir, transforme les moyens de production sociaux qui échappent des mains de la bourgeoisie en propriété publique. Par cet acte, il libère les moyens de production de leur qualité antérieure de capital et donne à leur caractère social pleine liberté de s'imposer. Une production sociale suivant un plan déterminé est désormais possible. Le développement de la production fait de l'existence ultérieure de classes sociales différentes un anachronisme. Dans la mesure où l'anarchie de la production sociale disparaît, l'autorité politique de l'État entre en sommeil. Les hommes, enfin maîtres de leur propre mode de vie en société, deviennent aussi par là même maîtres de la nature, maîtres d'eux-mêmes, libres.

Accomplir cet acte libérateur du monde, voilà la mission historique du prolétariat moderne. En approfondir les conditions historiques et par là, la nature même, et ainsi donner à la classe qui a mission d'agir, classe aujourd'hui opprimée, la conscience des conditions et de la nature de sa propre action, voilà la tâche du socialisme scientifique, expression théorique du mouvement prolétarien. »

Ibid.

Le passage démocratique au socialisme

F. Engels a longtemps présenté le passage au socialisme sous la forme d'une «dictature du prolétariat». Cette notion pour lui ne signifie pas une transition barbare mais il prend modèle sur la *Commune de Paris* pour définir concrètement le prolétariat qui impose sa volonté aux ex-classes dirigeantes…

Toutefois, en 1895, il va évoluer en imaginant une « transition pacifique » au socialisme :

« Les ouvriers ont transformé le droit de vote, selon les paroles du programme marxiste français *de moyen de duperie qu'il a été jusqu'ici en instrument d'émancipation.* Et si le suffrage universel n'avait d'autre utilité que de nous permettre de nous compter tous les trois ans, que de renforcer par la montée régulièrement constatée, extrêmement rapide du nombre des voix, la certitude de la victoire chez les ouvriers et l'effroi chez nos adversaires et de devenir ainsi notre meilleur moyen de propagande. […]. Mais il a encore fait bien davantage. Avec l'agitation électorale, il nous a fourni un moyen qui n'a pas son égal pour entrer en contact avec les masses populaires là où elles sont encore loin de nous […]. On participa aux élections aux différentes diètes, aux conseils municipaux, aux conseils de prud'hommes, on disputa à la bourgeoisie chaque poste chaque fois qu'une partie suffisante du prolétariat participait à la désignation du titulaire. Et c'est ainsi que la bourgeoisie et le gouvernement en arrivèrent à avoir plus peur de l'action légale que de l'action illégale du parti ouvrier, des succès des élections que de ceux de la rébellion.

Car là aussi, les conditions de la lutte s'étaient sérieusement transformées. La rébellion d'ancien style, le combat sur les barricades, qui, jusqu'à 1848, avait partout été décisif, était considérablement dépassé. »

Introduction à « Les luttes de classes en France », 1895.

QU'EST-CE QUE LE MARXISME ?

Par-delà les personnalités de Marx et de Engels, il est nécessaire d'analyser le marxisme comme *mouvement social.*

♦ *Le marxisme est :*

1) une théorie, le matérialisme dialectique et historique qui prend appui sur les œuvres de K. Marx et de F. Engels. Elle se présente comme *une critique de l'économie politique* qui trouve son expression dans *Le Capital,* mais c'est aussi une science de l'histoire des sociétés, et même, une science de la nature.

2) un mouvement social cherchant à remplacer le capitalisme par le biais d'une lutte des classes vigoureuse afin d'aboutir au socialisme qui abolit l'exploitation de l'homme par l'homme puis enfin vise à établir le *communisme* où disparaît l'État coercitif et où chacun vivra selon ses besoins.

♦ Un ensemble de théoriciens vont compléter l'œuvre de K. Marx et de F. Engels. Le marxisme deviendra ainsi l'idéologie dominante au sein du mouvement ouvrier en Europe occidentale au début du XXe siècle.

• **En économie** Kautsky formule une théorie des crises (1902), R. Luxemburg précise l'analyse de l'accumulation du capital à l'échelle mondiale (1913), Hilferding se consacre comme elle à l'étude de l'expansion impérialiste et à la concentration monopolistique (1910). Lénine travaille aussi à l'étude du capitalisme monopoliste et à l'expansion internationale du mode de production marchand. La théorie de la valeur et des prix ainsi que la monnaie et l'or sont étudiés par Bauer. Hilferding, Varga, Kautsky et Bauer examinent le rôle de la rente foncière et la question agraire. Cunow tente de préciser la théorie de l'histoire économique selon la logique marxiste.

• Dans le domaine **des sciences humaines,** des marxistes poursuivent l'œuvre de K. Marx. Kautsky réalise une lecture marxiste de l'histoire de la Révolution française et même du christianisme. Pikler en ethnologie s'inspire de Engels; Beer écrit une histoire marxiste des mouvements sociaux, Mehring s'attaque à la sociologie de la littérature, etc.

QU'EST-CE QUE LA SOCIAL-DÉMOCRATIE ?

♦ 1900 sera la date charnière correspondant à l'âge d'or du marxisme, de multiples penseurs aux ambitions encyclopédiques développent la pensée de Marx dans divers domaines des sciences sociales. Le courant social-démocrate regroupe encore les gens les plus divers; ce n'est que progressivement que la coupure va s'opérer entre marxistes révolutionnaires qui suivront Lénine dans la IIIe internationale et socialistes réformistes qui refusent de se reconnaître dans la révolution Russe de 1917. Le mot social-démocrate est aujourd'hui réservé à ceux qui sont restés dans la IIe internationale.

♦ Progressivement, la social-démocratie occidentale va abandonner les notions de « lutte des classes » et surtout l'idée d'une « dictature du prolétariat » lors du passage au socialisme. L'idée d'une transition socialiste douce et progressive caractérise le *révisionnisme* par rapport au marxisme standard. Deux noms vont lui donner son expression théorique : Bernstein et Kautsky.

♦ Kautsky théorise **le passage démocratique au socialisme** :

« Mais la démocratie ne nous fournit-elle pas la base propre à assurer **le passage graduel,** insensible du capitalisme au socialisme sans que nous ayons à redouter cette rupture violente avec l'état existant dont nous menace la conquête du pouvoir politique par le prolétariat ? [...]. Dans toutes les nations civilisées, nous jouissons d'une dose de démocratie suffisante pour que l'évolution pacifique soit possible, pour qu'elle se produise sans révolution. Nous avons partout la faculté de fonder **des sociétés de consommation;** étendues, elles pratiquent elles-mêmes la production pour leur propre compte, et lentement mais sûrement, changent le caractère de la production capitaliste. Nous avons partout la faculté d'organiser **les syndicats** : ils limitent de plus en plus le pouvoir qu'exerce le capitaliste dans sa propre exploitation, remplacent dans la fabrique l'absolutisme par le constitutionnalisme et préparent ainsi lentement le passage de celle-ci à la forme républicaine. Presque partout la démocratie socialiste a la faculté de pénétrer dans les conseils communaux, de faire entrer en ligne de compte, dans les travaux publics, les intérêts de la classe ouvrière, d'agrandir toujours la tâche des municipalités et de restreindre la production privée en élargissant constamment le domaine de la production communale. Enfin, la démocratie socialiste entre au parlement, y conquiert une influence grandissante, fait aboutir une réforme après l'autre, limite le pouvoir des capitalistes par une législation protectrice du travail, étend toujours davantage la sphère de la production d'État en poussant à la transformation des grands monopoles en services publics. »

La Révolution sociale, Marcel Rivière, 1912

♦ Pour Bernstein le socialisme doit-être réformiste au grand jour :

« Il faut que la social-démocratie ait le courage de s'émanciper de la phraséologie du passé et de vouloir paraître ce qu'actuellement elle est en réalité : un parti de réformes démocratiques et socialistes. »

Socialisme théorique et social-démocratie pratique, 1899.

En conséquence, **la gestion socialiste** vue par Kautsky refuse la dictature du prolétariat marxiste et le despotisme d'usine du capitalisme sauvage :

« La discipline du prolétariat n'est pas la discipline militaire; elle n'est pas l'obéissance passive à une institution établie d'en haut; c'est la discipline démocratique, la soumission volontaire à une direction élue et aux résolutions de la majorité des compagnons. Pour que cette discipline démocratique ait une action dans la fabrique, il faut que le travail y soit organisé démocratiquement, que la fabrique démocratique ait remplacé la fabrique autocratique d'aujourd'hui. Il va de soi qu'un régime socialiste n'aura rien de plus pressé que d'organiser démocratiquement la production [...].Chaque industrie a son caractère propre, qui est une indication pour l'organisation des ouvriers. Il y a, par exemple, des exploitations qui ne peuvent pas se passer d'une organisation bureaucratique, tels les chemins de fer. Voici quelle pourrait être dans ce cas l'organisation démocratique :

les ouvriers éliraient des délégués qui formeraient une sorte de parlement ayant pour mission de régler le travail et de surveiller l'administration bureaucratique. D'autres exploitations peuvent être confiées aux syndicats; d'autres, enfin, peuvent être laissées aux mains des corporations [...]. Nous avons. vu qu'il pouvait y avoir différentes sortes de propriétés : propriété de l'État, propriété de la commune, propriété des associations; mais bien des moyens de production pourront continuer à être des propriétés privées. »

La révolution sociale, Marcel Rivière, 1912.

Le socialisme est pour Bernstein un « libéralisme organisateur ».

« Le libéralisme avait pour mission historique de briser les liens dont l'économie et les institutions juridiques du moyen âge ont ligoté le progrès social. Qu'il se soit révélé en premier lieu, sous l'aspect d'un libéralisme bourgeois, cela n'empêche pas, de fait, d'exprimer un principe social général beaucoup plus large, dont l'aboutissement sera le socialisme. Le socialisme ne veut pas créer une contrainte nouvelle quelle qu'elle soit. L'individu doit être libre – non pas dans le sens métaphysique comme le rêvent les anarchistes, c'est-à-dire libre de tout devoir envers la communauté, mais libre de toute contrainte économique dans ses mouvements et dans le choix de sa profession. Et une liberté semblable n'est possible pour tous qu'au moyen de l'organisation. Dans ce sens, on pourrait aussi bien appeler le socialisme : *libéralisme organisateur.* »

Socialisme théorique et social-démocratie pratique, 1899.

L'État moderne dépasse donc les intérêts de classe :

« Les intérêts antagoniques des classes disparaîtront en partie sur le champ de bataille de la concurrence économique (qui comprend la lutte syndicale), en partie – et ceci à un degré de plus en plus grand – dans la législation. Du combat des intérêts de classe, l'intérêt collectif se détachera lentement et plus il prédominera, plus la société sera démocratique. Avec les progrès de la démocratie [...] les luttes se manifesteront par des discours, par la presse, par les élections [...]. Le pouvoir législatif croîtra plus fortement dans son opposition au conflit des forces économiques, en même temps qu'il régira des matières autrefois entièrement abandonnées à l'aveugle décision des luttes d'intérêts privés. »

Sozialistische Controversen, 1904.

Plat avec emblême, 1890. LA PORCELAINE D'AGITPROP

Sergueï Tchekonine *La faucille et le marteau*

Le projet de la social-démocratie va de plus en plus s'identifier à la notion **d'économie mixte;** celle-ci combine un marché qui produit l'essentiel des biens et services, quelques entreprises publiques faisant une politique industrielle active et un État providence qui prend en charge la protection sociale en matière de santé, d'emploi et de retraite, sans oublier une éducation publique généralisée.

6.3.2. Karl Kautsky : le marxisme orthodoxe

KAUTSKY (1854-1938)

Né à Prague en 1854, Karl Kautsky étudie à Vienne. Au sein de la social-démocratie autrichienne il acquiert une orientation socialiste. Disciple de Darwin et du positivisme, il s'oriente vers le marxisme avec son ami Bernstein et sous l'influence des écrits d'Engels.

En 1882, il fonde la *Neue Zeit,* revue théorique de la social-démocratie allemande, lieu des grandes polémiques internationales et vecteur du marxisme de la IIe internationale. De 1885 à 1890, il vit à Londres où il est le secrétaire d'Engels; il retourne en Allemagne lors de l'abrogation des lois antisocialistes. Défenseur de l'«orthodoxie» face au courant «révisionniste» mené par Bernstein, il devient le théoricien marxiste le plus influent de son époque et publie de très nombreux ouvrages sur de multiples sujets historiques, politiques ou économiques. Avec la guerre, il se change bientôt en réformiste aux yeux des révolutionnaires marxistes de divers pays et ses critiques du régime soviétique comme la place déterminante qu'il accorde désormais à la démocratie en font un des boucs-émissaires de la IIIe internationale. Dans les années 1920, il se retire de la vie politique pour se consacrer à des études philosophiques, tout en écrivant encore sur les grands sujets politiques. Il meurt à Prague en 1938.

L'ŒUVRE DE KAUTSKY

Le cadre théorique de départ de Kautsky est donné par la synthèse de *l'Anti-Dühring* d'Engels sur l'évolution du capitalisme, replacée dans une interprétation du matérialisme historique passablement purgé de la dialectique hégélienne de Marx. Cette approche évolutionniste et mécaniste où s'imposent des lois économiques ou historiques conçues sur le modèle des lois naturelles, insiste sur la « contradiction entre forces productives et rapports de propriété » comme moteur du changement social.

La vision du capitalisme de Kautsky réduit le concept marxien de « rapports de production » à la question de la forme de propriété (une interprétation qui dominera les marxismes du XXe siècle) :

> « Le fondement juridique du mode de production actuel, la propriété privée des moyens de production, devient toujours plus incompatible avec la nature des moyens de production.»
>
> *Le programme d'Erfurt, 1892.*
>
> « Les forces productives qui se sont développées dans le sein de la société capitaliste, sont incompatibles avec le système de propriété sur lequel celui-ci repose.» *Id.*

Au cours de sa première période d'activité, Kautsky prolonge à sa façon le travail d'exposition et de divulgation de la pensée de Marx effectué par Engels à la fin de sa vie. Dans *Les Trois Sources du marxisme* (1908), il présente la pensée des pères fondateurs comme une synthèse de l'économie politique anglaise, du radicalisme français et de la philosophie allemande, d'où découle «le socialisme scientifique moderne». A partir des manuscrits de Marx, il édite les *Théories sur la plus-value,* livre IV du *Capital*.

Deux livres en particulier constitueront le catéchisme de plusieurs générations de militants, au niveau international :

• *Les Doctrines économiques de Marx* (1887), qui demeurent, un des meilleurs exposés de vulgarisation du livre I du *Capital*, et

• *Le Programme d'Erfurt* (1892) traduit en 19 langues dont le russe dès 1894 et réédité 12 fois jusqu'en 1914.

La question agraire (1899)

Ce livre est salué par Lénine comme l'œuvre la plus importante depuis la publication du livre III du *Capital*. Critiquant les auteurs révisionnistes qui prenaient l'agriculture comme exemple privilégié de leur thèse sur la vitalité de la petite entreprise, par opposition aux prévisions orthodoxes sur la concentration, Karl Kautsky affirme qu'il ne faut s'attendre dans ce domaine ni à la fin de la grande exploitation ni à celle de la petite. On observe simultanément « à un pôle, la tendance universellement vraie à la prolétarisation, [...] à l'autre pôle, une oscillation constante entre les progrès de la petite exploitation et ceux de la grande » *La Question agraire,* 1899.

Mais si la petite exploitation se maintient, ce n'est pas parce qu'elle est capable de soutenir la concurrence de la grande, qui lui demeure supérieure sur le plan technique. C'est au contraire parce qu'elle cesse de la concurrencer, si bien qu'en définitive le petit paysan devient vendeur de sa force de travail, et acheteur du produit excédentaire de la grande exploitation.

> Finalement, « l'agriculture ne produit pas par elle-même les éléments dont elle a besoin pour parvenir au socialisme. Mais l'agriculture indépendante de l'industrie, qu'elle soit paysanne ou capitaliste, cesse de plus en plus de jouer un rôle dans la société. L'industrie subjugue l'agriculture, de sorte que l'évolution industrielle trace de plus en plus la loi de l'évolution agricole. »
>
> *La Question agraire,* 1899.

Les crises économiques et l'effondrement du capitalisme

Tout en se défendant de partager une vision catastrophiste de l'« effondrement » économique du capitalisme, attribuée selon lui à tort par Bernstein aux orthodoxes, Kautsky critique également les implications *harmonicistes* de l'analyse des crises faites par le Russe Tougan-Baranovsky dans son livre *Études sur la théorie et l'histoire des crises commerciales en Angleterre* (1894). Pour ce dernier, Marx avait deux théories de l'effondrement également erronées, l'une fondée sur la baisse tendancielle du taux de profit, l'autre sur la sous-consommation. Mais les crises sont dues en réalité à l'anarchie capitaliste, à l'absence de plan qui empêche un équilibre de s'établir entre les secteurs de production.

En s'appuyant sur les schémas de reproduction de Marx, Tougan proposait une explication des crises fondée sur la disproportion sectorielle; ouvrant ainsi une longue lignée chez les marxistes. Cette disproportion étant un phénomène relatif, il n'y a pas de limite absolue au développement du capitalisme, ni donc d'effondrement en perspective.

Pour Kautsky, le fondement ultime des crises capitalistes réside en fait dans la sous-consommation ouvrière, qui se manifeste périodiquement par des difficultés pour la réalisation de la survaleur (plus-value) produite. Contrairement aux systèmes précapitalistes, la sous-consommation des travailleurs dans le capitalisme n'est plus compensée par une surconsommation des classes exploiteuses : c'est là le fondement de la tendance à la surproduction.

> « Les capitalistes et les ouvriers exploités constituent un marché qui s'étend avec l'accroissement de la richesse capitaliste et du nombre des travailleurs, mais il ne s'étend pas aussi rapidement que l'accumulation du capital et que la productivité du travail, et il n'est pas en lui-même suffisant pour les moyens de consommation produits par la grande industrie capitaliste. Celle-ci doit donc chercher un marché supplémentaire en dehors de sa propre sphère, parmi les couches professionnelles et parmi les nations qui ne produisent pas encore de façon capitaliste. Elle les trouve et les élargit sans cesse, mais trop lentement. Car ces débouchés supplémentaires ne possèdent pas, et de loin, l'élasticité et la capacité d'extension de la production capitaliste. »
>
> *Théorie des crises, Die Neue Zeit,* 1901-1902, vol 20.

On a là une des sources de la théorie que Rosa Luxemburg développera, non plus à propos du problème des crises, mais de celui de la reproduction élargie et de l'extension du capitalisme, dans son grand ouvrage *L'Accumulation du capital* (1913) — plus tard bien connu de son compatriote Michal Kalecki, ce jumeau marxiste de Keynes.

Selon Kautsky, le développement du capitalisme conduit à une absorption des sphères non capitalistes, par la concentration à l'intérieur et la croissance du nombre des nations industrielles par rapport aux nations agricoles à l'extérieur, si bien que l'extension ultérieure des débouchés non capitalistes viendra à son terme, conduisant à une surproduction chronique pour toutes les nations industrielles. La dépression chronique, insupportable pour la masse de la population, conduira alors cette dernière à instaurer le socialisme. Kautsky avance donc ce qui peut sembler une belle anticipation, trente ans avant, de la grande dépression comme crise majeure de surproduction, et une thèse *stagnationniste* qui réapparaîtra chez des marxistes comme Kalecki, Steindl, Sweezy, mais aussi chez Keynes. On notera qu'il réintroduit aussi à sa façon, la perspective de l'effondrement dont il cherchait à se démarquer.

L'économie socialiste

Les écrits de Kautsky contiennent une vision du futur *«mode de production socialiste»*, qui va remplacer les diverses anticipations du *communisme* chez Marx, tout en empruntant à la tradition du socialisme d'État allemand. Le passage de la propriété privée à la « propriété associée» résoudra le conflit du développement économique engendré par la concentration de la production, il y aura donc «réunion de toutes les entreprises » en « une grande association unique » (*Le programme d'Erfurt,* 1892). Reprenant l'opposition établie par Marx entre les deux modes de coordination de la division du travail, celle du marché dans la société et celle du plan au sein de la fabrique, Kautsky écrit :

> « De même qu'aujourd'hui dans une grande entreprise industrielle, la production et le paiement des salaires sont réglés selon un plan précisément établi à l'avance, il en sera de même dans une société socialiste, qui n'est rien d'autre qu'une énorme entreprise industrielle. »
>
> *Le Programme d'Erfurt,* 1892.

Quant à **«l'État du futur»** (*Zukunftstaat),* il prolongera l'État moderne, dont l'activité économique «est le point de départ naturel de ce mouvement qui conduit à la communauté socialiste. »

> « C'est seulement quand les classes laborieuses seront devenues dominantes dans l'État, que l'État cessera d'être une entreprise capitaliste; c'est seulement alors qu'il deviendra possible de le transformer en collectivité socialiste. »
>
> *Le programme d'Erfurt,* 1892.

Le modèle de l'économie socialiste conçue comme une grande entreprise organisée par **l'État** marquera la plupart des courants marxistes de l'époque; elle se retrouvera sous une forme transformée dans l'économie politique du socialisme en URSS à l'époque stalinienne.

La critique du régime soviétique

Après la révolution russe, Kautsky engage une véritable croisade contre le bolchévisme, écrivant de nombreux ouvrages et articles sur le nouveau régime en Russie, suscitant en retour des réponses des grands théoriciens soviétiques : Lénine — qui le traite de *renégat* pour sa défense de la démocratie par opposition à la dictature du prolétariat —, Trotsky, Boukharine, etc. Selon Kautsky, le régime bolchévique est, sur le plan politique, une dictature bureaucratique et sur le plan économique, un capitalisme d'État (*Terrorisme et communisme,* 1919), prolongeant les tendances du capitalisme russe (*De la démocratie à l'esclavage d'État, 1921).* Le nouveau régime est plus oppresseur pour la classe ouvrière que l'ancien capitalisme, sous l'angle politique aussi bien qu'économique. Tout en admirant Lénine, qu'il compare à Bismarck, Kautsky condamne le système soviétique, particulièrement après l'instauration du stalinisme à la fin des années 1920, comme la dictature d'une « nouvelle classe dominante » :

> « Quant au lieu des capitalistes émerge une autre minorité qui , indépendamment du peuple et souvent en opposition avec lui, dispose des moyens de production, alors ce changement de propriété ne signifie certainement pas le socialisme.»
>
> *Die Gesellschaft,* 1931.

La planification soviétique n'a rien de socialiste, ce qui supposerait, outre la suppression de la propriété privée, un niveau culturel élevé et un cadre démocratique, qui font défaut en URSS. Il s'agit pour Kautsky en 1931 de l'instrumentalisation de l'économie étatique selon la volonté despotique et les intérêts particuliers de la nouvelle classe dominante, et non d'une authentique « économie planifiée » (cf. M. Salvadori, *Kautsky e la rivoluzione socialista,* Feltrinelli, 1976).

Cependant les analyses kautskiennes du système soviétique, anticipant sur de nombreuses critiques ultérieures, sont demeurées relativement méconnues, par opposition à son œuvre des années 1890 à 1914, où il gagna sa réputation de « pape du marxisme ».

6.3.3. Hilferding et l'organisation du capitalisme

RUDOLF HILFERDING (1877–1941)

L'austromarxisme est une école de pensée qui s'est développée à Vienne de la fin du XIXe siècle au début des années 1930, surtout dans la période précédant la première guerre mondiale. Influencés au départ par **le néo-kantisme** et **le positivisme philosophique**, ses représentants se sont attaqués aux grands problèmes des sciences sociales de l'époque : la question des nationalités, cruciale dans l'empire austro-hongrois (Otto Bauer), la sociologie du droit (Karl Renner), les changements dans la structure des classes (Max Adler), etc. Rudolf Hilferding fut l'économiste de ce courant. Sa vie illustre la tragédie de la social-démocratie de l'époque.

Né à Vienne en 1877, il étudie d'abord la médecine mais s'oriente très vite vers le mouvement socialiste et les recherches économiques. En 1904, il devient célèbre en publiant *La Critique de Marx par Böhm-Bawerk,* réponse au fameux économiste autrichien, défense et illustration de la théorie de la valeur de Marx, rédigée alors qu'il avait 25 ans. En 1910, paraît *Le Capital financier (étude sur le développement récent du capitalisme),* qui restera son seul grand ouvrage et domine la pensée économique des marxistes de l'époque, influençant notamment Boukharine et Lénine sur le problème de l'impérialisme.

En 1914, il s'oppose au vote des crédits militaires, puis est mobilisé comme médecin jusqu'à la fin de la guerre. Citoyen allemand à partir de 1919, il rejoint le parti social-démocrate (SPD) en 1922, et est élu au Reichstag de 1924 à 1933. Deux fois ministre des Finances dans l'Allemagne de Weimar, en 1923 et 1928-29, son action reste sans effets. L'arrivée d'Hitler au pouvoir le contraint à émigrer en 1933. A Zurich, puis en France, il écrit de nombreux articles au cours des années 1930, et prépare une étude sur la conception moderne de l'État, *Le Problème historique.* Cherchant à quitter la France en 1941, il est livré aux autorités allemandes par la police de Vichy, et assassiné par la Gestapo.

La nature du capital financier et l'impérialisme

Le capital financier contient une théorie de la monnaie centrée sur le papier-monnaie, qui constitue un abandon partiel et très « moderne » de la thèse marxienne de la monnaie marchandise (ce qui suscita la critique de Kautsky et de Lénine). Étudiant la société par actions, Hilferding note la dilution et la concentration simultanée du pouvoir économique, par l'éclatement de la propriété du capital et la domination d'un nombre restreint de grands actionnaires. Ce thème du **pouvoir capitaliste** ressort des passages sur les cartels, les trusts, les monopoles et la concentration bancaire. L'image de ce nouveau capitalisme est donnée par le concept de **capital financier,** c'est-à-dire le capital bancaire (sous forme argent) qui se transforme en capital industriel. Théorisant le système en vigueur en Allemagne et en Europe centrale de la «banque universelle» qui possédait et émettait des actions, et détenait des postes de direction dans l'industrie, Hilferding brosse le tableau d'une **domination du capital industriel par le capital bancaire** comme tendance typique *d'une nouvelle phase du capitalisme.* Ce rapport hiérarchique sera contesté par exemple par H. Grossman, dans un étonnant ouvrage « catastrophiste », *La Loi de l'accumulation et de l'effondrement du système capitaliste,* 1929.

N'oubliez jamais : le capitalisme domine les 3/4 du monde

Fenêtre Rosta, 1920.

L'analyse du capital financier débouche sur la question de **l'impérialisme,** et Hilferding caractérise ce dernier comme ayant une base fondamentalement économique, contrairement à la tradition socialiste pour qui il s'agissait jusque-là d'un phénomène essentiellement politique. Il définit l'impérialisme comme « la politique économique du capital financier » : ce dernier doit utiliser l'appareil d'État pour défendre ses intérêts contre les concurrents étrangers, par le protectionnisme et l'expansionnisme. Outre les conflits pour les matières premières et les débouchés, on voit se développer une lutte pour des sphères d'influence entre les capitaux cherchant des espaces pour l'investissement à l'étranger. L'exportation de capital introduit de nouveaux rapports entre métropoles et colonies.

Le cartel général

L'esprit novateur et acéré d'Hilferding ne l'empêche pas, comme beaucoup de marxistes de l'époque (et d'autres époques aussi) d'extrapoler audacieusement vers le futur certaines tendances observées dans la réalité du capitalisme de son époque. La poussée de la concentration industrielle a une limite, la formation d'*un cartel géné-*

ral englobant toute l'économie, tandis que la concentration du capital-argent, du système des banques, peut aboutir à une « banque centrale » contrôlant la production sociale; l'union de ces deux tendances mène à une situation où la société serait «consciemment réglée sous une forme antagonique ».

> Dans un tel cas : « toute la production capitaliste est réglée consciemment par un organisme qui fixe les dimensions de la production dans toutes ses sphères. La fixation des prix est alors purement théorique et ne signifie plus que la répartition du produit global entre les magnats du cartel, d'une part, et la masse des autres membres de la société, d'autre part.»
>
> *Le Capital financier*, éd. de Minuit, 1970.

Dans cette situation limite, l'anarchie de la production disparaît, de même que la monnaie, l'allocation du produit se faisant désormais en nature.

Le capitalisme organisé

A partir de 1915, et jusqu'à la fin des années 1920, Hilferding développe son hypothèse en une théorie du *capitalisme organisé*. Il considère d'abord celui-ci comme une négation du capitalisme concurrentiel, alternative au socialisme :

> « Au lieu de la victoire du socialisme — écrit-il en 1915 —, une société pourrait se développer avec une économie organisée mais néanmoins hiérarchique et non démocratique. A la tête de cette économie se tiendraient les pouvoirs unis des monopoles capitalistes et de l'État; en dessous d'eux il y aurait les masses, organisées en rangs hiérarchiques comme des fonctionnaires de la production. »
>
> *Arbeitsgemeinschaft der Klassen ? Der Kampf, 1915.*

Au cours des années 1920, Hilferding voit désormais dans le capitalisme organisé une phase de transition sur le chemin du socialisme. Ses caractéristiques, après les transformations opérées autour de la première guerre mondiale sont : le progrès technique, les trusts et les cartels, l'internationalisation et la fin de la concurrence :

> « **Le capitalisme organisé** signifie le remplacement du principe capitaliste de la libre concurrence par le principe socialiste de la production planifiée. »
>
> *Die Aufgaben der Sozialdemokratie in der Republik*, Congrès du SPD de Kiel, 1927.

Les marxistes radicaux de l'époque ont reproché à cette approche son réformisme et l'attentisme qu'elle supposait, sans voir derrière les simplifications et le téléologisme de l'auteur certaines intuitions prophétiques — à supposer qu'on les applique davantage au système soviétique qu'aux capitalismes *classiques*.

L'économie d'État totalitaire

Dans un de ses derniers articles, anticipant certaines analyses d'après-guerre sur le totalitarisme et la « domination du politique », Hilferding écrit que le régime soviétique n'est pas un capitalisme d'État, invraisemblance économique, mais une « économie d'État totalitaire », c'est-à-dire une « économie d'usage » où les fonctions des catégories de prix et de salaire ont été modifiées tout en conservant la même forme, et où les capitalistes ont disparu à la suite de la suppression de la propriété privée. Il s'agit en fait d'une *économie dirigée* dont se rapprochent les systèmes de l'Allemagne et de l'Italie fascistes :

> « Le régime russe et en général tout régime totalitaire n'est pas déterminé par le caractère de l'économie. C'est au contraire l'économique qui est déterminée par le politique, dirigé par celui-ci et subordonné aux buts de ce dernier ». C'est « une société où la politique, c'est-à-dire l'État, joue un rôle déterminant et décisif »
>
> *Capitalisme d'État ou économie d'État totalitaire,* 1940.

L'État-nation moderne joue dans les derniers écrits d'Hilferding un rôle fondamental et indépendant dans la formation de la société; le théoricien est ainsi conduit à une révision radicale du matérialisme historique. Au XXe siècle, écrit-il, il s'est produit un profond :

> « Changement dans le rapport de l'État et de la société, résultat de la subordination de l'économie au pouvoir coercitif de l'État. L'État devient un État totalitaire dans la mesure où s'opère ce processus de subordination. »
>
> *Le problème historique,* 1941.

L'œuvre d'Hilferding, et particulièrement son *Capital financier,* reste aujourd'hui comme un témoignage de la culture marxiste de langue allemande, autant que des transformations structurelles profondes que connaissent les grandes économies dans cette période charnière qui va du début du siècle à la Seconde Guerre mondiale.

Vassili ERMILOV : Couverture d'une revue, 1924.

6.3.4. Lénine : du capitalisme à l'économie socialiste

VLADIMIR ILITCH OULIANOV (1870–1924)

Chez Lénine, la figure de l'économiste est reléguée à l'arrière-plan d'une existence polarisée vers le but de la révolution. Mais sa contribution dans ce domaine n'est pas mince, sans compter l'influence exercée par le « léninisme » au XXe siècle.

Né en 1870 à Simbirsk, Vladimir Ilitch Oulianov s'engage très jeune dans l'activité politique et publie de nombreux textes liés aux polémiques internes aux mouvements révolutionnaires de son pays. Contre le populisme, il écrit notamment *Ce que sont les "Amis du peuple"* (1893) et *Le développement du capitalisme en Russie* (1899). Son *Que faire ?* de 1902 prône la constitution d'un parti centralisé de révolutionnaires professionnels, dans les conditions d'illégalité en vigueur.

En pleine guerre, il écrit *L'Impérialisme, stade suprême du capitalisme* (1916) qui sera sans doute son œuvre la plus influente.

Après la révolution de février 1917, il rentre d'exil en Russie, rédige *L'État et la Révolution* et pousse à l'insurrection et à la prise du pouvoir par les bolcheviks .

Après octobre, il s'impose comme le chef du parti à travers les épreuves du nouveau pouvoir, la guerre civile et l'intervention étrangère, puis propose en 1921 l'abandon du « communisme de guerre » et l'introduction de la NEP (Nouvelle politique économique). Épuisé, malade, perplexe face à l'évolution du régime et aux conflits entre Staline et Trotsky, il meurt en 1924. Ses successeurs se livrent alors, dans tous les sens du terme, à son embaumement. Staline fera bientôt du « marxisme-léninisme » l'idéologie de légitimation du nouveau système soviétique, imposé par la violence à la société et au parti bolchevik à partir de la fin des années 1920.

LES PERSPECTIVES DU CAPITALISME EN RUSSIE

La première période d'activité théorique de Lénine est consacrée à la critique du courant populiste, dont les partisans défendaient pour la Russie une voie de développement non capitaliste, vers une société socialiste, démocratique et égalitaire fondée sur le modèle de la commune paysanne traditionnelle. Marx lui-même avait envisagé un moment une telle hypothèse dans son dialogue avec les populistes russes (lettre à Vera Zassoulitch, préface à l'édition russe du *Manifeste)* avant de l'abandonner; Engels insistera, après la disparition de son ami, sur le fait que la Russie s'était désormais engagée sur la voie du capitalisme. Pour le jeune Lénine, contrairement aux analyses populistes, le développement du capitalisme était théoriquement possible, pratiquement engagé, et historiquement progressiste dans la mesure où il signifiait l'extension de la classe ouvrière industrielle, la seule classe porteuse de l'avenir socialiste. Il caractérise donc les *narodnik* comme affligés d'une mentalité de petits producteurs paysans, comme partisans d'une utopie égalitaire rétrograde et d'un « romantisme économique ». Comme toujours chez lui, la polémique théorique a une fonction précise et directe : celle de légitimer une tactique et une stratégie politique. Il s'attaque donc à la thèse populiste selon laquelle les débouchés intérieurs du capitalisme ne peuvent s'étendre, par suite de l'auto-suffisance de la commune rurale et des tendances à la ruine de la paysannerie, tandis que les débouchés extérieurs sont fermés à un jeune pays engagé trop tard dans la voie capitaliste. Se rapprochant de Tougan-Baranovsky (tout en refusant l'«harmonicisme» radical de ce dernier), Lénine considère — se fondant sur les schémas de reproduction — qu'un retard relatif du pouvoir d'achat des consommateurs n'est pas théoriquement un obstacle au développement capitaliste et à la réalisation de la plus-value, car il est compensé par l'augmentation de la composition organique du capital et la croissance plus que proportionnelle de la section I de la production (celle des moyens de production). Il voit même une *loi* dans le fait que la section I «doive» croître plus vite que la section II (biens de consommation). Notons par parenthèse que l'ironie de l'histoire voudra plus tard que cette tendance se vérifie telle une loi d'airain dans le modèle stalinien d'accumulation, et qu'elle soit démentie dans la période fordienne occidentale. Les textes principaux de Lénine sur ce thème sont *A propos de la question dite des marchés* (1893), *Pour caractériser le romantisme économique* (1897), et *Le Développement du capitalisme en Russie* (1899) dans lequel il écrit notamment :

> « Ce développement de la production (et, par suite, du marché intérieur lui aussi) essentiellement dans le domaine des moyens de production semble paradoxal et constitue, sans doute aucun, une contradiction. C'est une véritable "production pour la production" [...]. Mais ce n'est pas là une contradiction dans la doctrine, mais dans la vie elle-même; c'est précisément une contradiction qui correspond à la nature même du capitalisme et aux autres contradictions de ce système d'économie sociale. Cet élargissement de la production sans élargissement correspondant de la consommation correspond justement à la mission historique du capitalisme et à sa structure sociale spécifique : la première consiste à développer les forces productives de la société; la seconde exclut l'utilisation de ces conquêtes techniques par la masse de la population. »

Ce dernier ouvrage, malgré la tendance finaliste de l'auteur qui interprète la plupart des phénomènes contemporains comme participant d'une même progression du capitalisme, reste par sa richesse empirique et analytique un des grands livres écrits par les marxistes de l'immédiat « après Marx ». Lénine insiste sur la dissolution de la commune paysanne qui conduit à une différenciation et une stratification sociale des campagnes, à l'extension de la petite production marchande et par conséquent — déduction typiquement léniniste, mais logiquement et historiquement discutable — au capitalisme. Outre le développement en Russie des manufactures, de la petite et de la grande industrie, Lénine insiste sur l'émergence d'un capitalisme agraire, avec une bourgeoisie rurale et un prolétariat agricole. Ce système est contradictoire, mais historiquement progressif encore que transitoire.

> « Les progrès de l'agriculture commerciale créent un marché intérieur pour le capitalisme. Premièrement, en effet, la spécialisation de l'agriculture provoque des échanges entre les diverses régions agricoles, les diverses exploitations, les divers produits. Deuxièmement, la demande de la population rurale en produits de l'industrie de transformation pour sa consommation personnelle augmente d'autant plus rapidement que l'agriculture s'engage davantage dans la circulation de marchandise; et, troisièmement, il en va de même pour la demande en moyens de production [...]. Quatrièmement enfin, il se crée une demande de main-d'œuvre, car la formation d'une petite bourgeoisie rurale et l'adoption par les propriétaires fonciers de l'organisation capitaliste supposent nécessairement qu'il y ait formation d'une armée d'ouvriers et de journaliers agricoles. L'extension du marché intérieur du capitalisme [...] constitue la caractéristique de l'époque postérieure à l'abolition du servage [1861] et ne peut s'expliquer que par le progrès de l'agriculture commerciale. »
>
> *Le Développement du capitalisme en Russie,* 1899.

L'IMPÉRIALISME COMME ÉTAPE FINALE DU CAPITALISME

Inspirée par Hilferding avant tout, mais aussi par Hobson et Boukharine, la brochure de Lénine sur l'impérialisme, quoique n'étant pas une œuvre radicalement originale, a été élevée par l'histoire au rang d'un classique. On y trouve la systématisation de l'idée, séduisante en termes de matérialisme historique, d'un fondement **économique** de l'impérialisme, ainsi que la caractérisation de ce dernier comme *une étape* particulière (et ultime) du développement capitaliste — ce qui satisfait l'approche à la fois évolutionniste et finaliste du mouvement historique, tout en intégrant à l'analyse les transformations contemporaines des grandes économies développées.

♦ La définition avancée par Lénine est que « l'impérialisme est le stade monopoliste du capitalisme ». Nous voyons donc apparaître une périodisation en deux phases successives : la concurrence puis le monopolisme (notion qui intègre en fait l'oligopolisme).

> « L'impérialisme a surgi comme le développement et la continuation directe des propriétés essentielles du capitalisme en général. Mais le capitalisme n'est devenu l'impérialisme qu'à un degré défini, très élevé, de son développement, quand certaines des caractéristiques fondamentales du capitalisme ont commencé à se transformer en leurs contraires, quand se sont formés et pleinement révélés les traits d'une époque de transition du capitalisme à un régime économique supérieur. »
>
> *L'Impérialisme, stade suprême du capitalisme* (publié en 1917).

♦ Cinq caractères fondamentaux définissent l'impérialisme :

« 1) concentration de la production et du capital parvenue à un degré de développement si élevé qu'elle a créé les monopoles, dont le rôle est décisif dans la vie économique;

2) fusion du capital bancaire et du capital industriel et création, sur la base de ce *capital financier,* d'une oligarchie financière;

3) l'exportation des capitaux, à la différence de l'exportation des marchandises, prend une importance toute particulière;

4) formation d'unions internationales monopolistes de capitalistes se partageant le monde, et

5) fin du partage territorial du globe entre les grandes puissances capitalistes.»

L'Impérialisme, stade suprême du capitalisme, 1917.

A la différence d'Hilferding, Lénine affirme que l'impérialisme est porteur d'une « *tendance* à la stagnation et à la putréfaction, propre au monopole » (et qu'il manifeste aussi un « parasitisme » typique des États-rentiers). On peut relever ici que Schumpeter développera deux thèses radicalement opposées à celle de Lénine. La première est celle du caractère pré-capitaliste et contradictoire avec le capitalisme du phénomène impérialiste (dans *Contribution à une sociologie des impérialismes*, écrit en 1919 alors que l'auteur ne connaissait pas le texte de Lénine; cf. J. Schumpeter, *Impérialisme et classes sociales,* Flammarion, 1984). La seconde thèse est celle du caractère dynamisant et non inhibiteur du monopole par rapport au développement capitaliste et au progrès technique (*Capitalisme, socialisme et démocratie,* 1942). Sur ce dernier point, Schumpeter a eu raison. Pour ce qui est du lien entre capitalisme et impérialisme, les deux conceptions pourraient peut-être receler chacune un grain de vérité — nul doute cependant que Lénine aurait dénoncé une telle hypothèse comme *centriste.*

L'URSS ET LA TRANSITION VERS L'ÉCONOMIE SOCIALISTE

A partir de 1917, le thème de l'organisation économique du nouveau régime occupe une place importante dans les interventions de Lénine. *L'État et la révolution* (écrit quelques semaines avant la prise du pouvoir) est célèbre pour sa redécouverte du versant quasi libertaire et anti-étatiste de Marx —thématique qui ne survivra guère chez Lénine à la guerre civile et à l'extinction de fait des soviets. Mais ce livre combine, dans un paradoxe révélateur d'une tension inhérente à de nombreux courants marxistes, l'éloge d'une certaine démocratie pour le peuple à la vision d'une économie fortement centralisée et disciplinée. L'État politique commencerait donc à s'éteindre lorsque l'État économique s'imposerait à toute la société. Selon Lénine, les prémisses de la participation de tous à la gestion de l'État sont données par l'instruction générale et « l'éducation et la formation à la discipline » de millions d'ouvriers «par l'appareil socialisé, énorme et complexe de la poste, des chemins de fer, des grandes usines du gros commerce, des banques, etc. »

L'État et la révolution, 1917.

Ainsi le cartel général d'Hilferding fait une réapparition inattendue dans la première phase du communisme — que Lénine appelle, à la différence de Marx, le socialisme.

Dans ce cas :

> « Tous les citoyens deviennent les employés et les ouvriers d'un seul "cartel" étatique du peuple entier [...].
> La société ne sera plus qu'un seul bureau et un seul atelier, avec égalité du travail et égalité de salaire. »

L'État et la révolution, 1917.

Il y a donc dans le socialisme conçu par Lénine une extension à toute la société de la « discipline de fabrique », qui ne disparaîtra pour laisser place à l'altruisme et aux habitudes de la société sans État que dans la phase supérieure du communisme.

Le problème de la **transition** vers une telle économie socialiste est l'une des grandes préoccupations de Lénine au pouvoir.

Dans la Russie de 1918 coexistent cinq types économiques et sociaux :

1) l'économie patriarcale (économie naturelle paysanne);
2) la petite production marchande (les paysans qui vendent du blé);
3) le capitalisme privé;
4) le capitalisme d'État;
5) le socialisme.

Sur l'infantilisme « de gauche »..., mai 1918.

Selon Lénine, il s'agit de formes progressives si bien que **le capitalisme d'État** représente, dans les conditions arriérées du pays, un progrès et une transition vers le socialisme. La conception de la nature et du rôle d'une telle forme économique se modifie à plusieurs reprises chez Lénine après 1917; toutefois l'économie de guerre allemande et ses suites quant à l'intervention de l'État constituent pour lui (comme pour les autres théoriciens bolcheviks) un modèle dans ce domaine.

Il y a deux conditions au socialisme selon Lénine. Une condition politique, la domination du prolétariat dans l'État, et une condition économique :

> « Le socialisme est impossible sans la technique du grand capitalisme, conçue d'après le dernier mot de la science la plus moderne, sans une organisation d'État méthodique qui subordonne des dizaines de millions d'hommes, à l'observation la plus rigoureuse d'une norme unique dans la production et la répartition des produits [...].
> Les chemins imprévus empruntés par l'histoire font « qu'elle a donné naissance, en 1918, à deux moitiés de socialisme, séparées et voisines comme deux futurs poussins sous la coquille commune de l'impérialisme international. L'Allemagne et la Russie incarnent en 1918, avec une évidence particulière, la réalisation matérielle des conditions du socialisme, des conditions économiques, productives et sociales, d'une part, et des conditions politiques d'autre part. »

Ibid.

Après avoir partagé, avec quelques nuances, l'idéologie du « communisme de guerre » (1918-1921), où les mesures d'organisation de l'économie de guerre (liées au conflit avec les Blancs et avec les armées étrangères) étaient présentées comme autant de progrès vers l'économie socialiste et l'abolition de la production marchande, Lénine introduit la NEP en 1921 et amorce une révision progressive et hésitante de la stratégie de la transition vers l'économie socialiste.

Dans un de ses derniers textes, il suggère l'idée d'une voie coopérative vers le socialisme dans les campagnes, intégrant ainsi la paysannerie à la construction de l'économie nouvelle. Certes, écrit-il, la NEP est d'abord une concession au paysan comme marchand et au commerce privé, mais la coopération acquiert, dans ces conditions, une portée considérable :

> « En somme, tout ce qu'il nous faut, sous le régime de la NEP, c'est grouper dans des coopératives des couches suffisamment larges et profondes de la population russe; car nous avons trouvé aujourd'hui le moyen de combiner l'intérêt privé, l'intérêt commercial privé, d'une part, et son contrôle par l'État, d'autre part, le moyen de subordonner l'intérêt privé à l'intérêt général, ce qui autrefois était la pierre d'achoppement pour un grand nombre de socialistes. En effet, le pouvoir d'État sur les principaux moyens de production, le pouvoir d'État aux mains du prolétariat, l'alliance de ce prolétariat avec les millions de petits et tout petits paysans, la direction de la paysannerie assurée à ce prolétariat, etc. — n'est-ce pas tout ce qu'il faut pour construire à partir de la coopération, [...] n'est-ce pas tout ce qui est nécessaire pour édifier une société socialiste intégrale ? »

De la coopération, 1923.

Mais ce changement de perspective n'est alors qu'ébauché par Lénine, déjà frappé par la maladie, laissant à ses successeurs un conflit d'interprétation qui s'ajoutera bientôt à d'autres pommes de discorde.

6.3.5. Boukharine et les chemins du socialisme

NICOLAS BOUKHARINE (1888-1938)

Intellectuel brillant, « enfant chéri du parti » selon Lénine, successivement ultragauchiste et théoricien de la modération, Nicolas Boukharine est un des symboles de la génération des jeunes révolutionnaires bolcheviks qui finira tragiquement, annihilée par Staline.

Né en 1888 à Moscou, engagé très jeune dans la politique, il émigre de 1911 à 1917. En 1914, il écrit *L'Économie politique du rentier,* critique de l'économie marginaliste autrichienne (voir Böhm-Bawerk, p.190), et en 1915, *L'Économie mondiale et l'impérialisme.* Les deux ouvrages paraîtront après la révolution russe. Sa pensée est influencée par l'austro-marxisme, mais aussi par la théorie de l'organisation de Bogdanov et le concept d'équilibre des sciences sociales de l'époque. L'un des responsables des «communistes de gauche» après 1917, il s'oppose au traité de Brest-Litovsk et se déclare — contre Lénine — en faveur de l'étatisation des syndicats.

L'Économique de la période de transition (1920) et *La Théorie du matérialisme historique* (1921) consacrent sa réputation et son influence comme théoricien.

Après l'introduction de la NEP, Boukharine entreprend une profonde révision des ses thèses antérieures, élabore la doctrine du socialisme dans un seul pays et défend, en alliance avec Staline et en conflit avec l'opposition trotskiste, la politique de la NEP comme stratégie de transition progressive au socialisme dans les conditions soviétiques d'alors. Au cours de cette période, il publie *L'Impérialisme et l'accumulation du capital* (1925), une critique de Rosa Luxemburg, et de nombreux textes polémiques ou programmatiques sur l'industrialisation, la question paysanne, les problèmes internationaux.

Opposé au tournant brutal vers l'industrialisation forcée et la collectivisation, à la fin des années 1920, il est dénoncé par Staline comme droitier. En 1938, il est exécuté après l'un des grands procès montés du stalinisme.

INTERNATIONALISATION DU CAPITAL ET ÉCONOMIE MONDIALE

Élaborée en collaboration conflictuelle avec Lénine, la théorie boukharinienne de l'impérialisme est assez originale. Pour son auteur, l'économie mondiale est caractérisée par un double mouvement contradictoire. D'un côté, le processus de « nationalisation du capital » se manifeste, à travers la concentration et la centralisation dans les divers pays, qui tend vers la constitution de « trusts capitalistes d'État » à l'échelle des différentes nations (où l'on retrouve le "cartel général" d'Hilferding). La limite de ce mouvement serait « la transformation de toute l'économie nationale en une gigantesque entreprise combinée sous l'égide des magnats de la finance et de l'État capitaliste » *L'Économie mondiale et l'impérialisme,* 1915.

D'un autre côté, «l'internationalisation du capital» s'approfondit à travers de nouvelles formes qui dépassent le cadre national. La concurrence et les conflits capitalistes tendent à être transposés à l'échelle internationale, ils opposent de plus en plus des «trusts capitalistes d'État» nationaux dont la formation pousse vers l'élimination de la production marchande et de la compétition internes aux différents pays. A la différence de Lénine, Boukharine insiste sur le rôle nouveau et décisif de l'État, qu'il dénonce comme « Léviathan moderne » en soulignant que les révolutionnaires doivent s'y opposer systématiquement.

> « Ainsi l'avenir appartient (dans la mesure où le capitalisme se maintiendra) à des formes économiques voisines du capitalisme d'État. »
>
> *L'Économie mondiale et l'impérialisme,* 1915.

Là où Lénine voit dans l'impérialisme une tendance à la stagnation, Boukharine envisage que la suppression de la concurrence à l'intérieur des économies nationales et la montée de *l'économie organisée* par l'État ouvre certaines possibilités de développement ultérieur. Insistant sur le rôle des pays agraires, colonies et semi-colonies, il ébauche l'idée d'une opposition entre la « ville mondiale » et le « village mondial ». Dans sa critique de Rosa Luxemburg (1925), centrée sur une discussion des schémas de reproduction et sur la théorie des crises, il soulignera en outre que l'environnement précapitaliste constitue encore l'écrasante majorité de la population mondiale.

LA TRANSITION COMME RETOURNEMENT DIALECTIQUE DU CAPITALISME D'ÉTAT

Dans *L'Économique de la période de transition* (1920), Boukharine effectue une rationalisation théorique sauvage du système du « communisme de guerre » en Union soviétique. Postulant un changement de nature de l'État et de l'économie à la suite de la révolution politique et de la transformation de la propriété, il parle d'un « socialisme d'État » comme « négation dialectique » du capitalisme d'État. Les tendances de ce dernier à la suppression des rapports marchands et au déclin de la concurrence apparaissent donc comme le préalable de l'organisation socialiste de l'économie. La militarisation et la coercition en général sont ainsi élevés au rang de méthodes « d'auto-organisation de la classe ouvrière ».

Selon l'auteur, les méthodes de l'économie de guerre (rationnement étatique des matières premières, biens de production et moyens de consommation) et leurs effets (perturbation et restriction des relations marchandes, dépréciation du rôle de la monnaie) doivent être interprétés comme une réalisation forcée par l'histoire de la «naturalisation» des rapports sociaux propre à l'économie socialiste, qui selon la doctrine repose sur l'abolition de la marchandise et de la monnaie. Un renversement dialectique supplémentaire peut alors être observé : les catégories économiques marchandes et capitalistes subsistent de façon transitoire pour ce qui est de *la forme,* tandis que *leur contenu* se trouve aboli et transformé. C'est le cas pour la marchandise, la valeur, la monnaie, le prix, le profit. De la même façon :

> « Le salaire devient une grandeur formelle sans contenu. Dès que la classe ouvrière devient classe dominante, le travail salarié disparaît. La production socialisée ne comporte pas de travail salarié [...]. Il ne subsiste que la forme extérieure du salaire — la forme monétaire qui s'achemine, ainsi que le système monétaire, vers son auto-destruction. Dans le système de la dictature prolétarienne, l'«ouvrier» obtient une part du travail social et non un salaire. »
>
> *L'économique de la période de transition,* 1920.

Une telle approche (approuvée sur ce point par Lénine) représente — pour filer la métaphore — une belle négation dialectique de la thèse marxienne sur les catégories économiques comme expression de rapports sociaux. Elle réapparaîtra ironiquement, plus de vingt ans plus tard, comme un des fondements de l'*économie politique du socialisme* de la haute époque stalinienne.

LA QUESTION PAYSANNE ET LE DÉBAT SUR L'INDUSTRIALISATION

La NEP va faire sur Boukharine l'effet d'un retour au principe de réalité. En 1925, il déclare que la faillite du communisme de guerre a signifié « la faillite de certaines idées erronées que nous avions sur le mode de notre progression vers le socialisme. » S'appuyant sur les derniers textes de Lénine et des conversations avec lui peu avant sa mort, il cherche à formuler une stratégie de long terme fondée sur la NEP et l'*alliance ouvriers-paysans.* Ce tournant radical dans les conceptions boukhariniennes ouvre une période particulièrement créative, où ressort notamment sa polémique avec son ancien condisciple « communiste de gauche » E. Préobrajensky, autre grand économiste marxiste de l'époque. Ce débat sur les perspectives et les moyens de l'industrialisation dans un pays arriéré, avec d'autres contributions importantes d'économistes soviétiques des années 1920, cette « belle époque » de l'URSS, peut être considéré comme le point de départ de l'économie du développement moderne.

Selon Préobrajensky, l'économie de la NEP est un « système socialiste-marchand » conflictuel et instable. Le secteur socialiste (identifié à l'économie d'État) est assiégé par une économie marchande paysanne, potentiellement capitaliste à travers sa différenciation interne, et au-delà par le capitalisme mondial. Transposant l'analyse de Marx sur l'accumulation primitive, l'auteur de *La Nouvelle Économique* (1925) considère que le progrès indispensable et prioritaire de l'industrialisation en URSS passe par une période d'*accumulation socialiste primitive* où la croissance industrielle accélérée ne peut s'opérer que par un échange inégal entre l'industrie et l'agriculture, à travers l'imposition d'un différentiel de prix entre produits agricoles et industriels. Dans une période ultérieure, l'industrie sera capable d'engendrer elle-même ses propres fonds d'accumulation, et de stimuler l'agriculture en opérant sa transformation technique.

Au milieu des années 1920, Boukharine retrouve en partie la méfiance vis-à-vis de l'État qu'il avait exprimée avant-guerre, la crainte d'une domination bureaucratique qu'il voit maintenant se manifester dans le comportement monopoliste des entreprises d'État. Il rompt avec l'idée léniniste de « la paysannerie comme dernière classe capitaliste » et cherche une voie permettant aux campagnes une intégration positive au changement social. Son leitmotiv devient qu'il ne doit « pas y avoir de contrainte de masse contre la paysannerie dans la construction du socialisme. » *Le chemin du socialisme et le bloc ouvrier paysan,* 1925.

Ce faisant, il défend la NEP comme autre chose qu'une concession provisoire, et il est amené à réviser son hostilité doctrinaire antérieure vis-à-vis du marché :

VLADIMIR LEBEDEV : *Paysan, on t-a donné la terre,* 1920.

« Nous avions cru pouvoir anéantir le marché d'un seul coup. L'expérience nous a montré que ce n'est qu'en passant par le marché que nous arriverions au socialisme. On peut dire que le marché se détruira par son propre développement.»

D'autre part, la **coopération** progressive et volontaire parmi les paysans constitue la voie accessible d'une transformation structurelle de l'agriculture : « l'organisation de l'économie paysanne commence par la coopération commerciale, continue par la transformation industrielle des produits agricoles et aboutit enfin à la production commune proprement dite.

« C'est ainsi que s'accroît le système de plus en plus organisé des exploitations rurales qui, éparpillées et isolées, se transforment en un tout organisé. Les exploitations agricoles se modifient progressivement, se lient entre elles et forment un énorme bloc qui se soude fortement à l'industrie étatique. Or, ce bloc économique n'est au fond que le socialisme. »

Ibid.

Boukharine élabore alors un programme d'industrialisation novateur (qu'abandonnera Staline lorsqu'il mettra fin *de facto* à la NEP en 1929). Il s'agit d'une stratégie de croissance équilibrée où agriculture et industrie se stimulent réciproquement, et opèrent des « échanges équivalents » :

« Le développement de notre industrie dépend donc de l'économie paysanne, de ses besoins et de sa solvabilité. L'accumulation dans notre industrie marche de pair avec l'accumulation dans l'économie paysanne; autrement dit, plus cette dernière s'enrichit, améliore son outillage et perfectionne ses procédés de culture, plus elle devient capable d'acheter à l'industrie urbaine. A son tour, le développement de l'économie rurale est impossible sans celui de l'industrie urbaine. Pour progresser, l'agriculture a besoin de produits qu'elle ne fabrique pas et qui lui viennent des différentes branches de l'industrie. Si l'industrie venait à disparaître, l'agriculture serait condamnée à végéter, elle devrait se borner aux procédés primitifs de culture et serait dans l'impossibilité absolue de progresser. Au contraire, si l'industrie se développe, elle peut fournir des instruments, des engrais chimiques à l'agriculture et contribuer considérablement au perfectionnement de cette dernière. Ainsi le développement de l'industrie est fonction du développement de l'agriculture et *vice versa*. »

Le chemin du socialisme et le bloc ouvrier-paysan, 1925.

Outre le caractère politiquement dangereux de la stratégie avancée par Préobrajensky dans un pays à majorité paysanne, les effets économiques de long terme seraient tout à fait négatifs. Compte tenu de l'interaction mentionnée, *l'accumulation socialiste primitive* affaiblirait l'agriculture, réduisant à terme les sources de l'accumulation et les débouchés pour l'industrie. Une croissance rapide initiale de cette dernière conduirait à terme à un déclin et de l'agriculture et de l'industrie, ruinant toute perspective de développement — après avoir brisé l'*alliance ouvriers-paysans.* Au contraire, une croissance industrielle adaptée aux progrès de l'agriculture permettrait un développement sectoriel équilibré qui, bien que lent au départ, pourrait ensuite s'accélérer sans risques de disproportions dangereuses.

Dans une telle « courbe croissante » du développement, à l'opposé de la «courbe déclinante» impliquée par la stratégie unilatérale d'industrialisation, l'industrie légère aurait un rôle important à jouer :

« Si nous devons mettre principalement l'accent sur le développement de l'industrie lourde, nous devons en même temps combiner ce développement à un développement correspondant dans l'industrie légère, dont la rotation est plus rapide, qui réalise des profits plus rapidement et qui rembourse plus vite les sommes qui ont été dépensées pour elle. »

Par bien des côtés la stratégie formulée par Boukharine dans les années 1920 préfigure les tentatives chinoises de « marcher sur les deux jambes » — dans la période de Mao comme d'ailleurs dans celle de Deng Xiaoping, sans que cette filiation ait été jamais admise en Chine.

UNE CRITIQUE PRÉMONITOIRE DU MODÈLE STALINIEN

Peu de temps avant le «grand tournant» où Staline va répudier la NEP, Boukharine observe certaines tendances préoccupantes dans l'économie soviétique : ses remarques paraissent très modernes, dans la mesure où elles anticipent les analyses des courants réformateurs des pays socialistes des années 1960 et suivantes. En 1928 par exemple, Boukharine s'inquiète déjà des tendances au «surinvestissement», à la dispersion excessive du «front d'investissement» qui gèle pendant de longues périodes des fonds considérables, conduit à une croissance factice et contribue à une situation de pénurie (qualifiée alors de « famine de marchandises »). Des crises originales peuvent même se manifester :

> « L 'accroissement de notre économie et l'accroissement indiscutable du socialisme sont accompagnés de "crises" spéciales qui, en dépit de toute la différence décisive entre les lois de notre développement et celles du développement capitaliste, "reproduisent" en apparence les crises du capitalisme, il est vrai comme dans un miroir déformé. Ici comme là-bas, il y a disproportion entre la production et la consommation. Mais chez nous, cette disproportion est "renversée". (Là-bas il y a surproduction, ici famine de marchandises; là-bas la demande de la part des masses est considérablement moindre que l'offre, ici la demande est plus grande que l'offre). Ici comme là-bas, des investissements de capital formidables sont liés à des crises spécifiques (sous le capitalisme) et à des "difficultés" (chez nous). Mais chez nous, cette situation est aussi "renversée" (là-bas suraccumulation, ici manque de capital). »
>
> *Notes d'un économiste,* 1928.

Avant même que se soit imposé le système stalinien de planification centralisée et les modalités concomitantes de la «régulation pénurique», Boukharine a donc entrevu la distinction entre ce que Kalecki qualifiera plus tard comme *économie contrainte par la demande* et *économie contrainte par l'offre,* ou ce que Kornaï nommera *économie de sous-emploi* et *économie de pénurie.*

Cet aspect prémonitoire est aussi présent dans l'idée que la collectivisation aboutirait à une «exploitation militaire et féodale de la paysannerie», ce qui vaut à Boukharine en 1929 d'être évincé par Staline pour «déviation de droite». En 1928, il avait dit à Kamenev que « Staline était un Gengis Khan qui détruirait tous ceux qui étaient sur son chemin. » Cette prophétie-là s'est aussi réalisée.

7 VERS UNE HÉRÉSIE FONDATRICE

7.1. Les nouvelles voies

DE NOUVEAUX HORIZONS

Autour des années trente, des craquements se font sentir dans l'édifice central de la pensée économique néo-classique.

Des théoriciens de plus en plus nombreux ne vont plus accepter *l'ensemble* des constituants **orthodoxes** que sont l'individualisme méthodologique comme principe, le marginalisme comme outil de calcul et de formalisation, la logique de l'équilibre sur un marché concurrentiel comme paradigme central et l'équilibre général comme couronnement intellectuel.

Dès le début du XXe siècle, de *nouvelles ambitions* s'imposent à **des précurseurs** qui veulent dépasser le modèle de concurrence pure et parfaite. Ils veulent comprendre le fonctionnement réel de l'économie de marché et ses régulations possibles.

♦ **L'Américain Fisher** est en ce sens un économiste charnière qui tente de réaliser une « synthèse néo-classique » dans l'esprit d'A. Marshall. En même temps, il innove et modernise la pensée monétaire néo-classique. L'idée d'une monnaie voile qui n'agit nullement sur le réel était un des défauts notables du modèle *d'équilibre général.* Fisher améliore aussi la pensée néo-classique en prenant en compte les anticipations des agents; il analyse leur comportement en termes de portefeuille; selon sa représentation, chaque individu arbitre entre les placements et les actifs réels; il introduit ainsi une innovation sensible par rapport au *noyau central de la pensée néo-classique.*

Le monétarisme est sans conteste fondé sous sa forme moderne par l'analyse de Fisher. Avant M. Friedman, Fisher fait avancer l'étude monétaire des cycles; son approche plus réaliste de la théorie du consommateur est favorisée par son étude statistique des phénomènes et sa modélisation à partir d'observations. *Hérésie mineure*, car elle ne remet pas en cause l'essentiel du champ d'interrogation néo-classique, l'approche de Fisher prépare une *nouvelle synthèse* mais appartenant à l'économie académique en combinant deux grands schémas de pensée libéraux : le modèle d'équilibre général et la théorie quantitative de la monnaie.

♦ **Wicksell**, au contraire, fait partie des économistes de « la synthèse pré-keynésienne ». Il recherche les effets des politiques de stabilisation et étudie les cycles et les crises. Il remet en cause la neutralité de la monnaie. En partant de la théorie autrichienne du capital, il raisonne en termes de circuit et introduit le temps dans une approche monétaire des cycles. Fondateur de l'école suédoise, *Wicksell* prépare une analyse dynamique des déséquilibres. Il tente aussi de mieux comprendre l'action de certaines variables macro-économiques. Précurseur de *la théorie du déséquilibre,* Wicksell remet en cause le modèle néo-classique simplifié et annonce les *nouvelles ambitions de la pensée néo-keynésienne.*

♦ **J. Schumpeter** indique de nouvelles directions. Pour lui, la dynamique économique doit être prise en compte. L'introduction du progrès technique dans ses modèles d'analyse lui permet d'améliorer la compréhension des cycles économiques. Nous verrons avec *les Contemporains* l'intérêt d'une telle démarche qui contient des innovations majeures seulement défrichées par Schumpeter.

L'hérésie fondatrice fondamentale…

J.-M. Keynes ne peut être présenté isolément. Il s'inspire des publications économiques de son temps, mais c'est lui qui réalise *un saut qualitatif* en bouleversant l'ensemble des concepts antérieurs. Cette mutation est préparée par l'accumulation de débats préalables.

Des inspirateurs du grand hérétique

♦ **Albert Aftalion (1874-1956)**, va proposer une analyse de la valeur qui tente d'intégrer les fluctuations économiques à ses modèles théoriques. Pour A. Aftalion, c'est d'abord le temps nécessaire à la création des biens d'équipement qui est la source de l'instabilité économique. En effet, le rythme auquel évolue la demande de biens de consommation est bien plus rapide que les délais dans les industries de biens d'équipement. L'école française gardera de son apport la volonté de saisir la dynamique macro-économique. Attentif à la répartition, à la théorie du capital et à l'accumulation, Aftalion apporte un regard neuf qui annonce la macro-économie contemporaine.

♦ **John Maurice Clark (1884-1963)** va préparer l'étude économétrique des fluctuations en proposant l'accélérateur. Pour J. M. Clark, la source des fluctuations et de l'instabilité économique provient d'abord de la durée de vie des biens d'équipement. Rien n'assure en effet que la demande de biens de consommation qui a nécessité un équipement supplémentaire se maintienne tandis que la demande volatile peut baisser et que l'on a déjà investi. Des décalages entre demande et investissement sont ainsi toujours possibles et sont sources de sous-utilisation des machines de façon périodique. Keynes n'utilise pas explicitement l'accélérateur dans son œuvre, mais la mise en évidence de relations entre variations du revenu et variations de l'investissement est dans l'esprit de l'approche macro-économique que vont impulser les travaux de Keynes et de ses disciples.

♦ **Richard Kahn** va inventer le *multiplicateur d'emploi* sous sa forme moderne dès 1931. Nous avons vu que Boisguilbert avait déjà eu une intuition de ce phénomène macro-économique qu'il avait stylisé de façon relativement précise. C'est donc R. Kahn qui va fournir à Keynes une de ses relations macro-économiques de base.

De l'hérésie à l'hétérodoxie

Avec **Keynes,** l'idée que le capitalisme est spontanément stable et régulé est remise en cause. La prise en compte des institutions, le passage d'un raisonnement micro-économique à la macro-économie constituent le basculement théorique des années vingt et trente de notre siècle...

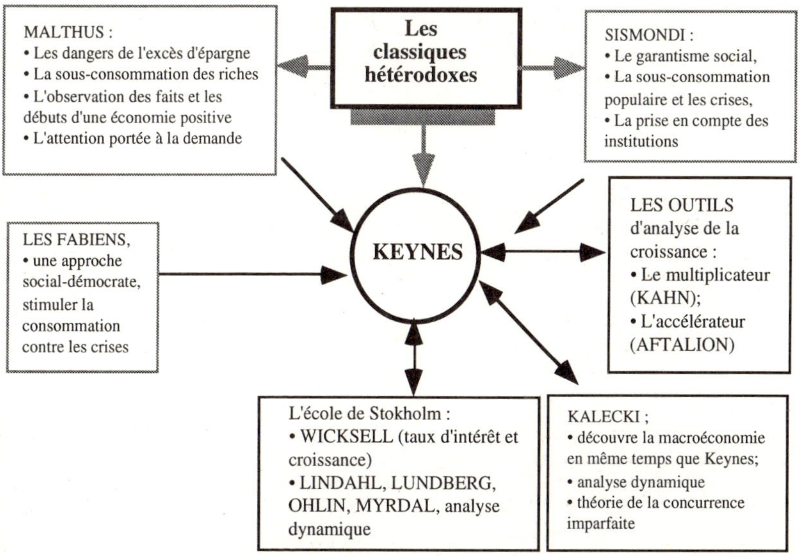

♦ En religion, **sont hérétiques** ceux qui refusent le dogme. Keynes s'appliquera à lui-même cette étiquette lorsqu'il va partir en guerre contre le *credo néo-classique* qu'il se dit synthétisé par Marshall et Pigou.

En économie, *l'hérésie fondatrice* majeure est donc celle de J.-M. Keynes :

• elle refuse le modèle central d'équilibre général;

• elle remet en cause l'approche micro-économique pour valoriser les grands agrégats;

• elle dit non à *l'individualisme méthodologique* en donnant un rôle clé aux institutions et aux relations de négociation et de contrat;

• elle s'oppose au raisonnement en termes d'interdépendance générale instantanée et fournit à l'analyse en termes de circuit une place fondamentale;

• elle ne veut pas se consacrer aux seules firmes et au consommateur et prend en considération l'action de l'État; au libéralisme non interventionniste qui fait confiance aux régulations spontanées, elle oppose l'idée de pouvoirs publics conscients et régulateurs.

L'hérésie est le négatif d'une pensée centrale qui domine à un moment et en un lieu donné la pensée économique.

Notons qu'à l'époque des fondateurs, la notion d'hérésie est variable selon les lieux et les époques. Ainsi, le noyau central de la pensée néo-classique qui domine en Angleterre et à Vienne est au contraire marginalisé en Prusse où triomphe le courant institutionnaliste.

♦ Mais **l'hétérodoxie** est un courant qui se définit aussi positivement, à la différence de *l'hérésie* qui se formule d'abord contre un noyau de pensée centrale. Les hétérodoxes ont en commun de préférer le réalisme à l'élégance d'hypothèses fécondes mais trop réductrices d'emblée. Ils font une place importante à l'histoire, aux institutions et aux contrats. Ils refusent de croire que l'économie est régie par des lois intemporelles. Ils n'adhèrent pas à l'idée d'une régulation spontanée et équilibrée du système économique. Pour eux, les pouvoirs publics doivent intervenir afin d'assurer une croissance de plein emploi. Mais surtout, les hétérodoxes refusent la vision d'une science économique calquée sur les sciences de la nature; ils pensent que des principes supérieurs et normatifs peuvent guider la politique économique.

Si J.-M. Keynes est un penseur décisif pour le courant *hétérodoxe*, sa pensée est assez riche et féconde pour se substituer à l'ancienne orthodoxie. Il est même suffisamment important pour susciter des tentatives de récupération de l'orthodoxie, c'est ce que nous verrons en détail dans l'ouvrage consacré aux *Contemporains* (cf. *Les Néo-keynésiens*). Il est aussi quelquefois incompris ou interprété dans différentes directions.

Irving Fisher (1867-1947), un économiste charnière

LE PREMIER GRAND ÉCONOMISTE AMÉRICAIN

Irving Fisher est né en dans l'État de4 New York en 1867. Il va faire des études de mathématiques et d'économie à l'université Yale. Puis, de 1881 à 1893, il va enseigner comme assistant en statistiques à l'université Yale. Sa thèse de doctorat soutenue en 1891 relie justement les mathématiques et l'économie. Il va de 1893 à 1894 poursuivre ses études en Europe et tout particulièrement à Paris et à Berlin.

Vers les nouvelles ambitions de la pensée libérale

Fisher est reconnu de son vivant comme un théoricien majeur dans le domaine de la monnaie et de la micro-économie. Ses contributions à la « science économique » sont multiples.

♦ **Statisticien,** il cherche à mieux mesurer les phénomènes économiques et donne son nom à la construction d'indices permettant de quantifier des paniers de biens complexes. Sa double formation fera de lui un économètre attentif à la modélisation des lois économiques.

♦ **Praticien,** il va mener une carrière d'homme d'affaires et fonder de nombreuses sociétés, il sera même directeur de Remington Rand de 1927 à 1947.

♦ **Conseiller du Prince,** il sera souvent écouté des puissants et ne dédaignera jamais de donner son avis sur les marchés financiers jouant le rôle avant la crise des années trente de «gourou» de Wall Street. Écouté par le président, il sera à l'origine de la dévaluation du dollar en 1933.

♦ **Théoricien de l'économie,** sa contribution à la théorie quantitative de la monnaie est décisive, elle sera ultérieurement reprise et développée par l'école de Chicago. Ses contributions peuvent être regroupées autour de trois thèmes majeurs.

• *La théorie micro-économique du consommateur* est enrichie par les travaux d'I. Fisher. Il crée la notion de fonction d'utilité généralisée. Il met au point : « une méthode statistique pour mesurer l'utilité marginale ». En 1892, il développe ses solutions dans *Recherches mathématiques sur la théorie de la valeur et des prix.* Il précise la façon de mesurer une fonction d'utilité; il améliore le traitement graphique des courbes d'indifférence (convexité, continuité, forme) en étudiant le lien entre leurs propriétés et les hypothèses économiques sous-jacentes : un consommateur rationnel, la continuité des goûts, la transitivité des préférences, etc.

• Il précise le lien entre *cycle économique, taux d'intérêt et capital.* Il contribue ainsi à **améliorer l'analyse autrichienne du capital.** Son ouvrage de 1909 sur *La Nature du capital et du revenu* fait intervenir l'analyse du temps et distingue les flux de revenus et les stocks de biens capitaux. Il analyse la théorie du taux de l'intérêt dans le cadre d'un modèle micro-économique des comportements. Il poursuit sa réflexion en améliorant son analyse du **taux de l'intérêt** et en révisant les travaux de Böhm

Bawerk dans *La théorie de l'intérêt* de 1930. Il prend en compte **les anticipations** des entrepreneurs. Il montre que l'intérêt dépend « de l'impatience à dépenser ses revenus et de l'opportunité d'investir ». Il développe alors un concept proche de celui que Keynes nomme : « efficacité marginale du capital ». Le placement financier devient alors un concurrent de l'investissement dans des entreprises. Il essaie aussi d'intégrer le risque à l'analyse financière.

• Il améliore *la théorie quantitative de la monnaie.* Dans son ouvrage *Le Pouvoir d'achat de la monnaie* de 1911, Fisher distingue la masse monétaire fiduciaire (billets, pièces) et la masse monétaire scripturale (dépôts créditeurs dans les banques) qui ont chacune une vitesse de circulation propre. Il écrit alors une nouvelle formule de liaison entre la monnaie et les prix, assez proche de l'équation dite *de Cambridge.* Fisher propose, en conséquence, des politiques de contrôle strict du crédit afin d'obtenir une croissance harmonieuse; cette proposition conduit directement aux positions monétaristes bien connues aujourd'hui de l'école de Chicago (cf. *Les Contemporains).*

Une contribution décisive à la théorie quantitative de la monnaie

L'analyse renouvelée du taux de l'intérêt

En 1930, I. Fisher, dans *La théorie de l'intérêt* tente de fournir une explication au « paradoxe de Gibson » (qui avait trouvé une corrélation positive entre le taux de l'intérêt et le niveau général des prix). Il propose une analyse des mécanismes conduisant au paradoxe :

> « 1) le taux d'intérêt tend généralement à être élevé quand le niveau des prix est en hausse et bas quand le niveau des prix diminue;
> 2) c'est avec retard que le taux d'intérêt suit les changements du niveau des prix, c'est pourquoi la relation entre les deux variables est obscurcie lorsqu'une comparaison directe est effectuée;
> 3) le taux d'intérêt est remarquablement corrélé au niveau passé des prix mesuré à l'aide d'une variable représentative des retards échelonnés dans le temps;
> 4) Le taux d'intérêt tend à être élevé quand le niveau des prix l'est et bas dans le cas inverse. »

Op. cit., 1930.

Fisher met en évidence l'influence des taux d'inflation anticipés sur les taux d'intérêt nominaux. Il mesure les anticipations inflationnistes en prenant une moyenne des taux d'inflation passés. Le taux d'intérêt apparaît ainsi comme **un prix** du temps. L'intérêt est le prix payé pour disposer d'un pouvoir d'achat donné immédiatement plutôt que dans le futur :

> « **Le taux d'intérêt** représente le prix de l'échange entre les biens présents et futurs. Tout comme dans la théorie courante des prix, le taux de l'échange entre deux articles quelconques résulte en partie d'un élément psychologique ou subjectif — la comparaison de leurs utilités marginales —, dans la théorie de l'intérêt, le taux d'intérêt est le prix de l'échange entre les biens présents et futurs; il

tient à un facteur subjectif qui *dérive de l'utilité marginale*, la préférence marginale pour le présent. Le principal autre élément à prendre en compte est un élément objectif, l'opportunité d'investir.»

Op. cit., 1930.

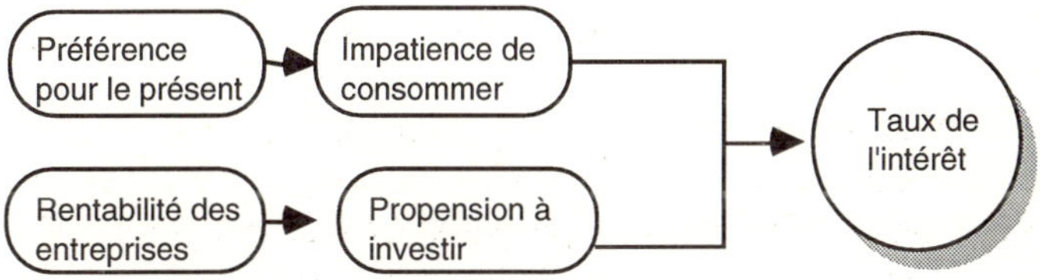

Fisher précise les déterminants de l'investissement. Pour lui, il faut considérer «le taux de rendement par rapport au coût» :

« Ce taux d'intérêt hypothétique qui, s'il était utilisé pour calculer la valeur actuelle de deux options à comparer en égaliserait la valeur nette (coût et rendement) est désigné par l'expression **taux de rendement par rapport au coût.** Cette nouvelle grandeur joue un rôle central dans la théorie de l'intérêt, elle agit sur l'opportunité à investir. »

Op. cit., 1930.

Or, les investissements peuvent être classés selon leur rendement actualisé; il précise alors que : « L'opportunité d'investir est l'opportunité d'opter pour un investissement , ou un flux de revenu plutôt qu'un autre. » Op. cit., *1930*.

Ce taux du rendement par rapport au coût s'apparente au concept **d'efficacité marginale du capital,** développé par Keynes ou ce que l'on appelle aujourd'hui le *taux de rendement interne d'un investissement*. L'objectif de l'investisseur est, dans tous les cas, de choisir « parmi toutes les options celle qui a la plus grande valeur actuelle si l'on considère le taux d'intérêt du marché. »

L'originalité de l'analyse de Fisher consiste à combiner cette approche du comportement de l'investisseur et une conception quantitativiste de la monnaie. Pour lui, les hausses de prix sont un phénomène essentiellement monétaire. Le taux d'intérêt n'est pas le déterminant de l'inflation, celle-ci résulte d'abord de la quantité de monnaie créée. Cette conception reste toutefois pré-keynésienne dans la mesure où le taux d'intérêt apparaît encore en dernière analyse comme un phénomène strictement monétaire.

La théorie quantitative de la monnaie d'Irving Fisher

La théorie quantitative de la monnaie est une des lois les plus anciennes de l'économie; déjà Hume puis Ricardo avaient mis en évidence que le pouvoir d'achat de la monnaie était, pour un niveau donné de richesses produites, inversement proportionnel à la quantité de monnaie émise. I. Fisher précise la formulation de cette loi.

♦ Il commence par définir **le concept de monnaie.** Pour lui, la monnaie est « un titre de propriété »; il privilégie ainsi l'approche institutionnelle de la monnaie :

• Supposons que l'emploi de chaque homme additionnel implique un *accroissement net* de la dépense annuelle de biens de consommation produits dans la nation égal à $m.W$ pour le salaire reçu, et à $n.P$ en raison des profits additionnels auxquels l'emploi de ce travailleur est associé.
Dans ces conditions, l'accroissement total de la dépense annuelle en biens de consommation produits dans la nation est : $m.W + n.P$.

• La conséquence directe est une nouvelle addition au volume de l'emploi d'un montant : $\frac{m.W + n.P}{W + P + R}$ hommes (dirons-nous).

• Il s'ensuit que pour chaque homme placé dans un emploi primaire, le nombre de ceux qui reçoivent des emplois secondaires est :

$$\boxed{k + k^2 + k^3 + \cdots = k/(1-k) \quad (k<1)}.$$

Et le rapport de l'emploi secondaire à l'emploi primaire est :
k/(1-k). »

The Economic Journal

Albert Aftalion (1874-1956), un économiste de l'école française

L'ANALYSE DES FLUCTUATIONS

A. Aftalion est né en 1874, il poursuit des études de droit puis d'économie, il soutient une thèse sur Sismondi et devient professeur d'économie. Trois de ses ouvrages sont essentiels : *Les Trois Notions de productivité et les revenus* (1911), *Les Crises périodiques de surproduction* (1914) et *Monnaie, prix et change* (1927).

Observation et analyse théorique

Dans les deux gros tomes publiés en 1889 sur *L'œuvre économique de Sismondi,* Albert Aftalion fait preuve d'un éclectisme qui frise parfois la contradiction. Il affirme faire confiance à la loi des débouchés de J.-B. Say, mais, dans le même temps, il s'interroge surtout sur l'existence de crises :

> « On ne peut guère prétendre que la production nationale puisse être supérieure au revenu national [...]. A l'inverse, le revenu total a beau être égal à la production totale, la crise n'en pourra pas moins éclater. »

Cette interrogation va déboucher, plus tard, sur une critique de la loi de Say, Aftalion affirme dans *Les Crises périodiques de surproduction* (1913), que la prise en compte du temps amène à démontrer que la loi des débouchés de Say n'a pas en réalité les conséquences pratiques que l'on pourrait espérer pour la stabilité d'une économie de

« Tout droit de propriété susceptible d'être généralement accepté dans les échanges peut être appelé **monnaie.** Le certificat qui représente ce titre est aussi appelé *monnaie.* Il en résulte trois significations distinctes du terme monnaie : au sens de richesse, à celui de propriété, et enfin au sens de représentation écrite. Du point de vue de l'analyse économique, le sens de propriété prime. »

The Purchasing Power of Money, 1911.

♦ Fisher explicite **la formulation simple** de l'équation quantitative de la monnaie :

« Notons **E** (dépense) la circulation totale de la monnaie, c'est-à-dire la somme dépensée pour des biens dans une communauté donnée et durant une année; et **M** (monnaie) la somme moyenne de monnaie en circulation dans la communauté durant l'année. **M** sera la moyenne arithmétique des sommes de monnaie qui existent à des instants successifs séparés les uns des autres par des intervalles de temps égaux et infiniment petits. Si nous divisons les dépenses de l'année (**E**) par la somme moyenne d'argent (**M**), nous obtenons le taux moyen de rotation de la monnaie en vue de l'échange de biens soit **E/M**, c'est-à-dire la vitesse de circulation de la monnaie **v** [$\mathbf{v} = \frac{\mathbf{E}}{\mathbf{M}} \ldots$].

E ou **M** x **v** expriment le côté monétaire de l'équation. En se tournant vers le côté réel, on a affaire aux prix des biens échangés et à leur quantité. Le prix de vente moyen d'un bien particulier, comme le pain acheté par la communauté pendant l'année, sera représenté par **p** (prix); et la quantité totale par **Q**. De même, le prix moyen d'un autre bien sera **p'** et la quantité échangée **Q',** et ainsi de suite pour tous les biens échangés.

L'équation des échanges devient :

$$\mathbf{M \times v = p.Q + p'Q' + p''.Q'' + \ldots;}$$

$$\textbf{ou encore : } \mathbf{M \times v = \sum p \times Q.}$$

♦ Fisher innove en proposant une formulation développée de l'équation quantitative de la monnaie. Il distingue pour cela la monnaie légale ou fiduciaire et la monnaie scripturale.

Il distingue « les billets de banque (M), c'est-à-dire la monnaie au sens strict et les dépôts bancaires (M').» L'équation de la monnaie en circulation peut être étendue de manière à y inclure les dépôts bancaires, elle devient :

$$\mathbf{M \times v + M' \times v' = \sum p \times Q.}$$ [1]

L'identité d'I. Fisher devient une relation causale lorsque l'on précise les hypothèses concernant le rôle des variables et les comportements des agents économiques.

« **Le pouvoir d'achat de la monnaie** est l'effet de 5, et seulement 5 groupes de causes. Ces 5 déterminants sont : la monnaie, les dépôts, leurs vitesses de

---

1 **v** étant la vitesse de circulation de la monnaie fiduciaire, et **v'** celle de la monnaie scripturale.

circulation et le volume des échanges [...]. Ces 5 éléments sont à leur tour l'effet de facteurs extérieurs à l'équation des échanges; le volume des échanges s'accroîtra, et par conséquent le niveau des prix diminuera du fait des différents désirs des hommes, des diversifications de l'industrie, de l'aisance des transports. La vitesse de circulation augmentera et donc le niveau des prix fera de même du fait des habitudes d'imprévoyance, de l'usage des facilités de crédit, et de la rapidité des transports. La quantité de monnaie augmentera — et le niveau des prix aussi — par l'entrée et la sortie de la monnaie, et, antérieurement, par l'exploitation minière par l'introduction d'une monnaie métallique moins chère, par le biais du bimétallisme; et par la sortie de billets de banque ou d'autre papier-monnaie. »

The Purchasing Power of Money, 1911.

La vitesse désirée apparaît ainsi comme le fruit de facteurs techniques et institutionnels et le niveau général des prix est lié proportionnellement aux variations de la quantité de monnaie en circulation. Fisher analysera toutefois des « périodes de transition » durant dix ans en moyenne, pendant lesquelles à la fois le volume des transactions et la vitesse de circulation de la monnaie pourront varier. Il n'en demeure pas moins favorable à la proposition cruciale de la théorie quantitative de la monnaie : une explication des crises par une insuffisance de l'offre de crédit, et une explication de l'inflation par une circulation excessive de la monnaie par rapport aux biens réels.

Pourquoi la déflation et la dépression des années trente ?

Souvent accusé d'optimisme et d'aveuglement avant la crise de 1929, I. Fisher a pourtant fourni une analyse de grande dépression comme étant fruit de l'économie d'endettement (montagnes de dettes) :

« La dépression dont nous sortons aujourd'hui (1933) est un exemple caractéristique de *déflation par la dette*. Les dettes de 1929 étaient les plus élevées jamais connues, à la fois en termes nominaux et réels. Elles étaient tellement énormes qu'elles n'ont pas seulement fait tanguer le navire de l'économie américaine, mais de surcroît elles ont commencé à le faire chavirer. En mars 1933, les dépôts de bilan avaient réduit l'endettement de 20 % mais les prix avaient baissé de 43 % ce qui fait que la dette réelle, mesurée en termes de pouvoir d'achat avait crû de 40 %. Tant que rien ne vient contrebalancer la chute des prix, une dépression du type de celle de 1929-1933 (où plus les débiteurs remboursent, plus ils doivent) tend à s'approfondir, dans un cercle vicieux, des années durant.

D'un autre côté, si cette analyse est exacte, il est toujours économiquement possible d'enrayer ou de stopper une telle dépression simplement en remontant les prix au niveau auquel les dettes ont été contractées, et en les y maintenant [...].

Résumons notre analyse. Les fluctuations économiques comportent des tendances stables et des perturbations occasionnelles qui déclenchent des oscillations cycliques de toutes sortes. Parmi ces perturbations, il y a les nouvelles opportunités d'investir, notamment en raison des nouvelles inventions. Ces dernières, avec d'autres causes, concourent parfois à un surendettement massif, qui conduit à des tentatives de liquider des dettes. Cela amène la chute des prix ou la montée de la valeur de la monnaie (si ce mouvement n'est pas contrebalancé par une reflation). Les prix diminuent plus vite que le nombre de dollars dus. Dans ce cas, la liquidation de certaines dettes ne diminue pas réellement l'encours total. Au contraire, elle en aggrave le poids relatif et la dépression empire au lieu de s'améliorer. Pour en sortir, on peut recourir soit au laisser-faire (faillites) soit à une médication scientifique (« reflation »), médication qui aurait aussi bien pu être appliquée dès le début.»

Irving Fisher, *The Debt-Deflation Theory of Great Depression*, Econometrica, 1933.

Avec l'Autrichien Von Mises (1912), et les Anglais Robertson (1926) et Hawtrey (1913), la contribution de Fisher prépare les raffinements ultérieurs de l'analyse monétariste de Friedman; mais elle est aussi utile à la réflexion monétaire des cambridgiens (Pigou en particulier). Fisher s'inscrit ainsi dans une logique qui fait du cycle économique le reflet des fluctuations monétaires.

Knut Wicksell (1851-1926), théoricien du déséquilibre économique

UNE SYNTHÈSE SUÉDOISE

Knut Wicksell est né en Suède en 1851. Esprit curieux et éclectique il va commencer par des études de philosophie et de mathématique. Dès 1885, il va s'intéresser à l'économie. Il complète alors sa formation par des voyages d'étude qui vont le mener dans les principales capitales d'Europe : Londres, Paris, Rome Berlin. Il sera surtout connu pour son ouvrage *Intérêt et prix* (1898) et pour ses *Leçons d'économie politique* (1901-1906).

De l'école autrichienne à celle de Stockholm

Wicksell avant Keynes — mais par d'autres chemins — va tenter un bouleversement de l'univers néo-classique en montrant les effets réels des mouvements monétaires; il étudiera les déséquilibres et les crises liées à l'investissement.

Wicksell va contribuer à mettre en place une approche économique qui va penser comme un tout l'épargne, l'investissement et les grands flux économiques; cela va le mener à une représentation de l'économie globale en termes de circuit. Wicksell est important pour sa contribution à la théorie de la productivité marginale, sa prise en compte de la monnaie dans la réalisation de l'équilibre et son explication des cycles économiques qui intègre la véritable nature de l'intérêt (il distingue le taux naturel d'intérêt ou taux réel et le taux nominal ou monétaire).

Mais il n'ira pas jusqu'à concevoir une «économie monétaire de production» comme Keynes au milieu des années trente...

> « 1) Wicksell a remplacé les coefficients techniques fixes de Walras par des fonctions de productivité et devint ainsi un des fondateurs de la théorie de la productivité marginale.
> 2) La théorie autrichienne du capital reçut une reformulation rationnelle en termes de productivité marginale, de telle manière que le rendement net du capital réel dépende de la productivité marginale la plus haute du travail et de la terre quand ils sont consacrés à la production de bien capital. La maximisation du rendement net exige que la période d'investissement se prolonge dans tous les cas jusqu'à un point tel que tout allongement supplémentaire entraînerait une augmentation de la productivité marginale qui serait moindre que celle qui pourrait être obtenue par un allongement du même type ailleurs; de cette manière le taux d'intérêt prévalant sur le marché devient compatible avec la *productivité marginale du temps (ou de l'attente).*
> 3) En introduisant le taux d'intérêt nominal comme une variable particulière, il devient possible d'inclure le crédit dans l'équilibre général.
> 4) Partant de sa théorie de la monnaie, Wicksell approfondit la compréhension des caractéristiques de l'équilibre stationnaire : l'équilibre est **stable** pour autant que les prix relatifs sont concernés, mais instable en ce qui concerne les prix absolus, c'est-à-dire au regard de la relation entre demande et offre totale de biens. »
>
> *Selected Papers on Economic Theory, by Wicksell,* Introduction de Lindhal, New York, 1969.

Wicksell est aussi un homme **engagé**. Libéral radical, il défend la libre concurrence. Mais il reconnaît un rôle utile à l'intervention de l'État dans des cas définis. Sur le plan des relations internationales, il milite comme Keynes pour que l'on abandonne toute liaison entre l'or et la monnaie.

> « Dans le champ de l'économie, Wicksell était, en principe, un défenseur de la libre concurrence, dans chaque pays comme entre les pays. Mais il mit l'accent avec force sur les conditions fondamentales à remplir afin que la libre concurrence apporte des résultats favorables. Il maintint de même que les accords librement consentis entre les parties étaient souvent meilleurs que la concurrence effrénée, et ainsi que l'intervention de l'État pouvait pleinement être justifiée en certains cas. »
>
> *Ibid.*

Contribution à la théorie autrichienne du capital

Une réflexion sur la nature du taux de l'intérêt

Wicksell tente une synthèse entre l'approche en termes d'équilibre économique, et celle plus dynamique du taux de l'intérêt dans l'école autrichienne. Pour cela, il définit un **taux d'intérêt naturel** qui correspond à une situation d'équilibre où la monnaie n'est pas un élément perturbateur dans les échanges.

Wicksell précise que ce taux naturel résulte, comme chez les néo-classiques, des conditions objectives de production :

« Le taux naturel n'est ni fixe ni invariable en grandeur. Les causes qui le déterminent seront étudiées par la suite. En général, nous pouvons dire qu'il dépend de l'efficacité de la production, du montant disponible de capital fixe ou circulant, de l'offre de travail et de terre, en bref, des mille et une choses qui déterminent la position économique donnée d'une société; il varie constamment avec elles.»

Interest and Prices, 1898, tr .anglaise Macmillan 1934..

La complexité de la relation entre intérêt épargne et accumulation

La complexité du phénomène d'épargne est analysée à travers les comportements d'attente vis-à-vis du temps :

« Ici le taux d'intérêt présente une double face : un taux élevé accroît le rendement de l'épargne présente et, par suite, son utilité marginale future, c'est-à-dire, l'utilité future de la dernière unité de capital maintenant épargnée; mais, d'un autre côté, à un taux donné d'épargne, il conduit à une provision pour le futur plus importante et, ainsi, réduit l'utilité marginale des biens futurs pour cet individu. Cette dernière tendance peut plus que compenser la première de telle sorte que, pour certaines personnes, un taux d'intérêt bas peut, plus qu'un taux élevé, agir comme une incitation à l'accumulation d'épargne. L'épargne individuelle est ainsi un phénomène très complexe. »

Lectures on Political Economy, III. partie, 1906, tr .anglaise Routledge, 1934-35.

La détermination de la période optimale d'investissement

La prise en compte du temps et des délais dans le choix des investissements, est essentielle pour l'école autrichienne. Chacun sait que le taux d'intérêt du marché monétaire « ou prix de l'argent au jour le jour » se distingue du rendement des obligations émises généralement à moyen et long terme. Knut Wicksell tente d'expliquer l'incidence du temps sur les niveaux du taux de l'intérêt :

« Les taux d'intérêt de court et long terme tendent, en réalité, à s'égaliser; la différence qui existe en vérité devrait être en partie considérée comme une prime de risque pour les prêts à long terme, qui tient en partie au fait que, dans les conditions économiques existantes, les dettes de court terme sont largement utilisées comme des encaisses (des substituts de la monnaie)[...]. Ainsi, [...] des investissements en capital durant un an au sens technique du terme, seraient de plus en plus échangés contre des investissements durant deux ans jusqu'à ce que l'intérêt sur les derniers devienne progressivement plus que le double, ou calculé par année, aussi important que le premier. »

Lectures on Political Economy, III. partie, 1906, tr .anglaise Routledge, 1934-35.

Dès lors que le taux d'intérêt baisse, les investissements sur deux ans sont plus rentables que ceux d'une durée annuelle. Le taux d'intérêt détermine ainsi le choix d'une **période optimale d'investissement :**

« Quand un (ou plusieurs) facteurs de production sont investis sur un simple bien-capital ou un bien de consommation durable, on peut voir aisément que la période d'investissement moyenne dépendra du taux de l'intérêt, même avec un intérêt simple. Au total, la théorie de la coïncidence du taux de l'intérêt et de la **productivité marginale de l'attente** n'est applicable que comme une simple formule mathématique sur la base de quelques hypothèses abstraites. C'est bien naturel, du fait de la complexité à réduire une question sociale —ou individuelle— à une simple quantité; *l'attente moyenne* comme règle n'existe que comme un concept mathématique, sans signification directe physique ou psychologique. Mais elle devrait être retenue malgré cela, comme un principe général concis qui reflète l'essence du capital productif. »

Lectures on Political Economy, T.1, 1934.

L'effet Wicksell

Il est usuel de montrer que les variations des salaires agissent sur l'investissement par le biais de la substitution du capital au travail dans le processus de production. De même, *l'intérêt* agit sur l'investissement en intervenant sur son prix de revient. Mais Wicksell va établir une double relation dans l'autre sens. Pour Wicksell, lorsque l'investissement varie, cela modifie le taux de salaire et le taux de l'intérêt.

Wicksell utilise un exemple depuis lors célèbre. Ainsi, un producteur peut-il décider de limiter le stockage et se contenter de vendre du jus de raisin. Il peut aussi produire du vin de qualité et, dans ce cas, le prix de vente de son produit va s'accroître avec le temps qui améliore la valeur de son produit. Il devra alors **attendre** pour obtenir le revenu correspondant à son stock. Le revenu supplémentaire obtenu par l'attente est analogue à un taux d'intérêt qui correspond au « produit marginal *de l'attente* ».

Puis Wicksell s'intéresse **au taux naturel de l'intérêt :**

> « Il existe un certain taux d'intérêt qui est neutre vis-à-vis des prix des biens et qui ne tend ni à les augmenter, ni à les diminuer. C'est nécessairement le même taux que celui qui résulterait de la remontée de l'offre et de la demande si aucun usage n'était fait de l'argent et que tous les prêts étaient effectués sous la forme des biens capitaux réels. Cela revient à le décrire comme la valeur courante du taux naturel d'intérêt sur le capital. »

Interest and Prices, 1934.

Or, explique Wicksell, l**e taux effectif** peut s'éloigner du taux naturel :

> « Supposons à présent que les banques et d'autres prêteurs prêtent à un taux différent, plus bas ou plus haut, que ce qui correspond à la valeur du taux naturel d'intérêt sur le capital. L'équilibre économique du système est *ipso facto* perturbé. Si les prix restent inchangés, les entreprises obtiendront en premier lieu un profit supplémentaire supérieur à leur véritable profit ou salaire d'entrepreneur. Cela continuera d'augmenter tant que le taux d'intérêt restera dans la même position relative. Cela, inévitablement, conduira à l'extension des affaires de façon à exploiter au maximum l'événement et le nombre des entrepreneurs augmentera anormalement. En conséquence, la demande de services, de matières premières et de biens augmentera, et les prix monteront par la même occasion. »

Interest and Prices, 1934.

Wicksell en déduit une explication des crises par le surinvestissement.

Lorsque le taux d'intérêt effectif s'éloigne du taux naturel, cela peut conduire à un surinvestissement des capitaux. La demande globale est alors stimulée de façon artificielle et cela induit une hausse des prix. Le processus peut être cumulatif et ainsi conduire à un déséquilibre croissant. Wicksell distingue, dans sa démonstration, le profit qui rémunère le capitaliste jouant le rôle d'entrepreneur et l'intérêt qui rémunère le capital avancé. Il souligne la différence entre le coût du capital emprunté et le taux de rendement interne de l'investissement qui lui correspond. Lorsque ces deux variables économiques s'éloignent, cela peut conduire à un processus cumulatif de surinvestissement (effet de levier). En outre, si l'épargne correspondant à l'investissement réalisé n'est pas dégagée par l'économie, l'inflation se développe. Wicksell reconnaît qu'il est difficile *a priori* d'estimer le rendement net de l'investissement. Les banques ont un rôle de frein dans ce processus. Les banques augmentent le taux d'intérêt du marché pour l'ajuster au taux naturel qui est, pour sa part, assimilé au taux moyen de profit.

- Mais il existe une solution positive, qui correspond à une situation d'équilibre :

> « Le taux d'intérêt tel que la demande de capital emprunté et l'offre d'épargne sont exactement égales est le taux réel normal ou naturel, il correspond plus ou moins au rendement attendu du capital. Ce taux est essentiellement variable. Si le rendement attendu de l'emploi du capital devient plus prometteur, la demande augmente et, dans un premier temps, devient supérieure à l'offre; les taux d'intérêt s'accroissent alors et stimulent plus encore l'épargne, alors que la demande des entreprises se réduit jusqu'à ce qu'un nouvel équilibre soit atteint avec un taux d'intérêt un peu plus élevé. Et au même moment, l'équilibre est obtenu *ipso facto* — au sens large, si n'interviennent pas d'autres causes de perturbations — sur le marché des biens et services, de telle manière que les salaires et les prix restent inchangés. La somme des revenus nominaux est alors supérieure à la valeur nominale des biens de consommation produits annuellement, mais l'excès de revenu, c'est-à-dire ce qui est chaque année épargné et investi dans la production — ne produira pas de demande pour les biens présents mais seulement pour le travail et la terre en vue d'une production future. »

Lectures, T.II, 1934.

- Trois conditions sont fournies pour atteindre une croissance équilibrée :

1) l'égalité de l'offre d'épargne et de la demande de capitaux; 2) l'égalité entre le taux d'intérêt constaté sur le marché et le taux de rendement du capital réel; 3) la stabilité des prix. Wicksell explicite aussi le mécanisme général qui relie les décalages entre les taux d'intérêt et l'inflation :

> « Dans les périodes où l'on a observé un mouvement ascendant de prix, le taux d'intérêt contractuel — le taux monétaire — était bas par rapport au taux naturel, et au moment des baisses de prix, il était relativement élevé. »

Interest and Prices, 1934.

Pour une révision de la théorie quantitative de la monnaie

Wicksell ne refuse pas la théorie quantitative de la monnaie.

« Économiquement parlant, la monnaie est une quantité à deux dimensions, quantité de valeur d'une part et vitesse de circulation d'autre part. Ces deux dimensions multipliées l'une par l'autre donnent l'efficacité de la monnaie. »

Lectures on Political Economy, Vol II, 1901.

Mais Wicksell expose la théorie quantitative de la monnaie de façon rénovée en prenant en compte **l'effet d'encaisses réelles :**

« La seule théorie spécifique de la valeur de la monnaie qui ait été mise en avant, et peut-être la seule qui puisse revendiquer une quelconque importance scientifique est la théorie quantitative, selon laquelle le pouvoir d'achat de la monnaie varie en proportion inverse de sa quantité, de telle manière qu'une hausse ou une baisse de la quantité de monnaie, toutes choses égales par ailleurs, provoquera une baisse ou une hausse proportionnelle de son pouvoir d'achat exprimé en d'autres biens, et ainsi une hausse ou une baisse correspondante du prix de tous les autres biens. »

Lectures, T.II, 1934.

« Supposons à présent que, pour une raison ou une autre, les prix des biens augmentent tandis que la quantité de monnaie reste inchangée ou que la quantité de monnaie est réduite tandis que les prix restent temporairement inchangés. Les encaisses apparaîtront progressivement trop petites par rapport au nouveau niveau des prix [...] je vais donc chercher à accroître mes encaisses. Cela ne peut être obtenu — si on néglige pour l'instant la possibilité d'emprunter, etc.— que par la réduction de ma demande de biens et services ou par l'accroissement de l'offre de mes propres produits [...] ou par les deux à la fois. Il en est de même pour tous les autres offreurs et consommateurs de biens. Mais, en réalité, personne ne parviendra à son objectif — l'accroissement de ses encaisses, car la somme des encaisses individuelles est limitée par la quantité totale de monnaie disponible — ou du moins lui est égale. D'autre part, la réduction généralisée de la demande et l'accroissement de l'offre de biens entraîneront nécessairement une baisse des prix continuelle. Ce qui ne peut cesser que lorsque les prix ont atteint un niveau tel que les encaisses semblent appropriées. »

Lectures, T.II, 1934.

VERS LA GRANDE HÉRÉSIE

Wicksell ouvre ainsi la voie au développement d'une **école suédoise** dont la fécondité sera récompensée par le prix Nobel de Myrdal et celui de Ohlin, tous deux disciples de Wicksell. Lui-même fut longtemps considéré comme, un théoricien secondaire; mais son approche de l'intérêt et des déséquilibres lui donne une actualité nouvelle à un moment où les instruments financiers deviennent de plus en plus sophistiqués dans la vie économique. Ses développements pour montrer le rôle du taux d'intérêt dans la vie des affaires ont fourni à Keynes des matériaux importants pour élaborer sa propre théorie de la monnaie. La pensée de Wicksell est donc un chaînon qui mène à la *grande hérésie keynésienne* [1].

---

[1] Wicksell apportera par ailleurs une contribution non négligeable à la **théorie des biens collectifs,** par ses propositions pour trouver une solution au problème du *free rider* (voir *Les Contemporains).*

7.2. L'analyse des fluctuations : vers une macro-économie dynamique

Richard Kahn (1905)

LE MULTIPLICATEUR D'EMPLOI

R. Kahn a été un éminent professeur de *King's College* à Cambridge. Exécuteur littéraire de J.-M. Keynes il a diffusé la pensée de K. Wicksell en Grande Bretagne. Ses contributions théoriques sont nombreuses, il défriche la théorie de la concurrence imparfaite, étudie le commerce international et la croissance. Mais sa contribution à l'étude des cycles et la découverte du multiplicateur sont l'essentiel de son apport.

C'est en juin 1931 que Kahn rédige sont article clé sur *La Relation entre l'investissement intérieur et le chômage.*

J.-M. Keynes reconnaît explicitement avoir emprunté à Richard Ferdinand Kahn l'idée du multiplicateur d'emploi :

> « Son raisonnement repose sur l'idée fondamentale suivante : si la propension à consommer [...] est prise comme donnée et si l'on suppose que l'autorité monétaire ou une autre autorité publique prenne des mesures en vue de favoriser ou de contrarier l'investissement, *la variation du volume de l'emploi sera une fonction de la variation nette du montant de l'investissement.* »
>
> *Théorie générale de l'emploi, de l'intérêt et de la monnaie,* Payot, 1966..

Kahn désigne par **emploi primaire,** les postes de travail que crée un investissement nouveau; par exemple, 10 000 salariés vont être employés dans les travaux publics du fait d'un supplément de dépenses publiques. Bien entendu, ces salariés vont dépenser leurs revenus et vont faire vivre de nouveaux salariés qui travailleront pour les loger, les nourrir Cela va engendrer **un emploi secondaire** Si le multiplicateur est de 4 pour 1 000 fonctionnaires nouveaux, il y aura une création de 4 000 emplois au total.

Le raisonnement de Kahn est le suivant :

> « Supposons que chaque homme mis au travail reçoive un salaire W et que l'accroissement des profits associé à l'emploi de chaque homme additionnel soit P. Supposons que la valeur de l'accroissement des importations de matières premières et de biens en cours de fabrication qui accompagne l'emploi de chaque homme additionnel soit R. Dans un but de simplification on admettra que W et P sont les mêmes pour l'emploi primaire et pour l'emploi secondaire.

marché. Pour arriver à un tel résultat, Aftalion utilise une **méthode éclectique,** mais surtout inductive et positive. Son cours de statistique en donné la clé :

> « L'utilité de la méthode statistique, pour considérable qu'elle soit, ne supprime pas celle des méthodes d'observation portant sur des données non numériques, ni celles des méthodes psychologique, mathématique et autres. Il faut faire une place, dans l'étude économique, à la statistique et à ses techniques nouvelles, sans jeter par-dessus bord l'ancienne économie politique. »
>
> *Cours de statistique.*

Cette méthode est appliquée par lui pour mieux comprendre les fluctuations économiques. Aftalion offre donc un premier tome d'analyse statistique **des faits.** Les matériaux statistiques utilisés par Aftalion sont cependant peu nombreux et peu traités statistiquement. Il ordonne les faits autour de certaines idées directrices qui conduisent à la notion de cycle.

Vers une théorie des cycles

A. Aftalion va s'inspirer largement de la théorie de Sismondi qui, comme celle de Malthus, fait une place importante au rôle de la demande dans les crises économiques.

> « Il est exact, en effet, que la cause immédiate de la crise consiste en la capacité de forces productrices trop accrues d'encombrer les débouchés par la masse des marchandises précipitamment manufacturées. »
>
> *Revue d'économie politique,* n°2, 1909.

Dans ses deux tomes consacrés à *l'Œuvre économique de Sismondi,* Aftalion va tenter de substituer l'analyse des cycles à celle des crises.

> « Il est possible de dégager une image générale des cycles et surtout, la notion de cycle peut être substituée à celle de crise [...] La crise ne fait qu'accuser la cadence du rythme, comme la rime le fait pour le vers. »
>
> *Les Crises périodiques de production*, Rivière, 1913.

Comme l'école autrichienne, il insiste sur la notion de *détour de production* qui nécessite de consacrer du temps à la fabrication du capital pour obtenir ensuite des biens de consommation plus aisément avec une productivité accrue :

> « **L'allongement de la période de production** capitaliste a pour but de réduire le temps de travail requis pour la fabrication de chaque unité de marchandises. Si au lieu d'entreprendre immédiatement la confection des objets de consommation, on a recours à la fabrication préalable d'une *longue série de capitaux,* de biens intermédiaires, c'est afin *d'abréger* le temps de travail, de l'abréger surtout dans la dernière étape du procès de production, dans la phase de confection de biens de consommation. »
>
> *Revue d'économie politique,* n°2, 1909.

Le cycle est le fruit d'une série de décalages entre d'une part des moyens de production insuffisants par rapport à la demande (sous-capitalisation) puis au contraire un excès de biens d'équipement par rapport aux débouchés (surcapitalisation) :

> « Pendant la prospérité, l'élévation des prix pousse au développement de la production. Mais ce développement ne peut avoir lieu qu'après une construction

préalable de l'outillage nécessaire. Comme cette construction dure longtemps, l'insuffisante satisfaction des besoins, la persistance des hauts prix incitent, pendant tout ce temps, à de nouvelles commandes, à de nouvelles fabrications de capitaux fixes, à leur fabrication en quantités bientôt excessives, à **une surcapitalisation.** Cette surcapitalisation en cours finit par devenir apparente à mesure que s'achèvent d'importantes fractions de l'outillage en voie d'exécution. La production se relève. Les prix s'effondrent. La crise éclate. Pendant la dépression qui s'ouvre alors, la baisse des prix entraîne le ralentissement de la production. Mais à cause de la technique capitaliste, ce qui diminue immédiatement, c'est seulement la mise en chantier de nouveaux capitaux fixes. L'excès de l'outillage fini et encore grossi par d'incessantes livraisons, la surabondance de biens de consommation due à un outillage coûteux qu'on ne veut pas arrêter prolongent l'avilissement des prix. Tant que subsiste cet avilissement, tout courage manque pour entreprendre l'extension de l'outillage existant. Une *sous-capitalisation* a lieu qui prépare le retour de la sous-production et de la prospérité. »

Les crises périodiques de production, Rivière, 1913.

Mais **l'accélérateur** d'Aftalion n'est pas une simple relation technique entre la variation de l'outillage et de la production. Comme dans l'analyse autrichienne du capital, Aftalion considère que :

« La valeur des biens producteurs ou de leurs services est une valeur dérivée. Elle dépend de la valeur des biens directs à la production desquels ils participent. »

Revue d'économie politique, 1911, pp. 151-152.

Tout changement dans les prix des biens de consommation entraîne par voie de conséquence une révision des prix pour les biens capitaux. Ce mouvement général des prix agit sur l'économie réelle. Pour Aftalion, le simple arrêt de la hausse des prix de consommation peut faire décliner les commandes de matériel. A l'inverse, la reprise de l'inflation est un facteur de stimulation de la demande qui agit sur le secteur des biens d'équipement avec un effet amplifié. Bref, Aftalion remet en cause à la fois la neutralité de la monnaie et la stabilité de l'économie de marché, il est ainsi en grande partie un *hérétique* par rapport au modèle de base des néo-classiques.

A. Aftalion a ainsi amélioré la compréhension des fluctuations économiques en forgeant la notion d'**accélérateur**. Cet outil d'analyse n'est pas utilisé par Keynes, mais sa complémentarité avec le multiplicateur sera démontrée par Samuelson qui en combinant les deux phénomènes réalisera *l'oscillateur* qui est une modélisation des fluctuations autour d'un sentier de croissance.

La prise en compte de la répartition

A. Aftalion reprend l'explication autrichienne de la valeur. Il définit la valeur des biens capitaux en fonction de la valeur des biens de consommation qui sont produits. De ce fait, la valeur des capitaux contient une incertitude : elle est fixée en fonction des conditions présentes alors que les biens de consommation qu'ils serviront à produire auront des prix fixés aux conditions futures. En conséquence, des oscillations périodiques de l'intérêt existent.

En outre, Aftalion peut proposer une analyse de **la répartition.**

« La valeur des biens producteurs ou de leurs services est une valeur dérivée. Elle dépend des biens directs à la production desquels ils participent » autrement dit, il faut résoudre le problème de la productivité physique spécifique à chaque bien producteur, ce que fait Aftalion à partir de la productivité marginale.

Il s'ensuit que tout changement dans l'orientation des prix des biens de consommation a non seulement des conséquences sur le secteur des biens de consommation mais il entraîne aussi des révisions de prix des biens capitaux.

Ce mouvement général des prix engendre le retournement de la production. Pour Aftalion, le simple arrêt de la hausse des prix des biens de consommation peut même faire décliner les commandes de matériel. Les fluctuations sont intensifiées ensuite par l'inversion de l'accélérateur. Le rythme en est défini par le temps des réajustements nécessaires.

D'autres facteurs, monétaires en particulier, peuvent jouer, mais ils sont secondaires. **Le cycle a donc une raison endogène à l'économie.** C'est la nature du processus de production inscrit dans le temps historique qui est en cause.

La hausse de tous les prix correspond à la prospérité. Celle-ci prépare les déséquilibres déjà perçus par Marx ou Tougan-Baranowsky (déséquilibres sectoriels). La hausse des profits est auto-stimulante. Le fléchissement inéluctable des prix des biens de consommation (en relation avec la théorie subjective de la valeur) ou même des prix des biens capitaux, rend les déséquilibres patents. Le rééquilibrage suppose du temps. Les politiques économiques ne peuvent qu'atténuer le cycle car celui-ci a des raisons fondamentales.

Aftalion, la question sociale et le socialisme

Aftalion s'est préoccupé de la question latente depuis Marx : *le revenu des capitalistes est-il légitime ?* Il a utilisé dans ce domaine comme dans d'autres des arguments autrichiens déjà employés par Von Wieser et Böhm Bawerk.

Aftalion choisit comme critère de jugement le principe : *«à chacun selon son travail»*. Aftalion est fidèle à une conception de **la justice distributive** par opposition à celle de **la justice commutative** (« *à chacun selon ses besoins* »). Il va s'opposer à la théorie marxiste selon laquelle le capitalisme contrevient au principe de justice distributive car il y a extorsion de plus-value au travailleur et donc un profit illégitime. Pour Aftalion, il y a une « légitimité en soi des revenus capitalistes ». Pour monter cela, il commence par réfuter l'affirmation qui attribue la productivité de façon exclusive au travail. Il en déduit que toute revendication des travailleurs au produit intégral de leur travail est erronée :

> « De l'exploitation peut entrer dans le profit, mais par plusieurs de ses autres éléments, quand il est la rémunération d'un service rendu, risque couru, réduction du coût, production d'articles très désirés, et même quand il n'est qu'une rente, le profit est un revenu naturel, indépendant du droit établi, un revenu qui correspond à une création de valeur et qui est, par suite, en soi parfaitement légitime [...]. Le travail peut équitablement prétendre à toute la production. Il n'en est pas l'unique

> auteur. Une part de la valeur du produit est créée par les agents dits capitalistes de la production, capital, terre, entrepreneur, ou plus exactement leur est imputable. Une part de la valeur de la production leur revient donc équitablement.»
>
> *Opus cit.*

L'explication de la création de la valeur par les capitalistes se décompose de la manière suivante :

> « 1) C'est l'entrepreneur qui court les risques de la production. Ce qui veut dire qu'il paie ou s'engage à payer des sommes déterminées en vue de biens d'une valeur incertaine.
> 2) On peut [...] estimer que l'entrepreneur a parfaitement droit à un revenu spécial qui serait le profit proprement dit à raison de ce que son intelligence, son *intelligence créatrice, ajoute au résultat de la production* [...]. C'est ce que l'on n'aurait pas eu sans lui qui lui est imputable [...].
> 3) Le mérite de l'entrepreneur peut aussi consister dans la réduction du coût en nature, dans l'augmentation de la productivité [...].
> 4) Le haut profit que perçoit l'entrepreneur peut consister en une rente, en un surplus qu'il touche sans aucun apport personnel de sa part [...] rentes de situation [...] rente de conjoncture. »
>
> *Opus cit.*

Aftalion montre que les revenus capitalistes existeraient même en régime socialiste. Il précise qu'un « impératif d'imputation » doit dans le calcul économique faire intervenir le coût du capital :

> « L'État socialiste devrait faire figurer dans le coût une certaine somme en prévision des risques qu'il va assumer, des pertes qu'il peut subir par suite de stocks qu'il ne réussit pas à écouler, par suite d'accidents ou d'avaries [...]. Il y aura toujours, même pour l'État socialiste, dépense certaine, pour recette incertaine [...]. L'État socialiste devra vendre les produits des exploitations plus favorisées (bon directeur, bon organisateur, inventeur intelligent) non pas à un prix égal à leur coût réduit, mais à leur valeur naturelle plus élevée, au prix qu'on peut trouver sur le marché [...].
> Ce qui vient d'être dit du profit dû à l'inégalité des coûts peut être répété pour le profit dû à une intelligente orientation imprimée à la production. Il faut que l'État socialiste ait un corps de fonctionnaires chargés de veiller à la bonne adaptation de la production aux besoins [...].
> Si on passe à cet autre élément du profit qui consiste en une rente, il faut dire encore que l'État socialiste doit vendre les marchandises à leur valeur courante, à la valeur qui dépend des offres et des demandes et non pas à leur prix coûtant. Il doit, par suite, toucher un profit même quand ce profit est une rente.»
>
> *Ibid.*

Ainsi Aftalion considère que le problème de la question sociale ne passe pas par une appropriation collective des moyens de production mais par une redistribution plus juste. Sa conception d'**une nouvelle politique sociale** est d'abord redistributive :

> « On pourrait se réclamer de la théorie du surplus social pour soutenir que l'État devrait prélever sur les revenus capitalistes, en vue d'améliorer le sort des non-possédants, tout ce qui ne diminue pas la productivité ni le quantum d'épargnes nécessaire à une suffisante capitalisation et, à plus forte raison, tout ce qui permettrait d'augmenter la productivité ou l'épargne [...]. La nouvelle théorie justifie les impôts sur le luxe. Elle légitime d'autre part les dépenses d'instruction générale et professionnelle, d'hygiène. L'assistance, les dépenses pour l'amélioration du logement, pour la multiplication des soins aux enfants, les dépenses qui ont pour but de protéger les classes populaires contre les risques qui les menacent, de prévenir la misère ou la maladie, les dépenses qui servent à fortifier la santé physique, la valeur morale et la capacité technique des populations, qui augmentent les forces productives humaines, le capital vivant du pays. »
>
> *Ibid.*

Ainsi Aftalion a contribué à développer une conception d'**une économie capitaliste tempérée et régulée par des institutions.** L'école française contemporaine poursuivra dans cette direction qui est aussi celle de J.-M. Keynes.

John Maurice Clark (1884-1963)

John Maurice Clark est le fils de l'institutionnaliste John Bates Clark, dans un article célèbre il est le premier à formuler un des outils majeurs de l'analyse des fluctuations : **le principe d'accélération**[1].

LE MODÈLE D'ACCÉLÉRATION

L'analyse des crises et de la dynamique de l'accumulation, si importante chez les classiques, est largement négligée par les marginalistes. Il revient sans doute à Clark d'avoir mis en évidence des mécanismes de fluctuation devenus fondamentaux dans les modèles macro-économiques contemporains qui distinguent l'effet de générations successives de capitaux.

> « Tout producteur de biens destinés à être vendu a en face de lui deux types de demandes. Il doit remplacer l'équipement déjà en service et les stocks de matière premières et de produits demi-finis; et il doit aussi fournir tous les nouveaux équipements qui sont demandés pour les constructions nouvelles, les agrandissements ou les améliorations, ainsi que toutes les augmentations des

[1] L'accélération dans le cycle des affaires et la loi de la demande : un facteur technique des cycles économiques. *Journal of Political Economy,* mars 1917.

stocks de matières premières et de biens non vendus. L'une et l'autre de ces demandes viennent en dernière analyse du consommateur, mais elles obéissent à des lois différentes. La demande destinée au maintien et au remplacement du capital existant varie avec le montant de la demande de produits finis, tandis que la demande pour les constructions nouvelles ou l'augmentation des stocks dépend de la question de savoir si les ventes du produit fini augmentent ou non[...].

• La nature de la loi mécanique qui est en action peut être montrée en imaginant que l'industrie est réduite à une simple machine [...].

• Supposons que la demande d'un certain produit commence par augmenter régulièrement, l'accroissement annuel de la demande étant constamment égal à 10 % de la demande primitive. Au bout de cinq ans, la demande cesse d'augmenter et devient stationnaire. Si l'équipement productif a été ajusté au besoin, il est maintenant augmenté de 50 % et il exige une dépense de 50 % supérieure pour le maintien et le remplacement. Pendant ce temps, il s'est manifesté une demande additionnelle pour de nouvelles constructions qui est égale, sur cinq ans, à la moitié de l'équipement primitif. Si les remplacements se font au taux de 5 % par an, le premier effet d'un accroissement de la demande au taux de 10 % par an est de tripler la demande de moyens de production, puisqu'une demande pour de nouvelles constructions est apparue qui est égale à deux fois la demande antérieure pour le remplacement. »

Journal of Political Economy, mars 1917.

A l'inverse, tout ralentissement de la demande crée un excédent de biens d'équipement car la demande de biens de production nouvelle disparaît brutalement et on assiste à des capacités de production inutilisées donc même la demande de remplacement va être affectée. Les fluctuations sont ainsi amplifiées à la hausse comme à la baisse. Le capitalisme est instable car il s'ajuste à un marché dont la demande varie sans cesse :

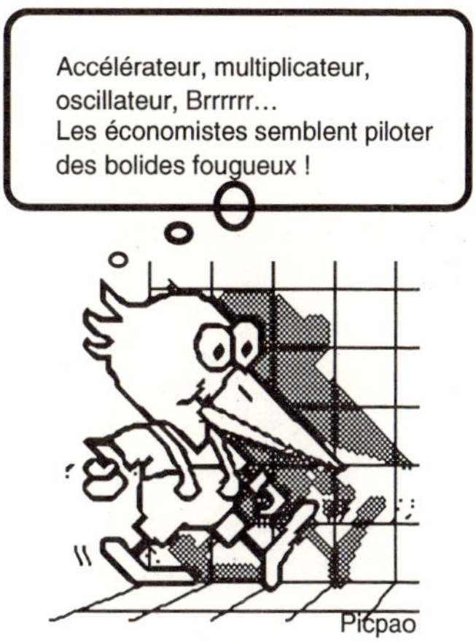

« Il est difficile de voir comment les industries de la construction des bâtiments et de la fabrication des machines pourraient éviter la désagréable expérience qui consiste à croître exagérément dans les périodes de prospérité. Car on ne peut jamais s'attendre à ce que la demande croisse selon un taux absolument régulier, et la plus légère fluctuation semble fatalement placer le producteur des biens capitaux dans une situation comparable à celle d'un voyageur qui a dépassé involontairement sa station. »

Journal of Political Economy, mars 1917.

7.3. Keynes (1883-1946) : une hérésie fondatrice

COMMENT UN LIBÉRAL ANGLO-SAXON DEVIENT LE PLUS CONNU DES ÉCONOMISTES !

Le théoricien d'un capitalisme d'un type nouveau

John Maynard Keynes naît en 1883 alors que K. Marx s'éteint. Les deux événements n'ont apparemment pas de rapport. Keynes ne s'intéresse guère à l'analyse marxiste. Il réserve ses flèches aux classiques et aux néo-classiques du XXe siècle dont il va réfuter le système de pensée. Penseur libéral au sens anglo-saxon, il refusera le conservatisme, mais il se tiendra toujours éloigné des travaillistes dont il ne partage nullement l'approche étatiste et excessivement populiste.

♦ Son œuvre et ses préoccupations sont marquées par la crise de 1929. Keynes, en homme de son temps, recherche en priorité la meilleure façon de résoudre les crises et d'atteindre le plein emploi.

Pour comprendre l'apport de J.-M. Keynes, il faut situer son œuvre dans le contexte structurel de l'entre-deux guerres : un nouveau type de capitalisme se développe, Keynes va chercher à le comprendre. Des monopoles, des syndicats, des rigidités des prix à la baisse se développent.

Ce n'est donc pas un hasard si Keynes, dès 1926, présente une nouvelle conception de la politique économique. Il analyse la venue d'un capitalisme nouveau pour lequel il fournit des moyens d'agir. La crise de 1929, d'un type jamais vu auparavant, va aider au triomphe de ses idées :

> « En 1929 la plus grave crise de surproduction que le monde ait jamais connue éclate aux États-Unis et s'étend rapidement au reste du monde [...]. La grande dépression se déroule sur un fond de **rigidités** inhérentes au *capitalisme monopoliste* : rigidité des prix dans la plupart des industries importantes avec maintien des marges de profit, existence généralisée de surcapacités de production. La classe ouvrière, elle aussi, s'est organisée entre 1870 et 1930, ce qui a pour conséquences cette autre rigidité, responsable pour les libéraux de tous les déséquilibres : une non-flexibilité relative du taux des salaires à la baisse. »
>
> *Panorama des sciences humaines,* Gallimard, 1963.

♦ Mais Keynes n'est pas seulement un grand visionnaire : expert en économie, conseiller de son gouvernement, négociateur apprécié, il est **un praticien de l'économie.** Précurseur dans l'utilisation des médias, c'est un homme de communication. Il sait par la plume combattre ses adversaires et entraîner l'adhésion de l'opinion publique. à ses thèses.

La diversité de ses talents explique qu'il puisse servir d'emblème à de nombreux économistes. Longtemps après sa mort, l'opinion publique associe son nom à l'expansion économique d'après guerre.

Un message révolutionnaire, mais doux à entendre...

Le message de Keynes, popularisé en France par Lord Beveridge, est une révélation pour les apprentis économistes de 1944 et d'après-guerre. Il est vulgarisé (et quelque peu déformé) de la façon suivante :

> « **L'idée de base** de Keynes est que l'emploi est lié à la croissance. Pour obtenir le plein-emploi il faut donc accroître la production nationale et pour cela augmenter la demande, au besoin en augmentant le déficit budgétaire et en distribuant de meilleurs salaires. D'où le séduisant paradoxe : peu importe à quoi on emploie les gens, l'essentiel est qu'ils soient mieux payés et que la masse salariale augmente [...]. De quoi combler les partis ouvriers [...]. Mais la révolution keynésienne est surtout morale. Elle prêche la transgression radicale, le non-respect des règles anciennes que l'on croyait **naturelles**. Face à la conception puritaine, moralisante et mortificatrice de l'économie, Keynes plaide pour **le principe de plaisir.** En épargnant moins, dit-il, en faisant moins d'efforts pour économiser, en dépensant plus, on va dans le sens de l'intérêt général puisqu'on contribue à relancer la machine. Au sacrifice, il substitue le désir satisfait comme la politique économique. *Keynes, en un mot, c'est le Freud de l'économie.* Foin des banquiers et des principes; voilà que l'on peut tout à la fois s'accorder des déficits budgétaires, augmenter les salaires, les congés payés et, plus tard, la Sécurité sociale pour tous. Loin de compromettre l'avenir ou de nuire à l'investissement, la dépense publique, moralement légitimée, devient le moteur même de la croissance. »
>
> M. Albert, *Le Pari français*, Seuil, 1982.

Une vie et un œuvre d'hérétique

Un milieu propice à l'inventivité et à la réforme

Selon l'expression populaire, J.-M. Keynes est né avec « une cuillère d'argent dans la bouche »; il ne trouve pas dans son berceau une richesse matérielle importante, mais un environnement familial cultivé et attentif. Ce capital culturel sera pour son avenir intellectuel d'une grande valeur.

• Son père, John Neville Keynes, était chargé de cours à l'université de Cambridge où il enseignait la logique et l'économie politique. Il guide son fils dans sa formation intellectuelle. Il lui conseille non l'enseignement mais le concours de l'Administration.

• Sa mère, Florence Ada, était une des premières femmes diplômées de Newham College. Elle fut la première femme à devenir conseillère municipale à Cambridge. Hyperactive, elle s'y fait élire comme maire en 1932 et se fait connaître pour son féminisme et son attrait pour les questions sociales. Elle constitue une sorte de modèle pour J.-M. Keynes qui lui écrit très souvent. Les parents de Keynes sont, plus généralement, adeptes d'**un libéralisme politique** au sens anglo-saxon; ce sont des citoyens progressistes teintés d'altruisme; ils sont infiniment moins conservateurs que la majorité de la *haute société victorienne.*

♦ **La génération-charnière** à laquelle Keynes appartient le marque profondément. Il vit résolument le passage de l'ère victorienne, avec sa pesante chape de morale, à la modernité du XXe siècle. Il ressent vivement le déclin de l'économie britannique.

Il sera considéré comme **le révolté de Bloomsbury,** puis *l'establishment* le consacrera . A la fin de sa vie, il portera le titre de Lord Keynes.

• Keynes doit d'abord beaucoup à **la nature de ses études.** Il entre à quatorze ans, avec la place de premier en mathématiques au collège d'Eton, spécialisé dans *la fabrication de l'élite anglaise.* Il y apprend, entre autres, à travailler 10 heures par jour, à parler en public et même à gérer l'école. Il en sort « bon partout » et a le droit d'entrer à *King's College* à Cambridge, avec, comme option principale les mathématiques, comme son illustre maître A. Marshall. Son sport favori est l'aviron. Mais l'image d'Épinal de Keynes paré des vertus du « parfait étudiant anglais » s'arrête là. Il fréquente durant ses études un milieu tout à fait original qui le marquera durant toute sa vie.

• **Ses années d'adolescence** se passent auprès des enfants Stephen, en particulier de Vanessa et de Virginia, celle qui deviendra la célèbre romancière Virginia Woolf. Son principal ami de l'époque, Lytton Strachey, se fera bientôt connaître par un ouvrage dans lequel il critique ironiquement la morale de la vieille génération. Il fait partie de ceux qui refusent une Angleterre victorienne et puritaine qui condamne Oscar Wilde pour homosexualité.

C'est l'époque de Freud et de la psychanalyse. Ainsi, les frères de Lytton, James et Alex Strachey, sont les traducteurs en anglais des œuvres complètes de S. Freud. A King's College, Keynes est accepté au sein d'un club fermé, qui s'intitule *La Société* ou *Les Apôtres.* Ce club accueillera des Anglais illustres tels Bertrand Russell futur prix Nobel de Littérature et sa femme Dora Russell, féministe et militante du mouvement pacifiste anglais. Keynes est aussi marqué par l'influence de G. E. Moore, pionnier de la linguistique moderne et philosophe. Moore comme Bergson insiste sur **l'intuition créatrice**; mais surtout il refuse l'utilitarisme de Bentham. Moore pense que la psychologie de Bentham est fondée sur « une surévaluation des critères économiques » et qu'elle omet des valeurs non égoïstes telles l'altruisme… Moore influencera Keynes dans l'idée selon laquelle il existe des valeurs supérieures à la maximisation de **l'utilité nette** (plaisirs moins peines nécessaires à leur obtention). Ces valeurs ne sont pas érigeables en principe d'organisation politique (le socialisme ou le communisme), ni surtout en morale comme avait pu le faire antérieurement Sidgwick en Angleterre. Sur ce point, Keynes est en accord avec Hayek pour qui il n'y a pas de morale transcendante. Mais Hayek en déduit sa préférence pour la tradition et les coutumes léguées et, pour le reste, pour la *loi du marché*. Hayek critique « le mirage de la justice sociale »; tandis que Keynes continue de considérer comme valeurs ultimes l'altruisme et la justice sociale. Keynes et Moore annoncent plutôt

l'immoralisme à la manière d'André Gide qui parle d'une *conscience morale toujours en éveil* — il ne s'agit pas d'amoralisme mais d'immoralisme par réaction contre la morale conventionnelle.

Enfin, Keynes côtoie ensuite, dans les années 1910, autour du *groupe de Bloomsbury*, cette « cage aux lions où l'on discute de tout et sans cesse », le philosophe viennois Ludwig Wittgenstein. L'auteur du célèbre *Traité de logique philosophique (Tractatus)* est aussi un "apôtre" du *King's College*. Keynes rencontre également le peintre Duncan Grant.

A trente et un ans il est à la fois ami des intellectuels pacifistes et de hauts fonctionnaires du gouvernement.

Après 1918, et surtout 1921, il devient admirateur fervent et assidu de l'étoile des ballets russes Nijinsky, Lydia Lopokowa qu'il épousera en 1925. Avec elle, il ouvrira à Cambridge le fameux Arts theater en 1936, l'année même de la parution de sa *Théorie générale de l'emploi, de l'intérêt et de la monnaie.*

La création keynésienne est ainsi tissée par le croisement de plusieurs fils conducteurs : l'influence familiale, la nature des études, l'amitié des artistes et des hauts fonctionnaires, la spéculation boursière. Ce **bouillon de culture** produit, avec les événements de l'époque, l'hérésie keynésienne.

Une entrée fracassante en politique économique

Keynes conseiller du prince

La célébrité initiale de Keynes ne tient pas à ses qualités de théoricien. L'écriture de la *Théorie générale de l'emploi de l'intérêt et de la monnaie* n'est que l'apogée d'une recherche qui commence très prosaïquement avec des questions d'intendance. C'est à **l'action** que Keynes se trouve confronté dans le domaine de la politique intérieure et aussi dans le domaine des politiques et des relations économiques internationales.

Les affaires indiennes : l'économie au quotidien

La vocation d'économiste de Keynes prend forme lentement. A vingt et un ans, il étudie *les Principes* d'A. Marshall et se laisse fasciner par la *révolution jevonnienne.* C'est A. Marshall qui encourage « l'élève Keynes » à devenir économiste. Keynes le considère comme *un ancien maître,* un peu « ringard ». Mais selon les vœux de son père, il devient d'abord fonctionnaire pendant deux ans au bureau des affaires indiennes. Une anecdote laisse parfois entendre que son activité s'est limitée à l'expédition à Bombay d'un taureau avec pedigree. Mais en réalité Keynes n'est pas inactif; il devient durant cette période « diplomatique » un spécialiste des affaires économiques de l'Inde.

Keynes devient enseignant et chercheur en économie

Keynes met un terme rapide à cette expérience de fonctionnaire administratif. Dès 1909, il devient assistant à l'université de Cambridge. La période est favorable car A. Marshall vient de se retirer. Keynes constitue rapidement un *club d'économie politique* avec ses meilleurs étudiants et devient, en 1911, le rédacteur en chef de *The Economic Journal,* la revue de la *Royal Economic Society.* Il demeurera jusqu'en 1944 à la tête de cette prestigieuse publication. La cause est donc entendue : J.-M. Keynes sera économiste.

Keynes **s'engage politiquement.** Dès 1909-1910, il devient *un libéral au sens Anglo-saxon,* c'est-à-dire *un réformateur* plutôt au centre gauche. De plus, il s'intéresse à la politique économique tant intérieure qu'extérieure. Keynes s'oppose à *l'establishment* de la City. Dans un ouvrage critique de 1913, *La monnaie indienne et la finance (Indian Currency and Finance),* il fait l'éloge de la position indienne qui consiste à maintenir le cours de sa monnaie, la roupie par rapport à la livre sterling, et non par rapport à l'or. Ce choix est, dans les faits, celui d'un système *d'étalon de change-or* et non *d'étalon-or*....

Cette nouveauté inquiète les banquiers de la City. Ceux-ci sont déjà, pour Keynes, de purs conservateurs qui freinent l'innovation. Pour lui, en effet, il est possible de réduire « le goût enraciné pour la rétention de l'or-métal » et de trouver un étalon de valeur plus rationnel et plus stable. A la suite de ces prises de positions, Keynes est invité à faire partie d'une commission d'enquête parlementaire sur les pratiques monétaires indiennes; le président de cette commission n'est autre que le futur Premier ministre J. A. Chamberlain. Keynes y fait ses preuves de réformateur audacieux en préconisant la création d'une Banque centrale indienne, mais celle-ci ne verra le jour qu'en 1935.

Cette entrée fracassante de Keynes dans l'actualité de la politique économique va être suivie de propositions non moins novatrices pour régler le sort de l'Europe après la première guerre mondiale. Keynes développe alors une vision de l'Europe et des relations internationales plus coopérative que revancharde. Mais il est en avance sur l'esprit du temps et son influence (encore faible) ne sera guère suffisante pour endiguer le cours des événements.

Keynes visionnaire, anticipe sans succès une solution coopérative pour l'Europe

La Grande-Bretagne entre dans la guerre en août 1914. Le directeur du *Trésor,* face aux menaces de panique financière, gonfle ses équipes et fait appel à J.-M. Keynes. Le mémorandum préparé par celui-ci permet à Lloyd George de soutenir le système de l'étalon-or pendant un temps. Keynes devient un expert écouté au sein du Trésor

(Treasury); il s'occupe de l'intendance. Dans cette guerre totale, l'économie est aussi fondamentale que le front militaire; Keynes s'occupe de l'approvisionnement et des prix. Il a une activité fébrile et épuisante pour résoudre les problèmes de financement de l'effort de guerre. Il met en évidence que les deux principaux moyens de payer la guerre sont soit l'inflation qui dévalue la dette publique de façon indolore pour l'État mais spolie le rentier, soit l'impôt qui frappe le contribuable... Il participe aux négociations financières extérieures avec les Russes et surtout avec les États-Unis qui vont être mis à contribution de manière croissante.

Après deux années de guerre, l'Angleterre s'interroge sur la poursuite des combats. Le projet de loi de janvier 1916 sur la conscription contribue au développement du pacifisme. Le groupe de Bloomsbury influence Keynes et le conduit à *l'objection de conscience.* « La paix maintenant » est le mot d'ordre des pacifistes, mais ils se heurtent au regain du patriotisme en Angleterre et en France. L'entrée en guerre des États-Unis, le 6 avril 1917, va encore renforcer l'option armée car il apparaît alors que la victoire est proche pour les alliés contre l'Allemagne.

♦ Dès 1917, Keynes estime que le coût de la guerre des alliés va dépasser très nettement les capacités de paiement **des réparations allemandes.** Sa conviction fondamentale est qu'il faut un équilibre économique en Europe. Il affirme que le montant des réparations payées par le vaincu ne doit pas signifier la ruine de l'Allemagne. Son raisonnement est le suivant :

> « Si nous choisissons délibérément l'appauvrissement de l'Europe centrale, j'ose le dire, la revanche ne traînera pas. Rien ne pourra retarder pendant longtemps la guerre civile finale entre les forces de la réaction et les convulsions désespérées de la révolution, devant lesquelles les horreurs de la dernière guerre allemande s'évanouiront dans un néant qui détruira, quel qu'en soit le vainqueur, la civilisation et les progrès de notre génération. »

CW2 Collected Writings, T2.

Cette intuition économique, politique et militaire est *prémonitoire*. Aucun dirigeant politique de 1918-1919 n'a compris pleinement cet enjeu historique et stratégique et n'a perçu la gravité de la situation économique et sociale en Allemagne et en Europe centrale après la défaite. Mesurant son isolement, Keynes démissionne de son poste de représentant britannique à la Conférence de la Paix. Il prépare alors le livre *Les Conséquences économiques de la paix* qui sera vendu à 60 000 exemplaires en l'espace de deux mois. Cet ouvrage contient les idées keynésiennes fondamentales sous forme **d'intuitions**; il en forgera la théorie plus tard.

♦ Keynes perçoit que les États-Unis sont devenus **les créanciers de l'Europe.** Il faut donc que l'Europe soit reconstruite et exporte vers les États-Unis. Cette reconstruction peut se faire sur la base d'un prêt des États-Unis, du Royaume-Uni et des pays neutres aux pays belligérants, et sur la base d'une union de libre-échange des pays européens. Dès 1919, Keynes avait anticipé sur la démarche qui sera adoptée avec succès après 1945.

♦ Pour Keynes, **la demande de réparation** des alliés qui s'élevait à 40 milliards de dollars était très supérieure à la capacité de paiement ou d'exportation en nature de l'Allemagne. La commission des réparations ne devait rendre son rapport qu'en mai 1921. Mais déjà, il était clair que le traité de paix, en enlevant à l'Allemagne l'Alsace-Lorraine, la Sarre et la Haute-Silésie, ôtait au vaincu la possibilité de réexporter beaucoup de fer et de charbon. La position de Keynes était **économique et morale** : « Les nations ne sont pas autorisées par la religion ou la morale naturelle à faire expier aux enfants de leurs ennemis les erreurs des parents et des dirigeants. » Mais surtout, en **comptable national,** Keynes affirme que le montant des réparations s'élève à 4 années de revenu national d'avant guerre et s'applique à un pays démembré. Pour lui, le montant à ne pas dépasser est de une année de revenu national assortie d'un crédit car il faut attendre que l'économie allemande ait enfin la capacité de créer un surplus exportable. L'histoire lui donnera raison. Les réparations ne furent pas payées même après que le plan Dawes eut réaménagé la dette en 1924 puis que le plan Young de 1928 eut tenté de rendre plus réalistes les réparations demandées. La crise de 1929 qui créa un glacis dans les flux de capitaux internationaux conduisit à la suspension finale de la question du paiement des réparations par l'Allemagne.

Infatigable défenseur de ses idées dans les années vingt, Keynes multiplie les articles dans les journaux. Il critique, conseille et prône *la révision du traité.* Keynes développe son argumentation dans un article scientifique sur « le problème des transferts allemands ». Il définit en 1929 dans *The Economic Journal* la capacité à dégager spontanément un surplus exportable. Il indique qu'il importe de prêter à l'Allemagne préalablement afin qu'elle puisse dégager ce surplus.

Mais Keynes a des contradicteurs de renom. Le débat porte sur la théorie économique des prêts internationaux.

L'économiste suédois Ohlin et le Français J. Rueff réfutent les propositions de Keynes. Selon leur analyse, celui qui prête transfère du pouvoir d'achat ce qui est de nature à modifier les flux commerciaux. Le prêteur importe moins et cela se retourne contre les exportations du bénéficiaire du prêt qui ne peut plus vendre son surplus. Ce raisonnement se retrouvera plus tard dans l'approche monétaire de la balance des paiements : le pays qui réduit sa quantité de monnaie réduit ses prix, importe moins et améliore l'équilibre de sa balance commerciale. Le pays qui emprunte augmente son pouvoir d'achat, donc ses importations, et déséquilibre sa balance : il ne peut rembourser ses emprunts.

P. A. Samuelson donne aujourd'hui raison à l'analyse dynamique de Keynes comme le fera d'ailleurs l'application du plan Marshall qui, après 1945, permet aux économies de l'Europe de forger les bases de leurs exportations ultérieures. Mais durant les années vingt, Keynes est isolé et certains en font un allié objectif des thèses Allemandes. Par delà le raisonnement théorique, des groupes de pression se manifestent avec force. Ainsi les entrepreneurs craignent que l'Allemagne, aidée par ces prêts ne redevienne un sérieux concurrent sur les marchés internationaux.

La thèse qui prévaut contre l'avis de Keynes est « l'Allemagne doit payer ». Cela engendre des désordres politiques internes dramatiques (la révolution allemande), une hyper-inflation allemande qui de 1922 à novembre 1923 oblige à multiplier les marks pour payer les biens. La logique économique devient alors une logique politique et militaire. La France envahit la Ruhr pour sanctionner une Allemagne humiliée qui ne peut payer autrement qu'en empruntant et en devenant dépendante du crédit international. L'austérité débouche sur **la montée du national-socialisme** et cela prépare la seconde Guerre mondiale;

Des propositions audacieuses et intuitives que viendront étayer théoriquement les travaux ultérieurs

Keynes, dès la fin de la Première Guerre mondiale, puis durant les années vingt aura une vision *hétérodoxe* en politique économique. Son originalité s'exprimera pleinement lorsque le Trésor met sur pied, en novembre 1929, un comité de crise sur l'industrie et les finances présidé par Macmillan.

Dès les années 1915-25, il développe l'idée que **la propension à épargner** est déterminante pour la croissance. Pour Keynes, cette variable a des composantes psychologiques et un rôle macro-économique qui en fait la clé de voûte de la théorie de l'emploi. L'idée de Keynes est qu'**un multiplicateur de dépense** commande l'expansion et qu'il est d'autant plus grand que la propension à épargner est faible et la propension à consommer forte.

Selon lui au XIXe siècle :

> « On abandonnait une large part des revenus en expansion de la société au contrôle de la classe la moins à même de consommer» puisque, du côté des capitalistes, «le devoir d'épargne constituait les neuf dixièmes de la vertu. »

Les conséquences économiques de la paix, 1919, CW2.

La guerre, avec le brassage social qu'elle a produit, semble avoir modifié les comportements des classes laborieuses à l'égard du partage entre salaire et profit... Keynes est conscient de cette évolution des mentalités et pense que l'inégalité va spontanément décroître :

> « La guerre a révélé les promesses de la consommation à chacun et la vanité de l'abstinence à beaucoup. Ainsi le bluff est découvert : il se peut que les classes laborieuses n'acceptent plus de se priver si totalement, et que les classes capitalistes, n'ayant plus confiance dans l'avenir, cherchent à jouir plus complètement de la liberté de consommer. »

Les conséquences économiques de la paix, 1919, CW2.

Keynes anticipe l'ère **de la consommation de masse.** Mais Keynes nuance cette position quand il constate qu'à la faveur de la crise de 1921, les salaires ont pu être baissés sans entraîner de révolte ouvrière. Sa grande crainte est alors celle **d'une épargne excédentaire source de montée du chômage.** Il rejoint en cela les craintes exprimées par Mandeville et Malthus sur l'excès d'épargne. En 1924, le nombre de chômeurs recensés en Angleterre est d'environ un million. C'est le *pot au* *noir* selon l'expression d'A-C Pigou. Keynes soutient donc **un programme de travaux publics** proposé par Lloyd George. Il est favorable à :

> « Une cure ultime pour le chômage et à une impulsion de réforme monétaire qui amorcerait une reprise cumulative; détournerait les épargnes nationales de leurs investissements, relativement improductifs à l'étranger, vers des entreprises constructives encouragées par l'État, dans le pays lui-même, et ainsi entraînerait un regain de confiance. »

Nation, 1924, CW11-12-19.

Cette position de Keynes **en faveur de la politique industrielle** est moderne. Keynes se prononce également, de manière précoce, contre la restauration de l'étalon or et pour *une monnaie gérée par des institutions.* Cet ensemble de suggestions modernes en matière de politique économique est présenté par Keynes alors même qu'il a parfaitement conscience des dangers de dérive inflationniste qu'elles peuvent entraîner. Lorsque la Grande-Bretagne, en avril 1928, retourne officiellement à l'or, Keynes écrit que ceci signifie une politique déflationniste interne en raison des taux d'intérêt élevés qui vont devenir nécessaires pour défendre la parité d'avant-guerre de la livre-sterling *(The Economic Consequences of Mr Churchill)*. Cette politique rend nécessaire des ajustements à la baisse des salaires nominaux. Or, poursuit Keynes :

> « Pour des motifs de **justice sociale,** on ne peut justifier la réduction des salaires de mineurs. Ils sont victimes du juggernaut économique». Ils enregistrent dans leur chair "les ajustements fondamentaux" aménagés par le Trésor et la Banque d'Angleterre pour satisfaire les pères de la city. »

CW11-12.

Selon lui, la livre était surévaluée d'au moins 10 % et le capitalisme financier brime la croissance et donc l'emploi.

Le jugement politique de Keynes se confirme alors. Il refuse le parti conservateur car les chefs de file du Parlement et de la City qui y sont associés sont « incapables de distinguer les mesures nouvelles qui permettraient de sauvegarder le capitalisme de ce qu'ils appelaient le bolchevisme. » Mais il refuse aussi les thèses du parti travailliste qui est selon lui le «parti de la catastrophe». De plus, les travaillistes font une place insuffisante aux intellectuels et aux innovations théoriques. Keynes opte pour le parti libéral qui est le seul à laisser une place aux élites cultivées. Mais *le parti libéral* au sens anglo-saxon est surtout non conformiste; il accorde aussi une place importante aux réformes qui améliorent le fonctionnement de l'économie de marché. En 1928, Keynes soutient Lloyd George contre J. Baldwin en critiquant celui-ci. Face au chômage :

> « Il peut paraître fort sage de demeurer ainsi immobile dans son fauteuil et de hocher la tête. mais tandis qu'on attend, le travail inemployé des chômeurs ne s'amasse pas dans une banque sous forme de crédits prêts à servir un peu plus tard. Il est irrémédiablement gaspillé et constitue une perte absolue. Chaque bouffée de la pipe de M. Baldwin nous coûte des millions de livres. »

Essais de persuasion, Gallimard, 1929.

La négligence du chômage est l'axe central de sa critique du parti conservateur par Keynes :

« Ce n'est pas accidentellement que le gouvernement conservateur nous a menés dans le pétrin ou nous sommes. C'est la conséquence normale de sa philosophie – il ne faut pas chercher à employer tout le monde car cela conduirait à l'inflation. »

Essais de persuasion, Gallimard, 1929 – traduction française, 1933 –.

Keynes, en optant pour **le développement de travaux publics,** ne cite pas encore le rôle *du multiplicateur d'investissement.* Mais il insiste sur les emplois indirects et pas seulement directs qui peuvent résulter des dépenses concernant le réseau routier et ferroviaire, le logement individuel (200 000 maisons par an), les centraux téléphoniques et l'assainissement des sols.

En économie nationale comme en économie internationale, les fondements de la pensée de Keynes sont, dès lors, clairs. *Le chômage peut être vaincu. La monnaie peut être gérée par des institutions nouvelles.* Mais il reste à réaliser la théorie de ces intuitions nouvelles. En 1931, Keynes a quarante-sept ans; il va devoir consacrer quatre années à écrire *La Théorie générale.*

KEYNES INVENTE DE NOUVEAUX OUTILS D'ANALYSE UTILES POUR L'ACTION

Pour Keynes chômage et inflation sont liés; la théorie de l'emploi passe donc d'abord par **une nouvelle analyse monétaire**. Il forge une analyse du **circuit** qui part de la dépense consacrée soit à l'investissement soit à la consommation et aboutit à la formation du *revenu global*...

Guerre d'indépendance sur le front de l'intérêt et de la monnaie

Contre la conception néo-classique du taux d'intérêt

J.-M. Keynes établit une proposition nouvelle et contraire à la synthèse néo-classique d'A. Marshall. Pour lui, *le taux d'intérêt* est **une grandeur purement financière,** en rapport avec des dispositions psychologiques perceptibles au niveau global. Dès *Le Traité,* Keynes conteste l'idée que le taux d'intérêt soit une simple variable qui ajuste offre d'épargne et demande de capitaux par les investisseurs.

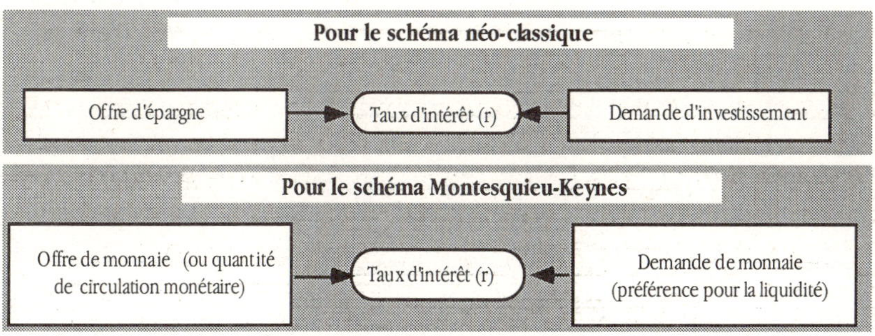

Dans la *Théorie générale* il précise son analyse :

« Ces derniers temps, de nombreux économistes ont soutenu que le montant de **l'épargne** courante déterminait l'offre de capital frais, que le montant de l'investissement courant en gouvernait la demande et que le taux d'intérêt était le facteur d'équilibre ou **le prix.** »

En réalité, « **le rôle du taux d'intérêt** est de maintenir en équilibre non la demande et l'offre des biens de capital nouveaux, mais la demande et l'offre de monnaie, c'est-à-dire la demande d'argent liquide et les moyens d'y satisfaire. Nous rejoignons ici la doctrine des anciens économistes, antérieurs au XIXe siècle. Cette vérité par exemple a été discernée très nettement par Montesquieu»

Théorie générale..., Préface à l'édition française, 1939.

♦ Dans cette nouvelle approche de l'intérêt, Keynes attribue un rôle clé à **la préférence pour la liquidité.** Cette notion renvoie à un comportement global des agents économiques. Elle est introduite dans le raisonnement keynésien à partir de 1932.

L'observation de la crise économique qui bat son plein pousse Keynes à innover dans la théorie économique. Avec ses amis économistes R. Kahn, J. Meade, J. et A. Robinson, le débat est fécond au sein du Circus où ils discutent et confrontent leurs idées novatrices. Mais les progrès de l'analyse économique ne se font pas de façon linéaire... *Le Traité sur la monnaie* est un ouvrage hétérogène dans lequel Keynes ne peut se sortir de l'influence de la théorie quantitative de la monnaie.

Ainsi, pratique l'autocritique pour faire avancer sa pensée novatrice :

« Esthétiquement, ce livre est un échec. J'ai trop changé ma pensée au cours de son élaboration (1924-30) pour qu'il possède une vraie unité.» Le rôle d'ébauche du Traité est admis par Keynes : « Une grande partie du livre représente le processus qui a consisté à me débarrasser des idées que j'avais alors et à ouvrir la voie à celles que j'ai aujourd'hui. beaucoup de maux dont je me suis débarrassé en chemin jonchent ces pages. »

♦ Ce bilan plutôt négatif est également le résultat d'**une empoignade avec Hayek** qui y voit en 1932 « l'expression d'une phase transitoire dans le processus de développement rapide des idées de Keynes ». La critique de Hayek met en évidence le côté inachevé du *Traité* : « l'exposé est si difficile, si peu systématique et si obscur qu'il est extrêmement difficile pour un économiste en désaccord avec les conclusions de démontrer le point exact de désaccord et d'énoncer les objections. »

Keynes, piqué au vif par ces critiques va progresser dans son analyse et rechercher une cohérence plus grande. Il va s'accorder avec Hayek sur le fait que la monnaie n'est pas un simple voile. Comme Hayek, Keynes va emprunter à K. Wicksell l'idée que la monnaie agit sur l'économie réelle.

Mais la polémique avec Hayek (1899-1992) n'est pas stérile; elle débouche, pour ce dernier, sur un essai qui tente d'élaborer une théorie monétaire de la production. J. Robinson, R. F. Kahn et les autres membres du Circus participent alors à l'élaboration des principaux arguments que Keynes développe et qui vont constituer la base d'un ouvrage qui ne sera autre que *la Théorie générale de l'emploi, de l'intérêt et de la monnaie.*

De la critique à la création d'une nouvelle théorie

Comme les plus grands économistes (K. Marx, R. Hilferding, ou J. Schumpeter), J.M. Keynes dans la *Théorie générale* ne sépare pas économie réelle et économie monétaire. Il théorise **une économie monétaire de production,** c'est-à-dire une économie où les entrepreneurs, grâce au crédit, transforment de la monnaie en marchandises en cherchant les solutions qui permettent aussi de récupérer davantage de monnaie. Cette recherche est fondée sur des paris et **des anticipations** qui vont à l'encontre de la peur du futur, mais qui peuvent être déjoués car il y a une incertitude irréductible[1].

Un schéma d'ensemble permet de visualiser le circuit keynésien qui relie revenu et dépense.

LE CIRCUIT KEYNÉSIEN

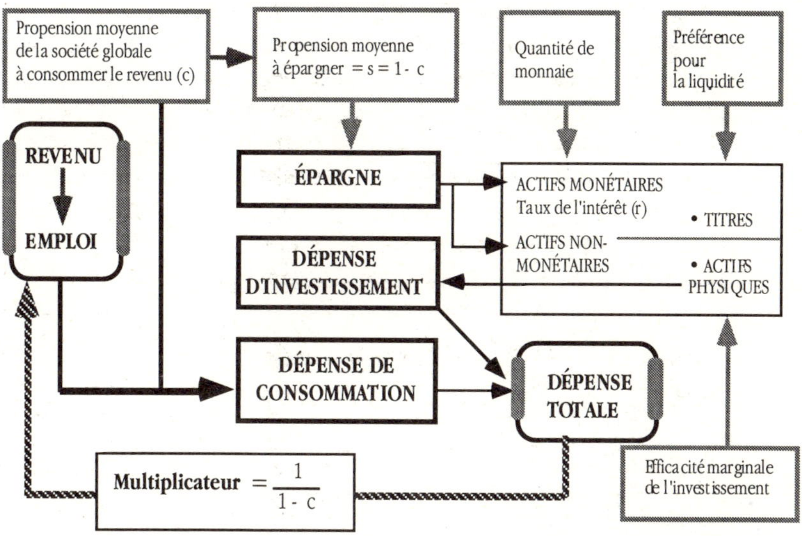

NOTE : En majuscules : les agrégats, en minuscules, les variables indépendantes.

Dans le cas d'une crainte du futur, la monnaie peut être conservée en raison de ses qualités propres au premier rang desquelles figure *la liquidité.* Cela conduit à **la thésaurisation** qui stérilise le pouvoir d'achat potentiellement créé par l'économie. Seul un taux d'intérêt peut alors compenser cette disposition macro-psychologique des agents économiques. En effet, il faut envisager que **le motif de spéculation** conduit les agents à conserver de l'argent pour faire face à toute opportunité de gains financiers (plus-values ou intérêts élevés à obtenir). De plus, **le motif de précaution** conduit à conserver de l'argent pour faire face aux aléas. Enfin, **les besoins de transaction** obligent les individus à conserver une fraction de leurs revenus sous forme liquide afin

[1] Cf. : *Quarterly Journal of Economics*, 1937, CW14.

de pouvoir procéder aux achats courants qu'ils doivent réaliser pour assurer les dépenses conformes à leur niveau de vie.

En insistant sur le motif de spéculation, Keynes reprend les propositions du ricardien P. Sraffa :

> « La monnaie est non seulement un moyen d'échange mais aussi un réservoir de valeur et l'étalon (plus ou moins rigide) qui régit les créances et les autres obligations légales. »
>
> *The Economic Journal,* mars et juin 1932.

Keynes ajoute dans son étude des théories alternatives du taux d'intérêt :

> « Notre désir de posséder de l'argent comme réserve de valeur est un baromètre de notre degré de méfiance envers nos propres calculs et envers nos engagements quant à l'avenir [...]. La possession de la monnaie réelle berce notre inquiétude; et le prix que nous demandons pour nous dessaisir de cet argent donne la mesure de notre inquiétude. »
>
> *The Economic Journal,* 1937.

Il en découle une explication nouvelle de **la formation du taux d'intérêt :**

> « Le montant de la thésaurisation est nécessairement égal à [...] la quantité totale de monnaie *diminuée* de celle qui correspond au motif de transactions; et la quantité de monnaie n'est pas déterminée par le public. Tout ce que la propension du public à thésauriser peut faire, c'est déterminer le taux de l'intérêt auquel son désir global de thésauriser est compatible avec la quantité de monnaie mise à sa disposition. L'habitude de négliger la relation existante entre le taux d'intérêt et la thésaurisation contribue peut être à expliquer le fait qu'on ait généralement considéré l'intérêt comme la récompense des décisions de ne pas dépenser alors qu'il est en réalité la récompense des décisions de ne pas thésauriser. »
>
> *Théorie générale,* tr. fr. p.189.

♦ Le raisonnement est généralisable **aux banquiers** qui peuvent préférer « être plus liquides » c'est-à-dire réduire leur offre de crédit par rapport aux dépôts et aux fonds propres dont ils disposent.

♦ Globalement, **la confiance en l'avenir** a un rôle clé dans la détermination des taux d'intérêt. Ce n'est donc plus, à elle seule, la quantité de monnaie qui détermine les niveaux du taux d'intérêt. La monnaie, comme n'importe quel bien réel peut voir son prix futur fluctuer par rapport à son prix présent, et ce en fonction de « l'état de la prévision ». Elle a donc son *taux d'intérêt spécifique.* Les fluctuations de celui-ci, face à une efficacité marginale du capital donnée à court terme, expliquent les fluctuations de l'investissement et ce pour une épargne donnée. *A priori* (*ex ante*), épargne et investissement ne sont pas liés puisque l'épargne s'explique par la propension moyenne de la société à consommer son revenu.

L'INVESTISSEMENT AU CŒUR DE LA POLITIQUE ÉCONOMIQUE

Les deux théories de l'investissement

La *Théorie générale* propose plusieurs conceptions de l'investissement en distinguant les investissements physiques et les placements qui sont des investissements financiers. L'agent économique doit donc procéder en permanence à un arbitrage afin de déterminer l'emploi de ses avoirs soit sous forme physique soit sous forme financière.

> « **L'investissement courant** [...] ne peut être que l'addition à la valeur de l'équipement résultant de l'activité productive de la période [...]. Le résultat des opérations productives d'une période quelconque est que les entrepreneurs, compte tenu des achats (A_1) qu'ils se font mutuellement, arrivent à la fin de la période en ayant vendu des produits finis d'une valeur *A* et en conservant un équipement en capital auquel la production et la vente de A ont causé une détérioration mesurée par U [...]. Durant la même période, des produits finis ayant une valeur ($A - A_1$) ont été absorbés par la consommation. L'excès de (A - U) sur ($A - A_1$) c'est-à-dire (A_1-U) est donc l'addition à l'équipement en capital qui résulte des activités productrices de la période. Il constitue par conséquent l'investissement de la période. »
>
> *Théorie Générale...*, p. 82-83.

Nous dirions aujourd'hui que cela correspond aux achats des firmes moins l'usure du capital; bref que c'est **l'investissement net.** Cela est confirmé par l'assertion suivante de Keynes :

> « L'investissement [...] correspond à l'accroissement de l'équipement en capital, que cet accroissement porte sur le capital fixe (immeubles, outillage...), le capital circulant (marchandises en cours de fabrication) ou le capital liquide (produits achevés prêts à être vendus). »
>
> *Théorie Générale...*, p.95.

Mais en même temps, grâce aux Bourses de valeurs organisées et au développement des marchés financiers, les investissements physiques sont du capital financier.

> « Les investissements qui sont **fixes** pour la communauté sont ainsi rendus **liquides** pour l'individu. »
>
> *Ibid.*, p. 168.

Comment se prend la décision d'investissement ? La réponse de Keynes est double. Keynes utilise une formulation moderne du calcul de rentabilité de l'investissement. Keynes écrit tout d'abord des formules qui permettent de connaître le taux de rendement interne de l'investissement. Cela signifie que l'entrepreneur va chercher quel projet « passe la barre » d'un test financier élémentaire en permettant à l'investisseur de récupérer au moins la dépense initiale réalisée (I_o).

Cette formulation de Keynes est moderne, seul le vocabulaire a changé; aujourd'hui les économistes d'entreprise parlent de **taux de rendement interne,** alors que Keynes utilise l'expression d'**efficacité marginale du capital.** Une notion clé, celle de taux d'actualisation ou d'escompte, permet de mesurer la préférence pour le présent et ainsi d'actualiser la valeur future des recettes nettes obtenues.

> « Nous définirons **l'efficacité marginale du capital** par le taux d'escompte qui s'applique à la série d'annuités constituée par les rendements escomptés de ce capital pendant son existence entière, rend la valeur actuelle des annuités égale au prix d'offre de ce capital. »

$$I_0 = \sum_{t=1}^{T} \frac{R_t - C_t}{(1+r)^t}$$

où T est la durée de vie de l'équipement

R_t les recettes nettes annuelles durant la période t

C_t les coûts correspondant à la période t

r le Taux de rendement interne ou efficacité marginale du capital.

Keynes ayant forgé à l'échelle micro-économique des comportements des entrepreneurs une notion de calcul d'investissement en avenir incertain va l'appliquer à la notion macro-économique d'investissement. Pour Keynes, le volume global des investissements croîtra *tant que l'efficacité marginale du capital sera supérieure au taux d'intérêt du marché.* Ce résultat a été exposé antérieurement par I. Fisher [1].

On comprend aisément que la profitabilité d'un investissement est d'autant plus élevée que l'efficacité marginale du capital s'élève au-dessus du taux d'intérêt, et cela conduit l'investisseur à préférer entreprendre et fabriquer plutôt que de se contenter de placer sur les marchés financiers *(to make things rather than money).*

Mais, pour Keynes, de telles formules constituent des trompe-l'œil. Le taux d'intérêt s'explique par une donnée macro-psychologique et une évaluation de la confiance dans l'avenir. De la même façon, le rendement net de l'équipement est une variable anticipée : il ne se réduit pas au rendement courant.

L'investissement en avenir incertain

Nous avons vu dans les premières versions de *La Théorie Générale* que les entrepreneurs procèdent à **des anticipations des profits futurs.** Le chapitre XII de *La Théorie générale* s'inspire largement de la théorie autrichienne de *l'action humaine.*

Cette approche sera reprise et développée de façon moderne par G.L Shackle.

> « Les évaluations des rendements futurs sont fondées en partie sur des faits actuels, qu'on peut supposer être connus avec plus ou moins de certitude et en partie sur des événements futurs qui ne peuvent être prévus avec plus ou moins de confiance [...]. L'état de la prévision à long terme [...] dépend aussi de la confiance avec laquelle on prévoit une telle éventualité. »
>
> *T.G.*, p. 162, 163.

Keynes procède à une description de **la décision d'investissement** dans les entreprises familiales qui rappelle la définition hayekienne du marché qui fonctionne comme un «jeu de hasard avec ses profits et ses pertes et ses règles de bonne conduite.»

> « Autrefois, [...] l'importance de l'investissement était fonction du nombre des individus de tempérament sanguin et d'esprit constructif qui s'embarquaient dans les affaires pour occuper leur existence sans chercher réellement à s'appuyer sur un

[1] Notion de taux de rendement par rapport au coût.

calcul précis de profit escompté [...] les affaires étaient en partie une loterie [...] les hommes d'affaires jouaient un jeu mixte d'adresse et de hasard. »

Ibid, p. 165.

Puis Keynes considère la décision d'investissement dans une économie où existent **des marchés financiers.**

« La scission entre la propriété et la gestion du capital qui prévaut à l'heure actuelle, et l'extension prise par les marchés financiers organisés ont fait intervenir un nouveau facteur d'une grande importance, qui facilite parfois l'investissement, mais qui parfois aussi contribue à aggraver l'instabilité du système [...]. *Le Stock Exchange* réévalue tous les jours un grand nombre d'investissements, et ses réévaluations fournissent à chaque individu [...] une occasion fréquente de réviser ses engagements [...]. Ainsi certaines catégories d'investissement sont-elles gouvernées moins par les prévisions véritables des entrepreneurs de profession que par la prévision moyenne des personnes qui opèrent sur le *Stock Exchange,* telle qu'elle est exprimée par le cours des actions. »

Ibid, p. 166.

Pour Keynes, l'évaluation boursière n'est en fait qu'**une convention.** Elle n'est pas « raisonnable » car les opérateurs agissent dans l'incertitude :

« Nous supposons, en vertu d'une véritable convention, que l'évaluation actuelle du marché, de quelque façon qu'elle ait été formée, est la seule correcte, eu égard à la connaissance actuelle des faits qui influeront sur le rendement de l'investissement. »

Ibid, p. 167.

Mais Keynes est conscient du manque de rationalité absolue des marchés, au contraire, il cite des exemples **de myopie des opérateurs** hantés par le court terme :

« En Amérique, les actions des sociétés qui fabriquent la glace à rafraîchir se vendent en été lors de l'augmentation saisonnière des bénéfices, à des prix plus élevés qu'en hiver lorsque personne n'a besoin de glace. »

Ibid, p. 169.

Le spectre de la crise de 1929 n'est pas exorcisé; Keynes dénonce **les imperfections du « laisser-faire »** qui donne au spéculateur une grande place dans un acte socialement aussi important que l'investissement :

« Le risque de prédominance de **la spéculation** tend à grandir à mesure que l'organisation des marchés financiers progresse [...]. Si on considère que le but proprement social des Bourses de Valeurs est de canaliser l'investissement nouveau dans les directions les plus abordables au rendement futur, on ne peut revendiquer le genre de succès obtenu par *Wall Street* comme un éclatant succès du *laisser-faire* capitaliste. »

Ibid, p. 174.

Keynes attribue plus d'importance pour juger des investissements à la sanction des consommateurs qui achètent ou boudent les différents produits. Ainsi, ils font vivre ou mourir les firmes alors que le cours de leurs actions en Bourse n'est qu'une sanction limitée et provisoire.

Pour une politique active de l'investissement

A partir de ce constat critique, Keynes émet plusieurs propositions qui visent à favoriser les investissements matériels au détriment des profits financiers.

Pour éviter la spéculation à court terme sur les plus-values en capital, il propose « la création d'une lourde taxe d'État frappant toutes les transactions.» L'objectif est clair : il faut s'attaquer au *capitalisme rentier* et stimuler le *capitalisme entrepreneurial* qui engage un capital à moyen ou long terme sur des activités créatrices de richesses et d'emplois (réminiscence de Veblen ?).

Keynes préconise le développement d'un actionnariat populaire sans marché financier afin d'éviter l'épargne stérile et de rapprocher l'acte d'investissement de l'épargnant;

De façon plus volontariste, Keynes considère que l'État **doit intervenir de façon croissante dans l'investissement,** car il est moins soucieux du seul court terme et peut orienter la décision d'investissement dans un sens plus stratégique :

> « L'État étant en mesure de calculer l'efficacité marginale des capitaux avec des vues lointaines et sur la base des intérêts sociaux de la communauté, nous nous attendons à le voir prendre une responsabilité directe de l'investissement. »
>
> *Ibid*, p. 179.

Mais encore faut-il sur ce point savoir quelle est la formule politique d'État qui permettrait cette **supériorité du choix public de l'investissement ?** Keynes n'exclut pas ici «les compromis et les formules de toutes sortes qui permettent à l'État de coopérer avec l'initiative privée», mais il affirme clairement « qu'une large socialisation de l'investissement s'avérera le seul moyen d'assurer approximativement le plein emploi. » *Ibid*., p. 391.

LA PROPENSION MOYENNE A CONSOMMER UNE VARIABLE CLÉ DU CIRCUIT ÉCONOMIQUE

Nous avons vu que le taux d'intérêt est une variable financière liée à la préférence pour la liquidité et n'est pas le prix de l'épargne de l'univers néo-classique. L'investissement résulte de la comparaison entre ce taux d'intérêt et l'anticipation du rendement net de l'équipement, cette anticipation dépendant de la confiance et donc «des esprits animaux» des investisseurs. *A priori* donc, l'investissement n'est pas déterminé par le volume de l'épargne.

La question qui se pose est alors la suivante : **comment expliquer l'origine et l'utilisation de l'épargne ?**

Pour Keynes, ainsi que l'a indiqué J. Schumpeter, « l'épargne est le vilain de la pièce » :

> « Un acte d'épargne individuelle signifie — pour ainsi dire — une décision de ne pas dîner aujourd'hui. Mais il n'implique pas nécessairement une décision de commander un dîner ou une paire de chaussures une semaine ou une année plus tard, ou de consommer un article déterminé. »
>
> *Ibid, p.. 169.*

En résumé, **l'épargne** est *une rupture qui peut être durable dans le circuit « dépense-revenu »*. L'épargne est «un désir portant sur "la richesse" en tant que telle, c'est-à-dire sur le pouvoir de consommer un article indéterminé à une date indéterminée»; mais rien n'oblige les entrepreneurs à investir "comme si" l'épargne devait un jour se transformer en consommation effective...

Pour Keynes, l'épargne n'est pas le fruit d'un choix préalable; elle est **le résidu du revenu** après qu'il y ait eu consommation immédiate. Et la consommation s'analyse à partir d'une troisième variable indépendante et macro-psychologique : **la propension à consommer** le revenu de la société globale (ch. 8 et 9).

♦ **La fonction de consommation keynésienne**

> « relie la consommation mesurée en unités de salaire (C_S) au revenu mesuré en unités de salaires (R_S) qui correspond à un volume de l'emploi (N) : $C_S = f(R_S)$ [...]
>
> Le montant que la communauté dépense pour sa consommation dépend évidemment : 1) en partie de son revenu 2) en partie des circonstances objectives qui entourent ce revenu et 3) en partie des besoins subjectifs, des penchants psychologiques et des habitudes des individus qui la composent ainsi que des principes qui gouvernent la répartition du revenu entre eux. »
>
> *Ibid.*, p 107.

Il faut insister sur l'importance de la mesure utilisant l'unité de salaire comme étalon. C'est selon Keynes une **variable institutionnelle** (comme l'offre de monnaie) : « elle est déterminée par les conventions conclues entre les employeurs et les employés. » *Ibid.*, p. 264.

D'une manière générale, **la fonction de consommation est stable :**

> « Les variations de courte période de la consommation dépendent dans une large mesure des variations de la vitesse à laquelle le revenu (mesuré en unités de salaire) est gagné et non des variations de la propension à dépenser pour la consommation un revenu donné. »
>
> *Ibid.*, p. 128.

♦ C'est donc sur la base de cette relation que peut être établie une liaison entre le revenu et l'investissement : c'est **le multiplicateur.**

Le circuit keynésien peut alors se boucler. Le taux d'intérêt est de nature monétaire, l'investissement en dépend en partie... De l'investissement découle, par le jeu du multiplicateur, le revenu et le volume d'emploi nécessaire pour le produire. Ce revenu explique la consommation et son complément résiduel l'épargne.

L'idée de base du multiplicateur peut alors se schématiser ainsi [1] :

[1] Le multiplicateur d'investissement est ainsi appelé car la variation du revenu dépasse la variation de l'investissement qui en est l'origine. Ainsi, une propension à consommer de 0,75 soit 75 % du revenu provoquera une multiplication par 4 (1/0,25) de l'effet d'un supplément d'investissement. Notons qu'une propension à consommer de 0,8 le multiplierait par 5 et de 0,9 par 10, ce qui signifierait une très grande sensibilité du multiplicateur aux changements de la propension moyenne à consommer mais, dans les faits, celle-ci est relativement inerte.

MULTIPLICATEUR

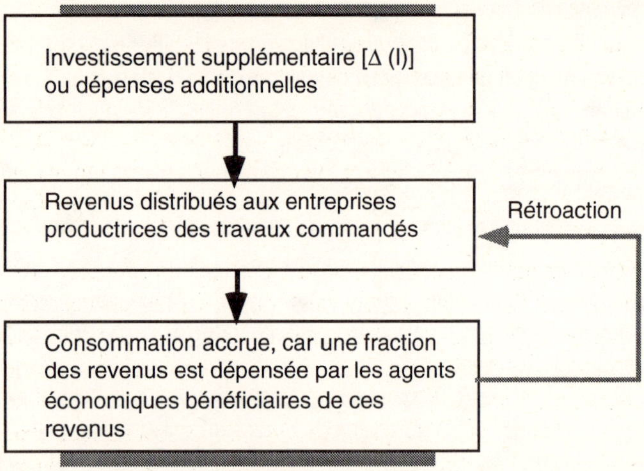

Pour introduire, une relation causale et dynamique, Keynes construit **une propension marginale à consommer le revenu *c*.** Cette construction est la clé de la relation entre revenu et dépense :

> « L'état d'esprit de la communauté est tel que, lorsque le revenu réel global croît, la consommation globale augmente, mais non du même montant que le revenu.
> ΔC_S (variation de la consommation) et ΔR_S (variation du revenu) ont le même signe mais $\Delta R_S > \Delta C_S$ [...]. Nous prendrons donc $\Delta C_S / \Delta R_S$ comme définition de la propension marginale à consommer. Cette quantité est d'une importance considérable. »

Ibid, ch. X, p. 132.

LE MULTIPLICATEUR D'INVESTISSEMENT

Le multiplicateur d'investissement se calcule en partant de l'équation comptable de base d'une économie, on néglige pour simplifier les relations avec l'extérieur et les prélèvements fiscaux :

Revenu = Consommation + Investissement (R = C +I)

La fonction de comportement du consommateur relie le niveau de consommation et le revenu en prenant en compte c, qui est la fraction du revenu que l'on va consommer : C = (c x R) + constante; il suffit d'utiliser cette valeur dans l'équation d'équilibre macro-économique pour obtenir : R = (c x R) + I + constante.

Ce qui donne : $R = \frac{1}{1 - c} \times (I + \text{Constante})$ avec $0 < c < 1$ car on ne peut vivre sans rien consommer ce qui exclut c = O, et on ne peut consommer tout son revenu sans compromettre l'avenir donc $c \neq 1$.

En raisonnant de façon marginale sur les variations de revenu et d'investissement on obtient alors :

Variation de revenu = (multiplicateur) x Variation d'investissement

$\Delta R = k \times \Delta I$, avec pour multiplicateur : $k = \frac{1}{1 - c} > 1$

La propension marginale à consommer est également active dans le cas d'un déclin du revenu et de l'emploi :

« Lorsque l'emploi tombe à un niveau plus faible, la consommation globale doit baisser d'un montant moindre que la diminution du revenu. »

Ibid., ch. VIII, p 115.

Mais Keynes ne s'en tient pas à des calculs algébriques. Il utilise la notion de multiplicateur pour justifier les effets positifs d'une politique de travaux publics sur **l'emploi**. *Il est aussi conscient des effets contraires qui viennent freiner l'application du modèle dans la réalité.*

« 1) La méthode utilisée pour financer la dite politique ainsi que l'accroissement de la circulation exigé par l'emploi additionnel et la hausse des prix qui l'accompagne, peuvent avoir pour effet d'élever le taux de l'intérêt et, par suite, de ralentir l'investissement en d'autres directions, si l'autorité monétaire ne prend pas les mesures nécessaires. » Bref, Keynes était conscient de l'objection qui ne lui sera adressée que bien plus tard; il explicite ce que l'on appellera **l'effet d'éviction** (les entrepreneurs privés subissant un taux d'intérêt élevé du fait de l'action de relance) [...].

2) Étant donné les conceptions confuses qui prévalent souvent, le programme du gouvernement peut nuire à *la confiance* et, par suite, accroître la préférence pour la liquidité ou diminuer l'efficacité marginale du capital, ce qui contribue aussi à ralentir l'investissement privé si aucune mesure compensatoire n'intervient.» Keynes a donc bien conscience des liens entre politique et économie, et en particulier de la modification des anticipations du public provoquée par ceux qui mettent en action un programme.

3) Dans un système ouvert, en relations commerciales avec l'étranger, le multiplicateur du flux d'investissement supplémentaire profite en partie à l'emploi dans les pays étrangers »

Ibid., p. 137.

Si (i) est la propension moyenne à importer et (e) la propension à exporter, le multiplicateur en économie ouverte devient :

$$k' = \frac{1}{(1 - c) + (i - e)}$$

• Par exemple pour c = 0, 75, i = O,2, e = O,1, le multiplicateur qui en économie fermée était 4 devient seulement 2,86 car le pays importe sensiblement plus qu'il n'exporte !

• Pour c = 0,75, i = 0,1, e = 0,2, le multiplicateur deviendra en économie ouverte 6,67 car l'économie bénéficie aussi de la stimulation des exportations.

Les fuites par les importations s'ajoutent aux fuites internes par l'épargne pour rompre les effets bénéfiques du multiplicateur. A l'inverse, une économie compétitive peut-être stimulée par les exportations.

Les conséquences d'une conception élargie du multiplicateur sont que :

• tout pays capable de vendre plus qu'il n'achète connaîtra un multiplicateur renforcé par l'excédent de sa balance commerciale;

• à l'inverse, il est possible de montrer que tout pays peu compétitif verra toute relance bénéficier fortement à ses voisins.

Le plein emploi n'est pas automatique, le sous-emploi durable est possible…

Le modèle de base en question

Keynes dispose d'un modèle qui distingue les variables indépendantes (qu'il n'explique pas), de celles qu'il peut déduire au moyen de ses relations de base… Le choix **des variables indépendantes** est un des points clés du modèle mais il en accepte pleinement la discussion.

Les variables indépendantes sont de plusieurs types. Elles comprennent :

♦ **Des variables macro-psychologiques :**

• la préférence pour la liquidité;

• l'anticipation du rendement futur d'un investissement et de l'efficacité marginale du capital;

• la propension à consommer.

♦ Des variables **institutionnelles :**

• l'offre de monnaie centrale maîtrisée par les autorités monétaires;

• le taux de salaire qui résulte des traditions, des rapports de force et des contrats entre employeurs et salariés.

Keynes admet le caractère relativement arbitraire de son choix initial :

> « Sans doute, la répartition des déterminants du système économique entre le groupe des facteurs donnés et le groupe des variables dépendantes est-elle, d'un point de vue absolu, complètement arbitraire. »

Le choix consiste, selon lui, à mettre de côté les facteurs dont les variations sont lentes et donc peu influentes à court terme. Ce sont, selon Keynes, les forces habituelles qui, toutes réunies, gouvernent le flux d'investissement nouveau et le fonctionnement du système. Quand ce choix est effectué, on s'aperçoit que rien n'indique que le système est alors *en équilibre de plein-emploi.* Le capitalisme connaît en règle générale **une situation de sous-emploi :**

> « A la vérité, ce système paraît apte à rester pendant un temps considérable dans un état d'activité chroniquement inférieur à la normale, sans qu'il y ait de tendance marquée à la reprise ou à l'effondrement complet. En outre, il apparaît clairement que le plein-emploi ou même une situation voisine du plein emploi ést rare autant qu'éphémère. »

Ibid., p. 266.

Équilibre et déséquilibre

Keynes propose une analyse dynamique qui prend en compte les situations de déséquilibre instable.

♦ Les raisons de cet **équilibre de sous-emploi** quasi universel sont multiples. Elles tiennent à des facteurs de *stabilité du déséquilibre* qui s'opposent au retour spontané au plein-emploi (celui que le modèle néo-classique obtient par une flexibilité des salaires que réfute Keynes). Si l'on peut espérer *un réglage fin de l'économie (fine tuning),* il est exclu de faire varier les variables macro-économiques d'une façon si brutale que l'on élimine totalement « les creux et les pics » des fluctuations de l'économie de marché.

♦ *Le multiplicateur* que l'on rencontre concrètement n'est pas très élevé du fait de diverses fuites : épargne, importations, etc. De plus, les mécanismes de compensation telles les allocations chômage jouent un rôle de stabilisation automatique de la dépense de consommation. Aussi l'économie n'est généralement soumise qu'à des fluctuations autour d'un niveau de sous-emploi donné.

• Une variation modérée *du rendement escompté* des capitaux et du taux d'intérêt n'entraîne pas une variation du flux d'investissement d'une ampleur suffisante pour obtenir le plein emploi. On se heurtera par exemple à *des goulets d'étranglement* lorsque l'excédent des ressources aptes à la production de biens de production aura été utilisé. Il y a une certaine **inertie** dans l'investissement lorsque l'on se rapproche de la zone de plein emploi.

• Il faut tenir compte de deux barrières sur lesquelles butent les politiques de stabilisation : **l'inflation et la déflation.** Lorsque le volume de l'emploi varie, les salaires nominaux varient dans le même sens. La lutte pour obtenir des salaires élevés s'intensifie lorsque le marché du travail devient plus tendu et donc favorable aux salariés. Mais Keynes pense que cela ne saurait aller trop loin sans hausse des prix excessive sous l'effet de la poussée des coûts salariaux. En sens inverse, les salaires sont rigides à la baisse et « la main-d'œuvre plutôt que de consentir à une réduction très sensible des salaires, préfère endurer un certain degré de chômage. » *Ibid.*, p. 270.

Il y a donc une insuffisante fluidité de l'économie réelle qui se traduit par *une relative inertie des salaires et une faible vitesse d'ajustement de l'emploi.* Cela maintient l'économie dans une zone intermédiaire de sous-emploi.

• Keynes prend aussi en compte des mécanismes de retournement de tendance... Il examine alors les deux cas extrêmes :

1) quand arrive **la surchauffe de l'économie**, ou, au contraire;

2) quand on se situe au point critique, celui « d'emploi minimum au dessous duquel l'existence serait compromise », le taux de chômage devenant socialement insupportable.

Dans ces deux cas, la situation est dite *de nature autrichienne,* c'est-à-dire reliée aux relations capital-temps étudiées par F. Hayek notamment :

« Elle est simplement fondée sur la présomption que les biens capitaux datent d'époques diverses, qu'ils s'usent avec le temps, et qu'ils ne durent pas tous très longtemps; si le flux d'investissement tombe au dessous d'un certain minimum, il suffit donc d'un certain laps de temps pour déterminer dans l'efficacité marginale du capital une hausse assez forte pour rétablir le flux d'investissement au-dessus de ce minimum [...]. Et bien entendu, si l'investissement croît, il suffit de même d'un certain laps de temps pour déterminer dans l'efficacité marginale du capital une baisse assez forte pour provoquer une nouvelle dépression. »

Ibid, p. 270-271.

Demande effective insuffisante et sous-emploi

Mais pourquoi l'économie se maintient-elle en « **équilibre de sous-emploi** » ? Quand les entrepreneurs anticipent une demande insuffisante, l'économie connaît le sous emploi. Lorsque ceux-ci établissent leurs plans de production et d'embauche, ils le font à partir d'une demande qu'ils estiment en fonction de données objectives — leurs carnets de commande —, mais aussi d'une intuition. **La demande effective** est composée à partir de l'anticipation par les entrepreneurs d'un niveau de demande pour les biens de consommation et pour les biens d'équipement....

La liaison demande-emploi

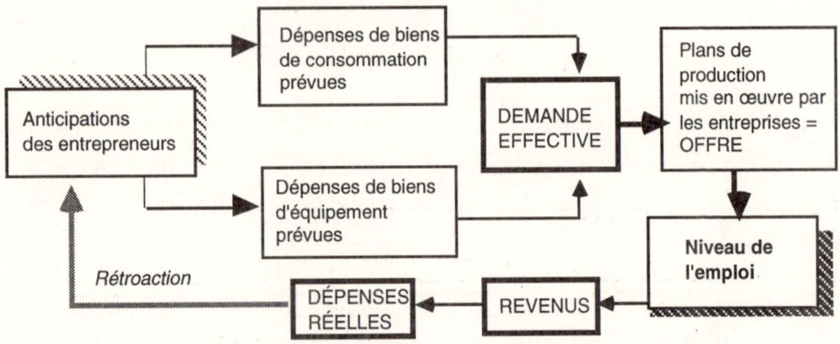

♦ La demande effective se traduit donc par **une offre** et une seule. Celle-ci se réalise à partir des plans de production anticipés; si les hypothèses étaient multiples *(ex ante)*, une fois les décisions prises, il n'y a qu'une seule réalisation *(ex post)*. Mais il n'y a qu'une chance très limitée que la demande de biens de consommation globale anticipée s'ajuste exactement à celle réellement rencontrée. De plus, rien n'assure que les biens de production demandés et les biens de consommation anticipés soient dans de bonnes proportions. Il en résulte toujours un risque de sous-utilisation des capacités productives ou d'insuffisance de biens d'équipement. Dans le schéma keynésien, *l'offre ne crée pas exactement la demande correspondante;* nous sommes en totale contradiction avec la théorie classique pour laquelle *la loi de J-B. Say* affirme l'équilibre macro-économique. De même, le *modèle d'équilibre général de Walras* qui couronne l'édifice néo-classique est remis en cause par *la Théorie Générale.*

• **La demande de biens de consommation** croît quand le revenu croît, mais dans une proportion moindre.

• **La demande de biens de consommation** croît quand le revenu croît, mais dans une proportion moindre.

> « Il en découle que, plus le volume d'emploi est grand, plus il y a de marge entre le prix de l'offre globale qui lui correspond [Z= F (N)] et la somme D_1 que les entrepreneurs peuvent espérer voir rentrer du fait de la dépense des consommateurs. »

Ibid., p. 52.

• **Les fuites** provoquées par l'épargne thésaurisée rompent l'harmonie du circuit « dépense-revenu-dépense ». Contrairement à ce qu'affirme J.-B.. Say, les entreprises ne peuvent espérer recapturer systématiquement la demande issue des revenus qu'elles ont distribués en procédant à des dépenses initiales.

> « Par suite, lorsque la propension à consommer ne change pas, l'emploi ne peut croître que si la dépense d'investissement croît elle aussi, de manière à combler l'écart grandissant entre l'offre globale Z et la dépense de consommation D_1 .»

Ibid., p. 52.

Rien ne permet d'espérer qu'un mécanisme automatique relance l'investissement lorsque l'emploi augmente. Keynes note aussi un butoir à la flexibilité des salaires. Il reprend un argument de la théorie néo-classique pour laquelle le niveau de l'offre de travail globale *(N)* ne peut dépasser un maximum : « *N* ne peut dépasser le chiffre pour lequel le salaire réel tombe au niveau de la désutilité marginale du travail. »

Ibid., p. 51.

• La propension à consommer et le montant de l'investissement sont deux variables exogènes qui déterminent le niveau de la dépense et, par là même, le revenu national. Pour réaliser cette production, il faudra un niveau d'emploi donné. Keynes affirme alors que ce niveau de l'emploi détermine le salaire réel (le salaire nominal étant négocié par une convention); on suit ainsi un cheminement inverse de celui de l'analyse néo-classique qui part du taux de salaire pour aboutir à l'équilibre du marché du travail ajustant offre et demande d'emploi à un niveau donné.

> « En conséquence, « l'insuffisance de la demande effective met un frein au progrès de la production alors que la productivité marginale du travail est encore supérieure à sa désutilité. » Cela conduit à affirmer que les sociétés riches ont beaucoup de mal à assurer le plein emploi : « Si dans une communauté qui est riche en puissance l'incitation à investir est faible, l'insuffisance de la demande effective l'obligera à réduire sa production jusqu'à ce que, en dépit de sa richesse potentielle, elle soit devenue assez pauvre pour que l'excès de sa production sur sa consommation tombe au niveau qui correspond à sa faible incitation à investir. »

Ibid, p. 53.

• Ce mode de raisonnement situe Keynes dans le camp **des hérétiques** qui refusent de reconnaître que l'économie de marché est auto-régulée. Déjà, Sismondi et Malthus avaient émis de telles réserves sur l'efficacité de *la main invisible d'A. Smith.* Keynes qui vit dans un monde de crise refuse de croire à un ordre spontané et mythique de la loi de Say. Ce point de vue a des conséquences profondes sur la nature de la politique économique à mener. Keynes refuse donc la notion d'État minimum car il ne croît pas à l'harmonie spontanée; il ne veut pas non plus du « laisser-faire, laisser-passer » qui opposa les physiocrates aux mercantilistes.

Comment remédier au sous-emploi ?

Le rentier sacrifié au plein emploi ?

Keynes est un partisan de la baisse **des taux d'intérêt**. Déjà pour financer la guerre, il trouvait que l'inflation, en réduisant les dettes, jouerait le rôle d'un impôt payé de façon indolore par les créanciers. En cela, il reprend la fameuse fable de Mandeville et il s'oppose clairement à ceux qui font de l'épargne une vertu.

> « Dans une communauté riche, la propension marginale à consommer est plus faible, mais, du fait que le capital accumulé est plus considérable, les occasions d'investissement supplémentaires sont moins attrayantes, sauf si le taux de l'intérêt fléchit à une cadence assez rapide [...]. La politique la plus avantageuse consiste donc à faire baisser le taux de l'intérêt par rapport à la courbe de l'efficacité marginale du capital jusqu'à ce que le plein emploi soit réalisé. »
>
> *Ibid.*, p 388.

Partisan d'une expansion monétaire stimulant l'économie, Keynes sera opposé aux néo-classiques qui font de la monnaie un voile. Hayek dira de la politique stimulant le crédit qu'elle revient « à tirer un tigre par la queue ».

Hayek affirmera contre Keynes :

> « Toute tentative pour combattre la crise au moyen d'une expansion du crédit sera donc non seulement l'unique traitement des symptômes au lieu des causes, mais pourra aussi prolonger la dépression en retardant les inévitables ajustements réels. »

Keynes lui-même est conscient de la difficulté de cette action par la politique monétaire... Cette baisse du taux d'intérêt lui paraît difficile à obtenir des agents économiques...

La régulation du système par le taux d'intérêt n'est pas automatique :

> « L'élément le plus stable et le plus difficile à modifier de notre économie contemporaine a été jusqu'à présent, et s'affirmera sans doute dans l'avenir le taux d'intérêt minimum acceptable pour la généralité des détenteurs de richesse.»
>
> *Ibid.*, p. 281.

La baisse du taux de l'intérêt peut signifier la hausse de la thésaurisation :

> « La récompense de la renonciation à la liquidité étant moindre, le montant global de monnaie que le public désirerait conserver serait supérieur à la quantité offerte.»
>
> *Ibid.*, p. 182.

L'accroissement de la quantité de monnaie peut tomber dans **la trappe à liquidités.** Il y a donc des limites à l'utilisation du laxisme monétaire «en tant que moyen de porter l'investissement à son montant optimal. »

Ibid., p. 281.

Le taux d'intérêt minimal doit au moins comprendre «le coût de mise en contact des emprunteurs et des prêteurs, l'impôt cédulaire et l'impôt général sur le revenu, la somme exigée par le prêteur pour couvrir le risque et l'incertitude.»

Ibid., p. 325.

Keynes imagine alors, dans un avenir lointain, l'arrivée d'**une économie d'abondance.** Il suppose que l'efficacité marginale du capital recule : il faut alors augmenter sensiblement la propension à consommer en réduisant les inégalités pour obtenir une croissance de plein emploi. Cela conduit Keynes à imaginer :

« La disparition progressive du rentier et par suite la disparition progressive chez le capitaliste du pouvoir oppressif d'exploiter subsidiairement la valeur conférée au capital par sa rareté. »

Ibid., p. 389.

Réduire les inégalités pour le plein emploi

Keynes est incontestablement **un réformiste** en faveur d'une société de consensus plus harmonieuse. Mais le souci de justice sociale n'est pas son principal argument en faveur d'une réduction des inégalités, son raisonnement est d'abord économique :

« Une faible **propension à consommer,** loin de stimuler le développement du capital, ne fait que le contrarier tant que le plein-emploi n'est pas réalisé [...]. L'expérience enseigne que des mesures modifiant la répartition du revenu dans un sens plus favorable à la propension à consommer sont propres à accélérer grandement le développement du capital [...], ainsi disparaît l'une des principales justifications sociales d'une grande inégalité des fortunes. »

Ibid., p. 387.

Keynes ne nie pas le rôle stimulant d'une réussite matérielle et d'une rémunération supérieure du talent; il prône une réduction des inégalités, non leur disparition :

« Il vaut mieux que l'homme exerce son despotisme sur son compte en banque que sur ses concitoyens. Mais, pour stimuler ces activités (humaines utiles qui, pour porter tous leurs fruits, exigent l'aiguillon du lucre et le cadre de la propriété privée), et pour satisfaire ces penchants dangereux de la nature humaine, ceux qui pourraient trouver une issue dans la cruauté; dans la poursuite effrénée du pouvoir personnel et de l'autorité et dans les autres formes de l'ambition personnelle, il n'est pas nécessaire que la partie se joue à un taux aussi élevé qu'aujourd'hui. »

Ibid., p. 388.

Nous sommes alors en 1936, en Angleterre, et les inégalités de revenus et de fortunes sont très fortes.

La baisse des salaires nominaux contre l'emploi

Keynes refuse l'analyse du marché du travail néo-classique qui affirme que la baisse des salaires va encourager l'embauche et automatiquement établir le plein emploi... Il oppose à cette approche par **l'offre** une logique de **la demande.**

La demande effective est son concept clé; l'anticipation par les entrepreneurs de la consommation future et de l'investissement probable constitue la demande effective. On obtient un niveau donné de la demande effective lorsque l'on fixe le niveau des principales variables indépendantes que sont la préférence pour la liquidité, l'efficacité marginale du capital et la propension à consommer. Le volume de l'emploi découle automatiquement de ces calculs de l'entrepreneur qui ajuste ses plans de production à ses anticipations de la demande. Bref, le volume de l'emploi ne dépend **pas directement** du montant des salaires.

> « Ainsi la réduction des salaires nominaux ne saurait de façon durable accroître l'emploi si ce n'est par ses répercussions sur la propension de la communauté à consommer sur la courbe d'efficacité marginale du capital, ou sur le taux d'intérêt.»
>
> *Ibid.*, p. 277.

♦ Keynes distingue plusieurs effets principaux d'une baisse des salaires sur l'emploi :

• La baisse des salaires nominaux diminue les prix. Elle entraîne une hausse du revenu réel des non-salariés. Celle-ci est de nature à diminuer la propension à consommer donc joue contre l'emploi.

• La baisse peut être observée par rapport aux salaires nominaux étrangers. Elle augmente l'excédent commercial mais détériore aussi les termes de l'échange. La baisse des revenus réels autres que ceux des chômeurs réemployés contribue plutôt à augmenter la propension à consommer et donc l'emploi (exportation du chômage). Mais tous les pays industrialisés ne peuvent choisir cette stratégie en même temps.

De plus, la baisse des salaires ne doit pas être interprétable comme la première mesure d'une spirale à la baisse des salaires; dans ce cas, les entrepreneurs imagineront une demande déprimée et ajusteront le volume d'emploi à un niveau plus bas.

Le cercle vicieux de la déflation

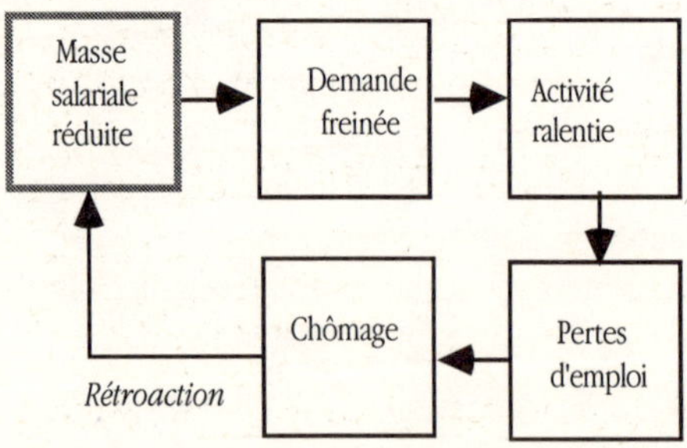

La baisse des rémunérations affaiblit le besoin d'argent liquide pour les transactions; elle abaisse ainsi la préférence pour la liquidité, donc le taux d'intérêt ce qui est favorable à l'investissement au revenu et à l'emploi. Mais si la baisse engendre du « mécontentement dans le peuple », elle « nuit sur le plan politique à la confiance » et ceci compense cela.

La baisse des salaires a le même effet et les mêmes limites que les variations de la quantité de monnaie. Dans les deux cas, ce qui est modifié, c'est tout simplement la quantité de monnaie mesurée en unités de salaire; et cette variable est extrêmement sensible dans un système capitaliste. Bref, Keynes pense que les taux de salaire et la quantité de monnaie mesurée en unités de salaires sont des variables conventionnelles qui dépendent des *institutions* et sont très lentes à s'ajuster; elles sont plutôt des *variables indépendantes* que doit prendre en compte la politique économique et il ne faut pas espérer les ajuster dans des politiques de régulation conjoncturelle.

• La baisse des salaires entraîne celle des prix et renforce le poids des dettes, cela porte une grave atteinte à l'investissement. Par le biais du renforcement du coût réel de la dette publique elle peut conduire à de nouveaux impôts et ainsi « provoquer dans les milieux d'affaires un profond affaiblissement de la confiance. ». En diminuant l'optimisme des entrepreneurs, cela déprimera le plan de charge de ceux-ci, donc le chômage augmentera.

• La conclusion de Keynes est formelle : *il ne saurait y avoir de régulation économique par le biais d'un ajustement du taux de salaire.*

> « Il n'y a pas de raison de croire qu'une politique souple des salaires puisse maintenir un état permanent de plein emploi, pas plus qu'il n'y a de raison de croire qu'une politique monétaire de marché ouvert puisse à elle seule obtenir ce résultat. De tels moyens ne sauraient conférer au système économique la propriété de s'ajuster lui même. »
>
> *Ibid.*, p. 282.

• La théorie classique ou hayekienne de la régulation par les prix relatifs est une erreur qui oublie la dimension institutionnelle de la régulation salariale et conduit à penser le travail comme un bien quelconque dont le prix s'ajuste selon la loi de l'offre et de la demande. Pour Keynes, **le chômage involontaire** existe; ainsi lorsque les salaires baissent mais que les taux d'intérêt sont trop élevés pour stimuler l'investissement, l'embauche ne sera pas réalisée par les chefs d'entreprise.

• Keynes prévient aussi que **l'austérité appliquée aux salaires est incompatible avec la démocratie :** « Une telle politique ne pourrait réussir que dans une société soumise à une forte autorité, capable d'imposer des réductions des salaires soudaines, profondes et générales. » Keynes s'oppose donc avec force aux thèses de Pigou et J. Rueff (*Revue d'économie politique*, 1931); pour ces auteurs, la sortie de la crise de 1929 nécessitait simplement une forte baisse des salaires. Bref, Keynes refuse de parler d'un *marché du travail* au sens néo-classique car il n'imagine pas que le taux de salaire par ses variations permette d'atteindre l'équilibre entre l'offre d'emplois par les entreprises et la demande d'emplois par les salariés.

L'apport de Keynes et ses limites

Une pensée et une méthode révolutionnaires...

Keynes était un réformiste mais sa méthode d'analyse est révolutionnaire. C'est un bouleversement complet de l'analyse économique que vont réaliser les travaux de Keynes qui progressent de la genèse du *Traité sur la monnaie* de 1924 à l'élaboration et à la défense d'une *Théorie générale* en 1937.

> « Un nouveau changement de vision radical apparut avec l'œuvre de J.-M. Keynes, dont la perception du système économique mettait au premier plan une perspective macro-économique du revenu global, de l'emploi global, du produit global. Le résultat le plus remarquable de ce changement d'une perspective micro-économique à une perspective macro-économique fut que Keynes découvrit qu'une économie qui fonctionnait bien au niveau micro-économique ne fonctionnait pas nécessairement bien au niveau macro-économique. »
>
> R. Heilbroner et L. Thurow, *Comprendre la macro-économie,* Economica, 1986.

♦ **La rupture de Keynes** par rapport à ses prédécesseurs peut se synthétiser en un tableau [voir tableau ci-après].

Univers néo-classique		Notions étudiées	Univers Keynésien
COMPORTEMENT DES FIRMES	Emploi	La demande de travail par les employeurs s'élève avec la baisse du salaire et diminue avec sa hausse. Il faut que le salaire soit inférieur à la productivité marginale du travail.	La demande de travail par les entreprises dépend du niveau global de la production. Le salaire est une variable institutionnelle exogène qui dépend des rapports de force et des négociations entre patrons et syndicats.
	Investissement	• L'investissement dépend du taux de l'intérêt dont la variation permet de trouver l'équilibre entre épargne et investissement. • Chaque entreprise n'achète de biens d'équipement que si la productivité marginale de la machine est plus grande que le coût.	• L'investissement dépend de la demande effective. Il est d'abord le fruit des anticipations des entrepreneurs (efficacité marginale du capital, demande prévue). • Le taux de l'intérêt agit sur le choix entre placement financier et achat de biens de production réels. Il a un rôle secondaire par rapport à la fonction de consommation.
COMPORTEMENT DES MÉNAGES	Offre de travail	• Les salariés comparent la désutilité du travail et le niveau de satisfaction qu'ils peuvent atteindre en touchant les revenus de leur travail. L'offre de travail par les salariés augmente avec le salaire réel.	L'offre de travail par les salariés dépend d'abord du niveau de la population active et des habitudes sociales d'emploi. Un comportement collectif régit l'offre de travail car il existe un taux de salaire trop bas que refusent les travailleurs…
	Consommation	• Le niveau de consommation est une fonction croissante du revenu et une fonction décroissante du taux de l'intérêt.	La consommation dépend du niveau global de revenu et de la propension à consommer. La propension à consommer est d'autant plus grande que le revenu est bas.
ÉQULIBRE ET DÉSÉQUILIBRES, ACTIONS DE L'ÉTAT		La loi de J.B. Say assure que toute offre crée sa propre demande. Les crises de surproduction sont impossibles lorsque règne la concurrence pure et parfaite. L'économie de marché a une tendance à l'équilibre stable assuré par l'ajustement des prix. L'État doit s'abstenir de perturber l'équilibre spontané…	• L'insuffisance de la demande réelle par rapport à la demande effective crée des crises de surproduction. • L'équilibre n'est pas spontané. Il existe le plus souvent un équilibre imparfait car de sous-emploi. Aucun mécanisme spontané ne restaure les équilibres. Seul l'État peut réguler une économie foncièrement instable. Une politique de déficit budgétaire peut créer par le jeu du multiplicateur de la croissance. Des bas taux d'intérêt peuvent favoriser l'investissement.

« On aura cependant été frappé par l'éclectisme du modèle keynésien qui juxtapose des équilibres comptables aux équilibres de marché. Keynes veut introduire l'État dans la théorie économique. Plus précisément, il veut écrire la théorie économique à l'usage de l'État, seul sujet, selon lui, susceptible d'altérer consciemment le cours de l'histoire. Pour cela, il ne modifie pas fondamentalement l'analyse néo-classique; il introduit seulement des degrés de liberté dans la mécanique de l'équilibre, à l'aide d'hypothèses dont l'arbitraire est évident et par un choix entre variables dépendantes et indépendantes qu'inspirent un souci pragmatique louable mais aussi l'option implicite en faveur de certaines solutions. Ce faisant, il introduit entre la théorie néo-classique et la sienne une complémentarité que les économistes justifieront aisément par le niveau où l'analyse est entreprise. »

Panorama des Sciences Humaines, Gallimard, 1963.

Une approche globale utilisant des agrégats...

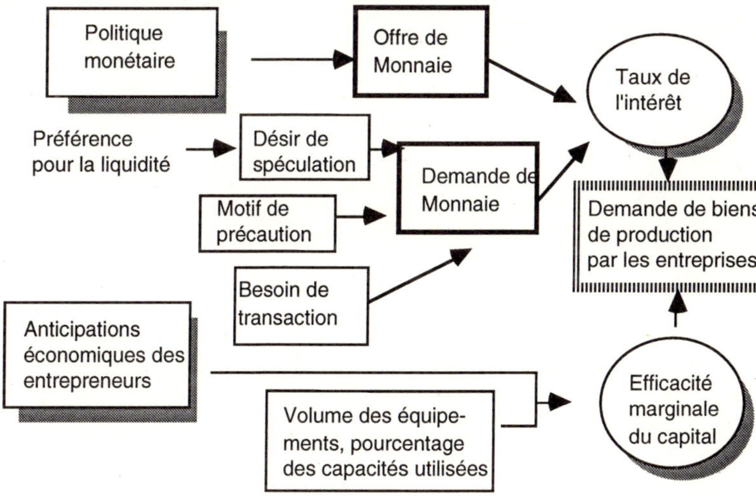

Keynes se caractérise d'abord par une approche **macro-économique.** Pour lui, il s'agit de « considérer les faits économiques dans leur ensemble ».

Les variables clés de son système de pensée sont : l'emploi global, le revenu global, la dépense globale, l'investissement et l'épargne agrégées, etc. Des variables *macropsychologiques* telles la propension moyenne à consommer vont avoir des conséquences *macro-économiques* sur le revenu et l'emploi par le biais d'un mécanisme, *le multiplicateur...*

• **Le raisonnement systémique** permet de mieux comprendre les interdépendances entre l'économie de production (le monde réel) et l'économie monétaire (le royaume des signes). L'introduction de **la monnaie n'est pas neutre,** elle change tout :

«Tant qu'on s'en tient à l'étude de l'industrie ou de l'entreprise individuelle en supposant la quantité globale des ressources employées constante et en admettant provisoirement que les conditions des autres entreprises ou des autres industries restent inchangées, il est exact que les propriétés caractéristiques de la monnaie n'ont pas à intervenir. Mais lorsqu'on s'attaque à la recherche des facteurs qui déterminent les volumes globaux de la production et de l'emploi, la Théorie complète d'une Économie monétaire devient indispensable. »

Ibid. p. 309.

UNE APPROCHE FONCTIONNELLE AVEC DES CHOIX

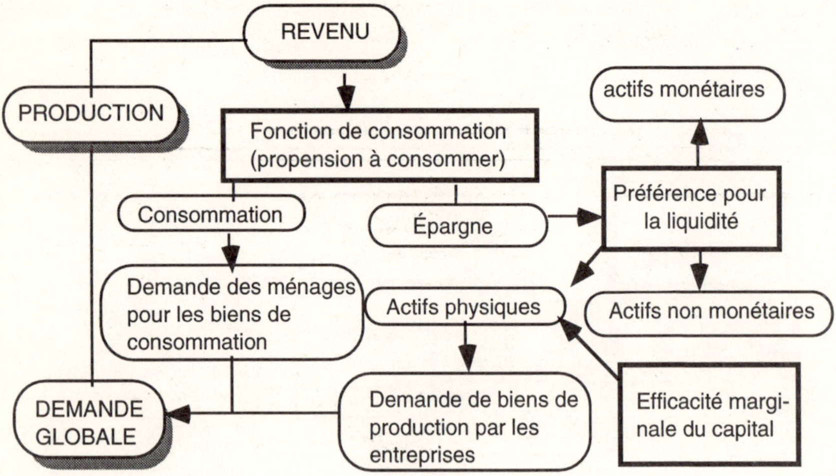

La préférence pour la liquidité, l'arbitrage entre **les choix** financiers et industriels font intervenir la monnaie dans le fonctionnement du système économique réel....

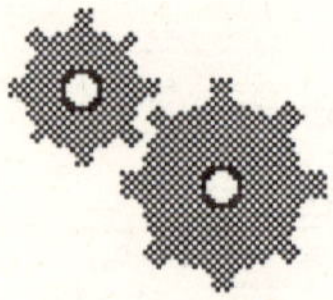

Le raisonnement global suppose, en outre, de saisir toute les phases du circuit et non les agrégats isolés. L'approche systémique conduit ainsi à saisir la diversité des situations possibles; s'en tenir au seul équilibre de plein emploi, c'est négliger la dynamique d'une économie. Cela conduit Keynes à remettre en cause la synthèse d'A. Marshall :

« Il est indispensable qu'on se débarrasse du second postulat de la doctrine classique » selon lequel le salaire réel est celui qui est juste suffisant pour attirer sur le marché du travail tous les travailleurs qui désirent y contribuer. Il refuse l'idée selon laquelle le chômage est volontaire dans une économie fluide. Il faut au contraire que « l'on construise un système économique où **le chômage involontaire** au sens strict du mot soit possible. »

Ibid., p. 39.

Une approche par le circuit prévoyant le déséquilibre

Keynes s'oppose à la représentation du modèle d'équilibre général. Walras et Pareto ont construit un modèle qui va du particulier au global et dont la solution est donnée par la résolution d'équations simultanées. Keynes indique qu'il faut penser le global par des variables agrégées et des relations macro-psychologiques. Il n'y a pas chez Keynes d'homéostasie qui assure la régulation d'ensemble par une série d'interactions instantanées. Keynes pense que **l'ajustement est lent,** il met en relation des grandeurs macro-psychologiques et celles qu'il veut expliquer : revenu, emploi, etc.

UN CIRCUIT ÉCONOMIQUE DÉSÉQUILIBRÉ PAR LES FUITES

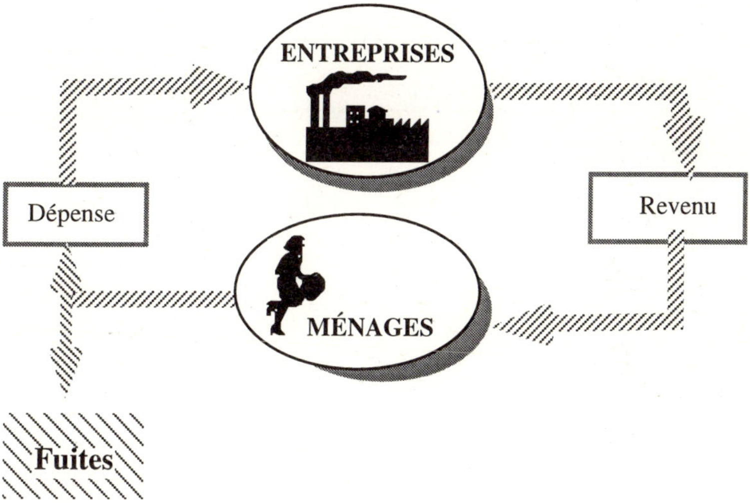

La **causalité keynésienne** peut conduire cependant à un tableau économique **d'ensemble** orienté qui met en relation des agents économiques prenant des décisions (épargner ou consommer, produire ou placer, etc.).

• Ces variables macro-psychologiques aboutissent à de grands agrégats reliés par **des équations d'équilibres comptables** bien connues telles :

Ressources ≡ Emplois, ou encore :

Revenu global ≡ Dépense globale de consommation et d'investissement.

• **Des fonctions de comportement** précises qui assurent des relations entre agrégats : Consommation = **f** (Revenu).

Le bouclage d'ensemble n'est pas parfait, le circuit peut connaître des **fuites engendrant le sous-emploi.**

Certes la dynamique keynésienne est limitée au court terme. Schumpeter par son analyse de l'entrepreneur et de l'innovation a été plus inspiré pour le cycle de plus long terme. Les successeurs de Keynes tenteront, de leur côté, une modélisation de l'accumulation du capital et forgeront la macro-économie moderne dont Keynes ne fournit que les grandes lignes directrices.

Des variables macro-psychologiques discutées

La représentation de Keynes sous forme de circuit attire l'attention sur le choix des variables exogènes du système keynésien. Les hypothèses de Keynes ont engendré depuis 1936 une abondante littérature critique.

♦ **La propension marginale à consommer** diminue-t-elle bien avec le revenu comme l'affirme Keynes ?

J. Duesenberry, F. Modigliani, S. Kuznets, M. Friedman, pour ne citer que les principaux animateurs des controverses ont abouti à une remise en cause partielle de l'hypothèse keynésienne. G. Abraham-Frois synthétise ces travaux :

> « Ainsi se trouve précisée l'hypothèse formulée par Keynes : le revenu de la période n'est qu'un des arguments de la fonction de consommation [...] cela affaiblit évidemment la portée des politiques de relance fondées sur un multiplicateur de dépense reposant sur la fonction de consommation. Mais la remise en cause n'est que partielle : l'efficacité de la politique keynésienne de régulation [...] est seulement inférieure à ce à quoi on pouvait s'attendre. »

Économie politique, Economica, 1986.

♦ **La préférence pour la liquidité** est aussi au cœur d'une discussion qui aboutit à refondre la théorie de l'intérêt.

Pour Keynes, le taux d'intérêt dépend principalement de la quantité de monnaie offerte et de la préférence pour la liquidité. Mais depuis, la réflexion financière a affiné les représentations du taux d'intérêt en intégrant de façon plus précise les choix de portefeuille sur le marché des titres, l'évolution du marché du crédit et la concurrence entre marché monétaire et marché du crédit. M. de Boissieu a situé la vision keynésienne face aux interprétations concurrentes :

ANALYSE DE LA FORMATION DES TAUX DE L'INTÉRÊT

Visions concurrentes	**Marchés concernés**
♦ CLASSIQUES	L'intérêt est le prix de l'épargne qui est elle-même la renonciation à la consommation immédiate.
♦ KEYNES	Le marché de la monnaie
♦ THÉORIE DES FONDS PRÊTABLES EN ÉCONOMIE DE MARCHÉS FINANCIERS Ohlin, Lange, Lerner, Haberler, Fellner Robertson	Un choix de portefeuille et le marché des titres déterminent l'intérêt.
♦ THÉORIE DITE DES FONDS PRÊTABLES EN ÉCONOMIE D'ENDETTEMENT	Marché du crédit
♦ LA SYNTHÈSE (HICKS) Keynes et autres réconciliés	Marché de la monnaie et des titres.

Source : M. de Boissieu

♦ L'importance donnée par Keynes **à la thésaurisation** à des fins de spéculation a souvent été considérée comme excessive. Mais la crise boursière d'octobre 1987 a montré toute l'actualité d'un tel mode de raisonnement. Les motifs de sécurité et de précaution ont vu au contraire leurs rôles confirmés et, désormais, la demande de monnaie est davantage reliée à la richesse et au patrimoine.

♦ **La théorie de l'investissement** élaborée par Keynes a mieux résisté aux critiques, mais le rôle du taux de l'intérêt a été relativisé; en revanche le rendement escompté et donc la croissance des débouchés ainsi que le mécanisme de l'accélérateur sont aujourd'hui au centre de tous les modèles macro-économiques — voir Hicks, Samuelson, dans *Les Contemporains*.

La théorie des coûts, des prix et de la valeur de Keynes est-elle dépassée ?

♦ Les économistes de Cambridge composant le *Circus* keynésien sont le plus souvent impliqués dans **la révolution de la concurrence imparfaite.** En 1926, Sraffa remet en question la théorie de la valeur marshallienne; puis E. Chamberlin et J. Robinson défrichent un champ de réflexion que Cournot avait déjà commencé à étudier, mais ils développent davantage la théorie des marchés imparfaits.

Cette révolution consiste à admettre la fréquence des situations monopolistes où le producteur a une action sur le prix et joue la différenciation de son produit par la publicité appropriée. L'économie est alors composée de firmes dotées de surcapacités de production par rapport aux ventes et se situe en deçà de la capacité optimale, c'est-à-dire qu'elles restent dans **la zone des rendements croissants à l'échelle.** Elles payent alors, dit J. Robinson, des salaires inférieurs au produit marginal du travail ce qui constitue une exploitation monopolistique du facteur travail et procure des *surprofits* par rapport à la situation de concurrence.

♦ Keynes, informé de ces travaux, ne les intègre pas à son œuvre. Il est trop concentré sur sa propre révolution théorique. Il continue généralement d'accorder sa place à la relation inverse entre l'emploi et le salaire réel et à la relation proportionnelle entre l'activité économique et les prix.

Le traducteur de Keynes est conscient de ce que cet « oubli » de Keynes, pris par l'urgence de sa création, n'est pas exempt de contradictions; Keynes charrie ainsi le nouveau tout en gardant des strates explicatives anciennes :

> « Cette thèse orthodoxe du salaire réel est subordonnée à deux conditions qui , dans la réalité, sont loin d'être satisfaites. L'une est le premier postulat orthodoxe, qui veut que le salaire réel soit égal en valeur à la productivité marginale de l'unité de travail. L'autre est la loi des rendements décroissants, aux termes de laquelle la dite production marginale diminue, en volume, quand l'emploi augmente. »
>
> Deuxième note du traducteur, T.G., Payot, 1966.

J. Robinson, voit dans cette insuffisante remise en cause de la théorie de la valeur néo-classique par Keynes une faiblesse pour comprendre l'accumulation et la croissance : « il tissait ainsi la théorie de la valeur statique avec une théorie de l'investissement dynamique, à travers la rétroaction dynamique inclue dans le multiplicateur ». Il manquerait donc la pièce de **la concurrence imparfaite** dans le modèle keynésien :

> « Kalecki élabora une version plus cohérente de *La Théorie générale,* introduisant la concurrence imparfaite dans l'analyse, et mettant l'accent sur l'influence de l'investissement sur la détermination du profit »
>
> *Contributions à l'économie contemporaine,* Economica, 1985.

Keynes est conscient de la faiblesse de son approche [1] :

> « Je reconnais maintenant que la conclusion — en courte période les salaires réels croissent en direction inverse de la croissance du produit — est trop simple et ne tient pas suffisamment compte de la complexité des faits. »
>
> *Economic Journal,* mars 1939, CW7, p. 396.

Keynes piégé par le court terme ?

♦ Dans la *Théorie générale,* un grand nombre de variables sont supposées inertes car Keynes se place dans l'optique du court terme : l'offre de monnaie est exogène, de même que l'état des anticipations à long terme; les possibilités de production dans le secteur des biens capitaux sont données par la technologie; le taux de salaire conventionnel anticipé et le stock de capital hérité du passé, le degré de concurrence sont également des constantes.

Avec de telles hypothèses, la *Théorie générale* est plutôt applicable à *un court terme glissant.*

Cela dit, des éléments de **théorie du cycle** sont présents dans l'œuvre de Keynes, en raison des possibles mouvements des variables considérées comme exogènes et surtout de l'efficacité marginale du capital.

> « Il apparaît en particulier que les fluctuations de la propension à consommer, celles de l'état de la préférence pour la liquidité et celles de l'efficacité marginale du capital, ont toutes un rôle à jouer [...]. C'est aux modes de variation de l'efficacité marginale du capital qu'il faut surtout attribuer les caractéristiques du cycle économique, notamment la constance de sa durée et la succession régulière de ses phases qui justifient l'appellation du cycle. »
>
> *Théorie générale,* p. 326.

♦ Mais Keynes n'a pas forgé de **théorie générale du cycle et des fluctuations.** Keynes qui se voit attribuer la phrase « Dans le long terme nous sommes tous morts », a toujours refusé de théoriser le moyen et le long terme. Les contributions majeures en ce domaine reviendront à R.F. Harrod (1936) J. Schumpeter (1939), A. Hansen (1953), J. R. Hicks et L. Klein (1950). Dans le domaine des mouvements longs de l'économie C. Clark en 1940 et J. Fourastié en 1959 puis le prix Nobel S. Kuznets forgeront des contributions notables.

♦ Keynes demeure aussi lacunaire dans le domaine de **la théorie du capital** car son souci de la courte période lui permet de penser à un progrès technique limité et à des coefficients stables. Il reconnaît, en septembre 1939, que si l'investissement est d'abord gouverné par les anticipations des entrepreneurs estimant l'efficacité marginale du capital, d'autres facteurs interviennent. Ce sont les post-keynésiens et notamment Robinson et le néo-ricardien Sraffa qui, plus tard, enrichiront la théorie du capital dans un sens alternatif aux néo-classiques et dans un esprit keynésien rénové.

♦ Face à J. Schumpeter, Keynes semble plutôt un penseur d'un monde statique. Les arguments en ce sens abondent. En se limitant au court terme, en ne forgeant pas une

[1] Voir, la théorie de la concurrence imparfaite dans *Les Contemporains*

théorie complète du cycle, Keynes a échoué dans l'élaboration d'une théorie de la croissance et de l'emploi de longue période.

Keynes admet son échec à analyser la dynamique mais seulement pour ses travaux antérieurs à la *Théorie générale*; dans sa préface au *Traité sur la monnaie* de 1935, il écrit : « J'ai échoué à traiter complètement des effets des modifications dans le niveau de production. » Mais c'est pour dire qu'au contraire dans la *Théorie générale* il a développé une économie monétaire dans laquelle «les visions changeantes de ce que sera le futur sont capables d'influencer le volume d'emploi et pas simplement sa direction. » Décembre 1935.

♦ La dynamique keynésienne n'est cependant pas liée à l'innovation et au progrès technique comme chez Schumpeter. Keynes intègre le futur dans la courte période par les anticipations et la prise en compte de l'incertitude. Le Keynésien A. Barrère précise que :

> « Keynes prend pour ligne directrice le comportement des agents face à l'incertitude que recèle le futur et l'effet produit sur les décisions présentes par les anticipations relatives à ce futur non probabilisable. »

Cahiers d'économie politique, n° 10-11.

Le cheminement dynamique est étudié dans la progression vers le plein emploi. Durant cette phase, les quantités produites lors d'un effet multiplicateur permettent de réduire le chômage avec un effet limité sur les prix car les capacités productives inemployées sont utilisées. Le mécanisme est alors explicité : la demande de capital supplémentaire engendre un investissement net qui, grâce à l'augmentation de la circulation du crédit, permet d'accroître la production et le volume d'emploi. Mais lorsque le plein emploi est obtenu par une politique active de dépenses publiques additionnelles, rien n'assure que cette nouvelle situation sera stable. Bref, Keynes propose simplement des moyens de régulation et n'assure pas de mécanisme stable de dynamique de croissance. On est en équilibre *sur le fil d'un rasoir*, il faut toujours des pouvoirs publics observateurs et actifs pour maintenir l'économie sur *le sentier de croissance de plein emploi.*

ÉPILOGUE

Keynes, un institutionnaliste

La dynamique de l'œuvre

La publication de la *Théorie générale* provoque des réactions puissantes, les critiques brutales ne manquent pas dans le camp de *l'individualisme méthodologique*. L'admiration et l'adhésion se développent aussi avec tout un panel de nuances depuis les adhésions totales jusqu'aux acclamations partielles. Les récupérations et les contresens sont aussi légion.

♦ Dès février 1937, les erreurs des classiques deviennent un thème à la mode, la nécessité de prendre en compte l'information imparfaite des acteurs fait l'objet d'un numéro du *Quarterly Journal of Economics.*

La prise en compte de l'incertitude sera développée par Schackle, Davidson et Minsky. Mais l'idée que l'incertitude augmente l'instabilité de l'économie de marché est complétée par celle selon laquelle **les institutions jouent un rôle régulateur.** Bref, on se dirigera davantage vers l'étude des *conventions* qui contribuent à stabiliser les relations économiques et sociales : règles, normes, représentations collectives, institutions.

♦ Keynes a beaucoup de mal, au départ, à faire pénétrer ses idées. **La présentation pédagogique** des idées keynésiennes sera une nécessité pour la diffusion de son courant de pensée.

J. R. Hicks écrit alors des articles décisifs : *La Théorie du chômage de M. Keynes,* et *M. Keynes et les classiques.* A. Hansen, professeur à Harvard, opère une lecture de Keynes qui en facilite la diffusion universitaire. Le schéma Hicks-Hansen va présenter sous la forme simplifiée d'un équilibre macro-économique l'ensemble du système keynésien… Keynes approuve dans un premier temps la présentation du modèle IS-LM qui réduit sa pensée mais en facilite l'acceptation par *l'establishment.* J. Robinson et Harrod prolongent l'analyse de Keynes en intégrant le long terme et la concurrence imparfaite [1].

♦ Keynes refuse une approche dogmatique de son œuvre, il dit surtout avoir inventé une méthode et non une panoplie de moyens utilisables pour obtenir le plein-emploi de façon mécanique :

> « Le but de notre analyse n'est pas de fournir une machine automatique, c'est-à-dire un procédé qui, appliqué les yeux fermés, donne une réponse infaillible, mais de nous munir d'une méthode rationnelle et ordonnée pour résoudre les problèmes particuliers. »
>
> *Théorie générale…*, livre V, ch. XXI.

Les prolongements institutionnels des travaux de Keynes

Mais Keynes est un **institutionnaliste pragmatique**, comme en témoigne, à nouveau son action lors des événements économiques de 1936-46 et son rôle de réformateur du système monétaire économique international (SMI).

♦ Keynes ne cesse de vouloir agir comme *conseiller du prince* conformément à ses théories. Ainsi, il écrit en février 1938 à Roosevelt pour lui indiquer que la relance économique passe par des dépenses accrues.

En Angleterre, il défend le réarmement et s'oppose au pacifisme de B. Russell.

Lorsque la guerre éclate, il fait des propositions précises sur les mesures à prendre par le gouvernement. Cette fois, il s'agit de *contrôler la demande globale* compte tenu de l'accélération des dépenses militaires : le moyen choisi est celui de *l'emprunt obligatoire* souscrit dans les bureaux de poste. Keynes est alors d'accord avec ses adversaires théoriques usuels : Robbins et Hayek. Dans son ouvrage *Comment payer pour la guerre (How to Pay for the War,* 1940.), Keynes montre que *La Théorie générale* est aussi applicable en cas de « surchauffe économique » et non seulement dans le

[1] Voir les Contemporains.

seul cas du sous-emploi. Il suggère alors **des mesures de réduction de la demande globale** et préconise : l'emprunt obligatoire, la réduction des dépenses privées pour compenser l'accroissement des dépenses militaires. Mais il propose aussi **une politique sociale avancée** pour compenser cette rigueur économique. Keynes est à l'évidence partisan de **l'État Providence,** il défend le développement des allocations familiales, la garantie du pouvoir d'achat des salaires et des pensions, un impôt sur le capital, un accroissement de l'impôt direct avec une progressivité forte pour stimuler la redistribution des richesses.

♦ Contre les financiers de la City, Keynes propose d'agir **sur la livre sterling** par des institutions et des règles. Il suggère des accords généraux sur le change entre le pays et un fonds qui collecterait des ressources financières communes afin d'éviter les difficultés de financement international en cette période troublée par la guerre.

• Keynes met en application ses idées. Il négocie avec les États-Unis en mars 1941 un accord de prêt bail cautionné par le dépôt d'obligations britanniques, accord qui va rompre le *Neutrality Act* enjoignant aux États-Unis de ne pas prêter à tout pays en guerre. Cette accord va permettre de supprimer la clause *cash and carry* qui régissait les rapports entre les agents anglais et les Américains. Keynes revient en Angleterre avec le *Lend-lease Act,* en 1941 : aucune dette de guerre ne sera due après la fin des hostilités !

• Dès septembre 1941, Keynes commence à élaborer **un projet de réforme du système monétaire international.** Ses propositions consistent à créer une véritable *Union monétaire internationale dotée d'une monnaie commune.* Il conçoit une banque centrale mondiale qui joue à l'égard des Banques Centrales nationales le rôle qu'elles mêmes exercent à l'égard des banques commerciales. Le plan Keynes prévoit de regrouper en un même organisme les activités qui sont celles du FMI aujourd'hui (Fond monétaire international)et celles de la BIRD (Banque Internationale pour la Reconstruction et le développement). Il veut une monnaie mondiale mise au service du développement et gérée de façon institutionnelle par les responsables des politiques économiques de croissance de plein emploi. Keynes s'oppose aux vues de White qui sont bien plus limitées et qui, selon les intérêts américains, veulent faire du dollar l'épine dorsale du nouveau système. Keynes au contraire veut créer une monnaie mondiale **le bancor,** qui tout en gardant de façon formelle une référence à l'or permettrait de créer de la monnaie par des jeux d'écriture et surtout ouvrirait droit à des crédits faciles pour les pays débiteurs. En 1944, l'accord de Bretton Woods sera la victoire de l'économie la plus puissante donc celle de White. Pourtant, à l'époque Keynes est considéré comme ayant emporté un succès personnel.

♦ Keynes laisse aussi un message sur **les valeurs** qui doivent fonder l'organisation économique et sociale d'après-guerre. Par ses vues sur la reconstruction, il lègue à ses successeurs un véritable « testament » culturel — qui, il faut le noter, n'est pas exactement ce que l'on en dit parfois.

• Keynes a compris que **l'investissement public** devait jouer un rôle clé dans la phase de reconstruction. Puis il a imaginé une **réduction progressive de l'action**

publique; on irait ainsi vers une phase d'équipement abondant permettant d'encourager et de développer la culture et les loisirs pour créer une nouvelle demande et une qualité de la société. En 1930 il se révèle **optimiste** et écrit *Perspectives pour nos petits-enfants :* les guerres sont évitables, la démographie peut être contrôlée; le travail le plus ingrat sera effectué par les machines, il sera possible de s'occuper un peu plus d'autrui puisqu'on aura moins besoin de s'ingénier à travailler pour la simple survie.

• Il imagine qu'**un capitalisme aménagé** peut fonctionner et ne croit pas à la destruction du capitalisme par les révolutions; il réfute aussi l'idée de Schumpeter qui voit s'émousser l'esprit d'entreprise et le progrès technique des économies de marché. Il se révèle lucide lorsqu'il écrit :

> « Je prédis que les deux conclusions pessimistes opposées et qui font tant de bruit dans le monde actuellement se verront démenties de notre vivant — la conclusion pessimiste des révolutionnaires qui estiment que tout va si mal que seul un bouleversement radical peut nous sauver, et la conclusion pessimiste des réactionnaires qui considèrent que l'équilibre de notre vie économique et sociale est si fragile que nous ne pouvons tenter aucune expérience. »
>
> *Perspectives...*

• Keynes se veut réformiste et choisit une **organisation compatible avec la liberté.**

> « L'élargissement des fonctions de l'État [...] nous apparaît [...] comme le seul moyen d'éviter une complète destruction des institutions économiques actuelles et comme la condition d'un heureux exercice de l'initiative individuelle. »
>
> *Théorie générale.*, 394.

Mais Keynes se refuse à l'étatisme généralisé :

> « Un large domaine n'en subsistera pas moins, où l'initiative et la responsabilité privées pourront encore s'exercer. Dans ce domaine, **les avantages traditionnels de l'individualisme** garderont toute leur valeur.
>
> Arrêtons-nous un moment pour nous les rappeler. Ils consistent d'abord dans une amélioration du rendement, résultant de la décentralisation et du jeu de l'intérêt personnel. L'amélioration du rendement due à la responsabilité individuelle et à la décentralisation des décisions est peut-être même plus importante qu'on ne l'a cru au XXe siècle, et il se peut qu'on ait trop réagi contre l'intérêt personnel. Mais surtout l'individualisme, s'il peut être débarrassé de ses défauts et de ses excès, est la sauvegarde de la liberté personnelle, en ce sens qu'il élargit plus que tout autre système le champ des décisions personnelles. Il est aussi la meilleure sauvegarde de la variété de l'existence. »
>
> *Théorie générale...*, p393-394.

Le néo-libéralisme de Keynes est plus profond que la rumeur de l'histoire ne l'a retenu, il va même jusqu'à applaudir les thèses de Hayek contre les pays socialistes, il écrit à propos de *La Route de la servitude :*

> « Vous ne vous attendez pas à ce que j'accepte presque toutes les maximes économiques qui y sont. Mais moralement et philosophiquement, je me trouve en

accord virtuellement avec tout l'ensemble; et pas seulement en accord avec lui Hayek- mais en accord vif et profond.»

CW .Vol 27.

• Pourtant Keynes ne refuse pas l'idée de plan en général, il s'oppose seulement à l'absence de liberté et de consensus dans des sociétés bureaucratiques et dominées par un parti unique. Il est pour le plan dans une société d'abondance et de consensus démocratique :

« Je dirais que ce qu'il nous faut n'est pas point de planification, ni même moins de planification; de fait, je dirais qu'il nous en faut presque sûrement plus, mais la planification devrait se faire dans une communauté où le plus grand nombre possible de gens, qu'il s'agisse des dirigeants comme de ceux qui les suivent, partagent totalement votre position morale. »

CW. Vol. 27.

Keynes s'affirme donc clairement comme **un institutionnaliste,** il traite même Hayek de don Quichotte partant lutter contre les moulins des législateurs au nom de la *common law* (loi non écrite qui serait suffisante aux yeux de Hayek).

Keynes, une hérésie en devenir

Nous verrons dans *Les Contemporains* que Keynes sera en partie «récupéré» par le noyau central de la pensée néo-classique pendant près d'un quart de siècle... Il connaîtra aussi des prolongements féconds tant dans le domaine pratique des politiques de stabilisation que dans le champ théorique.

Mais ses adversaires ne désarmeront pas. M. Friedman et F. Hayek maintiendront leur opposition aux politiques de la demande; l'individualisme méthodologique trouvera de nouveaux défenseurs; et Hayek défendra le maintien des traditions avant l'invention de nouvelles institutions.

Sir Austin Robinson n'en défend pas moins avec vigueur *l'héritage keynésien :*

« Il se pose une question nouvelle et cherche à y répondre. Après lui, l'économie ne sera jamais plus comme avant. Il peut ne pas avoir répondu à la question pour toujours. Mais l'économie, grâce à lui est différente. L'échec des politiques économiques durant les années récentes[...], n'est pas un échec de l'économie de Keynes, mais l'échec de notre génération à analyser clairement les conditions préalables essentielles pour réconcilier l'emploi et l'absence d'inflation, pour identifier les changements institutionnels nécessaires à cette réconciliation et enfin pour établir d'abord le consensus et ensuite l'action de réforme institutionnelle. »

Keynes and the Modern World, Cambridge University Press, 1983.

Index, mode d'emploi…

- Les noms propres apparaissent en majuscules (sauf lorsqu'ils sont inclus dans les notions au sein d'un article).
- Les tirets (-) permettent de repérer les notions clés développées au sein d'un chapitre.
- Les caractères gras désignent les articles ou les développements significatifs.
- Les caractères maigres indiquent des citations ou des références brèves au sein d'un article donné.

Index

A

B

L

S

T

Cet ouvrage a été achevé d'imprimer en septembre 2001
dans les ateliers de Normandie Roto Impression s.a.
61250 Lonrai
Réimpression : juillet 2000
4e réimpression : septembre 2001

701 666/2 OSB - N 80 NOR

N° d'imprimeur : 012470
Dépôt légal : octobre 1993
Retirage en mai 1997
Imprimé en France